중국의 미래,
싱가포르 모델

중국의 미래,
싱가포르 모델

1판 1쇄 발행 2018. 6. 5.
1판 2쇄 발행 2018. 7. 16.

지은이 임계순

발행인 고세규
편집 김윤경 | 디자인 조명이
발행처 김영사

등록 1979년 5월 17일(제406-2003-036호)
주소 경기도 파주시 문발로 197(문발동) 우편번호 10881
전화 마케팅부 031)955-3100, 편집부 031)955-3200 | 팩스 031)955-3111

값은 뒤표지에 있습니다.
ISBN 978-89-349-8181-7 03320

홈페이지 www.gimmyoung.com　블로그 blog.naver.com/gybook
페이스북 facebook.com/gybooks　이메일 bestbook@gimmyoung.com

좋은 독자가 좋은 책을 만듭니다.
김영사는 독자 여러분의 의견에 항상 귀 기울이고 있습니다.

C H I N A

중국의 미래, 싱가포르 모델

임계순 지음

S I N G A P O R E

김영사

일러두기

1. 외국에 정착한 중국 사람을 일반적으로 화교(華僑)라 부르는데 이들은 본국과 문화적·사회적·법률적·정치적 측면에서 유기적인 연관을 유지하고 있다. 반면 화인(華人)이란 혈통은 중국인이지만 중국에 대한 정치적 충성심을 가지고 있지는 않다. 이들은 현지 국가에서 국적을 취득해 그곳에서 경제활동을 한다는 의미에서 화인으로 지칭된다. 본서에서는 싱가포르의 중국계 인구를 화교가 아닌 화인으로 칭했다.
2. 화폐단위를 통일할 수 없어 미국은 달러로, 싱가포르는 싱가포르달러로, 중국은 위안으로 표기했다.
3. 싱가포르인들 중 화인의 인명은 본인들의 선호에 따라 중국식 병음 혹은 싱가포르식으로 표기하고 로마자로 병기했다.
4. 본서는 한국의 독자들을 위한 저서로 참고문헌 중 중국문헌의 경우 나열순서를 우리말 한자음의 표기에 따라 우리말 순으로 정리했다.
5. 본서의 인용구나 절은 중문이거나 영문 자료를 저자가 번역했음을 참고해주기 바란다.

프롤로그

필자는 중국이 개혁개방을 내세우며 자본주의 시장경제체제의 수용을 모색했을 당시부터 세계 각국의 많은 정치가와 학자들과 마찬가지로 의구심을 가졌었다. 중국이 자본주의 시장경제체제를 도입한다면 과연 사회주의체제를 유지할 수 있을까. 마침 후야오방(胡耀邦, 1915~1989)이 중국공산당 총서기직(1982~1987)에 오른 직후 동유럽 국가들을 순방하였다. 당시 기자들이 중국의 미래전망에 대하여 질문하자 후야오방은 싱가포르식의 체제를 언급했다. 이 기사를 본 필자는 싱가포르는 우리나라에 직접적인 영향을 미치지 않는 작은 도시국가라 생각하며 별 관심을 두지 않았었다.

그 후 2011년 싱가포르를 방문할 기회가 생겨 자료를 살펴보던 중 싱가포르와 중국에 관련된 많은 양의 자료를 확인하게 되었다. 그 가운데 필자의 주목을 끈 것은 1978년 싱가포르를 방문한 덩샤오핑이 '자신의 꿈은 중국에 싱가포르 같은 도시를 1,000개 세우는 것'이라고 한 말과 이후 수만 명의 중국 공산당 당원들이 싱가포르에서 연수했고 지금도 그 행렬이 계속되고 있으며 중국이 싱가포르를 그들의 발전모델로 삼고 있다는 점이었다.[1]

2001년 노벨 경제학상을 수상했으며 세계은행 전 부총재를 역임한 미국의 신케인즈학파(New Keynesian Economics) 경제학자인 조지프 스티글리츠(Joseph Eugene Stiglitz)는 "21세기 전 인류에게 가장 깊은 영향을 미칠 2대 큰 사건 중 하나는 미국의 첨단과학기술산업이고 다른 하나는 중국의 도시화이다"라고 말했다.[2]

오늘날의 중국은 경제가 빠르게 성장하는 도시화 발전단계에 진입하고 있다. 도시화는 물리적·공간적·사회적·경제적 변화를 수반하는 전체적인 변화로 개인의 가치관과 제반 사회제도의 변화를 의미한다. 중국의 도시화는 국내수요 확대, 경제구조의 조정, 안정적이고 빠른 경제발전을 실현할 수 있으며, 중국의 중요한 국정과제인 농업·농촌·농민의 삼농문제를 점진적으로 해결할 것이다. 따라서 도시와 농촌의 전체적인 발전은 사회의 조화와 안정을 촉진하는 데 있어 중대한 의의가 있다.[3]

싱가포르가 중국에 투자하는 지역을 살펴보면 중국의 경제발전 단계에 따라 연안에서 시작해 점차 중부, 동북부, 서부 내륙지역으로 확대해 가고 있다. 싱가포르는 장쑤성(江蘇省) 쑤저우(蘇州)공업단지, 화베이성(華北省) 톈진(天津)생태환경도시, 광둥성(廣東省) 광저우(廣州)지식도시, 쓰촨성(四川省) 청두(成都)혁신첨단과학단지를 중국과 합작으로 건설했거나 건설 과정에 있다. 싱가포르의 기업은 수자원, 환경관리, 도시계획으로 중국의 도시문제 해결과 농촌지역발전 등 다방면에서 중국 정부나 기업과 합작하기를 희망하여 윈-윈(Win-Win) 동반자 관계를 수립하고 있다. 싱가포르 기업이 중국에서 서비스업 영역과 도시화 계획에 참여하면서 정보통신기술·물류·금융·교육·의료 방면에 중국과 합작을 하는 경우가 많다. 중국에서 싱가포르 기업은 철저한 계획, 투명한 결정, 효율적 관리, 지속적이며 책임을 다하는 자세로 임하고 있다.

중국 정부와 기업은 싱가포르 기업들과의 합작을 통해 도시 종합관리에 있어서 발생하는 각종 난제를 해결하는 방법과 운영기법을 배우고 있다. 또한 중국 정부는 수만 명의 당원을 싱가포르로 파견하여 사회보장체계, 조직관리체계, 사회관리 서비스시설 등 다양한 소프트웨어를 받아들이고 있다. 시진핑은 싱가포르를 본보기로 부패척결 정책을 추진하며 법치국가 건설의 초석을 다지고 있다. 국민을 우선으로 하는 창의적이고 효율적이면서도 실용적인 싱가포르의 정신과 그 경험을 그대로 받아들이고 있는지는 의문이지만 중국 지도자들은 싱가포르의 '정치·경제·사회를 움직이는 메커니즘'을 이해하게 될 것이다.

싱가포르를 움직이는 이 메커니즘은 싱가포르 지도자들의 강력한 리더십에서 나왔다. 이 강력한 리더십은 신뢰할 만하며 결코 독단적이지 않다. 싱가포르의 강력한 리더십은 글로벌리더의 자격을 갖춘 정책결정 구성원들의 연구와 의견수렴의 결과이기 때문이다. 또한 싱가포르를 움직이는 메커니즘은 세계정세와 세계경제의 흐름을 정확히 파악하고 이에 적절히 대응하는 전략에서 나온다. 싱가포르의 지도자들은 현실을 직시할 줄 알고 국가의 단점을 정확히 파악하며 이를 보완하고 수정해 나가는 메커니즘을 개발하고 운영할 줄 안다. 바로 이 '정치·경제·사회를 움직이는 메커니즘'으로 인하여 싱가포르는 국제적으로 자존감을 보전하면서 '국격을 갖춘 국가'로 성장할 수 있었을 뿐만 아니라 국민의 행복지수가 아시아에서 1위이다.

싱가포르를 모델로 한 도시가 1개에서 10개로 증가하는 데에는 적잖은 시간이 걸리겠지만 10개가 100개로, 100개가 1,000개로 늘어나는 데 걸리는 시간은 훨씬 단축될 것임에 틀림없다. 싱가포르식의 도시가 중국에 1,000개 건립되어 운영된다면 중국의 정치 엘리트의 통치방식에 영향을 미칠 것이고 중국인의 신념과 인식에 영향을 주어 앞으로 우리가 상대할 중국과 중국인들은 우리의 기존인식과 크게 차이가 나게 될 것이다. 이렇게 변한 미래 중국은 장차 세계경제뿐만 아니라 중국을 이웃한 우리나라에 다방면으로 영향을 미칠 것이다. 그리하여 필자는 중국의 통치와 지배양식 및 중국인의 의식구조, 가치관, 그리고 생활양식에 영향을 주는 싱가포르에 주목하게 되었다.

필자는 중국에 싱가포르처럼 운영관리되고 있다는 쑤저우공업단지와 톈진생태도시의 현실이 궁금했다. 그리하여 2015년 5월 6일 서울을 출발하여 중국 장쑤성 난퉁(南通), 쑤저우, 우시(無錫), 난징(南京)을 거쳐 쓰촨성 청두와 충칭(重慶), 그리고 톈진과 베이징(北京)을 현장답사한 후 17일에 귀국했다. 답사를 하면서 《신형도시화 소주(쑤저우) 공업공단 샘플(新型城鎮化的蘇州工業園區樣本)》, 《생태도시 네비게이션: 중국-싱가포르

천진(톈진)생태도시 지표체계실시 모델(導航生態城市:中新天津生態城指標體系實施模式)》, 《생태의 길: 중국-싱가포르 생태도시 5년 탐색과 실천(生態之路-中新天津生態城五年探索與實踐)》 등의 문헌과 여러 현지자료를 구할 수 있었다. 최근에 김민혁 중국 베이징 어니스트영(Ernest & Young) 경영전략 컨설턴트의 도움으로 《중국도시화전략 선택정책연구(中國城鎭化戰略選擇政策硏究)》와 《국가 신형도시화 종합파일럿 프로그램(國家新型城鎭化綜合試點方案)》을 구할 수 있어 중국의 신형도시화 전략을 이해하는 데 많은 도움을 받았다.

중국의 도시화와 관련하여 〈중국도시와 소도시의 개혁발전 중심(中國城市和小城鎭改革發展中心)〉에서는 중국 도시개혁과 발전을 위해 유럽·미국·일본·서울 등 세계적인 도시들의 운영관리 등을 참조했고 연구해 왔다고 밝히고 있다. 그러나 신형도시화는 일찍이 덩샤오핑이 시사한 '싱가포르 모델'이 우선했고 현재 신형도시의 성공의 예가 되고 있다. 중국의 신형도시전략은 쑤저우공업(첨단 산업)단지형, 톈진생태도시형, 광저우지식도시형으로 크게 나눌 수 있는데 그 모델이 바로 싱가포르이다. 이들 신형도시들은 창장(長江)삼각주 도시군, 환보하이(環渤海) 도시군, 주장(珠江)삼각주 도시군이라는 3대 도시군의 핵심도시들로서 중국경제의 빠른 발전의 동력일 뿐만 아니라 중국의 세계화에 영향을 미치고 있다.

필자는 본서를 크게 중국(1, 2부)과 싱가포르(3, 4, 5부)로 내용을 구분하여 서술하고자 한다.

1부와 2부는 중국편으로 먼저 1부에서는 중국이 싱가포르를 발전모델로 삼게 된 요인을 밝히고, 양국 간의 관계와 시진핑 정권과 '싱가포르 모델'을 분석하고자 한다.

그리고 2부의 1장에서는 도시화의 선행선시의 예로 싱가포르-중국 합작의 쑤저우공업단지가 어떠한 과정을 거쳐 세계일류 최첨단 창조도시로 변하는지와 토지를 수용당한 농민의 도시화 과정을 알아보고자 한다. 2장에서는 싱가포르-중국 합작의 톈진생태도시 건설과정과 운영관리를, 3장에서는 싱가포르와 광둥성 간의 합작인 광저우지식도시 건설과정 등을 살펴보고 끝으로 싱가포르가 중국 도시화에 미친 영향을 분석해보고자 한다.

3부와 4부, 5부는 싱가포르 발전을 모델로 중국정부가 개혁을 추진하고 있고, 많은 도시들이 싱가포르식으로 운영관리될 미래 중국을 엿보기 위해 싱가포르의 정치·경제·사회의 운용메커니즘을 세 부분으로 나누어 소개하고자 한다.

3부에서는 국가통치 메커니즘을 밝힌다. 3부 1장은 싱가포르 공화국과 리콴유의 지도력에 관하여, 2장은 장기집권여당인 인민행동당에 관하여, 그리고 3장은 경쟁력 있는 투명한 행정부에 관하여 소개하고자 한다.

4부는 싱가포르인의 정체성 확립과 관련하여 1장에서는 자주권 확립을 위한 국방, 2장에서는 창의적인 외교활동을 통해 싱가포르인들이 어떻게 싱가포르인으로서의 정체성과 국가에 대한 긍지를 가지게 되었는지를 살펴보고자 한다.

5부는 경제와 사회 분야를 소개한다. 경제발전과 분배, 자립을 위한 복지, 우수한 인재 양성 등 세 부분으로 나누어 정리한다.

차례

2부 시진핑 시대, 중국의 도시화 모델

1장 싱가포르-중국 합작의 쑤저우공업단지

2장 싱가포르-중국 합작의 톈진생태도시

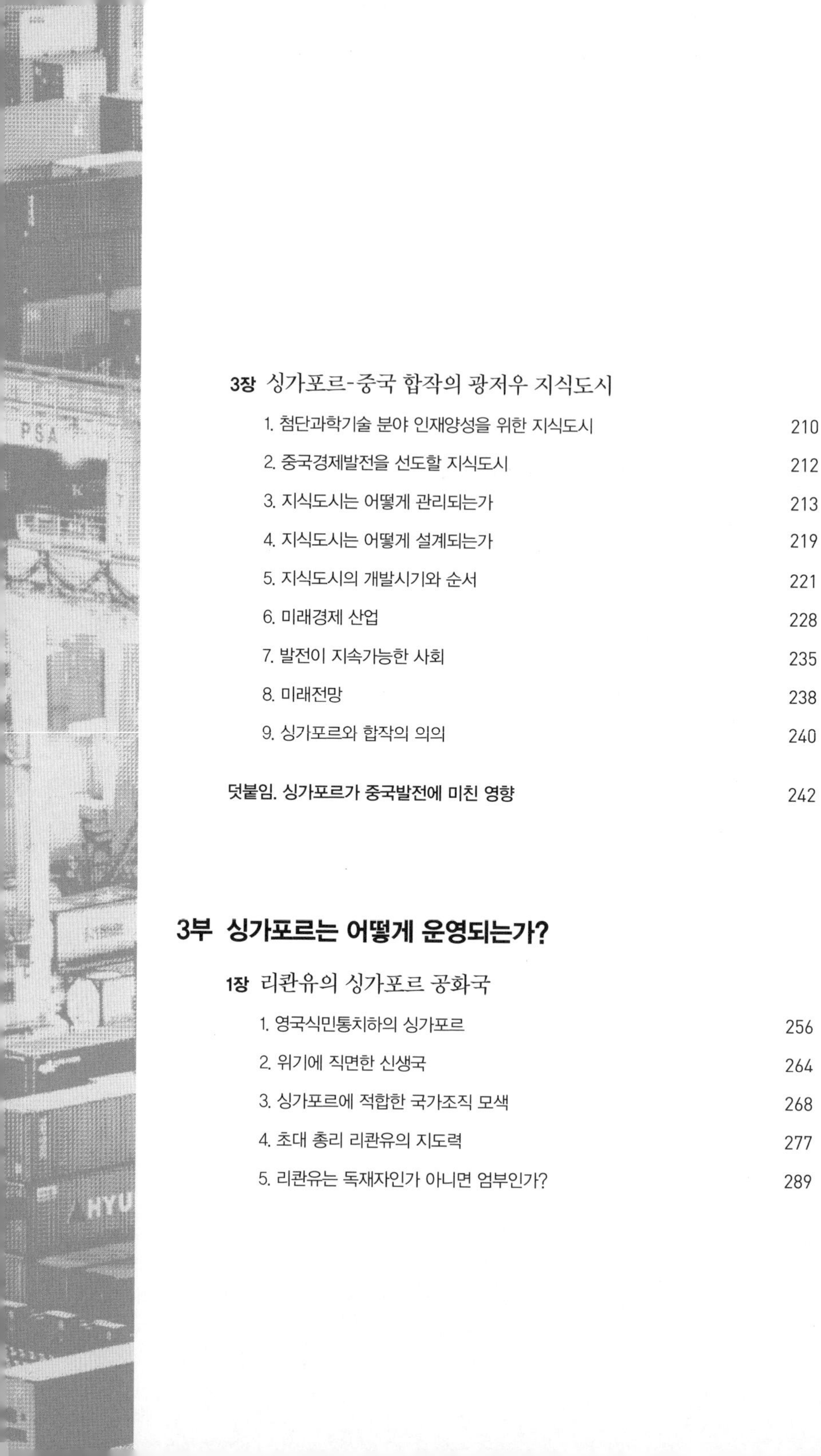

3장 싱가포르-중국 합작의 광저우 지식도시

3부 싱가포르는 어떻게 운영되는가?

1장 리콴유의 싱가포르 공화국

2장 창의적인 외교

5부 싱가포르의 정책은 어떻게 실행되어 효과를 거두는가?

1장 노사정(勞使政) 협조로 이룬 경제발전

OUE

C H I N A

중국과 '싱가포르 모델'

S I N G A P O R E

지금 전 세계는 2012년 11월에 중국 총서기직과 군사위원회 주석직을 물려받은 시진핑(習近平, 1953~)이 13억 중국국민과 세계 제2의 경제대국 중국을 어떻게 운영해 나갈지에 대해 이목을 집중하고 있다.

개혁개방의 기치를 내세운 지난 30여 년 동안 중국은 세계가 놀랄 만한 경제적 성장을 이루었다. 개혁개방의 기수 덩샤오핑(鄧小平, 1904~1997)은 장쩌민(江澤民, 1926~)이 개혁개방을 잘 추진할 수 있도록 개혁성향의 지도자들로 집단지도체제를 구성하여 1989년 중국공산당 13기 중앙위원회 제4차 전체회의부터 2002년 중국공산당 16기까지 중국을 이끌도록 했다.[1]

장쩌민 집권 10년 동안 개혁개방으로 중국은 근본적으로 변화했다. 그 결과 이후 국가주석이 되었던 후진타오의 집권 10년 동안(2002~2012) 중국의 국제적 위상과 경제는 비약적으로 발전했다. 2008년 베이징 올림픽을 성공적으로 개최했고 그해 말에 시작된 글로벌 금융위기에서도 중요한 역할을 했다. 경제성장률은 1980년 이후 30여 년간 평균 9.8%를 기록하였고, 수출액은 1978년 200억 달러에서 2009년 12월 수출액이 1천307억3천만 달러에 이르렀다.[2] 2010년에는 마침내 일본을 제치고 세계 제2위 경제대국으로 부상했다. 2011년 1월 중국 통계국과 일본 내각부(內閣府)에 따르면 중국의 국내총생산(GDP)이 2010년 말 5조8천786억 달러를 기록하여 5조4천742억 달러를 기록한 일본을 4천억 달러 앞질렀다.[3]

이러한 눈부신 경제성장과 함께 중국 대중의 교육수준 향상과 정보 매체의 급격한 발달로 중국인들은 자신들의 권리에 대하여 각성하기 시작했다. 중국인들은 책임지는 정부, 투명한 정부, 효율적인 정부를 원하고 있다. 반면 장쩌민과 후진타오의 집권기 동안 중국의 빈부격차, 부정부패, 환경오염은 돌이킬 수 없을 정도로 심각해졌다. 그리하여 시진핑 정권의 가장 중요한 임무는 지속적인 경제발전이지만 절대빈곤에 시달리는 중국인 1억5천만 명과 중국인구의 절반 이상이 거주하는 농촌의 불만 해소, 그리고 부패를 자행하는 공산당의 개혁을 단행하여 국가발전의 방향을 제시하여야만 했다.

2008년 3월 9일자 홍콩의 주간잡지인 《야저우저우칸(亞洲週刊)》은 '중국의 싱가포르 드림(中國的新加坡夢)'을 표지기사로 하여, 중국 지도자들이 싱가포르를 그들의 사회체제와 경제발전의 모델로 보고 있다는 내용을 게재하였다. 최근 중국의 지도자들이 싱가포르의 국가관리체계, 엄격한 법치주의, 깨끗하고 효율적인 정부, 경제발전, 사회보장제도 및 정치제도에 깊은 관심을 가져왔으며, 여러 가지 경제사회의 지표에서 중국보다 압도적으로 우월한 싱가포르를 그들의 발전모델로 보고 있다는 것이다.[4]

《야저우저우칸》의 기사뿐만 아니라 공산당 간부들의 발언, 저서, 그리고 매체 등은 중국이 '싱가포르 모델'에 주목하고 있음을 보여주었다. 2011년 후진타오 주석의 브레인이었던 중국공산당 중앙편역국(中央編譯局) 부국장인 위커핑(兪可平)은 미국 방문에서 중국의 정치개혁에 있어 싱가포르의 성공경험을 참조할 수 있음을 시사했다. 2012년 6월 홍콩에서 출간된 《시진핑과 싱가포르 모델(習近平與新加坡模式)》의 저자인 우진성(武津生)도 시진핑이 개혁의 필요성을 역설하면서 중국공산당 간부들의 싱가포르 학습열풍을 언급했으며, 시진핑이 중국공산당 제18차 당대회 이후 추진하는 발전모델은 싱가포르라고 주장했다.[5]

중국공산당 제18차 당대회 전야인 2012년 10월 25일자《뉴욕타임즈(New York Times)》에 '원자바오(溫家寶, 1942~) 가족의 은닉재산'이 보도되자, 베이징의 일부 인사들은 중국공산당이 위기에 직면했다고 인식하고 빠른 개혁의 필요성을 언급했다. 일부 고위층은 여러 가지 개혁모델 중 '싱가포르 모델'에 높은 관심을 보였다. 왜냐하면 싱가포르는 이미 국제적으로 통행되고 있는 다원민주주의를 실행하면서 일당 장기집권 체제이면서 정치적인 안정과 경제적인 번영을 유지하고 있기 때문이다.[6]

2013년 중국공산당 제18기 3차 중앙위원회 전체회의에서 채택한 '전면적 개혁심화를 위한 몇 가지 중대 문제에 대한 중공중앙의 결정(中共中央關於全面深化改革若干重大問題的決定)'은 향후 10년간 중국의 개혁과 발전 노선을 확정한 것이다. 경제적으로 중국은 상해 자유무역구를 중심으로 더 개방할 것이며, 시장(市場)이 자원배분에 있어 결정적인 역할을 할 것이고 결국 토지도 시장화할 것이라는 내용을 담고 있다.

내용을 검토한 중국의 칼럼니스트 장팅빈(張庭賓)은 2013년 11월 18일자《디이차이징르바오(第一財經日報)》에서 '중국이 싱가포르를 개혁의 모델로 삼았다'고 논평했다. 왜냐하면 중국은 공유제 경제와 비공유제 경제를 경제사회 발전의 중요한 기초로 하지만 시장의 변화에 따라 가격개혁을 추진하고, 이율을 시장화하며, 자본계정도 빠르게 현금화 하겠다는 것 등은 '싱가포르 모델'과 부합하기 때문이다. 또한 싱가포르처럼 관리의 탐오와 부패를 척결하기 위해 체계적으로 감독을 강화하

고 사회 각 방면에서 활력이 넘치도록 하겠다는 의지를 표명했기 때문이다.[7]

독일인으로 일찍이 중국의 공식 미디어 편집인을 역임한 펑타오(彭濤)도 월드 뉴스 네트워크인 《북미화인 커뮤니티 신문(北美華人社區新聞)》에 싱가포르를 모델로 하는 시진핑의 개혁에 대하여 기고했다. 제18기 3차 중앙위원회 전체회의 결의문은 시진핑과 리커창(李克强, 1955~)이 정치·경제·사회 등 발전에 관하여 비교적 명확한 방향을 제시했다고 보았다. 즉 강력한 정치, 개방경제, 그리고 사회상 엄한 통제와 소통의 길을 서로 결합한 권위주의체제의 노선을 지향하는 것인데 학계와 외계에서는 이 새로운 노선을 중국공산당의 '싱가포르식 발전계획'이라 부른다.[8]

2014년 3월에 타이완 국방대학의 류선츠(Liu, Sun-Chi, 劉勝驥) 교수도 《좐티옌주(專題硏究)》에 〈시진핑의 치국노선 해석-싱가포르 모델?(習近平治國路線解釋-新加坡模式?)〉을 발표했다. 그 내용은 시진핑이 정권을 장악하면서부터 '싱가포르 모델'로 개혁을 진행하고 있는데 부패척결을 시작으로 경제·사회·정치 등에서도 싱가포르를 본보기로 개혁을 진행한다는 내용이었다.[9] 2016년 3월 20일자 《야저우저우칸》의 편집장인 추리번(邱立本, 1950~)은 〈중국미래의 싱가포르 그림자(中國未來的新加坡影子)〉라는 표지기사에서 시진핑이 리콴유(Lee Kuan Yew, 李光耀, 1923~2015) 싱가포르 총리의 정치를 배워 사회공정과 법치를 중시한다는 내용을 소개했다.[10]

싱가포르식의 국가발전 양식인 '싱가포르 모델' 혹은 '싱가포르식 발전계획'이라는 용어는 시진핑이 정권을 장악하면서 새로 생긴 용어가 아니다. 이미 개혁개방과 더불어 중국정계와 학계에 회자되어 온 용어이지만 많은 사람들이 주목하지 않았었다.

현재 중국이 지향하는 국가발전 방향을 이해하고 미래 중국의 모습을 알기 위해서는 중국이 추구하는 '싱가포르 모델'이 무엇인지 살펴볼 필요가 있다. 1부에서는 중국정권과 '싱가포르 모델'을 이해하기 위하여 중국 지도자들의 싱가포르에 대한 인식, 중국과 싱가포르 간의 경제 · 문화교류, 중국관원들의 싱가포르에 대한 학습열풍과 학계동향, 그리고 시진핑 정권과 '싱가포르 모델'에 관해 구체적으로 살펴보고자 한다.

'싱가포르 모델'에 주목하는 중국 지도자들

1장

1949년 마오쩌둥(毛澤東, 1893~1976)이 중국대륙을 통일했을 당시 세계는 냉전체제에 돌입하고 있었다. 중국은 마오쩌둥의 의사와 상관없이 사회주의체제인 '소련 모델'을 따를 수밖에 없었다. 소련은 전문가를 중국에 파견하여 현장을 지도했다. 그러나 1956년 소련 공산당대회에서 니키타 흐루시초프(1894~1971)가 이오시프 스탈린(1879~1953)을 전면 부정하자 중국은 그를 수정주의자로 몰았고, 이에 소련과 틈이 벌어지게 되었다.

이후 중국은 마르크스·레닌주의에 더해서 마오쩌둥 사상이 지배하는 중앙집권적 일당지배체제를 유지했다. 경제방면에서는 생산양식의 공유제에 입각한 중앙집권적 계획경제를 통한 중공업 발전전략을 추진했다. 그러나 경제침체로 대약진 운동이 노선투쟁으로 변질되면서 문화대혁명(1966~1976)이 야기되었다. 그 결과 사회주의에 대한 국민들의 신념이 약화되고 마오쩌둥이 사망하자 자연스럽게 덩샤오핑을 위시한 반좌파 연합세력이 등장하면서 개혁개방이라는 새로운 시대를 열었다. 덩샤오핑은 기존 중국의 사회주의체제의 골간을 유지하면서 자본주의 시장경제체제를 유지하는 것을 '중국 특색의 사회주의'라고 주장했다.

개혁개방의 기치를 내세운 지 40년이 된 지금 중국은 미국과 어깨를 나란히 할 만큼 경제대국으로 성장하였다. 이에 정부가 사회자금을 충분히 모으고 사회 각계 영역을 장악하여 발전시키는 '중국특색의 사회주의 모델'이 세계인의 주목을 받고 있다. 2008년 하반기 미국발로 시작한 경제위기가 전 세계로 확산되었을 때 중국이 이웃국가들의 신뢰를 확보할 수 있었던 것은 정부가 사회자원을 무한도로 가졌기 때문에 가능했다.

2009년 10월 22일 중국공산당 기관지《런민르바오(人民日報)》의 자매지인《환추스바오(環球時報)》는 서양매체와 평론가의 말을 빌려 2008년을 '중국 모델'의 해로 칭하고 중국의 경제적 성공은 자유민주주의에 대한 준엄한 도전이며, '중국 모델'은 모스크바에서 두바이, 파키스탄의 수도 이슬라마바드, 수단 공화국의 수도 하르툼 등 세계 각지에서 각광받았다는 내용을 게재했다.[1]

중국의 이러한 경제적 성공은 1978년 이후 중국 지도자들이 개혁개방과 더불어 '싱가포르 모델'에 주목했기 때문이다. 값싸고 거대한 노동력을 앞세워 세계 각국기업들의 생산 공장을 중국에 유치함으로써 수천만 달러의 외화를 축적할 수 있었다. 이로써 중국의 경제발전과 변화가 시작되면서 2008년도의 '중국 모델'이 가능할 수 있었다.[2]

1. 덩샤오핑과 리콴유의 만남

잘 알려지진 않았지만 중국 정계가 싱가포르식 발전에 관심을 갖게 된 것은 개혁개방 초기부터였다. 1980년대 초 '싱가포르 모델'은 중국의 경제건설과 경제운영에 참고가 되었다. 《야저우저우칸》의 추리번은 덩샤오핑에서부터 시진핑에 이르기까지 그들의 마음 깊은 곳에는 효율성이 높은 통치, 번영한 경제, 그러면서도 사회공정을 잃지 않는 싱가포르가 자리 잡고 있었다고 보았다.[3] 최근에는 중국 지도자들이 싱가포르의 법치, 관료의 청렴도, 사회관리, 사회보장제도, 나아가 정치제도에까지 관심을 보이고 있다.[4]

문화대혁명(1966~1976)이 끝난 후 1978년 11월에 당시 부총리이며 훗날 개혁개방의 총설계사였던 덩샤오핑은 중국 지도자로서는 처음으로 싱가포르를 방문했다. 덩샤오핑은 1918년 프랑스로 유학 가는 길에 처음 싱가포르를 방문했었을 때는 상당히 낙후되어 있었는데, 60년이 지나 두 번째로 싱가포르에 와 보니 아주 깨끗한 도시로 변한 것에 놀랐다고 했다. 그가 시찰한 곳은 지금도 중국관원이 항상 참관하기를 희망하는 싱가포르 주택건설발전국(HDB)과 주롱(Jurong)산업단지였다. 그는 주택건설발전국 건물 꼭대기에서 정부가 건축한 주택들을 바라보았고, 주롱타운(Jurong town) 산 위의 높은 망루에서 산업단지를 내려다보며 싱가포르가 어떻게 외국자본을 이용하는지에 관심을 가졌다. 당시 74세의 덩샤오핑은 이틀 동안 싱가포르에 머물면서 싱가포르의 경제건설과 사회관리에 깊은 인상을 받아 이를 한시도 잊지 않았다고 한다.[5]

당시 덩샤오핑은 격양된 기분으로 리콴유와 담소를 나누었다. 그가 싱가포르의 변화와 발전에 관해 말하자 리콴유가 대단히 겸손하게 "천만에요. 이곳은 아주 작은 지방이라 관리하기 쉽습니다"라고 대답했다고 한다. 이에 덩샤오핑이 "그래요. 만약 내가 상하이(上海) 정도의 지방을 관리한다면 정말 좋았을 텐데"라며 혼잣말조로 얘기하자, 이 말을 들은 리콴유는 "아니에요. 싱가포르에 온 중국인들은 모두 광둥성이나 푸젠성에 한 뼘의 땅도 없는, 낫 놓고 ㄱ 자도 모르는 노동자들의 후예입니다. 중국 중원(中原-중국의 황허강 중류의 남부지역 흔히 중국의 중심부)에는 관리, 문인, 학사, 장원(壯元)의 후예들이 많은데 싱가포르같이 만드는 것이 무슨 문제가 있겠습니까. 중국은 못할 것이 없습니다. 만들어도 이보다 더 좋게 만들 수 있을 것입니다"라고 답했다고 한다. 후에 리콴유는 그의 회고록에서 덩샤오핑은 이때 도전할 뜻을 잊지 않았다고 기록했다.[6] 이 뜻은 당시 덩샤오핑이 중국을 반드시 싱가포르처럼 발전시키겠다고 생각했다는 뜻으로 해석할 수 있다.

싱가포르로부터 개혁개방이라는 아이디어를 얻은 덩샤오핑은 이를 추진하기 시작했다. 그는 1978년도 중국공산당 중앙위원회 업무회의의 폐막식 연설문 끝부분에 싱가포르의 발전을 언급했다. 그리고 폐막식 직후 12월에 후야오방, 후차오무(胡喬木, 1912~1992), 위광위안(于光遠, 1915~2013) 등을 자기 집에 불러 싱가포르에서 보고 들은 것을 얘기했다. 그는 외국인이 싱가포르에 공장을 세워 싱가포르가 많은 것을 얻었다고 보고 싱가포르를 거울삼아 국가를 개방하고 외자를 유치하기로 결정했다. 이에 1978년 중국공산당 11기 3차 중앙위원회 전체회의《공보(公報)》에 "세계선진기술과 선진설비를 받아들이도록 노력한다"라는 문구를 게재함으로써 드디어 중국의 개혁개방 시대가 열리게 되었다.[7]

1979년 초부터 개시된 중국의 개혁개방 정책에 '싱가포르 모델'은 중국의 발전방향을 제시해주었다.[8] 중국의 신문은 싱가포르의 공공주택과 정원도시 및 관광사업의 예를 칭찬하기 시작했다.[9] 한편 덩샤오핑은 싱가포르의 사회경제적 모델이 공산당 집권을 위협할 것을 염려했다. 그래서 1979년에 4항의 기본 원칙인 '4개 견지(四個堅持)'를 주창하여 개방개혁의 경계선을 책정했다. 즉 '마르크스주의, 마오쩌둥 사상, 공산당 영도, 프롤레타리아 독재'를 유지하면서 외자유치에 한해서만 '싱가포르 모델'을 따르기로 한 것이다.[10]

덩샤오핑은 싱가포르 개국공신이자 재무부장관, 국방부장관, 그리고 부총리를 역임한 고켕스위(Goh Keng Swee, 吳慶瑞, 1918~2010)를 1985년부터 중국 국무원 경제고문으로 초청하여 직접 싱가포르의 경험을 받아들였다. 고켕스위는 6년간 중국의 첫 외국고문으로 활동하며 선전, 주하이(珠海), 산터우(汕頭)와 샤먼(厦門) 4곳의 경제특구 발전과 세계 각국기업들의 생산 공장유치 및 관광산업에 관해 조언했다. 이처럼 개혁개방 초기 중국 남부지역의 경제정책은 싱가포르의 경험을 직접 받아들였음을 알 수 있다.[11]

1980년대 초부터 중국 남부에 '싱가포르 모델'이 반영되기 시작했다. 경제개혁의 선두지역인 선전(深圳)특구는 처음에는 홍콩을 모델로 삼았으나 곧 싱가포르를 본보기로 배우기 시작했다. 선전특구 초창기 시장이었던 량샹(梁湘, 1919~1998)이 1983년 싱가포르를 방문하고 돌아와 행정특구 도시계획을 추진하면서 가시적으로 나타났다. 선난대로(深南大道)의 모형을 포함해서 공원과 아파트 주위의 정원 풍경은 홍콩보다는 싱가포르의 도시계획에 영향을 받았다. 당시 량샹은 선난대로 양측의 건축물을 모두 30m 뒤로 물러나게 하고 녹지대를 조성했다. 그 영향으로 오늘날 선전시는 도시 대부분이 녹화지역이 되었다. 이후 정량위(鄭良玉, 1934~), 장가오리(張高麗, 1946~) 등 선전시의 모든 지도자들

은 단체를 구성해 싱가포르를 시찰했다.[12]

양국 간의 외교관계는 일반적으로 수교 이후 상호 외교관계가 빈번해지며 교육, 문화 등의 교류가 추진되는 것이 상례이다. 리콴유는 일찍이 아시아에서 중국의 중요성을 인식했지만 중국과의 수교를 신중하게 풀어 나가야만 했다. 왜냐하면 싱가포르는 '말레이인의 바다에 뜬 중국인의 섬'이라고 할 정도로 인구의 74% 이상이 중국계인 화인(華人) 중심 국가이다. 중국인들에 대한 피해의식을 가지고 있는 이웃나라 말레이시아나 인도네시아의 의구심을 염려하여 조심스럽게 중국과의 관계를 추진해 나갔다.[13] 인도네시아는 1965년부터 반공을 내세워 중국과 단교한 상태이며 싱가포르 내에서도 친공산주의 세력을 척결해야만 했다. 그래서 그는 여러 번 중국을 방문해서 지도자들과 만나 싱가포르 국내의 공산주의 세력을 억압하는 것에 중국 측은 간섭하지 않겠다는 양해를 얻어냄으로써 양국의 평화공존에 자신감을 갖게 되었다.[14]

그리하여 1965년 독립 직후 싱가포르 정부는 베이징과 공식적인 관계는 없었지만 중국교역에 대한 배려로 중국계 은행과 중국의 비공식 통상대표부가 싱가포르에서 업무를 하는 것을 암묵적으로 인정하고 있었다. 이로 인해서 1960년대 후반 싱가포르의 중국에 대한 교역은 국가별 순위에서 이미 5위를 차지하고 있었다.

또한 1971년 유엔에서 중국정부가 타이완정부를 대신해서 중국대표권을 가지는 문제에 대하여 미국이 반대함에도 싱가포르는 찬성표를 던졌다. 왜냐하면 싱가포르는 중국은 하나이고 타이완은 중국의 일부라고 보았기 때문이다. 리콴유는 마오쩌둥 사망 직전인 1976년 5월 처음 중국을 방문하여 마오쩌둥을 접견하기도 했다.[15]

리콴유는 중국에 우호적이면서도 한편으로는 싱가포르 화인은 이미 중국과는 별개의 존재임을 강조하고 이를 중국정부에 인식시키고자 노력했다. 1978년 덩샤오핑이 싱가포르를 방문했을 때 그를 환영하는 연설에서 싱가포르의 중국적 요소를 우려하고 있는 동남아 국가들에게 싱가포르가 '제3의 중국'이 아니라는 점을 명백히 했다. 그는 "싱가포르 화인의 미래는 중국에 의해서가 아니라 동남아 자체에 달려 있으며 그들 스스로 미래를 신중하게 준비하고 있고, 그 미래는 말레이인, 인도인 그리고 기타 싱가포르인들이 함께 공유하여야 한다"고 말했다.[16]

리콴유는 1980년대 초에 이미 중국의 성장을 확신했다. 1981년 7월 오랜 교섭 끝에 공식적인 쌍무(雙務)관계를 수립한 이후 중국과의 관계 개선에 힘썼다. 양국은 상무(商貿)대표처를 설치해 대사관의 역할을 담당하게 하면서 지속적으로 교류하다가 1990년 인도네시아와 중국이 수교를 체결하자 2개월 후인 1990년 10월 3일 곧바로 수교했다.[17] 이후 양국은 경제·정치·교육·문화·과학·기술 등 다방면에 걸쳐 밀접한 관계를 구축하고 있다

중국과 싱가포르 양국 지도자들은 깊은 통찰력과 장기적인 안목을 가지고 상호이해와 관심으로 성실하게 성의를 표했다. 수교 전 리콴유는 1976년 마오쩌둥을 접견한 것을 포함하여 5번이나 중국을 방문했고 중국 총리 리펑(李鵬, 1928~)도 싱가포르를 방문했다. 싱가포르《롄허짜오바오(聯合早報)》의 주편인 저우자오청(周兆呈)은 싱가포르가 '제3의 중국'이라는 지적을 면하기 위하여 동남아시아에서 맨 마지막으로 중국과 수교했지만 양국의 관계는 이미 실제로 있었고 양국 지도자들의 국정에 대한 이해와 묵계가 조화가 된 상호 신뢰를 바탕으로 이루어졌다고 보았다.

장기간 중국과 해외 화인에 대해 연구해온 '싱가포르국립대학 동아

시아 연구소(The East Asian Institute at National University of Singapore)'의 왕궁우(Wang Gungwu, 王賡武) 소장은 양국 수교 전 1970년대 리콴유가 중국에서 마오쩌둥의 접견을 받았다는 그 자체가 양국관계의 특수성을 보여주는 것이라며 양국의 수교는 일종의 형식에 불과했다고 말한다. 그는 싱가포르와 중국 관계를 "국가관계상 우호, 협력, 창조의 본보기"라 평한다. 싱가포르는 동남아시아에서 가장 먼저 중국과 협력한 국가 중 하나이며 양국의 규모와 체제는 다르지만 양국의 관계는 동남아시아에서 그 어느 국가도 따라갈 수 없을 정도로 밀접하다.

싱가포르와 중국과의 관계를 장기간 관찰한 '싱가포르국립대학 동아시아연구소'의 정융녠(Zheng Yongnian, 鄭永年)은 "싱가포르와 중국과의 관계는 공공부문, 정당(政黨) 간, 개인적인 영역 등에서 양국이 정기적인 교류체계를 수립하고 다양한 측면에서 동시에 협력하는 중국과 동남아권 국가 사이에서는 볼 수 없는 유일무이한 독특한 것으로, 매우 구조적이고 체계적인 관계"라고 보았다.

두 나라의 관계는 싱가포르로서는 중국에 경제적 기회를 주었으며, 막 개방하기 시작한 중국으로서는 서구와 타이완과 거래하는데 싱가포르의 유용함을 기초하여 발달했다. 양국의 상호협력 공간 영역의 확대는 덩샤오핑의 지도력에 의하여 꽃을 피웠다.[18]

필자는 양국관계의 특수성이 무엇일까 곰곰이 생각해보았다. 리콴유는 싱가포르에서 출생하였으나 그의 증조부는 중국 광둥성 다부현(大埔縣) 객가(客家) 출신으로 싱가포르로 이주해와 말레이시아에서 출생한 객가 출신 여자와 결혼하였다. 그러므로 리콴유는 말레이 문화의 영향을 많이 받은 페라나칸(Peranakan) 중국인이다.[19] 따라서 리콴유는 중국에 대하여 미국이나 영국 혹은 프랑스에 대한 감정과는 다른 감정을 가졌으리라 추측된다. 그는 국가지도자로서 싱가포르는 '중국의 제3국'이 아니라고 선언했고 중국은 싱가포르 미래 경제발전에 막대한 도움이 될 것이라는 정치적·경제적 계산을 표면적으로 내세웠지만, 그의 가슴 속 깊은 곳에 있는 중국인의 후예라는 의식이 어느 정도 영향을 주었다고 본다.[20]

중국 지도자들도 당연히 싱가포르를 다른 국가들과는 다르게 인식하였을 것이 분명하다. 《시진핑과 싱가포르 모델》의 저자 우진성은 덩샤오핑이 싱가포르를 선호했던 이유를 다음과 같이 설명한다.

덩샤오핑은 리콴유를 훌륭한 지도자로 평가하며 중국을 리콴유처럼 통치할 수 있다고 생각했다. 더군다나 '싱가포르인의 70% 이상이 화인이고 중국말을 하고 중국음식을 먹는다. 이들이 할 수 있다면 왜 960만 km²에 사는 중국인들은 못하는가? 왜 중국은 싱가포르를 확대한 것 같은 큰 국가가 될 수 없는가?'라고 생각했다. 중국 지도자들에게 싱가포르는 서구를 이해하는 '교두보'였음에 틀림없다. 그래서 덩샤오핑은 개혁개방을 선언했고 '싱가포르 모델'을 따르도록 호소했던 것이라고 우진성은 분석했다.[21] 덩샤오핑의 꿈은 아마도 중국을 싱가포르같이 통치되는 나라로 재건하는 것이었을 것이다.

베이징 외교학원(外交學院)을 졸업하고, 신화사(新華社)에서 정치 및 시사담당 기자를 지냈으며 현재 난양이공대학 '라자라트남 국제문제연구학원(S. Rajaratnam School of International Studies, 拉惹勒南 國際問題研究學院)'의 리밍장(Li Mingjiang, 李明江) 교수는 외교상 싱가포르는 동남아에 있어 중국의 교두보라고 주장한다. 그는 중국과 아세안 간의 무역관계에 있어서 싱가포르가 적극적으로 역할을 하고 있으며 정치적인 측면에서도 싱가포르는 동남아시아에서 중국의 영향력이 유지되도록 지지할 뿐만 아니라 중국과 아세안 국가들과 상호협력 관계를 유지하도록 적극 추진한다며 싱가포르는 중국이 동남아 국가들을 이해하는 하나의 정보 시스템이라고 평가했다.[22]

2. 남순강화 이후 중국 지도자들의 싱가포르에 대한 인식

중국에서 싱가포르의 영향이 급물살을 타기 시작한 것은 1992년 1월 18일부터 2월 22일까지 덩샤오핑이 우한(武漢), 선전, 주하이, 상하이 등을 시찰하고 발표한 남순강화(南巡講話) 이후로 볼 수 있다. 덩샤오핑은 천안문 사태 이후 침체된 개방정책에 새로운 활력을 주입하기 위하여 개방의 선두지역인 선전으로 남행했다. 그곳에서 싱가포르의 사회질서가 잘 확립되어 있음을 칭찬하며 중국은 그들의 경험을 모범으로 삼아 더 엄격히 사회질서를 확립해야 한다고 강조했다.[23] 그는 선전을 떠나 주하이로 가기 전, 서커우(蛇口) 부두에서 배에 오르며 "여러분 좀 빨리 추진하세요"라고 선전의 지도자들을 독려했다고 한다. 이때부터 "싱가포르를 배우자"는 열풍이 급속도로 확산되기 시작했고 이를 촉진한 것은 싱가포르 정부였다.

1993년 총리직에서 물러난 리콴유 선임장관은 쑤저우공업단지를 합작 개발하는데 싱가포르의 경험을 무상으로 제공하기로 하고, 1994년에 싱가포르와 중국은 쑤저우공업단지 설립에 관한 협의각서를 체결하였다. 이후 처(處)급 이상의 중국 간부 1천여 명이 싱가포르에 가서 법제도, 시구(市區)의 구획 · 발전과 관리, 외국투자, 업무기술 훈련, 사회보

장과 고객 서비스 등에 관한 교육을 받았다.[24]

우진성은 덩샤오핑의 뒤를 이은 장쩌민 역시 '싱가포르 모델'을 중국 발전의 청사진으로 보았으나, 시기적으로 이를 적극 추진할 수 있는 시간이 없었다고 평한다. 그가 가시적으로 할 수 있었던 것은 쑤저우공업단지 합작개발이 순조롭게 진행되도록 지원하는 것과 싱가포르를 본보기로 상해 쿤산(昆山)지구에 가공수출지역과 과학단지를 설립하는 것이었다.[25] 1999년 10월, 싱가포르와 중국이 '경제협력과 무역투자촉진에 대한 양해각서(MOU, 經濟合作和促進貿易與投資的諒解備忘錄)'에 공식 서명하면서 양국 간 경제무역협상관계가 성립되었다. 쌍방은 또 '투자촉진 및 보호 협정(促進和保護投資協定)', '이중 과세와 탈세방지 협정(避免雙重徵稅和防止漏稅協定)', '해운협정(海運協定)', '우편 및 통신협력 협정(郵電和電信合作協議)', '중국-싱가포르 쌍방 투자촉진 위원회협의성립 협정(成立中新雙方投資促進委員會協議)'에 공식 서명하고 여러 항목에 관하여 경제적인 합작을 협의했다.[26] 2000년 4월 싱가포르 총리 고촉통(Goh Chok Tong, 吳作棟, 1941~)이 중국을 방문하면서 두 나라는 윈-윈 파트너십을 확립했다.[27] 2001년 리콴유와 장쩌민이 만났을 때 이들은 앞으로 100년 동안 양국의 협력이 더욱 강화되기를 희망한다고 말했다.[28]

장쩌민과 리콴유의 관계는 덩샤오핑과 리콴유의 관계보다 더 가까웠다. 장쩌민이 2002년 정권을 떠날 무렵 리콴유의 손을 잡으며 중국에 대한 서양국가들의 시각이 어떤지 물었을 정도였다고 한다. 그 후에도 2010년 5월 17일 리콴유가 장쩌민과의 만남을 위해 양저우(揚州)에 방문했을 때는 만찬을 하고 밤에 서호를 유람하며 즐겼다고 할 정도로 두 사람은 가까운 관계를 계속 유지했다.[29]

장쩌민을 계승한 국가주석 후진타오 또한 사회발전을 위한 새로운 정책과 미래 개혁개방의 새로운 방향으로 '싱가포르 모델'을 주목했다. 2003년에 중국-싱가포르 양자 협의 위원회(Joint Council for Bilateral Cooperation)를 구성하여 양국 간 협력 프로젝트를 추진하는 등 양국 주요 인사들은 두터운 협력관계를 유지하고 있다. 싱가포르와 중국과의 관계에 대해서 중국정부는 "양국관계가 우호적이고, 협력적이며, 창의적인 본보기"라고 높이 평가하고 있다.[30]

2007년 중국공산당 제17차 전국대표대회에서 후진타오는 '사상해방'을 언급했고《추스(求是)》에 게재한 그의 글에서도 여러 번 '사상해방'과 '공동부유'를 언급했다. 이를 뒷받침하기 위해 '중공중앙정책연구실'의 스즈훙(施芝鴻) 부주임은 상하이《제팡르바오(解放日報)》에〈당의 17대와 새로운 기점에서의 신 사상해방(黨的十七大與新起點上新的解放思想)〉이라는 글을 발표했다. 이어서 후진타오의 심복이며 개혁의지가 강한 왕양(汪洋, 1955~)이 광둥성 서기로 임명된 후 수십 차례 사상해방을 강조하면서 대 토론이 시작되었다.

왕양은 싱가포르보다 더 잘하라는 것이 덩샤오핑의 당부였다는 것을 상기시키며 개혁개방의 최전방 연안 도시인 선전이 싱가포르에 도전하기를 간절히 희망하며 "싱가포르와 남방의 사상해방을 학습하여 개혁의 새 방향을 심화하자!"고 외쳤다. 이후 선전에서 연속으로 싱가포르를 학습하자는 토론회가 열렸고 학계와 정계에 이르기까지 싱가포르를 학습하자는 열풍이 불었다. 이에 2007년에는 선전 시장이 직접 두 번이나 단체들을 인솔하여 싱가포르에 가서 싱가포르의 발전경험을 배워오기도 했다.[31]

후진타오 정권은 싱가포르로부터 국유기업채무정리와 은행과 증권시장을 정비하여 금융체계를 개혁한 것을 학습하고자 했다.[32] 그중 한 예로 중국은 2007년 9월 29일 자본금 2천억 달러의 중국투자유한책임공사(中國投資有限責任公司)를 설립했는데 이는 싱가포르의 지주회사인 테마섹(Temasek, 淡馬錫)을 깊이 연구하여 본보기로 했다. 중국투자공사는 경영이념, 기금을 투자하는 상세한 내용을 공포하였으며 보수적인 운영방법, 그리고 국내와 국제 산업과 금융에 투자하는 전략 등을 테마섹을 본보기로 했다. 하지만 설립부터 운영기법에 이르기까지 중국투자공사가 테마섹을 따라 배우기에는 무시할 수 없는 문제들이 있었다. 우선 중국의 정치경제의 상황은 물론이고 중국투자회사의 거대한 자본의 출처와 체제가 싱가포르와 다르다는 점이었다.

'중앙재경대학 중국은행업 연구센터'의 연락이사인 궈톈융(郭田勇, 1951~)이 정부가 출자하여 완전히 상업화에 따라 경영하는 모델은 알지만 중국에서는 추진하기가 어렵다고 지적했듯이 중국투자공사가 독자적으로 '싱가포르 모델'을 본보기로 해서 성공하기에는 어려움이 많았을 것으로 보인다. 양국의 다양한 문화적·구조적 차이로 인한 문제들을 극복해야 하기 때문이다.[33] 양국 합작의 경우에도 양국 간의 문화적·구조적 차이로 문제가 아주 없었던 것은 아니지만 쑤저우공업단지의 경우 건설과정에서 성(省)과 문제가 발생했을 경우 리콴유는 단호하게 원칙대로 문제를 해결했다. 이리하여 양국의 관계는 양국 지도자들의 적극적인 의지와 지도자들 간의 신뢰를 바탕으로 우호적으로 이루어져 쑤저우 합작은 성공사례가 되었다.[34]

양국은 2007년 두 번째 국가급 합작 사업인 중국-싱가포르 톈진생태도시개발에 관한 협정을 체결했다. 그해 11월에 원자바오 총리는 싱가포르를 방문하였다. 그는 특별히 정부가 건설한 공영아파트(組屋)를 시찰했고, 사회보장제도는 물론 심지어 정치제도에까지 관심을 보였다.

중국 지도자들은 싱가포르가 어떻게 거대 여당 하에서 당파를 상호제약하며 균형을 이루고 여론의 감시 하에 1인 1표를 행사하는 민주선거를 실시하는지에 관심을 보였다. 그다음 해인 2008년 10월에 싱가포르와 중국은 자유무역협정을 체결했는데 이는 중국이 아시아에서 처음으로 양국 간 자유무역협정을 체결한 것이었다.[35]

양국 간 협력관계가 제도화되어 가면서 고위층의 상호방문이 빈번해졌다. 중국 국가주석 후진타오가 2009년에 싱가포르를 방문했었을 때 양국관계의 지속적인 발전을 위한 "탄탄한 정치적 기반을 구축"했다고 평했을 정도로 싱가포르 지도자들이 빈번히 중국을 방문했다. 나단(Sellapan Ramanathan Nathan, 納丹, 1924~2016) 대통령, 리셴룽(Lee Hsien Loong, 李顯龍, 1952~) 총리, 고촉통 선임장관, 리콴유 내각자정(資政)부터 시작해서 테오치헤안(Teo Chee Hean, 張志賢, 1954~)과 웡칸셍(Wong Kan Seng, 黃根成, 1946~) 부총리 등이 중국을 방문했다. 리콴유는 그의 생전에 중국을 33번이나 방문했다.

싱가포르는 2010년에 중국·싱가포르 수교 20주년 기념으로 덩샤오핑이 1978년에 싱가포르를 방문한 역사적 의의를 기념하기 위해 덩샤오핑 기념비를 제작하여 싱가포르 강 연안에 세우기로 했다. 양국 수교 20주년을 맞아 리셴룽 총리의 초청으로 당시 부주석이었던 시진핑 국가주석이 2010년 11월 7일에 싱가포르를 공식 방문하였다. 이를 계기로 리셴룽 총리는 11월 14일 시진핑과 리콴유와 함께 덩샤오핑 기념비 제막식 행사를 가졌다.[36]

이처럼 양국의 지도자들 간의 긴밀한 관계는 중국 개혁개방 역사에 싱가포르가 한 획을 남기는 결과를 가져왔다. 중국은 한편으로는 싱가포르를 정식으로 학습하기 시작했고, 다른 한편으로는 중국 내에 싱가

포르 경험을 접목시키는 작업을 추진했다.[37]

3. 중국 발전을 촉진하는 싱가포르의 중국 진출

싱가포르는 중국에 대해서 "투자원금은 까먹지 않는다(不會'吃老本')"는 인식을 갖고 끊임없이 새롭고 뛰어난 조건을 창조하며 중국과 협력을 도모했다.[38] 싱가포르는 여러 해 동안 그들에게 가장 중요한 중국이 어느 방향으로 발전해 가는지, 직면한 주요 도전이 무엇인지 항상 주의 깊게 관찰하고 자신의 장점을 결합한 해결방안을 가지고 협력 프로그램을 제시했다. 1994년 쑤저우공업단지 건설과 2007년 톈진생태도시의 전략적인 상호 시범 항목은 정부 간의 합작 항목이고 2010년대 광저우지식도시, 지린 식품구(吉林 食品區), 싱가포르-쓰촨 혁신과학기술단지(新川創新科技園), 우시 싱저우(無錫星洲)공업단지, 다롄(大連)항 컨테이너 부두 등은 싱가포르 정부와 지방과의 합작 항목으로 모두 중국이 직면한 대외 개방과 지속발전을 위한 과제에 대응한 프로젝트들이었다. 이 밖에 양국 간의 주요한 경제 무역합작은 산둥(山東), 쓰촨, 후베이, 저장, 랴오닝(遼寧), 톈진, 장쑤, 광둥 등의 성(省)과 시에서 추진되고 있다.

싱가포르는 다양한 분야에서 중국과 합작의 기회를 찾고 있다. 1992년 양국은 과학기술 부문에 있어서 '과기협력협정(科技合作協定)'에 서명했고, 1993년에는 중국-싱가포르 과기협력 연합위원회를 건립했다. 1995년에는 중국-싱가포르 과학기술공사를 설립하고, 1998년에는 중국-싱가포르 연합 연구 계획을 수립하는 등 협력 프로젝트가 모두 18개나 되었다. 2003년 10월에는 중국과학기술부에서 토치 하이 기술산업개발센터(Torch HIgh Technology Industry Development Center)에 싱가포르 대표처를 정식으로 발족했다.[39]

또한 기획이 거대한 사업뿐만 아니라 중소기업에게도 중국시장의 진출을 장려하고 있다. 중국과 싱가포르 양측의 경제적 합작의 잠재력은 대단히 크다. 중국은 인도에 비하여 경제발전이 월등히 빠르고 기회도 많으며 효율성도 훨씬 높다. 리콴유는 싱가포르가 중국시장을 중요시하는 이유는 싱가포르와 중국 간의 문화·역사상의 깊은 연원 때문이 아니라 이익 때문이라고 말했다.

중국의 경제발전으로 인하여 1990년대 초기부터 2000년대에 이르기까지 수출용 제조품과 해외직접투자유치에 있어 싱가포르는 중국과 경쟁했다. 그러나 싱가포르는 성공적으로 부가가치가 높은 제품생산과 선진국형의 경제체제로의 전환으로 중국의 경쟁 상대이기보다는 상호보완적 관계를 유지할 수 있었다. 그리하여 중국시장은 여전히 싱가포르에게는 경제성장의 기회를 제공하고 있다.[40]

중국주재 싱가포르 대사 천셰룽(陳燮榮, 1954~)은 중국은 싱가포르의 제3대 무역동반자로 유럽과 말레이시아 다음이며 싱가포르는 중국의 제8대 무역동반자로 2009년 말까지 싱가포르가 중국에 누적된 투자액은 543억 싱가포르달러(약 424억 달러)에 달한다고 소개했다. 중국 상무부 통계에 의하면, 2010년에 싱가포르가 중국에 투자한 총액은 56억5천7백만 달러로 홍콩과 타이완 다음으로 많았다. 중국해관총서의 발표에 의하면 2010년 1월에서 12월까지 중국과 싱가포르 간의 수출과 수입 상품 총가는 570억5천7백만 달러로 중국과 아세안 무역총액의 약 19.5%에 달했다. 2010년 상반기, 두 나라 사이의 양방향 무역은 상승하기 시작했고 양국무역총액은 466억 싱가포르달러로 약 37% 성장했

다. 중국과 싱가포르 양자 간 수입과 수출은 양쪽 모두에 유리하게 성장하고 있다.[41]

중국에 대한 싱가포르의 투자 업종은 제조업, 부동산 개발, 운수 및 물류, 환경공학, 과학기술, 생명공학, 인력자원, 은행 및 금융, 의료, 교육 등 다양해지고 중국에 대한 싱가포르 투자영역이 점차 확대되고 있다. 최근에는 빠른 속도로 중국 도시화에 싱가포르 기업들이 참여하고 있다. 예를 들어 중국 정부가 추진하는 많은 도시의 경제합리화 계획에 따라 현대서비스업 영역에서 싱가포르의 서비스 공급자가 기회를 잡고 있다. 즉 정보통신기술, 물류, 금융, 교육과 의료업 방면에 중국 측과 투자와 합작이 많이 이루어지고 있다. 싱가포르가 투자하는 지역은 처음에는 연안에서 시작하여 내륙인 동북부, 중부, 서부지역으로 확대되고 있다.[42]

천셰룽 중국주재 싱가포르 대사는 싱가포르는 자연자원이 결핍된 국가로 토지와 수자원이 대단히 한정되어 있기 때문에 경제발전에 있어서 효율적이고 지속적인 관리와 책임의 방식을 채택할 수밖에 없다고 말했다. 그는 싱가포르도 과거에 중국과 유사한 경제전형 단계를 겪으면서 싱가포르 기업들이 도시 종합관리의 각종 난제를 해결한 경험들을 축적하고 있다고 주장한다. 그래서 중국 도시문제 해결에 있어서 싱가포르 기업들은 수자원, 환경관리, 도시계획, 향진발전 등에 관하여 중국기업과 합작할 기회가 많다고 보았다. 이런 분야에서 뛰어난 많은 싱가포르 기업들은 중국과 합작하기를 희망하며 윈-윈 동반자 관계를 수립하여 싱가포르의 전문지식과 경험을 중국기업과 소비자와 공유하기를 희망한다고 말했다.

더 나아가 천셰룽 싱가포르 대사는 싱가포르는 아시아에서 전략적으로 우수한 지리적 위치에 있을 뿐만 아니라 개방적인 상업환경을 가지고 있어 싱가포르 기업과 원근의 시장과 모두 긴밀한 관계하에 싱가포르의 해외업무가 광범위하게 이루어지고 있다면서 중국 기업들이 싱가포르 기업들과 합작하여 전 세계에 연결되어 있는 네트워크를 개척하고, 싱가포르의 발달한 기초설비를 이용하면 동남아와 중동 등 신흥 시장으로 확대해 나갈 수 있다고 전망했다. 그는 중국과 싱가포르 기업이 서로 장점과 자원을 합하면 공동 성장할 수 있다고 말했다.

싱가포르에는 이미 4천 개 이상의 중국 기업이 지점이나 대표처를 설립했으며 약 155개의 중국 회사가 싱가포르 증권시장에 상장되어 있다. 싱가포르와 중국과의 무역관계는 튼튼한 기초 위에 성장하여 양국이 상호 윈-윈한다라고 표현할 정도로 양국 간의 무역관계는 긴밀하고 광범위하다고 볼 수 있다.[43]

중국과 싱가포르 간의 금융합작이 신속히 이루어지고 있다. 2012년 6월 중국인민은행은 싱가포르 금융관리국이 중국에 대표처를 설립하도록 비준했고, 2012년 7월에는 양국이 자유무역협정하의 관련 은행업무에 관한 문서에 서명했다. 이에 10월부터 싱가포르는 중국은행과 중국공상은행 싱가포르 분점 개설을 허가했고, 2013년 4월부터는 중국공상은행 싱가포르 분점에서 인민폐를 거래할 수 있게 되었으며 5월부터는 싱가포르 금융관리국 베이징 대표처가 문을 열었다. 2016년 3월에는 중국인민은행과 싱가포르 금융관리국이 중국 화폐 3천억 위안과 600억 싱가포르달러를 3년간 교환할 수 있도록 서명했다.[44]

또한 중국과 싱가포르 지도자들은 끊임없이 경제협력방안을 모색하고 있다. 2012년 8월 리셴룽 총리는 6일간 중국을 공식 방문하여 원자바오 전 총리와 다양한 분야의 경제협력에 대해 논의하였으며 1년 뒤인

2013년 8월 26일에도 일주일간 중국을 방문하여 시진핑 국가주석과 리커창 총리를 만나 양국 간의 경제협력 및 아세안 지역에서의 중국의 역할 등에 대한 의견을 교환하였다. 특히 2013년 방문기간 중 리셴룽 총리는 신장위구르 자치구와 랴오닝성도 방문하여 또 하나의 대형 협력프로젝트의 가능성이 있는 지역을 시찰한 것으로 알려졌다.[45]

싱가포르는 동남아에서 유일한 선진국으로 중국과의 무역을 볼 때 기타 동남아국가와 비교해 두 나라 간의 무역량이 대단히 많으며 계속 증가하는 추세이다. 동남아에서 싱가포르는 중국산업과의 상호보완성이 가장 크고 중국과 경제적 합작의 잠재력이 크다. 중국해관 통계에 의하면 2015년 양자 간의 무역액이 795억7천만 달러로 0.1% 감소하고 그중 중국수출이 520억1천만 달러로 6.5% 증가했으며 수입은 275억6천만 달러로 10.5% 증가했다고 한다.[46]

중국에 불고 있는 싱가포르 학습 열풍

2장

1. 중국관원과 당간부 연수대학: 싱가포르 난양이공대학

개혁개방 초기 중국 정부는 공산당간부들을 미국 하버드대학 케네디 스쿨로 연수를 보내 미국의 관리기술을 학습하도록 했다. 그러나 미국 연수과정은 양국의 외교관계에 따라 중단되기도 했고, 때로는 중국 정부가 일부 연수 과목에 불만을 표하여 취소되기도 했다. 1992년부터는 싱가포르 난양이공대학이 중국공산당간부의 연수기지가 되었으며 현재까지도 중국공산당간부들이 파견되고 있다.

중국공산당간부의 싱가포르 연수는 중국공산당 중앙정치국 중앙조직부(中共中央 組織部)가 직접 싱가포르 관련부서와 연계하여 주선했다. 전 중국 국가부주석인 리위안차오(李源潮, 1950~)는 2007년부터 2012년까지 중국공산당 중앙조직부 부장으로 재임할 당시 "우리가 싱가포르를 지도자 간부들의 해외연수 기지로 가장 먼저 선택한 것은 싱가포르의 발전경험이 중국에 본보기 역할을 하기 때문이다"라고 말했다. 이는 공산당 고위층의 공통된 생각이었다. 다른 나라의 발전양식을 본보기로 학습하는 것은 중국공산당 역사상 구소련 다음으로 싱가포르가 두 번째이다.

연수과정

중앙조직부에서 해외로 연수를 보낼 간부를 뽑은 후 우선 베이징에 위치한 외교학원에 보내 5개월간 영어를 집중적으로 훈련받도록 한다. 이곳에서 2주 미만의 단기연수 간부는 미국 하버드대학으로 파견하고, 학위 취득을 위한 장기연수 간부의 경우에는 난양이공대학으로 파견한다. 이제 중국 중간층 간부들 사이에서는 "당신 싱가포르에 갔다 왔나?"가 인사말이 될 정도로 많은 간부들이 싱가포르에서 연수를 받았다.[1]

하버드대학을 중국공산당의 제2 당교(黨校)라고 한다면 난양이공대학은 중국공산당의 해외 당교라고 표현할 정도로 중국간부들을 위하여 다양한 교육과정을 개설하여 운영하고 있다. 난양이공대학은 초기에는 중국의 각 성과 도시의 간부들을 위하여 짧게는 1주간, 길게는 3개월간의 연수반을 개설하여 싱가포르 정부 관리에 관하여 강의했다.[2] 1997년부터는 중국 시장(市長)협회와 싱가포르 국가발전부가 함께 중국 시장들을 위한 '중국 시장 고급연수반(中國市長高級研修班)'을 운영했다. 1998년부터 난양이공대학은 전문적으로 중국관원을 위해 중국어로 수업하는 '관리(管理)경제학 석사과정'을 개설하여 2005년까지 석사학위 수여자를 300여 명 배출했다.

2001년에 양국정부가 '중국공산당 중고급 관원이 싱가포르에 가서 학습을 하는 교류에 대한 협정'을 체결한 후 중국의 중앙조직부와 교육부는 싱가포르로 연수생을 파견하였다. 이 중국고관반 연수생의 대다수는 시장이나 그 동급의 청(廳)·국(局)급 지도자 간부들이었다. 그래서 난양이공대학에 개설된 이 반을 중국 '시장반'이라고 불렀다. 2005년 제1기 중국 '시장반' 수강생은 라싸시(拉薩市) 부시장 쉬청창(許成倉), 광시성(廣西省) 라이빈시(來賓市) 부시장 머궁밍(莫恭明), 산시성(山西省) 발전개혁위원회 부주임 왕빈(王賦), 지린성(吉林省) 검찰청 부청장 자샤오둥(賈曉東) 등 55명이었다. 이중 8명은 중앙 공산당조직부에서 파견되었고 기타는 지방조직부에서 선발되어 파견되었다. 당시 중국정부의 정책에 따라 일부 간부들은 중국 중서부에 위치한 성들과 도시에서 파견되었다. 고관반의 교수진에는 싱가포르 집권당인 인민행동당의 부비서장, 재정부 부부장, 외교부 정무장관, 국회위원 등 싱가포르 정계요원들이 포함되었다.

난양이공대학은 기존의 '관리경제학 석사과정' 이외에 2005년부터 중국공산당 간부를 위해서 1년 과정의 '공공관리 석사학위과정'을 개설했다. 싱가포르 주재 중국대사관 교육처의 통계에 의하면 2005년에 '공공관리 석사반'과 '관리경제학 석사반'에서 수강한 중국관원의 수는 각각 55명과 48명이었다. 이들은 주로 허베이(河北), 지린, 쓰촨, 랴오닝, 산둥, 장쑤 등의 성과 충칭시 출신들이었다.[3]

난양이공대학은 2008년부터 전문적인 공공관리 대학원(公共管理研究生院)을 설립하여 중국 간부들을 전문적으로 교육시키기 시작했다. 공공관리 대학원 우웨이(Wu Wei, 吳偉) 원장은 "광둥성위 서기 왕양은 싱가포르를 3번이나 방문하고 싱가포르의 치국모델을 찬양했다. 그 후 광둥성의 많은 청·국급의 간부들이 교육받으러 왔었다"고 말했다. 2008년 광저우시 위원회 서기였던 주샤오단(朱小丹, 1953~)은 난양이공대학과 연수협정을 체결하였다. 이에 상무위원회는 광저우의 모든 관리(管理) 지도자들을 싱가포르에서 교육받도록 파견했다. 2008년 쓰촨성 대지진 후 6개 그룹의 시장, 시위(市委) 서기가 싱가포르에서 학습했다. 2010년에는 260여 명의 장시성(江西省) 시위원회 서기, 시장들도 6개 그룹으로 나뉘어 싱가포르에서 연수했는데 일부 현위원회(縣委) 서기들도 이 중에 포함되었다. 허베이성에서도 5개 성급 간부와 58명의 청급 간부들이 연수했다. 후베이성 위원회(湖北省委) 상무위원(常委), 샹양시(襄陽市) 위원회 서기 판루이핑(範銳平), 광시자치구 부주석 란톈리(藍天立), 산둥성 부성장 차이리민(才利民) 등은 모두 일찍이 난양이공대학의 연수과정을 밟았다. 2011년부터는 주로 중국의 서부개발을 위해 서부지역의 각 성과 도시의 중고급·청급 간부들이 싱가포르에 파견되었다. 산시(山西), 산시(陝西), 네이멍구(內蒙古), 구이저우(貴州) 등 상대적으로 빈곤하고 낙후한 지역과 신장(新疆)에서 청·국급 간부들이 한꺼번에 연수했다.[4]

1992년부터 2012년 4월까지 난양이공대학에서 연수한 중국 간부의 수는 1만3천여 명으로, 31개의 중국 성·시에서 평균 3, 4백 명이 파견되었으며 석사는 그중 1%이고 나머지는 단기과정이었다. 2012년에 난양이공대학에 접수된 중국관원 수만 1천4백 명이었고 8천 명 이상의 각급관원이 싱가포르에 와서 11개 교육장소로 흩어져 간부교육을 받았다.[5] 2010년까지 전 중국 각 지방에서 싱가포르로 파견한 간부 수는 3만 명이 넘는다.[6] 따라서 난양이공대학을 제외한 싱가포르 각 지역 연구기관에서 연수했거나 교육받은 중국간부 수가 2012년에는 2만여 명을 훨씬 능가했다. 2013년에는 1만 명의 중고급간부들이 난양이공대학 '시장반'을 졸업했다.[7]

교육과정

난양이공대학은 중국공산당 중앙조직부의 위탁을 받아 경제관리와 정책, 공공관리와 정책, 사회관리, 도시관리, 위기관리, 응급관리, 사회보장, 민족조화, 반부패제도 등에 관한 교과과정을 개설하여 강의하고 있다. 2007년에 개최된 중국공산당 제17차 당대회 이후에는 사회관리와 환경보호문제가 대단히 중요한 주제로 대두되었다. 싱가포르는 물에 대한 처리, 쓰레기처리, 저탄소배출을 위한 환경관리가 대단히 잘되어 있다. 특히 싱가포르의 "정부가 건축한 공영아파트(組屋)"는 대단히 성공적이어서 후진타오, 원자바오, 시진핑을 포함한 중국의 역대 지도자들이 모두 관심을 가졌다.[8]

우웨이 난양이공대 공공관리 대학원 원장은 중국관원들에게 제공하는 교육에는 3가지 중요한 방향이 있다고 밝히고 있다.

첫 번째는 광범위한 국제적 시각을 갖게 한다. 중국관원이 싱가포르에서 연수하면서 배울 수 있는 장점은 광범위한 국제적 시각으로 외국이 어떻게 운영되고 있는지와 그들의 성공한 경험과 실패한 교훈에 대해서 학습하는 것이다.

두 번째는 이론은 반드시 실제상황과 연계하는 것으로 중국관원을 위한 연수과정은 말만 하는 이론이 아니라 실제와 결합한 수업이어야 한다. 이는 실제로 싱가포르가 현재 어떻게 관리되고 있는가를 관찰하도록 한다.

세 번째는 반드시 중국의 국정과 결합하여야 한다. 왜냐하면 이들이 귀국하여 복직해서 업무에 기여해야 하기 때문이다. 그러므로 그들과 헛된 이야기를 할 수 없다. 싱가포르 연수는 유럽이나 미국에 비하여 싱가포르의 발전과정이 비교적 중국국정에 근접하고 중국어로 강의하여

중국관원들이 이해하기가 쉽다.[9]

1년간 집중적으로 진행하는 시장반 교육을 예로 들면 다음과 같다. 시장반은 3개의 학기로 나누어지는데 중간 학기 3개월은 졸업논문 보고서를 준비해야 한다. 보고서는 실천 가능한 '시장보고서'를 작성해야 한다. 왜냐하면 시장이 1년 안에 학술적인 석사논문을 작성하기에는 시간상 무리가 있기 때문이다. 그리하여 연수생들은 과제에 대한 연구와 토론을 거쳐 학습 중에 배운 공공관리, 경제관리, 공공정책, 경제정책 이론을 현장에 접목하여 실천할 수 있는 연구보고서를 작성해야만 한다.

교수는 이들 시장들이 작성한 보고서가 그들의 정책결정에 중요한 참고자료가 될 수 있도록 작성시킨다. 그들은 이 보고서를 가지고 귀국하여 자신들이 관리하는 현, 시, 국(局)에서 실시할 수 있어야 한다. 예를 들면 시의 사회관리와 도시관리의 문제점에 대한 해결안을 제시할 경우 거시적인 사고와 미시적인 문제의 해결안과 아울러 실제상황에 적합한 안을 제시할 것을 강조한다.

학급운영은 과제별로 관원을 3~5명으로 조를 짜서 환경문제, 사회보장, 그리고 공공서비스 중 한 항목을 정해 집중 연구하도록 한다. 예를 들어 후베이성 샹양 시위원회 서기였던 판루이핑은 그가 관할하는 지역의 강 1km의 수질오염을 관리하는 것을 연구하였다. 연구 후 전문가를 초청하여 이 과제에 대하여 평가한 결과 연구내용이 우수하여 장려금을 받았다. 1등은 50만 싱가포르달러 즉 약 41만 달러인데 이 장려금은 이 과제를 실행하는 비용이 되었다.

2012년의 연구대상은 물이 대단히 부족한 간쑤성(甘肅省)에서 수상했다. 간쑤성의 보고서는 정부가 정책적으로 어떻게 촌민들로 하여금 우물을 파고 저수하도록 격려하고 지원하는지에 관한 연구였다. 한 촌만 성공하면 간쑤성의 다른 촌들이 따라할 것으로 예견했다. 난양이공대학은 이 사업의 시작부터 완성될 때까지 철저히 관리하기 위하여 전문가를 현장에 파견하여 우물을 파기 시작하는 개공식 혹은 저수단계의 완공식에 참관하도록 했다.

공공관리대학원 교수진 중 일부는 난양이공대학 공과대학에서 파견되었다. 공과대학의 환경보호 전공 중 특히 물의 보호연구는 세계에서 1, 2위이다. 관리경제학 분야는 경영대학 교수들이 담당했다. 그리고 퇴직한 전 부총리나 전 장관들을 포함한 퇴직 전임 고관들 7, 8명을 겸임교수로 초빙하기도 했다. 2012년 5월에 사임한 부총리 웡칸셍, 전 국가발전부장관 마바우탄(Mah Bow Tan, 馬寶山, 1948~), 교통부장관 요초우통(Yeo Cheow Tong, 姚照東, 1947~), 국방부장관 요닝홍(Yeo Ning Hong, 楊林豊)이 겸임교수로 강의했다. 몇 사람은 리콴유를 수행하며 세계무대에서 활동했던 사람들로 지난 40여 년 동안 싱가포르를 위하여 기적과 같은 중요한 정책을 결정하고 집행한 사람들이었다. 시장반의 '장관과의 대담'이라는 교과과정에서 중국간부들은 이들 장관들과 함께 앉아 한 주제에 관하여 토론하고 교류하면서 싱가포르의 성공 경험을 학습한다.[10]

연수 온 중국간부들은 수업 이외의 다른 활동을 할 여가가 없었다. 그래서 대학에서 자주 친목을 위한 활동을 주최하여 중국간부들이 기타 국가와 싱가포르 연구생들과 교류하도록 주선하였다. 난양이공대학 공공관리대학원 원장을 도와 연구원을 관리(Assistant Dean)했던 원취안(Wen Quan, 文泉)은 이런 친목활동을 매년 수없이 개최하는 목적은 외국학생들 간에 교류할 기회를 제공하고 학습생활에 적응하도록 돕기 위해서라고 한다. 그는 졸업할 때 많은 학생들의 체중이 입학했을 때에

비해 감소한 것을 예로 들면서 학습이 힘들었던 것 같다고 말했다.[11]

난양이공대학 측은 시진핑 정권이 더 적극적으로 싱가포르에 관원을 파견하여 학습시킬 것으로 예상하고 있다. 왜냐하면 양국의 수교 20주년을 맞이하여 2010년 11월 국가부주석이었던 시진핑이 싱가포르를 방문하여 내각자정 리콴유를 만났을 때 "덩샤오핑 선생이 여러 차례 중국은 싱가포르를 배워야 한다"고 말했으며 "과거에도 이런 학습은 필요했고 현재에도 미래에도 필요하다"라고 말했기 때문이다.[12] 시진핑의 발언대로 앞으로 더욱더 많은 중국관원들이 싱가포르를 배울 것으로 보인다.

2. 중국관원들과 당 간부들의 '싱가포르 모델' 학습

중국의 주석과 총리는 물론 정부의 고위 공직자들도 수없이 싱가포르를 시찰하고 배우고자 했다. 2007년 8월 선전시장 쉬중헝(許宗衡)은 백 수십 명으로 구성된 '바다를 건너 경험하고자 하는 단체(跨海取經團)'를 이끌고 싱가포르의 경험을 배운다는 명목으로 2차에 걸쳐 싱가포르를 시찰했다. 그는 5일간의 방문 기간 동안 쉬지 않고 싱가포르의 국가발전부, 시구(市區)재건축국, 육로교통관리국, 국가환경서, 공공사업국, 주택건설발전국 등 여러 개의 부서를 둘러보았다. 쉬중헝 등은 싱가포르의 발전에 감명을 받고 이후 더 많은 정부관원들을 싱가포르로 파견하여 학습하도록 했다.[13]

중국은 싱가포르의 고위층, 정부 부문, 지방 성·시, 군대, 재계와 민간에 이르기까지 광범위하게 정기적인 협력체계를 수립했다. 2004년 5월 쌍방이 "중국 - 싱가포르 기금"을 모아 양국의 젊은 관원 양성과 교류를 지원하기로 결정했고, 양국은 동년에 부총리급 협력공동위원회를 설립하여 2010년까지 6차 회의를 가졌다. 2007년 7월 양국은 '싱가포르 공단 관리경험을 서부개발 인재양성에 참조하는 협력양해각서(關于借鑒運用新加坡園區管理經驗開展中西部開發區人才培訓合作的諒解備忘錄)'에 공식서명하기도 했다.[14] 싱가포르 통상산업부와 중국의 성과 직할시는 양국의 장관급 경제무역이사회를 설립하여 도처로 협력관계를 확산했다. 이런 종류의 이사회는 현재 7개로 중국의 동부, 동북, 서부지구에 분포되어 있다. 이러한 협력체계의 중요한 의의는 양측 공무원의 교류와 훈련계획이라 할 수 있다. 2004년과 2009년에 양국은 싱가포르-중국 기금조성을 결정하고 중고급 공무원 교환 및 훈련 계획안에 대한 협의에 서명했다.[15]

양국의 집권당은 당과 당 사이의 교류도 시작했다. 1999년부터 2002년까지 중앙조직부 부장이었던 쩡칭훙(曾慶紅, 1939~)은 싱가포르 인민행동당의 통치력과 집권능력에 관심을 가졌다. 그는 중국을 방문한 싱가포르 인민행동당 대표단을 접견했을 때 "중국공산당은 인민행동당의 당 지배와 국가를 통치하는 경험을 중시하고 본보기로 삼아 배우려 한다"라고 하며 "이것이 양국 당 간의 교류의 핵심 중 하나가 될 것이다"라고 말했다.[16] 그는 당시 싱가포르 부총리 리셴룽과 양국 간부훈련 협력에 관한 협정을 매 5년마다 갱신하기로 했고 재원은 싱가포르 외교부나 학교가 부담하기로 했다.[17]

중국공산당은 싱가포르에 가서 '싱가포르 모델'을 연구하도록 대표단을 파견하기도 했다. 2007년 중국공산당에서 파견한 대표당원들 대부분은 공산당정책을 연구하는 중앙당교 연구원들이었다. 그들의 목적은 싱가포르의 인민행동당이 어떻게 국가를 통치하는지 연구하는 것이었다. 당시 파견된 연구실 부주임 쩡예쑹(曾業松)은 싱가포르의 인민행동당을 "세계에서 다당제를 실행하는 국가 중 국가에 대한 지배능력이 가장 강하고 집권기간이 가장 긴 정당"이라 평가했다.[18]

싱가포르 정부와 중국 핵심당의 업무기관인 중공중앙 조직부 간의 협력체계의 수립은 중국과 싱가포르 간 상호 신뢰가 확고하다는 증거라고 볼 수 있다. 2010년까지 중앙조직부가 싱가포르에 연수를 위해 파견한 중국의 행정기관인 국무원소속 사(司)·국(局)급 간부 수는 지금까지 1천 명이 넘는다. 또 전 중국 각 지방에서 파견한 간부 수는 3만 명이 넘는다. 따라서 싱가포르가 공무원의 해외 연수 선호 목적지가 되었으며 싱가포르 경험은 중국에 계속적으로 "특수한 참고역할"을 할 것으로 보인다.[19]

2010년 12월 4일부터 17일까지 중국 선양(瀋陽)의 중년과 청년간부 고급연수반이 싱가포르에 2주간 연수한 내용을 소개하면 다음과 같다. 선양의 간부들은 싱가포르의 전문학자들로부터 〈싱가포르의 기본국정 및 통치이념(新加坡基本國情及治國理念)〉, 〈싱가포르 경제발전 전략과 성공경험(新加坡經濟發展戰略與成功經驗)〉, 〈싱가포르 사회복지와 보장제도(新加坡社會福利與保障制度)〉, 〈싱가포르 도시계획과 관리(新加坡城市規劃與城市管理)〉, 〈싱가포르 수자원 개발과 순환이용(新加坡水資源的開發與循環利用)〉, 〈싱가포르 공용사업관리(新加坡公用事業管理)〉, 〈싱가포르 주민정책의 새로운 여정(新加坡民居政策的心路歷程)〉, 〈싱가포르 사회화합 조성(新加坡和諧社會的打造)〉 등에 관해 강의를 들었다. 또한 이들은 싱가포르의 도시건설, 사회보장, 교통관리, 민중구락부, 커뮤니티 케어센터, 신생수공장, 난양이공대학 등을 시찰했다. 이들은 학습과 시찰을 통해 싱가포르 경제발전을 현재 중국 대도시와 중도시 발전의 본보기로 보았다. 또한 이들은 '싱가포르 모델'의 의미와 싱가포르 발전의 놀라운 발자취를 학습했을 뿐만 아니라 이 연수를 통해 세계변화를 직접 느꼈다.[20]

결론적으로 수많은 중국관원들이 싱가포르에서 연수하고 '싱가포르 모델'을 학습한 결과 그들이 가장 배우고 싶어 하고 중국에서 실천하고 싶어 하는 내용은 도시발전계획 수립과정과 그 운용 및 도시건설과 사회관리 등임을 알 수 있다. 그들이 소개하는 내용을 간단히 요약하면 다음과 같다.

1) 싱가포르에서는 모든 방면에 총체적 계획을 수립할 때 항상 장기적이고 종합적이며 전략적인 계획을 세운다. 계획과정은 개방적이고 투명하도록 총체적인 초안을 평가하기 위해 공공전시, 전문가 토론회 및 조별토론을 통하여 의견을 청취하고 관련자들의 의견을 구하며 계획이 실천되는 것을 보증하기 위하여 구체적인 방법을 제시한다. 그리고 싱가포르의 발전계획은 언제나 기업친화적 사고와 서비스 이념과 같은 선진 이념을 추구하며 과학적이다.[21]

2) 모든 계획은 '사람이 근본'이며 사람들의 편의를 중시한다. '사람이 근본'이라는 이념에는 요구가 다양한 대중을 만족시키려는 사회공평성에 대한 의식이 내포되어 있다. 그리고 정부의 의사 결정에 대중의 참여를 장려하여 발전계획의 합리성을 확보하여 계획을 실시한다. 정부 관련 직원은 적극적으로 지역사회에 참여하여 자문과 서비스를 하며 주민들의 요구를 이해하여 그들이 필요로 하는 각종 시설을 설치한다.

3) 싱가포르는 정부부처 간의 원활한 소통을 유지한다. 싱가포르 정부부처의 구획은 간단하나 직책은 분명하고 합리적이며 일체된 정부를 강조함으로 결정된 정책은 각 부처가 협조하여 효율적으로 집행한다.[22]

4) 싱가포르는 서구 민주주의를 그대로 답습하지는 않았지만 사법제도의 독립과 사회공평과 질서, 그리고 효율성을 강조한다. 싱가포르는 법치국가로서 모든 사람은 평등하고 법률 내에서 자유가 보장되며 법률 이외 특권이 없고 법률위의 권위가 없다. 그러므로 싱가포르 도시 관리는 법치이념하에서 장기적·효율적으로 관리된다.[23]

5) 절약과 환경의식은 도시의 지속발전 가능성의 초석이다. 싱가포르는 자원절약과 환경보호를 중시하고 도시 폐기물 회수 처리와 수자원 보호 및 활용을 실현했다. 싱가포르는 잘못된 관리로 자원이 부족하게 된다고 생각한다.[24]

6) 주택건설을 이용하여 조화로운 사회를 건설했다. 싱가포르 정부는 주택을 통하여 효율적으로 시장 수요와 공급을 조절하여, 토지가 부족한 싱가포르에서 '주택 소유'의 목표를 실현했다. 싱가포르에서는 주택은 비교적 안정된 장기자산이고 저소득층 가정이 주택소유를 통하여 사회발전의 성과를 향유할 수 있다. 또한 혼합거주로 각 민족인구 비례로 아파트를 분배하여 계층분화와 민족분화를 피했다.[25]

7) 도시녹화를 위한 관리를 세밀하게 한다. 싱가포르 녹색 건설은 '정원 도시'에서 '정원 속의 도시'로 변했다. 싱가포르 녹화 건설의 중요한 특징은 세밀한 관리이다. 싱가포르 공원국(公園局)은 '도로녹지규범(道路綠地規範)'을 제정하여 녹지분리대를 규정하고 가로수에 대한 기록을 작성하여 관리를 전자화했다.[26]

중국 관리나 당원들은 싱가포르와 비교하여 중국의 문제점들을 다음과 같이 지적하고 있다. 중국의 경우 계획은 많지만 실천이 제대로 되지 않는데 이는 계획부서에 계획을 실천할 수 있는 수단을 부여하지 않기 때문이다.[27] 중국 행정 담당부처 간의 공통된 법률기초와 명확한 발전계획지위와 업무분담이 없어 발전계획편제와 실시과정 중 당사자 간의 효율적인 협조와 연결 메커니즘이 부족하여 각종 발전계획 간 내용이 자주 중복되거나 빠지거나 상호 제약하거나 상호 모순되는 현상이 나타나 발전계획의 성과가 실현되기 어렵다.[28]

중국은 청문회와 심포지엄 등 민의를 청취하는 방식은 받아들였지만 주민 참여의 수준이 충분히 높지 않고 청문회의 범위가 충분히 넓지도 않으며, 형식과 절차에도 문제가 있다.[29] 중국은 법치보다 인치(人治)를 중시하기 때문에 인간관계가 법보다 우선한다. 그리고 공공주택 건설과 정책을 보면 사회보장주택 정책과는 거리가 멀어 저소득층이 집을 소유하기는 어렵다. 더구나 대 주민구에 거주하는 인구들은 소득이 달라 상호 융합하기가 어렵다.[30] 이상의 문제들은 짧은 기간에 해결되기 어려우나 우선적으로 중국의 대도시에서도 싱가포르의 경험을 본보기로 도시교통 관리를 위한 스마트 시티 구축을 추진했으면 좋겠다.[31]

이상의 내용으로 보아 중국당원이나 관리들은 싱가포르의 근본적인 정치이념이나 사회가치관에 관하여 언급하지 않았으나 일부 중국학자들은 국민의 신뢰를 얻기 위한 싱가포르 인민행동당의 경험, 싱가포르 정부의 직무 수행 능력, 공적금제도, 주택보장제도, 사회보장제도 등에 관해 언급하고 있다.

3. 싱가포르에 대한 중국학계의 연구

중국관원들의 싱가포르 연수 열풍 못지않게 중국 학계에서도 싱가포르에 대한 연구가 활발히 진행되고 있다. 개혁개방 초기 연구의 관심은 경제발전에 대한 것이었다. 그러나 중국 내 사상의 흐름과 변화 및 수요에 따라 중국학술계의 싱가포르에 대한 연구는 권력구조, 정당제도와 정치발전에 대한 연구 등에 관심이 모아지기 시작했다.

1984년 중국인민대학의 장쩌썬(張澤森)이 《사회주의 연구(社會主義研究)》에 발표한 〈싱가포르 인민행동당 및 그 민주사회주의(新加坡人民行動黨及其"民主社會主義")〉가 이런 연구의 시초로 보인다. 장쩌썬은 싱가포르를 민주사회주의 정책이 비교적 성공적으로 실현된 제3세계 국가라고 보았다.

1985년에는 타이완 문화대학(文化大學)의 리수후이(黎淑惠)가 〈싱가포르 인민행동당에 관한 연구(新加坡人民行動黨的研究)〉를 주제로 석사논문을 발표했다. 이 논문은 1954년에서 1984년까지의 인민행동당의 역사, 연혁, 조직과 목표, 인재와 당원, 선거, 경제사회현대화 추진에 관한 연구이다. 리수후이는 인민행동당은 싱가포르 정치발전과 안정에 기여하였으며 개발도상국 중에서 성공한 정당이라고 평가했다.

1988년에 타이완에서 왕룽촨(王榮川)의 《인민행동당, 리콴유와 싱가포르 정치발전(人民行動黨, 李光耀與新加坡政治發展)》이 출간되었고, 이후 차오윈화(曺雲華), 라이쑹링(賴松齡) 등이 싱가포르 인민행동당의 의식과 형태 등에 관해 연구했다. 중국학계에서 인민행동당에 관한 연구가 다각도로 이루어지기 시작한 것은 1990년대 후반부터이다.[32]

상하이화동(上海華東)정법대학은 중국에서는 처음으로 '싱가포르 정치와 사회연구중심(新加坡政治與社會研究中心)'을 설립했다. 이 대학의 정치학연구원 원장을 역임했고 현재 상하이사범대학 법정학원 교수인 리루취(李路曲)는 1990년부터 싱가포르를 연구하기 시작했다. 1996년에

《싱가포르 현대화의 여정(新加坡現代化之路)》을 출판하는 등 여러 해 동안 싱가포르의 정당정치제도를 연구했다. 그는 의회민주제도를 실행하면서도 거대한 일당체제를 유지하고 있는 싱가포르의 인민행동당을 정당의 구조, 문화 형태, 가치관의 전환, 그리고 정치개혁을 모색하고 있는 중국공산당이 참고할 가치가 있다고 평가한다.[33]

2000년대에 들어서면서 싱가포르의 정체, 정당정치, 정부, 정치문화에 대하여 집중 연구한 저서들이 출판되었다.[34] 2005년에는 베이징에서 쑨징펑(孫景峰)이 《싱가포르 인민행동당의 집권형태연구(新加坡人民行動黨執政形態研究)》를 출간했다. 그는 자신의 저서에서 싱가포르 인민행동당의 집권배경, 집권이념, 집권체제, 집권의 합법성, 집권경험, 집권전망 등을 분석했다.

싱가포르 전문가인 뤼위안리(呂元禮)는 한때 중공중앙당교의 교수를 역임했고 현재 '선전대학싱가포르연구중심(深圳大學新加坡研究中心)'의 주임이다. 2008년에 신세기의 중국경제·정치·사회·문화 등 현실에 필요한 연구를 위해 특별히 설립된 이 연구소에서는 주로 화인 정치문화, 정당정치, 싱가포르 정치, 그리고 리콴유의 사상을 집중 연구한다. 뤼위안리는 2002년에 《아시아의 가치관, 싱가포르 정치에 관한 설명(亞洲價值觀, 新加坡政治的詮釋)》, 2007년에 《싱가포르는 왜 할 수 있는가?(新加坡爲什麼能?)》, 2010년에는 《머라이언 정치학: 싱가포르 집권정당의 치국의 도(魚尾獅的政治學: 新加坡執政黨的治國之道)》, 2011년에는 《싱가포르는 왜 부패를 다스릴 수 있는가?(新加坡治貪爲什麼能?)》 등을 출판했다. 특히 《싱가포르는 왜 할 수 있는가?》는 중국과 싱가포르 지도자들의 관심과 추천을 받았으며, 공산당과 정부의 간부들로부터 인기도서로 주목받았다.[35]

이밖에 중국 베이징대학 정치학자 리판(李凡)을 위시하여 중국 전역에 싱가포르를 연구하는 학자들이 많은데 이들의 연구는 대부분 인민행동당, 행정운영관료제, 경제발전 등의 분야에 치우쳐 있다. 이밖에도 싱가포르 인민행동당과 중국 국민당과의 비교, 싱가포르 인민행동당이 장기 집권하는 원인, 싱가포르 인민행동당과 중국공산당과의 집권양식 비교 등을 연구한 다양한 논문들이 쏟아져 나오고 있다. 이와 같이 중국 학술계가 싱가포르의 인민행동당에 관심을 가지고 연구하는 주요 목적 중 하나는 중국의 정치발전을 촉진하기 위해서다.

1990년에서 2010년까지 중국학술계가 출판한 인민행동당에 관한 이상의 연구서 이외에도 리사오젠(李韶鑒)의 《지속가능한 발전과 다원화사회의 융합: 싱가포르 경험(可持續發展與多元社會和諧: 新加坡經驗)》, 루정타오(盧正濤)의 《싱가포르 권위정치 연구(新加坡威權政治研究)》와 《싱가포르에 관한 인상: 한 중국인의 관찰과 생각(感受新加坡: 一個中國人的觀察與思考)》, 왕루이허(王瑞賀)의 《싱가포르 국회(新加坡國會)》 등이 있다. 또한 전문 연구논문으로 특히 싱가포르의 부패방지를 위한 염정(廉正) 건설과 공적금제도에 관한 연구만도 100여 편이 될 정도이다. 그러나 중국학자들의 학술독립성의 부족으로 그들의 관점이 완전히 객관적이라 볼 수는 없고, 그들의 입장에 맞춘 현실주의 입장을 고려하여 취사선택한 경향이 적지 않다.[36]

4. 중국 지도자들은 싱가포르에 왜 주목하는가

중국 지도자들이 '싱가포르 모델'에 주목하게 된 이유 중 우리가 눈

여겨보아야 할 것은 싱가포르 지도자들과 정부의 노력이다. 싱가포르와 중국의 관계에 대하여 싱가포르국립대학의 왕궁우 교수는 "싱가포르 정부는 외교부와 통상산업부 등 거의 모든 방면에서 중국에 대해 생각하고 헤아려보고 있다"고 말한다. 그는 싱가포르가 가장 중요시하는 나라는 전 아시아에서 중국이라며 중국의 국제 전략과 지역 전략에 관심을 가지고 싱가포르의 역할을 정할 정도라고 주장한다.[37] 일찍이 중국의 중요성을 인식한 리콴유의 '싱가포르 공업단지 모델'의 수출 결과인 쑤저우공업단지의 성공이 중국 지도자들로 하여금 '싱가포르 모델'에 주목하게 만들었음에 틀림없다.

난양이공대학 공공관리대학원 원장 우웨이는 '싱가포르 모델'에 덩샤오핑, 장쩌민, 후진타오, 시진핑 그리고 많은 관료들이 주목하는 이유에 대해 다음과 같이 분석했다. 첫째, 양국은 내용면에서는 다르지만 표면적으로 일당 집권체제라는 공통점을 가지고 있다. 둘째, 싱가포르는 중국계 화인으로 구성된 사회로 싱가포르의 인문적 소양과 통치이념에 있어 중국과 유사한 점이 많다. 셋째, "싱가포르는 정책을 실행하여 효과를 보는 국가"이다. 넷째, 싱가포르는 자원이 대단히 부족한 나라이지만 하나의 정원식 도시를 건설하였고 교통은 질서 정연하며 도시가 깨끗한 점 등 많은 것들이 중국의 본보기가 될 만하다.[38]

우진성은 중국공산당 지도자들, 특히 덩샤오핑이 '싱가포르 모델'을 선호하는 이유는 싱가포르의 총리 리콴유가 변하는 세계에서 국민들이 행복하게 생활하도록 대단히 잘 통치하는 것을 보고 중국도 리콴유의 싱가포르처럼 통치되어야 한다고 생각했기 때문이라고 주장한다.[39]

'선전대학 싱가포르 연구중심'의 주임 뤄위안리는 중국이 싱가포르에 주목하는 이유를 싱가포르와 중국의 정치체제는 매우 다르지만 양국 모두 일당(一黨)이 장기집권하고 있고 사회에 대한 정당의 간섭이 상대적으로 많다는 점과 "경제가 먼저이고 민주는 나중"이라는 노선을 선택한 점에서 양국이 유사하기 때문이라고 말한다.[40]

전문가들이 지적한 바를 종합하여 중국 지도자들이 '싱가포르 모델'에 대하여 친근감과 매력을 느끼는 이유를 아래와 같이 5가지로 요약할 수 있다. 첫째, 싱가포르는 인구 74% 이상의 조상이 중국에서 건너간 화인 사회이다. 싱가포르의 아시아적 가치관과 난양이공대학에 가면 중국어로 강의를 들을 수 있다는 친밀감과 공동체의식이 중국 관료들로 하여금 싱가포르에 더욱 관심을 가지게 했다고 볼 수 있다. 덩샤오핑은 생전에 싱가포르의 중국인이 할 수 있는데 중국본토에 사는 중국인이 왜 못하겠느냐며 중국에 싱가포르 같은 도시 1천여 개를 세우는 것이 자신의 꿈이라고 했다. 둘째, 싱가포르의 총리 리콴유가 뛰어난 지도자라는 점이다. 싱가포르의 인민행동당이 50여 년간 장기집권하고 있지만 관료의 청렴도는 아시아에서 으뜸이고, 다민족 국가임에도 불구하고 건국 이래 민족 간 충돌이나 큰 단체가 주도하는 주목할 만한 큰 사건이 거의 없었다. 경제상황이나 국민들의 생활수준도 양호하고 사회노령화에 대한 준비 또한 잘되어 있다. 리콴유는 어떻게 싱가포르를 이런 국가로 건설하고 관리하였는가가 중국 지도자들이 배우고 싶은 점이다. 셋째, 작은 섬나라로 제3세계 개발도상국이었던 싱가포르가 아시아의 네 마리 용(龍) 중 하나이자 세계 유수의 선진국과 견주어도 손색이 없는 부강한 나라가 된 것은 서양의 모델을 따르지 않고 독자적인 노선을 추구하여 '경제가 먼저이고 민주는 나중'이라는 싱가포르 정황에 맞는 노선을 선택한 결과라고 중국 지도자들은 보았다. 중국도 '중국식의 사회주의'를 기치로 하여 민주주의보다 경제발전을 우선하기 때문에 '싱가포르 모델'에 더욱 주목한다. 넷째, 중국이 '싱가포르 모델'에 집착하는 이유는 일당이 장기집권하는 싱가포르식의 정치운영은 국가가 개방의 진전과정과 속도를 조절할 수 있어 집권당이 충분한 시간을 가지고 당내(黨內)정치를 조정·처리할 수 있다는 장점 때문에 중국 지도자들이 '싱가포르 모델'에 대하여 친근감과 매력을 느낀다고 볼 수 있다.

다섯째, 싱가포르가 "정책을 실행하여 효과를 보는 국가"로 인정받게 된 이유는 엄격하게 법치를 실현하여 공직자들이 청렴과 효율을 유지하기 때문이다. 중국에서도 추진하고 있는 정책들이 효과를 보려면 우선 중국사회에 만연한 부정부패부터 척결하고 법치국가를 건설해야 하기 때문에 중국 지도자들은 '싱가포르 모델'에 관심을 가질 수밖에 없다.

시진핑 정권과 '싱가포르 모델'

3장

2012년 11월에 중국 총서기직과 군사위원회 주석직을 물려받은 시진핑을 위시한 새 지도부는 당면 과제로 정치·경제·사회 전반에 걸친 모순을 해결해야만 했다. 첫째, 공산당 권력 독점으로 인한 부정부패와 부조리를 척결하고 정치체제 개혁을 추진하여야 했다. 둘째, 수출가공업에 대한 의존도가 높은 중국 경제구조에서 가격경쟁 하락과 외자기업 철수 및 중소기업 도산 등의 문제를 극복하기 위한 국내 소비력을 강화하고 민간경제 위주로의 전환이 필요했다. 셋째, 소득분배개혁을 통해 소득격차를 완화하고 최저임금인상을 통한 저소득층 소득 증가와 사회보장 확대를 통해 빈부격차를 해소하여야 했다. 끝으로 사회적 다원화와 민족주의적 분열을 조장하는 소수민족 문제를 해결해야 했다.[1]

싱가포르를 세계 일류국가로 만든 리콴유는 2012년 당시의 중국을 다음과 같이 진단했다. 중국은 전근대의 틀을 벗어나지 못한 통치제제를 유지하고 있다. 현재 중국은 법치의 부재, 형편없는 하부구조, 약한 정부기관, 스탈린 시대의 구소련 제도를 모델로 한 잘못된 제도로 인해 통치하기가 어렵다. 또한 중국은 부유한 연안 도시들과 내륙의 성(省)들 간의 엄청난 경제적 빈부격차에 직면하고 있어 지역 간의 빈부격차를 해소하지 않으면 내란이 발생할 수 있으므로 조심해야 한다. 아울러 극심한 부정부패도 문제이다. 중국 사회에 만연하고 있는 수뢰와 부패가 국민들을 자극하여 폭동을 유발할지도 모른다.[2]

이처럼 리콴유는 문제가 되고 있는 기존의 중국통치제도를 개혁하여야만 중국을 잘 통치할 수 있다고 보았다. 왜냐하면 2030년까지 70~75%의 국민이 다양한 크기의 도시나 타운에 살게 될 것이고 그들은 휴대전화, 인터넷, 위성 텔레비전을 가지게 되어 정보화될 것이며 사회는 변하고 현 체제는 그대로 존속하지 않을 것임이 분명하기 때문에 더 이상 기존의 통치방법으로는 그들을 통치할 수 없게 된다는 것이다. 리콴유는 중국 지도자들이 지금처럼 철저한 보안으로 통제하면서 성과 도시에 더 많은 권한을 주고 국민에게도 더 많은 권한을 주면 폭동이나 반란은 막을 수 있을 것으로 보았다.[3]

시진핑을 위시한 지도부가 이러한 부정부패, 빈부격차, 국민들의 사회적·정치적 불만 등을 해결하고 정치·사회를 개혁하기 위한 모델로 싱가포르를 주목했다.

싱가포르의 《롄허짜오바오》의 장광자오(Zhang Guangzhao, 張廣昭)는 2010년 10월 《뉴욕타임즈》 보도를 인용하면서 시진핑과 지도부가 시도하고자 하는 중국의 발전모델은 '싱가포르 모델'인 것 같다는 견해를 내놓았다. 2010년 여름에 열린 베이다이허(北戴河) 회의에서 시진핑은 장쩌민과 함께 싱가포르의 내각자정 리콴유와 비공개적으로 만났다. 당

시 그들은 중국의 발전을 위해 '싱가포르 모델'을 시도해보자는 공통된 인식을 가졌었다.[4]

중국과 싱가포르 수교 20주년이 되는 2010년 11월에 부주석 시진핑이 싱가포르를 방문했을 때 그는 취임 후 실시할 정책과 싱가포르의 집권 모델을 연구할 팀을 대동했다.[5] 시진핑은 2012년 중국공산당 제18차 전국대표대회를 전후로 그가 주관하던 중앙당교 간행물인 《쉐시스바오(學習時報)》에 주로 싱가포르의 정치권력 운영과 감독제도, 서비스형 정부건설과 통치에 대하여 중국이 어떻게 배울 것인가에 관한 문장들을 게재했다.[6]

싱가포르《롄허짜오바오》의 베테랑 언론인인 자오링민(Zhao Lingmin, 趙靈敏)은 시진핑과 지도자들이 미국이나 영국이 아니고 '싱가포르 모델'에 집착하는 이유는 중국의 현 정치체제하에서 미국이나 유럽의 양당제나 복수 정당이 돌아가며 집권하는 민주주의체제를 받아들일 수 없기 때문이라고 지적한다. 더 나아가 그는 중국 지도자들이 싱가포르에 매력을 느끼는 이유는 싱가포르가 권위주의사회이면서도 경제 수준과 시민생활 수준은 매우 양호하고, 관료사회가 청렴하며, 사회질서가 확립되어 있는 것 등은 서양의 민주주의가 아닌 일당의 장기 집권체제하에서 얻은 것으로 보기 때문이라고 분석한다.[7]

리콴유도 중국에서는 자유민주주의가 이루어질 수 없으며 만약 그렇게 된다면 중국은 붕괴될 것이라는 것을 중국 지식인들도 잘 알고 있다고 말했다. 그는 중국인들이 원하는 것은 민주주의가 아닌 부활한 중국이기 때문에 만약 중국에서 민주주의를 위한 반란이 일어날 것이라고 믿는다면 이것은 틀린 생각이라고 지적했다. 그의 지적처럼 중국의 정치 지도자들은 물론 대부분의 지식층은 자유민주주의 모델이 중국의

개혁에 적합하다고 보지 않는다.[8]

2012년 11월 8일 중국공산당 제18차 전국대표대회와 11월 15일 개최된 중국공산당 18기 1차 중앙위원회 전체회의를 통해 새로운 정치 지도부가 구성되었다. 왕양과 리위안차오가 포함된 중앙정치국 위원 25명과 시진핑, 리커창, 장더장(張德江, 1946~), 위정성(兪正聲, 1945~), 류윈산(劉雲山, 1947~), 왕치산(王岐山, 1948~), 장가오리 등 정치국 상무위원 7명이 새 정치지도자들이었다.

신지도부의 권력 성격은 마오쩌둥이나 덩샤오핑과 같은 카리스마형이라기보다 장쩌민과 후진타오를 거치며 집단지도체제로 제도화되었다. 다분히 정치국 상무위원 7명과 중앙정치국 위원 25명에 의하여 중요한 정책이 결정되었다. 이들 중 왕양은 광둥에서 광저우지식도시를, 장가오리는 톈진에서 환경생태도시를 건립하는 등 이미 '싱가포르 모델'에 관심이 많은 지도자들이며 장더장과 류윈산은 '싱가포르 모델'을 적극 지지하는 장쩌민이 이끄는 상하이 방에 속했다.

중국공산당 중앙문헌연구실에서는 시진핑 주석이 공산당 총서기에 취임한 2012년 11월 15일부터 2014년 4월 1일까지의 그의 발언과 강연 내용을 발췌하여《시진핑, 개혁을 심화하라(習近平, 關于全面深化改革論述摘編)》라는 제목으로 책을 편찬했다. 시진핑 주석은 "용감하게 매우 어렵고 힘든 임무를 수행하여야 한다. 용감하게 험난한 강을 건너야 한다(敢于啃硬骨頭 敢于涉險灘)"라며 중국은 반드시 개혁을 실천할 용기를 가져야 한다고 말한 것으로 보아[9] 그의 개혁의지는 확고하며 지금이야말로 개혁을 심화할 때라고 확신하고 있음을 알 수 있다.[10]

2013년 11월 9일부터 12일까지 개최된 중국공산당 제18기 중앙위원회 제3차 전체회의에서 중국 개혁과 발전노선을 분명히 밝힌 '개혁의 전면적인 심화와 관련된 몇 가지 중요문제에 대한 중공중앙의 결정(中共中央關於全面深化改革若干重大問題的決定)'을 분석한 장팅빈은 중국의 이번 개혁 방향에 '싱가포르 모델'이 참고될 것이며 정치제도 개혁을 위한 일단계의 여건이 조성되었다고 보았다. 왜냐하면 시진핑 정권은 중앙기율위원회 이름으로 중앙과 지방의 언론들을 장악하기 위해 국가안전위원회와 개혁심화 지도자그룹을 조직했다. 이로써 국가의 국정방침 제정의 권한이 각 부처의 위원회로부터 중앙에 귀속되어 각계의 경제권을 장악한 실권자들의 정책 결정에 대한 독점권과 영향력을 약화시킬 수 있게 되었기 때문이다.[11]

1. 중국공산당의 정치개혁

지난 40여 년 개혁개방을 추진하는 동안 중국공산당은 자칭 인민의 공복과 인민의 복지를 도모하는 선진조직이라고 공산당을 수호하면서 개혁을 추진해왔다. 그러나 공산당은 국민의 주인이 되어 사회 불공평을 조장하고 빈부격차를 악화시켰기 때문에 더 이상 그 집권의 합법성과 사회 공신력의 기초 위에 존재하지 않았다.[12] 만약 시진핑 정권이 공산당 내부의 부패를 타파하지 못한다면 공신력을 상실하기 때문에 공산당을 혁신할 수 없으며, 국민의 지지도 받지 못해 당의 장기집권을 보증할 수 없다.[13]

시진핑은 퇴폐한 당을 혁신하여 당풍을 복원하고, 당 기율을 확립하여 탐관오리를 제거하고, 청렴하고 공정하며 도덕적 자질을 갖춘 당을 재건하여 국민의 지지와 집권의 합법성을 다시 회복하고자 했다. 이는 당을 구하고 당의 지배적 위치와 당의 장기 집권지위를 유지하기 위해서였다. 그러나 경제와 사회가 이미 상대적으로 자유화된 상황에서 공산당 일당체제는 과거와 같을 수는 없다. 그래서 시진핑은 소위 일당민주제 혹은 일당다원화제도로 중공의 집권지위를 보증함과 동시에 상대적으로 자유화한 경제와 사회를 유지할 수 있는 권위주의적 정치모델을 모색했음에 틀림없다.[14]

시진핑은 중국의 현대화를 실현하기 위한 개혁은 공산당 일당체제 내에서만 이루어질 것임을 분명히 했다.[15] 여러 가지 체제개혁 가능성 중에 가장 확실한 것은 구소련 붕괴의 교훈을 거울삼아 다당제나 1인 1표의 민주체제가 포함되는 일은 없을 것이라는 점이다.

시진핑이 2012년 12월에 광둥을 시찰할 때 당내 인사들에게 구소련 붕괴로부터 교훈을 얻어야 한다고 강조했다. 그는 구소련이 정치적으로 부패한 상황에서 미하일 고르바초프가 소련공산당 해산을 선포하자 구소련공산당의 핵심 이상과 신념이 동요되었고 국가에 대한 군대의 충성심이 약해지면서 붕괴되었다는 것을 잘 알고 있는 것으로 보아 결코 제2의 고르바초프가 되지 않을 것임이 분명하다. 또한 2014년 4월 1일 벨기에의 한 대학 연설에서 다당제 도입을 염두에 두지 않겠다고 한 것도 그가 자유민주주의 틀의 다당제를 받아들이지 않을 것임을 시사한 것으로 볼 수 있다.[16]

리콴유는 다음의 2가지 이유 때문에 중국공산당 지도자들은 다당제를 원치 않을 것으로 보았다. 첫째, 중국공산당은 안정을 보장하기 위해 권력을 독점하여야 한다는 신념을 가지고 있기 때문이다. 둘째, 다당제가 1920년대와 1930년대의 군벌시대와 같이 중앙정부가 성 정부에 대한 지배력을 잃어버릴지 모른다는 불안과 두려움 때문이다.[17]

시진핑 정권이 '싱가포르 모델'을 선호하게 된 데에는 일당 장기집권 체제로 국가가 충분한 시간을 가지고 개방의 속도와 범위 등을 조절할 수 있고 당내정치를 조정하고 처리할 수 있다는 장점에 주목했기 때문이다. 또한 그들은 싱가포르의 인민행동당이 장기집권하면서 경제적 목적과 사회적 목적의 균형을 이루며[18] 질서 정연한 사회, 고도로 발달한 경제, 조화로운 다민족 사회를 건설한 것에 관하여 관심을 가졌다.

중국과 싱가포르는 정치적인 측면에서 유사한 면도 있다. 예를 들어 싱가포르는 비록 일당제는 아니지만 최대 정당인 인민행동당이 수십 년 동안 정권을 장악하고 있어 실제로 일당제와 같다. 그리고 중국공산당과 비슷하게 집권 인민행동당은 언론과 결사의 자유를 제한해왔고 반대당과 기타 정치경쟁대상에 대해 여러 가지 수단으로 압력을 가해왔으며, 사회안정과 경제발전을 국민의 자유와 인권보다 더 우선시해왔다.

시진핑의 정치개혁 방안은 사회주의적 민주로 대변되는 당내 민주주의의 강화라고 볼 수 있다. 그렇게 되기 위해서는 반부패정책, 경쟁적 선거확대, 전국인민대표대회의 권한과 역할의 강화, 사법부의 독립을 통해 공산당의 응집력과 통치능력을 제고하여야만 한다.

《쉐시스바오》에 게재된 일련의 논문들은 시진핑의 반부패정책과 연계되어 있다. 중국 국가행정관리학원 강사 쑹슝웨이(宋雄偉)는 〈싱가포르의 서비스형 정부 건설의 경험(新加坡建設服務型政府的經驗)〉이라는 논문에서 싱가포르의 인민행동당이 제일 먼저 취한 조치는 자신들에 대한 개혁으로 당내 경쟁과 민주적인 선거과정에서 절대적으로 정의와 공평의 원칙을 따르고 당내에서 발생하는 부패현상을 단호하게 금지했다고 지적한다.[19]

중앙당교 정법연구부서 부교수 푸쓰밍(傅思明)과 뤄간(羅幹)이 〈싱가포르의 정치적 권력운영과 감독(新加坡的權力運行與監督)〉이라는 주제로 발표한 논문의 주 내용은 싱가포르 인민행동당의 행정부에 대한 감독이 효율적이라서 정부와 공무원들이 감히 부패하지 못한다는 것이다. 이 방면에 있어서 당내 지도자들이 몸소 모범을 보여야 하는데 싱가포르의 인민행동당이 엄한 기준으로 고위층을 관리하는 것은 참고할 가치가 있다고 설명한다. 인민행동당의 고위층에 대한 효율적인 감독은 먼저 당내부터 시작되는데 가장 기본적인 원칙은 부패한 사람이 당내의 특권층 인물이라 해도 절대 용납하지 않는다는 것이다. 푸쓰밍은 중공 전 정치국위원이며 충칭(重慶) 전 시위(市委) 서기였던 보시라이(薄熙來, 1949~)가 법과 기율을 위반한 것을 예로 들어 중국에서는 상급이 하급을 감독하는 것은 가능하지만 하급이 상급을 감독하기는 어렵다고 지적한다.[20]

푸쓰밍은 인터뷰에서 중국이 당의 부패척결을 위해서는 반드시 싱가포르의 제도를 배우고 관철해야 하는데 이 점을 이미 중국공산당 최고 지도층은 의식하고 있다고 지적했다. 이는 제18기 당대회보고 중에 권력 운영에 대하여 최초로 당내감독, 민주감독, 법률감독, 여론감독의 "4개 감독"체계를 제의하였는데 그중 당내감독을 제일 위에 두어 중요시했다는 것으로 알 수 있다고 말한다.[21] 개혁개방 이전에도 이후에도 중국공산당은 여러 차례 당내 기율감독을 강화하고자 노력했고 조례도 발표했었다. 그러나 실행되지는 못했다. 푸쓰밍은 이번 제의는 당내감독 업무를 규범화하고 제도화하는 새로운 단계에 진입하는 신호라 볼 수 있다면서 이는 그동안 공산당의 당내감독체제가 완벽하지도 건전하지도 않아 실패했음을 인정한 것이라고 말했다.[22]

시진핑은 총서기 당선 직후 연설에서 적극적으로 당내 민주와 반부정부패에 집중하겠다고 했고, 현재 부패와의 전쟁을 선언하였으며 사법권의 독립성도 상당히 보강하고 있다. 이러한 개혁과정에서 '싱가포르 모델'을 시험해볼 가능성이 높아 보인다.[23]

중국은 다른 나라에 비하여 상대적으로 "관계(關係)를 중요시하는" 사회로 사법(司法)의 권위가 높지 않다. 권력이 있는 특권층은 자주 특수한 관계와 경로를 통해 법률의 징벌을 경감 혹은 면하기도 한다. 중국은 법적인 책임보다는 도덕적인 책임을 강조하는 나라다. 그런데 시진핑 정권이 보시라이, 정치국 상무위원인 저우융칸(周永康, 1942~), 군사위 부주석인 쉬차이허우(徐才厚, 1943~2015) 등 거의 48명의 부성장급 이상의 고위 관료들을 부정부패의 명목으로 처벌했다. 중국은 반부패를 제도화하려 하고 있다. 이런 사실들을 학자들이나 기자들은 시진핑이 '싱가포르 모델'을 선호하는 적극적인 신호로 보고 있다.[24]

그러나 일부 학자들은 중국이 싱가포르의 인민행동당이 장기집권한 배경을 충분히 이해하고 이를 그대로 본보기로 삼을 것으로는 보지 않는다. 인민행동당은 집권당으로서 권리를 이용하여 자기 당에 유리하게 선거규칙을 제정했다. 그리고 역사상 형성된 정치·경제·사회자원에 대한 고도의 통제와 합법적인 절차에 의하여 반대당 세력이 커지지 못하도록 저지하면서 장기집권당의 지위를 유지해왔다.[25] 중국 지도자들은 아마도 "사회자원에 대한 인민행동당의 고도의 통제를 통한 장기집권"에만 관심을 가졌을 수 있다.

그러나 이러한 싱가포르의 권위주의체제는 도전을 받고 있다. 싱가포르의 정치와 사회현상은 2011년의 대선 이래로 신속히 변화하고 있다. 언론인 자오링민은 중국이 받아들이려 한 '싱가포르 모델'은 이미 존재하지 않을 수 있으며 중국이 싱가포르의 규정과 방법을 따르려 한다면 그 배후의 주요원칙을 반드시 본받아야 한다고 말한다. 그는 '싱가포르 모델'은 자유주의 경제정책을 실천하고 정치적인 반대의견을 허락하지만 동시에 강력한 법치의 실현으로 반대세력을 제거한 것은 중국 측으로 보아 학습할 가치가 있다고 말한다.[26]

싱가포르의 선거제도 역시 다소 불공평한 점이 있기는 하지만 합법적으로 운영되고 있으며 반대당이 있다. 일인일표의 선거결과는 진실이다. 5년마다 치르는 대선에서 인민행동당은 선거를 통해 선거주민 다수의 지지를 얻어야 집권할 수 있다. 집권당이 강제적으로 국민을 투표하게 할 수는 없다. 투표는 국민의 권리이다. 후보자는 군중대회에서 개인의 기지, 말투, 열정, 매력으로 선거주민을 설득해야만 한다. 선거주민들은 입후보자의 수준과 업적을 참고하여 당을 선택한다. 인민행동당이 선거에서 이길 수 있었고 장기집권할 수 있었던 것은 국민을 위한 철저한 서비스 정신 때문이다.[27] 이것이 국회의원들이 유권자의 지지를 얻어내는 방법이다.

선전대학 교수 뤄위안리는 싱가포르 정치체제는 어느 정도 국민들이 책임지고 결정하도록 하는 일인일표제로 대표를 선출하는 방식이지만 중국은 국민이 주인임을 인정하는 민주주의의 가장 기본원칙을 받아들이지 않고 있다고 지적한다. 그는 국민을 주인으로 인정하는 사회가 되어야 정부가 대중을 위해 성심성의로 봉사하게 된다면서 중국의 정치사상에도 사실은 국민이 주인이라는 전통정신이 있지만 중국관원은 고위층으로 승진하는데 국민들이 결정할 권한이 없기 때문에 국민이 주인임을 인정하지 않는다고 보았다. 그러므로 싱가포르처럼 국민이 책임지고 투표권을 행사하는 근본원칙을 중국이 참고해야 한다고 주장한다.

또한 그는 서방여론이 싱가포르의 민주주의 상황에 대하여 상당히 불만을 가지고 있는 것은 사실이지만 국민 대다수에게 긍정적인 평가를 받고 있다고 보고 있다. 싱가포르의 경우 인민행동당이 장기집권하고 있지만 오만하고 태만하지 않을 뿐만 아니라 오히려 성공적으로 반부패와 청결한 사회문화를 창출했다고 평가한다. 그가 보기에도 '싱가포르 모델'이 완전하지 못한 점도 있고 많은 문제점들도 있지만 중국이 당면한 과제들은 과거 싱가포르도 겪었던 것들이므로 '싱가포르 모델'은 중국에게 시사하는 바가 적지 않을 것으로 보고 있다.[28]

상하이화동정법대학 리루취(李路曲) 교수는 싱가포르에서는 선거 중에 당 간부들이 검증을 당하는 등 권위주의가 시험을 당하고 있다고 본다. 그는 오늘날의 싱가포르에서는 정치민주화가 추진되고 있으며 중국 지도자들은 이런 싱가포르의 정치변화에 주목해야 할 것이라고 말한다.[29]

중국 베이징대 정치학자 리판도 중국집권당국이 '싱가포르 모델'을 잘못 이해하고 있다면서 싱가포르 국민은 기본적으로 국민의 권리를 향유하며 결당과 결사의 자유가 보장되어 있으나 중국은 진정한 투표권, 결사권, 언론의 자유가 없다는 것을 지적했다.[30]

싱가포르 관리대학 정치과 부교수 부리잿 웰시(Bridget Welsh, 碧莉潔)는 중국이 '싱가포르 모델'을 받아들여 성공할지에 대해 회의적이다. 섬국가인 싱가포르의 통치경험이 훨씬 복잡다단한 상황인 중국에 적합할지가 의문이라면서 공산당 내의 부패가 너무 심각하기 때문에 중국 지도부는 당부터 쇄신한 후 인민행동당을 모방할지 말지 결정해야 할 것이라고 일침을 놓았다.[31]

중국 지도자들은 싱가포르와 같이 청렴결백하고 능력 있는 관료들이 높은 효율의 업무를 추진하는 정부가 경제를 고속도로 발전시키고 국민생활의 수준을 높일 수 있다면 권위주의체제나 일당 독재도 나쁠 것이 없지 않은가 하고 생각할 수 있다. 그래서 중국 지도자들이 싱가포르의 공직자들의 청렴성과 업무의 효율성에 관심을 가지고 그 운영에 관심을 가졌을 것이다. 하지만 싱가포르 인민행동당이 반대당과 정치적으로 경쟁할 수 있고 부패가 전무하기 때문에 강력한 법치로 반대세력을 제거하는 것이 가능했다.[32] 그러므로 중국은 먼저 부패를 해결하는 것이 선결 과제일 것이다.

2. 법치중국의 확립

리콴유는 중국이 세계에서 존경받는 선진국가가 되려면 법치국가가 되어야 한다고 주장했다. 진정한 법치국가는 잘못을 저지른 성(省)이나 지방정부를 정당한 법치과정에 따라 처벌할 수 있고 보통시민이 관원의 임의적 권력으로부터 보호받을 수 있으며 기업 또한 대형 장기 투자를 계획할 수 있어야 한다. 1993년 리콴유는 중국에서 사법부의 독립이 실현되려면 20년이 더 필요하다고 했다.[33]

2013년 중국공산당 제18기 중앙위원회 제3차 전체회의에서 시진핑 정권은 중국 특색의 사회주의 법률체계를 완성하고, 입법에 대한 논증과 심의를 거쳐 입법의 권위를 높이며, 지방을 보호하고 부서의 이익을 법제화하는 것을 방지하겠다고 했다. 이는 앞으로 부서별 법규초안작성권(部門草擬法規權)을 취소하고 인민대표대회가 입법자(法規起草者)가 되어 인민대표대회의 독립적 입법권을 강화할 것임을 뜻한다.

또한 기율검사위원회(紀委)와 사법부가 더욱 독립적이고 강력해지기 위해 사법관리체계를 개혁하여 성 이하 지방법원과 검찰원의 인원과 재산을 일괄적으로 관리하고자 한다. 또한 사법관할제도를 정하고 수사와 행정구획을 적절하게 분리하여 법의 통일성과 공정성을 실현하겠다고 하였다. 이것은 법적으로 지방세력을 견제하려는 것이다.

상급 기율검사위원회가 하급 기율검사위원회에 대하여 지도력을 강화하여, 부패안건을 조사할 경우 상급 기율검사위원회의 지도하에서 하급 검사기율위원회가 단서에 대한 처벌과 사건 조사를 동급 당 위원회와 상급 기율검사위원회에 보고하도록 했다. 이는 상급 기율검사위원회가 원칙적으로 기율검사위원회의 업무를 주도하도록 한 것이다. 이로써 기율검사위원회의 업무가 가능한 한 지방에 적게 영향을 주도록 함으로써 공산당이 최고의 정책 결정자로서 통일된 지도하에 상호 감독하는 체제가 형성된 것이다.

장팅빈은 이로써 중국도 제도적으로 관원에 대한 감독이 가능하게 되어 싱가포르식의 청렴한 정치환경을 향해 한걸음 나아가게 된 것이라며 제18기 중앙위원회 제3차 전체회의는 정치적으로 중대한 성과를 얻었다고 보았다. 왜냐하면 정치적으로 관원에 대하여 구체적으로 감독하고, 경제적으로는 더욱 자유와 시장화를 추진하며, 사회 각 방면에 충분히 활력을 불어넣겠다고 했기 때문이다. 따라서 제18기 중앙위원회 제3차 전체회의의 이러한 결정은 국민들로 하여금 희망을 가지게 했다고 평가한다.[34]

2014년 10월 21일 개최된 제18기 중앙위원회 제4차 전체회의에서는 '의법치국을 전면 추진하기 위한 몇 가지 중요문제에 대한 중공중앙의 결정(共中央關於全面推進依法治國若干重大問題的決定)'이 통과되었다. 이번

회의의 가장 핵심은 의법치국(依法治國)의 문제와 탐오와 부패척결이 중점이다. 당내 기율검사체제를 개혁하고 중국의 사법개혁 등으로 법치국가를 건설하겠다는 것이다. "감히 부패하지 못하고, 부패할 수 없으며, 쉽게 부패하지 않는다(不敢腐, 不能腐, 不易腐)"의 방침을 정하고 싱가포르의 부패행위 조사국과 유사한 국가 반부패총국(國家反腐敗總局)을 설립했다. 또한 의법치국을 토론의제로 삼았는데 이는 기본적으로 싱가포르의 경우를 참조한 것으로 보인다.[35]

푸쓰밍은 시진핑이 최근 "자신을 단단하게 단련할 필요가 있다(打鐵還需自身硬)"고 한 말은 중국여론으로 하여금 반부패정책 추진이 새 지도자들이 추진하는 정치개혁의 돌파구가 될 것이라는 기대를 가지게 했다고 말한다.[36]

시진핑은 2015년 1월 18기 중앙기율검사위원회 제5차 회의와 2015년 12월 말에 개최된 민주생활회에서 당의 기율과 규칙을 중하게 여기고 흔들림 없이 집행할 것을 강조했다. 기율과 규칙을 준수하는 당풍과 청렴정부 건설이 중국의 전략 구상 가운데 하나임을 분명히 한 것으로 볼 수 있다. 2016년 1월 1일 각 급의 당원들은 법을 준수하겠다는 선서식을 가졌고 형법과 민법 등의 법전완성과 노동을 통한 재교육 제도를 폐지하는 등의 사법제도 개혁을 위한 준비를 철저히 하여 앞으로 "중국을 법으로 통치(法治中國)하겠다"는 지도층의 의지를 확고히 하고 있다.

3. 중화주의 경제정책

중화인민공화국 국무원과 세계은행은 합작으로 경제영역에서 2030

년까지 "중국을 질서 있고 조화로우며 창의적인 고소득 사회로 변화시킨다"는 목표를 세웠다. 이는 시장자유화와 안전망 강화는 물론 세계경제와의 더욱 긴밀한 통합을 의미한다.[37]

시진핑 정권은 경제적으로 시장자유화와 동시에 당 중앙의 정치경제 정책결정에 대한 지침과 지방정부와 관원에 대한 체계적인 감독을 강화하기로 했다. 앞에서 언급했듯이 2013년 11월 9일부터 12일까지 개최된 중국공산당 제18기 중앙위원회 제3차 전체회의에서 경제부문에 관한 가장 중요한 결정은 시장(市場)이 원래의 기초적인 역할뿐만 아니라 자원분배에 있어 결정적인 역할을 하는 것이다. 이를 위해 정부는 시장과 정부관계의 재정립과 개선을 위해 기본경제제도 완비, 시장시스템 개선, 정부기능의 전환, 재정조세제도 개혁, 도시와 농촌의 일체화, 국영기업의 개혁, 대외개방 촉진, 생태환경 보호를 목표로 내세웠다. 그리하여 정책적으로 물·석유·천연가스·전기·교통·전신(電信) 등의 가격개혁을 추진하고 가격자유화 경쟁, 금리시장, 자본 환전의 가속화를 추진할 계획이다. 상하이 자유무역구를 중심으로 중국경제가 더욱 개방될 예정이며 중국에서 가장 중요한 자원인 토지가 조심스럽게 시장화될 예정이다.[38]

시진핑은 집권하기 이전에 "싱가포르가 개발도상국이 보이는 장기성장정체 현상(middle income trap)을 빠져나온 점을 중국이 배워야 한다"고 한 것으로 보아 싱가포르의 지속적인 경제성장에 관심을 가지고 있었다고 볼 수 있다.[39] 베이징대학 국가발전연구원 원장인 야오양(姚洋)도 제18기 중앙위원회 제3차 전체회의에서 결정한 목표대로 중국이 "강한 정부+자유시장경제"를 2020년에 전부 실현한다면 이는 싱가포르의 "강한정부+자유시장경제" 모델을 본보기로 한 것이라고 볼 수 있다고 말했다.

그러나 야오양은 2013년 말 한 회의석상에서 과연 중국정부가 진정한 자유시장경제를 실현할 수 있을지 의문이라고 말했다. 그는 구체적으로 싱가포르와 중국이 다른 점 4가지를 지적하고 있다. 첫째, 규모 면에서 중국은 정부가 모든 정보를 장악하기가 불가능하다. 둘째, 중국에는 수많은 국영기업이 있는데 정부가 국영기업을 통하여 경제에 개입하고 있다. 셋째, 중국에는 시장을 독립적으로 운영하는 실체로서의 강대한 지방정부가 존재한다. 넷째, 중국 정부가 장악한 자원이 싱가포르 정부의 것보다 월등히 많다. 야오양은 이러한 싱가포르와 다른 점들로 인해 중국이 '싱가포르 모델'을 효율적으로 받아들이는데 큰 장애가 된다고 보고 있다.[40]

이런 장애에도 불구하고 다음 2가지 정책을 보면 중국의 노골적인 패권굴기뿐만 아니라 2050년에는 미국을 능가할 경제력을 가진 세계 1위의 강국이 될 준비를 하고 있다는 것을 감지할 수 있다. 일찍이 추진한 경제성장에 필요한 원재료 생산국과 친하게 지내려는 정책과 최근의 일대일로(一帶一路) 정책이다.

첫째, 2001년부터 중국은 경제성장에 필요한 원재료 생산국과 친하게 지내려는 정책을 폈다. 그 결과 10년도 안 되어 중국과 아프리카 및 중남미 여러 국가 사이에 긴밀한 관계가 구축되었으며, 중동 국가들과도 정도는 덜했지만 가까운 관계를 맺게 되었다. 아프리카 국가들은 석유 생산량의 절반 이상을 중국으로 수출하고 있다. 중국과 서구는 아프리카에 대한 접근방식이 많이 달랐다. 아프리카 국가들을 비롯한 개발도상국들은 '중국식 개발모델'에 관심을 보였다. 민주주의의 실현보다는 정부의 강력한 역할을 중시하는 '중국 모델'은 아프리카의 권위주의

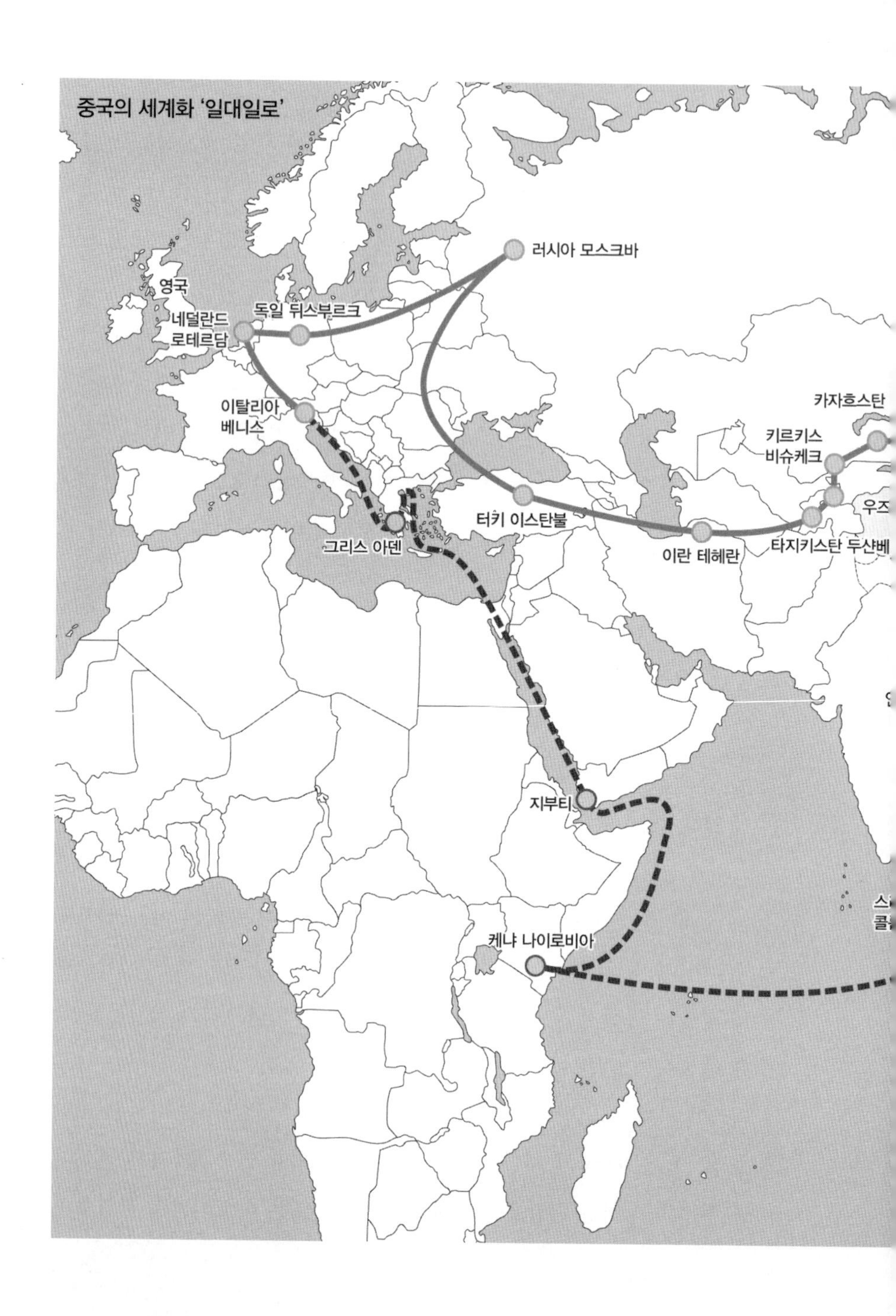
중국의 세계화 '일대일로'
러시아 모스크바
영국
네덜란드
로테르담
독일 뒤스부르크
이탈리아
베니스
카자흐스탄
키르키스
비슈케크
터키 이스탄불
그리스 아덴
이란 테헤란
타지키스탄 두샨베
지부티
케냐 나이로비아

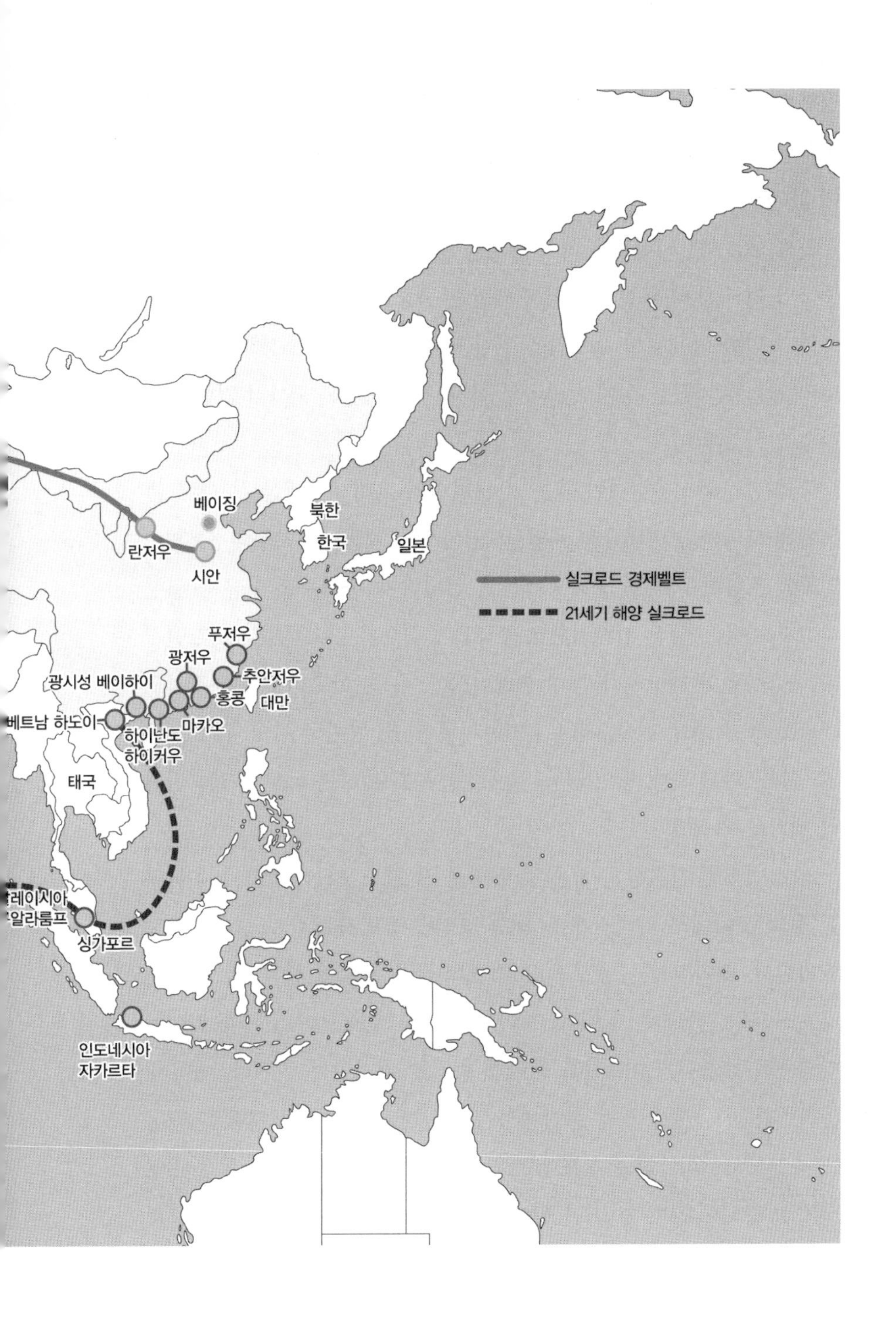

베이징
란저우
시안
북한
한국
일본
실크로드 경제벨트
21세기 해양 실크로드
푸저우
광저우
추안저우
광시성 베이하이
홍콩
대만
베트남 하도이
마카오
하이난도
하이커우
태국
싱가포르
인도네시아
자카르타

정부들이 매력을 느낄 만한 모델이다. 국가의 경제적 성공이 관건인 개발도상국들에게 중국식 통치가 영향력을 발휘하고 반향을 일으킬 수밖에 없다.[41]

둘째, 2013년 시진핑 주석이 세계를 향하여 제창한 일대일로 정책은 중국의 기본 대외 노선과 대외 경제발전 구상일 뿐만 아니라 미국에 대응하기 위한 국제질서 주도권을 위한 정책목표이다. 이 정책은 일대일로의 인접 국가들을 상대로 중국의 정치·사회·문화·군사적 영향력 강화를 위한 전략이다.

중국은 건국 100주년이 되는 2049년까지 고대 육·해상 실크로드를 복원해 북미와 남미대륙을 제외한 전 세계 65개국, 전 지구의 3분의 2 인구를 포함한 '거대한 중화경제권'을 건설하여 '중화부흥의 꿈'을 실현하고자 한다. 중국은 전략적으로 중국을 중심으로 고속철도망으로 연결되는 육상로와 해상로를 통해 중앙아시아, 유럽, 아프리카를 연결하고 대규모 물류 허브 건설, 에너지 기반시설 연결, 참여국 간의 투자 보증 및 통화스와프 확대 등의 금융 일체화를 목표로 하는 네트워크를 건설할 계획을 수립했다.[42]

2014년 8월 시진핑 주석은 몽골 방문 시 철도, 광산, 에너지, 문화교류 등의 분야에서 양국관계를 '전면적 전략 동반자관계'로 승격하기로 합의했다. 베이징시는 총 2천420억 달러를 투자하여 중국, 러시아, 카자흐스탄을 관통하는 7천km 길이의 베이징-모스크바 노선을 건설할 것임을 발표했다. 2016년에 리커창 총리는 러시아와 인프라, 에너지, 통화스왑, 이중과세 협정 분야에서 협력하기로 합의했다. 중국은 태국에 총 867km에 달하는 철도 네트워크를 건설하고 쌀 2백만 톤을 수입하기로 합의했으며, 2016년 말에는 2개의 MOU에 서명하면서 "쌀과

철도의 맞교환"을 이루었다.[43] 미얀마는 중국이 인도로 진출하는 통로로 미국과 중국의 이해관계가 정면으로 충돌하는 지역인 만큼 국제사회에서 그 비중이 갈수록 높아지고 있다. 중국은 미얀마의 철도, 도로, 서부의 자오퍄오 항구(皎漂港) 개발에 적극 참여하고 있다. 인도양의 문호인 쟈오파오 항은 중국 운남으로 이어지는 중국-미얀마 천연오일가스 수송관의 출발지로서 중동에서 수입하는 석유가 이 항구를 통해 직접 중국으로 수송되고 있다.[44]

중국의 통합조정의 역량은 경제상 커다란 동력으로 앞으로 5년 내에 8조 달러의 수입상품과 대외투자가 7천8백억 달러에 달할 것이며 장차 실크로드 기금이 약 145억 달러가 증가할 것으로 본다. 사실 2015년부터 중국은 세계 제1의 경제대국이며 글로벌 최대의 성장점이 되었다. 2014년부터 2016년까지 중국과 일대일로 연선국가들의 무역총액은 이미 3조 달러에 이르며 투자가 5백억 달러를 초과했다. 중국기업이 이미 20개 이상의 국가에 56개의 경제·무역 합작구를 건설하고 있다.[45]

일대일로 정책의 구체적인 실행방안은 다음과 같다. 2016년에 설립된 아시아 인프라 투자은행(AIIB)은 세계에 중국 중심의 경제권을 형성하는 것을 목표로 하고 있다. 현재 77개의 국가와 지역이 회원이며 법정자본이 1천억 달러로 중국 중서부와 동남아시아 등 신 실크로드 경로와 인접국 중심으로 투자할 예정으로 2016년에만 일대일로 관련 사업에 17억 달러(1조9,260억 위안)를 대출했다. 2015년 1월 설립된 4백억 달러(45조3천억 위안) 규모의 실크로드 기금이다. 이미 파키스탄에서 에너지 사업을 추진하는 중국기업에 1억2천5백만 달러를 투자했다.[46]

또한 중국정부는 일대일로 인접 국가 내에 화인의 경제 네트워크를 조직하여 중국문화의 확산과 경제적 발전을 기대한다. 그리하여 중국은 세계 각지에서 화교 공동체를 확대하거나 새로 건설하고 있다. 지금 아프리카에 거주하는 화교인구는 최소한 50만 명, 인도네시아와 말레이시아, 태국에 거주하는 화교인구는 각각 7백만 명이 넘는다. 미얀마와 러시아에 거주하는 화교는 각각 100만 명, 페루에는 130만 명, 미국에는 330만 명, 호주에는 70만 명, 영국에는 40만 명으로 화교인구는 줄잡아 최소 4천만에 달할 것으로 추정한다.[47]

중국은 말레이시아가 일대일로 정책을 세계로 확산하기에 적합한 국가로 보고 말레이시아의 많은 산업을 구매하고 자금을 투자하여 항구와 철도를 건설하여 일대일로의 중심구역으로 전환하고자 한다. 말레이시아의 정당과 화교단체들은 일대일로가 상업기회와 국가건설발전을 가져다줄 것이라는 희망으로 부풀어 있다. 2017년 5월 중국이 개최한 일대일로 회의에서 말레이시아와 중국의 여러 공사들이 9개 항의 상업협정을 체결했으며 그 투자액이 72억2천만 달러로 계산된다.[48]

2017년 5월 14~15일, 일대일로 국제협력 정상포럼이 베이징 옌치후(雁棲湖) 국제컨벤션센터에서 개최되었다. 29개 국가의 지도자와 대표 그리고 130개 국가로부터 온 1,500명의 귀빈들이 중국이 주체하는 새로운 글로벌화 포럼에 참석했다. 국가지도자들과 유엔(UN), 세계은행, 국제 화폐기금(IMF)의 책임자들이 시진핑 주석이 주재하는 원탁회의에 참석하여 '국제협력 강화', '일대일로', '공동 건설', '상생발전의 실현'에 관한 주제를 놓고 발전전략의 접목, 상호연결과 통합추진, 인문교류 촉진 등의 의제와 관련해 의견을 교환하고 공감대를 도출했다. 뿐만 아니라 국제관계에 있어서 상호 대항과 원한을 가진 국가 간의 화해를 위한 중국의 통합과 조정의 역량을 과시했다. 중국은 북한의 대외경제부장 김영제(金英才)와 한국대표 더불어민주당 박병석(朴炳錫) 의원과의 회담과 러시아와 터키 정상들의 만남을 주선함으로써 국제중재자로서의 역할을 연출했다.

중국은 21세기 유럽과 아시아 대륙의 최신·최대의 경제체이며 유럽과 아시아를 통합 조정할 능력을 가졌다고 확신한다. 그러므로 일대일로 정책이 성공한다면 중국의 역할이 확대되어 제1차 글로벌화가 완수하지 못한 일들에 대해 새로운 동력이 될 것이다. 이번 2차 글로벌화인 일대일로 정책은 발전과 분배를 더욱 중시하여 1차 글로벌화가 조성한 국가 간 빈부격차의 폐단을 피하고자 할 것이다. 또한 일대일로의 중앙아시아 지역의 대부분은 빈궁하고 생산력이 비교적 부진할 뿐만 아니라 과격한 종교적 유혹에 직면하고 있어 반드시 일대일로 추진세력은 개방과 발전에 의존하여 과격한 포퓰리즘에 대항하고자 할 것이다. 일대일로 추진세력은 이전의 유럽과 아시아의 통합조정을 위한 최대의 역량이 군사력이었다면, 21세기는 경제력으로 중국이 그 경제력을 발휘하여 통합·조정할 것이며, 일대일로가 세계미래발전의 시범적인 작용으로 동반구의 세계관이 될 것으로 기대한다. 이들은 일대일로로 인한 경제체가 서반구의 제국주의 전쟁세계관을 대신할 세계평화발전으로 향하는 새로운 질서라고 본다.[49]

한편 미국을 비롯한 여러 서구국가들은 중국의 일대일로 정책을 중화주의로 견제하며 제국주의나 마샬주의로 간주하고 있다.

고팔 바글라이 인도 외교부 대변인은 일대일로 포럼 개막을 하루 앞둔 2017년 5월 13일 성명을 발표해 일대일로 포럼 불참을 밝히며 "일대일로 사업이 각국의 주권과 영토보전을 존중하는 방식으로 추진돼야 한다"고 주장한 바 있다. 바글라이 대변인은 중국이 각국을 연결하려는 시도는 국제규범에 근거해야 하고 공동체가 지속할 수 없는 부채를 만들어내서는 안 된다면서 인도는 주변국들과 이러한 원칙에 근거해 공동 개발사업을 추진하고 있다고 강조했다. 일본을 방문하고 있던 인도의 자이틀레 재무장관 역시 주권문제를 언급하며 일본과 상의하여 동남아와 아프리카를 경제적으로 연계할 계획임을 밝혔다. 인도의 이러한 반격은 미국과 일본 및 유럽 등의 지원을 받게 될 것으로 보인다.[50]

중앙아시아 국가들은 중국 상인들이 갖은 수단으로 사업을 추진하기 때문에 그들 국가경제와 국민생활에 영향을 준다고 불만을 표시하고 있다.[51]

인도네시아의 경우는 일대일로가 중국투자의 기회와 발전의 기회를 제공하지만 해양안전의 문제와 남해문제가 있고, 베트남 역시 일대일로가 경제적 발전을 가져올 수 있지만 남해문제와 양국 간의 신뢰가 부족하여 주저하고 있다.

4. 시진핑 정권의 개혁 청사진

중국은 일찍이 시진핑의 정치 슬로건인 "중화민족의 위대한 부흥"이라는 중국의 꿈을 실현하기 위해 '오위일체(五位一體)와 '4개 전면(四個全面)'을 추진하고 있다. 즉 '오위일체'는 총체적 계획으로 경제건설, 정치건설, 문화건설, 사회건설, 생태문명건설이다. '4개 전면'은 전략적 계획으로 전면 소강사회완성, 전면 개혁심화, 전면 의법치국, 전면 엄격한 당통치이다. 구체적으로 '신발전이념', '사회주의 핵심가치관', '경제발전을 위한 구조조정', '일대일로', '모두 이익을 얻는 합작을 핵심으로 하는 신형국제관계 구축', '인류공동체의 운명(人類命運共同體)' 등의 주요

정책들이다. 이 주요정책들에 관하여 시진핑이 담화한 내용을 당원, 간부, 일반인들에게 전달하기 위한 해설서로 중공중앙선전부가 편저하여 2016년 4월 베이징학습출판사와 인민출판사가 공동으로《시진핑 총서기의 중요담화독본(習近平總書記系列重要講話讀本)》을 출판했다.[52]

중국 국가행정학원 교수 왕위카이(汪玉凱)는 시진핑의 국가통치 스타일은 일을 진행하는데 찔금찔금 조금씩 손질하는 것이 아니라 총체적인 사유, 총체적인 계획, 총체적인 전략을 세우는 것이 특징이라고 말한다.[53]

지난 5년 동안 시진핑이 한 일들은 마오쩌둥을 제외한 이전 지도자들은 생각지도 못한 일들이다. 시진핑은 2012년 11월 총서기에 취임한 후 "호랑이도 쇠파리도 한꺼번에 때려잡겠다"는 슬로건하에 2년 남짓한 기간에 25만 명 이상의 공산당원을 체포하여 처벌했다. 2013년 9월 보시라이를 각종 부정부패혐의로 무기징역 선고, 2014년에는 군사위 부주석인 쉬차이허우를 직권남용과 뇌물 수수혐의로 당적 박탈, 12월에 2백만 명의 경찰과 무장경찰 그리고 검찰 재판소까지 총괄하는 정법위원회 서기를 겸했던 정치국 상무위원 저우융캉의 당적 박탈과 체포, 후진타오의 최측근 링지화(令計劃, 1956~)를 뇌물·국가기물불법취득·직권남용으로 무기징역에 처했다.[54] 그가 주장하는 법치와 부패관료 적발로 후진타오가 10년에 걸쳐도 못했던 장쩌민의 상왕정치에 종지부를 찍고 군 최고지도자와 상무위원을 비리혐의로 처벌하는 강경책을 펼쳤다.

시진핑은 법의 제도화와 법치를 추진 중이다. 전면적인 의법치국을 위한 국가감찰체재개혁으로 국가반부패총국을 건립했는데 이는 싱가포르의 부패행위 조사국을 본보기로 했다. 이 중국의 신체제는 '자유보

다는 질서를, 법보다는 도덕을, 그리고 민주주의와 인권보다는 엘리트 통치'에 가치를 둔다.[55]

시진핑은 군에 대한 그의 통제력을 강화하기 위해 군 개혁으로 7대 군구(軍區)체제를 철폐하고 새롭게 5대 전구(戰區)체제를 구축했다. 그리고 7대 군구에 분산 배치되었던 18개 집단군을 13개로 축소하여 5대 전구에 분산 배치했고 군 병력도 30만 명을 감축하고 정예화했다. 또한 군종도 육해공과 제2 포병의 4군 체제에서 육해공과 로켓군, 그리고 전략지원부대의 5군 체제로 개편했다. 이와 함께 총참모부, 총정치부. 총후근부, 총장비부의 4총부를 미국식 합동참모본부 제도를 도입하여 연합참모부로 개편했다. 이러한 국방개혁을 통해 군대 내 관리 및 통제권한이 독립적이거나 혹은 분산되었던 것들을 중앙군사위원회로 집중시키고 장쩌민 세력을 제거했다. 또한 2016년 4월에는 연합작전지휘체제의 개혁을 통해 연합작전지휘센터의 총사령관이 되었고 군대의 기강과 부패를 다룰 기율검사위원회, 정법위원회, 심계서의 개편을 통해 군대에 대한 감시, 감독을 더욱 강화하여 시진핑은 군부에 대한 지휘권을 더욱 공고히 하여[56] 군의 절대지배권을 장악했다.[57]

중국의 외교는 더 이상 '도광양회'도 '화평굴기'도 아닌 '패권굴기'이다. 중국의 광대한 시장과 성장하고 있는 구매력으로 인하여 중국의 경제 시스템은 마치 블랙홀과 같이 동남아시아 국가들을 빨아들이고 있고 일본과 한국이 불가피하게 빨려 들어가고 있다. 중국은 군사력을 사용하지 않고도 그냥 국가들을 흡수할 뿐이다. 중국인들은 동아시아를 얻기 위해 싸울 필요가 없다. 그들의 경제적 유대관계를 동아시아 지역으로 점차적으로 확대하면서 13억 인구의 소비시장을 제공하면 된다.

중국 지도자들은 "중국은 패권국가가 아니다. 소국이나 대국이나 모두 동등하게 함께 성장하자"라고 말하면서 중국의 13억 사람들을 불행하게 하면 당신들의 설 자리가 만만하지 않을 것이니 알아서 하라는 식이다. 동시에 그들은 중국의 굴기는 불가피하므로 때가 되면 중국의 적인지 친구인지 결정할 필요가 있다는 인상을 전한다.[58]

2013년 시진핑의 일대일로 정책이 발표되기 전에는 중국은 세계 1위 국가가 되려면 그 지위에 합당한 책임을 져야 하므로 강대국인 미국을 빨리 대체하고 싶어 하지 않으며, G20개국 중에 하나로 만족하는 것으로 보였다. 중국은 글로벌 리더십을 꿈꾸거나 미국과 맞서려는 의도를 일체 부인하고 패권국가가 되지 않을 것이라며 다른 국가들을 안심시켰다.[59] 중국은 경제를 통해서 그들의 영향력을 확대하고자 하며 무력이 아닌 외교로 문제를 해결한다고 주장했다. 그러나 동남아시아 여러 국가들에게 있어서 중국은 이제 패권국인 종주국의 이미지가 강하다.

일찍이 리콴유도 강한 중국이 앞으로 동북아시아와 동남아시아의 안정에 기여할지에 대해 자신 없어 했다. 왜냐하면 브루나이, 인도네시아, 말레이시아, 필리핀, 타일랜드, 베트남에게 중국이 강하게 나오는 것을 보았기 때문이다. 최근 일련의 움직임을 보면 패권굴기하겠다는 중국의 의지를 엿볼 수 있다. "남중국해에서 주권을 주장하고 필리핀의 어선을 괴롭히고, 베트남의 지진조사 선박의 케이블을 절단하고" 동중국해에서 방공식별구역을 선포하고, 한국 사드 배치에 대해 경제보복을 단행하는 등이 이런 의지를 보여주는 것이라고 지적할 수 있다.[60] 아시아에 위치한 많은 소·중 국가들은 중국이 제국의 지위를 회복하면 지난 세기 그들이 했던 조공을 요구하는 것은 아닐지 불안해하고 있다.[61]

2016년 12월 31일 신년전야에 시진핑은 2017년 신년축사를 발표하면서 각 영역에 있어 개혁의 골격이 이미 기본적으로 확립되었다고 언급했듯이[62] 중앙기율검사위원회의 권한과 역할을 강화하여 2016년 말까지 정풍운동과 반부패운동을 수차례 추진하여 국민들의 적극적인 지지를 획득했다.

시진핑은 당·군·정부의 모든 권한을 한 손에 쥐었다. 시진핑은 기존에 국가의 경제정책 전반을 결정하는 핵심 조직인 중앙재경 영도소의 통솔자가 되었을 뿐만 아니라, 새로운 조직의 수장이 되어 한 손에 모든 권력을 장악하고 있다. 중앙개혁 전면심화 영도소조, 군부조직의 개혁을 진행하는 국방·군대개혁 심화 영도소조, 사이버 공간과 정보 정책을 담당하는 인터넷 안전·정보화 영도소조를 신설하여 수장이 되었다. 또한 주목할 것은 그가 주석인 국가의 안전보장 전반을 총괄하는 중앙국가안전위원회의 설치이다. '서양문화와 사상의 침략을 막아야 한다'는 군 강경파의 의향이 반영된 듯 사법과 무장경찰을 통합하는 정법위원회를 국가안전위원회 아래에 두려는 의도로 분석된다. 이상과 같이 시진핑은 이미 강력하게 권력의 중앙집권화를 추진하여 저항세력을 제거하고 개혁을 일사불란하게 추진할 수 있는 시스템의 '핵심'이 되었다.[63]

이미 강력한 지도자로 불리는 시진핑이 왜 이 시점에서 당 '핵심'이라는 칭호를 듣는 지도자가 되려 하는가? 중국 근세사에서 '핵심' 지도자라는 뜻은 중국 집단지도체제의 대표라기보다 중국 통치체제의 일인자가 되었다는 것을 의미한다.

당 '핵심'은 일찍이 1989년 톈안먼(天安門) 사건 당시에 덩샤오핑이 막 당서기에 지명된 장쩌민의 정치적 입지와 후계자로서의 지위를 확고히 하기 위해 처음으로 창안한 것이다. 덩샤오핑은 마오쩌둥을 제1대 핵심으로 추인하고 자신을 제2대 '핵심'으로 스스로 칭했다. 동시에 제

3대 '핵심' 장쩌민 이전에 타도당한 지도자들인 화궈펑(華國鋒, 1921~2008) 주석, 후야오방 총서기, 자오쯔양(趙紫陽, 1919~2005) 총서기의 지위를 집단지도체의 일원으로 약화시키고 그들의 타도를 합법화했다는 해석이다. 장쩌민 이후 '핵심'이라는 개념은 사용되지 않았었다.

그런데 2016년 10월 27일 중공 제18기 중앙위원회 제6차 전체회의 공보에 "시진핑 동지가 당서기인 당 중앙" 대신에 "시진핑 동지가 핵심인 당 중앙"이라고 보도되면서 핵심이라는 칭호가 대두되었다. 중공중앙당사연구실의 주임인 취칭산(曲青山)은 세계정세가 심각하게 변하고 있고 중국 또한 대변혁 중에 처해 있다면서 중국은 신흥대국으로 굴기 중 정당, 민족, 국가를 이끌어갈 수 있는 지혜를 가진 강력한 핵심지도자가 필요하다고 말했다.[64]

시진핑은 앞으로 국내정책을 추진하는 데에 있어서 부패와의 전쟁으로 계속 분열 상태인 공산당을 정비해야 한다. 또한 기득권층에 대한 대수술, 불합리한 소득 격차 해소, 지방정부의 난개발을 중지시켜야 한다.[65]

펑타오는 시진핑이 싱가포르식의 제도개혁을 성공시키려면 효율적으로 각종 대권을 일신에 집중해야 하며 집단지도체제 및 임기제의 한계를 초월하여 장기적으로 제도개혁을 확실하게 실시할 수 있는 확고한 신념을 가져야 한다고 주장한다. 정치개혁의 뜻을 가졌던 후야오방과 자오쯔양은 실각했고 고르바초프는 하마터면 감옥에 갈 뻔했다. 이 모든 것이 절대권위가 부족한 까닭이라고 지적한다. 권력이 막강했던 덩샤오핑도 혼자서 개방의 시발점인 광둥성 선전에 가서 남순강화로 겨우 개혁을 소생시켰다.[66]

《시진핑과 싱가포르 모델》의 저자인 우진성은 "시진핑에게 '강인정치(强人政治)', 즉 '슈퍼맨과 같은 지도자'가 되도록 조언한 것이 바로 장쩌민과 리콴유였다"고 말한다.[67] 리콴유는 생전에 시진핑에 대해 "대범하고 시야가 넓으며 통찰력이 깊고 신중하고 당당한데다가 카리스마까지 넘치는 인물이다. 문화대혁명 기간 시련을 겪었지만 이를 잘 극복하여 남아프리카 공화국의 넬슨 만델라에 비할 만하다"라고 극찬한 바 있다.[68]

오랜 세월 세계의 수많은 지도자들과 교류해온 리콴유이니 그의 평은 정확할 것이다. 따라서 개혁주체로서 시진핑의 역량은 의심하지 않아도 될 것 같다. 《야저우저우칸》의 편집장 추리번은 많은 사람들이 시진핑의 모습에서 마오쩌둥의 그림자를 보고, 강력한 슈퍼맨의 힘을 본다고 하지만 정치발전상으로 보면 시진핑은 사실 덩샤오핑의 기질(태도, 스타일)을 더 많이 가지고 있다고 말한다. 또한 그는 용감하게도 공산당 이외의 정치적 지혜, 즉 리콴유의 정치에서 영감을 찾은 것 같다고 말한다.[69]

베이징의 학자인 우자샹(吳稼祥)은 '핵심'이라는 칭호는 시진핑이 스스로 제출한 것이 아니라 이미 퇴직한 상무위원이 강력히 요구한 것으로 '핵심' 칭호를 가진 장쩌민이 먼저 요구했다고 분석한다. 퇴직한 상무위원은 추측컨대 장쩌민의 최측근이며 시진핑을 총서기로 만드는데 일등공신인 쩡칭훙일 것으로 본다. '핵심'이라는 칭호가 없어도 이미 모든 권력을 장악한 시진핑을 핵심으로 칭한 이유가 무엇인지 앞으로 밝혀지리라 본다.

집단지도체제는 덩샤오핑이 만년의 마오쩌둥과 같이 최고 지도자의 잘못된 정책 판단으로 나라를 위태롭게 하는 것을 방지하기 위해 고안한 체제이다. 일인에게 권력이 집중되면 무슨 사고가 발생할 때 국가가

마비될 수도 있지만, 집단지도체제는 정치국 상무위원들이 각 분야의 책임을 담당하여 당 전체가 기능 마비에 빠질 위험을 방지할 수 있다.

현재까지 시진핑의 지도능력을 미루어볼 때 결사적으로 무리하게 문제를 해결하려 하지 않을 것이라고 판단하지만 두 번째 임기 5년 동안 '핵심'이 되어 순조롭게 개혁을 추진해 달라는 의미인지도 모른다.[70] 시진핑은 은퇴한 고위관료들과 꾸준히 친분을 이어왔으며 부하의 의견에도 귀를 기울이는 등 능력 있는 당원들을 단결시키고 이끌어 갈 수 있는 덕목을 갖춘 외유내강한 지도자로 알려져 있다.

우자샹은 '핵심'이란 말은 인민에 대한 말이 아니라 공산당의 상급기구에 대한 말이라고 주장한다. 그는 '핵심'이란 말은 시진핑 개인의 이익을 위한 것이 아니라 앞으로 5년 동안 반드시 다른 사람은 꿈도 꿀 수 없는 큰일을 해줄 것이라는 기대에서 나온 것으로 분석한다.

중국이 싱가포르를 따라가기 위해서는 무엇이 필요한가

덧붙임

중국과 싱가포르는 정치나 관리제도 면에서 큰 차이가 있다. 중국은 중국공산당의 일당 독재국가로서 청렴도와 국민을 위한 서비스정신이나 소양이 부족하고 투명한 경제행위와 행정운영 및 준엄한 법제를 완비한 통치제도를 확립하지 못하고 있다. 반면 싱가포르는 영국식 의회민주제, 법치전통과 관원재산 신고 등의 투명한 제도를 지향하고 현명하고 능력이 있는 자를 발탁하며 유가와 법가사상을 융합한 치국이념에 의하여 국가를 운영하고 있다.[1] 싱가포르의 정치 집권 양식은 서방식의 정치문명과 사회의 본보기에 부합하지 않는 점이 있지만 역사적으로 성공적이고 효율적인 통치였다는 것이 증명되었다.

중국과 싱가포르는 국가의 크기부터 국가이념과 국가구성원의 성향이 다르고 제도상으로 확연한 차이가 있으며 역사발전 과정이 다른 것도 사실이다. 중국은 개혁개방 이래 여러 차례 조직개편을 했다. 조직을 고치면 고칠수록 복잡해졌고 권력은 제거하면 제거할수록 커졌다. 대소 관원은 더 청렴결백해지기보다 도리어 더 부패해졌다.[2]

싱가포르와 중국과의 이러한 차이에도 불구하고 싱가포르는 중국에 영향을 미치기 시작했고 중국은 싱가포르의 발전 양식을 학습하고 모방하고 있다. 이미 중국 지도자들은 수만 여명이 넘는 공산당 간부들을 싱가포르로 파견하여 싱가포르를 배우도록 했고 '싱가포르 모델'로 공단, 생태도시, 지식도시, 최첨단 과학기술 단지를 건설했거나 건설 중이다.

그렇다면 앞으로 중국은 싱가포르로부터 무엇을 더 배워 실천하려고 하는지를 생각해볼 필요가 있다. 어쩌면 홍콩에서 새로 당선된 전국정협 위원 류멍슝(劉夢熊)이 지적한 것처럼 싱가포르로부터 중국이 배워야 할 핵심은 싱가포르의 소프트웨어이지 하드웨어가 아닐지도 모른다.[3]

난양이공대학의 리밍장 교수는 싱가포르의 정치체제, 정치운영, 관리방식 등 모두 중국이 배울 가치가 있다고 본다. 예를 들어 중국은 싱가포르 정부가 매체를 비교적 원활하고 효율적이며 조화롭게 관리하는 법, 청렴한 국가운영, 정원식의 도시관리, 질서정연한 교통 등은 중국이 모두 본보기로 할 가치가 있다고 말한다.[4]

중국 현대국제관계연구원에서 싱가포르를 전문으로 연구하는 학자 쑹영후이(宋穎慧)는 한 인터뷰에서 싱가포르와 중국의 차이점에 긍정적 의미를 두었다. 그녀는 싱가포르는 화인이 주를 이루고 있으나 중국과 같이 순수한 중국인의 사회는 아니라고 주장한다. 다종족이 혼합된 환경과 말라카 요충지의 지리적 위치가 싱가포르로 하여금 외래문화에 강한 흡인력을 가지게 했는데 이것이 바로 중국과 싱가포르의 차이이다. 그래서 싱가포르는 계속 중국의 발전을 위하여 깨우침을 제공할 수 있다고 본다. 쑹영후이는 양측 협력 메커니즘, 아세안에서의 싱가포르의 역할, 그리고 싱가포르 자신의 부단한 발전을 향한 창조력은 싱가포르와 중국관계가 지속적으로 발전할 수 있는 잠재력이라고 지적한다. 쑹영후이는 싱가포르는 발전할 잠재력을 갖춘 국가로서 중국과 새로운 협력 영역과 방법을 발견해내는 데에 대단한 창조력을 가지고 있다고 본다.[5]

물론 중국이 '싱가포르 모델'을 그대로 받아들이기는 어려울 것이다. 하지만 그들이 필요로 하는 부패척결 정책과 법치주의, 창의적인 사회보장 체계, 조직관리 체계, 사회관리 서비스 시설, 다문화 다종족 정책 등 다양한 소프트웨어를 본보기로 삼을 것임에는 틀림없다.

싱가포르를 직접 방문하여 고찰하고 분석한 톈진시위 당교연구생부(市委黨校研究生部) 강사인 니밍성(倪明勝)이 《쉐시스바오》에 발표한 〈싱가포르 통치경험을 어떻게 학습할까(如何學習新加坡治理經驗)〉도 주목할 만하다. 그는 솔직하게 중국과 싱가포르는 나라의 정세나 형편이 다르고, 발전단계 또한 차이가 있어 작은 섬의 통치경험이 중국에 적합할지 의문이라고 말한다. 그럼에도 중국이 '싱가포르 모델'을 본받으려 한다면 표면적 제도와 정책뿐 아니라 그 이면의 가치와 이념을 배워야 할 것이라고 지적한다. 즉 싱가포르 경험의 집약과 그 핵심정신인 "위기를 직시한다(똑바로 본다), 새로운 것을 추구하고 실무적인 사업 수행에 힘쓴다, 변화를 추구하는데 용감하다, 국민을 근본으로 한다, 단련하고 용감하게 나아간다" 등의 이념은 중국이 학습하고 본보기로 할 가치가 있다고 말한다.[6]

니밍성은 싱가포르를 사회보장체계, 사회조직발전, 조화로운 노사관계, 집단 간의 포용과 융합과 같은 사회관리체제의 완성과 사회관리 서비스 집단 건립 방면에 풍부한 경험과 지혜가 잘 축적되어 있는 국가로 평가한다. 중국정부도 적극적인 자세로 싱가포르의 사회관리 영역에서의 성공적인 경험과 소프트 기술을 참조하여 끊임없이 중국의 사회관리를 현대화하는데 주력한다면 승산이 있을 것이라고 생각한다. 그러면서 구체적으로 다음 4개 방면에서 변화가 이행되어야 한다고 강조한다.

첫째, 이념의 전환이다. 공공(公共)사무를 포함한 관리와 공공이익과 관련하여 국가권력과 정부권위의 개입이 아니라 국민의 이익을 근본지향점으로 삼아서 공무원이 사무를 처리하는 것도 일종의 서비스의 하나로 인식하는 이념으로의 전환이 필요하다.

둘째, 방법의 전환이다. 중국의 전통적 사고방식의 사회 관리방법은 주로 행정적 규제에 편중되어 있는데 이보다는 민주주의식 개방과 협상을 통한 소통의 방식으로 사회모순을 해결하여야 한다.

셋째, 체제의 혁신이다. 전통사회의 관리제도는 계획경제시대의 산물로 통제와 사회 동원제도에서 나왔다. 그러므로 시장경제조건에 부합하는 현대사회관리제도로 정부·사회·시장의 공생형태로의 혁신이 필요하다.

끝으로, 건강한 사회를 위한 문화 형성이다. 현대사회관리는 적극적이고 상향적 사회관리이다. 그 목표와 희망은 바로 사람들이 더 존엄하고 그들의 생활이 보다 더 행복하며 사회가 더욱더 건강하고 질서가 있도록 하는 것이다. 이러한 중요한 사회관리 문화토양을 육성하는데 치중해야 한다.[7]

싱가포르 관리대학 법률과 조교수 유진 탄캥분(Eugene Tan Kheng Boon, 陳慶文)은 싱가포르와 중국을 비교하며 싱가포르 공무원은 아주 작은 뇌물이라도 받으면 곧 지위를 잃고 명예가 땅바닥에 떨어지며 모든 퇴직금을 잃고 감옥에 간다. 정치인들의 자질에 대해서도 완고하여 혼외정사를 한 정치인은 사직해야 한다. 이러한 것들은 기본정치 제도와는 무관하지만 중국지도층이 과연 그들이 향유하는 기득권을 싱가포르에서와 같이 포기할 수 있을지 의문을 제시했다.[8]

싱가포르 언론인 자오링민은 중국의 지도층이 과연 많은 기득권을 포기하면서 '싱가포르 모델'을 선택할지 의문이라고 한다. 그는 중국이 싱가포르를 배울 수 없는 것은 중국인은 "중국의 학문을 체(體)로 하고 서양의 학문을 용(用)으로 한다(中學爲體, 西學爲用)"는 학습방법 때문이라고 지적한다. 중국은 과거에도 현재에도 기득권 세력에 불리하면 근본적인 제도의 변혁을 하지 않고 배우기 쉬운 기술과 관리 측면의 지식만을 받아들이려 했다. 기회주의와 사리사욕으로 인하여 서학으로부터 학습의 효과가 크지 못했던 것과 같이 싱가포르의 학습도 마찬가지일 수 있다는 것이다. 표면상의 제도설계는 배우기 어렵지 않지만 중국의 역사와 현황으로 인한 복잡하게 얽혀 있는 인과관계는 남의 것을 배워 해결할 수 없다는 것이 그의 견해이다.[9]

이러한 우려에도 불구하고 중국의 일대일로 정책이 성공한다면 중국 내는 물론 세계적으로 새로운 경제 형국을 창출할 것이다. 일대일로 연선 국가들 간의 금융, 투자, 관광, 문화 교류와 융합이 이루어져 인류문화에 변화를 가져올 것으로 기대한다. 그렇다면 중국이 진정한 일류국가가 될 것인가?

싱가포르가 삼류국가에서 일류국가가 될 수 있었던 것은 국내적으로는 강력한 법치국가를 건설했으며 국민들이 정권을 신뢰했고 국제적으로는 이웃국가들에게 필요한 국가가 되고자 한 정치력, 외교력, 경제력이 있었기 때문이다. 외부에 알려진 것과 같이 오늘날의 싱가포르를 건설한 리콴유가 정치적인 자유보다 경제적 부를 우선하였고 이를 실천하기 위해 철권통치를 하였으며 범죄와 부패를 용납하지 않았기 때문이 아니다. 리콴유의 싱가포르는 자유보다는 질서를, 민주주의와 인권보다는 엘리트 통치에 가치를 두었고 법치를 강조했다. 법보다 도덕에 가치를 둔다면 효율적인 측면에서 중국은 싱가포르를 따라가지 못할 것이다. 기득권을 포기할 수 있는 법치가 아니면 부패의 완전 척결은 어렵다.

저자는 시진핑 주석이 정치적인 자유보다 경제발전을 우선하고 부정부패를 척결하기 위해 '핵심'이라는 칭호를 방패로 철권정치를 할 것이 아니라 리콴유와 같이 진정한 일류국가의 지도자로서 아시아의 평화와 세계평화에 이바지하기를 희망한다.

OUE

C H I N A

시진핑 시대, 중국의 도시화 모델

S I N G A P O R E

중국은 개혁개방 이후 빠른 속도로 도시화를 추진하여 1979년에 18%였던 도시화율이 2014년에는 52.6%로 증가했다. 특히 1984년부터 경제기술개발구가 건설되면서 도시가 급격히 발달하기 시작했다. 개발구 내 도시에 기초시설이 건설되고, 외자를 이용하여 경제가 발전하였으며, 수출확대와 인재양성 등 시험적으로 추진한 개혁은 도시발전의 동력이 되었다. 그 결과 전국의 2%도 되지 않는 면적의 전국개발구가 2012년에 이르면 중국 총생산의 12.8%를 차지할 만큼 발전했다.

그러나 중국은 기초가 튼튼하지 못한 공업구조, 막대한 인구, 그리고 불균형한 지역 발전으로 인하여 도시화 추진과 경제발전, 구조조정, 도시와 농촌 간의 격차 등의 문제들이 순조롭게 해결되지 못했다. 많은 개발구는 도시기능에 부합하지 않아 '잠자는 도시'가 되거나 산업만을 위한 도시가 되었다. 따라서 중국만의 특징, 경험, 교훈을 염두에 두고 미래의 변화에 대비할 수 있는 중국에 적합한 새로운 도시화 모델이 필요했다.[1]

이 새로운 모델로 대두된 것이 바로 쑤저우(蘇州)공업단지이다. 싱가포르와 중국정부는 합작으로 전대미문의 거대한 규모의 쑤저우공업단지 건설을 추진했다. 20여 년에 걸친 쑤저우공업단지의 발전과정이 증명하듯이 쑤저우공업단지의 성공은 이미 타 도시와 공업발전의 범례가 되었다. 싱가포르와 중국과의 합작은 공업단지 건설에서 멈춘 것이 아니라 일류 첨단과학기술 산업단지와 지식기반경제 도시건설로 이어졌다. 아울러 싱가포르는 중국의 지역경제발전 진행과정에 따라 중국지방정부와 여러 대형 공업단지 건설을 공동으로 진행하거나 추진하고 있다.

2008년에 중국과 싱가포르 양국은 두 번째의 거대 합작으로 환보하이(環渤海)지구에 위치한 톈진(天津)에 생태도시 건설을 추진했다. 톈진생태도시 건설의 목적은 심각해져 가는 환경문제해결과 지역 경제발전을 촉진하기 위한 것이었다. 톈진생태도시는 최근 톈진의 빠른 발전의 주요 동력이 되었다.

이어 싱가포르 정부와 광둥성 정부는 주장(珠江)삼각지에 중국과 싱가포르 합작 3세대로 칭하는 광저우(廣州)지식도시 건설을 추진하고 있다.[2] 2006년 광둥성에는 이미 첨단기술 개발구가 국가급 6개, 성급(省級)이 10개나 설립되어 첨단기술 개발구의 관리, 정책, 운영 메커니즘에 있어 많은 연구와 경험이 축적되어 있었다. 그럼에도 불구하고 1997~98년 동아시아금융위기의 영향으로 중국의 경제중심이 동북방향으로 이동하기 시작하면서 발생한 병목현상에 직면하자 새로운 발전모델이 요구되었다. 그래서 광둥성 지도자들은 싱가포르 정부와 합작하여 첨단과학기술 분야의 인재양성을 위한 지식기반 경제도시를 건설하고자 했다.[3]

2부에서는 싱가포르와 중국과의 합작으로 추진된 쑤저우의 공업화 지향, 톈진의 환경친화적인 거주지 지향, 광저우의 지식기반 경제 지향의 도시화가 이루어지는 과정을 살펴보고자 한다.

쑤저우공업단지의 경우 중국과 싱가포르 정책결정에 있어 양국의 합작 메커니즘, 장기 발전계획 수립과 건설과정, 공업단지의 단계적 발전과정, 그리고 세계일류 창조도시, 지식경영의 스마트도시, 그리고 친환경도시로 변모하는 과정을 소개하고자 한다. 이와 함께 토지를 수용당한 농민들이 도시와 융합하면서 시민으로 거듭나는 과정과 이들 지역에 대한 새로운 관리모델에 대해 살펴보면서 쑤저우시의 경제력 증가와 격상된 산업구조 등의 표면적인 변화뿐만 아니라 중국과 중국인의 의식과 생활방식이 어떻게 변하고 있는지 생각해보고자 한다.

톈진생태도시의 경우 건설초기부터 생태도시 건설지표 체계를 수립하고 이에 따라 도시를 건설하는 과정을 살펴보면서 쓸모없는 염지에 어떻게 지속발전이 가능한 친환경적이면서 사람 중심의 조화로운 사회를 건설해 가는지 설명하고자 한다.

광저우지식도시 건설은 싱가포르 정부와 광둥성과의 합작으로 추진한 사업이다. 광저우지식도시 건설 과정에서 시장잠재력과 경쟁능력이 있으며 부가가치가 높은 사업종목들을 선정하여 지식 밀집형 도시의 면모를 갖추어 가는 과정을 살펴보고자 한다.

끝으로 중국 서부의 쑤저우공업단지라 할 수 있는 중국 쓰촨성과 싱가포르와의 합작인 쓰촨 혁신과학기술단지를 소개하고 상기 합작도시들이 미래 중국 발전에 미칠 영향을 분석해보고자 한다.

싱가포르-중국 합작의 쑤저우공업단지

1장

중국과 싱가포르 합작의 대표적인 브랜드인 쑤저우공업단지는 양국의 중요한 기획과제였다. 개발 전 쑤저우공업단지는 양어장이 뒤얽혀 있던 교외의 농촌이었다. 이곳은 132개 행정촌으로 구성된 러우펑(婁葑), 콰탕(跨塘), 셰탕(斜塘), 웨이팅(唯亭), 성푸(勝浦)의 5개 향진(鄕鎭)으로 총인구 16만5천 명 중 농업 인구가 약 88%를 차지하던 곳이었다.[1] 이 구역의 중심에 80km²의 중국과 싱가포르 합작구[2]가 위치하고 있다.

쑤저우공업단지는 개혁개방의 시험장이고 국제 합작의 시범단지로서 빠르게 발전했다. 도시발전계획과 건설부터, 경제발전, 사회공공서비스 영역에 이르기까지 싱가포르 공업단지의 성공경험을 본보기로 하여 발전한 쑤저우공업단지는 국제 경쟁력을 갖춘 첨단과학기술 산업단지이고 지식기반경제도시이며 친환경도시로 변모했다.

이번 장에서는 쑤저우공업단지의 건설부터 첨단과학기술 산업단지,

지식기반경제도시, 그리고 친환경도시로 발전하는 과정을 살펴보고 중국이 싱가포르와 합작을 통해 싱가포르로부터 어떻게 과학적이고 합리적이며 종합적인 장기발전계획과 그 계획에 따른 순차적인 건설과정을 본보기로 하였는가를 소개하고자 한다. 아울러 이 과정에서 구조조정을 통한 경제발전 및 농민의 시민화와 새로운 시민 통치양식을 싱가포르로부터 어떻게 받아들였는지 살펴보고자 한다.

1. 쑤저우공업단지는 어떻게 설립되었는가

설립배경과 목표

쑤저우공업단지는 전 싱가포르 총리였던 리콴유 내각자정(資政)의 제안으로 성립되었다. 1989년에 발생한 중국의 톈안먼 사태를 보면서 미래 중국은 결국 개방될 수밖에 없다고 확신한 리콴유는 중국과 싱가포르의 합작이 상호학습의 가장 좋은 방법이라고 생각하였다. 그래서 1992년 덩샤오핑에게 양국합작으로 쑤저우공업단지를 건설할 것을 제의했다. 그는 양국합작으로 공업단지를 개발하는데 싱가포르의 경험을 무상으로 제공하겠다면서 이에 관련된 업무를 통해 양국의 젊은 지도자들이 긴밀한 관계를 가질 것을 제의했다.

리콴유는 자원이 없는 도시국가 싱가포르가 생존하기 위해 자원이 무궁무진한 중국의 젊은 지도자들에게 친(親) 싱가포르 정서를 심어주는 것이 싱가포르 경제에 중요한 영향을 미칠 것이라고 판단했다. 그는 아무 대가 없이 싱가포르의 경험을 제공하며 양국합작 쑤저우공업단지 건설을 추진했다.[3]

당시 리콴유는 쑤저우를 공업단지 건설지로 선정한 이유에 대해 옛날부터 쑤저우는 장원급제한 인재들이 많았을 뿐만 아니라 근래에도 유명한 학자들이 많이 배출된 곳이기에 싱가포르인들이 쑤저우인들과 교류하기를 원했기 때문이라고 말했다. 그러나 싱가포르 정부가 30억 달러라는 금액을 쑤저우공업단지에 투자한 가장 중요한 이유는 앞으로 거대한 중국대륙의 각 성과 시에 이러한 공업단지 모델을 확산함으로써 이를 거점으로 중국시장을 확보하려는 전략이었다.

아마도 중국 지도자들은 상업문화와 물류유통에 편리한 지리적 위치에 있는 쑤저우를 개발하면 광대한 지역으로 기회와 서비스가 제공될 것으로 기대했고, 활력이 충만한 도시환경을 창조하여 역사적 의의가 깊은 쑤저우시의 위상을 강화하고자 했을 것이다.[4]

이에 1993년에 싱가포르와 중국은 쑤저우공업단지 설립에 관한 협력각서를 체결하고[5] 처급(處級) 이상의 중국간부 1천여 명이 싱가포르에 가서 시구(市區)의 구획 및 발전 관리, 외국투자유치, 업무기술훈련, 사회보장과 고객서비스 등에 관한 교육을 받았다. 그리고 1994년 2월 26일 전 싱가포르 총리 리콴유와 중국 부총리 리란칭(李嵐淸, 1932~)이 쑤저우공업단지를 합작으로 개발하는 합의서에 정식으로 서명했다.

쑤저우공업단지 건설 목표는 다음과 같다.

첫째, 비즈니스 클러스터, 상업문화, 한가로운 거주지, 과학연구 개발 구역 등 도시기능이 현대화된 생태단지를 건설한다.

둘째, 합작구와 주변 향진이 상호협력 발전하도록 단지의 도시 기능을 확산하여 도농일체의 신형 도시를 건설한다.

셋째, 건설을 위한 총체적인 발전계획과 단계적인 발전계획, 지역 발전계획, 기능 발전계획을 수립하여 생산, 생활, 생태의 유기적인 결합이 실현되는 단지를 건설한다.[6] 이에 따라 1994년 5월부터 쑤저우시 중심에서 서쪽으로 15km 떨어진 면적 70km²(2006년에 80km²로 확장)의 토지에 쑤저우공업단지 개발이 착공되었다.[7]

양국이 자랑스러워하는 쑤저우공업단지 합작은 일반적인 경제무역 투자합작과는 다르게 개발초기부터 싱가포르의 공업단지를 모델로 착실히 경험을 쌓아가며 장기적인 합작관계를 수립했다. 이후 싱가포르의 공공행정과 관련된 소프트웨어가 쑤저우공업단지로 이전하게 되었다.

쑤저우공업단지의 관리체계

중국과 싱가포르 양국정부는 합작으로 공업단지 건설을 추진하기 위해서 정책결정, 집행, 감독이 분리된 관리모델을 채택하였다. 이 합작 관리체제는 2개의 메커니즘으로 개발업무가 추진되는데 양국 합작체계와 운영관리체계이다.

• 정책결정을 위한 양국의 합작 메커니즘

양국의 합작 메커니즘은 세 범주의 지도체계와 업무기구로 조직되었다.

제1범주는 쑤저우공업단지 개발건설과 싱가포르의 경험을 본보기로 채택하는 등의 중대 문제에 관해 협조하며 책임지는 단지 개발건설의 최고 정책결정기구인 중국-싱가포르 연합 협조이사회이다.[8] 양국 부총리가 이사회의 공동주석을 맡았는데 중국 측은 선후로 리란칭, 우이(吳儀, 1938~), 왕치산 부총리가 주석이다. 싱가포르 측은 리셴룽이었다가 현재 웡칸셍 부총리가 주석을 맡고 있다. 이사회 구성원은 중국 측은 국가개발위 · 과기부 · 상무부 · 재정부 · 외교부 · 건설부 · 국토자원부 · 해관

총서의 책임자들과 장쑤성 정부와 쑤저우시 정부의 책임자들이고, 싱가포르 측은 외교부·통상산업부·국가발전부·환경수자원부·경제발전국·총리부서·위생부·주롱그룹(Jurong Town Corporation, 裕廊集團)·재정부 책임자들이다.[9]

제2범주는 중국-싱가포르 공작(工作)위원회로 쑤저우시 시장과 싱가포르 통상산업부 소속 주롱타운 관리국 주석이 연합하여 업무를 담당하도록 구성했다. 중국 측은 쑤저우시 정부와 단지 관리위원회 책임자들, 싱가포르 측은 주롱타운 관리국과 관련 기구의 책임자들로 구성되었다. 양측은 정기적으로 회의를 소집하고 개발건설 과정의 중요문제와 싱가포르 경험을 본보기로 한 업무를 협상하여 중국-싱가포르 연합 협조이사회의 양국 주석들에게 보고한다.

제3범주는 연락기구로 싱가포르 통상산업부 소프트웨어 항목사무실과 쑤저우공업구 싱가포르 경험본보기 사무실(蘇州工業園區借鑒新加坡經驗辦公室)이 일상의 연락업무를 책임진다.

즉 싱가포르와 중국은 부총리급의 연합 협조이사회와 국(局)·시(市)급의 공작(업무담당)위원회를 조직하고 연락기구를 두어 싱가포르 측 소프트웨어 항목사무실과 쑤저우공업구 사무실의 관원들이 서로 방문하고 계획을 교환할 것을 결정했다.[10]

• 운영관리 조직

단지의 운영관리는 관리위원회(管理委員會)와 중국-싱가포르 쑤저우공업단지 개발유한공사(中新蘇洲工業園區開發有限公司)가 담당하였다. 단지 관리위원회는 정부의 발전계획과 서비스를 구체적으로 추진·집행하고, 중국-싱가포르 쑤저우공업단지 개발유한공사는 개발주체로서 발전

계획에 따라 개발지를 선택하고 건설공사를 진행하는데 양 조직은 상호 통제하고 감독한다.[11]

관리위원회는 쑤저우시 정부가 파견한 15개의 사무국으로 편제되었다. 관리위원회는 공업단지 및 주변지구를 관리 운영하기 위한 행정기구로 '소정부, 대사회'와 '간소, 통일, 효능'의 원칙을 기치로 내세웠다. 관리위원회의 업무 인원은 전국에서 모집한 대학 이상의 학력자들로 직원의 95%가 모두 국외에서 전문적으로 연수 받았고, 고급책임 인원 중에는 연구생과 유학 후 귀국한 인원이 30% 이상이다. 관리위원회의 주요 업무는 국가 법률법규와 상급행정부의 권한을 받아 싱가포르의 경제와 공공관리 경험을 본보기로 단지 주변지구 행정관리와 경제 관리권을 자주적으로 선택하고 행사하는 것, 공업단지의 경제발전 계획의 실시를 감독하고 검사하는 것, 단지 주변지구 경제와 사회 발전계획을 제정하고 조직하는 것, 사회 관리업무를 강조하여 양호한 사회발전 환경을 창조하는 것, 공업단지 경제와 건설의 정상적인 운영을 보증하는 것이다.[12]

공공서비스 기구로는 민원을 1회 방문하고 처리하는 원스톱 행정서비스센터, 도시행정 공용사업, 인력자원 개발센터 등 6개 공공서비스 기구를 건립했다. 예를 들어 원스톱 행정서비스센터는 관리위원회를 대표하여 외국기업의 중국 내 기업등기 관련 수속처리를 집중적으로 심사하고 인증하며, 조직 간의 협조를 이행하고, 업무처리에 관한 감독과 서비스를 담당한다. 센터는 모든 처리사항에 있어 시간을 중시한다. 만약 특수 사항으로 급히 처리할 필요가 있을 때 이러한 사정을 센터에 제출하면 센터에서는 빠르게 처리하는 특별 서비스도 제공한다. 업무처리가 끝나면 센터는 전화나 이메일 등으로 손님에게 통보하고 손님은

본부에 가서 비준된 문건 혹은 증서를 받는다.[13]

중국과 싱가포르 양측은 공동으로 편제한 도시발전 계획에 대하여 공동의 책임을 지지만 상층의 정책결정과 기층의 집행은 서로 분리하였다. 부총리급의 연합협조 이사회와 국·시급의 공작위원회 그리고 관리위원회는 각각 충분한 권한을 가지고 효율적으로 협조하며 쑤저우공업단지건설과 관리를 책임지고 집행한다.

단지의 개발 주체는 중국-싱가포르 합작공사인 중국-싱가포르 쑤저우공업단지 개발유한공사로서 중국과 싱가포르 쌍방의 재단을 설립했다. 중국 재단은 중량(中糧), 중위안(中猿), 중화(中化), 화넝(華能) 등 14개의 대형 기업이 출자했고, 싱가포르 재단은 싱가포르 국영기업 주룽그룹과 실력 있는 개인 기업 및 일부 유명한 다국적 기업이 연합하여 출자했다.[14]

싱가포르 통상산업부에 속한 주룽그룹은 공업단지 건설과 운영으로 사업을 일으켰으며 기초시설의 기획과 건설에 아주 뛰어나다는 평가를 받고 있다. 일찍부터 동남아 각지에 싱가포르식의 '해외공업단지'와 상업모델을 수출한 주룽그룹이 중심이 되어 쑤저우공업단지 개발을 담당했다.[15]

즉 단지의 행정관리는 중국 측이 전적으로 책임지지만 이와 관련된 대단위의 개발은 양국합작개발공사가 책임졌다. 또한 외국기업과 외자 유치는 양국이 공동으로 책임졌다.

2. 쑤저우공업단지 건설의 특징

중국과 싱가포르 양국 정부가 정식 협의한 최초의 국제 합작사업인 쑤저우공업단지 건설에는 중국과 싱가포르 합작의 장점을 적극 발휘하여 세계화의 안목과 선진이념을 도입했다. 국제화에 부합하면서 공간상으로 동부에 밀착되어 있는 기존 도시 쑤저우와 조화를 잘 이루는 중국 특색의 발전 이념을 창안했다.[16] 싱가포르 경험은 쑤저우공업단지 개발 초기부터 일관되게 영향을 미쳤다. 싱가포르의 경험을 본보기로 한 쑤저우공업단지는 당시 중국의 도시발전 계획과는 달랐다. 쑤저우공업단지는 이념, 발전 계획편제, 건설 추진방법 등 실행에 있어서 여러 가지 돋보이는 특징을 가지고 건설되었다.[17]

• 장기 발전계획 수립과 법제화, 순차적인 개발, 원칙을 준수하는 건설

쑤저우공업단지는 개발을 추진하는데 있어서 '발전계획 선행' 즉 기존 토지를 집약적으로 이용하려면 우수한 설계와 발전계획에 기인한다는 싱가포르 경험을 본보기로 했다. 공작위원회는 중국의 실제 정황과 전망성, 합리성, 과학성을 충분히 고려하여 쑤저우공업단지 도시 발전계획 건설관리 방법 및 완전한 기술관리 규정을 제정했다.

쑤저우공업단지가 성공적으로 단지를 건설할 수 있었던 가장 중요한 요인은 '발전계획 선행'과 '발전계획은 즉 법이다'라는 이념을 중시한 때문이다. 발전계획 선행이념은 먼저 발전계획을 수립하고, 단계별로 실시하는 개발 원칙으로 "선(先) 발전계획 후(後) 건설, 선 지하 후 지상, 선 이차 산업 후 삼차 산업, 선 기초시설 개발 후 상업 부동산 개발"이라는 과학적인 순서에 따라 건설을 추진하는 것이다.[18]

발전계획에는 통일성, 일치성, 연속성, 수정가능성, 확대성, 겸용성이 강조되었다.[19] 총체적인 발전계획과 상세한 세부 발전계획 및 건설을 위한 안내서에는 단지의 지형 등 자연조건을 고려하였다. 국제화, 현대화, 녹지화의 큰 틀을 정한 후 명확한 발전방향, 역할배치, 그리고 도시형태의 실계와 이에 상응하는 발전계획 기술 규정을 제정하여 하나의 완전한 발전계획 체계를 제시했다.[20]

이에 따라 단지개발을 위한 공사를 시작하기 전에 싱가포르와 중국 양측은 순서, 절차, 계통 등 일련의 관리 소프트웨어를 심의하고 완전한 발전계획의 법제화와 제도화의 기초를 완성했다. 또한 단지설계와 총체적인 발전계획 및 전문적인 항목에 대한 계획을 동시에 편제하고 이를 사회에 공포하여 수시로 군중과 사회 각 방면에서 감독의 결과를 접수하는 상호 피드백을 강조하였다. 발전계획은 유연성을 가지고 수정이 가능하게 되어 있어 개발의 맹목성과 추측성의 통계를 피할 수 있었다. 이런 과정을 통해 쑤저우공업단지는 과학적이고 합리적이며 주도면밀하고 방대한 발전계획을 수립했다.[21]

쑤저우공업단지는 첫 발전계획에 따라 단계적으로 업무를 추진했다. 쑤저우공업단지의 건설개발 순서는 '선 공업, 후 주택, 재(再) 상업'으로 우선 전 구역의 기초시설을 완전히 건설한 후 공업을 유치할 토지에 건설공사를 시작했다. 또한 공업경제의 규모가 일정 수준에 도달한 이후 취업 인구가 대량으로 증가하면 다시 주택개발과 이에 부수되는 각 항목의 사회사업 건설을 시작하고, 일정한 경제기초가 확립되고 인기가 집중되면 비로소 대규모의 산업개발을 시작했다.[22]

최고의 국제 수준 발전계획과 설계에 따라 높은 표준의 건설을 위해 국제 선진수준의 설비, 기초시설, 주요장비와 재료를 제공했고, 불량 요인을 최소화하는 원칙을 준수하는 고강도의 건설공사를 추진했다. 또한 공영사업 원료공장과 관망(管網)공사에 필요한 주요설비와 재료에 대해서 설계표준에 따라 선별하고 엄격히 심사하였으며 배관 재료의 진입을 허가제로 함으로써 질량을 원천적으로 통제했다.[23]

필요한 시설의 전 항목에 대한 규정을 세밀히 정했다. 예를 들어 단지의 관리 규정의 경우 주택 분양판매에서 주택을 개인에게 넘긴 후 발생할 수 있는 각종 문제와 분쟁까지 고려하고 각 항목의 규정을 세분화하여 원천부터 각 종류의 주택 변경의 원인과 분쟁의 발생을 피하도록 했다.[24] 주도면밀한 발전계획과 규정으로 인하여 발전계획상의 항목과 단지의 경관 풍모가 일치하고 안전화, 표준화, 그리고 편리함이라는 단지 관리의 목표에 도달할 수 있었다.

• 토지의 집약적인 이용과 치밀한 용지 배치

토지 이용의 효율성은 도시 발전의 성공과 실패의 관건이 된다.[25] 쑤저우단지 내의 토지를 자체적으로 처리하거나 선택하는 것은 싱가포르의 경제발전과 공공관리의 경험을 본보기로 하여 국무원의 동의하에 결정했다.[26] 관리위원회는 단지를 건설하고 관리하는데 권위와 강제성을 엄격히 적용하며 토지를 개발하고 발전계획을 집행했다.[27]

토지 이용률을 높이기 위하여 싱가포르의 백지개념을 받아들였다. 즉 '공터(백지)', '잿빛지역', '유연성 녹지' 등 단지 내 용도가 불명확한 토지를 탄력 있게 조정하여 토지개발의 효율성을 높이고 집약적으로 이용하도록 하는 것이다.[28] 단지는 토지집약화를 추진하여 각 종류의 건축을 고층으로 하도록 장려하고 지하공간의 합리적인 이용을 촉진하여 부지를 절약했다.[29]

토지 이용의 효율을 높이기 위하여 발전계획을 부단히 개선했다.[30] 산업을 유치하기 위하여 산업발전의 변화에 기초하여 토지 이용 발전계획을 수립했는데, 단지 발전초기에는 공업용지가 위주였지만 그 후 끊임없이 상업과 금융 등의 발전에 따라 토지발전계획을 추진하여 기업의 효율적인 토시 이용을 보장했다. 또한 산업과 도시의 융합에 따라 토지 이용 발전계획을 조절하여 혼합형 토지 사용으로 발전하도록 했다. 이에 단순한 공업용지가 연구와 생산을 위한 혼합용지로 변경되고 산업의 수요를 만족시키면서 토지 이용에 대한 효율을 높였다.[31]

토지자원은 발전계획에 따라 단지산업 발전의 시장상황에 근거하여 개발하고 상품화했다. 관리위원회는 정책과 법률 규정에 의거하여 토지를 수용하고 경매방식을 통해서 매도했다. 또한 기업용지의 환매를 다음과 같이 추진했다. 토지 이용 용도가 변경될 필요가 있는 기업의 토지, 이미 이용되지 않은 토지나 이용이 불가능한 공업용 토지, 기업용 부동산, 낙후 혹은 도태된 산업이나 정지되거나 반 정지된 산업용 토지, 토지 사용권 기한이 지난 기업 용지, 기업이 주동적으로 판매를 신청한 토지, 기타 필요에 의해서 매각하고자 하는 기업의 토지를 환매했다. 또한 토지자원을 최대로 활용하기 위하여 싱가포르 해변의 상업중심 개발을 본보기로 하였다. 먼저 구내 토지의 상업적 부가가치 인상을 위하여 중심 구역의 장기 개발지역 일부분을 6년 정도 단기로 임대했다. 동시에 설계와 표준에 따라 도시발전계획을 엄격하게 진행함으로써 질적으로 우수한 도시 형태를 형성하여 토지의 상업적 가치를 높였다.[32]

• 산업과 도시의 융합발전

많은 개발구가 도시 기능에 부합하지 않아 '잠자는 도시'가 되거나

'산업만의 도시'가 되는 경우가 있다. 이와 달리 쑤저우공업단지는 시작부터 산업단지와 신도시 건설을 동시에 진행하여 산업과 도시의 상호 번영을 촉진하는 신형 도시로 발전했다.

싱가포르의 경험을 본보기로 한 쑤저우공업단지는 하나의 체제 메커니즘을 형성하였다. 조기의 도시 발전계획과 비즈니스를 유치하고자 한 산업의 발전 이념, 원스톱서비스와 같은 기업친화적 이념, 그리고 지역사회를 중심으로 하는 이념에 이르기까지 쑤저우공업단지는 경제발전, 제도수립, 사회관리 등 방면에서 싱가포르와 같은 융통성 있는 갱신 메커니즘을 확립했다.

쑤저우공업단지는 발전과 변화과정에서 전통과 현대, 과학과 인문, 경제세계화와 문화다원의 연원을 조화롭게 융합하였다. 싱가포르 본보기는 어느 정도 중국화되어 쑤저우공업단지의 산업화 융합발전의 특성이 되었다. 쑤저우공업단지의 산업과 도시의 융합발전은 국제 주류 도시화 발전규율에 부합하고 동시에 중국 현실에 뿌리를 내릴 수 있었다. 그리하여 쑤저우공업단지는 이러한 장기적인 토지발전 이념과 지속적인 개혁창조로 산업발전과 도시화 건설 방면에서 선두자리를 차지했다.[33]

• 쾌적하고 편리한 도시건설

단지는 저탄소화, 살기 좋은 도시건설을 위하여 기초시설과 녹지네트워크 건설을 중시했다. 또한 녹색건축으로 에너지, 토지, 물, 재료 등 자원을 최대한도로 절약하고 환경오염을 감소시켜 주민들의 건강을 위한 공간을 제공하고자 했다. 그리하여 도시발전의 총 계획에는 환경 보호 기초시설, 오수(汚水,구정물) 수집·처리 등을 고려하여 환경 기초시설이 순리대로 진행되도록 설계했다. 단지는 도시의 생산, 생활과 생태의 기능을 고려하여 오염을 예방하고 인력을 통제하며 환경 보호를 강화하는 등의 녹색비즈니스를 추진하였다.[34] 동시에 각종 환경보호 선전과 애국교육을 종합적으로 민중에게 교육함으로써 어려서부터 자원의 소중함과 환경의식을 함양하도록 했다. 예를 들면 도시 발전 계획상 교통 도로망의 건설이 도시 발전과 같은 속도로 진행되도록 하는 것이다. 공공교통 건설과 각 종류의 건축이 매끄럽게 연결되도록 하여 대중의 공공교통 선택가능성을 높이고 교통 혼잡을 예방하였다. 또한 교통용지의 수요를 낮추어 배기가스 배출을 감소하는 등 대기환경을 보호하였다.[35]

• **상업과 사회서비스 중심의 지역사회**

단지는 싱가포르의 공공관리 선진이념의 하나인 지역주민을 위한 상업 중심의 지역사회센터(鄰里)와 중국거주지의 특징을 결합하여 각종 상업서비스와 지역사회 서비스체계를 확정한 후 발전계획과 개발을 추진했다. 1996년, 단지에 첫 번째 지역사회센터가 건설된 후 각 지역사회의 중심에 1만5천~2만5천m^2인 상업서비스와 지역사회 활동 기능을 담당하는 지역사회센터가 건설되었다. 이 센터에는 신선한 야채시장, 문화체육센터, 위생서비스센터, 은행, 슈퍼마켓, 통신(우편물, 택배), 국민들에게 편리한 요식업체, 세탁소, 미용 이발소, 약국, 제과점, 문화용품(문방구), 수선집 등이 있어 기본적인 서비스를 제공했다. 이는 잘 짜인 놀이문화와 쇼핑문화가 결합된 쇼핑몰의 초보적인 특징을 보였다.

지역사회센터는 약 4천 개의 주택이 모인 아파트단지(小區) 주민들이 도보로 10분 내지 15분 내에 도달할 수 있는 500~800m의 거리에 위치했다. 이렇게 기본 서비스를 한 곳에 집중시키고 이 센터 밖에 무분별하게 상업이 발전하는 것을 금지하여 토지자원을 절약했을 뿐만 아니라 주민들에게 편리한 서비스를 제공했다. 지역사회센터는 주민들이 필요로 하는 일상생활을 비교적 만족시켰을 뿐만 아니라, 상업적 기능도 달성했다. 상업서비스와 사회서비스 시설을 집중시켜 도시교통의 소음이 없는 쾌적한 거주환경을 조성하였으며 살기 좋은 녹색 생태도시와 지속발전이 가능한 도시가 건설되었다.[36] 이는 중국의 신형 상업서비스 모델의 본보기가 되었다.[37]

3. 쑤저우공업단지의 단계적 발전 과정

쑤저우공업단지의 행정 판도는 중심에 80km²의 중국-싱가포르 합작구[38]가 위치하고 그 주변에 러우펑, 콰탕, 셰탕, 웨이팅, 성푸의 5개 향진(鄕鎭)이 분포되었다. 향진은 중국과 싱가포르 합작구인 단지의 발전을 위하여 토지와 노동력을 제공했고 단지는 향진의 경제와 사회발전에 막대한 혜택을 제공했다.[39]

농촌인 향진이 도시화되기까지 다음과 같은 3단계의 발전과정을 겪었다. 전통공업단지의 발전모델과 달리 쑤저우공업단지는 개발초기부터 합작구와 그 주변 5개 향진을 합친 행정구역 면적 278km²를 발전계획에 귀속시켰다. 그중 80km²의 합작구는 상무(비즈니스), 과학교육, 창조산업, 관광 등 중요한 도시기능을 담당하도록 했고 그 나머지 5개 향진은 도시의 부(副) 중심으로 발전시킬 계획을 수립하고 기초시설, 산업배치, 인재양성, 공공서비스 등을 합작구와 연결하여 전면 개발했다. 토지의 집약적 이용을 위한 총체적인 발전계획에 따르면 쑤저우공업단지는 원래 두수 호(獨墅湖), 진지 호(金鷄湖), 양청 호(陽澄湖)의 일부 수역을 제외한 151.03km²이었지만 175.84km²로 확장되었다.[40]

• **제1단계(1994~2000): 도농 상호발전을 위한 기본적인 토대마련 단계**

1994년도의 발전계획은 선진 싱가포르의 '신도시' 계획의 편제개념을 수용하였다. 이에 따라 도시기능은 구(區)로 구분하고, 상업중심의 지역사회, 백지개념에 의한 토지와 공공(公共) 중심선(축선), 도시 설계, 등급과 순서로 나뉜 도로망 설계와 상업에 필요한 시설 배치, 높은 표준의 기초시설을 배치했다.[41]

단지는 싱가포르의 경험을 본보기로 '선 지하, 후 지상'의 건설원칙을 엄수하여 선진국의 구통일평(九通一平)의 표준에 이르렀다. 구통일평이란 현대물류, 인터넷 정보, 금융, 인재, 기술, 정책법규(세금, 관세, 외환) 서비스 등을 한꺼번에 처리해 창의적 경제기반을 만드는 것이다.[42] 단지는 도로건설과 동시에 시정도로, 우수(빗물), 오수(구정물), 상수도(수돗물), 천연가스, 전력, 전신, 열에너지 및 유선 텔레비전 등의 공용관선(管線)을 지하에 매립했다. 모든 관선을 한 개의 종합파이프 관(pipe gallery, 綜合管廊)에 집중하여 집약적으로 관리할 수 있도록 했고, 선들이 도로상에 나타나는 것을 피했다. 이는 효율적인 토지이용과 편리한 보수유지로 도시의 지속가능한 발전과 지하공간의 합리적인 이용이 가능하다는 점에서 중요한 의의가 있다. 토지를 선택할 때에는 단지에 있는 역사적인 유물은 저지대에 그대로 놔두어 보호에 편리하도록 하였고, 단지의 안전을 보장하기 위하여 단지 지면 전체를 1m 높여서 백년에 한 번 오는 홍수에도 대비했다.[43]

• **제2단계(2001~2009): 단지 구(區)와 진(鎭, 농촌)의 연동발전**

2001년부터 2010년경까지는 총체적으로 도시화를 위한 구조적 변화와 발전을 추진하는 단계였다. 2001년 중국이 WTO에 가입함에 따라 단지의 산업구조, 도시기능, 구역배치에 대한 명확한 목표와 이에 상응하는 조정이 필요했다. 그리하여 싱가포르의 발전계획 검토제도를 본보기로 단지는 첫 발전계획 진행에 대한 검토를 실시했다. 그 결과 다음과 같은 3가지 의견이 제출되었다. ① 단지가 도시로서 유기적으로 기능하기에는 시(市)급 공공시설 용지와 공공녹지를 위해 예비한 토지가 부족하다. ② 단지 주변지역이 순차적으로 발전되도록 협조하고 단지의 부족한 공간에 대한 협조를 유도해야 한다. ③ 단지는 상대적으로 독립적인 기초시설을 주변지역으로 확대해야 한다.[44]

그리하여 2001년 중국과 싱가포르는 투자비율(주식비율)을 조정한 후 호수 동쪽을 대규모로 개발하기 시작했다. 동시에 토지와 노동력을 제공한 농촌을 도시가 지원해야 한다는 요구에 따라 구(區)·진(鎭) 연동 전략을 실시하여 농민들을 위한 부유한 새로운 농촌 건설을 추진했다. 이후 단지의 기초시설과 공공서비스를 향진으로 확대하고 취업의 전환 등 도시 생활형태의 초보적 단계가 추진되었다. 산업발전의 융합을 추진하기 위해 단지 주변 향진들로 하여금 단지의 산업·생산과 관련한 전문적인 분공체계를 수립하도록 했다. 그리하여 단지 산업발전과 도시 역할이 더욱 활발히 추진되고 구역 간의 협조가 강조되었다.[45]

2006년에 이르면 이미 도시로서의 기본적인 규모가 완성된 쑤저우 공업단지는 토지자원 부족과 산업승급의 압력 및 과학기술 창조의 요구에 따라 더 구체적으로 도시와 농촌의 일체화를 위한 발전전략을 수립하고자 했다. 그래서 싱가포르의 신도시와 주민을 위한 상업센터의 발전계획을 참조하여 2007년도 단지 발전계획은 쑤저우 시역을 중심축으로 합작구와 쑤저우 동부지구를 신도시로 전면 발전시키는 계획으로 수정되었다.[46] 이 계획은 우수한 산업구조와 공간배치, 자주적인 창조능력 강화, 핵심경쟁력 제고를 목표로 설정했다. 또한 발전모델을 전환하여 국제 경쟁력을 갖춘 첨단기술산업센터이자 현대서비스업센터이며 편리한 거주와 창업의 현대화, 정원화, 국제화의 자원절약형 친환경신도시를 건설하기로 했다.[47]

쑤저우공업단지는 제조업 격상, 서비스업 증가, 과학기술 창조로의 도약, 생태 우선, 진지 호(金鷄湖) 200명의 인재양성, 3년간 금융산업 전파, 나노산업 2배 증가, 문화번영, 행복 커뮤니티 등 '9대 행동계획'을 제정하고 이 계획이 수행될 수 있는 소프트웨어를 개발했다.[48] 공업단지는 쑤저우 도시를 동서축으로 배치하는 형태로 뻗어나가는 벨트식 클러스터의 도시 개발모델을 채택하여 서(西)에서 동(東)으로 차근차근 개발을 진행했다. 3개 개발 편구(片區)의 3대 기능영역은 진지 호 금융 상무영역, 두수 호 과학교육 창신영역, 양청 호 생태 관광영역으로, 기타 특색을 가진 공원들도 이 3대 영역에 포함시켜 종합적으로 건설했다.

· 진지 호 금융 상무기능영역: 진지 호수를 중심으로 하여 주선인 철로교통 1호선이 호수 동서를 관통하고, 지상과 지하의 쑤저우 동부의 현대도시와 상업중심을 포함한 중심도시의 기능을 가진 첨단산업센터, 금융상업센터, 문화행정센터가 건설되었다.
· 두수 호 과학교육 창신기능영역: 총면적 25km²에 고등교육, 첨단기술 연구개발, 첨단기술산업, 나노기술창조 및 산업화 기지, 산학연구 집단구역과 세계 유명대학들의 분교가 건설되었다.

· 양청 호 생태 관광기능영역: 첨단양생, 명품회의, 테마 휴가호텔, 특색 문화, 생태 관광을 위한 국가급 생태 레저 휴가 구역으로 현대화, 국제화, 녹지화의 새로운 형태의 휴식과 건강관리의 성지가 되었다.[49]

이제 쑤저우공업단지에는 국가급 첨단기술 산업단지와 서비스 외주 기지가 있고 중앙 상무구역을 핵심으로 생산성 서비스업, 소비성 서비스업과 신흥 서비스업의 3대 지주산업을 갖춘 완전한 산업체를 형성하게 되었다. 쑤저우시 중앙 상무구역과 중요한 도시 서비스센터는 창장(양자강) 삼각지구의 현대 상무물류센터와 문화 창조산업센터로 하나가 되었다.[50]

쑤저우공업단지는 상업구가 중심지대에 위치하고 안에서 밖으로 차례대로 주거구역과 공업구가 위치한다. 기능 중심으로는 단지는 도시중심, 편구중심, 주민을 위한 상업지역 중심과 작은 거주구 중심의 4급 공공서비스체계로 각각 다른 등급과 대중의 요구를 만족시켰다. 그중 도시중심은 단지의 공공서비스 중심일 뿐만 아니라 전 쑤저우시의 상무중심으로 궤도교통을 이용하여 편리하게 출행할 수 있도록 했다. 편구에는 20~30만여 명이 거주하고 있는데 이들 대부분은 각자의 능력에 따라 편구 내에서 취업하여 주변 공공교통이 빠르고 편리하도록 했다.[51]

2009년에 이르면 농촌철거와 주택건설이 전반적으로 완성되었다. 토지를 수용당한 농민들은 사회보장체계에 예속되고 향진의 학교는 구에서 직접 관할하며, 의료와 문화 서비스 네트워크가 각 진(鎭)으로 빠르게 확대되었다.[52]

쑤저우공업단지 총체 규획(2012~2030)

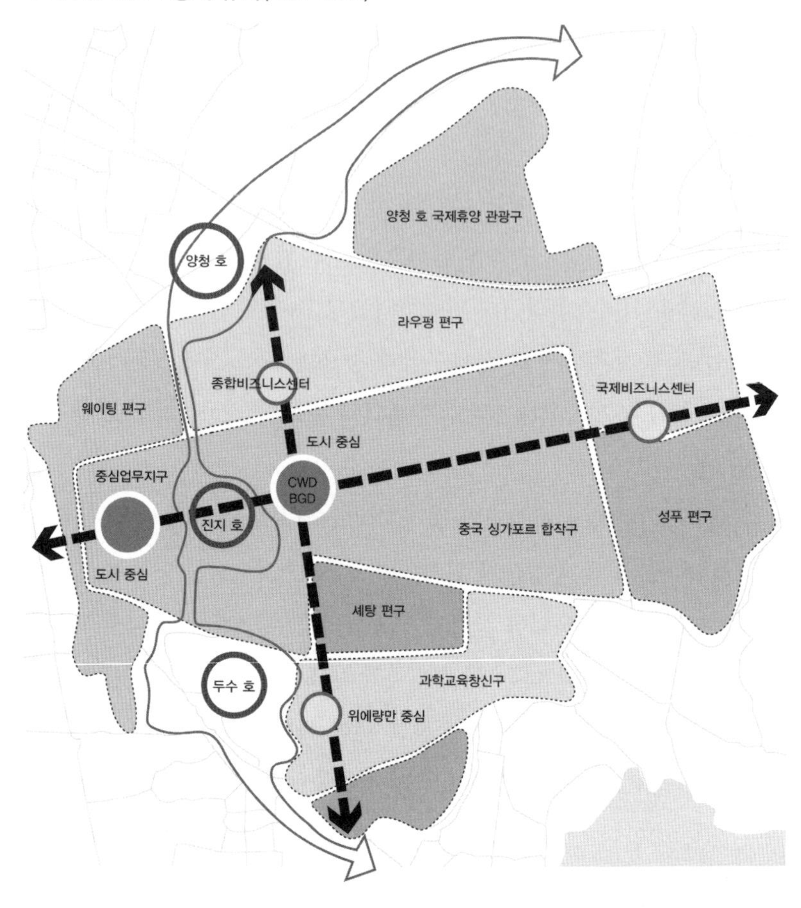

• **제3단계(2010~현재): 전 구역의 도시화 실현**

1994년 단지의 도시화 비율은 11.9%였으며 주민의 88.1%가 농민이었지만, 2012년에는 단지의 도시화 비율이 96.4%에 이르렀으며 84.5%의 농민이 시민이 되었다. 단지가 설립된 이래로 20여 년 동안 도시 발전계획에 따라 합작구와 각 향진을 함께 발전시켜 2010년부터 전

구역의 도시화가 실현되었다. 이주주민들에게 각종 공공서비스 혜택을 제공하고 질적으로 향상된 지역사회 건설과 관리를 통해 주민들을 부유하게 만들었다. 2012년 말에 이르면 진(鎭) 대신 러우펑, 셰탕, 웨이팅, 성푸 4곳에 지역주민들을 위한 사무소(街道)가 설치되어 더욱 효율적인 개발과 도시와의 전면적인 협조가 가능하게 되었다. 또한 진내 132개의 모든 행정촌을 49개의 새로운 아파트단지로 이동했는데 새 아파트단지의 건축형태, 건물의 색채, 공간배치, 환경 등은 도시의 아파트단지 표준에 맞게 건설되었다.[53]

건축형태, 공간배치, 시의 행정시설 등에서 도농일체가 실현되었고 물, 전기, 가스, 오수처리 등 기초시설이 공통으로 운영되었다. 상업중심, 공업구, 주택구 등 각 항의 기능배치는 과학적이고, 도시생산 및 생활과 생태기능 배치는 합리적이었으며, 도로망 등이 모두 현대화·국제화·특색화된 아름다운 도시가 건설되었다. 2012년 쑤저우공업단지의 각 항의 지표는 장쑤성이 기본적으로 정한 현대화 요구를 만족시켰고 신도시의 구조를 완비했다.[54]

이주농민의 생활수준을 개선하기 위해 지역 발전계획, 자원배치, 산업배치, 기초시설, 공공서비스, 취업보장, 사회관리, 생태환경, 문화 등을 고려하여 산업발전과 교육, 위생, 상업, 문화 등 사회산업과 민생복지를 향상시키고 자원을 통일된 표준에 따라 합리적으로 배치하였다.[55] 그 결과 경제사회가 빠르게 발전했고 단지 전체의 현대화가 촉진되어 도농의 이원구조가 사라졌으며 도시와 같은 구통일평을 위한 모든 기초시설을 갖춘 지역사회가 구축되었다. 주민의 수입이 빠르게 증가했고 공공서비스가 도시와 동일하게 제공되었으며 합작구와 그 주변지역이 각 영역에서 차별 없이 융합되어 일체화가 실현되었다.[56]

2013년에 이르면 단지의 기초시설 지표는 국가급 경제개발구 투자 환경 평가 중에서 연속 1위가 된다.[57] 2013년 1인당 평균 GDP는 4만4천 달러, 도시화한 주민의 평균수입이 4만9천 위안이었다. 이제 쑤저우 공업단지는 세계도시화 발전상에 있어서 선두자리를 차지하게 되었다.[58]

2013년에 쑤저우공업단시는 다시 현대화된 신도시로서 새로운 발전계획을 수립하게 되었다. 이번 발전계획은 효율성, 저탄소, 협조라는 이념 아래 경제, 관리, 문화, 사회, 생태환경 부문에서 한 단계 격상된 구조조정을 하고 이를 통해 전면 현대화된 신도시를 건설하는 것이었다.

새로운 발전계획은 첫째, 여러 방면에서 효율성이 강조되었다. 공업부문에서는 효율성을 기준으로 산업을 분류하고 차등을 결정하여 구조조정을 추진한 결과 공업산출의 효율성을 높였고, 토지사용과 기능에 대한 강도 높은 구조조정으로 공간의 효율성이 향상되었다. 예를 들어 대중교통 노선과 이어진 공업용지의 재배치를 통해 대중교통 우선 정책으로 교통의 효율성과 토지이용의 효율성을 높였다.

둘째, 저탄소 환경을 위해 산업의 구조조정을 추진했고 녹색교통체계를 건설하였으며 합리적인 산업용지와 생활용지 배치로 교통량이 감소되어 살기 좋고 지속발전이 가능한 도시가 건설되었다.

셋째, 협조를 강조하여 전면적인 구조조정으로 인한 통합조정과 공간배치를 위해 단지 내외의 긴밀한 협조가 요구되었다.[59]

4. 세계일류 창조·스마트·친환경 생태도시로의 변모

쑤저우공업단지에는 창조적 인재들이 고부가가치를 창출하는 첨단

과학 기술산업에 종사할 수 있는 기반이 마련되어 있다. 어디서나 인터넷 접속이 가능하고 영상회의 등 첨단 IT기술을 자유롭게 사용할 수 있으며 모든 시설들이 지능화된 다양한 서비스를 제공하는 스마트도시이다. 그리고 지속적인 발전이 가능한 저탄소 친환경 생태도시로 변모했다. 이러한 변모의 동력은 바로 인재활용이다.

• **창조도시 건설**

쑤저우공업단지는 2005년부터 도시발전의 동력이었던 산업에 대한 구조조정을 통해 국제적으로 경쟁력이 있으면서 지속발전할 수 있는 신흥산업을 위한 과학기술 창조체제를 수립하고자 했다. 그리하여 전 세계의 기업 중 우수한 500개의 다국적 기업의 총부와 인재밀집형의 첨단산업을 유치하고 연구중심의 기술과 지식을 축적하여 산업발전에 있어 고부가가치를 창출하는 창조도시를 건설하고자 했다.[60]

단지 위원회는 국제경쟁력을 갖춘 첨단산업단지가 되기 위해 신흥산업 발전모델을 찾았다.[61] 단지 위원회는 과학기술 창업을 유도하기 위하여 선진 국제 과학기술 벤처경험을 빌려 신기술 양성 메커니즘을 찾고 과학기술 성과를 산업화하는 방안을 수립했다. 또한 벤처기업 육성과 브랜드 기업육성과 같은 창조능력을 격상시키는데 지속적으로 노력하여 쑤저우공업단지가 국제경쟁력을 갖춘 첨단산업단지가 되도록 했다.[62]

다국적 기업이 독립적으로 연구기구를 설립하도록 격려하였으며, 내외자본을 가지고 적극적으로 세계 창조 네트워크에 융합했다. 그리하여 선진기술을 흡수하고, 재창조하여, 첨단 제조업이 경제의 기초가 되도록 했다. 또한 중국의 과학기술기업이 다국적 기업과 다양한 형식으로 합작하고 다국적 기업의 재무결산, 매매, 설계연구, 서비스 수리 등 직

능성 총부가 정착하도록 했다.[63]

단지산업은 '3+5'의 구조를 택하여 전자정보제조, 기계제조, 현대 서비스업의 3방면을 지속적으로 운영하는 한편 나노기술, 생물의약, 소프트웨어와 창의, 융합통신, 환경보호 등 신흥 산업을 적극 발전시켰다.[64] 그리하여 클라우드 컴퓨팅과 같은 첨단산업인 IT산업, 기계장비산업, 생물의약산업, 나노기술 응용산업, 에너지전략 환경보호와 관련된 산업을 착수하고 이와 관련된 비즈니스를 초청하였다. 환경에 미달되거나 부적합한 산업은 도태되도록 환경보호 항목을 제정하였고 우수한 산업구조를 꾸준히 유지하여 자주적인 지식재산권의 첨단기술기업을 적극적으로 육성했다.[65]

이에 따라 단지에는 지적소유권 보호센터, 애니메이션 기술서비스센터, 생물의약 공공기술센터 등 10개의 과학기술 공공서비스 플랫폼을 구축했고 매개 역할을 하는 종합보세구, 창의 양성장, 서비스 외주산업 단지 등 11개의 매개체를 설립했다. 예를 들어 창의 양성장은 자주적 창의 과학기술의 중요 저장장치로서 예술·애니메이션·오락·광고·대중매체·출판·소프트웨어 설계 등 국가가 장려하는 창의산업을 집중 발전시키고 있다. 창의 양성장은 양호한 모든 시설을 상대적으로 저렴하게 임대함으로써 창의기업과 인재들이 모이도록 했다. 창의 양성장의 발전 목표는 빠른 시간 내에 국내 창의산업을 이끄는 기업과 인재를 모아 새로운 과학기술 창의 시범구를 창립하는 것이다. 이를 위해 연구 용지를 6.3km^2로 확장하고 선후로 쑤저우 연구생도시(蘇州研究生城), 두수 호 고등교육구, 두수 호 과학교육 창신구, 생물나노원, 창의산업원의 매개체를 건설하여 단지의 내적인 발전능력을 제고했다.[66]

그 결과 2013년에 전 단지 R&D 경비지출은 GDP의 5% 이상을 차지하고 첨단 신기술 산가는 공업총산가의 64.2%를 차지했다. 이는 102개의 동부 경제개발구 평균 수준보다 34%가 높았다. 창조적 시스템에 있어서도 각 종류의 과학기술 시스템을 위한 부지 380만m^2에 공공기술 서비스 플랫폼이 20여 개가 넘었고 국가급 개혁기지 또한 20여 개 이상이었다. 국가 과기원, 창의산업원, 생물나노원, 중국과 싱가포르 생태과기원, 쑤저우 나노몰 등 창조적인 집단들이 기본적으로 형성되어 있으며, 창조 주체들이 급속도로 모여 매년 과기 항목이 500개씩 증가하고 각 종류의 연구 기구가 300여 개, 국가 첨단 신기술 기업이 459개 있다. 특허 신청은 매년 50% 증가하고 있으며 그중 발명 특허가 50%를 차지하고 이미 효력을 발휘하고 있는 특허가 49건이 넘는다.

이러한 규모와 특색을 가진 창조기지의 건립은 단지의 산업발전 특색과 산업의 질을 격상시키고 있다. 현재 단지 내의 나노기술은 신흥 산업발전의 핵심으로 빠르게 발전하고 있으며 전자정보와 기계제조 산업 또한 발전하고 있다. 이제 단지는 전국 유일한 국가 나노첨단신기술 산업화 기지로 거듭나고 있다.[67]

2013년 말에 이르면 세계 500개 우수기업 중 단지에 투자한 기업은 모두 91개 기업으로 투자항목이 150여 개에 이른다. 전 구역에 억 달러가 넘는 투자항목은 133개이며 그중 10억 달러 이상의 투자항목이 7개인데 전자정보와 기계제조 방면에서 경쟁력이 있는 산업들이다. 이미 중국 내에서 가장 중요한 액정 패널 생산기지가 되었고 전자정보 산업 실험기지가 되었으며 외자규모나 기업품질이 국가급 경제개발구 중에서 우선적인 지위를 차지하고 있다. 기업이 주체가 되어 산학연 일체화의 협동방향을 유지하며 과학기술과 시장 그리고 대학 과학연구소와 연결하여 창조적 산업을 위한 동력의 원천을 증강했다.[68]

쑤저우공업단지는 우수성이 뛰어나고 창조적인 기초가 튼튼하며 국제화의 수준이 비교적 높아 세계의 과학기술 자원을 흡수하는데 유리하다. 이제 단지는 첨단과학 산업단지로서의 경쟁력이 제고되어 세계의 창조적 과학기술 경쟁에 대응할 수 있게 되었고 전국개발구의 산업을 전환시키고 발전을 유도할 수 있게 되었을 뿐만 아니라 새로운 창조적인 자원의 대량 집합지가 되었다. 공단 연구개발에 총생산의 3.3%를 투입한 결과 유효한 발명특허가 45건이 넘어 선진국 수준에 이른다. 국가급 연구개발기구가 51개, 외자 연구개발기구가 147개, 국가급 첨단기술기업과 기술선진형 서비스기업이 665개, 각 종류의 과학기술형 혁신창업기업이 5천여 개가 있다.[69]

쑤저우단지의 지도자들은 국제 일류의 창조적 전문서비스 제도를 수립하여 서비스형 경제가 주체가 되도록 했다. 다양한 전문적 서비스를 위한 개혁은 과학기술 개방합작을 확대하여 학습하고, 국제적으로 성숙한 과학기술 창조체제를 본받아 산학연 일체화 메커니즘과 창업투자제도를 확대하였으며, 시장으로 하여금 주체적으로 창조 서비스 체제를 완성하도록 했다.[70]

결론적으로, 단지는 20년 동안 개혁창조와 선행선시의 정책을 효과적으로 추진한 결과 놀라운 성과를 거두었다. 자원의존에서 창조추진으로, 인구에 의존하던 경제에서 인재 중심의 경제로, 제조업위주에서 서비스형 경제로, 외향형 경제로부터 창조형 경제로 전환하여 전 세계와 경쟁력 있는 국제화·현대화·정보화의 첨단과학기술단지로 변신하여 지속발전의 창조형·생태형·행복형 종합 비즈니스 도시가 되었다.

단지는 최첨단 제조업을 유지하면서 현대 서비스업을 주체로 하는 자주적이고 창조적인 능력을 갖춘 세계일류의 첨단과학기술산업단지가 되었다. 이제 쑤저우공업단지는 각종 창조적인 요소들이 밀집되어 있고 신흥 산업이 가장 많이 모인 최선진 도시이며 창장 삼각핵심구의 창조발생 기지로 과학기술 투입이 충분하고 창조 추진체가 풍부하며 첨단기술산업이 눈에 띄게 지속적으로 발전하고 있다.[71]

국내외적인 창조적인 첨단요소들을 받아들인 쑤저우공업단지는 전국을 위한 창조적인 플랫폼의 본보기가 되었다. 중국은 싱가포르 합작 창구를 이용하여 과학기술과 첨단 신기술 산업합작을 심화함과 동시에 합작 영역을 확대하여 그 내용이 풍부하게 되었고 더 높은 차원의 새로운 합작모델을 탐색하게 되었다. 이제 쑤저우공업단지는 세계 일류 첨단기술산업단지 중 중국 개발구와 신 첨단과학기술단지라는 중요 브랜드로서 국제경쟁력과 영향력을 갖춘 개혁의 중심이 되었다.[72]

• 경제사회관리가 정보화된 스마트도시

지난 20여 년 동안 중국정부는 도시건설을 추진하면서 정보기술의 응용을 통하여 정무·사회·공중·기업 등의 영역에서 지능교통·지능의료·지능교육·지능도시관리 등 민생항목의 정보화를 끊임없이 유도하고, 사회참여를 독려하였다. 제12차 5개년(2011~2015) 발전계획을 수립하면서 2015년까지 기본적인 전자정무를 실시하여 사회자원 활용을 용이하게 함으로써 공중서비스에 적합한 창조기업들이 이를 널리 응용할 수 있는 스마트도시를 전국에 건설하는 것을 목표로 했다.

쑤저우공업단지는 1994년부터 개발하기 시작하면서 중국과 싱가포르 합작의 장점을 발휘하여 정보화·디지털화·시스템화·종합화의 발전단계를 거쳐 스마트도시를 건설했다.[73] 단지 지도부는 정부의 제12차 5개년 발전계획을 수정 편찬하여 4위(四緯)·3고(三庫)·9구(九構)·3통(三

通)의 새로운 방향을 제정했다. 이는 정부·사회·공중·기업이 인구고·법인고·지리정보고의 3대 정보 데이터베이스를 기초로 하여 포괄적인 사회보장·교육·문화·상무·의료·인재 등 9개 영역을 구축하고, 정무통·기업통·주민통의 3통을 건설하여, 구축된 9개 영역과 결합해서 사회와 주민의 일상생활 등 각계 영역과 서로 소통하여 효율적으로 서비스를 하도록 한다는 내용이다.[74]

쑤저우단지는 제도와 법률적으로 건설항목에 발전계획 심사비준, 건설감독, 도시관리, 공영사업, 환경 등의 업무에 관한 지능화를 추가했다. 그리하여 전 구역의 정보화와 지능화 수준이 끊임없이 향상되고 시장의 수요와 민원을 충족시키는 것을 원칙으로 삼아 쑤저우공업단지를 점차 '무선단지', '도시관리의 디지털화', '지능공문', '스마트 지역사회'로 발전시켰다.[75]

• 단지 정보화를 위한 데이터베이스 완성

현재 쑤저우공업단지에는 이미 인구 데이터베이스(사회보장, 의료위생), 지리정보 데이터베이스(발전계획 등), 법인 데이터베이스(기업)의 3대 기초 컴퓨터 데이터베이스를 갖추고 해관·의료·교육·공적금 등 20개 부문에서 100여 개의 정보체계와 연결되어 있으며 각 분야 간의 협조가 이루어지고 있다.[76] 3대 데이터베이스는 사회통치를 위해 필요한 기초정보를 제공하고, 정부의 정책을 위한 과학적인 근거를 제공한다.[77]

• 정부와 공공서비스 기관의 전자업무

정부와 공공서비스 기관은 인터넷 포털 사이트를 설치하고 정부업무를 전자화하여 현저한 효과를 보여주었다. 전자정무는 인터넷으로 보고와 비준, 그리고 준비안건 등을 빠르고 효율적으로 처리할 수 있어 신용이 좋은 정부 이미지를 수립했을 뿐만 아니라 부처 간 자원 이용과 정보 공유를 통해 협동 비용을 절감했다. 단지 내에 있는 기관들은 정보화를 강조하고 중요시하여 경찰·검찰·법원의 업무정보계통·해관·국가검열·국세청·지세 등이 전자로 연결되어 있고, 감사나 납세신고 등이 전자로 이루어졌다.

2003년부터 단지 내 서비스센터에서 모든 민원을 한 곳에서 한 번에 인터넷으로 처리할 수 있게 되었다. 이제는 업무를 심사하고 비준하는 것, 종합 보험금 정보화 처리, 공적금 납부, 기업노동 계약, 세금납부, 정부와 기업 간의 소통문제, 과학기술정보 종합관리, 기업과 대중의 중요한 업무 서비스 등을 모두 인터넷 상에서 처리할 수 있다. 또한 클라우드 컴퓨팅과 이동 사무실 등 신기술에 대한 새로운 요구가 끊임없이 발생하고 업무 자동화에 대한 체계적인 발전이 이루어져 새로운 협동 업무체계가 수립되고 있다. 지역사회는 전 구역, 가도(街道)업무위원회, 커뮤니티 거주민 위원회의 3급 행정체계를 수립하여 공공서비스를 위한 행정과 지역사회의 사무를 함께 처리하는 지능지역사회 플랫폼을 구축했다.

쑤저우공업단지는 2013년에 '광대역'단지, 협동단지, 살기 좋은 단지, 주민 가까이에서 서비스하는 대중 친화적인 단지, 그리고 클라우드 컴퓨팅 신도시의 커뮤니티(지역사회)가 되는 첫 번째 국가 시범 스마트 도시로 선정되었다. 이에 쑤저우공업단지는 브랜드나 명성에서 전국 최고의 스마트 단지로 자리 잡고 있다.[78]

• 기업정보화로 기업친화적(親商)단지 건설

중국과 싱가포르 합작의 장점을 발휘하여 3대 데이터베이스를 기업들에게 적극적으로 개방하였고 전자상무와 기업정보화를 확장했다. 기업의 정보화와 시장의 수요에 따라 현재 원스톱 비즈니스식의 서비스센터에서는 단지 내 기업에 관한 기초정보를 서로 교환할 수 있는 플랫폼을 구축했다. 해당 체계는 경제발전, 상공(商工), 국세(國稅), 지세(地稅), 통계 및 발전계획 중 건설 부문의 정보를 종합하고, 각 방면에서 기업의 기초 정보와 경제운영 상황을 전면 이해할 수 있도록 하며, 간단한 행정적인 모든 비준절차를 간소화하여 행정서비스의 효율성을 높였다.

단지의 대형 외자와 민자 기업은 그 내부의 사무자동화, 경영정보시스템, 기업 내 통합정보시스템 등 각종 정보체계가 이미 보편적으로 사용되고 있어 기업의 생산·판매·물류 등의 증가를 가져왔다. 기업 업무방면에 있어서도 전국에서 가장 먼저 보세구 종합서비스 플랫폼이 구축되었고 기업을 위한 완전한 인터넷이 2005년부터 운영되고 있다.[79] 전자상거래를 널리 확산하기 위하여 도시와 가정의 디지털화를 추진하여 전자상거래의 기초시설을 건설했다.

단지는 클라우드 컴퓨팅 산업발전계획을 추진하여 클라우드 컴퓨팅, 사물인터넷망, 거대 데이터베이스, 이동인터넷 컴퓨팅 등 클라우드 컴퓨팅 관련 산업을 중점적으로 육성하고 발전시켰다. 2014년에는 클라우드 컴퓨팅 산업이 신속하게 발전하여 단지 내에 이와 관련된 산업이 400여 개가 모였는데 이의 산업가치는 190억 위안이었으며 종업인의 수는 5만 명을 초과하여 2013년과 비교했을 때 약 30%의 성장을 이루었다.

2015년에는 1~2개의 대형 클라우드 서비스 플랫폼을 구축하고 관광·교육·전상(電商) 등 특색이 있는 클라우드 컴퓨팅 서비스 기업을 육성하였다. 그 결과 일정한 경쟁력을 갖춘 클라우드 컴퓨팅 관련기업이 150여 개가 되어 산업가치가 2백억 위안 이상에 달했으며 소프트웨어와 창의, 그리고 융합통신과 문화교육 등의 산업가치가 1천억 위안에 이르렀다.[80]

결론적으로 말하면 쑤저우공업단지가 정보산업과 스마트도시로 발전할 수 있었던 것은 다음과 같이 필요한 단지산업, 전문 인재집단, 그리고 적극적인 역량이 투입되었기 때문이다.

첫째, 단지는 선진화된 제조업의 집합구이면서 최근에 전자정보산업이 지속적으로 성장하여 삼성, 허젠(和舰), 유다(友達), 히다치(日立) 등 대기업이 모여서 집적회로, 광전(光電) TFT-LCD 디스플레이, 소프트웨어 및 서비스 외주, 클라우드 컴퓨팅, 통신, 애니메이션, 오락 등 우수한 정부산업체들이 집단을 형성했다. 그리하여 '국가 전자정보 산업기지' '정보산업국가첨단기술 산업기지'의 칭호를 얻었다.

둘째, 단지의 인력자원은 전체적으로 고학력, 젊은 세대들, 이민자들, IT, IC, 소프트웨어와 관련된 직업인들이 밀집되어 있는 특징을 보였다.

셋째, 현재 전자정보제조업 인원이 단지에만 21만여 명으로 소프트웨어 직업과 관련된 인원이 12만여 명을 초과하며 그중 80% 이상이 전문대 이상의 학력을 가진 전문적인 정보기술 인력으로서 단지의 정보화 건설의 주역들이다.

넷째, 쑤저우공업단지의 재력이 스마트도시 건설에 필요한 비용을 투입할 수 있는 능력을 가졌기 때문에 전 지역에서 이름난 IT 제조업 기지로 발달할 수 있는 기초를 확립할 수 있었다.[81]

• **지속발전이 가능한 친환경도시**

단지는 싱가포르, 덴마크, 일본 등의 발달된 선진 경험을 본보기로 저탄소화 생태도시 발전계획을 수립했다. 일방적인 국내총생산과 산업발전의 추구로 인한 생태파괴와 산업과 도시와의 분리로 인한 중국 내 수많은 개발구건설의 문제점들을 교훈 삼아 쑤저우공업단지는 생산·생활·생태의 조화와 융합발전 및 저탄소 살기 좋은 도시 건설을 목표로 하여 녹색 행정을 추진했다.[82]

단지는 발전계획을 진행하면서 산업과 도시의 융합발전 과정에서 쑤저우의 장점인 아름다운 경관과 생태보호의 중요성에 중점을 두고 생태공간배치, 생태체계(인간과 주변 환경의 상호작용), 생태서비스 등을 고려했다. 그 결과 현재 습지와 각 종류의 녹지가 단지 총면적의 35.6%를 점유하고 있으며 다양한 식물과 조류들이 증가하고 있어 높은 수준의 생태환경과 오락환경을 창조했다.[83]

• **생태공간 배치**

단지 내 각종 생태환경의 복구를 추진하면서 충분한 녹지공간을 확보하게 되어 단지의 개발건설과 균형을 이루었다. 20년 동안 단지는 총 20억 달러를 투자하여 녹지면적 2,500만m^2에 1환(一環), 3호(三湖), 4원(四園), 6대(六帶), 12원(十二苑(임야))의 생태공원을 갖춘 새로운 도시의 틀을 형성했다.

습지와 각 종류의 녹지를 포함한 생태용지는 2013년에 이르면 단지 총면적의 35.6%를 차지하고 구역 녹지화 비율은 45%에 달했으며 각 종류의 공원이 49개가 건설되었다. 녹지체계를 4급으로 구분하여 1급은 진지(金鸡)와 샤(沙)호반의 도시 공원, 2급은 구(區) 공원, 구 중심정원과 녹지대 벨트, 3급은 거주구 공원과 녹지대 벨트, 4급은 완충지대로 구분했다. 냉섬 효과를 가져 오는 쉼터인 공원들은 모두 시민의 요구를 만족시켰고, 2개의 생태회랑(지붕이 있는 도로)을 건설하여 생태서비스 역할을 발휘하도록 했다. 한 사람당 공원 녹지 면적율이 15m² 이상이며 식물, 조류, 동물 등의 통제를 통하여 동식물이 생태 공간에서 잘 서식하도록 배치했고, 호수의 생태가 건강하도록 유지하여 대기 이산화탄소 농도를 낮추었다.[84]

• 생태체계 확립

단지 지도자들은 저탄소 경제발전 계획과 저탄소 녹색성장 체계를 제정하여 산업·에너지·건축·교통 방면과 지역사회에서 녹색 행정수립과 전면 청결에너지 정책을 확산했다. 예를 들어 전광 에너지 구조조정, 제지업 저탄소화 등 수십 항의 저탄소 경제시범 프로젝트를 추진하여 저탄소화가 정착할 수 있도록 유도했다. 또한 순환형 환경보호 기초시설을 독립적인 공기업이 책임지고 기초시설체계를 수립하여 스스로 수창(물공장), 오수처리장, 가스개폐소와 화력발전소 등 중요한 원료공장과 수송배관망을 건설하도록 했다. 이에 따라 구역의 공기업은 기초시설 배치 용량, 주요기술 지표와 안전성을 최대한 국제 일류 수준에 이르는 현대 정보기술 플랫폼의 안전운행 감시체계를 채택하여 원료공장과 수송배관망의 오염배출량을 최소화했다.[85]

그 결과 오수수집과 처리율 100%를 보증하여 국가에서 가장 엄격하게 감독하여 1급 A표준에 이르러야 방출하도록 하였다. 오수처리 중에 단지의 흙탕물을 처리하여 생산되는 마른 흙은 100% 무해한 귀중한 토지자원이 되었다. 오수관망의 건설로 원래 농촌이었던 러우펑, 웨이

팅, 성푸가도(勝浦街道)가 국가급 우수환경 지역이 되었다.[86]

녹색교통체계 수립으로 매연을 줄이기 위해 저탄소 출행을 촉진했다. 도시 종합교통체계를 건설하여 시민들이 출행 시 빠르고 편리한 공공교통을 이용할 수 있도록 대중교통 발전에 힘썼다. 이와 함께 교통관리 지능화를 실현하여 도로통행 효율을 15~19% 향상시켰다. 따라서 운전자의 시간이 절약되었고 배기가스가 감소되었다. 안전한 보행로와 자전거를 위한 도로를 개발하여 건강기능, 휴식 오락 등 문화와 사람을 중심으로 한 도로와 다리 등이 건설되었다. 2013년에 이르면 단지 내에 보행, 비자동차, 궤도교통, 상규적인 공공교통과 단체의 출근차 등 녹색교통 방식으로 출행하는 것이 거의 70%에 달하였다.[87]

• **생태서비스**

쑤저우공업단지는 지속발전 이념으로 GDP의 향상을 추구함과 동시에 사람과 자연의 조화와 발전을 실현하고 자원절약형과 친환경형의 저탄소 그리고 거주하기 좋은 아름다운 도시를 건설하고자 했다. 그리하여 녹색 건축군을 조성하고, 녹색기업을 유치하며, 환경감시체제를 강화하여 시민생활 중 저탄소 녹색성장 정책이 확산되도록 했다.

녹색건축은 건물의 에너지, 물, 자재 등의 자원에 대한 사용을 효율적으로 실행하는 것으로 인간의 건강에 환경이 미치는 악영향을 감소할 수 있도록 설계하고 건축하는 것을 말한다. 단지는 발전 항목에서 중점적으로 녹색토지매도에서부터 창의적인 녹색건축을 강조했다. 단지 내 학교, 보장성 주택, 병원 등 정부투자의 공익형 건물은 녹색건축으로 추진했다.[88] 2014년 9월에 이르면 단지 내 총 건축면적 600만m^2에 품격이 다양한 녹색건축군을 형성하여 장쑤성의 근 50%의 녹색건축이 최

대 집중된 지역이 되었다.[89]

단지에서는 산업발전 중 생태 환경보호를 중시하는 녹색기업만을 유치하는 것을 원칙으로 했다. 초청기업 항목에 환경보호에 도달하지 못하는 기업들은 도태하는 항목을 두어 심사할 때 에너지자원 소모가 높거나 환경을 위협하는 비즈니스는 부결하였다. 상대적으로 오염발생이 적은 기업들이 유치되어 자연적으로 산업의 수준이 격상된 우수 산업구조와 환경보호가 동시에 실현되었다.[90]

단지는 환경검측, 환경정보화, 그리고 환경감독·관리에 관하여 총체적으로 계획·편제하였다. 단지누계 3천만 위안을 투입하여 3백여 대의 환경 분석기기를 구매·설치하고, 환경검측 실험실을 개설했다. 검측범위는 물·가스·소리·토양·전자파의 5개 항목으로 했다. 환경감독은 전면적인 녹색 네트워크를 건설하여 세밀히 감시·감독하는 모델을 채택했다. 환경에 영향을 주는 모든 것은 최저가 되도록 감시체계를 철저히 관리했다. 예를 들면 오수수집과 처리율이 100%가 되도록 철저히 감독·감시했다. 도시의 가스배출은 천연가스 등 청결에너지를 100% 사용하고 석탄 등 높은 오염 연료의 사용을 금지했다. 또한 지역난방을 실시하고 개별난방을 감소했다. 이와 함께 오염을 실시간 감시하여 환경을 보호하고 상가에서 나오는 매연과 소음 등을 효율적으로 관리하여 환경의 질을 높였다.[91]

주민들의 공중생태환경에 대한 책임의식을 높이기 위해 환경보호단체를 조직하여 환경보호의식을 강화했다. 녹색지역사회와 녹색학교를 개설하여 생태환경보호에 관하여 적극적으로 소개하고 이에 관한 도서개발·과목개설·선전책자 등 저탄소 녹색생활을 선전하는 상품을 개발했다. 단지에서는 환경정보를 공개하여 주민들이 환경관리에 참여하도록 추진했다. 환경관리 과정에 주민이 참여하는 제도를 만들어 전면적으로 환경질량 데이터베이스를 공개하고 환경법, 집행사항, 건설항목 심의비준과정 등 시민이 환경정보에 관심을 가지도록 하여 일상생활 중에서 녹색행위를 실천하도록 하였다. 예를 들어 생활쓰레기 분류와 음식쓰레기 자원화를 추진하여 58개의 주택소구(아파트단지)에서는 쓰레기 분류를 실시하였는데 시행률이 90%에 달했다.[92]

또한 정부·기업·사회조직·학교에서 공중환경보호 릴레이를 추진하여 저탄소 녹색활동을 일상화했다. 예를 들어 단지 내에서는 릴레이식으로 9월 21일은 차가 없는 날로 정하고 버스와 지하철을 이용하였으며, 걷기운동을 확산하여 자동차 이용 횟수를 줄이는 생활방식을 확산했다. 법적으로도 생태환경보호를 위한 환경프로젝트를 추진했다.[93]

쑤저우공업단지 지도자들의 공간배치를 위한 과학적인 발전계획과 엄격한 집행, 기초시설의 높은 표준과 일치화된 건설, 산업경제의 결정적인 전형과 엄격한 감독, 그리고 녹색건축·녹색교통·녹색공간·녹색지역사회 등 생활상 저탄소 녹색환경을 위한 정책과 지원으로 쑤저우공업단지는 지속가능한 절약형·친환경 도시가 될 수 있었다. 쑤저우공업단지는 선도적·과학적·미래적·지속가능적임이 이미 증명되어 생태보호의 지표가 연속 4년간 전국 개발구 중에서 1위가 되었다. 이런 것들이 모두 세계 50개 강대 기업 중에 91개의 기업을 끌어들였고 이들이 150개 이상의 항목(제품종류)을 생산하고 있어 경제사회발전에 대단한 추진력이 되었다.[94]

• 인재활용

최첨단 산업기지의 중요한 동력은 인재이므로 정책적으로 해외 인재들과 국내 과학자들이 단지 내 과학연구소에 집결하도록 해야만 했다. 다행히 2003년 후진타오 주석은 인재확보를 국가과제로 내걸고 2008년 1월부터 '천인계획(千人計劃)'에 따라 해외의 스타 과학자 등 고급인력을 초빙하는 박람회를 개최하고 인재를 영입하는 프로젝트를 실시했다. 중국 당국은 최근 자국의 55개 인재유치 프로젝트와 연관된 외국인 고급인재에게 비자와 거주 편의를 대폭 확대하는 정책을 발표했다. 이들 프로젝트에 참가하는 외국인들에게는 중국 영주권과 함께, 자녀교육, 사회보장, 주택구입 등에서 파격적인 혜택을 제공했다.[95]

그리하여 단지에서도 창의와 창업을 장려하기 위하여 실패를 관용하는 문화를 선도하고, 우수기업·연구원·연구소 등에 인재들이 집결할 수 있는 환경조성에 힘썼다. 중국과 싱가포르 양국 정부가 함께 건립한 현대 서비스 합작시험구에 대한 문서와 싱가포르-중국(쑤저우)창의센터 등에 관한 문건에 근거하여 서비스업에 종사하는 인재의 자격을 서로 인정하기로 했다. 특수한 첨단 분야의 인재와 우수한 인재에게는 국내와 외국 개인의 소득 차액을 보조금으로 지급했다. 인재 서비스 보장 메커니즘에 따라 일정조건에 해당하는 해외 인재와 그들의 미성년 자녀들에게 부합하는 여권연한의 표준을 제시하여 인재들이 장기간 창조적 창업에 기여하도록 했다.[96]

2013년 말까지 단지의 과학기술 선도인재 프로젝트가 6기 선정에 성공했다. 모두 486개 항목에 의하여 선도인재를 선출하였는데 국가 '천인계획'에 따라 97명, '장쑤성 상층 창업창신 인재계획'에 의하여 105명, '구쑤(姑蘇)창신 창업선도인재'로 170명을 영입했다. 단지에는 이미 외국인 전문가가 1천여 명이 넘고 외국국적 인재가 거의 6천여 명, 해외귀국 인재가 4천여 명이며 창업기업이 4백여 개에 이른다. 쑤저우공업단지에는 대학 전문가 이상의 총수가 국가급 개발구 중 1위로서 국가급 해외 상층 인재의 창업 기지로 평가받을 정도로 인재 수가 전국개발구 중 가장 많았다.[97] 이에 따라 쑤저우 신도시는 국제과학기술 경쟁에 대응하기 위한 전략을 빠르게 추진하는 세계일류 과학기술단지가 되었다.[98]

최근 쑤저우공업단지 두수 호 과학교육 창신구에 선후하여 유명한 미국의 버클리대학과 조지워싱턴대학, 캐나다의 워터루(Waterloo)대학, 호주의 모나시(Monash)대학, 싱가포르 국립대학 등 세계 유명대학의 분교들이 입주했다. 그리고 24개의 단과대학, 종합대학, 그리고 직업대학을 입주시켜 학생규모가 7만 명이 넘고 그중 석사 이상의 연구생이 2만 명에 가까울 정도로 인재들이 풍부해졌다. 이와 같이 첨단 분야의 인재들이 빠르게 집결하여 단지의 창조적 창업 분위기와 환경이 활성화 되었다.[99]

한 예로 두수 호 과학교육 창신구에 설립된 외주 서비스 학원인 '중국 서비스 외주 제일교'는 쑤저우 구도시의 오랜 전통 문화와 공업단지가 선도하는 창조 플랫폼에 의하여 "산업을 위한 교육"이라는 사고와 "합작하여 다 같이 이익을 얻다"를 목표로 '개방형 학교경영'을 제창하고 40개 이상의 국내외 유명 서비스 외주기업이 합작으로 설립되었다.

또한 중국과 싱가포르 양국 정부의 합작항목으로 직업적 특색을 가진 신형 학교운영모델을 창의했다. 교육, 훈련, 기능감정, 산학연구 일체의 훈련모델과 국제 서비스 외주 인재훈련을 위한 중국 모델을 창안하여 2010년 5월 '쑤저우시 서비스 외주 인재훈련 실습중심(蘇州市服務外包人才培養實訓中心)'으로 인가를 받았다. 교과목은 인재시장의 수요에 근거하여 '이동통신 경영과 서비스', '생물정보 기술 및 운영' 등의 새로운 전공이 개설되고 전통적인 전공은 완전히 새로 개편되었으며, 시장수요가 없는 전공은 폐지되었다. 그리하여 학원에서 배출한 인재들은 기업의 수요를 만족시킬 수 있었다. 학원은 연속 2기 졸업생 모두 100% 취업이 되었고, 그중 70% 이상이 쑤저우의 외주기업에 채용되어 학원의 전공 개설과 인재양성은 설득력이 있는 긍정적인 사업이 되었다.[100]

쑤저우공업단지는 공업발전의 대도약을 실현하여 제2, 제3산업이 단지 총생산의 99.4%를 차지할 정도로 성장했고, 거주인구 1인당 평균 GDP는 2만4천 달러에 도달하여 도시화 비율이 90%를 초과하였다. 단지는 이제 국제가 공인하는 후기 공업화 단계에 이르러 높은 수준의 현대화를 실현했고 쑤저우 동부신도시의 모형으로 변모했다.[101]

5. 이주농민의 도시화

쑤저우공업단지 건설과 발전과정 중 발생한 이주농민들의 도시화는 단지의 중요한 과제가 되었다. 단지는 공업단지 건설 20년 동안 농민과 시민이 동등하다는 표어를 내세우고 지도이념으로 도시와 농촌 간의 동질화와 균등화를 위해 구진(區鎭)연동에 집중하면서 농촌인 진을 도시화한 구와 함께 보조를 맞추어 산업을 발전시키고 도시화하는 것을 원칙으로 했다.

2001년에는 중국과 싱가포르가 주식을 재조정한 후 구조조정을 통해 단지를 대규모로 개발함과 동시에 촌의 관리체제를 도시의 관리체제로 전환하였다.[102] 2012년에는 80km²의 합작구 주변 5개 향진을 4개의 가도(街道)로 조정하여 쑤저우시 인민정부 직할의 공업단지관리 위

원회 행정관할에 예속시켰다.[103]

관리위원회는 이주농민의 시민화와 이들의 생활방식과 정신문화가 도시화되도록 교육수준, 취업능력, 문화소양을 높이고자 했다. 또한 각종 활동과 기층조직을 통하여 이주농민의 응집력과 귀속감 그리고 시민의식을 강화했다. 따라서 싱가포르의 국제화 이념과 쑤저우 문화에 내재된 전통을 융합한 발전계획과 '구진일체(區鎮一體), 민생위선(民生爲先)'의 이념에 따라 이주 배치에 195억9천만 위안, 기초시설 건설에 179억5천9백만 위안, 이주지역 사회개발에 13억9천1백만 위안, 생태환경을 위해 14억3천3백만 위안, 지역사회를 위한 공공서비스에 24억5천만 위안, 민생보장에 23억4천4백만 위안으로 총 451억6천7백만 위안을 투입하여 이주농민들에게 유리한 기본생활, 기본의료, 최저생활을 빠르게 보장해주었고, 사회보험처리와 취업 및 훈련을 제공하였다.[104]

• 농민의 토지권리 보장과 균등한 공공서비스체계 수립

단지 관리위원회는 단지의 발전을 위하여 귀중한 토지자원을 제공한 농민의 토지권리를 보장했다. 단지는 여러 상황에 맞추어 수용된 땅의 보상을 실제 정황에 맞추어 표준을 정하고 각 조건에 부합하는 주택보장 정책에 의하여 수용당한 주민의 권익을 보장해주었다.[105]

"사람이 근본"이라는 이념하에 이주농민을 위한 시민과 균등한 공공서비스체계를 수립하기 위하여 각종 자원을 우선적으로 배치했고, 그다음 민생 프로젝트를 발전시켜 전방위로 이주주민을 위한 사회보장 네트워크와 공공서비스망을 구축했다. 또한 농민과 시민의 차이를 없애기 위해 도시와 농촌을 전면 지역사회단위로 개편하여 민중생활에 필요한 각종 기초시설, 학교, 병원, 양로원, 주택을 건설했다. 관리위원회는 "도시는 생활을 더 아름답게"라는 이념에 따라 이주민의 주택은 건축형태, 입면색채, 공간배치, 구내 환경 등이 도시 커뮤니티 표준을 따랐다. 또한 이웃 개념에 기초한 아파트단지 구조는 주민들이 동네에서 각종 상업시설을 향유하도록 보증했다.

2010년 말에 이르면 도시화된 고층과 다층의 현대주택으로 이루어진 작은 구역(小區, 아파트단지) 52개에 6만여 농호가 안치되었다. 각 지역사회에서는 교육·문화·위생·사회보장 등 공공서비스를 한 곳에서 모두 제공하고, 양로·임대주택·취업·주택의 보수 등은 무료로 제공했다. 지역사회에는 지역사회 사무소, 위생 및 서비스 사무소, 당원 서비스센터, 노인 생활관, 도서 열람실, 풍속연회장과 대중생활에 편의를 제공하는 상점 등 주민들에게 필요한 일체의 시설이 건립되었다. 따라서 '15분 내 국민들에게 편리한 서비스권'이 형성되었다. 또한 2012년에는 건강·의료서비스·문화·교육·교통·관광 등 주민들을 위한 기본적인 스마트 생활 형태가 형성되었다.[106]

• 이주농민의 경제적 도시융합정책

관리위원회는 농민의 경제생활이 도시에 융합하도록 정책적으로 기술향상, 취업, 창업을 위한 서비스 플랫폼을 건설하고 격려성 활동을 통해 이주농민들이 취업하거나 창업하도록 장려했다. 관리위원회는 이주농민의 취업전환을 위해 지역사회(街道와 社區)마다 노동보장 서비스 사무소를 개소하였다. 그리고 취업서비스 정보체계를 완성하고 1명 이상의 전문직업과 노동보장 협조원을 배치하여 15분 내에 취업정보를 제공해주었다.[107]

노동보장 협조원은 지역사회의 취업 표준과 취업시범 표준에 따라

가정을 단위로 지역 내 주민의 취업과 사회보장의 기본 정황에 대한 정보를 데이터베이스화하고 주민들의 실업동태를 기록·관리했다. 또한 각 가정을 방문하고 정책을 선전하며 훈련(교육)신청·취업추천·창업촉진 등 각 항목의 취업과 창업의 서비스를 제공했다. 노동보장 협조원은 가정방문 대장과 필요한 보존재료 이외에 기타 각 종류의 미취업, 취업, 재취업, 취업곤란 인원을 파악하고, 취업등기신청, 커뮤니티주민 기능훈련, 재취업장부 등 모든 문서를 전산화하여 관리하고, 가정상황, 개인기능, 취업의향, 직업훈련지원, 사회보장상태 등을 체계적으로 관리하고 운영했다.[108]

관리위원회는 또한 지역사회에 기술훈련센터를 설립하여 무료로 취업훈련을 받도록 했다. 훈련항목으로는 지게차의 운전과 수리, 녹화정비사, 전기공, 컴퓨터, 간병, 간단한 기계조작, 얼음 냉각기술, 가사관리, 섭외 가사관리, 분류작업, 영양사, 보육사, 인터넷상점 등 적합성과 실용성을 중시한 10여 종에 관한 직업 교육을 실시하였다. 양식업이나 농업 등의 기술이 있는 이주농민에 대해서는 각종 전업 협력체를 설립하여 그들이 종사했던 직종에 계속 종사하도록 장려했다. 40~50대의 이주농민에게는 물류서비스단체를 통해 지역사회의 수리, 청결유지, 보수유지 등 공익 직장에 우선적으로 취업을 알선했다. 20~30대의 이주농민에게는 고등교육이나 직업훈련을 통해 쑤저우와 기타 지역의 제2산업, 제3산업에 종사하도록 했다. 이주농민들의 직업교육과 훈련을 강화한 결과 90% 이상이 취업되었으며 도시에 융합할 수 있는 소질과 능력이 제고되었다.[109]

창업능력이 있는 이주농민에 대해서는 정책적으로 기술 훈련과 재정적 지원을 제공하기 위하여 단지 내 구급(區級)에 1개의 창업지도서비스센터, 가도(街道)급에 8개의 창업지도서비스센터와 1개의 창업보육센터 그리고 커뮤니티에 공공창업 취업서비스 플랫폼 등 58개를 건설했다. 2009년부터 2010년 사이에 모두 9개의 창업보육센터가 개설되었고 적극적으로 창업 교류 플랫폼을 건설한 결과 단지 내에 창업전문 자문단체도 설립되었다. 재정적으로 창업하는 매호에 대하여 2천 위안의 보조금을 주고 5~10만 위안의 담보대출을 해주어 요식업, 상품판매, 운수 등의 업종을 창업하도록 했다. 2011년에 이주농민의 약 16.5%가 창업과 개인 사업에 종사하여 스스로 부를 창출함과 동시에 상당히 많은 인원을 고용하기도 하여 취업률을 향상시켰다.[110]

이와 함께 단지는 취업전환 업무 중 심사와 평가를 거쳐 특색 있는 지역사회를 만드는 메커니즘을 수립했다. '한 지역사회마다 한 가지 특색 있는 취업'을 장려하고, '지역사회와 기업 간의 결연' 등과 '봄바람 행동', '재취업 원조의 달', '여성채용을 위한 특별공연', '지역단위의 소형 현장 채용 박람회' 등의 지역사회특색의 활동을 개최하여 다양한 취업 서비스를 제공했다. 2014년 1월부터 노동과 사회보장 체계 1기 항목이 순조롭게 운영되어 취업관리, 노동 감독에 관한 데이터베이스를 기초로 사회보장 정보체계가 만들어졌다. 2014년 8월에 이르면 단지 내의 노동보장 체계 웹사이트 용량이 1억이 넘었고 노동관련 온라인업무가 전면 개시되었다.[111]

단지가 조성된 이후 15만여 명의 토지수용 농민 중에 취업연령에 해당되는 인원은 8만7천 명이었다. 여러 해 동안 등기 실업률은 계속 2% 이내였다. 2015년에 이르면 이들 중 이미 8만3천 명이 취업되어 취업률이 95% 이상이 되어 사실상 취업을 원하는 이주농민은 전부 취업된 셈이었다. 현재 취업이 안정적이며 취업의 질도 꾸준히 향상되고 있다.

이상과 같은 취업 지원 제도를 통해 취업이 곤란한 사람들의 취업을 효율적으로 도와주고 있으며, 통일된 기능 훈련 체계를 확립해 훈련의 다양화에 중점을 두고 노동자의 기능 수준과 취업능력을 격상시켰다. 그리하여 이주농민들이 실업하지 않도록 했다.[112]

• **주민을 부유하게 하는 정책**

관리위원회는 쑤저우의 우수성을 이용하고 업무 메커니즘을 혁신하여 주민을 부유하게 하는 정책을 추진했다. 매년 7천만 위안을 주민을 부유하게 하는 정책에 지원하고 독특한 프로젝트와 항목을 발전시켜 주민의 수입 증가와 재산권익을 보호했다.

단지에 기업들이 집중되면서 자연스럽게 물자 관리와 서비스 업종 등의 증가로 부동산을 소유한 이주농민들의 경제적 수입이 증가했다. 그래서 토지재산, 토산물, 수산물을 활용하여 3대 주식합작사를 설립하여 이주민들의 주식배당 수입을 증가시켰다. 3대 주식합작사에 참여한 이주농민의 수는 모두 18만2천 명으로 주식 이자배당 총액이 2억 위안에 달하고 1인당 배당이 1천121위안에 달했다. 2013년 말에 이르면 전구역 중 49개의 이주농민의 지역사회 전체를 완전히 주식합작사로 개혁하여 공동의 집체 자산이 13억3천8백만 위안이었고, 가구당 평균 1만8천 위안이었다. 이 밖에 전 단지가 공동으로 주민을 부유하게 하는 18개의 회사를 설립하였고 7개의 전문업 합작사를 설립하였으며 여기에 가입한 농가구가 631호였다.[113]

단지와 지역사회에서는 이러한 주민을 부유하게 하는 조직이 독특한 산업을 추진하도록 적극적으로 장려했다. 이들은 연합하여 인재를 양성하고, 산업이 시장화와 전업화로 발전하도록 했다. 점차 이주농민의 산업항목도 다양해지고 수입도 다양화하여 그들의 수입이 점차 증가했다. 그리하여 지난 20년 동안 이주농민의 평균 수입은 9.1배 성장했다. 1994년부터 2012년까지 이주농민 일인당 평균 순수입은 3천25위안에서 2만7천659위안으로 증가했고 연평균 성장속도가 45.1%였다. 동기간 동안에 쑤저우시 전체 농민의 1인당 평균 수입은 3천457위안에서 1만9천386위안으로 증가하여 연평균 25.6%가 증가했다. 이주농민의 1인당 수입성장 속도는 쑤저우시 전 농민의 성장속도에 비해서 19.5% 높았다.[114]

• 도시와 농촌 간의 균등한 교육

관리위원회는 도시와 농촌 간 균등한 교육을 위한 기초를 공고히 하려고 노력했다. 단지가 조성된 이래로 모든 중소 학교 교사가 새로 증축되어 기초교육의 높은 균형 발전을 실현했다. 균등한 교육 관리를 실현하고 전면적으로 교육 서비스를 향상하기 위하여 각 가도(街道)에 있는 초중학 전부를 구급(區級)직할로 만들고 의무교육을 실천하는 장쑤성은 관리체계, 계획배치, 학습표준, 학교경비, 교사배치, 학교시설 등에 관한 규정에 따라 학교 간의 차이를 지속적으로 최소화하였다. 그리하여 높은 교육 서비스의 질과 하드웨어 시설을 갖춘 높은 단계의 균형화를 실현하여[115] 쑤저우공업단지는 균등한 교육에 있어 장쑤성 전체에서 1위이다.

관리위원회는 전국에서 우수한 교사들을 타운과 농촌으로 유도하는 메커니즘을 수립하고 교사의 발전 플랫폼 등을 구축하였다. 또한 교육계 인재 선발에 있어 업적과 성과, 그리고 심사 및 간부 교류의 메커니즘을 완성했다. 예를 들어 교장의 경쟁력을 강화하는 개혁을 추진하기 위하여 연고주의를 탈피하고 행정등급을 취소하였으며 교장에게 권한을 주어 교육을 활성화시켰다. 또한 교장의 임기, 평가, 대우, 장려금 등은 교육과 학사관리에 있어 교장의 질적·양적 업적에 따라 평가하는 메커니즘을 확립했다.[116]

수업의 질을 높이는 교육관리자, 우수한 교사자원의 이동, 학교 간의 자매결연, 매 3년마다 순환 근무 등을 창안하여 교육 간부 간의 교류와 우수 간부선발을 통해 교사의 인사이동을 제도화하고 규범화했다. 이에 따라 농촌과 타운의 교육수준을 빠르게 격상시켜 도시와 농촌 간의 일체화·균등화·우수화·국제화를 추진했고, 이를 완성하기 위해 교육개혁을 심화했다.[117]

교육 정보화는 단지 내 IT기술개발로 교육청의 네트워크와 교육 웹사이트를 기초로 하여 클라우드 컴퓨팅과 정무 인터넷, 방송통신 인터넷이 하나로 연결되었다. 단지에서는 특색 있는 지능교육을 위하여 초보적인 인터넷 학생학습, 교사교학, 행정관리, 가정통신, 커뮤니티서비스를 위한 교육정보화 플랫폼을 설립하여 매일 인터넷상으로 처리되는 업무가 1만8천 건 이상이 되었다. 지능교육의 전체적인 발전계획안은 학습개성화·빠른 교육·관리지능화의 서비스와 현대화·균형화·특색화·국제화를 통하여 학습과 미래 목표를 실현하는 것이다. 현재 교사자격이 있는 사람을 초빙하는 것, 생태학습과 답안지를 채점하는 것, 학생을 유치하고 관리하는 것 등의 정보화가 완성되었다.[118]

현재 각 학교마다 특색 있는 프로젝트를 추진하여 성과를 보고 있으며 높은 균등화가 실현되어 농민자녀들이 도시에 융합되는 인력자본의 기초가 확립되었다.[119]

• **이주농민을 위한 공공서비스체계 확립**

이주농민의 도시화와 이들을 위한 도시민과 균등한 공공서비스체계의 확립을 위하여 관리위원회는 '사람을 근본으로', '민을 근본으로'라는 발전이념을 제도화·규범화했다. 이주농민을 위한 사회보장과 의료위생 등 기본생활 보장체계를 도시주민과 동등하게 확립했다. 그리하여 지난 20여 년 동안 단지 전 구역의 이주농민들은 양로, 의료, 실업, 공상, 생육, 주택을 보장받았으며 그들의 생활수준이 높아졌다. 토지를 수용당한 농민 중에 노동 연령 인원들은 100% 사회보장 체계에 속하게 되었다.

단지 내 사회보장에 관한 정보화가 빠르게 추진되면서 사회보험에 관한 데이터베이스를 기초로 사회보장 정보체계가 만들어졌다. 사회보험계좌 개설과 사업등기와 관련된 업무가 진일보 개선되어 기업과 대중에게 편리를 제공하게 되었다. 이밖에 사회보험제도의 도입으로 단지 내 특색이 있는 공적금 회원카드 서비스체계가 실시되어 현재 카드회원은 공적금, 양로, 실업, 산업재해 등 사회복지의 혜택을 받을 수 있게 되었다.

또한 의료위생서비스 인재들을 확보하여 합리적으로 배치하고 그 수준을 향상시켰다. 더구나 2007년부터 도농지역사회 기본의료보험제도가 실시되어 이주농민들을 포함한 주민들의 의료비 문제가 해결되었다. 그리고 이주농민을 위한 의료위생 체계가 의료위생 자원 및 기초시설과 정보화를 통해 완성되었다. 의료보험은 의료기구와 연결되고 약품은 약국과 연결되어 의료비용이 카드로 결산되고 출금, 소비, 은행 결산업무 등도 할 수 있게 되었다. 단지는 이미 감독기관의 위생 정보네트워크를 통해 국내에서 제일 먼저 클라우드식의 지역사회 위생 플랫폼을 건설하여 통일적·효율적으로 상호정보를 공유한다.[120] 예를 들어 단지 내의 진료소와 병원의 진료 데이터 정보가 중앙에서 종합적으로 관리되어 책상의 컴퓨터와 이동 단말기를 통해서 실시로 등록하고 갱신되며 환자에 대한 통일된 전자 건강 기록을 수시로 열람할 수 있게 되어 쑤저우 시민들은 종합적으로 편리하게 건강관리를 받을 수 있다.[121]

또한 이주농민이 도시인이 되기 위해서는 여러 가지 생활조건과 거주환경의 개선이 필요했고, 생활방식, 문화적인 소질, 사고방식, 습관 등의 변화가 요구되었다. 그리하여 각 지역사회는 적극적으로 특색 있는 문화활동을 전개하여 건전한 지역사회 문화 네트워크를 건설했고 정기적으로 각종 문화활동을 추진했다. 이러한 문화활동과 오락활동을 통해 적극적으로 이주농민의 도시 문화적 소양을 높였으며 농민을 시민화하는 교육을 추진했다. 예를 들어 15분이면 갈 수 있는 가도(街道)문화 장소(예를 들어 우리나라의 동사무소 문화센터)는 사회문화 서비스 네트워크의 주체로서 문화 활동권을 형성하여 주민정신문화 생활을 풍부하게 했다.[122]

이상의 다양한 정책으로 이주농민은 직업, 거주, 호적, 사상, 문화, 생활방식 등 전면에 걸쳐 도시화했으며 시민으로 신분이 변하게 되었다. 도농 간의 기초 시설과 공공서비스 기능이 균등하게 실현되어 산업이 발전하고 생활하기 편리한 신형 도시가 되었고, 이를 위한 혁신적인 사회 관리의 기초가 확립되었다. 쑤저우공업단지는 도시화 추진에 있어서 중국에서 추진하고 있는 다원화된 신형도시화 모델 중에 선도적인 위치에 있으며 쑤저우공업단지는 바로 이주농민들을 성공적으로 도시화한 예가 되었다.

6. 지역사회에 대한 새로운 관리모델

쑤저우공업단지는 278km²의 토지에 100여 개의 지역사회가 조성되었고 호적상 42만5천6백여 명의 본지인, 66만7천5백여 명의 외래인, 1만2천여 명의 외국 국적인사들이 거주한다. 인구구조상 단지 내 80% 정도의 주민이 외래이민자이며 합작구 주택의 작은 구역(小區) 중에는 주민 100%가 모두 이민자로만 구성된 곳도 있다. 또한 싱가포르 등의 경험을 본보기로 새로 취업하는 사람들이나 외래인들에게 제공하기 위해 건설한 공공 임대주택에는 첨단인재들, 우수인재들과 단체 기숙인들이 거주한다. 공공임대주택은 첨단인재의 유입과 새로 취업하는 전문대학 이상의 인재와 외래 노동 인원을 위한 주택보장서비스를 위한 것이다.[123]

신 쑤저우인의 특징은 60% 이상이 전문대 이상의 고학력 소지자들이며 평균 32세의 젊은 층이다. 외국국적을 포함한 이들 외래인구와 본지주민들의 생활과 업무가 원활하게 이루어지기 위해서는 새로운 사회관리 모델이 창조되어야만 했다. 그리하여 싱가포르 경험을 본보기로 외래인들의 노동 권익을 보장하는 것을 포함하여 그들의 생활환경 개선과 동시에 양호한 심리상태를 유지하도록 다음과 같은 새로운 관리모델을 창안했다.[124]

쑤저우공업단지는 새로운 발전 단계에 있어서 사회관리 이념을 통제에서 서비스로, 인치에서 법치로, 물질주의(物本)에서 인본주의(人本)로 전환했다. 경제 글로벌 시대에 진입하면서 단지 건설 초창기의 기업친화적 사고를 사회 관리에 융합하고 법에 의한 단지의 통치, 법규체계, 법집행 메커니즘, 자본이 적게 드는 정부체제 메커니즘을 확립했다. 동시에 사람을 경제 발전 중에 제일 중요한 요소로 보고 '기업친화적이란 국민을 경시하지 않고 오직 비즈니스만 생각하지도 않는다(親商不輕民, 親商不唯商)'는 이념을 형성했다.[125]

관리위원회는 빠른 공업화와 신형도시화 발전에 맞는 새로운 지역사회의 관리를 위해 2013년에 '쑤저우공업단지 중국-싱가포르 사회관리 협력 시범방안(蘇州工業園區中新社會管理合作試點方案)'을 준비하고 8가지 중점과제와 21개의 중점항목을 확정하여 사회관리혁신을 추진했다.[128]

합작구의 사회 관리체계는 지역사회 업무위원회, 지역사회 사무소와 동네(邻里)센터, 지역사회 거주민 위원회의 삼급 서비스 관리체계를 확립했다. 가도(街道)지역사회는 공산당 위원회(一委), 거주민 위원회(一居), 관리서비스센터(一站), 관리사무실(一辯)의 4급 관리체계로 장쑤성의 지역사회관리 양식을 따랐다. 이주민의 소 지역사회 관리체계는 지역사회 당 조직, 거주민 위원회, 아파트단지 관리회사가 주체가 되었다. 구역 전체에는 시 일급 종합 관리서비스센터 6개와 시 일급의 치안과 안보, 여론조사, 순찰, 출소자를 돕고 가르치는 것과 법률상식을 보급하는 것 등을 종합적으로 관리하는 사무소를 94개 설립했다.

그 결과 단지 내 49개의 이주농민 지역사회 전부가 공산당의 기층조직이 되었고 주민비례에 따라 지역사회 간부, 전문 사회복지사, 아파트 관리 인원이 배치되었다. 그리고 촌민 위원회 대신 지역사회 거주민 위원회가 조직되었다. 사회관리의 초점은 지역사회의 민주자치 심화에 힘쓰고 사회복지사를 전문화하여 사회조직으로 편성하며 가도(街道)의 지역사회구조를 정부·시장·사회에 협동하도록 전환했다. 이와 함께 지역사회의 업무위원회, 당조직, 주민들이 자발적으로 만든 문화예술·오락·봉사 등 다양한 사회조직과 사회복지사가 연동하는 신형 지역사회

통치모델이 창안되었다.[127] 이에 의하여 사회관리 네트워크화, 기업기층 조직화, 사회조직건설, 지원자 조직 등 다방면의 활동이 동시에 진행되어 단지의 서비스와 관리의 질을 높였다.[128]

• 우수한 법치 환경조성

단지는 엄격한 법치에 의한 행정으로 사회관리 수준을 격상했다. 시민은 법에 의하여 권리를 보호받았고 사회모순을 해결할 수 있었으며 지역사회의 자치가 효율적으로 이루어져 법치문화가 형성되었고 사회신뢰도가 높아졌다.[129]

단지 지도자들은 행정규범을 위하여 '공작위원회 의사결정규칙(工委會議事決策規則)'과 '관리위원회 중대행정 의사결정과정 규정(管委會重大行政決策程序規定)'을 제정하여 행정에 대한 감독을 강화했다. 동시에 독자적으로 반부패 청렴 메커니즘을 통해 개인 혹은 부서의 이익이 비교적 많은 행정관리 영역에 있어 간부의 직권남용, 뇌물수수, 사기, 부패를 막기 위한 감독네트워크를 건설하여 정부운영의 효율성을 높였다. 그리고 시 전체에 공안, 도시 관리, 교통경찰 등이 연계된 메커니즘을 건설하여 시의 환경, 치안, 교통을 종합 정비하고 효율적으로 이를 관리했다.[130]

사회모순을 해결하기 위해 구(區), 타운(鎭), 지역사회(社區)에 분규 중재 업무 메커니즘과 기업과 지역사회 간 전문적인 분규 중재네트워크를 건설하였다. 그리하여 노사, 의료, 산업 등 전문적인 영역의 분규를 효율적으로 조정하여 사회 모순을 조종하고 중재하였다. 2013년에 이르면 중재조직이 각급 각종의 분규를 1만1천528건 접수하고 99.7%나 조종에 성공함으로써 단지 전체를 안정적으로 관리했다.[131]

그리고 싱가포르의 사법제도를 본받아 법정휴일, 이중언어 사법 건의서, 이중언어 검찰 건의서, '직접 파견된 법정조직', '경찰과 시민의 친교의 날(警民懇談日)' 등 새로운 법적서비스 제도를 창안하고 다양한 형식으로 법제 선전 교육을 실시하여 대중들이 편리하게 법을 공부하고 법을 활용하도록 했다. 이와 함께 "당신의 이웃을 알자", "좋은 이웃을 선별하자"는 주제를 가지고 조화로운 이웃을 건설하고자 노력했다.[132]

• 공공서비스 기능 향상

공공서비스 기능은 싱가포르의 경험을 참조했고, 자체의 공공서비스 기능 향상을 위해 다양한 방안을 창안했다.[133]

1994년도 발전계획에는 클로스터 중심의 상업중심과 공공서비스 중심으로 확실히 구분하고 시청, 구청(片區中心), 동사무소(鄰里中心)와 아파트 관리사무소(居住小區中心)의 4급 공공서비스체계를 확정하였다. 또한 발전계획에 근거하여 2010년부터 더 나은 지역사회 서비스를 위하여 단지는 구청과 동사무소에 상업, 문화, 체육, 위생, 교육 등 일체의 기능을 집중하고, 방사선 범위 내에 8개의 민중연락소와 유동인구서비스 관리센터 등 각급의 공공서비스 체계를 수립하여 대중들의 수요를 만족시키고 있다.[134]

쑤저우공업단지 내 민중연락소는 싱가포르의 '기업친화적' 이념을 본받아 중국에서 처음으로 원스톱서비스(One Stop Service)센터가 되었다. 민중연락소는 전국의 행정을 심사하고 비준하는 권한을 위임받아 주민과 기업과 관련된 행정 비준 심사사항에 대해서 100% 권한을 행사한다. 업무의 85%는 즉시 수행하고, 업무의 10%는 하루 이틀 간에 해결하고, 업무의 5%는 3일 내지 5일 내에 해결한다. 민중연락소 내에 위생 서비스 사무서는 전문 의료기구에서 운영하며, 지역사회 문화체육관은 지역사회센터가 저렴한 가격으로 운영을 하지만 민중구락부, 노인생활관(노인정), 어린이 놀이터, 지역사회 도서관 등 각종 서비스 기구는 주민과 기업에게 무료로 개방되고 있다. 이밖에 유동인구 서비스관리센터, 중서 문화 대학습장, 그리고 데이케어 센터 등을 건립하여 남녀노소와 서양인 등 다양한 집단 간의 화합을 촉진한다. 한마디로 대민봉사와 주민휴식과 오락의 양대 기능을 하고 있다.[135]

단지관리위원회는 유동인구서비스 관리센터를 각 아파트단지에 설치하여 원스톱서비스 방식으로 유동인구를 위한 서비스를 제공한다. 그중 부동산 소개소는 유동인구가 방을 구하는 일을 무료로 서비스한다. 이 서비스를 통하여 외래인들에 관한 정보를 수집할 수 있고 동시에 부동산 임대에 관한 규정을 범례화할 수 있었다. 이밖에 단지는 유동인구를 위한 서비스 하우스와 유동부녀·아동을 위한 안전 하우스의 설립을 통하여 유동인구를 누가, 어떻게 관리할 것인가의 문제를 해결하였다. 웨이팅 가도(唯亭街道) 내 장징 커뮤니티(張涇社區)의 인민경찰인 니유신(倪友新)이 처음으로 건물단위의 전세방과 외래인의 등기제(包樓制), 월별로 외래인들을 등기하여 관리하는 제도(月清制), 외래인을 관리하는 치안담당 관리제도(導航制), 의심되는 외래인을 관리하는 제도(篩選制)를 창안하여 유동인구에게 가족과 같은 서비스와 인간적인 관리를 실현했다.[136] 이를 '니유신 업무법(倪友新工作法)'이라 칭하며 이를 통해 치안관리의 어려운 점을 해결했다.[137]

• **적극적인 민의 수렴**

관리위원회는 적극적으로 민의를 수렴하기 위해 '사회협력의 날(社情

民意連絡日)'과 '지역사회발전 자문제도(社區發展咨詢員制度)'를 제정했다.

싱가포르 의원들이 직접 선거 주민들을 만나는 것을 본보기로 2011년 5월부터 매월 둘째 일요일을 '사회협력의 날'로 정했다. 단지의 공작위원회, 관리위원회의 지도자들과 지역사회의 건설지도위원회의 위원들이 지역사회를 찾아가서 주민들과 기업대표들의 의견을 경청했고, 그들의 건의와 질문에 대해서는 꼼꼼하게 정보를 찾아 기한 내 답변을 해주고 이에 대한 평가를 받는 제도를 수립했다.[138] 주 내용은 공공교통, 지역사회 내 미비한 시설, 민정, 환경보호, 교육, 의료, 치안관리, 사회보장정책 등 민생문제에 관한 것이었으며 요구사항은 거의 해결을 보았다. '사회협력의 날'은 일반 민정 담화나 민의를 수렴하고 문제들을 해결할 뿐만 아니라 좋은 건의안들은 정책으로 반영되도록 제도화했다. 이러한 방식을 통해서 정부는 발전계획 목표와 주민의 희망을 최대한 반영하여 정책으로 제정했다. '사회협력의 날'은 일종의 주민들에게 친절하게 혜택을 주는 제도가 되어 주민들의 행복감과 만족도를 높여주었다. 조사결과 '사회협력의 날'의 활동에 대한 만족도는 99%를 초과했다. 이는 싱가포르의 경험을 중국화한 방안이었으며 주민의 소리를 청취하고 주민의 지혜를 모아 주민이 염려하는 바를 해결해주는 녹색창구의 시작이 되었다. "효율적이고 편리하며 모든 것이 순조롭다(高效便捷, 一路通暢)"의 간단한 여덟 글자로 이 활동이 평가되었다.[139]

싱가포르의 시민자문위원회의 운영경험을 참고하여 중국의 실정에 맞게 결합한 '지역사회발전 자문제도' 또한 민의 수렴에 기여했다. 이는 주민이 필요로 하는 것을 탐색하여 기층에서 민주적으로 협상하는 새로운 제도로 단지의 경제, 사회 발전과 지역사회를 위해서 건설적인 의견을 건의하는 제도이다. 2012년과 2013년 단지는 각 가도(街道)에서,

사회복지 위원회 추천으로 지역사회와 해당구역의 기업 중에서 2백 명을 단지와 지역사회발전 자문원으로 초빙했다. 이들의 업무는 민의를 조사, 수집하여 주민의 관심사를 정책에 반영하는 것이다.[140]

또한 지역사회가 창안한 '가정연락카드제' 역시 주민의 소리가 되었다. 지역사회 업무원이 매 월말에 몇 가구의 주민들을 방문하여 그들이 필요한 것과 생각하는 것을 파악하여 문제를 해결하였다. 가정방문을 통한 관리는 단지의 기층을 강력하게 통치하는 계기가 되었을 뿐만 아니라 서비스 관리가 가정에까지 미치도록 하였다.[141]

• 봉사단체

단지는 사회통치 수단의 하나로 각종 비정부 조직과 자원봉사자를 활용하여 효율적으로 각 종류의 모순을 해결하고 있다. 중국사회에서는 외삼촌(老孃舅)을 일반적으로 연장자에 대한 존칭으로 사용한다. 웨이팅가도(唯亭街道)에서는 2009년부터 퇴직한 노당원, 노간부, 노교사 등을 조직하여 '외삼촌 분규조정 업무실'을 운영했다. 분규조정 업무실은 주민들 간의 분규를 해결하고 법률정책을 선전하며 사회의 많은 갈등과 모순을 초기에 해결하여 지역사회 내의 분규를 감소시켰다.[142]

성푸 가도에서는 청년 자원봉사자, 교사 자원봉사자, 대학생 자원봉사자, 어머니 자원봉사자, 기업환경 보호 자원봉사자 등 20여 개의 자원봉사자 단체를 조직하였다. 이들은 학생들의 학습을 보조하고, 노인들을 공경하며, 장애인들을 도와주었다. 또한 일부 봉사자들은 자선바자회, 의연금모집, 지역사회교육, 취업안내, 가전제품 보수, 교통안내, 의무선전과 서비스 등 다양한 영역에서 활동한다.[143]

또한 지역사회의 질서유지를 위하여 기업들이 순찰대를 자발적으로 조직하여 봉사하기도 한다. 성푸파출소와 기업은 질서유지를 담당하는 치안의경을 모델로 기업의 노동자들이 자원하여 지역사회 순찰에 참여하는 의경 팀을 구성했다. 진광(金光)그룹에 치안 자원봉사 노동자 서비스본부로 파출소를 개설하고 8개의 커뮤니티 경비실에 지부를 두고 이들의 초소를 세웠다. 이들의 순찰활동 이후 지역사회에서 발생하는 사건이 대폭 줄었으며, 순찰 중 사건에 단서가 되는 증거를 제공하기도 하여 지역사회 내 발생한 분규를 조정하고 해결하는 데 도움이 되었다.[144]

이러한 사회 관리체계는 주민들에게 더 나은 서비스를 제공하여 조화로운 지역사회를 건설하기 위해서이다. 구체적으로 말하면 기층에 대한 공산당 정권의 기초를 강화하여 사회민주를 선도했다. 지역사회의 민주자치를 강화하기 위하여 거주민 위원회가 주민의 자치조직이 되어 적극적으로 법에 의한 주민자치에 노력했다. 또한 공공서비스를 기층으로 확대 강화하여 기층의 종합관리를 추진할 수 있었다.[145] 동시에 사회조직과 법에 의한 지역사회 주민들과 기업의 정치참여는 의정활동의 의식과 능력을 강화시켰다.

7. 쑤저우공업단지 건설의 의의

쑤저우공업단지는 싱가포르 해외단지 개발의 성공사례이다. 쑤저우공업단지는 중국과 싱가포르 정부 간 합작 제1 경제개발구 항목으로 중국 개혁개방 이래 선진국의 도시화 발전경험을 선행선시(先行先試)한 범례이다. 중국과 싱가포르 양국 정부는 쑤저우공업단지 개발을 일반적인 경제무역투자합작을 한 단계 높인 것이라 할 수 있을 정도로 합작에 공동으로 노력했다. 지난 20년 동안 단지는 매년 관원과 기업계 인사들을 싱가포르로 파견하여 학습한 결과 완전한 '싱가포르 모델'의 학습 전환 메커니즘을 형성했다. 그리하여 쑤저우공업단지는 싱가포르 경제발전, 도시건설, 그리고 사회관리 방면의 선진 경험을 중국이 직접 받아들여 중국본토의 특징을 조합해 창조적이며 효율적으로 발전시켜 성공한 결과물이다. 쑤저우공업단지 건설은 산업과 도시가 성공적으로 융합 발전한 모범사례라는 데 그 의의가 있다.

• 싱가포르가 단지 건설에 미친 영향

중국이 개혁개방 이후 추진한 도시화는 지역의 산업화와 도시화를 분리하여 진행되었다. 그래서 생산 중시로 생활공간이 위축되었고 도시기능이 산업기능보다 정체되었으며, 사회발전이 경제성장보다 뒤처지는 등 도시화 수준이 낮았다. 이에 대해서 싱가포르와의 합작구인 쑤저우공업단지 건설은 대단히 유익한 경험이 되었다.[146]

싱가포르의 경험과 중국의 국정이 결합한 쑤저우공업단지 건설은 도시발전계획 방면에 있어서 당시의 중국도시발전계획과는 비교하지 못할 정도로 많은 새로운 발전계획의 편제와 체계 그리고 구체적인 이념 등의 신선한 특징을 창시했다.[147]

싱가포르는 도시계획발전과 경제무역관원의 훈련에 있어서 다른 어떤 국가보다 나은 모델이 되었다. 대규모 단위의 관리·생산·연구·경영 등의 과정에서 구성원의 자질 관리와 서비스의 질 향상 등이 싱가포르에서 중국으로 이전되었다. 특히 중요한 것은 제도상의 본보기가 된 공단의 '노무관리에 관한 잠정규정(勞動管理暫行規定)' 중에 중앙공적금제도, 단체계약제도 및 노동조합, 그리고 소위 원스톱서비스와 '기업친화적' 지도 이념 등 모두 싱가포르의 경험으로부터 배워 제정한 것으로 당시 중국 내에는 선례가 없었던 것들이었다. 쑤저우공업단지는 중국인이 세계를 이해하는 중요한 창구가 되었고, 점차 시범적 역할을 발휘했다. 선진국 싱가포르에서 배운 80여 종의 정책법규에 의하여 조직된 쑤저우공업단지는 빠르게 세계화했다.[148]

쑤저우공업단지 개발은 단지 발전 역사상 새로운 혁신이었다. 단지는 선행선시로 개혁개방을 전면 확대했고, 적극적이고 지속적으로 중국과 싱가포르 합작을 강화하면서 첨단 리더십, 창조 추진 강화, 효율적인 질량 제고를 유지하였다. 또한 새로운 인재·새로운 산업·새로운 기술·새로운 모델을 찾아서 진일보한 새로운 내용과 핵심경쟁이 될 만한 장점을 채택하여 과학발전의 새로운 고지를 구축했다.[149]

쑤저우공업단지는 싱가포르 경험을 학습하여 조화로운 안정된 지역사회를 건설하는 것을 목표로 새로운 사회통치 모델을 창조했다. 지역사회 중심은 단지가 싱가포르 공공관리의 선진이념을 본보기로 배운 것이다. 중국과 싱가포르 합작구 내 아파트단지에서는 싱가포르식의 '마을 방범대'의 경험을 참고한 단지의 방범과 구조협회, 업종별 치안 호조협회, 아파트단지 부동산연합회, 소매치기 단속 팀 등 특화된 단체들이 별도로 방어하고 통치했다.[150]

정융녠은 중국과 싱가포르의 쑤저우공업단지 합작은 순수한 이윤을 목적으로 하는 상업프로그램이 아니고 소프트웨어의 이전이었음을 강조했다.[151] 중국국무원 부총리 왕치산은 제11차 쑤저우공업단지 중국-싱가포르 연합 협조이사회에서 다음과 같이 말했다. "중국과 싱가포르의 협력은 끝이 없으며 그 잠재력도 한계가 없다. 쑤저우공업단지는 계속해서 선행선시의 창구 역할을 해야만 한다." 즉 쑤저우공업단지는 개혁개방 30년 동안의 가장 중요한 국제협력사업일 뿐만 아니라 중국 건국 이래 외국과 합작한 가장 성공한 사례로 꼽힌다.[152]

2007년 원자바오 총리가 싱가포르국립대학에서 강연할 때도 쑤저우공업단지는 싱가포르와 중국의 뛰어난 합작 사업이자 중국공업단지 중 으뜸이라며 칭찬을 아끼지 않았다. 그는 쑤저우공업단지는 중국의 브랜드일 뿐만 아니라 싱가포르인이 자랑하는 국제적 브랜드가 되었다고도 말했다. 쑤저우공업단지 건립 15주기 경축대회에서 리콴유는 자신의 쑤저우 선택이 매우 탁월했다고 자찬했다. 중국인민공화국 건립 60주년(2009년) 기념만찬에서 쑤저우공업단지의 공산당위원회 서기 마밍룽(馬明龍)은 기자들에게 세계적으로 유명한 개발구가 된 쑤저우공업단지 건설과정은 싱가포르의 경험을 겸허하게 본보기로 받아들이는 훈련이었다면서 앞으로 국제적으로 일류 시범구가 되도록 계속 노력하겠다고 말했다.[153]

선행선시의 쑤저우공업단지의 성공은 사람들로 하여금 싱가포르 경험의 중국화가 가능하다는 것을 보여주었다. 중국 각지로부터 25만 명 이상의 관원들이 쑤저우공업단지에 와서 이 경험을 학습했다. 도시국가 '싱가포르 모델'이 쑤저우공업단지를 통해 중국에 영향을 미치기 시작했고 중국은 싱가포르의 다양한 경험을 학습하고 모방하고 있다.[154] 쑤저우공업단지의 성공은 점차 더 많은 중국인들로 하여금 더욱 개방적이고 적극적인 자세로 세계 각지의 유익한 경험을 본보기로 학습하도록 했다.[155]

총체적으로 말해 쑤저우공업단지는 그 개발과 발전과정에서 싱가포르의 경험을 처음부터 일관적으로 참고했기 때문에 그 특징이 싱가포르공업단지와 유사하다. 단지발전과정에 있어 '발전계획 선행'과 '기존 토지에 대한 고도의 집약적 이용'은 우수한 설계와 우수한 발전계획에서 발원한다는 이념을 본받았기 때문에 발전계획의 각도에서 말할 것 같으면 쑤저우공업단지는 아주 좋은 결과를 싱가포르 경험에서부터 얻었다고 할 수 있다. 또한 싱가포르가 추진한 환경보호교육과 공업단지와의 결합 같은 것도 분명히 중국 지도자들의 주목을 끌었다. 싱가포르의 공업단지 개발경험은 공업단지 발전에 대한 교육으로 장점을 가지고 있어 배울 가치가 있었다.[156]

저자는 쑤저우공업단지가 성공적으로 개발되고 발전할 수 있었던 수많은 이유 중 하나는 지도자들의 교체라든지 임기만료로 발생하는 여파를 최소로 감소시켜 안정된 발전경로를 유지했기 때문이라고 본다.[157]

쑤저우공업단지 건설의 효과

쑤저우공업단지 건설로 쑤저우시의 경제력이 현저히 증가했다. 쑤저우공업단지는 국가경제기술개발구의 창구와 시범구로서 발전 수준이 한 단계 높아져 그 영향력을 확산하는 등 선도적인 역할을 했을 뿐만 아니라 신형도시화 성공의 본보기가 되었다. 또한 쑤저우공업단지는 싱가포르의 국제화 플랫폼을 이용하여 많은 투자를 유치할 수 있어 쑤저우시의 경제를 국제화 수준으로 현저히 끌어 올렸다.[158]

• 경제력의 현저한 증가

쑤저우공업단지는 쑤저우시의 토지 3.3%를 차지하고 있고 인구는 7.4%이지만, 쑤저우시의 생산총가와 재정수입에 있어 경제 총량은 15%, 외자 유치 25%, 수출입총액 30% 정도이다. 실제로 외자를 이용하고 고정자산을 투자하는 등 쑤저우공업단지 주민수입의 지표가 매년 쑤저우시에서 1위이다. 쑤저우공업단지 설립 후 쑤저우시의 주요경제 지표는 연 평균 30% 정도 증폭하고 있어, 2012년에는 동부 84개 국가급 경제개발구 중 총생산액이 3위, 재정 수입은 4위, 수출생산액은 2위, 서비스업 증가가치는 1위, 공업 증가가치는 4위, 외국기업의 재투자 순위는 3위, 세수 수입 순위는 3위였다.

국가 상무국에서 2012년에 발표한 최신 국가급 개발구 종합발전 수준 평가 중에서는 톈진생태도시 다음으로 2위이다. 개발구 중 생태환경, 사회발전, 체제환경의 세 분야에서 각각 1위이고, 유일하게 경제발전, 생태환경, 과학기술창조, 사회발전과 체제창조의 다섯 분야에서 고르게 3위 이내를 차지하는 경쟁력을 갖춘 개발구이다. 장쑤성 내 국가급 하이테크 지역 서열에서는 1위이다.

2012년 단지 도시화 수준은 이미 96.4%에 달했으며 새로운 일자리가 49만 개 창출되었다. 2013년 단지의 생산총가치가 1994년보다 160배 이상 성장하였으며 상주인구의 GDP가 4만4천 달러에 이르렀다. 도시와 농촌 수입은 각각 4만9천62위안과 3만9백위안이었다. 쑤저우시에서 가장 높은 수입은 4만1천143위안이고 낮은 수입은 2만4천578위안으로 전국의 2만6천955위안과 8천896위안 수준과는 큰 차이가 있다.[159]

• **산업구조의 격상**

쑤저우공업단지는 싱가포르공업단지 발전 경험을 본보기로 하여 국제산업의 생산기지가 되었다. 공업단지는 3단계가 낮은 노동밀집적인 가공무역과정을 거치지 않고 고급요소를 받아들여 산업분업 선단식 모델(雁型模式)에 대한 도전에 성공하였다. 선진 제조업, 현대 서비스업, 그리고 첨단과학기술산업 등 협동 발전 산업들이 정착하여 외국투자유치에 있어 기업을 위한 서비스제공과 선진 산업발전 등 풍부한 경험이 축적되었다. 또한 상업과 금융 발전계획 용지의 증가와 공업 발전계획 용지의 감소는 단지의 산업구조 향상으로 실현되었다.

중국은 세계경제에 한층 깊이 융합해 들어갈 수 있음을 보여주고 있다. 이에 직접 세계 50대 기업 중 다국적 기업 총부 및 연구중심 등 기술과 지식 및 인재밀집형의 높은 수준의 산업을 직접 유치하여 쑤저우공업단지는 산업발전의 첨단과학기술로 인한 고부가가치를 창출했다. 2013년 말《포춘》500 기업 중 91개, 150개의 투자항목이 들어왔고 전체 구의 투자상 억 달러 항목이 136개, 그중 10억 달러의 큰 항목이 7개이며, 전자·정보·기계 제조 등 방면에 경쟁력을 갖춘 산업군들이 형성되었다.[160]

현재 전자정보와 정밀기계 제조는 이미 쑤저우공업단지 제조업의 지주 산업이 되었다. 집적회로, 광 에너지, 항공과 기차 부속품의 3대 산업이 비교적 완전한 첨단기술산업의 체인을 형성했다. IT와 집적회로 산업생산액(생산고)이 전국총량의 3%에서 15%를 점유한다. 첨단기술산업 생산액 또한 규모 이상으로 공업생산액 비중의 68%를 점한다. 단지는 중점적으로 나노기술 응용, 생물의료, 그리고 클라우드 컴퓨팅의 3대 산업을 중심으로 인재를 양성하고 발전시켜 전국 유일의 국가 나노기술혁신 및 산업화기지를 이루었다. 쑤저우는 중국 내의 가장 중요한 액정패널 출품기지와 전자정보산업 측시기지로서 외자규모와 기업품질은 국가급 경제개발구 중 절대적으로 우선 순위에 있다. 주도산업이 첨단으로 발전하는 것 이외에도 쑤저우공업단지의 광전(光電)신에너지·생물의약·융합통신·소프트웨어·애니메이션 게임·생태환경보호 등 대표적인 신흥산업이 초기의 형태를 갖추었다. 2013년 신흥산업은 규모 이상 공업총생산가치 비중 50.6%를 차지한다. 쑤저우공업단지는 이미 이름뿐만 아니라 산업구조상 쑤저우 동부 내지 상해-쑤저우 경제 회랑상 신속히 굴기(발전)하는 신흥 성장도시가 되었다.[161]

싱가포르의 세계인류 첨단과학기술산업단지 건설 경험을 본보기로 중국의 특징을 결합하여 신형 도시화 개발방법을 개척한 쑤저우공업단지의 발전과정은 도시화의 후발지구에게 유익한 참고와 진귀한 경험을 제공했다.

• 집약적인 토지이용의 결과 현대도시 건설

쑤저우공업단지 개발과 건설은 도시건설에 하나의 시사점을 제공한다. 발전계획에서 토지자원의 분배를 미리 계획하고 예비하지 않은 경우에는 단지 내에 들어간 기업이 토지자원의 결핍으로 발전이 제한되는 상황이 출현하게 된다. 쑤저우공업단지의 집약적인 토지이용은 처음부터 끝까지 단지의 각계 발전단계의 중요 원칙 중의 하나로 현저히 성과를 보았다. 발전계획에 있어 토지 이용은 끊임없이 최적화되고 사용률은 대폭 높아져 토지이용 효율이 증가되었다. 최초로 '구통일평'을 개발하여 미래 기업발전을 위해서 착실한 기초를 마련했고 기초시설의 맹목성과 추측성 통계를 피할 수 있었다. 이러한 합리적인 발전계획으로 토지자원 이용의 효율성을 높여 낭비를 방지할 수 있었다.[162] 또한 단지 토지이용 발전계획 중 생태환경의 영향에 주의를 기울였다.[163] 녹지화의 생태환경이 좋은 거주지, 집약적인 저탄소 녹색성장 전략과 스마트 기능으로 둘러싸인 국가 생태 시범 공업단지, 국가급 순환 경제 시범 산업단지, 그리고 생태문명건설 시험지구 건설을 목표로 했다.[164]

쑤저우공업단지는 완전한 도시의 역할로 거주구·공업구·상업구의 3자가 상대적으로 독립적인 구역을 형성함과 동시에 후기산업과 도시의 융합 및 구역일체화 발전에 있어서 예비된 공간을 마련하며 발전했다.[165] 그리하여 진지(金鷄) 호반에 기초시설이 완성되고 노동의 블록 분업이 합리적이며 기능이 지속적으로 향상되어 산업발전을 충분히 지지할 수 있는 현대도시가 건립되었고 생태경제, 생태환경, 그리고 생태생활을 선도하는 수준 높고 살기 좋은 저탄소 녹색도시로 성장하고 있다.

단지 건설용지 사용 비율을 대폭 향상시킴으로써 토지산출 효율과 이익이 뚜렷이 나타났다. 단지발전계획이 추진되면서 건설용지가 비교적 많이 증가했지만 경제적 이익이 눈에 띄일 정도로 높아졌다. 토지이용 효율로 보면 단지 토지의 평균 생산총가는 1994년 이래로 지속적·안정적으로 증가하여 1994년 매 1km^{2}당 407만2천 위안에서 2013년에는 매 1km^{2}당 6억8천만 위안으로 그 가치가 거의 167배가 되었다. 정부수익으로 보면 20년 내의 단지의 세수와 재정 수입은 대단히 증가했다. 이는 1994년부터 오늘날에 이르는 단지발전 중 토지의 집약적인 이용으로 말미암아 경제적인 이익이 현저하게 늘어난 것이다.[166]

주변 지역으로 확산하는 '쑤저우공업단지 모델'

국제적으로 일류가 된 쑤저우공업단지는 많은 다국적 기업의 집중, 두터운 산업기초와 종합경제 실력으로 인해 거대한 인력자원이 모였으며 쑤저우 일대의 도시와 농촌발전을 위해서 물질적 지원과 추진력을 제공했다. 쑤저우공업단지의 성공 경험은 이제 중국 내 다른 지역으로 확산되어 많은 성과를 나타내고 있다.

쑤저우의 성공 경험이 쑤쑤(蘇宿)공업단지와 난퉁(南通) 등의 경제 항

장쑤성(江蘇省) 지도

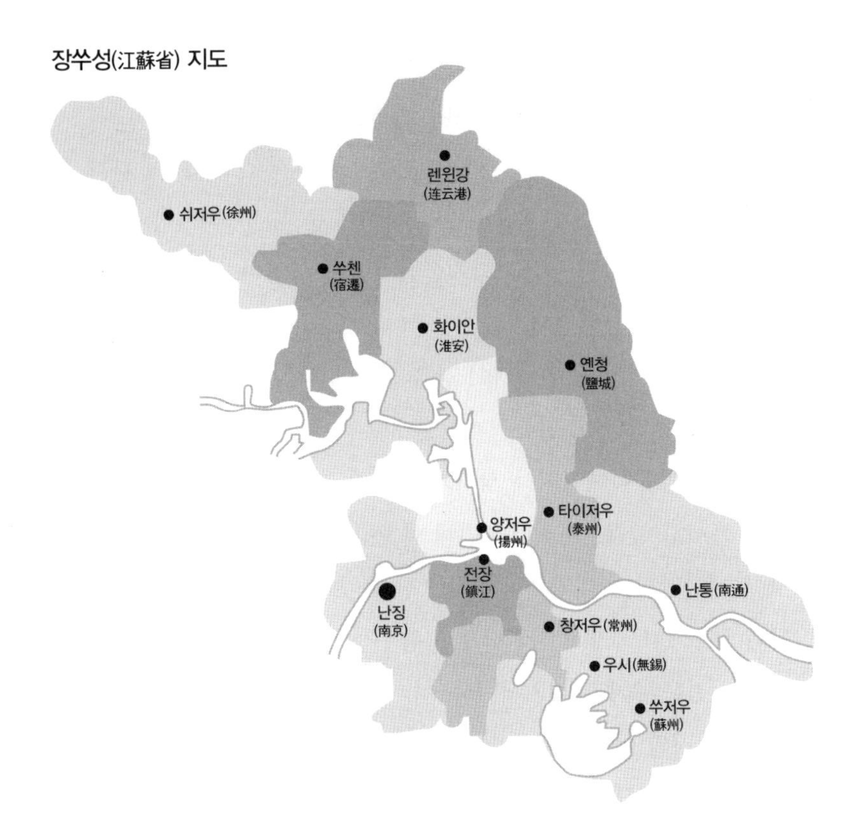

목으로 확산 운용되었으며, 많은 국제개발구가 창건·개발되어 새로운 성과를 거두고 있다. 그중 눈에 띄는 싱가포르와의 합작은 톈진생태도시이다. 그 합작 형식과 운영방식 등은 모두 쑤저우공업단지와 매우 유사하며 주요 간부들이 모두 쑤저우공업단지에서 현지 훈련을 받았다.

쑤저우공업단지에서 성장한 간부는 중국의 현실을 바탕으로 전 세계에서 최첨단 이념을 융합했다. 이 예가 쑤첸(宿遷)시 부시장으로 쑤저우-쑤첸공업단지 관리위원회 주임 구위쿤(顧玉坤, 1954~)일 것이다. 그는 쑤저우공업단지의 상업적 합작 진영으로 쑤저우-난퉁과학기술산업단지(蘇州-南通科技産業園)를 조성하고 쑤저우공업단지식의 '시 전체개발 운영'으로 쑤저우-추저우(滁州) 현대산업단지를 조성했다.[167]

이중 쑤저우-난퉁과학기술산업(蘇通科技産業)단지 건설계획에 대해 간략하게 살펴보자. 2009년 5월에 강을 사이에 둔 쑤저우와 난퉁 두 시가 연동하여 합작 개발한 쑤퉁과학기술산업단지 사업이 정식으로 시작되었다. 이 단지는 난퉁경제기술개발구(南通經濟技術開發區)에서 남쪽으로 약 55km^2 떨어진 곳에 위치하여 강을 사이에 두고 쑤저우와 서로 마주본다. 쑤저우공업단지, 난퉁경제기술개발구, 중국-싱가포르 쑤저우공업단지구 개발유한책임회사 삼자가 공동으로 쑤저우공업단지의 성공 경험을 복제하여 건설하였다. 1년에 한 번 난퉁에서 개최되는 중국난퉁항구 경제상담회는 대외무역의 중요한 플랫폼이다. 2009년에 개최된 상담회에서는 대국가 발전전략으로 장쑤성 연해개발과 양자강 삼각주 일체화 발전을 주제로 개최되었다. 여기서 쑤퉁과학기술산업공단은 쑤저우공업단지의 성공 경험을 복제한 투자환경 설명회를 주최하여 국내외 대기업의 관심을 받았다. 쑤퉁과학기술산업공단은 10년 내지 15년에 걸려 쑤퉁 대교북측을 생태형으로 개발하여 국제화한 종합적 성격을 가진 새로운 첨단과학기술구인 비즈니스 신도시로 건설될 예정이다.[168]

이밖에 쑤저우공업단지를 모델로 단지를 조성할 뿐만 아니라 쑤저우공업단지구역 확대의 의미로 쑤저우 샹청(相城)구와 결연을 맺어 쑤샹(蘇相)합작구(쑤저우공업단지와 쑤저우썅청구 확대구역 합작)가 시범으로 추진되었다. 또한 동서구역간 결연의 본보기로 신장(新疆)의 훠얼궈쓰(霍尔果斯)무역구 사업이 추진되었다.[169]

우시 싱저우(無錫星洲)공업단지의 중국-싱가포르의 '태양시' 사업도 쑤저우공업단지의 싱가포르 경험이 전수되어 발전한 경우이다. 우시지구는 태양광 발전사업이 주가 되는 지역으로 2001년에 창립한 상더(尙德)회사가 이를 이끌었다. 2005년 이 회사가 뉴욕증권거래소에 상장되면서 우시지구의 태양광 발전사업은 눈부신 성장을 이루었다. 우시신구가 전 세계 태양광 발전산업의 기회를 잡기 위하여 2009년 11월 25일 우시신구 관리위원회가 계획하고 우시 싱저우공업단지 개발주식회사(無錫星洲工業園區開發股份有限公司)가 개발 운영한다. 싱가포르의 유명한 성방그룹(盛邦集團)이 고농축 태양광발전 산업단지 건설을 목적으로 우시 태양광 발전산업단지에 중국-싱가포르 태양시 설립을 계획하고 주도한다. 총 구획면적은 약 6,600무(1亩=약 666.7m²)이며 건축면적은 150여 만m²로 태양전지와 부품생산구역을 포함하여, 상품생산구역, 물류창고, 사무실과 상업구, 전문 물 처리 및 특수 가스 이용구역, 공공 레크리에이션 녹지 등으로 구분된다. 이곳에서 앞으로 차세대 첨단산업의 핵심기반인 플라즈마를 이용한 박막 태양전지 프로젝트도 수행할 예정이다. 이 새 에너지 사업은 장차 우시신구(無錫新區)가 중국최대 태양광 발전(PV)산업기지가 될 것을 예고하고 있다.[170]

"중국이 세계를 이해하는 중요한 창구"가 된 쑤저우공업단지가 중국에 미친 영향은 중국의 경제뿐만 아니라 정치·사회·문화·가치관 등에서 상전벽해 정도가 아닌 천지개벽에 가까운 큰 역할을 단단히 했음에 틀림없다.

싱가포르-중국 합작의 텐진생태도시

2장

쑤저우공업단지 건설의 성공적인 경험은 싱가포르 정부와 중국 정부로 하여금 톈진(天津)생태도시 건설 합작을 추진하도록 만들었다. 면적이 약 30km²의 '중국-싱가포르 톈진생태도시'(약칭 톈진생태도시)는 중국과 싱가포르 양국합작의 제2대 중요한 개발 항목이 되었다. 연합 협조이사회 형식, 개체별로 개발하여 하나로 연결하는 개발방식, 관리주체와 개발주체가 분리 혹은 합작 운영되는 관리체제는 모두 쑤저우공업단지의 경험을 참조했다.[1]

톈진생태도시의 건설목표는 톈진 빈하이 신구(天津濱海新區)에 선택된 지역의 환경, 지질, 기후, 인문 등의 요소를 결합하여 경제, 사회, 환경의 지속발전이 가능한 생태도시를 건설하는 것이다. 생태도시는 생태환경, 생태경제, 생태과학기술, 생태문화의 4개 영역에서 사람과 사람, 사람과 경제활동, 사람과 자연이 상호조화를 이루는 살기 좋은 도시이다. 또한

생태도시는 신형도시화와 산업화가 서로 보완하며 상호 발전을 촉진하는 도시여야만 한다.[2]

중국과 싱가포르 합작 톈진생태도시 항목은 중국과 싱가포르 양국관계의 견실함과 지속적인 발전을 상징한다. 쑤저우공업단지에 이어 두 번째의 국가와 국가 간의 전략적인 합작 항목인 톈진생태도시는 다방면에 있어 중국과 싱가포르의 긴밀한 협력관계를 확인함과 동시에 양국 지도자들과 관원들이 교류하는 경험의 장을 제공했다.

1. 환경 위기에 대응할 생태도시 건설

최근 중국은 과학발전과 조화로운 사회발전을 목표로 하고 있다. 중국은 이에 부합한 중국-싱가포르 합작의 생태도시를 건설하여 중국 신발전이념인 생태 문명건설과 생태 환경보호, 저탄소 녹색생활방식을 구체적으로 실현하고자 한다.[3] 중국 정부가 2005년 10월에 있었던 제10기 전국인민대표회 제4차 회의에서 결정한 제11차 5개년 국가발전 계획은 중국의 도시발전에 있어 그 지역의 자원과 생태환경이 지역의 역량을 지탱할 수 있어야지 초과해서는 안 된다고 밝히고 있다. 즉 국가급 도시를 건설할 경우 과학적으로 해당지역의 수토자원, 지질구조, 환경용량 등 자연조건에 부합하는지 여부와 그 지역의 경제발전, 취업공간, 기초시설과 공공서비스 공급 능력과 상응하는지를 따져서 도시의 총체적 발전계획을 수립해야만 한다. 특히 날로 심각하게 훼손되는 자연환경을 보호하기 위한 환경지표로 에너지 소모, 물 소모, 건설용지 소모, 오염배출량 등을 축소하는 계획을 세워야 한다는 것이다.[4]

왜 생태도시인가

2007년 4월 25일 중국국무원 총리 원자바오를 방문한 싱가포르의 전 총리이며 선임장관인 고촉통은 자원절약형, 친환경형, 조화로운 사회형의 생태도시건설을 합작으로 추진할 것을 제의했다.

중국은 빠른 도시화과정에서 자원부족과 생태환경 파괴 및 도시교통 혼잡 등의 병폐가 드러났으며 도시관리에 있어서도 각종 문제에 직면했다. 또한 도시 건설과정에서 도농일체화 추진 중 혼란이 야기되어 치안이 악화되었고, 공공상품이 부족한 현상이 나타났으며 공공서비스가 상대적으로 열악했다. 이러한 난제들을 해결하기 위해서는 과학적이고 체계적인 도시종합발전 지표와 정책의 연속성과 안정성 및 이를 보장하는 법률이 필요했다. 동시에 도시화 과정에서 사회조화, 경제번영, 자원의 절약, 환경보호와 도시의 질적인 발전을 중시해야만 했음을 절감했다.[5]

중국은 축적된 도시화 경험과 국내외 선진이념의 도입에 따라 점차적으로 도시발전에 있어 단계적인 계획의 중요성을 인식하고 사회, 경제, 자원, 환경 분야의 데이터베이스에 의한 종합적인 지표체계 수립의 중요성을 인식하게 되었다.[6] 더구나 현재 세계가 환경위기에 직면해 있고 자연자원이 고갈해 가고 있으며 이산화탄소와 메탄이 지나치게 배출되고 있어 기후 온난화, 해양오염, 개간토지의 감소와 같은 현상이 대두되고 있다. 세계지도자들은 물론이고 중국 지도자들도 이런 생태도시 건설이 세계 환경위기를 효율적으로 대응하고 해결하기 위한 방안 중 하나라는 것을 인식하게 되었다. 그리하여 이미 쑤저우공업단지 건설을 성공적으로 합작한 경험이 있고 공공교통, 경제성 있는 주택, 용수 절약 관리는 물론 생태도시 발전의 경험을 가진 싱가포르의 제안을 후진타

오와 원자바오는 흔쾌히 수락하고 적극 지원했다.[7]

생태도시 건설의 요건

중국은 싱가포르로부터 환경보호 방면의 선진기술과 도시관리에 관한 선진경험을 받아들이고자 했다. 2007년 7월 9일 국무원 부총리 우이가 싱가포르를 방문하여 중국과 싱가포르 합작의 생태도시 건설에 합의하면서 다음의 4가지 조건을 제시했다.

(1) 반드시 자원절약형과 친환경형을 부각시킬 것, (2) 중국의 관련법규와 국가정책요구에 부합할 것, (3) 자주·창의 능력을 증강하는데 유리할 것, (4) 정치와 기업과의 분리를 견지할 것 등이었다.

그리고 부지 선정에는 다음의 2가지 원칙을 요구했다. (1) 자원이 제한된 조건하에서 생태도시를 건설하는 시범적 의의가 중요함으로 경작지가 아닌[8] 수자원이 부족하고 구역 내 자원이 상대적으로 부족한 곳이어야 한다. 그래야만 오염이 있는 곳을 생태도시항목에 부합하도록 잘 관리하면 신형 생태도시로 탄생할 수 있음을 증명하여 전국 유사 지구에 도시발전 방식이 달라질 수 있음을 시범으로 제시할 수 있어야 한다. (2) 대도시와 인접하고 있는 곳으로 대도시의 교통과 우수한 서비스에 의존할 수 있어 기초시설건설의 원금이 절약되어야 한다.[9]

중국정부의 생태도시 부지선정 관련위원회에서는 우루무치(烏魯木齊), 바오터우(包頭), 톈진, 탕산(唐山)을 예비 선정지역으로 추천하였다. 여러 도시가 치열한 경쟁을 벌였다.[10]

톈진시 시위원회서기 장가오리와 톈진시 시장 다이샹룽(戴相龍, 1944~)은 톈진이 선정되도록 7월부터 9월까지 건설부부장 왕광타오(汪光燾, 1943~)와 함께 싱가포르 부총리 겸 내정부부장 웡칸셍, 국가발전부부장 마바우탄, 국가발전부 정무부장 그레이스 푸(Grace Fu, 傅海燕, 1948~), 케펠그룹(Keppel Corp, 吉寶集團) 사장 림치온(Lim Chee Onn, 林子安, 1944~) 등을 회견했다. 다이샤룽 시장 주최로 양측업무회담을 개최하고 생태현장을 답사하는 등 톈진시는 전적으로 이 일을 담당하는 팀을 구성하여 조직적으로 업무를 추진했다. 톈진시가 다방면에서 노력한 결과 국무원은 9월 29일 톈진 빈하이 신구로 결정했다.[11]

톈진 빈하이 신구 내 생태도시

톈진 빈하이 신구는 톈진 동부 연해지구에 위치하며 환보하이 만 경제권의 중심지대로서 국가급 개발구 중 하나인 톈진 경제기술 개발구(TEDA)와 톈진항의 보세구역(保稅區)을 포함한 다강구(大港區), 한구구(漢沽區)와 탕구구(塘沽區)의 3대 행정구를 아우르는 지역이다. 총 면적은 서울면적(605km²)의 3.7배인 2,270km²이고 인구가 248만 명으로 중국 북방의 대외문호 개방구로 톈진시 국내총생산의 43%를 차지하고 있다.

빈하이 신구는 후진타오 주석이 내세운 '과학적 발전관'과 '조화로운 사회건설'이라는 새로운 정치이데올로기의 실험무대였다. 또한 낙후된 지역을 균형 발전시켜 에너지 소모와 환경오염이 적고 고부가가치의 첨단산업과 금융 및 서비스산업을 집중 육성하고자 한 후 주석의 경제개발 방향의 교두보였다.

빈하이 신구는 2005년 10월 제10기 전국인민대표회 제4차 회의에서 제11차 5개년 국가발전계획에 포함되었고, 국가가 중점적으로 지원하여 개발·개방하는 국가급 경제특구가 되었다. 이어 중국공산당은 제16기 5중전회에서 톈진 빈하이 신구를 상하이 푸둥(浦東)과 동등한 수준으로 육성하기로 결정했고, 2006년 4월에는 국무원이 종합개혁시범구로 지정했다. 톈진 빈하이 신구의 개발은 1980년대 선전, 1990년대 상하이 푸둥에 이어 중국경제 제3의 성장엔진으로 떠오르고 있다.

2006년부터 2010년까지의 제11차 5개년 기획기간에 5천억 위안의 지원을 정부가 발표했고 특히 인프라 개발의 3분의 1을 환경보호에 할당하여 중국 지도부가 강조하는 친환경 경제건설의 표본이 되었다. 이에 빈하이 신구가 과학 발전의 중요한 시범 항목으로 생태도시 건설에 착수한 것이다.[12]

총면적 30km^{2}의 톈진생태도시 선정지는 국가발전의 중요한 전략구인 톈진 빈하이 신구의 탕구(塘沽)와 한구(漢沽) 중간에 위치하고 있으며 톈진 경제기술개발구와 톈진항에 인접해 있다. 동쪽은 보하이(渤海) 방향으로 빈하이 신구 중앙대도(中央大道)와 만나고, 서쪽은 지윈허(薊運河)에 이른다. 남쪽은 차이훙(彩虹) 대교(大橋)와 접하는데 바로 융딩신허(永定新河)가 해구(海口)로 들어가는 곳이며 북쪽은 진한(津漢)고속도로와 연결된다. 생태도시 선정지는 베이징과는 150km, 톈진의 중심구역과는 45km 떨어져 있다. 징진탕(京津塘)고속철도, 진빈(津濱)경전철, 그리고 징진탕, 징진(京津), 진빈, 옌하이(沿海), 탕진(唐津), 진푸(津普) 등의 고속도로가 주변을 통과할 수 있어 교통이 대단히 편리한 위치이다.[13]

이 지역을 선정하게 된 중요한 이유는 생태도시를 건설하려는 토지는 경작지가 아닌 소금기가 있는 염지이며 담수가 부족하고 오염이 심각한 곳으로 국가가 선택하려는 요구조건에 부합했기 때문이다. 이러한 곳에 생태도시가 성공적으로 건설된다면 쓸모없는 토지의 쓸모 있는 토지로의 전환이 가능하다는 것을 보여주는 중요한 의의가 있다고 판단하였다.[14] 더구나 그 지역은 톈진시 관할하에 위치한 부성급 구(區)로서 국가급 구인 동시에 국가 종합개혁시험구인 톈진 빈하이 신구에 속하기 때문에 다방면에서 부수적 영향이 크다고 보았다.

2007년 11월 14일 건설부부장 왕광타오가 회의를 소집하여 정식으로 생태도시 개발지로 톈진 빈하이 신구가 확정되었음을 선포했고, 사흘 후인 18일 국무원 총리 원자바오와 싱가포르 총리 리셴룽은 중국 톈진 빈하이 신구에서 생태도시에 관한 기본협정에 정식 서명했다.[15]

2007년 말 중국 건설부 지도하에서 중국과 싱가포르 쌍방은 총체적인 계획과 기구를 편성하기 위해 규정연합 편제팀을 구성하고 2008년 3월 말에는 총체적 계획안을 완성했다. 4월 8일에 개최된 연합 공작위원회의 제2차 회의에서 생태도시에 관한 총체적 계획안인 '중국-싱가포르 생태도시 총체 규획(關于中新生態城總體規劃)'(2008~2020년)을 심의 동의했다. 즉 중국 건설부와 싱가포르 국가발전부가 협의한 중국에 건설하는 생태도시 건설의 정형(틀)에 관한 조약을 체결했다.[16]

2. 생태도시는 왜 필요한가

생태도시 설립의 목표는 도시계획, 환경보호, 그리고 경제사회발전의 일체화를 실현하는 것이다.

첫째, 싱가포르의 수자원 이용, 환경보호와 사회발전 방면의 경험을 본보기로 삼아 인간과 인간, 인간과 자연, 인간과 경제가 상호조화를 이루고 경제발전을 실현하면서 친환경과 조화로운 사회를 겸비한 살기 좋은 생태도시를 건설하기로 합의했다.

둘째, 톈진생태도시 발전계획은 자원이 제약된 조건하에서 도시의 번영과 발전을 추구하기 위해 생산·생활·서비스를 일체로 하는 복합 기능 도시를 건설하는 것을 목표로 했다. 즉 미래 톈진생태도시는 대략 35만 명이 동시에 생활하고 취업할 수 있으며 저탄소 경제와 생태 경제를 크게 발전시킬 수 있는 높은 수준의 산업 구조를 갖춘 도시로 건설하려는 것이다. 그리하여 톈진생태도시는 거주지, 휴식 공간, 상업시설을 갖춘 현대식 '자원절약형, 친환경형'의 생태도시 건설을 목표로 했다.

셋째, 주변 지역인 톈진 빈하이 신구, 톈진 경제기술개발구, 톈진항의 장점을 활용하고 상호 보충하여 공동으로 협력 발전을 실현하는 것을 목표로 했다.[17]

생태도시 건설의 특징

• 완전한 지표체계에 의한 생태도시 개발

톈진생태도시는 건설초기에 세계 제1의 생태도시 건설지표체계인 '중국-싱가포르 톈진생태도시 지표체계'(약칭 지표체계)를 제정했다. 2007년 말 건설부의 지도하에 중국과 싱가포르 양국은 건설부, 환경보호부, 싱가포르 국가발전부, 톈진시 정부조직 전문가소조가 지표체계 연합 편제팀을 구성하고 생태도시 지표체계를 연구하기 시작했다. 양국관원 및 전문가로 구성된 팀이 수립한 지표체계의 내용은 생태도시 건설을 성공적으로 완성하기 위한 생태도시의 발전계획과 건설을 안내하는 지표이다. 세계 선진국의 예에 근거하여 인구규모와 도시발전규모를 고려하여 생태환경건강, 사회 융화, 높은 효율의 경제번영, 구역 간 협조융합을 포함한 4개 방면의 지표체계를 제정했고, 22조의 통제성 지표와 구역 간의 협조와 융합 등 4개의 안내성 지표를 제정했다.[18]

지표체계 팀이 설정한 22개의 통제성 지표로 환경공기질량, 물 환경 질량, 생활 음용수의 위생표준, 환경소음, 단위 GDP탄소배출량 단속, 녹색건축, 식물지수 등이 있다. 이밖에 에너지 절약, 효율성의 제고, 오염감소, 건강에 유익한 효과, 높은 효율의 출행방식을 포함하여 대중교통 수단과 자전거와 보행 등과 관련된 환경적 지표를 정했다. 장애자를 위한 시설, 노인과 아동의 안전통행에 편리한 시설, 시정부 관리 네트워크 보급률에 대한 사회적 지표를 정하고 1인 평균 공공녹지 지표를 2013년에는 1인당 12m² 이상으로 정했다. 2013년까지 배수관 네트워크, 재생수관리 네트워크, 매연관리 네트워크, 난방관리 네트워크, 전력전신 네트워크 등 구내 주민들의 생활수준과 밀접히 관련되는 지표는 100%가 되도록 했다.

보장성 주택은 주택 총량에 비례하는데 규정에는 2013년 보장성 주택(아파트)이 본 구역 주택 총량에 비례해 20% 이상으로 하여 저소득 주민의 주택문제를 해결했다. 취업인의 주택지수 또한 50% 이상으로 아파트와 개인주택 항목이 서로 결합하여 사회 각 계층 주민들 간의 융합 일치된 생활을 확보하여 만족스럽고 활력이 있는 지역사회를 형성하도록 했다. 그리고 2020년까지 톈진생태도시의 재생에너지 사용률을 20% 이상으로 계획하고 있다. 과거에는 수자원이 아니었던 홍수, 지하수, 우수(빗물)를 수자원화하고 바닷물을 담수화하는 것 등 비전통 수자원 이용률 50% 이상을 지표로 정하고 있다.[19]

안내성 지표의 목표는 녹색소비를 권장하고 저탄소 운행을 장려하여 건전한 구역 생태보장 체계를 확립하도록 했다. 구역 간의 협력을 통하여 공공서비스 균등화의 원칙을 관철하고 각종 관리에 관한 구역정책을 실행하여 구역의 환경개선을 보증했다. 또한 생태도시는 건설과정에

서 하구(河口)문화의 특성을 살려 서로 보완하며 구역경제발전에 협조하도록 했다.[20]

이상의 합리적이고 기능적이며 복합적인 지표들은 2008년 1월 31일 연합 공작위원회가 심의·동의했고 9월 건설부가 이 지표체계를 비준했다.

• 주민이 참여하는 도시건설

정부의 행정관리 업무상 전통적인 도시건설과 관리모델은 톈진생태도시에서는 적용할 수 없었다. 그리하여 발전계획을 집행하는 관리위원회는 주민을 위한 자문부서를 설립하여 정책이 결정되기 전에 주민들을 발전계획의 각 단계에 참여하도록 하고 주민의 감독을 받고자 했다. 이에 따라 톈진생태도시에서는 공공관리에 주민참여를 위한 도시관리 플랫폼과 방법을 마련했다. 주민이 참여하는 메커니즘의 목표는 농민이나 보통시민과 같이 약한 대중들이 강력한 조직에 참여할 기회를 가질 수 있도록 보장하는 것이다. 예를 들어 새로 발표된 도농계획법에는 도농발전계획에 주민이 참여하는 것을 중요한 규정으로 제정했다. 그리하여 공청회, 심의회와 기타 여러 방식으로 주민의 의견을 청취해 발전계획에 참고하였다.

주민이 정부정책 결정에 참여함으로써 정부를 감독하는 역할을 할 수 있고, 정보 제공자로서 정부에 협조하여 기업과 개인에 대한 감독을 진행할 수 있다. 또한 주민의 이익과 국가의 이익이 다른 경우 주민의 이익을 반영하기 위해 국가에 호소할 수 있다. 이런 주민의 참여로 정부의 정책 결정 능력을 강화해줄 수 있게 되었다. 이는 중국의 도시발전에 주민참여와 민주형식의 법제화라는 데에 중요한 발전이라고 할 수 있

을 뿐만 아니라 주민의 입장에서 보면 중대한 개혁이었다.[21]

3. 생태도시는 어떻게 관리되는가

싱가포르와 중국이 추진한 톈진생태도시 건설은 합작형식, 운영방식 등에서 모두 쑤저우공업단지와 매우 유사하다. 톈진생태도시의 중요한 책임자들은 모두 쑤저우공업단지에서 장기간 근무한 경험이 있는 싱가포르 사람들이고, 중국 측 주요 간부들도 모두 쑤저우에서 직접 현지 교육을 받은 관리들이다.[22]

중국과 싱가포르 합작, 정치와 기업분리, 시장운영의 개발건설 체제 메커니즘을 유지하면서 생태도시 중국과 싱가포르 연합 협조이사회, 연합 공작위원회의 2개 상층 협조 메커니즘 및 3방면의 소통, 쌍방회담, 4방 연석회의 등 다층적인 업무 메커니즘을 수립했다.

생태도시 건설에서 가장 중요한 영역에 대해서 중국과 싱가포르 양측이 선후로 계획, 기업유치, 환경, 지역사회 등 업무조를 편성하고 전문적인 테마 형식으로 연합하여 업무를 추진했다. 중국과 싱가포르 양측은 업무 분담이 명확했고 상호 '존중·소통·합작·윈-윈'이라는 원칙을 견지하며 개발건설을 위한 긴밀하고 강력한 체제 메커니즘을 보장했다.[23] 또한 정책결정, 집행, 감독이 서로 분리되는 행정3분제를 수립했다. 우선 발전개혁 심사기준에 있어서 정책결정의 건의와 집행을 분리하였다. 발전계획의 정책결정과 전체적인 기능은 발전계획과 지표체계 전문위원회 같은 기관에서 체계적으로 준비하였다.[24]

중국과 싱가포르 합작위원회

기본협정이 체결된 후 중국과 싱가포르 쌍방 연합위원회하에 부총리급의 '톈진생태도시 연합 협조이사회'(약칭 연합 협조이사회)와 부장(장관)급의 '톈진생태도시 연합 공작위원회'(약칭 연합 공작위원회)가 성립되어 공동으로 생태도시 개발건설의 중요업무를 연구하기로 확정했다.[25] 생태도시 건설 중에 중국과 싱가포르 쌍방은 도시 발전계획, 환경보호, 자원절약, 순환경제, 생태건설, 재생 가능한 에너지 이용, 중수 회수 이용, 지속발전 가능한 조화로운 사회를 위해 전면적인 합작을 실시하여 중국과 싱가포르 쌍방이 공동으로 산업 발전을 촉진하는 효율적인 메커니즘을 수립했다.[26]

• 연합협조 이사회

중국과 싱가포르 쌍방의 연합협조 이사회는 생태도시가 지속발전할 수 있는 목표를 확정하고 중국 측 협조 이사회를 소집하여 국가의 관련 상부에 생태도시를 위한 재정적 보조를 위임하였다. 또한 녹색발전 시범구를 건설할 수 있도록 정책적으로 지원·협력할 것을 촉구했다.[27] 연합협조 이사회는 톈진생태도시 건설에 대한 지지와 지도에 관한 협조는 물론 생태도시 개발건설과 상관되는 모든 중대한 사항을 책임졌다.[28]

• 연합공작(工作)위원회

중국의 주택과 도농(住宅與城鄕) 건설부와 싱가포르 측 6개 부서로 구성된 장관급위원회가 조직되어 생태도시 건설에 대한 협력을 강화했다. 싱가포르 국가발전부는 톈진생태도시 사무처를 설립하고 양국의 관련 부서와 위원회가 중국과 싱가포르 연합공작위원회에 참가하여 생태도시의 개발건설에 관한 문제를 구체적으로 연구하고 해결했다.

연합공작위원회는 생태도시 지표체계, 총체적인 계획, 초기 건설지구에 대한 상세한 계획, 도시설계, 지표체계를 각각 심의 통과했고 생태도시 개발건설에 관한 중요한 안건을 확정했다. 연합공작위원회는 조직의 다방면에 참여하여 토론과 연구결과로 선정된 지역의 실제 상황을 고려하여 과학성·운용성·미래성·달성 가능성·공통성·특성 및 정성과 정량의 기본적인 원칙에 따라서 톈진생태도시 건설의 지표체계를 제정했다.[29]

톈진생태도시 관리위원회

2008년 1월 9일 톈진시는 기업과 별도로 행정관리를 위해 톈진생태도시 관리위원회(약칭 관리위원회)를 조직했다.[30] 톈진시 위원회 조직부에서는 추이광즈(崔廣志)를 생태도시 관리위원회 당조직 부서기 겸 부주임으로 임명하여 업무를 추진할 것을 선포했다. 9월 17일 톈진시 시정부는 '중국-싱가포르 톈진생태도시 관리규정(中新天津生態城管理規定)'(약칭 '관리규정') 13호령을 선포하여 생태도시 관리위원회에 톈진시 정부를 대표하여 행정관리를 담당할 권한을 부여했다.[31]

관리위원회는 중국헌법과 관련된 법규에 부합하고 빈하이 신구 종합개혁시험구의 우수한 정책과 싱가포르의 기업친화적 이념, 공공행정체계, 시장운영메커니즘 등의 경험을 본보기로 하며 실제 수요에 근거하여 선택적으로 선례를 만들었다.

2013년 3월에 개최된 전국인민대표대회에서 결정한 행정효율화를 위한 행정부처 통폐합에 의한 '대부제(大部制)'에 따라 기구의 기능과 인원배치를 최적화하고 통일, 협조, 간소, 높은 효율, 청렴한 행정관리의 신체제를 수립했다. 관리위원회의 행정체제계획은 관리와 공공서비스 기능을 향상하는 것이었다. 전략·감독·관리메커니즘과 지역사회관리와 서비스메커니즘을 창조하여 공공서비스를 적극 수행하고자 했다. 취업 수당을 제공하고 사회공평을 유지하며 약한 대중들에게 관심을 집중하기 위하여 기본적인 양로, 의료보험, 실업보험, 최저 생활 보장 등의 건전한 사회보장체계를 확립하고자 했다. 또한 도시의 안전·응급 관리체계를 수립하여 안전관리를 보장하고 적극적으로 확대된 구역 간의 협력 메커니즘을 연구했다. 또한 관리위원회는 시장운영 메커니즘을 연구하여 시장체계 건설을 가속화하고 다원화된 투자와 융자메커니즘을 수립하여 법규로 정책과 내부의 우수한 발전 메커니즘을 건립하고자 했다.[32]

개발주체 설립

중국과 싱가포르 양국기업은 따로 투자재단을 구성한 후 공동으로 합자공사를 설립하여 생태도시의 개발에 참여했다. 중국 측은 2007년 12월 2일 타이다 홀딩스 유한공사(Teda investment Holding Co.,Ltd, 泰達控服有限公司), 국가개발은행 등 6개의 기업이 연합하여 톈진생태도시 투자개발 유한공사를 설립하고 투자연합체(약칭 투자공사)의 신분으로 토지를 정리하고, 기초시설, 공공시설, 그리고 생태환경 건설의 투자, 건설, 운영, 보호를 책임졌다. 싱가포르 측은 케펠그룹 및 관련기업이 싱가포르 톈진생태도시 투자제어 유한공사(新加坡天津生態城投資控服有限公司)를 설립하고 투자연합체의 역할을 했다.

양측의 투자연합체는 2008년 7월 1일 '중국-싱가포르 톈진생태도시 투자개발 유한공사 합자경영계약(中新天津生態城投資開發有限公司合資經營合

同)'에 공식서명하고 연합하여 중국-싱가포르 톈진생태도시 투자개발 유한공사(中新天津生態城投資開發有限公司(약칭 합자공사))를 조직하고 중국 측이 토지를, 싱가포르 측이 현금을 투자하여 중국과 싱가포르가 각각 주식을 50%씩 보유하기로 결정했다. 2009년 5월 18일 중국 상무부가 합자공사의 도시종합 개발업무경영에 동의했고 합자공사는 기초시설 건설과 상업개발을 책임졌다. 주주제·시장화·전업화의 투자공사와 합자공사인 이 두 개발주체가 생태도시 개발자와 구역종합 개발기업이 되었다.[33]

투자공사와 합자공사는 국가종합 부설개혁시험구인 빈하이 신구 정책의 장점을 활용하여 시장화·사회화·전업화를 유지하였다. 또한 정치와 기업을 분리하고 시장운영체제 메커니즘을 충분히 견지하면서 적극적이고 능동적으로 융자방법을 확대하여 광범위하게 외부자금을 끌어들였다. 또한 개발을 빠르게 진행하면서 각방향의 역량을 취합하여 공개적·공평적·경쟁적 시장화 메커니즘을 수립하고 기초적 양성순환으로 자금 고리를 형성하여 시장경제체제를 강화했다.[34]

4. 생태도시는 어떻게 건설되었는가

생태도시 위원회는 세계에서 처음으로 생태도시 지표체계를 제정했고 계량화된 지표가 신형도시계획, 건설, 관리양식의 기준이 되도록 했다. 지표체계가 제출한 요구에 따라 총체적인 발전계획, 도시구조, 도시형태, 도시조직, 지역사회체제를 결정하고 교통체계 수립, 생태회복, 에너지 공급, 수계(水系) 및 녹화정비 과정에서 생태보호와 회복, 자원절약과 중복이용, 사회조화, 녹색소비와 저탄소 배출 등을 중요시했다.

생태도시 위원회는 생태가 우선이라는 것을 견지하면서 환경 적재능력과 구역건설 진행의 적절성에 대해 평가하고 이를 기초하여 생태도시를 건축금지구역(禁建區), 건축제한구역(限建區), 건축허가구역(可建區)의 3구와 생태보호구 및 생태회랑지대를 결정한 후 총체적 도시발전계획을 편제했다. 동시에 환경보호와 경제사회 발전에 관한 계획을 함께 수립하는 새로운 방법을 채택하고 공간배치와 자원배치에 이르기까지 구체적으로 계획했다. 산업배치의 예를 들면 환경보호 지표체계로 인하여 높은 에너지 소모나 심각한 오염배출 산업의 진입을 제한했고, 환경조건 및 구역의 산업상황을 고려하여 합리적으로 산업을 배치했다.[35]

생태도시 위원회는 자원의 효율적인 사용을 위해 토지자원, 수자원, 생태환경 용량 등의 자원 유지력을 평가하였다. 경제발전 수준, 취업확정, 상주 인구규모 등을 과학적으로 종합 분석하여 생태도시의 인구규모를 35만 명으로 제한했다. 이는 1인당 평균 건설 용지가 85.7m^{2}로 82.4m^{2}의 선진국 도시 평균 수준과 맞먹는다. 생태도시 위원회는 30km^{2}의 생태도시 조건에 기초하여 사람이 살기 좋은 기준을 정하고 건설용지와 금지범위를 확정했다. 또한 생태보호구를 설치하여 1도 3수 6랑(一島三水六廊)의 생태구조를 확정했다. 즉 저수지, 지원허고도, 지원허의 3개 수계(水系)에 에워싸인 1개의 생태섬과 6개의 생태회랑으로 구성된 생태시스템을 구축하고자 했다.

도시공간배치는 집약적인 토지사용 모델을 창안하여 1축 3심 4편(一軸三心四片)으로 결정했다. 즉 생태계곡(生態谷)을 중심축으로 3곳의 공공시설과 상업성 서비스체계를 갖춘 지역사회와 4곳의 종합구를 건설하

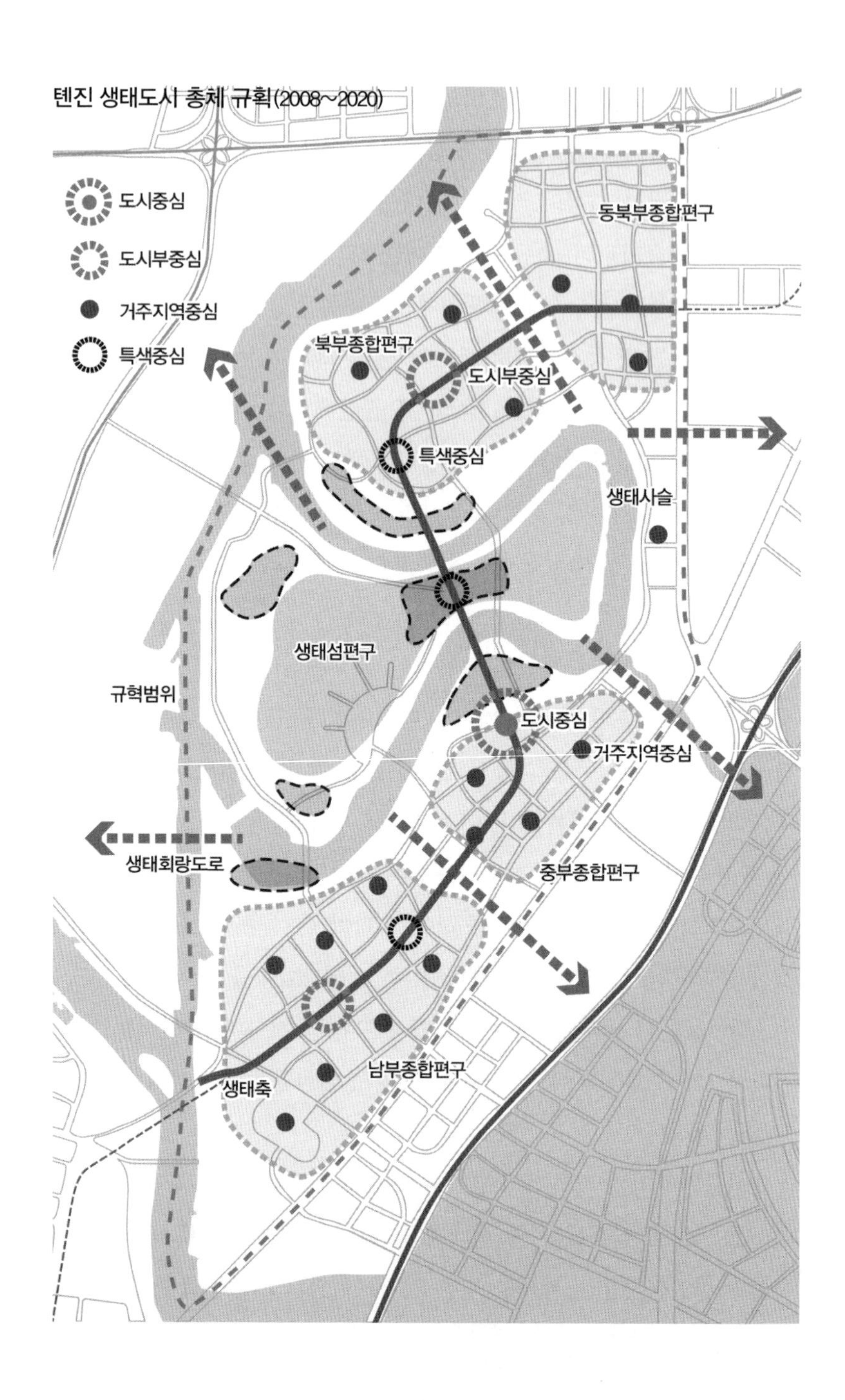
톈진 생태도시 총체 규획(2008~2020)
도시중심
도시부중심
거주지역중심
특색중심
동북부종합편구
북부종합편구
도시부중심
특색중심
생태사슬
생태섬편구
규획범위
도시중심
거주지역중심
생태회랑도로
중부종합편구
남부종합편구
생태축

기로 결정했다. 합리적인 발전계획에 따라 역할 혼용의 용지를 배치하고 직장과 주거지가 집결하도록 하였다. 우선 공공교통을 발전시키고 정류소를 각 서비스 시설의 위치와 결합하도록 했다. 또한 토지사용을 합리적으로 규정하고 교통을 주축으로 하여 대로 양측에 집중적으로 고밀도 개발을 진행하여 균형 잡힌 공간과 경관을 창조하고자 했다.[36]

기초시설

2008년 초 3km²의 첫 개발구(起步區)에 흙으로 제방을 쌓아 건설의 기초를 다졌고 2008년 2월 양국 지도자들은 기공식에 참여하였다. 2008년 3월부터 생태도시는 처음으로 녹화경관 항목에 대한 건설 등 기초시설을 건설하기 시작했다. 2008년 4월에는 오염이 심한 저수지(汚水庫)와 지원허의 환경 조사를 시작하여 5월부터 정식으로 저수지의 오염 정비를 시작했다. 6월에는 1.5km²의 두 번째 개발 토지를 고르기 시작했다. 이후 건설은 속도를 내어 9월 28일 원자바오 총리와 싱가포르 전 총리 고촉통 선임장관이 생태도시를 방문하여 총체적 계획에 관하여 보고를 받고 준공식에 참석했다.

2008년 11월 세계금융대란 이후에도 계획안을 수립하고 개발건설을 추진하였다. 토지를 징발하고 옮기는 작업, 산업과 기업유치, 환경정비를 주요내용으로 속도전인 백일전투(百天會戰)를 실시했다. 그리하여 2009년 2월 하순까지 계획안 중 16항목을 완성했다.

2009년 12월에는 폐수처리 공장이 시범적으로 운행되었다. 2011년 5월에는 애니메이션 공원에 재생에너지와 청결에너지를 사용할 수 있도록 마이크로 사이트(微網)에너지 정거장을 설치했고, 9월에는 전국규모 중 최대의 구역 지능 전력 사이트(電網)가 시범적으로 건설되었다.

2013년 6월 30일까지 16km²의 토지가 정리되고 누계 12km²의 기초 시설과 61.5km의 도로가 완성되었다. 생태도시는 통신관망을 부설했고, 수도·전기·가스·공동난방의 검침과 요금, 수납 등의 관리소와 2개의 교량을 건설했으며, 남부편구에서는 구통일평을 실현했다.

2011년 말 폐수 저수지를 완전히 정비하고 흙탕물 385만m³와 폐수 215만m³를 제거하는 기술을 과시하여 중국 내 폐수처리를 위한 기술을 제공할 수 있게 되었다. 2009년 10월부터 2013년 6월 30일까지 지원허고도를 위시하여 융딩저우(永定洲) 공원, 후이펑시(慧風溪) 공원, 애니메이션 공원, 생태계곡 등의 공사가 거의 완공되어 310여 만m²의 녹화가 완성되었다. 알카리성(소금기)의 황폐한 모래사장은 새롭게 바뀌고 생태계가 빠르게 회복하였고 공원, 도로, 길모퉁이, 작은 구역 등 도처가 녹색으로 변하여 생태회복의 성과를 거두었다.[37]

산업단지 건설

기업과 투자유치를 촉진하기 위하여 2009년 3월 톈진시와 문화부가 전략적으로 합작협의에 공식서명하고 국가 애니메이션 산업의 종합 시범단지를 생태도시에 국가급 항목으로 설립하기로 합의했다. 그리하여 2010년 5월 방송, 영화, 텔레비전 국가총국(國家廣電總局)이 생태도시에 '중국 톈진 3D 영화와 텔레비전 창의공원(中國天津3D影視創意園)'을 위한 부지를 선정하였다. 이에 빈하이 신구 및 전시(全市)의 문화산업에 있어 생태도시의 위상이 강화되었다. 2013년 6월 30일에 이르면 등록한 기업이 이미 1천여 개이며 초보적으로 문화 창의, 에너지절약 환경보호, 정보기술, 금융서비스 등의 산업이 밀집하여 발전할 태세가 되었다.

2009년 7월 첫 산업단지로 국가애니메이션공원의 공사가 시작되어

2010년 말에 애니메이션공원 첫 단계로 35만m^2의 건축이 준공되었고 2011년 5월에 정식으로 개원했다. 2009년 6월부터는 생태과학 기술원의 공사가 시작되었고, 동년 12월에는 생태산업 단지의 첫 단계 공장건물들이 건축되기 시작했다. 2011년 5월에는 중국 톈진 3D 영화와 텔레비전 창의공원이, 2012년 말에는 생태정보원이 건설되기 시작했다. 이어서 5개 산업단지가 잇달아 건설되어 산업이 발전할 수 있는 숙주(宿主)구도와 항목이 정착할 수 있는 조건을 형성했다.[38]

주택개발 추진

주택건설은 생태도시의 경제발전과 인구의 수입구조를 근거로 산업과 인구유입 등의 목표를 결정하고 과학적이며 합리적인 주택건설과 소비 모델로 다층화·다원화의 주택 공급 체계를 결정했다. 아파트는 싱가포르와 중국의 경제적으로 활용성이 있는 모델을 참고했다. 싱가포르의 주택건설 경험을 참고하여 준공한 569세트의 아파트 중 20%는 저소득층을 위한 공공 아파트로 건설했고 나머지 대부분의 아파트는 중산층을 위한 보통 상품 주택들이었다. 또한 생태도시 내에 일부 높은 수준의 주택을 건설하여 구역 내 고급관리와 국제 인사의 요구를 만족시켰다. 그래서 거주자들은 모두 집을 소유하게 되었다.

생태도시의 주택들은 참신하고 훌륭하다. 고층주택은 유럽식이고, 공공건물은 현대식이다. 저층고급주택은 중국식과 서양식을 결합한 양식이고 일부는 중국식 건축으로 안후이성, 푸젠성, 쓰촨성, 그리고 명청시대 건축양식이 포함되었다. 건물 정면은 생동감이 넘치도록 아침에는 햇빛이 들어오고 창문이나 담이 합리적이라서 보기에 아름답다. 경사진 지붕은 고저의 기복이 있고 엇갈린 배열이 제법 정취가 있다. 건물의 높이는 중간은 높고, 양측은 낮은 경사를 이루어 도시의 스카이라인과 생태벨리가 일관되게 연결되었다. 색채는 옅은 색과 따듯한 색 위주로 벼의 황금색·낙타색·벽돌홍색·백색의 4가지 색을 주로 사용했다. 흑색이나 회색과 같은 무거운 색과 어두운 색은 금지하거나 최소화하여 도시가 참신하고 안정된 분위기를 조성한다. 생태환경을 중시하여 엄격히 녹색건축 표준에 따라 신기술, 신소재, 신에너지로 100% 녹색건축을 건설하여 7개 항목이 국가녹색건축 삼성급 표준이다. 이밖에 널리 보급되고 응용된 기술에 적극 의존하여 가격 또한 합리적이다.[39]

공공서비스 시설 완성

사람 중심의 조화로운 사회구축을 위해 민생사업에 재정적 투입을 확대하여 주민에게 질 좋고 풍부한 문화, 교육, 위생, 체육, 주택 등의 서비스를 균형 있게 제공하고, 입학난, 진료난, 주택난을 해결하고자 했다. 2009년 7월에는 중국에서 처음으로 식당, 욕실, 상점, 문화체육 등 시설을 배치한 건설노동자들을 위한 아파트를 준공하여 사용하기 시작했다. 2011년 5월에는 교육, 의료, 문화, 체육, 지역사회, 양로 등 17개의 민생을 위한 시설공사가 시작되었다. 총투자금액이 20여억 위안이었다.

2012년 초 일부 주민들이 입주하기 시작하여 생활 편의시설이 급히 필요했다. 생태도시가 상징하는 계획된 건물들은 이미 중간단계 이상 건설되었다. 2012년 7월 종합성 상업시설인 톈화·신러후이(天和·新樂滙) 상가가 개장되었다. 2012년 9월에는 인구규모에 적합한 수의 교육기관으로 유치원, 톈진 외국어대학 빈하이 소학교와 중학교가 개학했다. 남부편구(片區)에 종합병원과 지역사회 위생서비스센터가 설립되었다. 2013년 6월 30일까지는 파출소, 교통관리건물(交管樓), 그리고 소방서가 건설되었고 제3지역사회(커뮤니티)센터가 완성되었다. 제일중학, 난카이(南開)중학, 경찰청사(公安大樓), 헬스센터, 도서관, 계획관의 설계가 완성되어 건설이 시작되었다.[40]

초기 건설구에도 3개의 지역사회센터를 건설하여 지역사회 관리, 의료, 상업, 문화, 체육 등 시설을 집중 배치하여 400~500m 반경의 생활서비스권을 형성했다. 생태도시 주민은 더욱 풍부하고 빠르며 편리한 공공서비스 자원을 향유할 수 있게 되었다.[41]

생태도시 내 걸어 다닐 수 있는 3개의 지역사회(커뮤니티)는 싱가포르의 '동네중심' 모델에 중국특색으로 개발한 지역사회이다. 지역사회 내 아파트단지는 싱가포르와 중국의 경제적 활용방식을 참고한 모델이다. 이 생태도시는 사회서비스를 위한 공익건물과 상업성 사회서비스가 하나로 융합일체한 곳으로 각 지역사회마다 약 8천 명이 서비스에 종사할 수 있다. 공공시설이 균형 배치되어 행정관리, 지역사회관리, 의료위생, 문화체육과 상업지구 등의 기능일체를 종합 서비스하는 체계가 이루어졌다. 그리하여 주민들은 필요한 모든 사무를 지역사회센터에서 볼 수 있고, 아프면 의료시설이나 양로시설에 가고, 시장에서 물건을 구입하고 문화체육활동과 휴식·오락 등 모든 것을 한 곳에서 다 해결할 수 있다. 서비스를 관할하는 건물에서는 민정서비스, 노동과 사회보장, 법률서비스 등 10개의 창구가 있어 주민생활과 밀접한 40개 사항을 원스톱서비스로 처리하고 있다. 이제 생태도시 내에서는 지역민들 간의 교류와 사회문화 활동이 활발히 이루어질 수 있다.[42] 특히 도시 환경보호를 위하여 전동자동차를 운영하는 등 편리한 생활시설이 돋보인다.

5. 지속발전이 가능한 생태도시

생태도시 건설의 중요한 의의는 중국에 지속발전이 가능한 도시모델을 제공하여 도시화와 공업발전이 가져오는 다양한 난제에 대응할 수 있다는 데에 있다. 톈진생태도시의 발전이념인 '삼화(三和)'와 '삼능(三能)'은 미래개발지를 사회의 융화(조화로운 사회로 사람과 사람의 조화로운 공존), 좋은 환경(사람과 환경과의 조화로운 공존), 자원절약(사람과 경제활동간의 조화로운 공존)과 실행가능(能實行), 복제가능(能復制), 확산가능(能推廣)으로 도시의 지속발전을 가능하게 한다는 의미이다.

생태도시는 건설단계에서 환경보호 지표체계의 녹색시공표준과 녹색건축표준에 따라 정부와 기업이 체계적으로 이를 운영하여 권리와 책임을 명확히 하고 효율적인 평가를 통해 오염을 통제하여 생태환경을 보호하도록 했다. 그리하여 톈진생태도시는 친환경 자원절약형으로 사회적 목표에 맞는 살기 좋은 시범 신도시로 건설되었다.[43]

에너지 절약형 도시 건설

에너지는 도시 발전의 동력이다. 그러나 대량으로 사용하는 화석 연료는 환경오염과 기후변화의 주요 원인 중의 하나이다. 생태도시는 우선 절약형 산업 체계를 수립하였다. GDP탄소배출 강도가 150톤을 초과해서는 안 된다는 목표에 따라 산업의 진입을 엄격히 통제했다. 전통제조업 항목은 제한하고 발전소모와 탄소배출이 낮으며 부가가치가 높은 현대서비스업을 적극 유치했다.

종합적으로 에너지 소모를 낮추기 위해 에너지 절약형의 건축을 추진했다. 모든 신축 건물을 국가표준보다 높은 녹색건축 설계평가 기준을 제정하여 계획, 설계, 건설, 운영에 대한 전 과정을 관리하고 광범위하게 신기술과 신소재를 사용하여 녹색건축의 요구에 맞게 건축하였다. 주민주택과 공공건축 모두 국가 녹색건축 표준에 도달하여 주택항목 에너지 절약율이 70%를 초과했고 공공건물 항목의 에너지 절약율은 55% 초과하여 국가와 톈진시 지방 에너지 평균 수준보다 우수했다.

녹색 교통의 발전을 위하여 주민들은 전철과 공공 교통을 이용하고 자동차는 청결 에너지를 사용하며 자전거와 오토바이 등은 전용도로를 이용하는 녹색교통 모델을 장려하였다. 또한 자동차 이산화탄소 배출 표준을 엄격하게 제한하여 온실 가스 배출을 감소시켰다. 이에 따라 녹색 배출 비례가 90%에 달했다.

이와 함께 녹색 조명 설치 등의 프로젝트를 추진하고 높은 효율의 전기를 채택하여 에너지 소모를 감소시켰다. 또한 적극 열냉(熱冷)의 병합 발전시설과 여열(餘熱)이용 등의 기술을 활용하여 에너지의 단계적·종합적 이용을 통해 에너지 사용의 효율성을 높였다.

톈진생태도시는 재생 가능한 에너지를 적극적으로 개발했다. 쓰레기를 분리수거하고 집중 처리하여 쓰레기 무해화 처리율 100%, 회수 이용률이 62.7%에 달했다. 신에너지를 개발 이용하는데 17조 와트의 태양에너지와 풍력 발전세트를 건설하여 중국 최초 지능전력망 종합시범 공사를 추진했다. 생태도시는 풍력을 가로등에 사용했고 모든 주택에는 태양열 온수기를 설치하였으며 대부분의 공공건물은 지열을 이용하여 온냉방을 조절하고 있는데, 그 면적이 75만m²로 친환경에너지 사용 비례가 100%이다. 또한 해수를 담수화하는 과정에서 발생하는 열을 회수하고 오수 처리시설을 이용해서 열을 생산했다.

2020년에 이르면 생태도시 1인당 평균 에너지 소모는 국내 도시의 1

인당 평균 수준보다 20% 이상 낮아지고, 재생 가능한 에너지 이용률이 20%에 달하여 전국 표준보다 15% 높아져 세계 선진국과 동일한 수준에 이를 것이라고 한다.

생태도시에서는 에너지절약과 환경보호 기술연구발전과 응용확산을 강화하기 위하여 박사 후 연구자들의 근무처를 개설하여 5개 항목의 국가급 과학기술과 18개 항목의 성급 과학기술을 담당하도록 했다. 그리하여 정부지원과 기업주체의 저탄소 기술응용 확산체계의 초보적 단계가 완성되었다. 건설부는 톈진생태도시를 첫 번째 국가 '재생에너지 가능 응용 시범구'로 비준했다.[44]

수자원 절수형 도시 건설

중국은 수자원의 양이 점점 감소되고 있고 황허(黃河)·화이허(淮河)·하이허(海河)·랴오허(遼河) 지역의 수량(水量)이 현저하게 부족하다. 정부는 합리적으로 수자원을 확보하고 동시에 절약하기 위해 절수형 도시의 건설을 계획했다. 물의 생태환경 회복과 건설은 톈진생태도시 건설의 중요한 내용이다. 특별히 이 지역은 수질이 좋지 않고 물이 부족한 지역이므로 수질 환경 개선과 오수처리 과정을 통한 중수(中水)화[45], 빗물 수집, 해수 담수화, 습지 회복 등의 조처를 통한 물 생태와 물 순환 체계회복은 톈진생태도시 건설의 최대 특색이며 성과이다. 이는 절대적으로 물이 부족한 중국 북방 도시들에게 중요한 시범적인 사례를 제공한다.[46]

톈진생태도시는 싱가포르의 경험을 빌려 도시발전의 용수문제를 해결하고자 했다. 종합적인 수자원 관리규정을 정하고 각종 조처를 취하여 절수를 실시했고 홍수관을 높은 수준으로 건설하여 홍수의 손실률을 10% 이내로 조절하였다. 지붕, 도로, 아파트단지, 광장, 녹지전면에서 빗물을 수집하는 수로를 건설하였으며 날마다 10만 톤을 처리할 수 있는 오수처리공장과 재생수공장을 건설하여 생태도시와 주변 공업오수에 대하여 완전 처리과정을 거쳐 재생 이용하였다. 중수와 빗물로는 경관을 위해 이용하는 등 기본적으로 수자원 순환이용체계가 형성되었다.

톈진생태도시는 해수의 담수화와 전통적인 수자원이 아닌 관개수로 방법을 동원하는 등 비전통적인 수자원 사용률이 50%에 달하였다. 또한 각종 절수 도구를 보편적으로 사용하여 생활상에서 절수를 실현했다. 도시 생산 생활용수 사용을 절수의 원칙에 따라서 생태도시의 1인당 용수 표준을 확정했다. 2020년까지 생태도시 1인당 생활용수 지표를 싱가포르 1인당 평균 양보다 20% 적은 120L로 제한했다.

또한 가뭄을 견딜 수 있는 녹화 품종을 식목하고 점적관수(點滴灌水) 등의 기술을 채택하여 녹화, 관개, 절수를 실현하였다. 물이 산업에 투입되는 표준을 결정하여 많은 양의 물을 사용하는 산업은 엄격하게 제한하고 산업 절수를 실현했다. 이와 함께 수자원의 순환이용을 강화하기 위한 배수관망을 건설하여 파이프(管道) 보급률이 100%에 달했다. 강물을 이용하여 허드렛물과 산업용수와 녹화용수로 사용했다. 이와 같이 수자원의 순환이용과 절수 및 수자원의 우수한 활용을 통해서 도시의 용수 필요량을 만족시켰다.[47]

녹지면적 확대와 생태회복

톈진생태도시는 우선적으로 생태를 견지하면서 전면적으로 구역의 생태환경건설을 추진했다. 알카리성 토지를 적극적으로 정비하여 토양을 개량하고 이 토지에 적응할 수 있는 식물을 재배하며 대규모의 녹화와 경관공사를 실시하여 구역녹화의 50%를 감당했다. 2020년에는 녹지율이 40%가 되고 녹화율이 50%가 되어 1인당 공공녹지면적이 $12m^2$가 될 것으로 보인다.

40년간 쌓여온 공업 폐수 저수지를 철저히 정비했고 밑바닥 오염 찌꺼기 처리기술은 국가특허를 획득하여 $3km^2$의 폐수고가 맑고 깨끗한 호수로 변했다. 또한 알카리성의 황폐한 모래사장이 거주하기 적합한 생태도시로 변했다.

2012년 UN은 지속발전 가능한 대회에서 톈진생태도시를 브라질의 쿠리티바와 프랑스의 낭트와 함께 '세계녹색도시'로 평가했다.[48]

생태도시의 지속발전을 위한 인재양성

장차 생태도시의 건설과 발전을 책임질 인재를 양성하기 위하여 중국-싱가포르 생태도시 국가 애니메이션단지(中新生態城國家動漫園)에서는 싱가포르의 유명한 대학들이 협력한 교육 사업을 2009년부터 준비하고 기획했다. 중국의 난카이대학과 톈진대학, 싱가포르의 싱가포르국립대학과 난양이공대학이 이미 생태도시의 교육에 협력할 의사를 밝혔다. 톈진대학과 난카이대학 연합의 대학원 과정도 개설될 예정이다.

2010년 11월 15일 당시 중국 부주석이었던 시진핑과 싱가포르 총리 리셴룽이 참석한 가운데 톈진시 교육위원회, 중국-싱가포르 톈진도시 관리위원회와 싱가포르 난양이공대학 삼자가 MOU(合作備忘錄)를 체결했다.

난양이공대학은 싱가포르에 있는 본교의 학술모델과 수업방법에 기초하여 높은 수준의 국제화된 연구대학원을 개설할 예정이다. 이 대학원은 난양이공대학의 우수한 교육과 전문적 교과목 과정을 통해 환경 보호, 수자원 개발기술, 디지털 애니메이션 방면의 인재를 배출하여 톈진시에 공급할 예정이다. 난양이공대학은 2012년부터 매년 톈진에서 5주간의 국제하계대학을 운영함으로써 톈진을 싱가포르 난양이공대학 학생들의 중국실습지로 활용하고 있다. 2018년은 6월 24일부터 7월 28일까지 일곱 번째 국제하계대학이 운영될 예정이다.[49]

6. 생태도시의 경제발전 전망

중국경제는 작은 정부, 열린사회를 대표하는 시장경제로 넘어가는 추세이다. 우선 구역의 연맹, 각종 직종 협회 등 중개 조직을 지원하고 발전시켜 시장이 자주적인 역할을 발휘할 수 있는 능력을 배양했다.[50]

톈진생태도시의 경제적 역할은 다음과 같다. 국제 생태환경 보호이념과 기술의 교류와 전시 센터, 국가 생태환경 보호기술의 실험실과 공사(工事)기술센터의 집합지, 선진 생태환경보호 활용기술의 교육훈련과 산업화기지, 국제화한 생태문화관광·휴양지·레크리에이션 구역, 에너지 절약, 녹색건축, 순환경제 등에 관한 기술 창의와 응용을 널리 보급하는 플랫폼을 건설하여 국가급 생태환경보호 훈련보급센터, 현대첨단과학기술생태형 산업기지, 국제생태환경건설 교류에 참여하는 전시창구의 역할을 한다.[51]

생태건설실무의 대외교류 전시창구

톈진생태도시에서는 중국생태건설실무가 국제교류에 적극 참여하였고 여러 차례 유엔환경계획(UNEP), 세계은행, 세계환경 기금조직(GEF) 등의 국제조직과 교류했다. 톈진(빈하이)국제생태도시논단에 협조하였고, 여러 차례 다보스 포럼, 중국도시녹색발전대회, 싱가포르수자원 등 국내외 논단에 참가하여 국제적 영향력을 확대했다.

세계 각지의 정부, 전문학자, 과학연구소, 대기업그룹의 귀빈들이 많이 방문하여 2013년 6월 30일에 이르면 생태도시를 참관한 수가 15만 명을 돌파했고 매체선전보도가 10만 건을 돌파하는 등 생태도시의 국내외 지명도와 영향력이 날로 확산되고 있다.[52]

현대서비스업이 주도하는 녹색산업 밀집

생태도시의 발전과 건설목표에 따라 에너지절약 환경보호, 문화창의, 과학기술연구, 무오염, 저에너지, 고부가가치 산업인 현대서비스가 크게 발전했다. 국가 애니메이션단지, 국가 영화·텔레비전단지, 정보단지 등 5개 산업단지는 산업발전의 숙주가 되고 기업과 투자유치를 위해 산업발전촉진법을 제정하여 애니메이션, 신에너지, 생활상업 등 산업촉진 정책을 추진했다. 기업유치를 위해 내부결재과정을 통합하여 원스톱서비스, 복합식, 보모식의 결재서비스를 제공했다. 애니메이션 산업 공공기술 서비스 플랫폼을 건립했고 '톈허이하오(天河一号)' 초급계산기와 국제적으로 선도 수준인 렌더링능력을 갖추었다. 그리고 중국과 싱가포르 합작 상표와 자체의 장점을 활용해 기업과 투자유치에 힘쓴 결과 2013년 6월 30일까지 누계 등록 기업이 930개, 등록 자금이 750억 위안, 납세총액이 40여억 위안이었다.[53]

그밖에 서비스산업에 등록기업이 2천 개에 이르고 세수가 36억 위안에 이르며 생태도시 생산총가가 100억 위안에 이르러 전국 문화 창의

산업을 위한 중요발전기지가 되었고, 에너지 절약 환경보호와 정보기술 산업 등 현대 서비스 산업이 집중되기 시작했다. 2020년에 이르면 등록 기업이 5천 개로 세수가 1백억 위안이 될 것이고, 생태도시 생산총가는 3백억 위안에 달하게 될 것이다.[54]

생태 환경보호산업 발전

중국 내 생태 환경보호산업은 점차적으로 확대될 것이다. 생태도시 건설은 에너지를 감소할 것이고 오염처리와 생태회복에 관한 전문적인 기술과 관련 상품 및 서비스에 관한 수요가 광범위하다. 생태환경보호 산업 육성은 생태도시의 주도적인 발전방향이다. 생태도시의 복제를 통한 건설의 확산으로 산업규모가 점차적으로 확대될 것이고 산업의 빠른 발전이 촉진될 것이다. 그중 녹색 건축산업, 에너지와 신에너지 산업, 그리고 서비스업이 크게 발전할 것으로 기대한다. 그리고 금융서비스, 서비스외주, 문화창의 산업이 생태 환경보호산업을 위한 하나의 세트 서비스로 발전하리라 본다. 또한 생태경관과 생태과학기술 성과 전시가 관광의 목적이 될 수 있도록 회의 장소와 관광업을 발전시킬 예정이다. 그밖에 정보산업과 건설정보화서비스 플랫폼을 건설하여 현대 유통업을 발전시키고 신형 국제기술과 경제무역 합작 메커니즘을 수립하여 국제 일류의 현대 서비스업 체계를 구축할 계획이다.[55]

지리적 시너지 효과로 인한 경제발달

생태도시는 빠르게 성장하는 톈진과 빈하이 신구의 엄청난 규모의 내수 시장으로 인하여 지속발전할 것이다. 빈하이 신구는 높은 수준의 현대제조업과 연구발전기지이고 북방 국제항운의 중심지로서 국제물

류중심이다.[56]

류밍캉(劉明康) 은행감독관리위원회 주석은 톈진 빈하이 신구에 금융 특구를 조성해 중국자본시장을 개방하겠다고 했다. 물류허브개발에도 박차를 가하여 톈진 빈하이 국제공항의 활주로를 1개에서 3개로 늘리고 톈진항구의 남쪽 일부와 동쪽 항구 건설을 완료해 컨테이너처리 용량을 확충했다.

특히 톈진의 둥장 항구(東疆港)일대에 상하이 양산 항구(洋山港)에 이어 두 번째로 중국 최대 규모의 보세구역이 건설될 계획이다. 둥장 항구는 톈진 동북부에 인공적으로 조성된 반도형태의 항구로 면적이 10km^{2}로 양산 항구보다 넓다. 둥장 항구 건설에는 양산 항구에 적용했던 우대혜택이 그대로 주어졌다. 철도 인프라도 크게 개선되어 톈진과 베이징 사이가 30분으로 단축된 새 고속철도가 달리고 있다.

금융과 물류뿐만 아니라 톈진에 20개의 현대식 서비스 산업단지가 조성되고 있으며 여행관련 창조산업, 정보인력관리, 재무관리, 물류AS 등 각종 서비스 아웃소싱이 중점육성 대상으로 선정되었다.[57]

7. 생태도시의 의의와 평가

중국과 싱가포르가 합작하여 비교적 높은 지표체계에 의하여 건설한 톈진생태도시는 중국 신 발전이념인 생태문명 건설과 생태환경 보호 및 저탄소 녹색생활 방식을 구체적으로 실현했다는 평가를 받고 있다.[58] 중국의 과학발전과 조화로운 사회건설의 이념을 실천하기 위해 경제발전은 물론 시민의 생활과 자연의 지속적인 조화와 에너지와 물질의 순환에 주의를 기울인 저탄소 녹색생태도시 건설은 주민들의 편안한 업무환경과 생활환경을 제공할 것이다.[59] 또한 이 도시는 2013년 취업주택 평형지수가 50% 이상으로 주민이 가까운 거리에 취업하고 살 수 있는 편리한 도시이다.[60]

생태도시 건설의 의의와 성과

중국은 세계에서 인구가 가장 많고 세계 평균 담수 4분의 1, 경지 5분의 2, 석유 10분의 1을 보유한 나라이다. 이제 중국은 공업화, 도시화 발전과정에서 병목현상에 직면했다. 중국 정부는 앞으로 전통적인 토지 이용 방식이 아닌 녹색, 저탄소, 순환발전 이념을 적용하고자 한다. 생태도시 관리위원회 부주임 추이광즈(崔廣志)는 톈진생태도시의 개발과 건설의 의의는 알카리성의 황폐한 모래사장, 폐기된 염전, 오염으로 가득 찬 저수지가 각각 3분의 1을 차지하는 자연조건이 열악한 부지에 생태도시를 건설한다는 것에 있다고 밝혔다. 또한 이는 환경의 난이도를 부각하여 경지를 보호하고 오염이 진행되는 지역을 정비하겠다는 국책에 부합되는 시범적 개발이라는 데 의의가 있다고 말했다.[61]

그는 생태도시 건설의 성과를 다음과 같이 평가했다.

· 알카리성의 황폐한 모래사장의 생태가 회복되고 환경이 정비되어 3천1백km^2 녹색경관이 되었고, 40년 이상 공업오염의 저수지가 맑고 깨끗한 호수로 변했다.
· 생태도시의 주택, 공공건축, 상업시설, 산업단지들의 건물들이 모두 녹색건축이다.
· 현대서비스업이 주도하는 녹색산업이 발전할 수 있는 여건이 준비

되었다.

· 토지, 쓰레기, 물, 에너지의 종합개발과 순환이용체계가 구축되었다. 토지자원을 절약, 집약 이용하고 물기를 제거하는 기술을 이용하여 저수지 흙탕물을 흙으로 개량하였으며, 비교적 규모가 큰 재생가능한 에너지와 수자원 순환이용체계 및 쓰레기처리체계를 구축했다. 그리하여 수자원 절수형이며 에너지 종합개발과 절약형 도시가 건설되었다.

· 교통, 건축, 산업에 대하여 전면적으로 통일적인 계획을 추진하여 에너지 절약체계를 구축했다.

· 정부와 기업이 서로 보완하고 시장운영의 자금순환체계를 구축했다. 일정규모의 재력이 있어 건설초기에 자금을 빌리거나 융자할 필요 없이 후속 개발 건설을 위해 경제적 기초를 다질 수 있었다.

· 중요한 것은 건설과정 중에 일련의 제도, 법규, 정책, 표준, 기술, 생태에너지 절약, 환경보호의 이념이 점차적으로 사람들 마음에 깊이 각인되도록 했다. 전체 근무원들이 모두 생태환경보호를 업무의 중요한 표준의 하나로 자각하게 된 것은 장기적으로 아주 귀중한 성과가 되었다. 지표가 계획을 통제하여 생태도시 건설, 운영, 계량화관리의 새로운 양식(모델)을 창조했다. 이른바 지표가 선도하는 도시개발 건설의 새로운 모델이 되어 타 지역으로 복제·확산될 수 있게 되었다.[62]

· 정부 주도로 주민이 참여하는 공공서비스와 사회관리 체계를 확립했다.

· 생태도시는 지속발전할 수 있는 모델이다. 중국 내지 기타국가의 도시건설 발전을 위해 완전히 새로운 모델을 제공한다. 생태문명

이론 창조와 녹색 발전사상의 책원지가 되어 전국 생태문명 건설을 선도하게 되었다. 그리하여 생태건설사무가 대외교류전시의 창구가 되었다.[63]

생태도시 건설은 어떻게 성공했나

건설 초기에 양국은 부총리급의 중국-싱가포르 연합협조 이사회와 장관급의 중국-싱가포르 연합공작위원회를 건립하여 정부가 주도하고 시장(市場)활동을 하는 중국 측 투자공사와 중국-싱가포르의 합자공사가 개발건설의 주체가 되어 생태도시를 건설했다. 이로 인해 싱가포르와 중국 양측의 장점을 모을 수 있었다.

양국의 정상급 전문인들로 구성된 팀이 연합하여 세계 제1의 생태도시 지표체계를 편제했고, 100% 녹색건축, 20% 재생가능한 에너지, 50% 비전통 수자원 이용률 등 세계에서 선두적인 도시건설 지표를 확정하고 이 지표체계에 따라 총체적 발전계획을 수립했다. 따라서 지표에 의한 발전계획이 도시건설을 주도하는 새로운 모델을 제공했다.

처음부터 끝까지 '선 계획, 후 건설, 선 설계, 후 시공, 선 지하, 후 지상'의 기본사고를 견지하고, 생태, 에너지절약, 환경보호, 자연보호, 그리고 살기 좋고 조화로운 총체적 요구를 따르고, 기능성, 관상성(보고 즐기는 것), 생태성, 경제성의 4개 요소를 파악하여 실용적이고 섬세하며 정교하고 기묘한 4개 특징을 나타내어 생태도시 건설을 한 차원 높은 단계의 압도적 우위와 높은 수준을 확보했다.

생태가 우선이라는 이념을 부각시켜 폐수저수지의 정비와 생태회복을 빠르게 시작하고 기초시설과 항목건설을 위한 조건들이 창조되어 비교적 짧은 기간 내에 구역의 이미지가 변했다. 또한 외부기업의 투자유치를 고도로 중시하여 빠르게 세수원과 재정수입을 확보하고 생태도시의 롤링식(연이은)개발과 구역의 활력을 위한 유리한 조건들을 창조했다.

중국과 싱가포르 양국 정부는 풍부한 관리운영 경험과 소질이 뛰어난 인재들로 구성된 팀을 생태도시 개발건설에 집중 투입했다. 그 결과 이 팀은 5년 동안 높은 수준의 창의와 사소한 부분에 이르기까지 합작 정신으로 전력을 다해 생태도시를 성공적으로 건설할 수 있었다.

한마디로 말해 높은 수준의 합작 메커니즘, 높은 효율의 시장운영, 높은 수준의 지표체계, 높은 효능의 관리체제, 높은 소질의 업무 팀이 생태도시 개발과 발전의 기초가 되었다.[64]

톈진생태도시의 미래

2015년 톈진생태도시는 기초시설건설과 환경정비가 전면 완성되었다. 상주인구가 5만 명에 달하고 비교적 기본생활시설이 완성되어 물, 에너지, 쓰레기의 집약 절약 순환이용 체계와 건축, 교통, 산업에너지의 절약체계가 수립되었다. 남부 편구는 성숙한 지역사회를 형성하였고 중부 편구와 생태 섬 편구는 기본적으로 건설이 완성되었으며 북부 편구와 동북부 편구는 건설이 시작되었다. 2020년에 이르면 기본적으로 생태도시의 30km²의 개발과 건설이 완성될 예정이다. 전 구역 녹화 비율이 50%에 달하고 호수, 하류(河流), 습지의 수계(水系)와 녹지가 새로운 복합 생태시스템을 구축하고 전 도시를 관통하는 생태밸리는 생태도시를 상징하는 경관벨트를 이루게 될 것이다.

2020년까지 지역사회를 단위로 하는 신형 거주구역 모델로서 매 지역사회에 거주인구를 약 2만 명으로 하며 1인당 평균 거주면적을 35m²

로 계획하였다. 또한 여러 형태의 주택을 혼합 배치하여 다양한 대중들이 평등하게 서비스를 받으며 조화를 이루는 지역사회를 건설할 예정이다. 매 생태 지역사회는 4, 5개의 아파트단지로 구성되며 4, 5개의 지역사회와 상업 중심과 산업 용지가 공동으로 도시의 편구를 구성하여 거주민들의 생활서비스와 취업수요를 만족시킬 것이다. 그리하여 사람 중심의 다층, 다원화한 주택 공급과 공공서비스 시설과 사회보장 체계를 완성할 예정이다. 생태 아파트단지, 생태 지역사회, 생태 편구로 구성된 삼급 생태도시모델을 형성하여 안정된 생활과 즐거운 직장생활, 그리고 조화로운 사회환경을 창조할 예정이다.[65]

원스톱서비스를 제공하는 지역사회센터는 기초적 지역사회서비스 네트워크를 형성하여 주민들이 장차 400m 반경 생활권의 편리한 서비스를 향유할 것이다. 교육, 위생, 문화, 체육, 휴식(레저), 상업, 금융 등 생활에 필요한 일체의 시설이 구축되어 주민들은 장차 공공자원과 서비스를 양질로 공평하게 향유할 것이다.

광범위하게 지열, 태양열, 풍력 등 새로운 에너지를 사용하고 재생에너지 사용률이 20%에 이르며, 전면 궤도(철로)교통과 녹색교통 네트워크가 서로 연결되어 녹색 외출비례가 90%에 달할 예정이다. 또한 에너지 환경보호 기술연구발전 전화(轉化)플랫폼이 초보적으로 구축되어 생태 환경보호이념과 녹색 생활방식이 사람들 마음에 깊이 각인되어 녹색 발전사상이 널리 확산되었다. 자원절약과 친환경이 특히 돌출하여 전국 생태도시건설의 시범이 될 것이다.[66]

전 구역에 빗물수집과 중수 회용시설을 구축하여 비전통수자원이 50%에 달한다. 국가급 생태기술 연구발전센터와 공사센터를 구축하여 중국 생태환경 보호영역의 연구발전, 검측, 인증, 훈련센터와 중국생태기술의 창조적인 전시와 응용 국가 플랫폼이 될 것이다.

앞으로 생태도시에는 상주인구가 20만 명 정도에 이르게 될 것이며 에너지 절약 환경보호 이념이 사람들 마음에 각인되어 녹색 생활방식이 전체주민의 생활습관이 될 것이다.

2020년이 되면 톈진생태도시는 장차 '전국 녹색발전 시범구'로서 전 세계에 환경건설, 자원 순환이용, 녹색경제발전과 녹색생활방식의 모범이 되고, 전국 녹색사상책원지, 녹색제도 창의구, 생태문명 선도구가 되어 사람과 사람, 사람과 경제, 사람과 환경의 조화로운 공존에 대하여 설득력이 있는 회답을 하고, 중국과 싱가포르 양국이 부여한 역사적 사명을 원만히 완성하게 될 것으로 기대한다.[67]

싱가포르-중국 합작의 광저우 지식도시

3장

지식도시란 지식기반경제 지향형으로 지식과 정보의 점유, 배치, 생산, 분배와 사용이 경제에 기초하는 도시이다. 2000년 브루나이에서 개최된 APEC에서는 지식기반경제에 대해 "경제체제에서 지식의 창조, 전파와 운영은 모든 산업성장, 부의 축적, 창조취업의 주요 동력이라고" 밝힌 바 있다.[1] 그러므로 많은 국가들은 지식도시를 건설하여 도시가 산업을 촉진하고, 산업이 도시를 흥하게 하여 산업과 도시가 융합 발전하고, 도시의 사회·경제 구조와 문화 형태와 가치관 등이 변화하여 도시의 위상이 격상되기를 기대한다.[2]

중국-싱가포르 광저우지식도시 건설을 주도하는 정부 지도자들은 쑤저우공업단지와 톈진생태도시의 계획발전, 관리서비스의 이념과 사고를 본보기로 하여 과학발전, 사회조화, 생태문명, 자원절약형과 친환경사회의 시범구인 동시에 지역문화 특색과 시대의 특징을 체현한 쾌

적한 국제화 신도시를 건설하고자 했다.[3]

1. 첨단과학기술 분야 인재양성을 위한 지식도시

개혁개방 이후 광둥성의 광저우, 선전, 주하이를 연결하는 중국 최대의 경제벨트인 주장 삼각주는 유리한 지리적 위치와 강력한 정부지원 정책에 의하여 중국 경제성장의 중요한 견인차 역할을 했다. 이에 따라 1990~1994년 주장 삼각주는 중국경제의 제일 동력으로 도약했다.

그러나 1997~1998년 동아시아 금융위기의 영향으로 중국의 경제중심이 동북 방향으로 이동하기 시작했다. 정부는 끊임없이 개방을 확대하면서 개혁을 심화하고 구역경제 전략배치를 조정하기 위해 선후로 '서부 대개발', '동북구 공업기지 진흥', '중부 흥기', '톈진 빈하이 신구 추진' 등의 전략을 구사했다. 이에 중국경제 발전의 용두로서의 주장 삼각주의 우세한 위치가 조금씩 잠식되면서 경제중심이 계속 북쪽으로 그리고 서쪽으로 이동했다.[4] 더구나 2011년 중국이 WTO에 가입한 후 세계무역기구의 공평, 공개, 평등의 무차별 원칙에 따라 특수 혜택정책에 의존해서 건립되었던 개발구로서의 우세가 점차 감소되었다.[5]

이러한 새로운 국내외 정세변화에 직면한 주장 삼각지구에서는 발전모델의 변화가 요구되었다. 광둥성의 기존 첨단기술개발구의 지속적 발전을 위해서는 체제와 제도 및 메커니즘의 혁신이 필요했다. 더 많은 첨단기술기업이 단지에 입주하도록 법규, 관리, 서비스 등의 기본 환경을 개선하고 기술인재양성을 위한 새로운 체제를 수립해야만 했다. 지도자들은 광저우의 산업을 향상시키기 위해서는 기존 산업구조에서 벗어나 새로운 첨단산업과 결합하여야 한다고 생각했다. 그래서 그들은 첨단과학기술 분야의 인재양성을 위한 지식도시 건설로 위기를 극복하고자 했다.

2008년 중화인민공화국 국무원은 '주장 삼각주지구 개혁발전계획 강요(珠江三角洲地區改革發展規劃綱要) 2008~2020'을 비준·통과시켰다. 요점은 첨단과학기술 산업개발구에서 '2차 창업'으로 광저우 과학도시 북구(北區)와 선전의 첨단과학기술 산업을 중심으로 과학연구, 표준화, 그리고 과학기술 성과산업화의 3가지를 함께 추진한다는 것이다. 이는 광저우와 선전을 국가첨단 과학기술 산업개발구로 발전시켜 전국을 선도하는 과학기술단지(科技園區)를 건설하려는 계획이다.[6]

이 '주장 삼각주지구 개혁발전계획 강요'를 성공적으로 운용하기 위하여 싱가포르와 중국의 광둥성은 합작을 추진하기로 했다. 싱가포르의 선진관리 경험과 중국 국정을 서로 융합하고자 2008년 9월 중공중앙 정치국 위원이며 광둥성 위원회 서기 왕양과 싱가포르 전 총리 고촉통이 국무원이 비준한 '주장 삼각주지구 개혁발전계획 강요'를 실천하기로 했다. 그 후 중국-싱가포르 양측 합작 연합위원회(中新雙邊合作聯合委員會)가 싱가포르-광둥 합작 이사회를 구성하고 지식도시 건설을 공동으로 추진하기로 인준했다. 왕양은 지식도시 프로젝트를 "중국과 싱가포르 양국 합작의 모범이 될 것이다"라고 말했고, 고촉통은 "이는 싱가포르와 광둥성 간의 호혜적인 협력관계가 새로운 고도의 경지에 이르렀음을 보여주는 상징이다"라고 말했다.[7]

쑤저우공업단지와 톈진생태도시 건설의 경우에는 싱가포르와 중국 양국의 정부차원에서 합작이 추진되었다. 그러나 광저우지식도시의 경우 싱가포르 정부와 광둥성이 주체가 되었다. 2009년 3월 24일 광둥성

인민정부와 싱가포르 통상산업부가 주체가 되어 중국광동-싱가포르 발전포럼을 개최하고 광저우 개발구와 싱가포르 케펠기업과 '지식도시 합작건설 항목에 관한 비망록(關于合作建設 "知識城"項目的備忘錄)'에 서명했다. 이리하여 광동성과 싱가포르 정부가 광저우 개발구 과학도시 이북에 별도의 한 구역을 공동으로 개발하여 중국-싱가포르 광저우지식도시(中新廣州知識城(약칭 지식도시))를 건설하기로 결정했다.[8]

2. 중국경제발전을 선도할 지식도시

지식도시 설립의 목표는 첫째, 산수가 빼어난 주장 삼각지구와 광저우 생태지역의 특색을 살리면서 국제과학 밸리를 조성하여 살기 좋은 생태환경과 국제수준의 복지가 실현되는 지식형 도시를 건설하는 것이다. 둘째, 전 세계의 뛰어난 인재를 모아 첨단과학연구와 첨단산업의 기지가 되는 것이다. 셋째, 중국경제발전을 선도하여 세계에 영향력이 있는 지식기반경제의 높은 경지에 이르는 새로운 도시를 창조하는 것이다.

이렇게 새롭게 창조될 지식도시는 첨단산업과 첨단인재들이 모이고, 최고급 서비스를 제공하는 도시로서 산업발전의 동력이 되며, 생태도시와 중국과 싱가포르 합작의 모범이 될 것이다. 그리고 광저우시를 세계로 향한 일류도시의 창구로 만들 뿐만 아니라 현대산업체계가 확립된 살기 좋은 새로운 도시의 시범구와 선도구로 다시 도약하게 할 것이다.[9]

2009년 7월 광둥성 당국은 지식도시 건설의 가능성에 대한 연구를 완성했고 2009년 11월에는 '중국-싱가포르 지식도시 산업발전 계획(中

新知識城產業發展規劃)'을 선포했다. 그 내용은 연구, 창의산업, 교육훈련, 생명건강, 정보기술, 생물기술, 신에너지와 에너지 절약 환경보호, 선진 제도 등 8대 지주 산업을 집중적으로 발전시키겠다는 것이었다. 2010년 6월 30일 광둥성 지도부는 중국과 싱가포르가 합작하는 광저우지식도시의 기공식을 가졌다. 중국 부총리 왕치산과 당시 싱가포르 부총리 웡칸셍이 중국과 싱가포르 양국 중앙정부를 각각 대표해서 지식도시의 발전을 지지했다.[10]

3. 지식도시는 어떻게 관리되는가

광저우지식도시의 경우 싱가포르 정부와 광둥성이 합작의 주체가 되어 광둥성 서기와 싱가포르 부총리 중심의 합작 연합위원회가 싱가포르-광둥성 합작이사회를 구성하여 지식도시 건설을 공동 추진하기로 인준했다. 그리고 장관급이 '광저우지식도시 연합 공작위원회'를 조직하여 공동으로 지식도시 개발건설의 중요업무를 확정했다.

그런데 광저우지식도시의 경우 쑤저우와 톈진과 달리 광둥성 소속의 지식도시 계획업무 소조와 광저우시 소속 지식도시 계획업무 소조가 있고 지식도시 관리위원회는 이 두 소조에 소속되었다. 2010년 12월 25일 광저우시 일급관리 권한을 가진 지식도시 관리위원회가 개소식을 거행하였다. 2011년 3월 14일 국가발전 개혁위원회가 초기 개발구(起步區) 항목을 인준하여 지식도시 건설이 시작되었고, 2011년 6월 29일 싱가포르-광동 합작이사회는 지식도시 공작위원회의 성립을 선포했다.[11]

행정관리를 책임지는 관리위원회

현재 중국의 행정 개혁의 목표는 서비스형 정부로 정부 관리체제의 효율, 서비스, 혁신, 법치 등의 가치이론을 주입하는 것이다.[12] 2010년 10월 22일 광저우 시정부는 정부령(2010년 제40호)의 형식으로 지식도시 관리위원회에 발전계획, 토지와 건설관리, 투자심사, 항목결정 심사, 환경보호 등 시급(市級)관리 권한을 부여했고 지식도시 개발과 건설을 위한 체제와 정책을 보장했다.

• 관리위원회의 조직과 업무

관리위원회 조직은 항목사무소, 건설사무소, 사회업무사무소이다. 항목사무소 산하에는 투자촉진센터를, 건설사무소 산하에는 건설 관리센터를, 사회업무사무소 산하에는 사회업무 관리센터를 설치했다.

관리위원회의 주요업무는 다음과 같다. 지식도시의 총체적인 경제와 사회발전 계획을 수립하고 업무를 추진할 조직을 구성하여 집행한다. 또한 관리위원회는 지식도시가 사용할 국유지에 대한 토지사용 권한을 위임받아 판매와 처분을 포함한 토지사용에 관한 일체 업무와 개발건설, 건설공사, 시공허가에 대하여 책임진다. 관련규정에 따라 물 관리(水務), 식수공급, 도시가스, 교통 등 공공시설 항목에 대한 투자 항목을 입안하고 심사 인준해야 한다.

그리고 건설공사의 방안과 대형과 중형의 건설 항목의 초보설계와 도시도록 설계를 심사한다. 입찰공고, 공사의 질과 안전에 대한 감독, 건축업 기업과 설계 기업에 대한 탐사, 그리고 중개서비스 기업의 시장건설에 대한 관리 감독, 투자유치 업무, 투자항목에 있어 규정에 따른 투자자에 대한 심사권한과 고정자산 관리를 책임진다. 관련규정에 따라

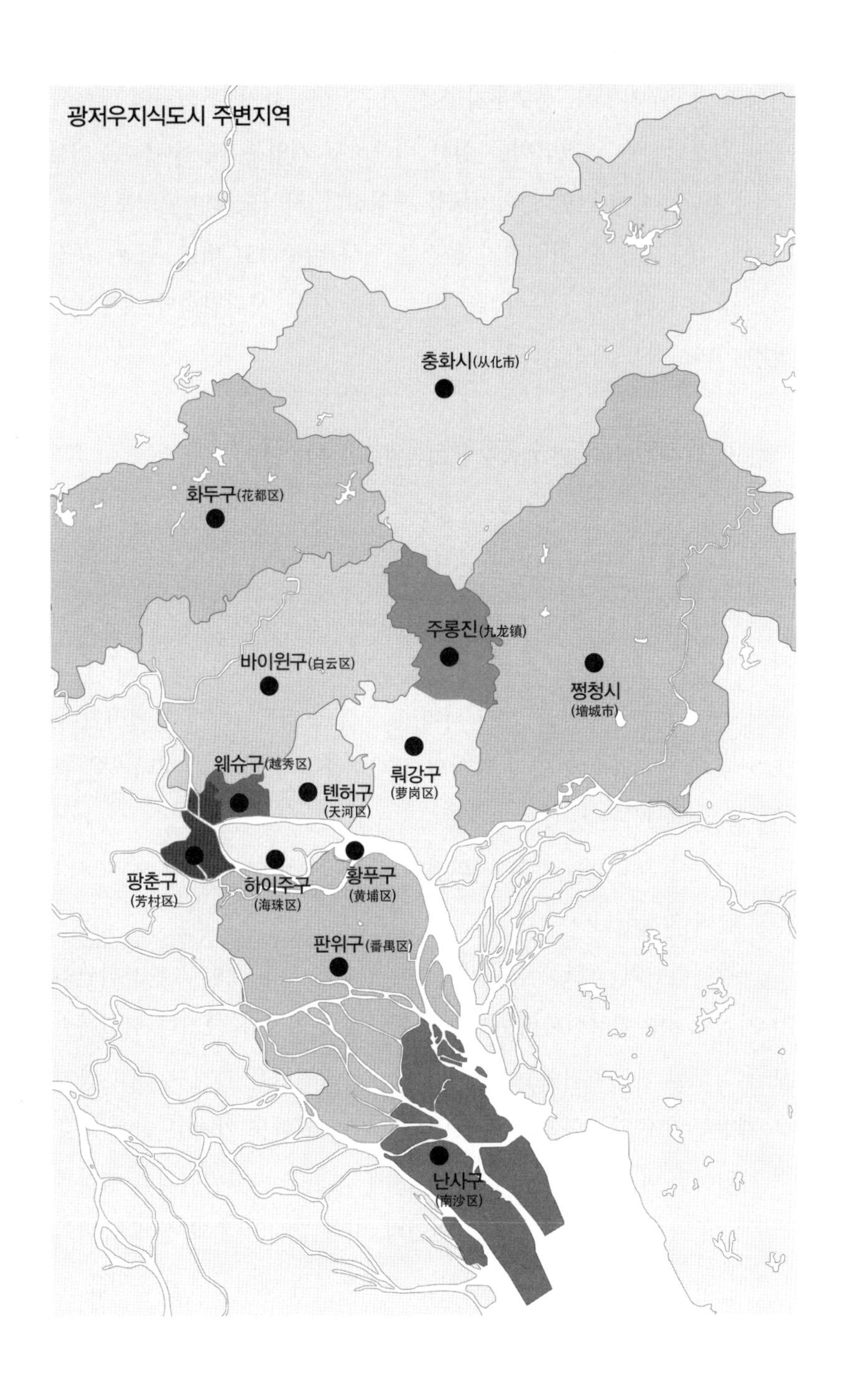
광저우지식도시 주변지역
충화시(从化市)
화두구(花都区)
주롱진(九龙镇)
바이윈구(白云区)
쩡청시
(增城市)
웨슈구(越秀区)
텐허구
(天河区)
뤄강구
(萝岗区)
팡춘구
(芳村区)
하이주구
(海珠区)
황푸구
(黄埔区)
판위구(番禺区)
난사구
(南沙区)

기업과 외국투자항목, 정부투자항목, 기초건설공사 및 특허경영 항목에 대한 입찰방식과 입찰범위를 심사 비준하고 기업투자항목(아파트 건설 항목을 포함하여)에 관한 준비업무를 책임진다. 지식도시의 환경보호, 법 집행과 건설항목 중 환경평가 문건을 심사 비준하고 법률, 법규, 규정 혹은 상급 관련규정과 부여받은 기타 관련 사항, 시위원회와 시정부가 맡긴 기타사항을 처리한다.[13]

지식도시 관리위원회와 개발구 관리위원회의 중복 업무

2010년 10월 22일 광저우 시정부로부터 시급(市級)관리 권한을 부여 받은 지식도시 관리위원회는 2012년에는 성급(省級)관리권한을 받았다. 그러나 관리위원회는 운행기제와 관리방식에 있어서 광저우 개발구 관리위원회와 많은 직책과 권한이 불분명하고 지식도시 관리기구와 그 행정 운영기제가 제약을 받게 되어 효율적으로 운영하기가 어려웠다. 또한 구체적인 업무에 있어 관리와 심사비준은 중시하고, 서비스와 관리감독은 경시하는 문제가 발생했다.

2012년에 루융(盧勇)은 관리위원회의 관리 서비스체계 문제들을 다음과 같이 지적했다.

① 관리위원회는 행정 심사비준권이 없고 광저우 개발구 관리위원회가 지식도시의 행정심사비준사항을 책임지고 있었다. 그러나 현실적으로 지식도시 관리위원회는 광둥성 일급 관리권한을 가지고 있고 광저우 개발구 관리위원회는 광저우시 일급관리 권한을 가지고 있어 법률적 지위뿐만 아니라 이론적으로도 광저우 개발구 관리위원회의 행정관리권한이 지식도시를 커버할 수 없었다. 이와 같이 이론과 실제 급별의 차이로 광저우 개발구 관리위원회는 지식도시의 행정심사 비준권을 행

광저우지식도시 위치

사할 수 없는 법률적 문제에 직면했다. 이에 따라 광둥성 일급 관리권한 범위 내에 속한 일부 대항목에 대한 행정 심사비준과 업무수행이 효율적으로 이루어지지 않았고 도리어 복잡하게 되어 투자자의 열정에 영향을 주었다.

② 지식도시 관리위원회와 광저우 개발구 관리위원회가 공동으로 사무실을 사용하고 설치된 기구의 직능이 서로 겹쳐서 권력과 책임이 분

명하지 않자 상호 책임을 미루었다. 그리하여 지식도시 건설이 많이 진행되고 있는 상황에서 급히 처리할 업무나 투자자들을 위한 서비스 등에 관한 권한을 행사할 수 없었다.[14]

③ 싱가포르와의 소통 및 대외교류 방면에 있어서도 업무를 일괄 처리할 수 없었다. 싱가포르-광둥 합작이사회, 지식도시 공작위원회, 중국-싱가포르 광저우지식도시 투자개발유한공사 이외에도 광둥성, 광저우시가 동시에 추진하고 있는 지식도시 프로젝트는 기구들 간의 직책과 권한이 중복되어 역할분담이 불분명하고 교류가 원활하지 않게 되어 합작이 순조롭게 진행되지 않았다.[15]

"정부의 주요역할은 서비스이지 조타수가 아니다." 공공서비스 이론에 비추어볼 때 새로운 지식도시 관리서비스체계에 있어 가장 근본적인 서비스를 제공할 수 있는 기구가 필요했다. 지식도시 행정관리직을 맡은 관리위원회가 서비스형이 되려면 행정부도 서비스형이 되어야만 한다. 기업을 위한 서비스 업무를 잘해야 하고 필요한 대규모의 기초 시설건설을 진행하고 양호한 시장 환경조성과 시장질서를 유지하고 보호할 뿐만 아니라 고품질의 공공 생산품과 공공서비스를 제공해서 광저우지식도시의 양호한 발전을 추진해야 한다. 즉 지식도시 관리위원회의 가장 중요한 업무의 하나는 좋은 서비스 제공자, 중재자, 조절자가 되어야 한다. 그러기 위해서는 지식도시도 국가급 개발구의 지위를 부여받아야 비교적 높은 수준의 권한을 가지고 관리할 수 있고, 그 지역에 적합한 정책을 제정하고 집행할 수 있어 효율적으로 지식도시의 목표를 실현할 수 있다.[16]

2015년 1월 리커창 총리가 뤄강(蘿崗)을 시찰하면서 광저우지식도시 합작건설을 국가전략으로 승격하는데 동의했다. 국가전략으로 승격된 이후 지식도시의 전략적 지위가 두말할 나위 없이 높아졌다. 이전에는 광저우 개발구 관리위원회가 지식도시 발전 방향과 내용에 있어 주도적이었으나 이후에는 지식도시 관리위원회가 적극 주도하게 되어 지식도시 건설이 빠르게 진전될 수 있었다.[17]

4. 지식도시는 어떻게 설계되는가

광저우지식도시는 광저우, 홍콩, 마카오(穗港澳)의 황금 삼각주와 주장 삼각주 중심에 위치하며 광저우시 동북부 뤄강구(蘿崗區) 주룽진(九龍鎮)에 위치한다. 지식도시 발전계획 면적은 123km²이며 개발될 건설용지는 60km²이다. 광저우 중심도시와 35km 거리에 있고, 바이윈(白雲) 국제비행장과는 25km, 광저우과학도시와는 26km 떨어져 있다. 이곳은 산림이 울창한 마오펑 산(帽峰山)과 푸허(福和) 산맥 사이로 산이 푸르고 물이 맑아 환경이 아름답다. 또한 녹화가 풍부하고 산수의 경관이 빼어나다.[18]

2012년 8월부터 싱가포르 측이 세 차례나 지식도시 부지에 와서 조사하고 설계방안을 연구하기 시작했다. 중국 측은 계획업무 소그룹이 두 번이나 싱가포르에 가서 구체적으로 설계방안에 관하여 깊이 있는 토론을 했고 매주 한 번 전화로 계속 협상하면서 지식도시 설계방안에 대한 기본적인 개념을 확립했다. 8월 하순에는 중국과 싱가포르 지도층과 관련자들이 지식도시 항목에 관하여 양측 합작위원회에서 합작의 틀을 완성하고 지식도시의 총체적인 설계를 류타이커(Liu Thai Ker, 劉太格) 박사에게 맡겼다. 그는 "싱가포르 발전계획의 아버지"라 불리는 싱가포르의 국가 총설계사이며 2008년 베이징 올림픽 건축설계 배심위원회 위원장이었다. 개발 주체자들은 류타이커 박사를 초청하여 지식도시에 대한 총체적인 개념과 발전계획에 관한 연구를 발표하도록 했다.[19]

지식도시의 총체적인 발전계획의 개념은 류타이커 박사가 심혈을 기우려 건설한 싱가포르의 선진 신도시 이념을 본보기로 하였다. 광저우 지식도시는 녹지대와 주변지구가 생태 네트워크를 이루고, 과학적으로 계획된 도시 내 도로망과 높은 기준의 시설을 갖춘 북부, 중부, 남부의 3개 시진(市鎭)을 기능적으로 구분하여 건설할 예정이다. 북부 산업편구는 기존 공업단지에 의존하여 선진제조업과 생물기술 산업을 중심으로 한 첨단산업들을 중점 배치하고, 남부 산업편구에는 통신관련 생산품제조업과 새로운 에너지와 에너지 절약 및 환경보호 산업 중심의 지식창조 기업들을 중점 배치할 계획이다. 지식도시 핵심구와 남쪽과 북쪽의 산업편구에는 설계단지, 창의산업단지, 생물기술단지, 정보통신기술단지, 신에너지산업단지 등을 건설할 계획이다. 남부와 북부 타운(鎭)은 산업 위주이고, 중부타운(鎭)은 생활서비스 위주의 단체들을 배치할 계획이다.[20]

광저우지식도시는 녹지대를 전면 배치하면서 생태환경을 보호하고 수준 높은 각종 녹색건축물과 서비스 시설이 어우러지는 인간과 건축, 그리고 자연이 조화롭게 공존하는 도시를 건설할 예정이다. 류타이커 박사는 지식도시가 총 50만 명을 수용할 수 있고 그중 취업인구가 25만 명이 될 것이라고 전망했다. 주택 층수는 중간 높이 주택을 위주로 건축하며, 저층은 1~2층으로 최고층은 16~20층으로 하며 다만 한 곳만 21층 이상의 주택지로 설정했다. 류타이커는 기존 토지에 거주하던 1만4천 호의 철거민을 한 곳에 집중하여 정착시키는 것보다는 분산하여 정착시킴으로써 새로 입주하는 주민들과 잘 융합하도록 계획했다. 그리고 문물고적은 보존하면서 도로변 상업광장, 도서관, 대중교통 환승역, 진료소, 오수처리장, 초중학교 등 관련시설들을 배치했다. 이밖에 싱가포르 난양이공대학의 해외분교인 3개 단과대학을 위한 건설부지로 1.66km²를 할당했다.[21]

또한 구역일체화를 위하여 구역 내 매 타운마다 고속도로가 연결되도록 계획하여 도시와 도시를 통과하는 철로, 지하철 등 녹색고속 공공교통과 연결되도록 하였다. 광저우시 중심구와 광저우공항 등의 중요한 지점을 고속도로가 연결되도록 건축하여, 지식도시가 점차적으로 광저우 동북의 부(副)중심 도시가 되어 주변구역의 발전을 이끌어가도록 설계했다.[22] 이리하여 자문연구에 따라 지식도시의 총체적 발전계획에 대한 초보적인 방안이 준비되었다.

5. 지식도시의 개발시기와 순서

지식도시는 광저우 개발구관리위원회, 신에너지 국제컨설팅 주식회사(新能源國際諮詢私人有限公司)와 스타브릿지 국제싱가포르 주식회사(Starbridge Investments pte. ltd, 星橋國際新加坡私人有限公司)가 개발과 건설을 책임지도록 선정되었다. 스타브릿지 국제싱가포르 주식회사는 싱가포르 테마섹의 자회사로 그 관리팀은 단지 개발과 운영 방면에 경험이 풍부하고 이미 여러 개의 중요한 중국과 싱가포르 합작 항목의 개발과 운영에 성공한 국제적으로 유명한 일류 기업이다. 광저우 개발구와 스타브릿지 그룹이 40억 달러를 투자하여 2011년 9월 15일 정식으로 중

국과 싱가포르 광저우지식도시 투자개발 유한공사를 설립했다.[23]

2012년 8월 상순부터 광저우 개발구 관련자들은 싱가포르 스타브릿지 회사와 일곱 차례 만나 중점사항을 집중 논의했으며 수차의 전화회의를 진행하면서 투자유치 항목과 공사업무를 동시에 추진했다. 그리하여 2012년 12월 중순에 싱가포르 측과 지식도시의 초기 개발구(起步區) 건설에 착수했다.[24]

광저우지식도시는 개발과정에서 부동산 개발 속도와 그 규모를 엄격히 관리했다. 지식도시의 발전계획에 의하면 산업위주의 건설을 추진하고 현대 서비스 업종이 집중된 공간을 조성할 계획이다. 중국-싱가포르 광저우지식도시 투자개발 주식회사 총재(회장) 천페이진(陳培進)은 지식도시는 먼저 산업을 유치하고 이후 거주환경을 제공한다고 말했다. 이로 인해 종합적으로 산업과 주택이 모두 동시에 발전할 수 있도록 했다.[25]

광둥성과 광저우시의 지도자들은 지식도시 건설이 시작되자 높은 관심을 보였다. 광동성 공산당위원회 서기 왕양은 지식도시 건설 상황에 대하여 보고를 청취하고 박진감 있는 업무처리, 높은 수준의 건설, 그리고 주민들의 지지가 필요함을 강조했다. 광저우 시장 장광닝(張廣寧, 1953~)은 스타브릿지의 린즈안(林子安, 1944~) 회장을 접견했고, 광저우시 공산당 위원회 상무위원 완칭량(萬慶良, 1964~)은 구역에 직접 가서 지식도시 정황에 대하여 보고를 청취하는 등 지식도시 건설에 적극적이었다. 이들 지도자들은 지식도시 관리체계를 혁신하고, 신흥 사업기지에 입주할 항목 인준, 발전계획에 대한 상급기관의 비준, 그리고 도로망과 기초시설건설을 위해 노력했다.

2016년 첸페이진 총재가 "기업이 뭐가 필요하다고 하면 우리가 바로 준비한다"고 말할 정도로 지식도시 건설을 추진하는데 필요한 서비스에 적극적이었다. 투자유치 이후 정부는 기업을 위하여 토지와 환경 등의 유형 자원을 제공할 뿐만 아니라 관련 데이터 자원도 제공했다. 이와 같이 정부와 기업이 각 종류의 자원을 서로 공유함으로써 기초시설건설상 기업의 요구에 부응하는 양호한 투자환경을 조성할 수 있었다.[26]

초기 개발구(起步區) 건설(2010~2015)

광저우지식도시는 2010년 6월 30일 기공식을 시작으로 $8km^2$의 북부와 남부의 초기개발구와 $16km^2$의 핵심구, 그리고 $32km^2$의 도시중심구가 건설되기 시작했다. 광저우지식도시는 기업투자 30억 달러를 유치하고 500개의 창신형 기업을 모아 그 지역의 생산총가를 300억 위안에 이르게 하고 3만5천 개의 일자리를 창출하여 주위지역에 강력한 영향력을 발휘할 계획이다.[27]

(1) 도로망과 교통체계 건설

2013년에 지하철, 중심 간선도로, 시정(市政)도로, 농민거주구 등 중대한 기초시설 및 공공서비스시설 등의 건설이 진행되어 도시규모의 초기형태가 나타났다.

원활한 교통을 위해 거의 20km나 되는 도로가 지식도시의 광산(廣汕)로를 통과하도록 공사를 확장하여 2013년 말까지 완공하고, 4차선 도로를 8차선으로 확장하여 광저우시까지 40분이면 도착할 수 있도록 했다. 지식도시에서 바이윈공항 6차선 도로를 동쪽으로 연장하여 량사(良沙)국도가 완공되면 지식도시에서 바이윈공항까지 15분이면 도착한다. 또한 주룽대로에서 화두(花都)산 앞까지는 뤼유(旅遊)대로가 건설되고, 융주쾌속(永九快速)로에서 화두핑부(花都平埗)대로까지 관통하게 하여 지식도시를 외부와 연결시킬 예정이다. 광충(廣從)국도를 쾌속도로로 건설하고 광산(廣汕)국도를 확장 공사하면 지식도시를 개발 건설하는데 중요한 통로가 될 것이다. 그리고 광허(廣河)고속과 융주쾌속로의 출구를 증설할 예정이다. 이러한 도로 공사들이 완공되면 장차 지식도시는 '井' 형의 쾌속도로망과 시를 가로지르는 쾌속도로로 인하여 외부와 더욱 빠르게 연결될 것이다. 남북 개발초기구 내의 남북간선도로를 포함한 15개의 신도로는 이미 기본적으로 완성되어 개통되었다.[28]

도시교통도 전면적으로 건설 중이다. 광저우 지하철 발전계획에 의하면 뤄강에 13호선이 연결되는데 노선은 서쪽 바이윈 호수에서 시작하여 둥펑(東風)로 · 황푸(黃埔)대도 · 중산(中山)대도 · 강첸(港前)로 · 광선(廣深)국도 · 동쪽의 신탕(新塘)을 거쳐 바이윈 · 리완(荔灣) · 웨슈(越秀) · 텐허 · 황푸 · 뤄강 · 쩡청(增城) 등 7개의 구와 시로 연결되며 길이가 55.1km로 역이 모두 24개이다.[29] 지하철 14호선인 지식도시노선은 2018년 말 개통예정이고, 지하철 21호선과 남쪽 신흥개발구 지하철 지선은 2019년 완전 개통 예정인데 일부 지선인 왕춘(旺村)선은 이미 개통되어 지역사회 내로 출입이 가능하다. 또한 광저우 · 둥관 · 선전의 3개 도시를 연결하는 수이관선전(穗莞深圳)급행 광저우지하철 14호선이 통과하는 지식도시는 지하철 개통 전에 셔틀버스를 준비하고 있다. 이와 같이 지식도시에 고속도로, 빠른 도로, 도시와 도시를 연결하는 간선도로의 교통도로망이 밀집되도록 계획했다.[30]

(2) 기초시설 건설

2013년 말에는 6.1km의 지하 종합 파이프, 물 전기, 가스 등 기초시설이 동시에 완성되었다. 중국과 싱가포르는 약정에 따라 지식도시 핵심구 내에는 공중에 선로를 설치할 수 없게 되었다. 공중에 선로를 설치하는 것이 비용이 적게 들지만 주위환경과 주민들의 불안심리 등을 고려하고 가능한 적은 토지를 사용하기 위해 지식도시 내 고압선로는 케이블로 지하에 매립하기로 결정했다. 그리하여 지식도시의 케이블 통신망(電纜線路)은 도로건설과 동시에 건설되어 12km 디지털 종합 관구(管溝)에는 물, 전기, 가스 및 통신 시설을 건설하여 효율적으로 관리가 될 것이다.[31]

또한 남방전력과 합작하여 지식도시에 지능전력 시범구를 조성했다. 지능전력 공급은 윈핑(雲平)관리소에서 110KV 생산에 들어갔고, 광저우지식도시 관리소에서는 220KV를 보낼 수 있는 시설을 건설했다. 그리고 시범적으로 5개의 20KV 전환기실을 포함하여 20KV 화판식 폐쇄루프 운행을 채택했다. 2014년 말에 이미 지식도시는 투자액이 334억2천만 위안이 초과되었으며 철도교통, 재개발 주민정착, 주요간선도로, 생태공사 등 기초시설 건설이 전면 시작되어 발전규모가 드러났다.[32]

지식도시에는 기초시설 및 공공서비스시설 항목이 전체 152개로 총투자액이 430억 위안이며 그중 완공항목이 12개이며 건설 중 항목이 32개였다.[33] 이들 완공 항목 중에는 생태환경을 위한 2개의 호수, 3개의 하천과 1개의 회랑(兩湖三河一廊) 공사계획이 있는데 이중 역점항목인 평황 호수(鳳凰湖)공원이 이주민 구와 동시에 완공되었다. 이곳의 면적은 48만m²로 이주민구 내에는 주택 총3,085채의 1기 공사가 완공되어 이주인구 1,500명이 거주하고 있다.[34] 이주민구에는 농민과 도시주민이 서로 융합하여 거주하도록 계획하여 조화로운 사회의 살기 좋은 생태신도시를 건설했다.[35]

현재 지식도시는 성(省)·시(市)·구(區)의 삼급 네트워크상에서 처리하는 플랫폼을 통하여 구(區)정무 협동 플랫폼을 건설하고 구(區)정부의 90% 이상의 공문이 전자로 전송되도록 했다. 또한 기초지리정보 플랫폼과 커뮤니티(공동체)를 네트워크화한 플랫폼을 구축하여 공공정보를 인터넷 상으로 조회할 수 있다. 정부사무실 한 곳에서 공문을 전송할 수 있고 국민들은 한 곳에서 행정적 사무를 처리할 수 있어 행정서비스와 정부운영의 능률이 크게 제고되었다. 또한 지식도시는 지능전력망, 가정에 설치되는 초고속 통신망, 텔레커뮤니케이션(telecommunication)·컴퓨터·방송 텔레비전 네트워크 사이의 고급 업무의 응용이 융합을 이루고 있다.[36]

신속 발전기(2015~2020)와 번영기(2021~2030)

2014년 10월 27일 중국-싱가포르 연합위원회가 제11차 회의를 소집했다. 국무원 장가오리 부총리와 싱가포르 테오치헤안 부총리의 참관하에 중국 정부와 싱가포르 정부는 지식소유권 영역 합작양해비망록(知識產權領域合作諒解備忘錄)에 서명했다. 광저우지식도시를 중국과 싱가포르 쌍방지식소유권 영역합작의 시범구로 정하고 광저우지식도시는 적극 지식소유권 운영을 연구하고 종합적으로 개혁시험업무를 보호하기로 확정했다. 현재 지식도시는 국가지식소유권 응용과 종합적인 개혁시험구 창설에 노력하고 있다. 싱가포르의 난양이공대학이 중국의 화난이공대학과 함께 연구원을 설립하여 공동으로 지식도시에 중국-싱가포르 지식소유권 합작시범구와 지식소유권 서비스 집단구 설립을 계획했다. 구내에는 광저우 지식산권법원, 국가 지식산권국(局) 광둥 심사센터, 광둥성 지식산권교역 중심, 광저우시 지식산권중재원의 정착을 계기로 기구(機構, 메커니즘)를 창의할 예정이다. 그리고 높은 수준의 전국지식산

권 보호를 위하여 광저우시와 광둥성이 선두대열에서 다투고 있다.[37]

2015년부터 2017년까지의 '지식도시 3년 건설계획(知識城三年建設計劃)'에 의하면 건설부지는 30km²이고 인구는 20만 명에 이르게 될 것이며 역점 항목이 70개로 총 투자액이 약 248억 위안이 될 예정이다. 이 기간 동안 지적소유권을 가진 다국적 대기업이 입주할 예정으로 특허권한을 획득한 기업이 전국의 3%가 될 예정이므로 지적소유권을 보호하는 시범지역이 될 것이다. 아울러 정부는 지적소유권을 보호하기 위해 모든 조처를 취할 예정이므로 이는 중국과 싱가포르 합작의 중요 내용이 될 것이다.[38]

2020년까지 창조성 기업이 2천 개 입주할 예정이며 시장에 상장기업이 50개가 될 것으로 기대한다. 창업투자유치 금액은 50억 달러, 지역 총생산가는 1천억 위안, 공업 생산가치는 2천억 위안을 돌파할 것으로 예상한다.[39]

광둥성의 부성장 자오위팡(招玉芳, 1955~)은 2015년 3월에 지식도시를 시찰하고 지식도시에는 이미 혁신을 추진하는 첨단항목이 들어서고 있으며 특히 광저우 지식소유권 법원이 정착했다고 말했다. 이처럼 지식도시는 지식밀집형 산업이 발전할 수 있도록 법치가 이루어지는 영업환경이 형성되었다. 이에 따라 첨단연구 개발산업과 첨단인재가 집결할 수 있도록 지식도시는 세계적 종합체로 발전하고 있다.[40]

2015년 9월에 지식도시 건설현장을 방문한 《광저우일보》의 허루이치(何瑞琪) 기자는 광저우 신황푸구의 건설이 가속화되어 투자자들이 늘고 지하철, 주요 간선도로, 이주농민 정착구, 생태와 시정(市政)공사 등 기초시설 건설이 이미 시작되었다고 보도했다.[41]

지식도시의 개발건설이 완공되면 건설부지는 60km²이며 상주인구는 50만 명에 이를 것으로 예상한다. 이 시기에 이르면 국제경쟁에 참여할 수 있는 창조성 그룹들이 성과를 내 지역생산총가가 3천억 위안에 이르고 특허권한을 획득한 기업이 전국의 5%, 창업투자금액은 주장 삼각주지구의 30%를 차지하게 될 것으로 기대된다.[42]

6. 미래경제 산업

"기업이 선행이고, 시장에 운영을 맡기며, 정부는 추진한다"는 모토를 가진 광저우 개발구는 중국 최고의 국가급 개발구 중 하나로서 경제총량, 경제이익 등 주요 경제지표가 전국 국가급 개발구 중 으뜸이다. 이미 6천여 개의 중국과 외국기업이 모였고 그중 세계 500대 우수 항목 중 100여 개와 첨단과학 기술기업이 1,300여 개가 될 정도이다.[43] 지식도시는 이러한 광저우 개발구의 영향을 받아 산업주도이면서 과학연구중심으로의 위치를 확고히 하게 될 것이다. 지식도시의 건설용 부지는 공업용 부지와 거주용 부지가 주를 이루지만 산업용 부지의 비례가 거주용 부지보다 높다. 또한 50% 이상의 산업용 부지는 과학연구와 관련된 기업용 부지로 지식기반경제가 핵심인 지식도시 발전이념이 반영될 것이다.

1) 역점산업의 발전계획

정부는 생태 환경보호를 위해 청결 에너지 생산 및 절약, 수자원 개발과 절약, 그리고 집약적 토지활용을 정책적으로 강조했고, 지속발전을 위한 산업성장을 위해 창조적 인재양성, 지능 금융환경(합동에너지 등 신형상업모델)과 창조적 문화형성을 적극 지지했다. 지식도시는 정부의 이러한 적극적인 정책하에 다음과 같은 산업 발전을 계획하고 있다.

· 연구개발 서비스와 연구 산업으로 대기업의 연구개발 중심, 공공기술연구개발 플랫폼, 창업보육(벤처기업 지원), 국가급 중점실험실 설립.
· 교육훈련 산업으로 국제연합대학, 직업훈련과 재교육, 기업고위층 경영자들을 위한 연수 주최, 세계 1백명 리더형 화인(華人)과학자 이노베이션단지(世界百名領軍型華人科學家創新園)운영, 세계연구대학 분교 유치 등.
· 정보기술 산업으로는 기업총부를 유치하고, 응용소프트웨어와 인베디드 소프트웨어 그리고 시스템집성, 반도체칩/마이크로칩, 자동차, 전자, 의료전자, 에너지전자 등의 산업과 중국-싱가포르 기술연구원(中新工業技術研究院) 설립.
· 생명건강 산업으로 중서(中西)의료산업, 건강을 위한 관광사업, 국제건강의료센터 설립.
· 생물기술 산업으로는 생물제약(生物製藥), 의료과기, 생물 기술설비, 생물 마이크로칩, 생물 정보산업 육성.
· 창의 산업으로는 3D 애니메이션, 후기제작, 회로망 집합게임 산업과 미래체험 센터 개설.
· 신에너지 산업으로는 에너지 절약기술, 에너지 저축기술, 환경보호를 위한 신에너지장비에 관한 산업 육성.
· 선진제조 8대지주 산업으로는 로봇을 활용한 공업설비, 공장자동화, 혼합동력 자동차 및 관련기술을 추진하고 산업디자인 밸리 지원.

· 중국 에너지절약 환경보호 산업연구원 설립.

· 중국-싱가포르 지식도시 지적재산권 거래센터 개설.

· 주장 혁신포럼(珠江創新論壇)과 중국-아세안 이노베이션센터(中國-東盟創新中心) 주최.

지식도시는 이상과 같이 지식밀집형 서비스업이 주도하고 고부가가치 제조업이 경제를 지탱하며 사업하기 좋고 생활하기 편리한 환경을 조성할 계획이다.[44]

2) 산업종목 선정

역점산업의 선정기준은 지식밀집, 시장 잠재력, 산업관련, 저탄소 경제, 경쟁능력, 부가가치 등이다. 지식밀집의 중요지표는 인원구조와 연구개발 투입을 고려하여 정했다. 시장잠재력은 미래를 반영하는 판매수입 증가율 혹은 산업 증가치 변화율이다. 산업관련은 종횡으로 관련되는 산업의 확산과 융합발전을 반영하는 것이며, 저탄소 경제는 저탄소 발생을 위한 새로운 본보기를 수립하여 엄격한 규제와 표준으로 집행하고, 경쟁능력은 특허 건수와 시장점유율로 기술우세와 직종 영향력을 측정한다. 부가가치는 직종 이윤률 혹은 기업이율을 판단기준으로 정했다.

2012년에 광저우 개발구 관리위원회의 주임 쉐샤오펑(薛曉峰)은 싱가포르 현지 상인연합회와 기업투자 유치를 위한 협력에 합의했다. 싱가포르 난양이공대학과는 입주 항목에 관하여 협력하기로 합의했다. 일련의 첨단연구 개발기구, 첨단산업단지, 국제저명대학 분교, 다국적 기업 총본부, 과학기술항목 창업보육기지, 공용시설 등 중요한 거대 항목들의 유치를 계획했다. 그리하여 쉐샤오펑은 2012년 12월 중순에 상업항목에 대한 담판을 끝내고 연말 전에 합작협의에 서명하도록 힘쓰고 지식도시 정책연구와 항목건의서 편제를 완성하여 '지식도시' 항목에 관해 상급기관에 비준을 요청한 후 항목에 대한 실시를 위해 기초를 다지는데 힘쓰겠다고 말했다.[45]

지식도시의 핵심 산업들은 점차 윤곽이 확실해졌다. 지식도시는 '산업단지화, 단지도시화'의 이념에 따라 산업종목으로 지식산권단지, 생명건강중추(hub)로서의 동방의학밸리, 텅페이 과학기술단지(騰飛科技園), 첨단 지능장비와 지혜과기원, 국가과학원의 회원인 원사(院士) 등 전문가가 모인 창신창업단지(院士專家創新創業園), 국가검정측정 첨단기술서비스업(國家檢驗檢測高技術服務業) 밀집구 등의 숙주를 건설하기로 계획되었다. 천페이진 총재는 투자를 유치할 때 전체 단지의 위치에 따라서 지적소유권과 관계가 있는 기업, 교육·금융·연구개발 등의 기업, 그리고 이런 기업을 유치할 수 있는 일련의 산업기업 유치를 희망한다고 말했다. 그는 입주기업의 평가 기준은 전통적 산업 가치나 세수가 아니라 많은 부수적인 효과를 거둘 수 있는 항목을 가진 미래가 밝은 기업들이라고 강조했다.[46]

텅페이 과학기술단지

스타브릿지 그룹과 텅페이 그룹(Ascendas Group, 騰飛集團)[47]은 선두기업으로서의 브랜드 장점을 활용하여 초기부터 업종의 경계와 지역의 경계를 뛰어넘어 비즈니스 활동 구역으로 합작하여 텅페이 과학기술단지를 건설했다. 텅페이 단지는 총건축 면적 60만m²의 고품질 상업용 비즈니스빌딩, 고급주택, 상업시설을 정비해서 한 곳에 모으고 첨단과학기술, 소프트웨어개발, 연구개발 등과 관련된 중국과 싱가포르 등의 다국적 기업 발전의 요구를 만족시킬 수 있는 활력이 넘치는 일급 비즈니스 커뮤니티를 이룰 계획이다.

이 두 그룹은 '싱가포르 센터'를 설립하여 중국에서의 싱가포르 기업의 투자를 촉진하기 위한 원스톱서비스 플랫폼을 개설하고 개소식을 거행했다. 개소식에는 싱가포르 교통부장관이자 싱가포르 국방부 제2장관이기도 한 싱가포르-광둥합작이사회의 싱가포르 측 연합주석인 류턱위(Lui Tuck Yew, 呂德耀, 1961~)와 광저우 시위원회 상무위원 겸 황푸구 구위원회 서기(黃埔區 區委書記) 천즈잉 및 관련대표들이 참석했다.

'싱가포르 센터'는 중국과 싱가포르 양측 산업계의 중요자원을 투자·통합하고 중국 내 싱가포르 기업의 투자를 유치하는 원스톱서비스 플랫폼을 의미할 뿐만 아니라 싱가포르 기업의 중국 내지시장 개척을 위한 교두보이다. '싱가포르 센터' 설립은 중국과 싱가포르의 관련정부 및 기구 즉 싱가포르 국제기업 발전국·중국-싱가포르 광저우지식도시 관리위원회·중국-싱가포르 광저우지식도시 투자개발 유한공사·싱가포르 창업행동사 등의 투자자문·시장개척·상업·무역·창의 창업 등에 관하여 대대적인 지지를 받았다. 첫 번째 싱가포르 센터의 지도를 받아 종합비즈니스 단지인 텡페이 단지에 입주한 싱가포르 기업은 니코랩(Nicolabs) 주식회사와 덴탈톤(Dentalthon) 주식회사이다.

또한 텅페이 단지에 '중국과 유럽산업발전센터'를 건립하여 신흥산업, 에너지 절약, 환경보호, 창업투자 등 전방위로 유럽동맹 국가와 이스라엘의 우수한 산업항목과 자원을 확보할 수 있게 되었다. 중국과 싱가포르 합작은 국제적인 합작을 유도하는데 좋은 통로였다. 중국은 싱가포르와의 합작에 의존하여 다른 국가들과도 합작을 이루었다. 중국은 유럽, 이스라엘, 영국 등 다양한 국가들과 합작함으로써 산업의 다변화와 창조적 건설을 이루었다.

기술연구원, 과기창신원 등 과기협동 창신센터

지구환경에 관한 창조적 협력허브 추진계획은 싱가포르 난양이공대학, 영국워릭대학(Univ. of Warwick), 독일의 뮌헨공업대학, 베이징대학, 저장(浙江)대학 등 국제적으로 명성 있는 대학과 협의하여 기술연구원, 과기창신원 등 과기협동 창신센터를 개설할 예정이다. 교육훈련사업을 위해서 싱가포르 난양이공대학으로 하여금 지식도시에 사무처를 설립하도록 하고 중산대학, 화난이공대학 등과 국제적으로 유명한 대학의 교육기구와 합작하여 항목을 추진했다. 인재양성을 위해서 광둥성은 싱가포르와 합작하여 2015년 1월까지 전체 10차에 걸쳐 126명을 싱가포르에 파견하여 확실한 주제를 가지고 연수하도록 했다. 집중 훈련받은 간부는 3차에 걸쳐 63명이었다. 또한 11번이나 합작으로 싱가포르인들을 광둥으로 초청하여 포럼을 개최하고 정부와 기업인원 2,780명을 훈련했다.[48]

뤼디(綠地)단지

세계 제일의 개발회사인 뤼디(綠地)그룹이 이미 지식도시건설을 위한 '대공사'를 추진하고 있다. 뤼디그룹은 경제전략, 속도전략, 공원전략, 상권전략, 거주전략의 5대 전략을 수립하고 세계최고급의 자원을 모아 도시지하철 시설의 장점에 의존하여 세계적 일류 종합 뤼디단지를 조성하는 것을 목표로 하고 있다. 도시발전 계획에 의하면 앞으로 광저우 뤼디단지에는 세계기업 기능형 총본부, 지능산업연구개발 집단, 국제건강관리집단, 지역사회(社區)건설이라는 4개의 영역을 포괄할 예정이다.

150m 최고급 빌딩, 공원형 생태사무실, 모든 기능이 투자된 아파트단지, 바다와 가까운 상업가, 국제 고급호텔, 고급주택 등 9대 종목의 다양한 형태의 업종과 최첨단 시설을 갖출 예정이다.

이미 뤼디그룹의 가장 아름다운 주택이 첫 번째 상품으로 시장에 진출했다. 개방된 이 아름다운 주택의 모델하우스는 과학연구 성과를 이용한 높은 주택기술로 건축한 지능주택으로 76~144m²의 2개 혹은 4개의 방을 가진 주택들로 입주자들의 선택의 폭이 넓다.[49] 지식도시 중앙에 위치한 일반인들이 살 수 있는 가옥으로는 약70m²의 정교하고 실용적인 2개의 방 구조와 85~95m²의 우아하고 편안한 방이 3개인 실용적인 구조가 있다. 이들 가옥들을 위한 새로운 판매센터 및 모델하우스가 개방되어 인기가 뜨겁다.[50]

지식도시의 발전 현황

지난 2015년에 이미 지식도시에 투자나 합작하기로 등록한 기업이 모두 127개로 등기자본이 203억6천9백만 위안이며 그중 중국 내 기업이 95개로 등기자본이 109억3천9백만 위안인데 이 중 등기자본이 1억 위안 이상인 업종이 24개이다. 외국기업 32개는 등기자본이 94억3천1백만 위안이고 등기자본이 1천만 달러 이상의 업종이 32개다.

첨단업종으로 싱가포르 텅페이 과학기술원과의 합작업종이 19개이며 히타치 연구개발센터를 포함한 기타 국제 합작업종이 6개, 중산대학 국제건강의료 연구중심을 포함한 국내 독립적 창조형 업종이 20개이다.

지식도시에는 텅페이 과학기술단지, 중산대학 국제건강의료연구센터(中山大學國際健康醫療研究中心), 광저우 중의약대학 지식도시 국제중의 과학연구 건강서비스센터(廣州中醫葯大學知識城國際中醫科研健康服務中心), 안카이(安凱) 마이크로 전자, 시스코-TCL 클라우드 컴퓨팅 데이터베이스 센터, 혼다(本田)기술연구센터 등의 운영총본부, 징둥상청(京東商城, JD.Com) 인터넷 쇼핑몰기지 및 화난(華南)총본부, 완진그룹(萬金集團)연발중심 및 화난총본부, 광둥 톈롄그룹(廣東天聯集團) 설계중심 및 총본부, 친상 전기에너지(勤上光電) 연발중심 및 판매총부, 진위그룹(金域集團) 의학검사중심 및 운영총본부, 만탕훙 그룹(滿堂紅集團) 전자상무센터 및 운영총본부, 탄소 아라미드 섬유(金發碳纖維) 생산기지, 광저우지식도시 국제상무 싱가포르 단지(中新廣州知識城國際商務新城), 웨페이(粵飛) 애니메이션 실리콘밸리 등은 이미 정착했다.

이상과 같이 생물의학, 이동 인터넷, 현대서비스업 등의 벤치마킹의 성격을 가진 선두주자 종목과 이와 관련이 있는 종목들이 입주했고 비즈니스센터 건설이 추진되었으며 이에 상응하는 현대서비스업이 밀집한 비즈니스 공간이 다투어 조성되고 있다.[51]

7. 발전이 지속가능한 사회

광저우지속가능한 발전은 현세대의 필요를 충족시킬 뿐만 아니라 미래 세대의 필요를 충족시킬 수 있도록 발전하는 것을 의미한다. 사회는 자연과 조화를 이루는 건강하고 생산적이고, 경제는 생태계와 환경을 훼손하지 않는 범위 내에서 개발을 추진하여 지속적으로 발전할 수 있어야 한다. 그래야 현재 세대가 쾌적하게 살 수 있고 후손에게 깨끗한 환경을 물려줄 수 있다.

광저우지식도시는 산수풍경을 배경으로 생태환경이 아름다운 부지에 사업하기 좋고 살기 좋은 도시를 구획하고 높은 표준의 시설과 단지들을 배치하여 발전이 지속가능한 사회로 성장할 것으로 기대한다.

친환경 정책

지식도시의 친환경을 위한 시정(市政)발전계획은 저탄소 녹색성장을 위한 계획과 설계 및 자연자원과 기술결합을 추진하고 녹색건축을 추진하는 것이다. 녹색건축을 위해서는 저(低)에너지, 전기절약, 절수를 위한 설계와 운영을 계획했다. 에너지는 재생산 가능한 에너지, 높은 효력의 청결에너지, 에너지 절약 등 녹색에너지 정책을 추진했다.[52] 이에 따라 지식도시는 일정비례로 재생에너지와 신에너지의 자급자족을 실현하기 위해 태양에너지를 공급하고자 한다. 지역의 위치상 태양에너지 생산이 가능함으로 정부의 보조를 받아 개발하기를 희망한다. 그리고 전기자동차 충전시설 건설을 적극 추진할 예정이다. 절약에너지와 환경보호를 위한 녹색전력망의 계획, 설계, 시공, 운영 등에 있어 최대한으로 효과를 실현하고자 지능화와 디지털화를 추진하여 배전망의 자동화를 갖출 계획이다. 지식도시는 현재 국가녹색 생태시범구 지정을 신청했다. 지식도시는 높은 수준의 녹색저탄소 도시로 건설되고 있으며 주택건축 항목 중 8개와 공용건축 항목 중 36개가 녹색비율 100%로 실현되고 있다.[53]

친환경 경제운영

광저우지식도시는 지구 온난화 문제에 대하여 2007년 말 새로운 장기 환경 비전을 공표하고 행동을 개시한 일본 히타치그룹을 본보기로 경제생활을 운영할 계획이다. 히타치그룹은 1985년에 환경 방재센터를 설립하여 각 사업소에서 공장 배수의 수질관리 등 산업폐기물의 소멸 등의 활동을 시작했다. 또한 각 사업소에서 취합된 문제들을 해결하기 위해 공동의 목표를 세우고 경영차원에서 해결하려 노력했다. 그리하여 본부 조직 내에 환경본부를 설치하고 그 역할을 확대하였으며 1990년 후반에 환경경영 관리시스템을 제정하여 각 사업소에서 경영관리시스템을 도입했다.

이후 9년간의 활동 결과 2000년에는 그룹과 연결된 활동으로 발전하여 현재의 히타치그룹 환경활동·환경관리 체제가 나왔다. 종합전기(總合電機)의 히타치 제작소를 중심으로 히타치화학공업(日立化成工業), 히타치금속(日立金屬), 히타치전선(日立電線)을 시작으로 환경활동에 참가하는 회사는 약 1,100(2009년 3월 기준)개다. 이렇게 광범위하게 제품을 생산하는 그룹이 환경행동계획이라는 연간방침에 따라 일체적으로 환경활동을 추진하고 있는 것이 히타치그룹의 최대 특징이다. 사장과 경영회의를 정점으로 사업 그룹과 회사 그룹에서 선임한 환경전략책임자부터 환경조직체제, 사업소의 환경 부하 정도에 따라서 관리구분이 설정되고 환경 과제별 부회(部會)활동, 환경배려 설계추진을 조직하여 사업소의 환경 부하를 감소시켜 나갔다.

히타치그룹의 이러한 활동이 다양한 업종에서 효율적으로 실천 가능할 수 있었던 것은 IT 시스템의 활용이었다. 광저우지식도시는 히타치그룹의 환경경영조직, 환경관리조직과 그 체제, 환경경영 추진체제구축, 환경관련 사내기준과 규정, 대규모 환경경영관리와 시스템통합, 환경을 배려한 공장과 사무실, 스텝들의 환경협력활동, 지속형 사회실현을 위한 조직 등을 본보기로 기업들이 운영되기를 기대한다.[54]

사회통치

광저우지식도시는 싱가포르와 소프트웨어 방면에서 합작을 강화했다. 싱가포르와 합작으로 '이웃과의 날(鄰里日)'을 정하고 싱가포르 직총(職總)과 합작으로 노사관리와 사회관리서비스 체제 메커니즘의 개혁을 추진했다.[55] 또한 싱가포르의 비영리 복지재단인 덕교태화관(德教太和觀)의 경험을 본보기로 하여 주롱타운(九龍墳)에 가정종합서비스센터를 건설하여 근 10만 명의 거주인구에게 각종 전문적인 사회복지서비스를 제공할 예정이다. 지역사회의 관리서비스를 창안하여 지식도시를 포함한 광저우를 사회봉사 시범지역으로 선정하고 농촌 이주민 구에서부터 새로 창안한 지역사회를 위한 관리서비스 항목들을 시범으로 시작했다. 또한 싱가포르의 공공관리 경험을 본보기로 하여 '이웃(街坊)편리센터(마트)'나 '싱가포르식의 상업센터(隣里中心)'를 건설하여 동네사람들이 필요로 하는 모든 종류의 물품과 사회서비스가 제공되는 높은 수준의 지역사회를 형성했다. 이곳에서는 비용이 적고 질적으로 우수한 의료서비스를 제공하고, 많은 사람들이 자원을 향유하도록 환경이 조성되었다.[56]

이와 같이 지식도시는 높은 차원의 싱가포르와의 합작을 추진하고 혁신을 통해 새롭게 발달한 생태도시와 창의도시를 조성하여 세계지식기반경제의 새로운 본보기를 이루기 위해 노력하고 있다.

8. 미래전망

주장 삼각주에 위치한 광저우지식도시의 총체적 전략은 자주혁신 선행구로서 중국의 화남지역과 동남아 지역뿐만 아니라 전 세계에 영향력을 미칠 수 있는 높은 수준의 지식기반경제 도시로 성장할 계획이다. 또한 주장 삼각주 산업전형을 통해 강력한 엔진으로 중국-동맹구역의 창의센터가 되고 살기 좋은 생태 신도시 건설을 위해 노력 중이다.

지식도시의 총체적인 방향은 "명확한 하나의 노선, 세 가지 변화, 여덟 개의 중점"으로 개괄할 수 있다. 명확한 하나의 노선은 창의와 가치의 이론을 돌출하여 기술혁신을 강화하고, 경제번영을 촉진하며 그 질량과 효율성을 높이는 것이다.

3가지 변화는 ① 기업선행을 유지하되 과거 제조업 중심의 투자유치에서 창의를 촉진하며 첨단기업을 모아 국제합작을 원칙으로 하는 지식밀집형 서비스업을 목표로 한 투자유치로 변화한다. ② 과거 투자유치가 중점이었다면, 앞으로 인재유치 우선으로 변화한다. ③ 금융서비스 완성, 지식소유권보호, 그리고 교역특허제도를 중점으로 과거에는 하드웨어 중심이었다면 앞으로는 소프트웨어 중심으로 변화한다.

8개 중점은 높은 지식밀집도, 시장잠재력, 높은 부가가치, 강한 산업관계, 좋은 생태환경의 원칙에 따라 ① 연구개발 서비스업, ② 창의 산업, ③ 교육훈련과 인재양성, ④ 생명건강 서비스 및 정보기술, ⑤ 생물기술, ⑥ 신에너지와 절약환경 보호기술, ⑦ 선진제조 기술산업의 발전, ⑧ 지식밀집형 서비스업 주도로 고부가가치 제조업과 산업하기 좋은 조건을 갖춘 산업 구조를 형성할 예정이다.[57]

지식도시는 2020년까지는 초보적으로 세계지식기반경제의 고지에 도달할 것이고, 2030년에는 세계지식기반경제 고지에서 그 위용을 드러내 영향력을 행사할 예정이다. 또한 창조적인 세계관을 가진 지식형 고급인재들이 모여 창조적 지식을 개발과 교역에 투입하고 창의가 보장되는 도시가 되도록 할 것이다. 아울러 인간과 자연이 조화롭게 공존하는 도시가 될 것이다.

지식도시는 세계의 첨단기술이 지탱하고 도시에 인류 지혜를 부여하는 스마트도시, 학습이 창신의 기초가 되어 종신학습의 장을 구축하는 학습도시, 세계 첨단인재들이 모여 무한한 창조적 사고를 응축해내는 창의혁신도시, 그리고 세계발전의 흐름을 선도하고 지속발전의 청사진을 그려내는 미래도시가 될 것이다.[58]

그리고 국제일류수준의 생활환경을 갖춘 편리한 지식도시는 싱가포르의 선진도시 관리 경험을 중국 사정에 잘 접목하여 성공적으로 운영될 것이다.

9. 싱가포르와 합작의 의의

중국은 개혁개방 이후 첫 번째 합작 국가인 싱가포르와 쑤저우공업단지를 성공적으로 건설했다. 이후 영국, 이스라엘, 유럽의 몇몇 국가들과도 합작을 했었지만 싱가포르처럼 밀착된 합작은 아니었다. 특히 광저우의 경우 가능한 모든 영역에 걸쳐서 싱가포르와 합작을 이루어냈다. 광둥성과 싱가포르는 다른 어떤 지역보다 그 관계가 역사적으로 깊을 뿐만 아니라 현재 광둥성 각 분야의 관료들, 학자들이 싱가포르에 대해 친밀감을 갖고 있다.[59]

지식도시에서 2015년 첫 번째로 개최된 연석회의에서 광저우 시위원회의 상무위원이며, 중국-싱가포르 광저우지식도시 관리위원회의 주임인 천즈잉(陳志英, 1961~)은 지식도시의 개발과 건설의 특징은 중국과 싱가포르의 합작이라는 것을 지적했다. 그는 지식도시가 한 단계 더 발전하기 위해서는 싱가포르의 경험을 기초로 하여 유럽, 이스라엘, 영국 등의 국제적 사업들과의 합작으로 확대함으로써 지식도시의 장기적인 목표인 경제사회 전면협조와 지속적인 발전을 실현할 수 있다고 말했다.[60]

광저우지식도시 개발에 있어 중국과 싱가포르의 합작은 도시개발·건설의 요점이 되었다. 지식도시는 "기업 우선, 정부의 추진과 격려, 그리고 시장질서에 맡기는" 합작모델을 개척했다. 이와 함께 이전에 들어온 종목도 대외개방과 합작의 방식으로 변했다. 중국과 싱가포르는 공동으로 건설한 전략 플랫폼을 통하여 쌍방이 합작영역을 한 단계 긴밀하게 연계하여 더 높은 차원의 공동의 이익을 추구했다. 4년여 동안 지식도시에서의 중국과 싱가포르 합작은 광둥성과 싱가포르의 전통적 투자무역 합작의 범주를 초월했다. 합작내용에는 도시발전 계획수립, 산업발전, 국제교육, 사회관리 등 다방면이 포함되어 있지만 특히 첨단산업발전, 신형도시 건설, 지식소유권, 과학기술 연구개발 등 영역에 중점을 두었다.

지식도시는 중국과 싱가포르 합작공사가 우선 실천 운영하는 모범을 보였고 정부가 적극적으로 중국과 싱가포르 양측 간의 소통 기제를 수립하여 적극적으로 연합하여 기업을 유치하고 산업을 주도했다. 중국과 싱가포르 합작은 학습 본보기가 되어 사회발전영역에서 합작이 추진되어 광저우지식도시는 중국과 싱가포르 합작의 랜드마크로 지식이 확산되는 지능도시, 창의도시, 학습도시, 미래도시로 발전할 것으로 예상되고 있다.

싱가포르가 중국발전에 미친 영향

덧붙임

중국과 싱가포르의 합작전략은 계속 발전하고 있다. 1994년에 추진된 쑤저우공업단지는 제조업 지향형 합작이었고, 2008년 톈진생태도시는 거주 지향형 합작으로 국가와 국가 간에 이루어진 합작이었다. 싱가포르는 중국의 지역경제발전 진행 과정에 따라 중국지방정부와 여러 대형 공업단지 건설사업을 공동으로 진행했거나 추진하고 있다. 싱가포르는 2010년부터 광동성과 지식기반경제 지향형의 광저우지식도시를,[1] 2012년 5월 8일 기공식을 가진 싱가포르-쓰촨 혁신과학기술단지(The Singapore-Sichuan Science and Technlogy Innovation Park, 新川創新科技園)는 쓰촨성과 합작으로 추진 중이다.[2]

1. 서부개발의 교두보 싱가포르-쓰촨 혁신과학기술단지

우리가 싱가포르-쓰촨 혁신과학기술단지 건립에 주목해야 하는 이유는 이 합작사업을 통해 중국의 서부개발과 서부의 개방형 경제발전이 가져올 변화 때문이다. 싱가포르-쓰촨 혁신과학기술단지는 쓰촨성 위원회 서기 류치바오(劉奇葆)의 노력으로 추진되었다. 광시성 당서기 시절부터 '싱가포르 모델'에 관심을 가진 그는 2007년 쓰촨성 당서기에 임명되면서 본격적으로 싱가포르와의 합작 가능성을 연구했다. 그는 쓰촨성에 대한 싱가포르의 개별적 기업 투자를 집중합작투자로 바꾸고 싱가포르의 세계적인 안목과 산업단지 관리·운영 경험을 이용할 수만 있다면 쓰촨 지역의 발전에 큰 이득이 될 것이라 판단하였다. 이러한 생각으로 2009년 류치바오는 싱가포르 총리실 장관이며 싱가포르-쓰촨 무역투자위원회 고문 림수위세이(Lim Swee Say, 林瑞生, 1954~)를 만나 싱가포르-쓰촨 혁신과학기술단지 건립을 제의했고 싱가포르의 인가를 얻었다.[3]

2010년 4월부터 양국의 정부와 기업들이 여러 차례 담판하는 기간에 류치바오와 쓰촨성의 지도자들은 청두(成都)에 톈푸신구(天府新區)와 충칭(重慶)에 량장신구(兩江新區)를 중심으로 청두와 충칭을 묶어 청위(成渝)경제구로 발전시킬 계획을 세웠다. 중앙정부 또한 경제적으로 쓰촨성 톈푸신구를 국가급 개발구로 승격시켜 제조업 위주의 국제화된 하이테크 산업의 집성지로 조성하고 고급 서비스업을 도입하고자 했다. 그리고 톈푸신구를 통해 서부대개발 강화전략, 적극적인 신형도시화 추진, 혁신중심의 발전전략을 구축하여 내륙에 개방형 경제를 발전시킬 계획이다.[4]

텐푸신구의 건설목적은 싱가포르와 합작하여 자본밀집형으로부터 창조밀집형으로 경제를 혁신하는 것이다. 서부에서 가장 경쟁력을 갖춘 경제구역인 텐푸신구는 앞으로 건설될 싱가포르-쓰촨 혁신과학기술단지로 인해 시너지 효과를 볼 것으로 기대한다. 쌍방의 협의는 진일보 빠르게 진전되어 2011년 9월 싱가포르-쓰촨 혁신과학기술단지의 정식 현판식이 거행되었다.[5]

싱가포르-쓰촨 혁신과학기술단지 사업의 전체적인 계획과 개발을 진행하기 위하여 중국과 싱가포르가 합작하여 청두 하이테크 개발구(高新技術開發區)에 "중국-싱가포르 청두(中新成都) 혁신과학기술 개발주식회사(創新科技園開發有限公司)"를 건립했다. 이 회사는 싱가포르의 4개 대기업이 조직한 싱가포르-쓰촨 투자지주회사(新川投資控股有限公司)와 청두 가오신(成都高新)투자그룹이 50:50의 비율로 연합 투자하여 건립했다. 싱가포르 측 4개 출자기업은 싱가포르의 대기업인 테마섹지주회사, 싱가포르 주롱집단계열의 텅페이그룹, 싱가포르 케펠기업, 그리고 싱가포르 셈브기업(Semb Corp Industries Ltd, 勝科工業有限公司)이다. 이들은 세계적으로 유명한 최선진 회사들로서 선진 관리이념과 우수한 회사원들을 보유하고 있다. 싱가포르-쓰촨 혁신과학기술단지의 예상되는 총투자액은 1천억 위안으로 2012년 5월 8일 정식으로 기공식을 가졌다. 합자공사가 직접 투자하는 액수는 200억 위안을 초과했고 등기한 자본금만 2억9천7백만 달러이다.

사업의 목표는 첨단기술로의 변환과 응용을 통하여 현대식 제조, 현대식 서비스업, 현대식 생활이 일체화하고 공업화와 도시화가 상호 결합된 단지의 조성이다. 싱가포르-쓰촨 혁신과학기술단지의 계획면적은 10,340m^2이고, 거주인구는 12만 명, 취업인구는 15만 명이 될 예정

이다.[6]

싱가포르-쓰촨 혁신과학기술단지에 대한 투자는 20여 년 이래 중국에서 싱가포르의 투자 역사상 전례가 없었던 것으로 싱가포르에서 가장 실력이 있고 강력한 2개의 국유지주회사 즉 테마섹지주회사와 주롱그룹이 참여했다.

2020년에 완성될 예정인 싱가포르-쓰촨 혁신과학기술단지는 청두하이테크 개발구가 기존의 산업기초와 개발조건을 바탕으로 자원과 산업의 우수성을 향상시키고 다국적 기업을 유치하여 창의적인 연구개발을 추진하는 계획이다. 시난(西南) 차이징(財經)대학 금융연구중심 연구원이며 청두(成都) 국가하이테크 개발구 발전기획국(國家高新技術開發區發展策劃局) 국장 탕지창(湯繼强)도 싱가포르와의 합작으로 인한 최상의 효과는 "쌍방이 각각의 장점을 발휘하여 전 세계의 자원을 통합 조정하는 것이다"라고 보았다.

서부개발의 출발지로 중요한 청두는 저탄소 경제의 발전을 핵심으로 에너지 절약, 환경보호, 전자정보기술, 생명공학, 정밀기계, 금융, 교육, 대외서비스 등 주요 산업을 추진하여 고도의 과학기술로 제조업을 발전시킬 계획이다. 정부는 기업이 주체인 상업모델로 시장운영은 기업친화적, 주민에게 친절, 친환경의 원칙을 가지고 운영할 계획이다. 싱가포르 국제기업 발전국 중국사(中國司) 부사장 티엔 키위 엉(Thien Kwee Eng, 張婉芯)의 말처럼 이 합작은 "싱가포르와 쓰촨성 간의 하나의 이정표가 되"어 경제협력관계를 새로운 단계로 끌어올릴 것이다. 쑤저우공업단지가 중국 동부의 개발과 개방에 범례가 된 것과 같이 '싱가포르-쓰촨 혁신과학기술단지'는 중국서부지역 개발과 개방의 한 범례가 될 것으로 기대한다.[7]

중국과 싱가포르 간에는 공단이나 도시뿐만 아니라 기업 간의 교류도 빈번하게 이루어지고 있다. 예를 들어 2007년 3월 29일 다롄 항 그룹(Da Lian Port(PDA) Company Limited, 大連港集團) 싱가포르 IMC Group(萬邦集團), 그리고 창싱 섬(長興島) 항만 공업구 관리위원회(臨港工業區管委會)가 정식으로 '다롄-창싱 섬 공공항구사업 투자협의서(大連長興島公共港口項目投資協議書)'에 서명했다. 이 세 그룹의 투자비율은 각각 40%, 40%, 그리고 20%로 총 투자액이 13억1천만 위안으로 창싱 공공항구를 건설하고 운영하기로 했다. 합작협의에 의하면 3그룹은 항구 후방에 항구 물류가공(처리)구역을 설치하고 적극적으로 목재처리, 강재(鋼材)처리, 양식처리 산업을 발전시켰다. 점차적으로 창싱 섬 항만에 공업구를 건설하여 국내 중요 목재처리기지, 중형강재 및 대형장비 어셈블리 운송기지, 양식저축 및 처리운송기지, 내외무역 콘테이너 운송기지가 되어 공공항구와 항구 물류처리구로 발전할 것이다.[8] 다롄시 텅페이 IT 단지(Dalian Ascendas IT Park, 大連市騰飛軟件園)도 이미 건설되었다.

2. 싱가포르 모델

1994년에 착공한 쑤저우공업단지의 모델은 쑤저우 주변의 쑤첸, 난퉁, 추저우, 우시뿐만 아니라 신장의 훠얼궈쓰로까지 확산되고 있다. 톈진의 생태도시 모델은 중국 서북지방 등 사막이나 황폐한 지역의 본보기가 될 것이다. 광저우의 지식도시 모델은 기존 개발구나 도시가 첨단과학도시, 생태도시, 스마트도시로 전환하는데 본보기가 될 것이다. 우리는 중국의 외적으로 보이는 수십 층 이상의 고층건물 등 유럽이나 미국을 방불케 하는 현대 건물과 교통망뿐만 아니라 도시운영, 세계 최고 수준으로 도약하고 있는 중국도시의 첨단산업기술의 발전과 사회관리와 운영 및 가치관의 변화에 주목해야 한다.

싱가포르의 경제발전과 공공관리의 경험을 본보기로 하여 싱가포르식의 공단운영과 도시관리, 기업친화적 이념과 투명한 투자유치 등 싱가포르의 다양한 소프트웨어가 중국 대륙 깊숙이 퍼져 나가면서 중국과 중국인이 변하고 있다.

첫째, 도시설계, 도시의 인프라 구축에 있어 발전계획 선행 즉 기존 토지를 집약적으로 이용하려면 우수한 설계와 발전계획에 기인한다는 싱가포르의 경험을 본보기로 했다. 그리고 싱가포르의 발전계획 검토제도를 본받아서 첫 발전계획 진행에 대하여 검토를 실시하고 업무를 단계적으로 추진했다. '선 발전계획 후 건설추진, 선 지하 후 지상, 선 2차 산업 후 3차 산업, 선 기초시설 개발 후 상업부동산 개발'이라는 과학적인 발전과정을 통하여 각 항목을 순차적으로 개발건설하였다. 단지의 개발건설순서 또한 싱가포르를 본보기로 '선 공업, 후 주택, 재 상업'을 추진했다.

둘째, 중국은 싱가포르로부터 공업단지 개발과 발전과정에 있어서 환경보호 교육이 중요하다는 것을 배웠다. 그 결과 도시발전의 총계획에 의하여 환경보호 기초시설, 오수수집 및 처리 등을 고려하여 환경기초시설이 순리대로 진행되었다. 동시에 환경교육을 중시하여 각종 환경보호 선전과 애국교육을 종합하여 민중에게 교육함으로써 어려서부터 환경의식과 자원이념에 관한 의식을 함양하도록 했다.

셋째, 싱가포르 경험을 본보기로 한 쑤저우공업단지, 톈진생태도시, 광저우지식도시는 하나의 체제 메커니즘을 형성하였다. 조기의 도시 발전계획과 비즈니스를 유치하고자 한 산업의 발전 이념과 원스톱서비스 등 기업친화적 이념에서 지역사회를 중심으로 하는 건설에 이르기까지 싱가포르 경험을 배경으로 합리적인 도시구역배치, 경제발전, 제도건설, 사회관리 등 방면에서 융통성 있는 갱신 메커니즘을 건설했다.

넷째, 중국은 싱가포르 합작 창구를 이용하여 과학기술과 첨단신기술 산업합작을 심화함과 동시에 합작 영역을 확대하여 그 내용이 풍부하게 되었다. 이제 싱가포르와의 합작도시들은 세계일류 첨단기술 산업단지인 동시에 중국의 신 첨단과학기술로써 국제경쟁력과 영향력을 갖춘 개혁의 중심이 되었고 정보화·디지털화·시스템화·종합화의 발전단계를 거쳐 지능도시가 되었다. 중국과 싱가포르 합작의 장점을 발휘하여 3대 데이터베이스를 기업들에게 적극적으로 개방하였고 전자상무와 기업정보화를 확장했다. 전자상거래를 널리 확산하기 위하여 도시와 가정의 디지털화를 추진하여 완전히 전자상거래의 기초시설을 건설했다.[9] 중국은 싱가포르와의 합작에 의존하여 선진도시계획이념과 관리운영을 학습하거나 모방 능력뿐만 아니라 동시에 싱가포르의 국제화 플랫폼을 이용하여 유럽, 이스라엘, 영국 등 다양한 국가들과 합작함으로써 산업의 다변화와 창조적 건설을 이루었다.

다섯째, 싱가포르의 신도시와 지역사회(社區)의 발전계획 및 공공서비스 기능을 참조했다. 예를 들어 '사회협력의 날'은 일종의 주민들에게 친절하고 혜택을 주는 우수한 메커니즘이 되어 주민들의 행복감과 만족도를 높여 주었다. 이는 싱가포르의 경험을 중국화한 방안이었으나 주민의 소리를 청취하고 주민의 지혜를 모아 주민이 염려하는 바를 해결해주는 녹색창구의 시작이 되었다. 쑤저우공업단지는 싱가포르의 시민자문위원회의 운영경험을 참고하여 중국의 실제에 맞도록 결합한 지역사회발전 자문제도를 수립했다. 싱가포르의 사법제도를 본받아 법정휴일, 이중 언어 사법건의서, 이중언어 검찰건의서, 직접 파견된 법정조직, 경찰과 시민의 친교의 날 등 새로운 법적서비스 제도를 창안하여 다양한 형식으로 법제 선전 교육을 실시했다.

'중국이 세계를 이해하는 중요한 창구'가 되어 세계 첨단과학기술 도시로 발전한 쑤저우공업단지, 환경, 지질, 기후, 인문 등의 요소를 결합하여 경제, 사회, 환경의 지속발전이 가능한 톈진생태도시, 세계의 첨단기술의 창업도시, 혁신도시, 생태도시를 건설하여 지식기반경제발전의 동력이 될 광저우지식도시가 중국에 미칠 영향은 중국의 경제뿐만 아니라 정치, 사회, 문화, 가치관 등의 변화에 한몫을 단단히 할 것임에 분명하다.

이제 세계 일류도시 싱가포르를 중국에 1,000개 건설하겠다던 덩샤오핑의 꿈이 현실화되어 가고 있는 셈이다.

C H I N A

싱가포르는 어떻게 운영되는가?

S I N G A P O R E

지도상 한 점에 불과한 섬 도시국가 싱가포르는 천연자원도 없고 국민 대부분은 영국식민지 시절 이민자들의 후예이다. 그런 작은 나라 싱가포르가 세계에서 삶의 질이 좋기로 손꼽히며 아시아에서 행복지수가 가장 높은 나라로 평가받고 있다. 싱가포르의 이러한 변화와 발전은 거대 중국뿐만 아니라 서구 일부 국가들도 배우고 싶어 한다. 그렇다면 도대체 싱가포르의 변화와 발전의 실체는 무엇이고, 이 나라를 움직이는 동력은 무엇일까?

필자는 '중국이 싱가포르에서 무엇을 배우려 하는가? 중국이 싱가포르로부터 무엇을 배울 수 있을까? 그 결과 중국은 어떻게 변할 것인가?'에 관심이 있다. 이것이 바로 이 책을 집필하게 된 동기이다. 왜냐하면 우리나라에 막대한 영향력이 있는 중국의 변화를 연구하여야 우리의 미래를 대비할 수 있기 때문이다. 우리는 이미 1, 2부에서 중국이 싱가포르로부터 배우고자 하는 것이 무엇인지 살펴보았고 중국의 변화 방향에 대해서도 고찰했다. 이에 3부에서는 중국을 변화시키고 있는 싱가포르의 통치와 강한나라 싱가포르를 만든 원동력이 무엇인지를 살펴보고자 한다.

싱가포르의 통치와 발전을 생각하면 가장 먼저 떠오르는 인물이 리콴유이다. 그는 싱가포르의 통치체제를 만들고 발전시킨 사람이다. 그는 어떤 생각을 갖고 싱가포르를 건설했을까? 보잘것없던 작은 섬나라인 싱가포르를 중국이 배우고 싶어 할 만큼 강한 세계일류 도시국가로 만든 원동력은 무엇이었을까?

1장에서는 리콴유를 소개하고자 한다. 리콴유에 대해 알지 않고서는 싱가포르가 어떤 국가인지 설명할 수 없을 것 같다. 2장에서는 특히 중국이 배우고 싶어 하는 집권당 인민행동당의 통치이념, 당 조직과 운영에 관하여, 3장에서는 투명한 행정부의 경쟁력 있는 공무원 조직과 운영 및 다양한 부패억제책을 살펴보고자 한다.

리콴유의 싱가포르 공화국

1장

싱가포르 건국의 아버지인 리콴유(李光耀)는 영국의 식민지 싱가포르에서 출생하였으나 부모는 광동에서 이주해온 객가(客家)출신이었다. 그는 중고등학교를 래플스 인스티튜션(Raffles Institution)에서 영국식 교육을 받았다. 1946년에 리콴유는 영국으로 건너가 1949년까지 케임브리지대학(Cambridge University)에서 장학생으로 법학을 공부하였고 최우수 성적으로 졸업하였다. 그는 미들 템플(Middle Temple)에서 1950년까지 수학한 후 변호사 자격을 취득하고 싱가포르로 돌아와 1951년 변호사 사무실을 개업하고 노조의 법률고문으로 활동하면서 정치 기반을 구축하였다.[1]

리콴유는 합법적인 범위에서 집배원 및 전화교환수 노조의 이익을 대변해 영국 식민정부와 임금 협상을 하는 데 있어 영국식민지 지배계층의 불안감을 조성하지 않는 전략을 구사했다. 그는 이 과정에서 싱가포르의 문제점을 발견하게 되었다. 그는 그 당시 식민정부는 총독과 부총독 그리고 법무장관에 의하여 장악되어 있었고 일반 민중과 너무 괴리되어 있다고 느꼈다. 그리하여 고켕스위, 데이반 나이르(C. V. Devan Nair, 蒂凡納, 1923~2005), 라자라트남(S. Rajaratnam, 拉惹勒南, 1915-2006), 압둘 사마드 이스마일(Abdul Samad Ismail, 1924~2008), 토흐친차이(Toh Chin Chye, 杜進才, 1921~ 2012) 등과 함께 1954년에 인민행동당(The People's Action Party)을 창당하고 초대 사무총장이 되었다. 당시 당의 목표는 영어 사용자, 중국계 및 말레이시아계 대중의 지지를 받는 것이었다.[2]

1955년 32세의 리콴유는 영국자치정부 입법의회에 의원으로 정계에 진출하였고, 36세에 영국식민지 자치정부의 수반인 총리가 되었다. 그는 공산세력의 축출과 영국식민통치로부터 독립을 위해 말레이시아 연방에 가입했으나 말레이시아 정권과의 의견대립으로 연방에서 탈퇴하게 되었다. 무에서 유를 창출하겠다는 각오로 무장한 그의 놀라운 지도력으로 신생독립국 싱가포르는 세계일류국가로 발전할 수 있었다.

1. 영국식민통치하의 싱가포르

싱가포르 공화국은 적도로부터 북쪽으로 137km에 위치하고 있으며 총 63개의 크고 작은 섬으로 구성되어 있다. 국토 총면적은 서울 면적(605.21km²)보다 약간 넓은 618km²이었으나 그동안 바다를 메워 2016년에 719.7km²가 되었다. 싱가포르 섬은 구조적으로 말레이 반도의 연장이며 좁은 조호르(Johor) 해협을 사이에 두고 반도와 떨어져 있다. 또 싱가포르 섬 남서쪽은 말라카 해협을 사이에 두고 인도네시아의 수마트라와 마주보고 있다. 싱가포르 섬 서쪽의 파시르판장 항(港)과 남쪽의 케펠 항은 수심이 깊고 파도가 전혀 없어서 연안까지 대형 선박들의 출입이 가능한 천연의 양항이다. 싱가포르 섬은 이들 심해 항구들과 함께 인도양과 남중국해 사이에 있어서 전략적인 입지조건을 갖추었다.

싱가포르 섬은 말레이 어민 수백 명이 거주하는 조용한 어촌이며 주변의 해적들이 거처했던 곳으로 1613년에는 포르투갈, 1641년에는 네덜란드의 통치를 받았다. 1824년 영국과 네덜란드는 조약을 체결하고 이 지역을 대략 오늘날의 말레이시아와 인도네시아처럼 나누어 관할하기로 결정했다. 그리하여 1826년부터 싱가포르는 말라카와 플라우 피낭(Pulau Pinang)과 함께 영국 동인도회사 지배하의 해협식민지(the Strait Settlements)로 편입되었다가 1867년에 그 관할권이 영국동인도회사에서 영국 식민지청으로 이전되면서 영국 직할 식민지가 되었다.[3]

이후 싱가포르는 자유무역항으로 아시아의 물품을 유럽으로 수출하는 전진 기지였다. 싱가포르에는 영국 해군과 그 가족들 그리고 무역 위탁 회사들이 속속 진출했다. 중국에서도 무역 상인들과 노동자들이 싱가포르로 들어왔다. 특히 19세기 말부터 영국이 말레이 반도에서 대규모의 고무농장 건설과 주석광산 개발에 주력하면서 싱가포르는 그 중계무역과 가공무역항으로서 비약적으로 발전하였다.

영국의 이민 장려정책으로 많은 중국인들이 주석광산의 노동자로, 인도 노동자들이 고무농장의 노동자로 몰려오게 되어 싱가포르는 노동력의 중계지가 되었다. 또한 무역과 상업에 종사하기 위해서 혹은 항만 건설노동자나 가사노동자로서 싱가포르에 거주하는 이들이 증가했다. 싱가포르는 인종 전시장을 방불케 할 만큼 다양한 민족들이 각각 다른 이민사회를 형성하기 시작했다. 각각의 이민사회는 독자적인 거주지 내에서 고유한 언어·관습·종교를 보유한 채 식민사회에서 상호보완적으로 공존하였다.

그러나 종족 간의 교류는 제한되어 있었으며 자녀들도 그들만의 언어학교를 다니고 일부 일터도 그들 종족만 모였다. 영국은 피부의 색깔보다는 돈을 중시했다. 그리하여 부유한 중국·인도·아랍 상인들은 유럽인과 더불어 싱가포르 사회의 상층에 위치하면서 식민당국과 자신들이 속한 이민사회의 중개인 역할을 했다. 싱가포르 사회는 인종별로 분화되고 인종 간의 계층이 존재했으며 각 출신성분과 출신지에 따라 확연하게 구분되어 있었다.[4]

영국식민지정부는 중국인들을 가장 선호하였다. 왜냐하면 중국인의 인구비율이 가장 높았을 뿐만 아니라 식민지 경영의 1등 공신이 바로 중국인이었기 때문이다. 영국식민지정부는 중국인의 싱가포르 이민에 대하여 화민호사서(華民護司署)라는 이민 사무를 주관하는 기관을 설립한 것 이외에는 그들을 법적으로 보호하지도 않았고 행정적으로 간섭하지도 않았다. 중국인들은 출신지에 따라 혈연이나 지연을 이용한 네트워크를 조직하였다.

중국인들이 자신들의 안전과 재산을 보호하기 위해 출신지별로 조직한 인적결합체를 방(幇)이라 하고 법인조직은 회관(會館)이라 부른다. 중국 이민자의 대부분은 중국남부 출신이었고 푸젠방(福建幇), 광둥방(廣東幇), 차오저우방(潮州幇), 하이난방(海南幇) 등의 조직을 갖고 있었다. 각 방은 상부상조하는 결합체로서 특징이 있는 직업을 가지고 분포하여 생활했다. 방은 타향에서 노동하는 중국인에게는 필요불가결한 네트워크이지만 동시에 동향인만의 사회적·경제적 상호협력체를 의미하는 폐쇄적인 집단이었다. 더구나 푸젠어, 광둥어, 차오저우어가 서로 통하지 않아 방 사이에 다툼이 생기는 등 반목이 심했다. 그리하여 1906년에 방 상호간의 문제를 해결하기 위한 상부조직인 중화총상회(中華總商會)가 설립되었다. 그런데 영국은 중화총상회에 단체법을 적용하지 않고 특별한 지위를 인정하며 우호적인 관계를 유지함으로써 중국인에 대하여 방을 통한 분할통치를 그대로 유지했다. 싱가포르에 이민 온 중국인들은 거주지별 혹은 직업별로 구분된 방에 속하여 생활하다 보니 그들에게 싱가포르는 '임시숙소'이고 그들의 의식은 항상 중국을 향했다.[5]

싱가포르에 거주하는 말레이인도 대부분 말레이 반도나 네덜란드 영토인 인도네시아로부터 이민 온 사람들이었다. 식민지 초기 '싱가포르의 건설자'로 알려진 스탬포드 래플스(Thomas Stamford Raffles, 1781~1826)는 말라카의 말레이인들에게 싱가포르로 이주하도록 권유하였고 이로 인해 싱가포르에 거주하는 말레이인의 수가 증가하였다. 1931년 통계에 의하면 농업·어업 종사자나 식민지 정부의 하급고용인 또는 경찰관으로 종사하는 말레이인들이 싱가포르 전체 인구의 반을 차지했다고 한다. 이는 영국식민지정부가 말레이 식민지 정책으로 토지소유나 공무원 채용에 있어 원래 주민이었던 말레이인을 우선시했기 때문이다. 그러나 비즈니스에 종사하는 말레이인들의 수는 적었고 중국 이민자가 대량으로 유입되는 과정에서 대부분 도시 중심부에서 섬 변두리로 이주했다.[6]

한편 인구의 10%도 안 되는 인도인 사회는 카스트제도, 언어, 종교에 의하여 중국인 사회보다 더 분열되어 있었다. 인도인의 싱가포르 이민은 처음 남인도의 죄수들이 건설노동자로 끌려오면서 시작되었다.

1873년 인도인의 죄수노동은 금지되었지만 노동기간을 마친 죄수들은 대부분 귀국하지 않고 건설·항만노동에 종사했다. 그 후 인도남부 타밀주의 타밀인들이 고무농장 노동자와 건설·항만 노동자로 대량 이주했다. 그들은 타밀어를 사용하고 힌두교를 믿는 카스트 중에 낮은 계급에 속하는 사람들이었다. 영국인들은 그들의 감독관으로 그들보다 높은 계급에 속하는 세일론인(현재 스리랑카인)을 고용했다. 또 펀자브 주나 북인도에서 이민을 오기도 했지만 이들은 이슬람교도이거나 시크교도이고 언어도 타밀어와는 전혀 달라 소통이 안 되었다. 인도인은 같은 영국신민으로 말레이시아로 이주하기가 용이하였으며 변호사·의사·하급관리·병사 등이 많았다. 이들 중 영어교육을 받은 변호사와 의사들은 싱가포르의 전문직 종사자로서 영어교육을 받은 화인들과 함께 싱가포르 독립을 주도했다.[7]

태평양전쟁(1941-1945)의 발발로 싱가포르는 1942년부터 3년 반에 걸쳐 일본군에게 점령당하였다. 일본군은 영국식민지정부의 정치적 방임주의와 달리 소수종족 집단을 상징적으로 우대해준 반면 표현의 자유는 심하게 제한했다. 집단체포와 대량학살이 자행되었고 심문 중에 고문이 횡행(橫行)하였으며, 거류민들은 누구라도 언제 어디서나 체포될 수 있다는 두려움에 휩싸이게 되었다. 일본군의 정보수집과 통제과정에서 개인과 조직을 밀고하는 사람들이 넘치면서 점차 중앙통제적 체제로 발전되었다. 이후 싱가포르는 일본의 패망으로 1946년 다시 영국의 직할 식민지가 되었다.[8]

영국이 싱가포르를 재점령하였을 때 싱가포르 국민들은 영국에 대한 신뢰감보다는 국민적 자각에서 발아한 민족주의에 관심을 가지게 되었다. 특히 영국에서 교육받은 젊은 민족주의 싱가포르인들은 영국식민지로부터의 해방과 정치문제에 관심을 가지고 반식민 말레이시아 포럼 같은 조직을 만들기도 했다.

1948년 영국식민지정부는 싱가포르와 말레이시아가 단계적으로 자치정부를 구성할 수 있도록 22명의 입법위원 중 최초로 5명을 직선제로 선출하는 등 식민정책을 전환했다. 또한 말라야 공산당의 위협이 다소 약해지자 영국식민지정부는 1953년에 입법의원 총 32석 중 25석을 직선제로 선출하였고, 입법의회와 총리, 그리고 각료들로 구성되는 행정부를 가진 의원내각제를 채택하는 등 싱가포르 자치정부 구성을 약속했다. 이후 비록 영국식민지통치하이지만 싱가포르 역사상 처음으로 실시되는 선거에 참여하기 위하여 정치에 관심을 가진 민족주의자들은 당을 결성하였다.[9] 1955년 최초로 실시된 첫 선거에 많은 당들이 경쟁했다. 선거결과 노동전선(Labour Front)이 많은 의석을 차지하여 당수인 데이비드 마샬(David Marshall)이 자치주 정부의 행정장관이 되었다. 인민행동당에서는 4명의 후보자를 내세웠지만 3명만 당선되었고 그중 1명이 바로 32세의 리콴유였다.[10]

인민행동당은 하층 세력들의 지지를 받아 대중적인 당이 되기 위해 영어교육을 못 받은 중국계 노동자들을 포섭했다. 그들 대부분은 친공산주의자들의 영향을 받고 있었으므로 리콴유는 반식민주의 기치를 내세우고 있는 친공산주의자들과 단결할 수 있을 것이라 보았다. 그 결과 12명으로 구성된 인민행동당의 중앙위원회에 친공산주의자들이 4명이나 되었다. 리콴유는 1955년 입법의원에 당선된 후 여러 무역회사와 사회주의 성향이 짙은 노조들의 법률고문으로 활약하면서 당 내에서 공산주의 세력과 맞서 싸웠다.[11]

한편 1957년 런던에서 개최된 헌법회의에서 싱가포르의 국내 자치권을 완전히 허용하고 외교 및 국방 그리고 헌법 정지 등에 관한 권한만 영국정부가 보유하도록 결정했다. 1959년 5월 30일에 실시된 총선에서 국민이 입법의회 의원 전원을 직접 선출하고 자치정부를 구성했다. 이 중요한 총선에서 온건하고 합리적인 노선을 지향한 인민행동당이 총 51석 중 43석을 얻어 집권당이 되었고 인민행동당의 사무총장인 리콴유는 36세의 젊은 나이로 영국식민 자치정부의 수반인 총리가 되었다.[12]

당시 싱가포르 내에는 공산주의 세력이 두드러졌다. 싱가포르 사태를 주의 깊게 관찰하고 있던 말레이시아 총리 라만(Tunku Abdul Rahman)은 싱가포르 내의 공산주의 세력이 말레이시아로 확산되는 것과 싱가포르가 '동남아의 쿠바(Cuba)'로 전락될 것을 우려했다. 라만은 선거 직후인 5월 7일에 "조속한 시일 안에 말레이시아와 싱가포르, 사바(Sabah)와 사라와크(Sarawak)를 포함하는 연방을 구성하자"고 제의했다.[13]

리콴유를 중심으로 한 싱가포르 지도부가 말레이시아 연방에 가입하기로 한 정치적인 이유는 영국이 싱가포르를 말레이시아와 분리하고 영구히 영국의 식민지로 만들지도 모른다는 의심과 중국계가 중심인 싱가포르로서는 말레이계인 말레이시아와 인도네시아로 둘러싸여 완전 독립국가로 발전하기 어려울 것으로 판단했기 때문이었다. 게다가 당시 중국공산당의 영향으로 싱가포르 내 공산세력이 만연하고 있어 강력한 반공주의를 내세우고 있는 말레이시아 연방에 가입하여 공산주의를 축출하고자 했다.

싱가포르가 말레이시아 연방에 가입하기로 한 경제적인 이유는 싱가포르는 자원이 없는 항구도시로 말레이시아로부터 식수, 원재료, 농산자원 등을 공급받을 뿐만 아니라 싱가포르의 많은 수입품과 수출품의 배후시장이 될 수 있을 것으로 판단했기 때문이었다. 더구나 1959년 싱가포르의 실업률이 전체 인구의 14%에 달할 정도였으므로 싱가포르 자치정부 지도부는 당시 말레이 반도와의 합병만이 싱가포르의 경제를 기사회생시킬 수 있다고 판단했다.[14]

싱가포르의 입장에서 연방가입은 생존과 번영을 위한 필수적인 선택이었다. 70%가 넘는 싱가포르 주민의 지지를 얻어 연방가입안이 가결되었고, 마침내 1963년 9월 16일에 말레이시아 연방이 출범되었다. 싱가포르는 연방의회 159석 중 15석을 할당받아 말레이시아 연방의 싱가포르 자치주로 새 출발함으로써 140여 년 만에 영국식민지배로부터 독립했다. 인민행동당은 싱가포르 자치주 의회에서 37석을 얻어 13석을 가진 공산세력을 여유 있게 따돌렸고 리콴유는 말레이시아 연방 싱가포르 주정부의 총리가 되었다.[15]

왕족 출신의 라만 총리는 말레이시아가 말레이인들 중심의 나라이므로 중국인이나 인도인 등 다른 민족들은 당연히 정치적·경제적·사회적으로 비주류에 속해야만 한다고 생각했다. 싱가포르 자치정부의 총리 리콴유는 중국인이나 인도인 또는 기타 소수민족들도 말레이인들과 동등하게 국민으로 대우할 것을 주장했다. 그는 연방 안에서 소수민족의 입장을 대변하는 지도자가 되었고 이러한 불협화음으로 인하여 경제전략마저 무산되었다. 말레이시아 연방은 본토의 경제개발을 최우선으로 여겼기 때문에 시장을 개방해 달라는 싱가포르 자치주정부의 요구에는 무관심이었다.[16]

이후 말레이시아 연방정부와 싱가포르 자치주정부는 사사건건 대립하기 시작했다. 가장 근본적인 문제는 말레이시아의 반중국인 정서였다. 말레이시아 정부는 자국 내 화교를 껄끄럽게 생각해왔는데 중국계가 이끌고 있는 싱가포르 자치주정부는 1965년 7월에 실시한 홍립지구 2차 보궐선거에서 공산 계열의 후보를 노골적으로 지지했다. 화교를 원하지 않는 라만은 싱가포르의 정치인들이 비말레이계의 단결과 지지를 호소했다는 이유로 리콴유와 사전 협의도 없이 1965년 8월 9일 싱가포르의 연방탈퇴를 전격 발표했다. 이로 인해서 연방 가입 2년 후인 1965년 강제로 축출된 싱가포르는 연방탈퇴의 형식으로 독립했다.[17]

2. 위기에 직면한 신생국

1965년 8월에 말레이시아 연방으로부터 분리 독립한 싱가포르는 국가를 세우기 위한 최소한의 정체성도 없었고 역사와 민족의 상징성도 없었다. 싱가포르는 전 인도네시아 대통령이었던 하비비(B. J. Habibie, 1936~)가 "지도에 한 붉은 점에 지나지 않는"[18]다고 할 정도의 작은 국토를 가진 항구 도시국가이다. 경제적으로 이용할 수 있는 지질학적 자원이 없어 고정 수입원이 없고, 생존에 필수적인 식수도 말레이시아에서 사 먹어야만 할 정도였다. 다만 바닷길의 중심에 놓여 무역의 중심지이며 전략적 요충지라는 장점을 가지고 있어, 중계무역항에서 들어오는 수입이 유일했다. 그러나 항구 또한 19세기 이래로 개발이 미진하여 많은 물동량을 소화할 수 없었다. 당시 싱가포르는 전 국민의 10%가 영국 해군기지와 관련된 사업에 고용되어 있었고 거기서 전체 국민소득의 23%가 나왔다. 그런데 영국보수당이 1971년 말까지 영국군이 싱가포르 군사기지를 철수할 것을 선언했다. 이로 인해 약 4만여 명이 실직할 형편이었다.[19]

대부분이 이민자로 구성된 인구는 고작 2백만 명에 불과했으며, 국민 대부분이 무단 정착촌에 거주하는 상황이었다. 또 제대로 된 교육도 받지 못했을 뿐만 아니라 실업률도 10~12%에 달했다. 게다가 전 인구의 4분의 3이나 되는 중국계는 당시 중국 공산주의 세력과 타이완 국민당 세력의 경쟁 표적이 되어 자신의 뿌리나 연계에 따라 4분 5열로 분열되었다. 특히 싱가포르가 말레이시아 연방으로부터 분리되기 전후로 대두된 말레이인들의 종족주의는 비이성적이고 감정적이었으며 화교들에게 적대적이었다. 이로 인해 등장한 중화민족주의자들과의 집단 소요 등이 발생하면서 종족 간의 갈등은 심화되었다. 그밖에 싱가포르 인도인과 유라시아 혼혈인들은 국민국가를 만들어낼 수 있는 뿌리도 없었다.[20]

당시 국제적 환경도 좋지 않았다. 세계적인 냉전시기로 말레이공산당(MCP)의 침투와 지역분리주의가 위협했다. 또한 같은 연방의 구성원이었지만 선명한 색깔의 이슬람 정책을 표방하고 있는 말레이시아가 지척에 있고 엄청난 자원과 무력을 가졌지만 가난한 인구대국인 인도네시아와 정책적으로 대결하고 있었다. 인도네시아에서는 1965년 9월 30일에 인도네시아 공산당 지도부가 좌파 계열 군장교와 함께 쿠데타를 시도하였다. 이 사건으로 인도네시아군 고위 장성 7명 가운데 6명이 피살되었다. 유일하게 암살을 피한 수하르토(Haji Mohammad Soeharto) 장성은 군을 동원해 쿠데타를 진압하고 대통령이 되었다. 그는 쿠데타의 배후로 중국공산당을 지목하고 대통령령으로 화교 문화를 금지했다. 세계 언론들은 신생독립국가인 작은 섬나라인 싱가포르에 대해 생존 자체가 어려울 것 같다며 비관적으로 전망했다.[21]

이와 같이 국가로서의 생존 여부가 불투명한 가운데 리콴유는 1965

년 8월 9일 독립국가 싱가포르의 총리로 취임했다.[22] 그는 국민과 정부를 대표하여 "자유·정의·공평의 원칙하에서 영원히 자유·독립·민주국가를 건립한다"고 선언했고 "더욱 공평하고, 더욱 평등한 사회에서 국민을 위한 복지와 행복을 영원히 모색하겠다"고 맹세했다.[23] 리콴유는 정치적·경제적으로 생존하기 어려운 위기를 부각시키면서 '싱가포르의 생존'을 역설하며 국민들에게 위기의식을 강조했다.[24]

신생독립국의 당면 과제는 첫째, 국제적으로 싱가포르의 독립을 인정받는 것과 UN에 가입하는 것이었다. 싱가포르는 1965년 9월 21일에 유엔에 가입했고, 10월 15일에는 영연방 일원이 되었다. 12월 22일에는 헌법을 개정해 사회민주주의를 국가이데올로기로 하는 공화제를 채택하고 공식 국명을 싱가포르공화국(The Republic of Singapore)으로 정했다. 싱가포르의 공식 국명은 영어 이외에 말레이어로는 Republik Singapura, 중국어로는 신자포궁허궈(新加坡共和國), 그리고 타밀어로는 சிங்கப்பூர்(Singapore Kudiyarasu)이다. 현재 싱가포르에서 통용되고 있는 화폐 및 공무원과 군인의 제복에는 영어 국명인 'Singapore'와 말레이어 'Singapura'가 나란히 사용되고 있다.[25]

둘째, 신생 정부의 당면과제는 영토를 방어하는 것이었다. 그러나 당시 싱가포르에는 군대가 존재하지 않았고 다만 말레이 여단 소속의 1천 명으로 조직된 2개의 영(營)이 있었다. 따라서 기초적인 군대를 건설하는 것이 당면과제였다. 지도자들은 소수이기는 하지만 군대와 경찰이 공산주의자들과 말레이시아 연맹에 대항하여 싸운 경험을 가지고 있다는 것이 위기를 극복하고 생존할 수 있는 힘이라고 확신했다.[26]

셋째, 가장 중요한 당면과제로는 국민들을 먹여 살릴 수 있는 경제발전이었다. 인도네시아와는 정면으로 대결하고 있어 무역이 정지된 상태

였으며 말레이시아도 교역국들과 직접 상대하고 수출입업자들은 말레이시아 항구만을 이용했다.[27]

넷째, 기복이 심하고 역동적인 세계에서 경쟁하려면 다민족·다문화·다종언어·다종종교 사회를 통합하여 조화를 이루고 국가정체성을 확립해야 했다. 리콴유와 지도부는 다민족·다문화·다종언어·다종종교사회를 통합하기 위해서는 반드시 이들이 평등하고 평화롭게 살 수 있도록 만들어야 하는데 이를 위해서는 공평하고 강력한 정책이 필요하다고 보았다.[28]

리콴유의 비전은 싱가포르를 말레이어 국가나 중국 국가, 인도 국가도 아닌 각 종족들이 자신의 위치에서 자신들의 언어, 문화, 종교를 가지는 능력 위주의 동등한 사회로 건설하는 것이었다. 또 이것은 1965년 8월 9일 싱가포르 독립기념일에 리콴유가 국민들에게 한 맹세이기도 했다.[29] 그는 또한 국가와 국민은 철저하게 법에 의해서만 지배를 받고 사람이나 권력에 의해서 좌우되지 않는 사회를 이상으로 생각했다. 그는 국민생활의 질서를 법적규제로 유지하고, 엘리트로 구성된 정부와 공무원을 통해 경제·교육·문화·후생복지 등 국민의 생활전체를 관장한다는 근대국가 건설 이론을 바탕으로 싱가포르에 적합한 제도를 만들어갔다.[30]

1980년부터 5년간 부총리를 역임한 라자라트남은 싱가포르에는 과거를 되돌아볼 황금시대의 역사가 없어 미래지향적이 될 수 있었다고 지적하며, 싱가포르는 사막으로부터 오지는 않았지만 유목민에 의하여 건립되었다고 말한다.[31] 라자라트남이 지적한 것처럼 역사가 없고 전통이 없는 일확천금을 벌면 고국으로 돌아가겠다고 모여든 유목민과 같은 이민자들의 사회이기 때문에 '아사비야 스피릿(asabiyya spirit)' 즉

'단체 결속력'이 강했는지 모른다. 아마도 리콴유를 위시한 새 정부 지도자들은 전통에 매달리지 않았기 때문에 싱가포르의 독특한 환경에 맞도록 정치제도를 만들어 가면서 끊임없이 그들이 목표로 하는 국가, 즉 "다민족 사회이지만 실적으로 평가받는 평등한 사회"를 건설하고 지도상의 붉은 점에 불과한 국가가 아니라 "빛나는 붉은 점처럼 반짝이는 국가 건설"을 위해 매진할 수 있었을 것이다.[32]

3. 싱가포르에 적합한 국가조직 모색

싱가포르는 영국식민시대의 유산인 영국 정치체제를 채용했다. 싱가포르의 정치체제는 형식상에 있어 영국 전통의 웨스트민스터 체제(Westminster system)인 의회주권, 삼권분립과 다당제 등의 특징을 지니고 있다. 그리고 의회 다수당이 내각을 구성하고 다수당 지도자가 총리가 되는 영국식의 책임내각제이다.[33] 근대국가의 본보기로 설립된 싱가포르 공화국의 헌법에는 다민족 국가이며 인종적으로 동등하다는 내용이 포함된 자유민주주의의 권리와 자유가 보장되어 있다.[34]

그러나 싱가포르의 정치는 영국이나 영연방인 호주처럼 운영되지 않는다. 리콴유 정권은 영국식 의회민주주의체제를 싱가포르 국정에 적합하도록 여러 면에서 수정해왔고, 싱가포르 내각이 능력을 최대한 발휘할 수 있도록 집권당이 다수인 의회를 만들어 싱가포르만의 특색을 가진 의회민주주의 체제를 만들었다. 리콴유는 어떤 당이 집권하더라도 제도에 의하여 국가와 정부가 운영되도록 관료와 의회의 정치적 지도력을 분리시켰다. 리콴유는 싱가포르 의회민주주의 체제는 만약 싱가포르인들이 인민행동당이 통치하는 것이 적합하지 않다고 생각하면 투표로 인민행동당을 제거할 수 있는 제도이므로 인민행동당이 장기집권하는 것은 국민들의 선택이지 강제로 이루어진 것이 아님을 강조했다.[35]

싱가포르의 국가이념은 싱가포르식 '사회민주주의'다. 개인의 사유재산은 인정하지만 토지 공개념을 포함한 사회주의적 요소가 아주 강하다. 싱가포르에서는 국가이익과 공공의 이익이 개인의 이익보다 우선되어야 한다는 사회민주주의가 추구되고 있다. 즉 국민의 생존과 안전이 제일 먼저이다. 국가 정책의 바탕에는 민주주의는 공동선을 추구하기 위한 수단의 하나일 뿐 목적 그 자체가 될 수 없다는 이념이 지배하고 있다.[36]

홍콩의 《궁상르바오(工商日報)》의 부사장 겸 총편집을 역임했고 현재 사회정책연구고문유한공사 총재인 사오루산(邵盧善)은 "리콴유는 어떤 주의나 어떤 국제적 표준을 높이 주창하지 않았고 다만 국가의 필요에 따라 번영과 안정된 사회를 만들어 다수 국민이 안정된 생활을 누리며 즐겁게 일하게 했다"고 말한다. 그는 싱가포르 지도자의 불변하지 않는 치국이념은 만약 상대적으로 강한 말레이시아가 용납하지 않는다면 싱가포르같이 작고 힘없는 국가는 말레이시아같이 강한 나라를 받들어 섬기는 사대(事大)를 해야 하는 현실조차 받아들일 수 있는 '지혜(智)'라고 말했다. 즉 대외적으로는 주도면밀하게 지역의 균형을 유지하면서 국내적으로는 국가의 기층 엘리트를 독려하여 국민을 위한 더 나은 삶을 만들도록 추구하는 것이다. 구체적으로 말하면 싱가포르 국가 지도자들은 법제로 행정을 공정하게 하고, 경제로 민생을 풍부하게 하며, 싱가포르 실정에 맞도록 민주와 자유의 요구에 단계적으로 대응해왔다.[37]

싱가포르는 민주주의 이념에서는 기회균등에 따른 능력주의와 실적주의(實績主義)를 채택하여 국가이념으로 정착시켰다.[38] 리콴유는 싱가포르 국정과 정치상황에 부합하는 정치체제와 집권모델을 구상했지 맹목적으로 서방의 민주주의 모델을 복사하지 않았다.

정부는 사회적 조화와 사회안정을 위하여 인종, 언어, 종교에 상관없이 공적·사적 기구를 막론하고 개인들의 사적 영역에 이르기까지 적극적으로 공정하고 공평한 정책을 입안하고 시행했다. 또한 싱가포르 정부는 다양한 인종과 종교가 통합되고 융화될 수 있도록 정치, 교육, 주거생활 등 다방면에서 노력을 기울였다. 이와 함께 경제성장의 결실을 공평하게 분배한다는 원칙하에서 국가를 운영했다.

특히 독립초기에는 다수인 중국인의 문화적 요소를 낮추고 소수종족 우대정책에 행정력을 집중했다. 소수종족 출신의 지도자를 국가의 상징인 대통령으로 옹립했고, 소수종족 권익위원회를 두어 모든 법률이 이곳을 거쳐 가게 하였다. 아울러 주요 종족들의 종교를 인정하여 종교축일을 함께 즐기며 종교 단체들도 서로 다른 종교를 이해하고 상호 존중하려는 노력도 기울였다. 이와 함께 다민족 융합을 위하여 종족언어를 유지 발전시키며 동시에 그 어느 종족의 언어도 아닌 영어교육을 강화하여 국제화에 대비하였다. 그리고 국민화합을 위해 적극적이고 전향적인 다문화정책을 실천했다. 이후 점차 모든 주요 종족들의 문화를 우대하면서 동시에 싱가포르인 전체를 하나로 화합하는 정책으로 추진하고 발전시켰다. 싱가포르의 다문화정책은 인민행동당의 국정관리 성공의 한 예가 되었다.[39]

1) 대통령

내각책임제에서 대통령은 국가원수이나 상징적인 존재일 뿐 실질적인 권한이 없다. 특히 싱가포르 정부초기에는 대통령의 임기도 명확하게 지켜지지 않는 등 실권이 없었다. 그러나 1984년 선거에서 2명의 야당이 당선되는 것을 지켜본 리콴유는 광적인 반대당이 정권을 장악할 경우 국가에 회복할 수 없는 폐단을 끼칠 것에 대비하여 선출 대통령제를 생각해내었다. 그는 대통령의 도덕적 권위를 높이기 위해서는 대통령을 직접 선출하여 막강한 권한을 가진 총리를 견제할 수 있어야 한다고 생각했다. 특히 그는 총리가 단독으로 외환보유고 사용을 결정할 것을 염려하였다. 이를 막기 위해 1990년 11월의 헌법 개정에 따라 1991년부터 임기 6년의 대통령직선제가 발효하게 되었다.[40]

이 신헌법에 의하면 대통령은 국민에 의해 직선제로 선출되고 대통령으로 선출된 이후로는 당적을 유지할 수 없으며 피선거권은 45세 이상이다. 또한 헌법 제22조에 의하여 대통령은 국가최고 통치권자로서 형식적이지만 총리 임명권이 있다, 대통령은 법률안, 재정예산, 공기금 사용에 대하여 거부권을 행사할 수 있고, 대법원장과 대법원 판사, 검찰총장, 군참모총장 등 주요 공직자의 임명에 대한 거부권을 행사할 권한을 가지고 있다. 그리고 총리의 요구가 없는 발포명령과 군대통수권은 없지만 긴급처분과 긴급명령 등의 권한이 있다.[41]

국민들은 1991년 총리직에서 물러나는 리콴유가 직선 대통령이 되려고 헌법을 개정한 줄 알았으나 리콴유는 총리직에서 물러난 후 선임장관(Senior minister)으로 활동했다. 1993년 8월 첫 선거에서 인민행동당이 추천한 후보인 전 부총리였던 옹텡청(Ong Teng Cheong, 王鼎昌, 1936~2002)은 경쟁 없이 지지율 58%로 대통령에 당선되었다. 이때부터 임기 6년의 대통령이 탄생하게 되었고 현재까지 싱가포르 대통령의 교체는 선거에 의하여 순조롭게 진행되고 있다.[42]

리콴유는 혹시라도 있을지 모르는 대통령과 총리 간의 권력다툼을 염려하여 1996년 10월 대통령의 권한을 제한하는 헌법 개정안을 국회에 제출했다. 이 개정안에 의하면 대통령이 거부권을 행사한 안건에 대하여 정부가 국민투표에 회부할 수 있고, 고위 공직자 임명에 대해서 거부권을 행사하였을 때에는 국회의원 3분의 2 찬성으로 대통령의 거부권을 무산시킬 수 있다. 이 헌법 개정안은 대통령 직선제 이후 집권당이 지지하지 않는 후보가 대통령에 당선되었을 경우를 대비하여 마련된 법령임을 알 수 있다.[43] 비평가들은 이것을 민주적으로 선출된 대통령과 합법적인 반대 정권을 좌절시키려는 개정안으로 보았다.[44]

리콴유는 국민들이 지금의 안정된 환경에 싫증을 느껴 야당이 정권을 한번 잡았으면 좋겠다는 생각을 할 수 있다고 보았다. 그래서 그는 정권이 교체되었을 경우에 대비하여 대통령의 승인 없이는 새 정권이 마음대로 저축해야 할 지난 예산에서 남은 돈을 예비비로 사용할 수 없도록 조처했다. 만약 새 정권이 3분의 2 이상의 다수표를 얻어 집권할 시에는 이 규정을 바꿀 수 있지만 3분의 2 이상의 표를 얻기는 그리 쉽지 않을 것으로 보았다.

리콴유는 만약 새 정권이 들어섰는데 정부가 위기에 직면하면 현 정부의 정책기조에서 크게 벗어나지 않는다고 해도 투자가들이 동요할 것이고 이 경우 새 정권은 지금 인민행동당 정부가 하는 것과 같은 해결책을 못 낼 것이라고 보았다. 왜냐하면 불경기에 가장 중요한 것은 국민들의 일자리 유지와 일자리 창출이기 때문이다. 예비비가 있어야 그들을 지원할 수 있고 위기를 넘길 수 있다. 그런데 이런 일은 장관들이 전국노동조합총회 사무총장과 지도자들과 의논해서 노동자들의 해고, 일자리 유지, 재훈련을 결정해야 하기 때문에 평범한 팀은 할 수 없다고 보았다. 리콴유는 미숙한 정부가 불경기에 대량의 실업자가 발생하는 것을 막지 못하면 결국 일종의 혁명이 일어날 것이라고 보았다. 그리하여 인민행동당이 아닌 다른 정당이 정권을 장악한다고 해도 제도적으로 대통령이 국가가 회복할 수 있는 기회를 가질 수 있도록 새 정권이 예비비를 낭비하지 못하도록 보호조치를 마련한 것이다.[45]

2) 총리와 내각

싱가포르 총리는 대통령이 다수당의 국회의원 중에서 임명한다. 유권자들이 직접 총리를 선출하지 않고 지명하도록 한 이유는 정치적인 안정과 제도 유지를 위해서 리콴유가 고안한 것이다. 이 절차에 의해 고촉통(총리재직 1991~2004)과 리셴룽(2004~현재)이 총리로 지명되었다.[46] 총리는 행정부의 수반으로서 정치·행정 및 각 분야에서 최고의 권한을 행사하는 실질적인 최고 권력자이다. 그러나 헌법에는 총리의 자격에 관한 어떠한 조항도 없으며 임무와 권한도 상당히 제한적으로 명시되어 있다. 총리는 내각회의를 주재하며 행정부처의 장관직을 유지할 수 있다. 또한 총리는 각 부처 활동과 정부의 일반 정책에 대한 조정과 방향을 제시하고, 공무원의 채용, 임용, 교육훈련 등 공무원 관련 업무에 깊숙이 관여하고 있다.

싱가포르 내각은 현재 15부와 66개의 법정위원회(Statutory Boards)로 구성되어 있다. 각부마다 장관(部長) 1명, 정무장관 1명 내지 2명을 두고 있다. 부서에 따라 제2장관이 있는 부서도 있다.[47] 각 부처 장관은 총리가 의원 중에 추천하여 대통령이 임명하며 의회에 대한 책임을 진다. 정부는 부정부패 척결과 청렴한 사회를 구현하고자 총리실 직속으로 부패행위 조사국(Corrupt Practices Investigation Bureau)을 별도로 설

치했다.[48]

총리가 이끄는 내각의 장관들은 국회의원들로서 리콴유는 이를 다양한 시각을 가진 그룹으로 마치 루빅의 큐브(Rubik's Cube)에 비유했다. 장관들은 기업가, 유명 변호사, 과학자 등 모두 인재들로 영어를 유창하게 구사할 수 있으며 국제관례에 정통하고, 세계 발전의 흐름도 정확히 파악하여 세계 모든 국가들의 지도자들과 자유롭게 교류할 수 있다.[49]

내각에서 의견을 수립하는 절차에 대하여 "나는 직설적인 사람이 아니다. 나의 경험을 참조하여 심사숙고한 후 의견을 제시한다"는 리콴유의 말처럼 그가 현장에서 보고 느낀 것을 내각에 제의하면 내각에서는 그의 제안을 토론한 후 실험을 거쳐 성과를 얻은 후에 정책으로 결정했다. 싱가포르의 일대 총리와 그의 내각이 이러한 방식으로 경기 침체를 벗어났고 그들이 오늘날의 싱가포르를 건설했다.[50]

제2대 고촉통 총리 때부터는 점심시간을 이용하여 그들끼리 자유롭게 각료 회의 전 모임(pre-Cabinet meeting)을 가지고 의견을 교환했다. 몇 년 후부터는 팀 중에서 서로 필요한 사람들끼리, 믿는 사람들끼리, 서로 의견이 일치되는 사람들끼리 만나 업무를 협의하기 시작했다.[51]

리콴유는 총리직에서 물러나 선임장관으로 활동하다 고촉통 총리가 총리직에서 물러나자 그에게 선임장관직을 물려주고 고문장관(Minister Mentor 혹은 내각자정(內閣資政)으로 칭함)이 되어 2015년 사망 직전까지 영향력을 행사했다.[52]

3) 국회

싱가포르의 국회는 기본적으로 영국 의회제를 모델로 하고 있지만 영국과 달리 1955년에 단원제를 채택하여 다당제와 의회민주주의를 실행하고 있다. 싱가포르는 말레이시아연방으로부터 분리 독립한 1965년 이후 자치주의회에서 국회(Parliament)로 변모·발전하였다. 싱가포르 국회의 고유 권한과 임무는 국가의 법률안과 예산안을 심의하고 의결하며 인사(人事)감독으로 정부와 관원에 대하여 질의 및 탄핵과 불신임표를 행사하고 기타 주요 국정을 논의하는 것이다. 21세 이상의 유권자가 직접 비밀선거에 의해서 선출하는 국회의원은 임기가 끝나기 전 3개월 이내에 선거를 실시해야 한다. 국회의원 후보로 출마할 수 있는 자격으로는 21세 이상의 싱가포르 시민권자로 국내에서 10년 이상 거주해야 한다. 싱가포르 국회의원의 임기는 5년이다.

싱가포르 국회는 분명 중추적인 국가기구이지만 이를 운영하는 국회의원들은 명예직에 가깝다. 국회의원들은 세비가 없다. 차관급 이상의 정부직위를 겸직한 일부 의원을 제외하고는 회기 중 소액의 거마비를 지급받을 뿐이다. 이들은 사회 각계각층의 대표들로 자신의 생업 이외에 국가의 부름을 받고 임기 중 틈을 내서 조국을 위해 헌신한다는 소신을 가진 사람들이다.[53]

4) 사법기구

싱가포르의 헌법은 기본적으로 영국식민시대의 유산인 앵그로-색슨(Anglo-Saxon)계의 영국보통법을 채택하여 싱가포르 조건에 부합하도록 수정과 조정을 거쳐 제정되었다. 사법권의 독립은 헌법에 의해 보장되었다. 영국식민지에서 물려받은 우수한 전통 중의 하나가 엄중한 법률제도라 할 수 있을 정도로 싱가포르의 법집행은 엄정하고 징벌은 준엄한 법치체계로 행해지고 있다. 법치는 싱가포르 정부의 합법성의 기초이며 법 앞에서 모든 사람이 평등하며 법 이외에 어떠한 특권이나 권위도 인정하지 않는다. 그러나 싱가포르는 국가운영의 대원칙으로 개인을 위한 것이 아닌 국가나 사회를 위한 도덕적 기준 즉 공동선을 중시한다. 국가지도자들은 민주주의도 공동선을 위한 하나의 수단으로 보고 있다. 그리하여 싱가포르에서는 국가의 이익을 위해 법으로 국민들의 행동을 철저히 통제하고 있다.[54]

싱가포르 공화국은 민주주의를 표방하고 있기는 하지만 혐의자는 영장 없이 체포와 구금할 수 있는 비민주적인 요소도 시행되고 있다. 1950년대의 공산주의의 파괴활동과 테러행위로 인해 반공 이데올로기를 바탕으로 한 법규와 제도들을 많이 물려받았다. 예를 들어 국가안전과 공공질서 유지의 명목으로 만들어진 국가보안법(Internal Security Act, ISA) 같은 국민의 기본권을 유보하는 법규들도 존재한다.[55]

범죄에 대한 처벌에는 무거운 벌금 이외에 징역, 채찍, 교수형이 있다.[56] 싱가포르는 영국식민지 시기의 편형을 그대로 유지했을 뿐만 아니라 오히려 그 적용범위를 더 확대하여 실시했다. 1966년부터 편형을 파괴범에게 적용하기 시작하면서 공공건축물에 낙서하거나 광고지를 붙이는 행위에도 가했다. 편형은 대단히 잔혹해서 몇 대 맞으면 살이 터지고 피가 흐른다. 리콴유는 이러한 엄한 형벌은 경고의 역할을 한다고 생각했고 많은 사람들은 싱가포르의 사회질서가 잘 유지되는 이유가 편형과 같은 엄한 처벌과 관계가 있다고 보고 있다. 사실 싱가포르시의 범죄율이 대단히 낮아 시민들은 그들 생활이 대단히 안전하다고 생각한다.[57]

싱가포르에는 형벌 이외에 각종 엄격한 법규들이 있다. 예를 들어 거리에 마음대로 가래침을 뱉거나 쓰레기를 아무렇게나 버리면 1천 싱가포르달러의 벌금을 문다. 싱가포르에서 1천 싱가포르달러는 대개 전자공장에서 고급 기술인원이 받는 1개월 월급과 맞먹는 돈이다. 담배를 공공장소에서 피울 경우 벌금 1천 싱가포르달러를 내야 하며, 큰 도로에서 불법으로 길을 건너면 벌금 1천 싱가포르달러이다. 싱가포르에서는 껌의 수입이나 가지고 다니는 것, 씹는 것을 금지하고 이를 어기면 벌금을 내야만 한다. 만약 어떤 사람이 껌을 몸에 지니고 밀수를 하다가 잡히면 벌금 1십만 싱가포르달러를 내든지 감옥에 가야 한다.[58]

사회정의와 사회질서에 어긋나는 마약과 매춘을 엄하게 통제하며, 포르노 잡지와 각종 에로물 등의 유통을 철저하게 단속하고 있다. 지하철 내에서 음식물 섭취행위가 일체 금지되며, 매연을 배출하는 승용차를 소유하면 무거운 벌금을 각오해야 한다.

싱가포르는 완전한 법치국가로 모든 사람에게 적용되는 법률이 공개적이고 분명하며 법률제도와 규칙이 잘 운영되어 경제생존능력이 증강되고 국제사회의 필요에 잘 부합하는 신형사회이다.

4. 초대 총리 리콴유의 지도력

위기를 기회로 만든 지도자

싱가포르는 영토가 작고 인구밀도가 높으며 비우호적인 주변국 사이에 위치하고 있다. 경제적으로는 배후지가 없고 천연자원도 없다. 사회는 다민족·다종교적인 배경을 가진 이민자의 후손들로 4분 5열로 분열되어 있다. 리콴유는 이러한 싱가포르의 취약성을 '국가의 생존' 위기로 호소하여 국민을 단결시키고 사회질서를 확립하는데 성공했다. 그는 비우호적인 이웃 국가들 사이에서 생존하기 위해서 강한 국방이 필요하고, 강한 국방을 위해 튼튼한 재정이 필요하며, 튼튼한 재정을 위해서는 잘 교육받은 인력과 응집력이 강한 사회가 필요하다고 주장했다.[59]

인접 국가들의 위협으로 인한 취약성 때문에 싱가포르가 발전할 수 있었고 한 단계 도약할 수 있었던 예를 들면 다음과 같다.[60] 인도네시아는 자카르타 근처의 탄중 프리오크(Tanjung Priok) 항구를 싱가포르가 사용하지 못하게 하고 홍콩의 허치슨(Hutchison)이 운영하도록 했다. 그러나 싱가포르의 보다 나은 서비스로 인해 물동량은 줄지 않았다. 또 하나의 예는 싱가포르는 식수를 말레이시아에 의존하여야만 하기 때문에 항상 단수를 걱정해야만 했다. 싱가포르는 이런 물 문제를 해결하기 위해 재생 뉴워터(NEWater) 프로젝트를 추진하였다. 2002년에 뉴워터 공장이 세워졌고 2017년 현재 수자원 자급율 45%를 확보할 수 있게 되었다. 건설과 개간에 모래가 필요할 때도 말레이시아와 인도네시아가 공급하기를 거절했고 때로는 그들 영공의 일부 비행 구역에서 싱가포르 공군의 비행을 제한하기도 했다. 리콴유는 말레이시아나 인도네시아의 이러한 협공을 기회로 삼아 국방력을 강화했고 경제를 발전시켜 세계 초일류 국가를 건설하는데 성공했다.[61]

법, 제도, 원칙을 고수하는 실용주의자

리콴유의 국가목표는 인맥이나 정실에 의하여 운영되는 국가가 아닌 법, 제도, 원칙에 의하여 운영되는 질서가 확립된 국가 건설과 다종족주의와 실적주의를 실현하여 국민통합과 조화로운 사회를 건설하는 것이었다.

그는 국민을 초일류로 만들기 위해서는 정부가 국민을 교육하고 올바른 생활습관을 가지도록 설득해야 한다고 생각했다. 그리하여 그의 정부는 가부장적 권위주의에 입각하여 정책을 결정하고 국민을 지배하였기 때문에 권위주의적인 중앙집권체제라는 비판을 받기도 하였다. 그러나 그는 이런 비판을 개의치 않고 법질서에 의해 국가를 운영하고자 했고 법을 어기는 국민은 엄벌에 처했다.[62] 그는 한번 세운 원칙은 어떤 난관이 있어도 지켜낸다는 소신을 가지고 위로는 국가수반부터 아래로는 국민 개인에 이르기까지 법과 원칙을 동등하게 적용했다.

리콴유는 그와 그의 그룹이 창안한 제도는 싱가포르를 성공하게 만든 제도이므로 그 누가 정권을 장악해도 이 제도에 의하여 국가가 운영되어야 한다고 주장했다. 국가의 행정체계를 청렴·투명·신용·효율적으로 유지하도록 법으로 제도화했다. 또한 국제사회에서도 국가 이익을 추구하는 실용주의 원칙을 고수했다. 정부는 외국기업의 이권에 대하여 법으로 보장하고 불공정한 간섭을 하지 않음으로써 외국기업의 투자를 유치하여 경제를 활성화시켰고 이념·종교·정치체제와 상관없이 모든 국가와 선린 관계를 유지하려 했다. 그러나 국가 이익에 위배되거나 싱가포르의 자존심에 어긋나면 국가적 희생을 치르더라도 원칙을 고수했다.[63]

리콴유는 언제나 불법에 맞서 원칙을 견지하여 난관을 극복했다.[64] 그는 "노조도 합법적인 투쟁을 해야 한다"며 법을 지키지 않는 한 더 이상 협상하지 않을 것을 선언하고 "철저히 법과 원칙을 지킬 것"을 요구했다. '단결과 투쟁'을 강조하는 노조운동이 능력주의와 실적주의 앞에서는 발붙일 수가 없었다. 또한 정치적 안정을 외국 투자를 지속적으로 유치하기 위한 필수 조건으로 보고, 1968년 고용법을 개정하여 노동자들의 파업을 방지했다.[65]

리콴유는 국가가 정치적 안정과 사회적 안정을 보장하는 대신 국민들은 일치단결하여 경제발전에 총력을 기울여야 하며 이에 따른 모든 결실을 국민 모두가 공유하도록 했다. 이 과정에서 민주주의 기본원리 중 하나인 국민 개개인의 자유는 최대한 보장하되 국가와 사회가 필요로 할 때는 언제라도 이를 유보할 수 있는 제도적 장치도 마련하였다.[66]

그는 엄정한 법질서 확립, 부단한 계획경제 추진, 그리고 지도자들의 노블리스 오블리제의 실현을 통하여 관료들의 청렴과 효율성을 확보할 수 있다고 생각했다. 그가 인민행동당의 장기집권 체제를 유지하고, 작고 강력하며 실용적인 행정부를 수립할 수 있었던 것은 법과 제도 그리고 원칙을 고수했기 때문이다.[67] 이러한 정부의 법치는 광범위한 국민의 지지를 받았다.[68]

싱가포르가 일류국가로서 고도의 산업화 사회를 위한 조직화되고 건실하며 효율적인 국가 경영체제를 확립하기 위해서는 정부부터 부정부패를 추방하고 다민족 국가인 싱가포르의 국민적 화합을 이루어내야 했다. 리콴유는 각 종족집단의 언어·종교·관습 등을 유지 발전시켜 나가면서 동시에 이들 모두가 하나 된 싱가포르 국민의 테두리 안에 있음을 강조했다.[69] 정치적·사회적 안정과 국민화합 정책은 싱가포르 경제발전의 원동력이 되었다.

신뢰받는 지도자

리콴유는 국민들의 신뢰를 얻기 위해 자가 소유 주택, 일자리 창출, 보다 나은 미래를 위한 비전을 제시했고 이를 실행하기 위해 끊임없이 국민들을 설득했다. 국가에 대한 그의 헌신과 진정성으로 인해 국민 간의 합의와 공감대를 형성할 수 있었다. 200만 국민의 의식주 해결과 보다 나은 삶과 미래를 위해 최선을 다하는 그의 열정과 성실 때문에 그가 권력을 행사할 때 한 치의 잘못도 용납하지 않는 독재자임에도 불구하고 모두 그를 따랐던 것이다.

멋진 말은 누구든 할 수 있다. 그러나 그 말을 실천하고 행동하기는 쉽지 않다. "나는 여러분들의 집에 전기를 들여 놓겠다. 깨끗하고 맑은 물을 마실 수 있도록 하겠다"는 그의 공약은 50년이 지난 지금 100% 이상 실행되었다. 수돗물도 없는 판자촌 같은 곳에 살던 대중들은 이전 세대보다 잘 살며 일자리를 가지고 있다. 전기가 들어오는 견고한 아파트에서 깨끗하고 시원한 물을 마실 수 있고 자녀들은 좋은 환경에서 성장하고 있다. 2003년에 싱가포르 정부가 건축한 아파트 거주자의 93%가 자신의 집을 소유했다. 국민 대부분이 자기 몫을 가졌다는 증거이다.

그는 국민과의 약속을 지켰다. 국민들은 그를 신뢰한다. 리콴유의 권력 행사는 어느 면에서 독재적이라고 말할 수 있지만 국가 이익을 위한 그의 정당성에 모두 머리를 숙였다. 그는 단순히 자신의 권력을 유지하고 국민 위에 군림하기 위해서가 아니라 공동의 선을 위해 불굴의 정신으로 정책들을 추진했다. 국민과의 약속을 지키기 위해 '나라를 깨끗하게 통치하고 국민을 평안하게 한 리콴유'의 권력 행사는 그만큼 정당하였기 때문에 싱가포르 국민 다수가 절대적으로 그를 신뢰했다.[70]

열린 사고를 가진 지도자

리콴유는 필요하다고 생각하면 그 분야의 세계적인 전문가를 초청해 도움을 받는 열린 사고를 가진 지도자다.

영국식민 자치정부 총리 때부터 리콴유는 네덜란드 출신의 경제전문가 앨버트 윈세미우스(Albert Winsemius, 1910~1996) 박사의 자문을 받았다. 윈세미우스 박사는 경제고문으로 1961년부터 1984년까지 23년간 매년 두 차례 싱가포르를 방문하였는데 방문할 때마다 3주씩 머무르면서 경제에 관한 자문을 했다. 그는 경제발전국 건립과 외환거래센터 설립을 건의했고 고용인과 조합 사이 협력의 필요성과 정부 규제로 인한 다국적 기업인의 고충해소를 위해 정부규제를 완화할 것 등을 건의했다. 이러한 그의 자문을 리콴유는 적극 받아들이고 수용하여 싱가포르에 엄청난 발전을 가져왔다.[71] 리콴유는 그에게 많은 것을 배웠다고 회고하며 특히 유럽과 미국 CEO들이 어떻게 사고하고 경영하는지를 배웠다고 말했다.

1981년 싱가포르 정부가 투자공사(GIC)를 설립했을 때도 싱가포르 정부는 로스차일드 상사(N. M. Rothschild & Sons Ltd)의 부자(父子)를 자문위원으로 고용했다. 그 후 투자공사는 다른 종류의 투자를 위한 시스템을 개발하기 위해 미국과 영국의 투자 매니저들을 고용했다.

투자전략 고문으로 영입했던 제임스 울펀슨(James Wolfensohn, 1933~)은 후에 세계은행총재가 되어 싱가포르를 위한 좋은 인맥이 되었다. 1997년 리콴유가 싱가포르 은행을 구조 조정할 때에도 JP 모건(Morgan)의 고급집행위원인 요한 올즈(John Olds)를 싱가포르 발전은행의 부주석 겸 총재로 영입했다. 이후 화교은행도 홍콩의 은행가인 알랙스 오우(Alex Au)를 총재로 영입했다. 리콴유는 필요하다면 그 분야에서 세계 최고를 영입해 활용했다.[72]

리콴유는 국가의 발전과 이익을 위해서라면 그 누구에게도 거리낌 없이 배우는 실용주의자이다. 그는 역사적으로 싱가포르에 잔혹한 군정을 실시한 일본으로부터도 장점은 배워야 한다고 주장했다.[73]

변화의 중심에 선 지도자

리콴유는 시대를 앞서 내다보고 싱가포르 국민이 가야 할 길을 정확히 예측했다. 그는 그 자신이 변화의 중심이 되었고 싱가포르를 변화시키는 원동력이었다. 그는 위기가 닥칠 가능성이 있을 때마다 '변화하지 않으면 생존조차 불가능하다'며 국민들을 설득했다.

말레이시아나 인도네시아 등 이웃 국가를 뛰어넘어 미국이나 유럽과 경제 관계를 가지려면 전제 조건이 있었다. 그것은 싱가포르의 모든 수준이 선진국 수준으로 바뀌어야 한다는 것이다. 국내 치안·사회 인프라·서비스가 세계 최고 수준이 되어야 할 뿐만 아니라 국민들도 당연히 서구사회가 요구하는 수준 높은 교양·자질·덕목을 갖추어야 한다는 것이다. 그러기 위하여 국민의 문화 수준·환경·교육·언어를 국제화해야 했다.[74] 예를 들어 영어를 상용어로 채택한 것은 싱가포르 발전과 국제화의 동력이 되었다.

리콴유가 21세기 초일류 국가를 향해 도전하여 성공한 것은 경제 문제의 해결이라 볼 수 있다. 싱가포르는 서방의 기술·인재·자금·시장·경제의 세계화가 가져다준 경쟁압력을 이용하여 끊임없이 싱가포르의 경제 구조를 전환했다. 그는 열정과 비전으로 세계일류 국가와 교류하면서 주동적으로 그들의 투자를 흡수함과 동시에 그들의 시장을 충분히 활용했다. 예를 들어 1968년 유럽은 외국에서 그들의 기업들을 철수하는데 미국은 외국으로 그들의 공장들을 확장하고 있다는 것을 알았다. 그는 미국기업들이 당시 중국의 문화대혁명으로 타이완이나 홍콩은 위험할 수 있다고 보는 것을 알고 미국 반도체 기업을 싱가포르에 유치했다. 그리하여 싱가포르가 세계에서 컴퓨터와 하드디스크의 중심국가가 될 수 있었다.[75] 싱가포르는 전 세계를 향해서 지속적으로 교류하며

국제 인재를 이용하였으며, 국제 첨단기술 및 세계경쟁 압력을 이용하여 산업을 끊임없이 진화시켰다.[76]

변화와 진보를 선택하는 것은 일종의 도전정신이 필요했다. 리콴유의 미래 비전과 변화를 추구한 도전정신은 독립 후 반세기만에 부정부패가 없는 깨끗하고 효율적인 정부를 세웠고 국가경쟁력은 세계 선두를 유지하며 국민소득이 5만 달러가 넘는 아름다운 정원국가 싱가포르를 창조해냈다.[77]

후계자를 양성할 줄 아는 지도자

리콴유는 67세가 된 1990년 11월 주한 싱가포르 대사를 역임한 바 있는 위킴위(Wee Kim Wee, 黃金輝, 1915~2005) 대통령에게 사임서를 제출하고 31년간 지켜온 총리직에서 물러났다. 그는 총리직 퇴임 후 선임장관을 맡고 있다가 2004년 8월 선임장관직을 2대 총리였던 고촉통에게 물려주고 고문장관이라는 새로운 직함으로 생을 마감할 때까지 자신의 장남이자 3대 총리인 리셴룽이 이끄는 내각에 남기를 자청했다.[78]

리콴유는 후계자를 선정할 때 급격히 변화하는 국제적 상황을 고려하고, 국내에서는 기성세대와 생각이 다른 젊은 세대의 동향을 잘 파악하여 결정해야 하며 현 장관들과 팀을 만들어 새 지도자가 팀 안에서 성장할 수 있는 시간을 가져야 한다고 생각했다. 오랜 기간 팀으로 일을 함께함으로써 서로를 이해할 수 있는 지도자를 선정하여야 6개월의 짧은 과정을 거쳐 지도자가 교체되었을 때 발생할 수 있는 어려운 문제가 적다. 이것이 바로 싱가포르가 정부를 운영하는 방법이다.[79] 후계자 선정에 있어 정책의 일관성·연속성을 중시하고 정치적·사회적 안정을 유지했기 때문에 싱가포르는 일류 국가로 성장할 수 있었다.

제2대 총리는 리콴유 초대 총리 아래에서 13년 동안 혹독한 정치수업을 받고 내각과 집권당의 주요 부서에서 실무경험을 쌓은 고촉통이었다. 고 총리는 싱가포르 국영해운회사인 넵튠 오리엔트 라인스(Neptune Orient Lines Ltd.)의 사장으로 기업을 성공적으로 운영하였다. 그는 발탁된 이후 재무부, 통상산업부, 보건부, 국방부장관을 역임한 부총리였다. 총리재임 14년(1991~2004) 동안 국내의 정치와 경제의 방향을 안정적로 경영함과 동시에 싱가포르의 국제화를 이룩하였다. 동남아시아 국가연합인 아세안(ASEAN)을 중심으로 실질적으로 지역협력을 강화했고 아시아-유럽정상회의인 아셈(ASEM)을 성사시켰다. 고촉통은 제1차 WTO 각료회의를 유치하고 UN 안전보장이사회의 비상임이사국으로 피선(2001~2002)되면서 싱가포르를 도시국가로부터 세계 속의 선진국가로 부각시켰다. 그는 리콴유가 구상하고 이끌어온 싱가포르식 사회민주주의가 뿌리내리는 데도 중요한 역할을 하였다.[80]

제3대 현 총리인 리셴룽은 리콴유의 아들이라는 이유로 총리가 된 것이 아니다. 그의 총리 선임에 대하여 세간에서는 리콴유가 막후에서 영향력을 행사한 것으로 보기도 하지만 리콴유는 이를 강력히 부인했다. 만약 그가 막후에서 조정했다면 그의 아들은 총리가 되지 못했을 것이라고 했다.[81]

리셴룽은 1971년 싱가포르 군에 입대한 후 국비 장학생으로 1974년 영국 케임브리지대학교에서 수학 및 컴퓨터공학을 전공했으며 1980년 미국 하버드대학교 케네디스쿨에서 행정학 석사학위를 받았다. 또 1981년부터 1984년 전역하기 전까지 군 참모차장보(작전 담당), 군 참모차장, 군 합동작전 기획국장을 맡았다. 전역 후 고촉통이 국방부장관이었을 때 국방부장관 정무비서를 지냈고 국회의원에 당선되었다. 이어

1988년, 1991년, 1997년, 2001년에 재당선되었다. 이후 국방담당 국무장관 겸 통상산업담당 국무장관, 통상산업부장관 대리 겸 국방담당 국무장관, 통상산업부장관 겸 제2 국방부장관(병무담당), 부총리 겸 통상산업부장관이었다가 1992년 부총리가 되었다. 1998년부터는 중앙은행 이사회 의장을 겸직했고 2001년 부총리 겸 재무부장관을 역임했다. 그는 국방, 통상산업, 금융 및 경제구조조정을 주도한 경제검토위원회에서 경험을 쌓은 지도자로서 2004년 8월에 총리에 발탁되었다.[82]

고촉통 총리와 리셴룽 총리는 시대를 앞서 내다보고 싱가포르 국민이 가야 할 길을 정확히 예측했던 리콴유의 전통을 잘 계승하여 정책을 수립하고 추진했다. 리셴룽 총리는 2013년 9월 한 TV프로그램에서 자신이 70세가 되기 훨씬 전부터 차기 통치자와 정부 팀을 만들어야 한다는 의견을 밝히기도 했다. 그는 총리직을 수행하기 위한 능력을 갖춘 인재들은 있으나, 공인이 됨으로 희생해야 할 사생활과 자신이 일하던 전문분야를 바꾸어야 한다는 것 등의 이유 때문에 민간 부문에서 우수한 인재를 끌어오는 것이 점점 어려워지고 있다고 말했다. 이런 내용으로 보아 싱가포르 지도자들은 앞으로도 후계자 양성을 중요시하여 정책추진의 일관성을 유지할 것으로 보인다.

세계의 흐름을 읽을 줄 아는 지도자

리콴유는 마치 세계가 그의 손 안에 있는 것과 같이 세계의 흐름을 읽었던 지도자였다. 리콴유와 인터뷰를 했던 정치학 교수, 대사, 유명한 기자들은 모두 그가 가진 지혜로운 경제정책과 기민한 외교정책, 특히 중국, 미국, 러시아, 인도에 관한 해박한 지식과 분석에 놀라워했다.[83]

1960년대 중반 이후에는 제국주의 국가들과 제3세계 간의 착취를 중점적으로 다룬 '종속이론(Dependence Theory)'이 유행하고 있었다. 그러나 리콴유는 유럽과 미국 등과의 직접 교역을 통해 싱가포르를 발전시킨다는 전략을 수립했다. 그는 세계적 기업의 투자를 유치하기 위해 철저히 중국인의 상인정신을 이어받아 기업친화적 제도를 수립하였고 싱가포르의 공업화에 성공했다. 그는 국내 인재의 결핍을 해결하기 위해 국제 인재들을 영입하였고 협소한 국내 시장 대신 국제 시장을 활용하였다.[84] 그는 일찍이 경제 세계화의 중요성을 인식하고 매일 아침 세계주식의 변동을 점검했고 국익을 위해 세계의 지도자들을 만났으며 기회만 있으면 석학들로부터 배웠다.[85]

리콴유는 일찍이 동남아시아에서 중국의 역할이 중요하다는 것을 인식했다. 그의 회고록을 보면 리콴유는 1987년 10월 덩샤오핑이 싱가포르를 방문했을 때 싱가포르의 발전을 칭찬하는 것을 보고 중국공산당과 소통이 가능할 수 있다고 보았다.[86] 중국의 대외관계에 관하여 덩샤오핑과 담화할 때 리콴유는 기회를 포착하여 화남(華南)에서 말레이시아 공산당과 인도네시아 공산당 텔레비전 방송을 중지하고 유격대에 대한 지지를 중지할 것을 요구했다. 덩샤오핑은 귀국 후 이를 반영하여 중국이 동남아 국가 내 공산당에 대한 지원을 중지하여 마오쩌둥 추종자들이 멸망하도록 했다.[87] 리콴유는 덩샤오핑의 도움을 잊지 않고 1989년 덩샤오핑이 톈안먼 사건으로 곤란하게 되자 우호적으로 그를 지지했다. 덩샤오핑은 후에 공개적으로 리콴유를 "공로가 있는 사람"이라고 말했을 정도로 그의 우의를 고마워했다. 덩샤오핑 이후의 지도자들과도 우정을 나누면서 그들의 인간됨을 파악했다. 리콴유는 중국에 오면 일주일 정도 늘 시골에 가서 보냈는데 이는 그가 중국에 투자할 곳을 구상했음을 알 수 있다.[88]

중국이나 미국은 리콴유의 식견을 신뢰했다. 1978년 덩샤오핑은 베트남이 인도차이나 반도를 장악하고 소련과 연합해 중국을 압박하는 상황을 두려워했다. 그래서 덩샤오핑은 중국과 베트남이 충돌할 경우 미국이 최소한 중국을 방해하지 말라는 뜻을 리콴유를 통해 미국에 전했다.[89] 또한 리콴유는 자주 중국대륙을 대신해서 타이완과의 관계개선을 주선하였다. 1993년에 중국 측 해협양안관계협회(海峽兩岸關係協會) 회장 왕다오한(汪道涵)과 타이완 해기회 회장(海基會董事長) 구전푸(辜振甫)와의 만남을 성사시켜 수차례에 걸쳐 왕구(汪辜)회담이 개최되었다.[90]

리콴유와 수십 년간 교류해온 전 미국 국무장관 헨리 키신저(Henry Kissinger, 1923~)도 리콴유로부터 많이 배웠다고 말했다. 그는 리콴유를 싱가포르 총리 자격으로서가 아니라 그 개인의 사상과 능력으로 미국에 필요한 친구가 되었다고 높이 평가했다. 리콴유는 세계가 직면한 문제에 대하여 동남아시아에 대한 지식과 혜안으로 미국에 의견을 제시한곤 했다.[91] 리콴유의 반공이념에 호감을 갖은 미국은 2011년에는 그에게 지도능력, 서비스 정신, 그리고 지혜에 뛰어난 사람에게 주는 미국 링컨훈장을 수여하기도 했다.[92]

전 영국총리 마가렛 대처(Margaret Thatcher, 1925~2013)는 현직에 있을 때 리콴유의 연설문들을 읽고 분석하며 "리콴유는 프로파간다의 안개를 헤쳐 가는 방법을 알고 있고 우리시대의 문제들을 독특하고 명쾌하게 해결하는 방법을 제시할 수 있으며 결코 틀리지 않는다"고 평했다. 그녀는 1984년 홍콩반환 문제로 덩샤오핑을 만나러 가기 전 리콴유의 자문을 받았을 정도로 그의 판단을 신뢰했다.[93]

리콴유는 중국 지도자들과 돈독한 사이이지만 동남아에서 중국의 영향력이 지나치게 확장되는 것을 염려했다. 그는 2011년 5월에 개최된 아시아 미래(亞洲未來) 회의석상에서 미국만이 성장하는 중국에 필적할 수 있는 유일한 힘이 있다면서 미국이 이 지역에 관심을 가지는 것이 중요하다고 말했다. 그는 이 지역의 국가들이 경제 발전을 가속화하기 위해서는 미국의 기술·시장·구매력이 필요함으로 이 지역 자유무역구(FTA)에 미국이 반드시 포함되어야 한다고 주장했다.[94]

또한 2013년 워싱턴의 한 공개 강연에서는 '중국 위협론'을 역설하기도 했다. "미국이 아시아에서 중국의 군사·경제력을 견제하지 않으면 세계 패권국 지위를 상실할 가능성이 있다"며 "중국이 최강국이 되면 다른 아시아 국가는 대적할 방법이 없다"고 말했다. 그는 중국의 굴기가 싱가포르의 안보를 위협한다고 판단하여 "미국은 지역 균형을 위해 반드시 아시아에 개입해야 한다"고 주장했다.[95]

그가 이렇게 자신 있게 말할 수 있는 것은 중국과 미국은 물론 동남아시아에서 두 나라의 역할과 영향력을 정확하게 분석하고, 이해하고 있기 때문이었다.

5. 리콴유는 독재자인가 아니면 엄부인가?

외국 언론들이 자신을 장기집권한 독재자로 지칭하는 것에 대해 리콴유는 "당신들이 나를 독재자라고 하는데 당신들이 하고 싶은 대로 말하시오. 그러나 이는 내가 당신들이 하는 말을 좋아한다는 뜻이 아닙니다. 나는 자유선거에서 상대를 가볍게 이겼는데 내가 독재자가 될 필요가 있습니까?"[96]라며 경멸적으로 반박했다.

싱가포르를 민주사회로 보기에는 여러 가지 독선적이 측면이 있다.

비록 헌법상 다당의 존재를 허가하고 민주선거를 통해 합법적으로 인민행동당이 집권을 하지만 실제로 인민행동당은 거대 다수당으로 패권을 잡고 있다. 리콴유는 1959년 총리가 된 후 1990년까지 31년간 통치하면서 '국가안전법(內部安全條例)'과 엄격한 법 적용으로 반대당의 성장을 억제했다.

리콴유가 반대당을 압제하는 수법은 대단히 간단하다. 안전법이나 무고죄 소송과 같은 엄격한 법 이외에도 임의집회, 데모 등을 허락하지 않는 조관(條款)으로 각종 사회세력의 발전을 억제하고 있다.[97] 싱가포르의 법관과 검찰관 대부분은 인민행동당에서 선발한 사람들로서 그들의 사법집행은 리콴유의 치국이념을 반영했다. 리콴유는 집권당, 언론매체, 사법부를 장악하고 강력한 통치로 정치적 안정과 경제성장을 이루었다.

리콴유는 인생을 마라톤에 비교하여 빨리 달리기를 장려하지 않으면 우승하지 못한다고 말했다. 비행기를 타는 목적은 안전하게 목적지에 도착하는 것이 중요하지 좌석이 이코노믹석, 비즈니스석, 일등석이 중요하지 않다. 이와 마찬가지로 주택을 소유한다는 것이 중요한 목적이지 공공 아파트, 개인 아파트, 별장 자체가 중요한 목적이 아니다. 국민 전체가 모두 균등하게 부를 소유한다는 것은 불가능하지만 양극분화는 허락하지 말아야 한다는 것이 그의 생각이었다.[98] 그래서 그는 나중에 잘살게 되면 일등석도 탈 수 있고 별장을 소유할 수도 있지만 우선 목적 달성이 시급하다고 말했다. 즉 그는 일반 싱가포르인이 가장 필요로 하는 것이 무엇인지 알고 그것을 해결하려 최선을 다했고 일단 성취한 것을 공고히 했다.[99]

그의 국가운영 대원칙은 개인을 위한 것이 아닌 국가나 사회를 위한 도덕적 기준(공동선)을 중시하는 것이었다. 그는 민주주의도 공동선을 위한 하나의 수단이므로 경제성장이라는 국가의 이익을 위해 국민들의 행동을 철저히 통제했다.[100]

리콴유의 이러한 신념과 강한 권위주의적 지도력은 싱가포르인의 생활을 충족시켜주었다. 싱가포르의 GDP는 1965년 8월 9일 5백여 달러에서 2014년에는 5만6천여 달러가 되어 GDP가 미국과 일본보다 높다.[101] 국가경쟁력 세계 2위, 국가청렴도 세계 5위, 외환시장 거래규모 세계 4위이며 세계적인 금융허브로 평가받고 있다.

싱가포르는 오염문제가 없다. 나라가 작아 공장도 거의 없고 바다에 둘러싸여 있어 해풍으로 사라지기 때문이다. 복지 또한 좋다. 관련 법률에 의하면 고용주는 반드시 고용인에게 의료·연가·병가·시간외 근무수당 등의 복지를 제공해야 한다. 일반회사도 정원 외의 직원에게 복지를 제공해야 하는데 예를 들면 결혼휴가·탁아서비스·대출과 보조금 등을 제공한다. 이밖에 싱가포르의 소득세는 세계에서 제일 낮다. 싱가포르 시의 치안은 아주 잘되어 있어 시민의 90% 이상이 아주 안전하다. 싱가포르는 원래 이민의 국가로 외국인에 대한 차별도 없다. 도시의 녹화도 잘 되어 있다. 인구밀도가 높아 정원이 있는 집이 아니라 고층 아파트에서 살아야 하지만 정부가 녹화에 최선을 다해 사람들이 아파트 밖에 나가면 나무나 꽃으로 이루어진 정원을 볼 수 있다.[102]

이상과 같이 국민들을 생각하며 국민생활의 각종 문제를 해결하는 싱가포르 정부는 통치당국으로서의 정당성을 얻고 있다. 하지만 양호한 관치에도 불구하고 이를 권위주의라고 비평하기도 한다. 1994년 4월에 리콴유는 《포린 어페어스(Foreign Affairs)》에서 아시아적 가치에 대해 언급하면서 미국은 서구적 민주주의의 잣대를 아시아에 적용하려 하지 말라고 기고했다.[103] 리콴유는 영미식 자유를 실시한 필리핀·인도·파기스탄 등이 모두 혼란에 빠져 경제 상황이 좋지 않은 것을 예로 들면서 서방식의 민주주의와 절대적 자유를 반대했다. 리콴유는 사회공정을 중시하고 정책의 시금석은 실제 집행으로 결과를 보여주는 것이라고 주장했다.

그러나 싱가포르는 변하고 있다. 급속한 경제성장과 이에 따른 성숙한 국민의식은 이에 상응하는 민주적 정치제도를 요구하고 있다. 싱가포르에 관하여 깊이 연구한 '중국선전대학 당대중국 정치연구소'의 뤼위안리(呂元禮) 교수는 싱가포르는 최근 여러 해 동안 크게 변했다고 말한다. 그는 리콴유가 가장식(家長式)이었다면, 2대 총리 고촉통은 형장식(兄長式)으로 개방적이었고 민주적이었다고 평가하면서, 제3대 총리 리셴룽은 더 개방적이고 더 민주적이어야 할 것 같다고 말한다. 왜냐하면 대선에서 인민행동당이 노동당의 약진을 본 리 총리는 시대조류에 맞게 친구식으로 정치를 할 것이라고 보기 때문이다.[104]

싱가포르국립대학 정치학과 교수였고 현재는 아시아의 여러 국가에서 반부패전략에 관하여 자문을 하고 있는 콰(Jon S.T. Quah) 교수는 싱가포르가 선진국으로 성장하기 위해서 리콴유가 코치의 역할을 했다고 보았다. 콰 교수는 외국투자를 유치하기 위하여 정부가 필요한 하부구조와 재정적 인센티브를 제공한 것 등을 예로 들었다. 그러나 1985년부터는 정부의 통치 스타일이 코치 역할에서 자문하는 스타일로 전환했다. 이런 자문하는 스타일의 통치는 고촉통 총리시절에 성숙되었고 현 총리 리셴룽에 의하여 지속되었다고 콰 교수는 분석한다.[105]

리콴유는 싱가포르가 직면한 어려움과 도전을 극복하고 각종 의제를 처리하는 데에 있어 싱가포르 지도자들이 그들만의 독특한 생각과 방법을 반영하도록 이끈 캡틴이었다.[106] 그는 이상주의자나 이론가가 아닌 국가관과 통치 철학이 분명한 현실주의자이며 실무형의 지도자였고 전략가이며 지휘관이기도 했다.[107] 리콴유는 인구 300만의 작은 나라 싱가포르를 일류국가로 만들겠다는 열정과 냉철한 현실감각을 가지고 아시아의 작은 용으로 일으켜세운 인물이다. 그는 또한 대중적 인기에 영합하지 않는 확고한 신념을 가진 지도자이다. 그는 다른 사람의 비판에 관심을 가지면 자기 할 일에 지장을 주기 때문에 다른 사람들의 비판에 관심이 없다면서 정치는 신념 없이 개인의 영광, 명예, 대중의 인기를 위해서 해서는 안 된다고 말했다. 그는 정치는 운동경기의 단체 팀과 같이 스스로 실행의 당위성을 느껴서 생명을 바쳐 하는 것이지 영광을 위해서 하는 것이 아니라고 했다.[108]

그는 싱가포르의 당면 문제들을 차근차근 해결해 나감으로써 작은 도시국가 싱가포르를 아시아는 물론, 세계 수준의 금융과 물류의 중심지로 탈바꿈시켰고 세계 최고의 청렴한 정부로 발돋움하는데 절대적인 역할을 한 싱가포르가 배출한 20세기 세계의 지도자 중 한 사람이다.

리콴유가 존경하는 인물만 보아도 그의 가치관을 엿볼 수 있다. 그가 가장 존경하는 인물은 드골·덩샤오핑·처칠이라고 한다. 드골은 용기와 상황대처 능력이 뛰어나기 때문이고, 처칠은 포기하지 않는 불굴의 정신 때문이며, 덩샤오핑은 잘못 가고 있는 중국을 오늘날의 경제대국으로 변화시킨 위대한 인물이기 때문에 존경한다고 했다.[109]

사무엘 헌팅턴이 "리콴유가 만든 제도는 그와 더불어 사라질 것이다"라고 한 말에 대하여 리콴유는 "내가 이미 정권을 떠난 지 20년이 지났지만 제도는 잘 유지되고 있다. 그 이유는 책임자들 즉 내각과 의회의 구성원과 대통령직의 지도자들을 조심스럽게 잘 선택했기 때문이며 이

들이 부정과 부패에 맞서고 있는 한 앞으로도 싱가포르 정부는 지속될 것"이라고 말했다.[110]

하버드 로스쿨 법학 박사이며 버크셔 헤서웨이 코퍼레이션(Berkshire Hathaway Corporation)의 부회장이고 워렌 버핏(Warren Buffett)의 파트너인 찰리 멍거(Charlie Munger)는 한 인터뷰에서 1960년대 중반에 일인당 GDP가 약 500달러였던 싱가포르가 오늘날 세계에서 GDP가 가장 높은 국가들 중 하나로 성장했다고 말했다. 그는 "내가 가장 좋아하는 정치제도는 특정상황하에 성공적으로 적응한 싱가포르의 정치제도이다" "나는 싱가포르 정부체제가 세계에 존재하는 가장 성공한 정부체제라고 인정한다"며 세계 정치사를 연구하려면 리콴유의 생애와 그의 업적을 연구하라고 말한다.[111]

리콴유는 국민들에게 '좋은 정부'와 '높은 생활수준'을 제공하였기 때문에 국민들은 그와 정치지도자들을 신뢰한다. 역으로 국민들은 편하게 잘살기 위해 정치지도자들을 신뢰하였다. 국민들은 "아끼자" "주머니를 졸라매자" "각자의 위치에서 열심히 일하자" "국가의 법과 질서 그리고 정부의 규범을 잘 지키자"에 동조하지 않을 수 없었다. 말은 쉽고 간단하지만 이를 실천하는 것은 결코 쉽지 않았다. 리콴유의 풀 한 포기조차 아끼고 철저히 관리하는 헌신적인 정신이 없었다면 싱가포르의 성공은 가능하지 않았을 것이다. 그리고 다행히 그 풀이 성장할 수 있는 충분한 비가 내려주었다. 다음 장에서 싱가포르가 성공할 수 있었던 요인들을 살펴보도록 하겠다.

장기집권여당, 인민행동당

2장

싱가포르는 일당제 국가가 아니다. 하지만 1954년 설립된 인민행동당(People's Action Party)은 1959년 선거에 의하여 정권을 장악한 후 매 선거에서 국민들의 투표로 합법성을 인정받아 장기집권하고 있다. 등록된 야당 수는 20여 개이며 실제로 선거 때마다 매선거구에서 4개의 당 내지 6개의 당들이 경쟁한다.

2007년 싱가포르를 방문한 중국공산당 연구실부주임 쩡예쑹(曾業松)이 "싱가포르의 인민행동당은 세계의 다당제국가 중 국가에 대한 지배력이 가장 강하고 집권기간이 가장 긴 당"이라고 지적했듯이[1] 인민행동당은 세계에서 가장 장기간 집권한 당 중의 하나로 싱가포르의 정치를 완전히 장악하고 있으며 오직 헌법과 법에 의해서만 제한을 받는다.[2]

본 장에서는 싱가포르의 장기집권당인 인민행동당의 설립배경, 설립목표, 지배 이념, 당의 조직과 운영을 살펴보고 끝으로 인민행동당이 장기집권할 수 있었던 이유를 분석해보려 한다.

1. 인민행동당의 설립배경, 목표, 지배이념

1) 설립배경

제2차 세계대전이 종결된 후 영국의 식민정부가 다시 싱가포르를 장악했다. 그러나 싱가포르의 지식인들 중에는 민족주의와 공산주의에 영향을 받아 반식민지 운동에 관심을 가진 사람들이 많았다. 특히 중국공산당 정권의 출현으로 화교들에게 친공산주의 세력이 침투되어 사회가 불안했다. 이에 영국은 싱가포르와 말레이시아가 단계적으로 자치정부를 구성할 수 있도록 도와주는 형태의 식민정책으로 전환했고, 1953년에 영국식민정부는 자치정부 구성을 약속했다. 그리하여 정치에 관심을 가진 민족주의자들은 비록 영국식민지통치하이지만 싱가포르 역사상 처음으로 실시되는 선거에 참여하기 위하여 당을 결성하였다.

인민행동당 설립은 1940년대 후반에 영국식 교육을 받은 젊은 민족주의 싱가포르인들에 의해서 주도되었다. 그중 여러 노동조합의 법률고문으로 활동하며 사회변화에 주목하고 있던 리콴유는 1953년부터 매주 토요일 오후 반식민 말레이시안 포럼을 조직한 몇몇 지인들과 좌익 언론가와 모여 영국식민지로부터의 해방과 정치문제에 대해 토론했다. 그들은 중국어로 교육받은 다수를 중심으로 노동조합을 이끌 수 있는 좌익계통의 민족주의당을 설립하기로 의견을 모았다. 그리하여 그들은 영국식으로 교육을 받은 사람들, 말레이 근로노동자들과 사무노동자들, 종친회소속 화인, 직공, 근로노동자들을 모아 1954년 11월에 전기도

들어오지 않는 빅토리아 기념관에서 인민행동당 발대식을 가졌다.[3]

인민행동당은 반식민주의의 기치를 내세우는 온건주의 사회민주주의자들이 좌익 공산주의자들과 연합하여 설립한 정당이다. 청렴결백함, 활력, 그리고 단결을 강조하기 위해 당기의 엠블럼은 백색바탕에 가운데 남색 원이 그려져 있고 한가운데 빨간색 번개가 세로로 지나가게 도안했다. 백색바탕은 순결과 반부패를 상징하며 남색 동그라미는 단결과 종족간의 화목을, 빨간색 번쩍이는 번개는 활력을 상징한다. 선전구호는 "성실한 연대와 협조적 행동"이다.[4]

당시 싱가포르에서는 좌익과 민족주의 세력의 활동이 격렬했고 인민행동당 내에는 친공산주의자들이 당의 중앙위원회 위원 12석 중 4석을 차지했다. 그들은 당 지부를 지배하기 위해 지부행정담당위원 후보들을 지명했다. 1957년 8월에 개최된 제4차 당대회에서는 친공산주의자들이 가짜당원증을 가지고 회의에 참석하여 중앙운영위원회의 위원직 12석 중 6자리를 확보했다. 중도파들은 이를 쿠데타로 보아 합법성을 인정할 수가 없었다.[5]

마침 자치주 정부의 첫 행정장관인 데이비드 마샬의 뒤를 이은 림유혹(Lim Yew Hock, 1914~1984) 행정장관이 35명의 친공산당원들을 체포했는데 이중에 인민행동당 지부 11곳의 행정담당위원 5명이 포함되었다. 리콴유와 중도파들은 이 기회를 이용하여 1957년 10월에 긴급 당 회의를 개최하고 새로 선출된 지도자들로 중앙운영위원회를 조직했다. 그리고 새로운 당원이 당권을 차지하도록 당원의 재등록과 중앙운영위원회 위원 선출제도에 관한 새로운 당 규정을 정했다. 이처럼 당 내부에 중도파와 친공산주의자들은 대립 관계에 있었으나 양측이 서로를 필요로 했기 때문에 분열되지는 않았었다.[6] 1957년 12월에 열린 시의

회 선거에서 인민행동당은 시의회 정족수 32명 중 13명의 당선자를 배출하여 제1당이 되었다.[7]

1958년에 제정된 영국의 신헌법에 의하여 싱가포르는 영국 직할 식민지에서 외교와 국방을 제외한 자치권을 가진 영연방 내의 자치국이 되었다.[8] 당시 싱가포르 정계에는 1957년 후반기에 노동당(Workers' Party)이, 1958년에는 싱가포르 국민연맹(Singapore People's Alliance) 등 새 정당들이 출현했다. 1959년에 실시된 최초의 입법의회 선거에서 거의 60만여 명의 유권자 중 반 이상이 처음으로 투표에 참석했다.

인민행동당은 선거공약으로 대중교육, 일자리 창출을 통한 취업문제 해결, 노동자의 복지향상, 여성해방, 완전한 공공보건시설, 빈민층을 위한 주택공급 등을 강령으로 제시했다. 인민행동당은 광범위한 대중들의 지지를 받아 51석 중 43석을 얻었고, 리콴유는 싱가포르 영연방 자치정부의 첫 총리가 되었다. 그러나 리콴유의 중도파는 아직 당내에서 확고하게 권력을 장악하고 있지 못했다.[9]

리콴유의 중도파가 반공을 주창하는 말레이시아와 연합하려고 하자 친공산당파는 격렬하게 반대했고 그 결과 1961년 6월에는 인민행동당이 분열되는 상황에 이르렀다. 13명의 국회의원이 인민행동당을 탈당하여 바리산 소시알리스트(Barisan Sosialis)를 결성하자 인민행동당 정부는 의회의 신임을 받지 못하게 되었다. 인민행동당 당원의 3분의 2와 당 관료 대부분이 바리산 소시알리스트로 이탈했으며 당의 지부와 부속 조직들이 대폭 줄었고 실직청년들을 도와주던 조직도 문을 닫았다.[10]

그러나 친공산당파 의원들의 탈퇴로 오히려 인민행동당은 이념적 동질성과 조직의 결속을 강화할 수 있게 되었다. 비록 당 조직의 재건 속도는 느렸지만 당위원들이 선거구역을 정기적으로 방문하여 준 정치조직이나 유사단체의 영향하에 있는 지역사회의 풀뿌리 지도자들을 모집하여 당을 재건하기 시작했다. 1963년 선거에서 인민행동당은 대부분의 의석을 차지하여 다수 여당이 되었다.[11]

1962년 5월 싱가포르 자치정부가 말레이시아와 통합하기로 합의하였고, 1963년에는 말레이시아 연방이 탄생했다. 이에 인도네시아는 보르네오 국가들이 말레이시아 연방에 포함되는 것을 반대하여 말레이시아 연방에 대결을 선언했다. 이러한 안보문제와 인민행동당과 연방정부 간의 정치, 사회, 경제적 쟁점을 둘러싼 대립으로 인하여 1965년 8월 싱가포르는 말레이시아 연방으로부터 독립하게 되었다.[12]

1965년 싱가포르가 말레이시아 연방에서 분리 독립하자 인민행동당에서 이탈한 바리산 소시알리스트는 1966년에 의회정치를 포기하고 투쟁을 외치며 거리로 나왔다. 싱가포르 국민들은 이러한 바리산 소시알리스트의 전략을 외면하고 인민행동당을 광범위하게 지지하였다. 인민행동당은 국가를 효율적으로 통제하기 위한 명목으로 체포와 구금을 합법화하여 권력을 공고히 했다. 1968년 4월의 총선거에서 인민행동당이 의회의 전체 의석인 58석을 차지하여 집권정당으로서의 위치를 확고히 했다. 이후 인민행동당은 1972, 1976, 1980년의 총선거에서 투표의 70.4~86.7%를 얻었고 13년 동안 야당이 없는 국회를 장악했다.[13] 이제 인민행동당이 곧 정부이며 정부는 곧 싱가포르 국가였다.

2) 정부인 집권당의 목표

인민행동당이 집권하면서 책임 있는 정당으로서 세운 첫 단계의 목표는 생존이었다. 국가와 국민이 생존하기 위하여 튼튼한 국방, 경제성장, 법치국가, 조화로운 사회를 건설해야만 했다. 이후 경제가 발전하여 어느 정도 안정 궤도에 이르자 오아시스처럼 모든 사람들이 와서 즐겁게 일하고 살고 싶어 하는 정원도시국가 건설이 두 번째 단계 목표가 되었다.

첫 번째 단계 목표: 생존제일, 경제입국, 국민통합

집권초기 인민행동당 정부에게는 국민들의 낮은 생활수준을 높이고 종족 간의 첨예한 대립상황에서 벗어나 국가로서 생존하기 위한 튼튼한 국방력 확립이라는 문제의 해결이 시급했다. 또한 자원부족과 약한 공업의 기초를 극복하고 경제발전을 이루어야만 했다. 싱가포르 정부는 "생존제일, 경제입국"을 국책목표로 정했다. 국민들에게는 국가의 생존을 위해서 개인의 희생을 감수할 것을 강조했고 정부는 국가 이익의 수호자가 되었다. 지도자들은 생존을 위해 싱가포르를 다른 국가보다 더욱 강하고 효율적이며, 엄격한 기율과 치밀한 조직사회로 개조하여야만 했다. 이들의 목표는 우선 경제평등이었고 그다음이 복지의 수준을 향상하여 공정하고 평등한 사회를 건설한다는 것이었다. 지도자들은 경제의 번영과 민생의 안정을 민주와 인권보다 우선시했다.[14]

토착 종족사회가 형성되어 있지 않고 이주민들이 주류를 이루고 있던 싱가포르는 종족 간의 경쟁과 갈등을 묵시적으로 조장한 영국의 식민지 정책 때문에 국민의식의 뿌리가 없었다. 또 국민의 절대 다수인 화인 사회는 타이완과 베이징 정부의 조종을 받아 크게 분열되어 있었다. 따라서 싱가포르 초기정부는 다민족, 다양한 언어, 다종문화의 싱가포르 사회를 조화로운 사회로 건설하기 위해 각개 종족단체들의 편협한 종족관념과 종교를 초월하도록 국민을 교육시켜야 했다. 분열된 국민을 국가에 대한 강한 귀속감과 정체성(공동체의식)을 가져 통일된 싱가포르

민족으로 융합하는 것이 선결 목표였다.

인민행동당은 독특한 언어정책과 교육정책을 통하여 국민의 정체성과 국가에 대한 자긍심을 심어주어 사회적·국민적 통합을 이루고 다양한 언어와 문화적 전통을 유지하면서 이들 간의 공통점과 유사점을 발굴하여 이를 통합의 매체로 삼고자 했다. 이러한 정책하에 '다양한 문화를 바탕으로 한 하나의 공통된 의견(one voice from many cultures)'으로 성과와 능력을 중시하는 것을 원칙으로 결정했다. 그리하여 인민행동당은 먼저 종족과 종교 간의 조화를 강조하며 '하나의 정치 그러나 다문화 국가'를 건설하려 노력했고 화해와 관용의 문화정책을 선택했다. 다수 군중을 이루는 화인이 정치·경제·문화 등 방면에서 우세한 상황임에도 불구하고 각 종족 문화가 모두 공평하고 합리적인 기초 위에서 발전하도록 정부는 중국어를 국어로 규정하지 않았고 불교를 국교로 하지 않았다. 다만 성과와 능력이라는 원칙을 중시했다.

이에 따라 싱가포르 국민들은 동남아의 여러 복합종족 국가에서 성공하지 못한 '다종족 사회의 화합을 위한 다종 언어주의'를 실현시켰다. 종족집단 고유의 언어를 육성 발전시킴으로서 종족 특유의 사회문화적 결합을 유지시켰으며, 영어를 의무적으로 채택하게 하여 국민의 결집력 강화를 모색하였다. 이를 위해서 각 종족들이 운영하는 각급 학교에서는 해당 종족어 이외에 필수적으로 영어를 배우도록 하고 있다. 이러한 다종 언어 정책은 국민 중 중국계가 압도적으로 우세하여 '제3의 중국'이 될 것이라는 주변국의 우려를 완화하는데 기여했다.[15]

두 번째 단계 목표: 정원도시국가 건설

1970년대부터 싱가포르 경제발전이 착착 진행 궤도에 들어서자 정부는 경제와 사회, 인간과 자연, 그리고 현대와 전통의 조화로운 발전을 중시하기 시작했다. 그래서 추진한 목표가 싱가포르를 제3세계에서 가장 으뜸가는 정원도시국가로 만들어 사람들이 살고 싶고 일하고 싶은 나라로 건설하는 것이었다. 그러기 위해서 싱가포르인들을 재교육·재훈련시켜 싱가포르를 건강·교육·통신·교통·서비스 측면에서 편리한 도시 그리고 아름다운 녹색 환경도시로 만들어야 했다.

초기에는 경제발전을 제일 중요시하여 주택을 건설할 때 멋있는 형태라든지 구조에는 신경을 쓰지 않았다. 하지만 정원도시국가 건설 정책 이후 주택이 아름답게 변하기 시작했고 환경복원을 거쳐 하천이 깨끗해지고 나무를 심어 전 도시가 녹색환경의 아름다운 도시로 변하게 되었다. 또한 오래된 건물을 싱가포르의 역사를 상기시키는 중요한 재산으로서 보호하기 시작했다. 정원도시건설정책은 인민행동당이 경제성장에만 집중하지 않고 전체적인 균형을 이루려고 노력한다는 것을 보여주었다.[16]

3) 인민행동당의 지배이념

리콴유를 중심으로 한 인민행동당의 설립자들은 영국의 노동당과 페이비언 사회주의(Fabian Society)의 영향을 받았다. 페이비언 사회주의는 국가가 사회개혁사상을 수용하고 보통선거에 기반을 둔 민주정치이다. 또 국가는 언제나 다수파에 의해 지배되어야 하며 의회민주주의의 수단을 통해서 사회주의가 진화할 수 있고 시장경제와 공존할 수 있다고 믿는 사상이다.[17]

인민행동당은 정치체제로 사회민주주의를 표방했으나 싱가포르 여건에 맞게 사회주의의 목표와 자본주의의 수단을 결합했다. 그리하여 경제정책의 기조로서 자본주의체제의 전형인 자유·경쟁·개방의 시장경제를 택하여 개인이 기술과 생산능력을 발휘하도록 했다.[18] 리콴유와 당지도자들은 국가가 발전하고 근대화를 위해서는 정치적인 안정이 전제되어야 한다고 생각했다. 이들은 서양 문화에 의거하여 생산된 서구 민주주의가 반드시 모든 국가에 적합하다고 보지 않았다. 그래서 인민행동당은 싱가포르의 안정과 질서가 민주주의와 인권보다 우선해야 한다고 주장했다. 리콴유는 정치적 안정은 미래의 경제 및 사회 발전을 위한 필수조건이고 경제적 성공은 국민들의 높은 생활수준을 달성하기에 필요한 조건이라고 생각했다.[19]

이런 통치이념을 가진 인민행동당 정부는 국가의 사회경제생활에 거시적 통제력을 강화했다. 한편으로는 인생에서 발생하는 불평등은 인정하고 자유·경쟁·효율·기회균등을 강조하며 각 개인이 전력을 다하도록 했다. 다른 한편으로는 공정성과 사회정의를 견지하며 국민의 최소한의 생활수준·교육·취업·주택·의료 등을 보장하는 "싱가포르 특색의 사회민주주의"를 주창했다.[20]

싱가포르에 관한 대부분의 분석가들은 인민행동당 정부의 이념은 서구민주주의가 아닌 실용주의·능력주의·다종족주의로 구성되어 있으며 여기에 엘리트주의(선민사상, 선민의식)를 첨부하는 학자들도 있다. 최근에는 잠정적으로 아시아적 가치관 또는 공산사회주의가 첨부된 것으로 보고 있다.[21] 리콴유는 이러한 통치이념을 정책적으로 교육과 캠페인을 통해 국민들이 받아들이기를 희망했다.[22]

• 실용주의 전략으로 정책추진

전 주미대사 찬헝치(Chan Heng Chee, 1942~)는 "생존"이라는 싱가포르의 국책은 근본적으로 실용적인 이념에서 발생한 것으로 보았다. 인민행동당은 정책 추진에 있어 실용주의로 접근했다. 인민행동당은 정책을 실행하기 전에 사람들이 정책에 어떻게 반응할 것인가를 예측하기 위해 합리적이고 실용적인 방법으로 실험을 해본다.

예를 들면 인민행동당이 선거공약으로 주택개선을 선택할 경우 이에 관한 상당히 많은 양의 분석과 연구를 위해 예산을 미리 계획하고 준비한다. 그러나 정책이 효과를 거둘 수 없다든지 의도했던 결과를 얻지 못한다고 판단될 때에는 지도자들은 감정적인 것을 배제하고 정책을 포기한다. 또 만약 당이 꼭 실시하려고 하는 중요한 정책이 정치적인 위험부담이 크다면 잠시 이 정책을 철회하였다가 기회를 보아 다시 재상정한다.

정책을 공표할 때도 정치적인 운영수단, 방향, 시기, 말(언어)을 신중하게 선택하는 실용주의 전략을 볼 수 있다. 특히 언어, 종교, 문화와 같은 민감한 정책들은 전략적으로 천천히 대중들을 이 정책으로 끌어들이는 준비 단계를 거친다.[23]

• 능력주의

능력주의는 각 개인의 사회적인 위치가 개인의 능력에 의해서 결정되는 것이지 정치, 경제, 종족, 계층, 부모에 의해서 결정되는 것이 아니라는 사고이다. 능력주의의 개념은 문화나 종족보다 능력에 대한 보상에 기초한다. 능력주의 원칙은 '능력은 객관적이고 심지어는 과학적으로 결정될 수 있다'고 믿는 것을 전제로 한다.[24]

싱가포르에서는 능력주의 원칙을 교육·공무원·군대·정부관련 회사에서 적용하고 있어 세계적인 사회학자인 에즈라 보겔(Ezras Vogel) 하버드대학 교수는 이 제도를 "능력 만능주의(M acho Meritocracy)"라고 규정한다.[25] 싱가포르 지도자들은 능력주의에 기초한 제도를 신뢰하고 있다. 이는 이념적으로 종족과 계층을 구분하지 않고 가장 우수한 학생들이 신분상승을 하는데 도움을 주며, 부패를 방지하고 공무의 효율적인 집행에 대단히 기여한다고 믿고 있다. 그러나 능력주의에 기초한 제도가 불평등을 조장할 수 있다는 것을 인식하고 이를 막기 위해 주기적으로 부(富)를 재분배하는 여러 가지 정책들을 시도하고 있다. 리센룽 총리는 동등한 기회를 주기적으로 재조정하지 않으면 불평등한 결과가 생성된다고 말한다.[26]

• 다종족주의

싱가포르사회는 일찍이 기독교·유교·이슬람교·힌두교 등 다른 문명과 가치관의 영향을 받아 다양한 종족과 다양한 신앙, 여러 언어를 가진 다문화 사회이다. 독립초기에는 종족에 관한 관용을 강조하여 중국어·말레이어·타밀(Tamil)어·영어로 수업하는 학교들이 별도로 있었다. 1970년대부터 인민행동당은 싱가포르에 미치는 서구의 영향과 특히 중국문화와 중국어의 부흥이 싱가포르의 분열을 초래할 것을 염려하였다.

또한 소수민족의 권리를 보호하기 위해서 대통령직속으로 위원회도 설립했고 종족의 정체성과 종족의식을 증진시켰다. 인민행동당의 종족혼합전략에 따라 거주지역이 혼합되고 영어가 공통어로 강조되었으며 싱가포르의 정체성이 홍보되었다. 그 결과 싱가포르 사람들은 자연스럽게 자신들을 차이니즈 싱가포리안, 말레이 싱가포리안, 인디아 싱가포리안이라고 부르는 다종족주의 사회를 이루었다. 다종족주의는 다문화주의와 유사한데 모든 종족단체나 종족의 사회문화에 대하여 관대하여야만 하고 법 앞에서는 동등하다는 것을 의미한다.[27]

• **엘리트주의(선민사상)**

엘리트주의는 유교정치 철학의 중심사상이다. 유교주의는 개인은 타고날 때부터 각기 다른 능력을 갖고 태어나기 때문에 어떤 사람은 남을 통치하기 위해서 어떤 사람은 통치를 받기 위해서 태어난다며 훌륭한 통치는 가장 능력이 있고 덕망 높은 사람에 의해서 이루어져야 함을 강조한다. 여기에는 인간 간의 동등한 개념은 없고 사회적인 위계질서만이 있다.[28]

인민행동당의 운영을 보면 유교주의적 엘리트주의가 잘 나타나 있다. 권력의 중앙집권화, 당의 재흥을 위한 노력, 나이 먹은 국회의원을 가장 총명한 젊은 인재로 대체하는 것, 분열이나 분당이 아닌 최정상 지도자들의 완만한 정치적인 계승 작업 등에서 싱가포르의 엘리트주의를 볼 수 있다. 또한 엘리트주의는 정부와 당 간부조직, 종합적인 정책에 관한 지도자들의 가부장적이고 도덕적인 연설에서도 발견할 수 있다.

리콴유의 일련의 연설을 보면 그는 모든 사람은 동등하다고 믿지 않으며 우생학을 믿는다는 것을 알 수 있다. 그래서 "모든 사람에게 동등한 기회를 주어도 동등한 결과는 나오지 않는다", "어느 사회든지 약 5%는 일반사람들보다 신체적으로 정신적으로 뛰어나다. 우리는 그들이 사회발전에 촉매작용을 할 수 있도록 우리의 제한된 자원을 그들을 위해서 확대해야 한다"고 주장했다.[29]

싱가포르 지도자의 선민사상은 싱가포르의 여러 정책에서도 엿볼 수 있다. 싱가포르는 정부가 장관이나 고위공무원들에게 상당히 높은 보수를 지불한다. 민간분야와 맞먹는 봉급을 공무원에게 지불함으로써 뛰어난 인재를 정부로 끌어들일 수 있다고 믿기 때문이다. 또 다른 측면에서 선민사상은 비숙련 외국인 노동자들을 지배하는 이민정책에서도 볼 수 있다. 그들은 싱가포르에서 거주하고 있는 동안 결혼하기 위해서는 반드시 정부의 허가를 받아야만 하고, 여성들은 6개월마다 임신테스트를 해야만 한다. 만약 임신을 한다면 바로 귀국시켜 그들의 자녀들이 자동적으로 싱가포르의 시민권을 갖지 못하도록 한다.

선민사상은 인민행동당 지도자들의 노블리스 오블리제에서도 엿볼 수 있다. 지도자들은 가장 능력이 있고 가장 덕망이 있으며 책임지는 모습을 보여야 한다. 그들은 부패나 호화스러운 생활에 반대하며 그들 자신의 기준에 맞도록 생활하여야 한다고 생각한다. 《더 스트레이츠 타임스(The Straits Times)》의 논설에서도 "싱가포르는 엘리트를 만들어내려고 노력한다. 왜냐하면 지구상에서 살아남기 위해서 이 도시국가는 동기가 부여된 뛰어난 사람들이 필요하기 때문"이라고 말했다.[30] 싱가포르 국민들은 엘리트주의에 대해서는 불평하지만 교육받지 못하고 전문적으로 자격이 없는 사람들에게는 투표하지 않는다.

인민행동당 지도자들은 그들의 정책이 실용주의에 입각해서 판단되는 것에 긍지를 느낀다. 능력주의 원칙은 널리 받아들여졌고 심지어 엘리트주의도 받아들여지고 있다. 다종족주의는 완전히 받아들여져 아무도 이에 도전하지 않는다. 지도자들은 경쟁과 개인의 성취에 대한 보상으로 능력주의를 장려하면서 공동체의 필요성을 강조하고 봉사를 강조하고 있다. 연구조사 결과 싱가포르 사람들은 애국심이 강하고 정부에 대해 높은 만족감을 보이고 있다. 이처럼 인민행동당의 통치이념은 비

교적 성공적으로 국민을 지배하고 있음을 알 수 있다.[31]

2. 인민행동당의 조직과 운영

싱가포르의 인민행동당은 정부조직 이외에 강력하고 거대한 정당조직을 가지고 있지 않다. 왜냐하면 인민행동당은 국회, 정부, 각종 군중조직을 통해 이미 단단히 정권을 장악하고 있고 정치생활을 지배하고 있기 때문에 강력하고 거대한 정당조직이 필요 없다. 그래서 선거가 없을 때에는 거의 동면상태처럼 활동을 하지 않아 당의 형체가 없는 것 같다. 그러나 실제로는 어디에나 존재한다. 당은 기층(풀뿌리) 선거구의 준 정치기구화한 민중조직을 통해서 역할을 하고 선거기간 동안에는 당의 총본부가 작전센터가 되어 적극적으로 활동한다.[32]

중앙집행위원회 조직과 운영

인민행동당은 중앙집행위원회와 당간부로 조직되어 있다. 중앙집행위원회의 최고 지도층은 주석, 비서장, 부비서장이며 모두 12명의 위원으로 구성되어 당의 모든 사무를 관장한다. 이들 위원들은 모두 국회의원인 동시에 내각장관들로서 2년마다 거행되는 간부 당원 대회에서 선출된다.[33]

중앙집행위원회 밑에는 1980년대 중반에 조직된 총본부 실행위원회가 당의 행정과 조직을 감독하고 당의 회계, 당원들의 기록, 공문서 기록을 관리하고 있다. 그 밑에는 9개 부속위원회가 있는데 선거유권자들에 관한 것, 언론과 관계되는 광고책자, 정치적인 교육 그리고 말레이시아에 관한 사항 등을 관리하고 당지부의 네트워크를 통해서 안건에 관한 피드백을 관리한다. 당이 개인에게 의존하여 운영되는 것이 아니라 당 기구를 통해 운영되도록 제도화하였다.[34]

중앙집행위원회의 회의는 내각회의 전에 개최된다. 1년에 여러 차례 회의를 개최하는데 선거가 임박했을 때에는 더 자주 개최한다. 중앙집행위원회는 당 간부들은 물론 청년당원과 여성당원들을 임명한다. 그리고 중앙집행위원회는 국회의원 후보자들을 장기간의 검열과정을 거친 이후에 선출한다.[35]

비서장은 8명의 중앙집행위원과 함께 선거가 시작되기 2~3년 전에 총선 선거위원회를 구성하여 유망한 후보자들에 관해서 논의하고 국회의원 중에서는 누가 그만두고 누가 재후보로 나갈 것인가, 선거공약과 안건은 무엇으로 할 것인가 등 선거의 전략을 토론한다. 선거위원회는 많은 하부 위원회를 조직해서 특별한 선거업무를 담당하게 한다. 예를 들면 하부 위원회에서는 새 후보들에게 선거 전략과 주요정책을 준비시키고, 기자회견을 포함해서 텔레비전 연설과 대중 연설 등에 대한 기본적인 훈련을 시킨다.[36]

당원 조직과 운영

인민행동당은 싱가포르의 정부부처, 공공기관, 그리고 군대 등으로부터 인재를 수혈받아 집권당을 꾸리고 있으며, 각 집단 간에는 신뢰를 최우선시함으로써 정부조직과 별다른 갈등 없이 싱가포르를 이끌어 가고 있다.

• **당원 조직**

당원은 예비당원, 일반당원, 예비간부 당원과 정식간부 당원으로 구성되어 있다. 리콴유는 숫자만 많은 대중당이 되어 민중들의 요구를 들어주는 당을 원치 않았다. 또한 아시아의 문제점인 인간관계나 개인의 정치적인 영향력을 이용해서 경제적 이권을 챙기는 당원은 원치 않았다. 그래서 싱가포르에서 당원이 되기 위해서는 각계각층의 인물들이 스스로 신청하여야 하고 추천인이 있어야 한다. 중앙집행위원회의 투표를 거쳐 예비당원으로 임명한다. 대략 당원의 10%가 간부당원으로 승진될 수 있다.

간부당원이 되기 위해서는 입당 후 적어도 2년 이상 당에 특별한 공헌이 있거나 대중과의 기층업무에서 능력을 발휘해야 하며 중앙집행위원 중 한 사람의 추천을 받아 심사과정을 거친다. 이때 이들의 업적과 철저히 비밀보장을 할 수 있는 사람인가를 심사하고 면접을 거친 후 투표로 예비간부 당원으로 결정된다. 한 번 더 이와 같은 과정의 시험을 거친 후 비로소 정식간부 당원이 될 수 있다.[37]

고촉통은 당원 수를 늘리기를 원했고 특히 지부에 젊은 사람들을 모집하고자 했다. 지부는 당의 기초단위로 매 선거구에 한 개의 지부를 대선거구에는 여러 개의 지부를 설치하여 전국에 모두 84개 지부가 있다. 선거구의 국회의원이 지부의 의장을 맡고 비서와 행정요원들의 보조를 받으며 재정적으로는 독립적이다. 그러나 지부의 기능과 조직은 최소한도로 되어 있다. 지부의 중요한 일은 선거기간 동안 국회의원이 민정시찰을 한다든지 사람들과 직접 만나는 회의 같은 것을 도와주는 것이다.[38] 지부의 활동은 선거기간 이외에는 별로 하는 일이 없이 그냥 유지될 뿐이다. 지부는 후보자를 선택할 권한이 없고 정책을 제공하지도 않

으며 당원들이 후보자들로부터 보상을 기대하지도 않는다.[39]

당원들은 봉급을 받지 않는 봉사자들이다. 1980년 이래로 당원들을 위한 가족의 날과 인민행동당 공동체의 날을 제외하고는 금전적인 혜택이 전혀 없지만 여행할 수 있는 비용이 제공된다. 그러나 당의 기층 지도자들에게는 상당한 보상이 제공된다. 우선적으로 주택, 학교 입학, 주택개발위원회에 주차할 수 있는 것 등의 혜택이 주어진다. 가끔 이 기층 지도자들과 당원들은 지역사회의 지도자들이기도 하다. 당원은 국회의원이 그들의 선거구를 방문할 때 도와주고 하부 위원회에서 봉사하며 선거 때에는 대중을 끌어 모으는 역할을 한다.[40]

• 청년과 여성당원

1985년에 당시 당의 제1보좌 비서장이었던 고촉통은 당의 활성화를 위해 젊은 새 세대의 지원을 유도하고 1986년에 17세에서 35세 사이의 청년들로 청년인민행동당을 결성했다. 모든 선거구에서도 청년당원들을 조직하여 정부고위지도자들을 청년인민행동당의 지도자로 임명했다. 첫 회장은 리셴룽 부총리이였고 부회장은 죠지 야오(B.G. George Yeo, 楊榮文, 1954~) 교역산업장관이었다. 이렇게 정치적으로 중요한 사람들이 임무를 맡고, 정치적인 안건들에 초점을 맞추어 활동했다. 청년인민행동당원들은 정책연구팀을 구성하고 특정된 부서에서는 위원회를 조직하여 대화방을 만들어 인터넷으로 활동했다. 죠지 야오에 따르면 청년당원들은 선거구역에서 크고 작은 역할을 했고 각 국회의원이 허락하면 선거에도 참여했다.[41]

인민행동당의 여성 활동가들 중 한 그룹이 1955년 11월에 여성동맹을 조직했다. 이들은 정치적인 교류, 여성투표권, 그리고 여성헌장이 공식적으로 채택되도록 적극적으로 활동했으나 1961년에 가장 적극적인 여성들이 인민행동당을 탈당하여 바리산 소시알리스트에 참가하면서 사라졌다. 싱가포르에 여성당원이 다시 등장한 것은 1980년대부터이다. 1980년대 고촉통에 의하여 청년인민행동당에 젊은 여성당원이 가입하게 되었고, 1989년에는 여성당원들의 적극적인 참여를 유도하기 위하여 별도로 여성당원을 조직하여 국가정책결정과정에 참여하도록 하였다. 1999년에 이르면 여성당원이 3천 명으로 증가하여 적극적으로 활동했다.[42]

당의 세대교체

리콴유는 정당이 장기간 존속하기 위해서는 능력이 있는 인재가 계속 투입되어야 가능하다고 보았다. 그와 당의 창설자들은 정직하고 능력이 있는 후계자를 양성하지 못하면 국가는 부정부패와 족벌주의에 물들게 된다는 것에 주목했다. 그리하여 당은 행정업무를 담당할 수 있는 젊고 유능한 인재를 모집하고 양성하여 당의 상층 지도자로 발탁하려고 노력했다. 그리고 가능하면 이들을 빨리 승진시킴으로써 구당원들이 스스로 물러나도록 했다.[43]

리콴유는 40대이던 1966년부터 새 세대 국회의원 후보를 물색하기 시작했다. 그는 당원은 가장 총명하고 뛰어난 인재를 모집해야만 한다고 믿었다. 왜냐하면 이들 중에서 국회의원, 상층 정치 후계자와 미래의 장관 후보자들을 선택하고자 했기 때문이다. 리콴유는 특히 지식인과 기술관료(테크노크라트)를 선호하여 1968년에 새로 모집된 대부분의 인재들은 박사·학계인사·의사·법률가와 같은 전문인과 상층 행정가들이었다.[44]

1970년 중반부터 국회의원 후보자들에게 4가지 자격을 요구했다. 기술관료, 선거주민들을 모을 수 있는 사람, 말레이인들의 투표를 얻을 수 있는 사람, 중국어 교육을 받은 지식인이어야 한다는 것이다. 이들에게는 정치적 경험이 부족한 것은 불리한 조건이 아니었다.[45]

리콴유는 1979년에 당의 잡지인 《페티르(Petir)》에 진지하게 세대교체에 관한 문제를 제기했다. 그는 "현재 우리에게 요구되는 가장 긴급한 문제는 무엇인가? 이것은 우리 자체 내의 혁신이다"라며 1980년에 11명의 의원들에게 퇴직하도록 요구했고 2명을 내각에서 물러나게 했다. 1980년 중반부터는 싱가포르 군대에서 많은 석박사 학위를 가진 학자군인들을 모집했다. 1985년에 이르면 새 세대가 의회내각과 당의 중앙집행위원회에 임명되었고 1988년에 이르면 구당원 중 리콴유 한 사람만이 당원으로 남았다.[46]

이러한 세대교체는 아주 고통스러웠다. 조용히 물러난 의원들도 있지만 불만을 터트린 의원들도 있었다. 불만을 가진 의원들은 대개 화인들에 의하여 선출된 지역구 당원들이었다. 그들은 스스로 퇴직할 준비가 안 되어 있기도 했지만 새 세대 의원과 선거 구민들과의 연계가 단절되는 것을 염려하였다. 예를 들어 구역의 80%가 중국어나 중국어 방언으로 말하는데 새로 발탁된 엘리트들은 중국어는 말할 줄 모르는 영어교육을 받은 사람들이라면 이들이 어떻게 대중과 소통할 수 있겠는가.[47] 그러나 1990년대까지 세대교체는 이루어졌고 화인들과의 연대가 중요함을 인식하여 새로 채용되어 장관직에 임명될 가능성이 있는 후보는 영어는 물론 반드시 표준중국어와 방언을 말해야만 했다.[48]

정치학자 다이안 마우지(Diane Mauzy)는 싱가포르의 세대교체는 제도적으로 고통스럽게 계획된 것이 다른 제3세계와 다르다고 지적했다.

다른 제3세계에서는 세대교체가 정치적으로 제도화되었거나 정치적 소신과 계획에 의하여 이루어지는 것이 아니고 돌연적이고 무질서하며 불안정하게 이루어져 예기치 못한 결과가 초래된다고 보았다.[49]

인재발탁

인민행동당은 능력·신념·근면·추진력 등을 갖춘 인재를 원한다. 정보통신 시대에는 신비로운 인물은 있을 수 없으므로 인민행동당의 제도에 진보적이고 대담한 아이디어를 제공할 인재를 원한다.[50]

실력과 능력도 있고 선거에서 승리할 수 있는 자질도 갖춘 인재는 많지 않다. 인민행동당은 1970년 후반부터 인재선발과정을 제도화했다. 기본적으로 선발과정은 여러 단계의 격렬하고 고통스러운 단계를 거쳐야 한다.[51]

장관이 될 가능성이 있는 후보는 다음과 같은 단계를 거쳐야만 했다. 그들은 1천 개 이상의 질문이 있는 심리검사를 하루 반 동안 받았다. 인재를 셸(Shell)의 방법을 활용하여 선출하는데 성격·동기·'조직을 투시할 수 있는 능력인 헬리콥터 퀄리티(helicopter quality)'·분석력·상상력·현실감을 집중해서 시험했다. 학위나 전문분야의 성공뿐만 아니라 성격과 인생관을 중요시하며, 그중에서도 진실성과 정직을 중요하게 봤다. 리콴유는 그의 회고록에서 이렇게 선출된 사람들 중에서도 많은 사람들이 실패한다면서 개인의 성격을 분석하는데 더 나은 방법이 필요했다고 말한다.[52]

장관, 국회의원, 고급공무원, 회사지도자, 당 활동이 기대되는 후보에 대한 선발은 더욱 철저하게 이루어진다. 내각에는 1년에 100명 이상의 잠정적인 후보들을 만날 기회가 있는 장관이 3명 정도 있다. 이 소임을 맡은 장관은 후보들을 6명 내지 8명으로 그룹을 만들어 비공개적인 차 모임으로 초청한다. 차를 마시자고 초청하는 완곡한 방법으로 접근하여 대단히 힘든 면담을 통해 개인의 속마음을 알아낸다. 때로는 2번째 차 모임에 초청하여 만약 그중에 팀 플레이어를 잘할 수 있는 합당한 사람이 발견되면 개인적으로 우선 부총리와 원내총무와 만나게 주선한다. 이 과정을 거친 후보가 인선위원들과 만나 선발된다.

공무원 후보, 특히 잘 알려진 공공기관이나 전문학자 등은 직행의 길이 있다. 인민행동당 지도자들과 가까이 일한 경험이 있어 리더십이 인정되면 내각의 장관들과 고촉통, 리콴유가 그의 패기를 직접 시험해본다. 때로는 6시간 정도의 체력 테스트에서부터 개인적인 결혼, 신앙 등 사생활에 이르기까지, 도덕성을 물고 늘어져 그의 가치관을 확인한다. 이러한 과정은 심적으로 모든 것이 노출되는 것 같은 고문과 같다고 한다. 만약 그들이 인선을 결정하면 후보자는 마지막으로 당 중앙위원회의 비준을 받아야만 선발이 확정된다.[53] 입당한 후 정계 중요인물들과 활동하다가 선거에 출마하여 유권자들에게 능력을 증명하고 승리해야 한다.[54]

정당이 이처럼 격렬한 선발과정과 엄격한 기준을 가지고 당원을 선발한다는 것은 참으로 독특하다. 싱가포르는 이러한 스크린 과정을 통해서 평범한 후보자가 아닌 가장 총명하고 가능성이 있는 인재를 정상으로 발탁하고 있다.[55]

리콴유는 지도자가 상층 출신일 필요는 없으나 지도자에 맞게 걸러져야 하고 큰 그릇이어야 하며 갈고닦아져야 한다고 말했다. 리콴유는 싱가포르 정부가 학력위주로 인재를 선발한다는 말은 잘못된 것이라며 제너럴 일렉트릭(General electric), 아이비엠(IBM), 마이크로 소프트

(Microsoft) 등의 지도자들을 보면 IQ와 EQ가 높은 것은 물론이고 리더로서의 체력, 신념, 지략(기략). 전문성, 포용력이 있다고 지적했다. 그는 선거를 통해 사람들과 충분히 공감할 수 있는지와 일, 과제, 의무 등을 수행할 수 있는 능력을 검증한다면서 가계는 보지 않으며 학력에 대해서는 점차 낮은 점수를 준다고 말했다.[56]

인민행동당에서 이상과 같은 과정을 거쳐 발탁된 후보는 인민행동당의 명성과 영향으로 반드시 의원으로 당선되었다. 국회의원에 당선된 후 일부는 내각의 장관으로 혹은 차관으로 임명되었다. 싱가포르 정계는 정말 치국에 정통한 인재들이 모였다고 할 수 있다.[57]

리콴유는 "우리가 능력이 있다고 하는 사람은 우리를 보기 원치 않는 이웃으로 하여금 우리를 보게 하는데 성공하는 사람이고, 대국으로부터 존중받는 능력이 있는 사람들과 동등하게 말할 수 있는 사람"이라고 말했다.

예를 들어 국가안보부장관이며 부총리인 테오치헤안이 뮌헨안보회의(Munich Security Conference)에 갔었을 때 리콴유는 많은 국방부장관들과 기자들로부터 테오치헤안은 말을 많이 하지 않지만 사람들로 하여금 그의 말을 듣게 한다고 들었다. 그 이유는 그는 일급안보 관련 문제를 이해하고 그가 무슨 말을 하는지 알고 있기 때문이라는 것이다. 전 외무부장관 죠지 야오도 마찬가지로 쓸데없는 소리를 하지 않는다. 그래서 외국 지도자들이나 장관들이 그를 신중하게 대한다.[58]

하버드대학교 케네디 행정대학원의 죠지푸 나이(Joseph Nye, 1937~) 교수는 인민행동당의 선발체제의 약점은 민주주의에서 자주 중요시되는 반대의견이나 다른 의견이 제기되지 않는다는 것이라고 비판했다.[59]

선거구관리를 위한 준 정치기구

싱가포르에서는 행정부와 인민행동당은 준 정치기구를 통하여 국민과 완벽하게 유기적으로 연결되어 있으며 전체사회를 효율적으로 규제하고 동원할 수 있다. 식민지시대에 지방에 설립되었던 지역사회센터(Community Center)를 1959년부터 인민행동당의 지역구 국회의원들이 방문하면서 긴밀한 관계를 가지다가 1964년에는 지역사회센터 운영위원회를 설립하고 이를 전국적으로 조직화하여 당과의 관계를 강화했다.[60]

• 인민협회(People's Association)

1960년 6월 인민행동당은 전국의 지역사회센터들을 국가의 기층조직으로 그 역할을 강화하기 위해 인민협회(People's Association)를 설립했다. 인민협회는 정부와 국민 간의 교량역할을 하고 종족 간의 조화와 사회의 단결을 증진하는 것을 목적으로 설립되었다. 인민협회는 법정기구로 당의 비서장인 총리가 회장(主席)을, 내각장관이 부의장을 총리의 언론대변인이 운영국장을 맡았다.

협회는 하나의 거대한 지역사회의 네트워크를 주관하고 당의 영향이 매 가정에 침투하도록 하여 집권당의 효과적인 도우미가 되었다. 인민협회는 지역주민들을 적극적으로 사회·문화·교육·체육활동에 참여하도록 촉진하여 행정부와 당의 이념과 주장을 전하고 주민들을 단합하여 그들이 공동체라는 것을 인식하게 만들었다. 특히 연락망을 조직하여 공산주의의 영향력이 강한 지역의 농촌인구를 동원할 수 있게 되었다.[61]

• **시민 평의위원회와 공공아파트주민위원회**

1965년 리콴유는 공산당에 의해서 확산된 거짓말들을 폭로하고 정부와 국민 간의 관계를 원활하게 하며 국민들의 불만과 고충을 이해하기 위해서 모든 선거구에 시민평의위원회(Citizen's Consultative Committee)를 설립했다. 시민평의위원회는 당지부와 정부기층조직의 역할을 했고 사회에 대한 국가의 통제와 동원의 도구가 되었다. 또한 1978년에는 정부주도하에 공공아파트주민위원회(Resident Committee)를 설립하여 지리적으로 집중되어 있는 공공주택지역의 공동체정신을 함양했다.[62]

인민행동당은 모든 민중단체들을 정치적으로 정부보호하에 집결시켰다. 매 선거구마다 주민공동회관에 지역사회센터의 운영위원회를 중심으로 시민평의위원회와 공공아파트주민위원회, 그리고 마을과 직장 단위마다 인민협회가 당과 국민 사이의 매개체 역할을 하고 있다. 당의 적극적인 지원을 받는 이 조직들은 모두 총리 사무실과 직결되어 있어 언제든지 국민들을 동원할 수 있다.

이 4개의 조직에는 2가지 공통점이 있는데 하나는 공동체정신의 함양에 관하여 열정을 가져야 한다는 것이고 또 하나는 이들 그룹의 지도자들은 당과 공개적으로 연결되는 것을 꺼려하지만 당의 지부 대신에 국회의원, 정부, 그 지역의 비당지도자들, 그리고 국민 사이의 중계자 역할을 한다는 것이다. 인민행동당은 야당 국회의원들을 이들 조직 대부분으로부터 따돌리고 있어 야당 국회의원들이 지역사회에 접근하기가 어렵다.[63]

3. 장기집권을 위한 인민행동당의 전략

정권의 정당성은 자유롭게 그리고 정직하게 이행된 선거에 의하여 부여된다. 국민들이 선거를 통해 지도자를 선택하는 과정에서 집권당은 국가혁신을 위한 정보나 의견을 국민들에게 제공하여 국가의 지도원칙과 제도를 홍보하고 책임지는 정부임을 국민들에게 인식시킬 수 있다.[64]

인민행동당이 장기집권할 수 있었던 가장 중요한 이유는 첫째, 당이 제출한 경제발전과 사회안정이 민주와 자유보다 우선이라는 대정부 방침이 싱가포르 현실에 부합했고 국민의 이익을 대표할 수 있었기 때문이다. 둘째, 정권을 보호하기 위해 정책과 실천을 조절하기도 하고 불만을 제거하기 위한 다양한 작업을 수행했기 때문이다. 예를 들어 집권당은 선거구의 경계에 영향을 주고 선거의 타이밍을 선택하기도 했다. 뿐만 아니라 선거개혁과 법정위원회를 통해 유권자에게 각종 혜택을 주기도 했다. 셋째, 장악하고 있는 국가와 정부권력을 확실히 이용하여 반대당의 세력을 제어하고 억제했다.

경제성장과 안보를 통한 국민의 지지

집권당인 인민행동당은 정부 총리, 15부의 장관, 정무장관, 정무차장 모두 인민행동당 의원들로 정부에 절대 권력을 가졌다. 따라서 인민행동당의 이념이나 정책이 충분히 행정부에 전달될 뿐만 아니라 행정부의 정책 또한 의회의 지지를 받아 입법으로 보장되었다. 그리하여 정부수반과 각료는 행정부를 장악하고 여당의 지지를 받으며 정책들을 적극 실천할 수 있어 국민들로부터 합법성을 인정받아 장기집권이 가능했다.

• **행정부 장악**

행정부는 업무를 효율적으로 진행하고 실천하기 위하여 공무원도 마땅히 집권당의 목표·정책·업무를 이해하고 국가 이익을 위해 열정을 가지고 정부에 충성할 것을 요구했다. 공무원은 '정치연구소'에서 당의 이념과 프로그램에 대한 수업을 들어 정책에 동조하도록 의식화되었다. 공무원의 정치적인 중립적 태도는 용납되지 않았으며 반체제 관료들은 제거되고 전문성 있는 유능한 젊은 관료가 승진을 통해 공백을 보충했다.

그리하여 인민행동당과 관료 간에 발전 지향적 동반자 관계가 자연스럽게 형성되었고 상당히 많은 수의 관료들이 정부의 자율경제기구의 지원을 받아서 경제발전에 참여하고 있다. 1965년 이후에 설립된 자율경제기구로는 싱가포르 통화당국(Monetary Authority of Singapore, 1971), 우체국저축은행(Post Office Savings Bank, 1972), 도시개발당국(Urban Development Authority, 1971), 싱가포르 통신기관(Telecommunication Authority of Singapore, 1974), 직업 및 산업 교육위원회(Vocational and industrial Training Board, 1979), 국립 컴퓨터위원회(National Computer Board, 1981) 등이 있다.[65] 이러한 활동을 통해 공무원의 가치관과 인민행동당의 가치관은 완전히 일치되었다.

• **경제성장과 안보로 인한 정권의 합법화**

1965년 싱가포르가 말레이시아 연방에서 분리 독립한 후 정부의 주요 수입원이었던 영국군대가 1971년 철수하면서 발생한 경제적 타격을 적극적인 외국투자 유치를 통해 최소화하여 경제성장을 이루었고 국민들의 생활수준이 대단히 향상된 것이 정부를 합법화시켜 주었다.

1967년 징병제 도입과 군사장비의 구입을 통하여 국방을 강화하여 생존을 보장할 수 있게 되었고 공산주의 위협과 부패문제에 대하여 효과적으로 대응하여 국민들로부터 합법성을 인정받았다. 인민행동당은 경제발전과 관련정보의 제공, 그리고 국가발전을 위한 교육·대민봉사·공공주택·풀뿌리 조직 등을 통한 긍정적인 방법에 의존하여 공산주의와 싸웠다. 한편으로 정부는 국가보안법과 신문출판물 조례로 싱가포르의 안보와 생존을 위협하는 친공산주의 활동을 억제했다. 또한 부패척결과 예방을 위해서 부패방지법을 시행하고 부패행위수사국을 설치했다.[66]

선거개혁을 통한 장기집권

싱가포르에서는 5년마다 국회의원 선거가 있고 6년마다 대통령 선거가 있으며 비례대표 또는 혼합 시스템과는 달리 최다 득표자를 당선시키는 다수표 선거제도를 채택하고 있다. 이 제도에 의하면 강한 당이 유권자 투표수의 퍼센트보다 더 많은 대표를 가지게 되고 약한 당은 그들이 얻은 총 표수의 퍼센트보다 적은 수의 대표를 가지게 된다. 결원에 대한 보궐선거 규정이 있지만 꼭 결원을 보충하라는 규정이 없어 자주 보궐 선거를 하지 않는다.

싱가포르에는 20여 개의 야당이 합법적으로 존재하며 열한 번이나 치른 대선에서 인민행동당이 모두 승리했다.[67] 인민행동당은 국회에서 절대 다수의 의석을 차지하여 법률로 충분히 당의 의지를 실현하는 것이 보증되었다. 그런데 1981년 안손(Anson)보궐선거에서 노동당의 제야레트남(J. B. Jeyaretnam)이 의원으로 당선되어 1석을 잃었고, 1984년 총선에서는 2명의 야당의원이 당선되었다. 이는 전 국민의 12.6%가 야당을 지지한다는 것을 의미한다.

이러한 정치변화의 원인은 경제침체에서 찾을 수 있다. 1965년 이래 연평균 9.7%의 성장률을 보였고, 결코 4% 이하로 내려간 적이 없었는데 경제성장이 급락하면서 GDP상에서 1.7% 마이너스 성장을 가져왔기 때문이다. 즉, 이전의 풍요로움에 침묵하던 다수들이 경제적 침체를 계기로 목소리를 낸 것이었다. 1980년대에 들어서면서 중산층에 속하는 행정관료들이 정책결정 과정에 관심을 보이기 시작했다. 일부 교육받은 젊은 유권자들의 정치화와 야당의원의 존재 등은 인민행동당의 권위주의적 통치나 과도한 권력집중이 심각한 도전에 직면하였음을 시사했다.[68]

그래서 투표변동에 대한 대응전략으로 리콴유는 선거정치에서 전례가 없는 헌법변경을 시도했다. 이 전략은 비선거구 의원과 지명의원제도의 도입과 다수대표선거구를 창안하고 대민서비스 강화를 위해 타운의원제도와 지역개발위원회를 조직했다.[69]

• 비선거구 국회의원

인민행동당은 국민들이 야당의원을 선출하려고 하는 것은 국회에서 정부정책에 반대의견을 제기하길 바라기 때문이라고 인식하고 1984년 의회는 낙선한 야당 후보 중 득표수가 가장 많은 후보들 중 3명을 비선거구 의원으로 임명하는 안을 통과했다. 비선거구 의원에게는 의회논의에 참가하고, 불신임동의, 헌법개정, 공급과 화폐법안을 제외한 다른 안건에 투표할 권한이 주어졌다. 비선거구 의원 수를 최대 9명으로 늘리는 안건이 2010년 4월에 승인되었다.[70]

• **지명국회의원**

1990년 의회에서는 정부에 대하여 전문적인 지식을 가지고 인민행동당과 다른 건설적인 의견을 제의하도록 1990년에 2명의 비당원을 의원으로 지명하는 지명국회의원 제도를 통과시켰다.[71] 이 지명국회의원은 그들의 의결권은 제한되었지만 어떤 법안이나 의안에 대하여 발언할 권리가 있어서 국회에서 토론의 지적 수준을 향상시키는 등 그들의 활동이 성공적으로 평가되었다. 이후 비당원 싱가포르인에게 정치참여의 기회를 많이 제공하고 여성과 같이 대표성이 부족한 그룹의 정치참여의 기회를 제공하기 위해 지명의원 수를 2명에서 9명으로 늘렸다. 지명의원들은 기업, 산업, 전문직, 노동계와 같은 그룹에서 지명하면 의회특별선출위원회에서 선출된다. 그들은 특정 주제에 관하여 정보에 기초한 의견을 제공한다. 지명국회의원의 입장이 정부와 다를 경우 입장이 난처할 수는 있지만 야당이나 많은 인민행동당의 평의원들보다 그들이 의원직을 더 잘 수행한다는 평가를 받고 있다.[72] 야당은 이 제도를 결사적으로 반대했는데 국회에 야당의원 수보다 여당이 뒤에서 조정할 수 있는 지명의원 수가 더 많다며 이를 굴욕적으로 생각했고 합법적으로 반대세력을 약화시키려는 음모로 보았다.[73]

• **집단선거구 제정**

1988년 5월 인민행동당은 의회에 소수민족 대표를 확보하기 위해 13개의 집단선거구(대선거구)를 창안한 법안을 통과시켰다. 집단선거구는 3명의 후보자를 내는 13개의 선거구와 1명의 후보자를 내는 42개의 선거구(소선거구)가 있어 선출의원이 81명이 되었다. 그리고 각 당에서는 3명의 팀 중에 반드시 말레이인, 인디안, 유럽인 중 1명이 포함되어야만 했다. 그룹대표 선거구에서는 당 팀이 복수로 일괄 선출된다. 1996년 11월에 의회선거법을 수정하여 의원 수를 84명으로 늘리고 14개의 대선거구에서는 구에 따라 5~6명의 후보가 한 팀으로 출마하도록 했고 1인이 출마하는 소선거구는 9개로 줄었다.

물론 야당은 이 개혁안에 반대했다. 대선거구 제도는 새로 당을 결성하는 것을 주저하게 했고, 민족문제와 같이 야당이 공격대상으로 선택할 수 있는 사회경제문제를 배제하는 경향이 있다. 그리고 여러 명이 팀을 구성하여 출마하기 때문에 야당으로서는 여당과 대결할 만한 인물이 없어 더 불리했다. 2009년 리셴룽 총리는 그룹대선거구의 평균 5.4명의 국회의원을 5명으로 줄이겠다고 말했는데 이는 대선거구에서는 유권자들이 대선거구 후보자가 6명인 경우 이들 모두를 인식하기가 어렵기 때문이었다.[74]

리콴유는 집단선거구 제정에 대하여 소수민족의 대표를 국회로 보내기 위해서 10분의 1의 선거구를 인민행동당에 유리하게 변경했다고 말했다. 왜냐하면 유권자들은 당연히 인민행동당이 정권을 장악할 것이라 생각하고 소수민족 후보자에게 투표하지 않고 유권자가 이해하는 중국어나 중국어 방언을 하는 사람에게 투표하겠다고 할 염려가 있다는 것이다. 이런 문제는 독립된 선거위원회가 해결할 수 없다는 것이 그의 의견이다.[75] 그는 국민의 74% 이상이 화인인 싱가포르에서 소수민족이 의원에 당선될 확률이 적기 때문에 집단선거구 제도를 도입한 것이라고 했다.

그가 원하는 것은 싱가포르가 영원히 존속되기를 바라는 것이지 인민행동당의 영원한 집권이 아니라고 말했다. 만약 인민행동당이 국민의 신뢰를 상실하면 국민은 투표로 다른 당을 선택할 수 있다. 그러나 새로 정권을 장악한 당에 인재도 없고 선거주민들의 필요도 제대로 파악하지 못한다면 국가 붕괴의 씨앗이 심어지게 될 것이라는 것이 그의 주장이었다. 그는 다른 나라의 자유민주주의 체제하에서는 국회의원에 당선된 후 인민행동당에서 받는 훈련 같은 것이 없는데 만약 싱가포르에서도 이렇게 한다면 불안한 정부가 될 것이라고 봤다. 그러므로 현재의 선거제도는 싱가포르에 맞는 민주주의 제도라는 것이다.[76]

장기집권을 위한 철저한 대민 봉사

인민행동당은 항상 정치적·사회적 활동영역에서 매력적인 프로그램을 운영하여 국민의 지지를 얻으려고 노력했다. 인민행동당은 국가 가치관뿐만 아니라 지역사회에 알맞은 프로그램으로 부모들의 지지를 받기 위하여 유치원 교육에 힘썼다. 지역교육은 어린이 교육뿐만 아니라 성인 교육으로도 확대되어 도박·아편 흡연·외설물·부패·족벌주의 등 퇴폐적인 문화를 제거하는데 기여했다.[77]

인민행동당의 지도자들은 공산주의자들의 세력 확산 방법과 공산주의자들이 그들의 열정을 어떻게 운용하고 어떻게 캠페인을 해야 국민의 지지를 받을 수 있는지에 관해서도 연구하고 배웠다. 그리하여 공산주의자들로부터 젊은 실직자들로 구성된 노동여단(Works Brigade)을 운영하여 실직자에게 집을 주고 농사짓는 법이나 그 외에 여러 가지 건설 사업을 가르치는 것, 도시의 거리를 깨끗이 하는 캠페인을 벌이는 것, 해변가의 쓰레기들을 제거하는 캠페인 등을 배워 실천했다.[78]

인민행동당은 국민의 지지를 얻기 위한 대민 봉사를 철저하게 행했다.

• **타운의원제도**

싱가포르에는 철저한 대민 봉사를 위한 제도인 타운(鎭)의원제도가 있다. 정부는 1985~86년 사이에 설립된 새로운 타운을 관리하기 위하여 국회의원을 타운의회 의원으로 시민들에게 소개하여 연계할 계획을 세웠다. 대부분의 싱가포르인이 거주하는 정부 주택단지 운영을 현직 국회의원인 타운의원이 담당하도록 한 것이다. 이는 정부의 주택발전위원회의 권한을 분권화하려는 것으로 야당이 반대할 수 없었다. 그 계획은 시민들이 직접 그들의 선거선택에 대한 책임을 강요하는 것이었다.

현역 국회의원인 타운의원은 정부주택단지의 삶에 직접 영향을 주는 수억 달러의 예산을 결정하기 때문에 유권자는 국회의원 선택에 주의를 기울여야 한다. 만약 그들이 인민행동당에 반대투표를 했을 경우 그 결과에 대해 책임을 져야만 했다. 1997년부터 2개의 타운의회가 야당의원에 의하여 운영되었는데 당시 야당의원이었던 참씨통(Chiam See Tong, 詹時中, 1935~)은 정부 주택단지 건물에 심지어 못 하나만 변경하려 해도 주택발전위원회의 허가를 받아야 한다며 불만을 토로했다. 더구나 매번 거절당하기 일쑤라며 결과적으로 야당의원은 주택발전위원회의 대리로 청결과 재산관리를 할 뿐이라며 이의를 제기했다.[79]

• **지역개발위원회**(Community Development Councils)

지역개발위원회는 1993년 7월부터 점차적으로 소개되었는데 이것은 특수한 지역의 발전에 관심을 가진 법정위원회이다. 지역개발위원회는 다른 대부분의 조직과 달리 대중과의 연결, 지역에 대한 충성을 강조할 뿐만 아니라 행정적인 성격도 강조되었다. 다민족으로 구성된 싱가포르는 지역마다 국민들의 특성이 다양하고 구성원이 다르고 연령 분포에 따라 요구가 다르다.

정부는 정치나 사무를 추진할 때 국민과 직접 얼굴을 맞대고 마음을 주어야 한다고 생각했다. 이 위원회는 몸으로 직접 부딪히는 소통이라고 말할 수 있으며 미래형의 정부운영형태라 할 수 있다.[80] 싱가포르 행정부는 지역개발위원회에게 정부의 일부 권력과 기능을 이양하여 국민을 위한 서비스를 제공하려 최선을 다하고 있다. 지역개발위원회는 정부보다 더 많은 사회복지관련 업무를 취급하지만 외교정책은 전혀 다룰 수 없다. 이 지역개발위원회는 지방자치체와 유사하지만 구역전체에 영향을 미칠 수 있는 계획을 만들어야만 하기 때문에 다른 지역사회 단체가 가진 기능보다 더 광범위하다. 2001년에는 5개의 지역개발위원회가 있었는데 각각 전임시장에 의해서 운영되었다.

이상과 같은 일련의 선거제도개편과 대민서비스를 위한 노력에도 불구하고 1991년 선거에서는 사회민주당 의원 3명, 노동당 의원 1명이 당선되었다. 이는 싱가포르 지식인을 포함한 시민들이 정치적 참여와 토론을 통해 국가 건설과정에 역할분담을 요구하고 있는 것이라고 볼 수 있다.

1997년 1월 2일의 총선거를 앞두고 인민행동당에서 발표한 '싱가포르 21세기'라는 선언문은 다음 5개의 문제에 초점을 맞추고 있다. ① 어떻게 보다 많은 국가의 부(富)를 창출할 것이며, ② 국가의 부를 어떻게 국민 개개인의 부로 공유케 할 것인가, ③ 싱가포르의 젊은이들을 어떻게 교육시켜 사회일원이 될 수 있도록 훈련을 보장할 것인가, ④ 노인들을 어떻게 잘 보살피고, ⑤ 어떻게 다양한 문화를 바탕으로 하고 있는 국민들 간의 유대관계를 구축할 것인가 하는 것들이었다.

그 결과 2001년 총선거를 통해서 인민행동당에 대한 지지율이 반등

세를 타기 시작했다. 사회 전반에 걸쳐 획기적인 경제발전의 여파로 집권당이 지속적인 지지를 받았다.[81]

야당에 대한 각종 제약

싱가포르에서는 말레이안 공산당만 금지될 뿐 모든 야당의 존재는 합법적이다. 등록된 당이 20개가 넘는데 총선에서 그중 4~5개만 인민행동당과 경쟁한다. 조사에 의하면 싱가포르인들은 의회에 야당의 필요성을 희망하지만 대부분은 인민행동당이 강하고 효율적인 정부에 이바지한다고 믿는다.[82]

이러한 집권당이 존재하는 싱가포르에서는 단기간에 야당이 정권을 잡을 가능성은 희박하다. 게다가 집권당은 행정자원과 사법제도를 이용하여 야당인사를 탄압하는 것을 포함하여 다양한 수단을 이용하고 야당의 생존 공간을 제압하여 야당이 성장할 수 있는 환경을 어렵게 만들었다.[83]

인민행동당은 정치를 게임으로 보는 것이 아니라 전쟁으로 보고 있어 선거에서 무자비할 수 있다. 인민행동당은 날파리를 죽이기 위해 큰 망치를 사용한다는 비난에도 그 결과가 어떤 것인지를 사람들에게 상기시키기 위해 강하게 대응했다. 이전에는 재판을 하지 않고 구금하는 보안법으로 일부 반대인사들을 공산당이나 테러리스트라고 비난하고 투옥했다. 인민행동당 지도자들은 사법적인 수단을 이용하여 명예훼손 혐의로 위협적인 야당후보자를 파산의 경지로 몰아넣었다. 또한 야당이 우세한 지역구는 정부가 새로 지역구 구획변경 등을 통하여 그 영향력을 제거하기도 했다.[84]

싱가포르 야당은 전체적으로 재정이 풍부하지 못하다. 당은 기부금을 모으기 위해 우체통에 전단지를 넣을 수 없으며 집집마다 다닐 수 있는 면허증이 없고 길거리에서도 선거자금을 모을 수 없다. 길거리 모금은 자선에만 허용된다. 특히 2001년에 제정된 정치기부금법 때문에 더 어렵다. 이 법은 정당, 연맹, 의회나 대통령 후보는 외국으로부터 기부금을 받는 것은 불법이다. 또 이 법은 익명의 정치기부금은 1년에 5천 싱가포르달러가 넘으면 안 되고 1만 싱가포르달러 이상이면 기부자를 밝히고 신고해야만 한다. 이 법에 의하면 모든 후보는 기부금 목록과 영수증을 정치기부금 등록소에 보내야 하고 선거가 시작되면 투표하는 날 전까지 정치기부금 영수증을 발급해야 한다. 야당은 외국인의 기부금 금지를 환영했지만 익명기부자의 기부금 제약은 그들에게 타격을 주었다.[85]

인민행동당의 다양한 제약으로 야당이 성장하기 어려운 것도 사실이지만 야당 자체도 다음과 같은 여러 가지 문제들을 가지고 있다.

싱가포르 야당은 조직이 부실하여 선거가 없을 때는 활동적이지 못하다. 전문직에 있는 사람들을 당원으로 모집하기가 어렵고 좋은 후보를 모집할 수도 없고 방법도 없어 엄격한 인재발탁제도가 미비하다. 더구나 1988년에 도입된 집단선거구 계획은 야당에게 더욱 불리하게 작용했다. 단일선거구는 이제 9곳만 있고 나머지에서는 4명에서 6명의 후보를 내야 하며 각 후보가 2008년에 10,602달러(15,000싱가포르달러)를 보증금으로 내야 했다.

인재가 부족해서인지 야당은 인민행동당의 이념에 대체할 이념을 제공하거나 인민행동당 정부의 종합적인 정책과 경쟁할 수 있는 대체 프로그램을 제공하지 못했다. 다만 인민행동당의 부정적인 역할을 집중공격하며 민주적이고 더 정치적인 권한을 제공할 것을 요구할 뿐이다.

또한 그들은 준 정치적 풀뿌리 조직에 접촉할 기회도 없다. 일부 야당은 내부 분열로 고통받고 있으나 국민들은 그들의 고통을 동정하지도 않고 거의 지지하지 않는 것으로 보인다.[86]

국민들은 자유와 민주보다는 다소 불편하고 억압을 당하더라도 잘 살기를 바란다. 싱가포르의 야당은 역량이 너무 약하며 현재 국회의 의석도 몇 명 안 되어 제도상 인민행동당을 견제하고 균형을 이루기는 어렵다. 그러나 절대 집권당의 들러리는 아니다.[87]

최근 10년 동안 사회모순이 날로 돌출하여 빈부격차가 커지고, 외래인 수가 증가하는 등의 문제들이 계속되면서 국민들은 국가의 정체성에 이의를 제기하기 시작했다. 2011년 대선에서는 민중의 불만이 노출되어 인민행동당의 득표율이 건국초기 이래 가장 낮았다. 인민행동당은 알주니에(Aljunied, 阿裕尼) 집선거구의 5석을 잃었는데 이는 1988년 집선거구제도를 실시한 이래 처음으로 반대당에게 집선거구를 내어준 것이다.[88]

2013년 1월에 싱가포르 동 풍골(Punggol East) 단선거구에서 실시된 국회의원 보궐 선거에서 야당 노동당의 후보 리리 리안(Lee Li Lian, 李麗蓮)이 압도적으로 승리했다. 이 선거구의 유권자 수는 3만1천6백 명으로 투표율은 94%를 초과했다. 개표결과 리리 리안이 득표율 54.52%이고 인민행동당 후보는 득표율이 43.71%였다. 유권자들은 "우리는 정부를 전복하려는 생각은 하지 않는다. 다만 우리의 목소리를 내고자 한다"고 말했다. 리리 리안은 엘리트가 아니다. 그녀는 중학 재학시 학습능력이 비교적 낮았고 이공학원을 졸업한 후 대학에서 상과를 전공하고 일반 금융기관에 근무하던 직원이었다. 《롄허짜오바오》는 유권자들이 인민행동당의 엘리트가 아닌 일반 대중적 영어를 구사하는 평민을 국민이 선호한 것이라고 보았다. 리리 리안의 당선에 대하여 일부 국민들은 그녀의 학력과 경력으로 국회의원 역할을 제대로 해낼 수 있을지 염려하기도 했다.[89]

2013년의 선거를 통해 노동당이 오만한 엘리트 집단인 인민행동당에게 교훈을 준 것이 분명하다. 리셴룽 총리는 정책을 조정하여 젊은 부부들의 수요에 맞추어 공공주택을 서둘러 건설하였고, 이민과 노동 쿼터를 강화했으며, 부동산 열기를 잡아 부동산 가격을 안정시켰다. 이밖에 의료제도를 개혁하여 연장자들의 의료비용을 줄였으며, 공적금 지출액을 임시적으로 다시 올리지 않은 상태에서 공적금 인출제도를 개혁하겠다고 선포했다. 8월 9일에는 건국 50주년을 맞아 싱가포르의 경제적 성공과 번영을 거국적으로 자축한 기념으로 전국 8만여 명의 공무원에게 일률적으로 500싱가포르달러(약 360달러)의 특별보너스를 지급하면서 국민들에게는 공무원의 관료적인 태도를 개혁하겠다고 했다. 이런 일련의 개혁조처로 2015년 9월 11일에 실시한 총선에서 인민행동당은 국민의 지지율 69.86%로 압승을 거두어 전체 89석 가운데 83석을 얻었다. 정치 평론가들은 3월에 타계한 리콴유에 대한 추모 분위기가 선거에 영향을 주었을 것이고 의료 혜택을 받게 된 연장자들과 신 이민자들이 리콴유 서거 이후의 정국의 혼란을 염려하여 집권당을 지지한 것으로 분석했다. 그리고 투표 며칠 전 말레시아로부터 전해온 종족간의 충돌 가능성 소식과 인도네시아 공군의 무력시위 등이 투표에 영향을 준 것으로 분석했다. 반면 반대당은 자원도 부족했고, 인민행동당의 이러한 정책에 대응할 만한 정책도 내놓지 못해 결과적으로 4분 5열로 지리멸렬했다. 이번 총선으로 리콴유가 없어도 인민행동당은 거대 집권당으로서 자리를 확고히 할 수 있다는 것을 세계에 보여주었다.[90]

4. 인민행동당이 장기집권하는 이유

인민행동당이 장기집권하기 위해 헌법 변경을 불사하는 싱가포르를 민주국가라고 인정할 수 있는지 의문을 표하는 사람들도 있다. 인민행동당을 비판하는 마이클 하스(Michael Haas)도 싱가포르에서는 투표에 의한 다수결의 원칙인 민주주의가 존재하지만 대다수 유권자들이 각 선거에서 인민행동당을 지지하는 것을 보면 당황스럽다고 말한다.[91]

싱가포르에서는 의원은 선거구에 근거하여 일인일표(一人一票)에 의하여 직선된다. 또한 선거는 부정이나 비리 없이 깨끗하게 치러지며 개표계산도 공정한 과정을 거친다. 반대당원과 언론매체가 현장에서 개표를 감시한다. 피통치자들은 정당하게, 자유로이 그리고 정규적으로 경쟁적인 선거를 통해 그들의 정부를 선출하는 권리를 가졌다. 그리고 선출된 지도자들에게 국민들 대신 행동하도록 권한을 부여한다. 래리 다이아몬드(Larry Diamond)는 이 개념을 "자유민주주의"와 다른 "선거민주주의"라 부른다.[92]

싱가포르에서는 야당과 선거제도가 있지만 야당이 선거로 정권을 쟁취할 확률은 0%이다. 그래서 어떤 학자들은 "반(半)경쟁성의 정당제도"라 부른다. 리콴유와 인민행동당은 경쟁력이 충분한 다당제 실시를 반대했다. 다당제와 정치다원화는 정치질서를 상실하고 사회를 혼란하게 할 것이며 또한 이는 우수한 인재의 분산을 초래하여 인재들을 한 정당에 모아 전심전력으로 국가와 백성을 위해 봉사하게 하기가 어렵다고 보았기 때문이다. 그리고 다당제와 정치다원화로 인해 정부는 부득불 많은 시간과 정력을 정치적 반대에 대응하고 해결하는데 사용하게 되어 국가의 올바른 정책결정과 정부 업무 효율에 영향을 미치게 된다고 생각했다.

인민행동당이 장기집권할 수 있는 이유는 인민행동당 정부가 국민들을 위한 좋은 정치를 하기 때문이다. 범죄가 없는 안전한 거리, 편리한 공공 교통, 깨끗한 환경과 아름다운 도시, 신뢰할 수 있는 정부와 공무원, 일류 서비스의 건강관리제도, 안락한 자기 집을 보장해주기 때문이다. 또한 인민행동당 국회의원과 국민 간의 관계는 대단히 가깝다. 총리를 포함하여 의원들은 매달 적어도 하루는 직접 유권자들을 가가호호 방문하여 그들이 요구하는 수십 건의 문제를 처리한다. 고용인과 주인 간의 분쟁, 임대료 인상, 자녀진학 등 사소한 일부터 유권자의 중대한 이익에 관한 사항에 대하여 유권자의 의견을 듣고 심지어 유권자의 개인적인 요구를 들어 주기도 한다.[93]

인민행동당 중앙위원 왕자위안(王家園)은 인민행동당이 장기집권할 수 있었던 이유를 다음과 같이 설명한다. 첫째, 인민행동당 지도자들은 싱가포르의 현실을 정확히 파악하고 동서양 국가 중에 싱가포르에 적합한 장점을 받아들였다. 둘째, 무엇보다도 국민을 위한 정책을 가장 중시하고 실용적이고 시대의 변화에 잘 적응하며 정책들을 수행했다. 셋째, 경제 선행방침을 실시하고 동서 가치관을 결합한 공동가치관으로 다민족 사회를 통합했다. 넷째, 민주사회주의와 자본주의가 결합한 원칙을 고수하며 의회민주를 실천하는 지도자들이 통치하는 정치체제와 법치와 덕치를 결합한 사회관리 체제를 유지하여 장기집권할 수 있었다.[94]

싱가포르의 경우 인민행동당의 장기집권은 싱가포르 발전에 부합했다. 그 결과 우선 일당 집권이 국가의 정체성을 증진했다. 둘째, 장기집권으로 최대한도로 방해(교란)를 배제하고 모든 자원을 발전목표를 달성하는데 동원하기가 유리했다. 셋째로 일당 장기집권은 싱가포르 정부가 타국의 다당제정부와 마찬가지로 유권자의 만족도에 의존하여 정부의 공공자세를 상실할 필요 없이 최대한도로 정책의 연속성과 안정성을 보증했다.[95]

투명하고 경쟁력 있는 공무원 조직

3장

싱가포르 행정부의 목적은 정치적인 안정과 경제발전을 통해 국민들의 생활을 풍족하게 하는 것이다. 행정부는 집권여당인 인민행동당의 적극적인 지원을 받아 정책을 추진한다. 그래서 행정부 관료는 국회와 갈등 없이 행정부를 운영하고 안정을 이룰 수 있었다. 신뢰를 바탕으로 한 국회와 행정부의 운영으로 싱가포르에는 독립된 노조, 비판적 성향의 언론사가 없으며 개인들로 구성된 이익 집단이 뿌리를 내릴 수 없다.

또한 행정부는 기업들이 세금을 성실히 납부하는 한 기업운영에 간섭하지 않으며 국민들의 생활을 윤택하게 하는 편리한 생활환경과 실용적인 공공정책을 집행했다. 예를 들어 도처에 슈퍼마켓·학교·의료기구·정류장 등을 거주민 생활권 내에 위치하도록 했다. 또한 원활한 교통을 위해 지하와 육상교통시스템을 건설하고 이를 정보화와 디지털화하였다. 뿐만 아니라 행정부가 출자하여 가격이 낮은 아파트(組屋)를

건설하여 90% 이상의 국민들이 주택을 소유하게 했다.[1]

싱가포르 행정부의 꽃이라 할 수 있는 공무원 조직은 1956년 영국식민 자치행정부의 총리가 된 36세의 리콴유가 추진한 종합적인 행정개혁의 결과라 할 수 있다. 그는 선거공약의 실천과 정치적 생존을 위해서 공공(公共)에 관한 정책을 효율적으로 실천해야만 했다. 당시 영국식민 통치하에서 자치행정부의 공무원 조직은 부패했다.[2]

리콴유는 능력 있고 헌신적이며 냉철한 인재를 공무원으로 뽑아 적재적소에 배치함으로써 건전하고 효율적인 공무원 조직을 구축했다.[3] 또한 행정부를 법과 제도에 따라 엄격히 운영함으로써 공무원의 업무와 활동이 표준화되고 공개적이 되어 효율성이 높아졌을 뿐만 아니라 투명하게 되어 부정부패를 추방할 수 있었다. 법과 규칙은 지위 고하를 막론하고 모든 공무원에게 적용되어 국민의 신뢰를 받았다. 2000년 12월 7일, 홍콩중문대학(香港中文大學)에서 리콴유에게 명예박사학위를 수여했을 때 중국 측에서 그를 "청렴함으로써 부정부패와 싸우고 법으로써 혼란을 제거했다(以廉反貪, 以法去亂)"며 찬사를 아끼지 않았다.[4]

본 장에서는 세계에서 가장 우수하며 경쟁력이 있고 투명한 싱가포르의 공무원 조직과 운영을 살펴보고자 한다. 이를 위해서 행정부 공무원의 채용, 업무환경, 업적평가 및 조직의 정예화를 소개하고 21세기 경쟁력이 있는 공무원 조직이 되기 위한 지속적인 개혁, 공무원 조직의 효율성과 경쟁력 강화를 위한 법정위원회의 조직과 운영, 그리고 투명하고 청렴한 공무원 사회를 위한 부패행위 조사국의 활동과 행정부 정책홍보기관으로서의 언론매체에 대해 살펴보고자 한다.

1. 행정부 공무원의 조직과 운영

싱가포르 내각은 총리실과 15개의 행정부 부처로 구성되어 있으며 공무원 수는 행정부 부처에 근무하는 약 6만2천여 명으로 그중 교육공무원은 약 2만5천 명 정도다. 각 부처는 업무의 질, 공무원의 교육과 연봉에 따라 4개의 부서로 조직되었다.

제1부서는 행정 서비스로 각 부처의 관료인 고위공무원들로 구성되어 정책을 제정한다. 제2부서는 연공서열이 다양한 공무원들로 구성되어 부처의 경영을 담당한다.

제3부서는 사무 및 기술 담당 공무원으로 조직되었다.

제4부서는 육체노동, 사무실 근무, 요리, 운전을 담당하는 공무원으로 구성된다.

행정부 산하에는 66개의 법정위원회(法定委員會)가 있으며 약 5만2천여 명의 비공무원들이 근무하는 것으로 파악되고 있다. 이들은 주로 공공서비스 분야를 담당하고 있다. 법정위원회의 수장은 회장이라 칭하며 대부분 정치적으로 임명되어 활동한다.[5]

공무원 채용의 기준은 능력

싱가포르에 능력주의가 소개된 것은 1951년 1월 영국식민지 행정부가 공무원의 현지화를 강화하기 위해 공공서비스위원회를 조직하고 능력에 기초하여 공무원을 채용, 승진하면서부터이다.[6] 공무원은 공개 경쟁제도를 통해 채용되며 이들의 선발과 승진은 철저하게 자신의 배경이 아니라 능력과 실적에 따라 결정된다.[7]

고위공무원은 국민을 선도해야 하는 국가 발전의 원동력이기 때문에 뛰어난 인재들을 선발하기 위해 공공서비스위원회가 운영되었다. 공공서비스위원회는 국가공무원의 장기수급 계획에 따라 고등학교와 대학의 우수한 학생 중에서 교사나 교수의 상세한 추천을 받아 선발한다. 선발된 학생은 국가관 · 리더십 · 의사소통 능력 · 공무원 직무적성 · 성격의 특성 · 창의성 · 진실성 · 정서적 성숙 등 전 교육과정을 통해서 거듭 검증받으며 장학금으로 옥스퍼드나 케임브리지와 같은 해외명문대에 유학하여 해당분야에 대한 교육의 기회를 가지게 된다. 이들은 졸업 후 개인의 타고난 능력과 잠재력에 기반을 둔 개별평가의 과정을 거쳐 고위공무원이나 공기업에 발탁되며 장학금을 받은 기간에 따라 일정기간 공무원으로 근무하게 된다.[8]

에드가 쇠인(Edgar Schein, 1928~) MIT 교수는 최고의 총명한 사람들을 공무원으로 채용하는 것은 싱가포르의 강점 중 하나라고 말한다. 왜냐하면 이들은 국가가 생존하고 성장하기 위해 필요한 것들을 창조하고 편견과 맹점들을 극복하여야 할 사람들이기 때문이라는 것이다.[9]

싱가포르 행정부는 인적자원의 개발을 위해 교육의 중요성을 강조하여 35세 이하의 공무원은 3년 이상 중앙공무원 교육기관에서 의무적으로 훈련받도록 했다. 훈련기관으로는 싱가포르 공무원대학과 리콴유 공공정책대학원이 있으며 교육비는 행정부가 지원한다. 이들 훈련기관에서는 인적자원개발과 공직자의 기본소양 등에 대하여 교육한다. 교육과정은 입문 · 기본 · 심화 · 확장 · 지속 과정으로 공무원은 모두 연간 100시간의 교육(이 중 40%는 자기계발)을 받아야 한다. 리콴유 공공정책대학원은 하버드대학 등의 세계 명문대학과 교류협력하며 차세대 아시아 지도자들과 정책결정자들을 위한 교육프로그램을 제공한다.[10]

높은 수준의 공무원 연봉

행정부는 민간부문과 경쟁하여 우수한 인재를 선발하려 노력하는데 특히 장관과 고위공무원에게 높은 급료를 주어 가장 뛰어난 인재를 발탁하려 한다. 그 이유는 능력주의를 강화하여 인재를 민간부문에 뺏기지 않고, 공무원의 부패를 막기 위해서이며,[11] 민간부문과 달리 이익을 위해 근무하는 것이 아니라 봉사하기 위해 근무하는 공무원의 긍지와 사기를 진작하기 위해서이다. 각 행정부처의 제1부서 소속 인재들에게는 연봉을 1972년부터는 13달의 수당을 주기 시작했고, 그 이후 1973년, 1979년, 1982년, 1994년에 봉급을 인상했다.[12]

리콴유는 일찍이 제3세계 국가의 장관들이 부정부패하게 되는 이유 중 하나가 봉급으로만 생활할 수 없기 때문이라고 보았다. 그러므로 그는 장관들이 자기 봉급에만 의존하여 생활할 수 있도록 높은 수준의 연봉을 책정해야 한다고 주장했다. 그리고 민간분야나 전문분야에서 높은 봉급을 받는 인재들을 행정부로 유치하기 위해 리콴유는 민간부문과 같은 수준의 공무원 봉급 책정안을 국회에 제출하여 1994년에 통과시켰다. 1995년부터는 공무원 봉급은 가장 수익이 높은 변호사·은행가·기술자·회계사·다국적 기업의 수장·지역 기업가 등과 견주어 그들의 중간 소득에서 3분의 2 정도로 결정되었다.[13] 최고의 인재를 행정부로 모으기 위한 높은 급료 책정은 성공적인 정책이었다.

공무원에 대한 높은 연봉은 공무원의 청렴결백한 품격을 배양할 뿐만 아니라 업무의 높은 효율성을 보장하고 공무원의 수준도 높아지며 이들이 창조한 사회가치가 크다. 왜냐하면 그들의 업무가 효율적이고 정직하고 신뢰할 수 있어 계속 외국 투자가들이 오게 되고 이로 인해 싱가포르 경제가 활성화되기 때문이다.[14] 공무원의 높은 청렴도와 업무의 효율성에 대하여 싱가포르는 긍지를 가질 만하며 다른 국가들도 배워야 할 점이다.

업무효율을 높이기 위한 편안한 환경

행정부가 추진한 실용주의를 바탕으로 한 행정환경과 상호작용이 공직자들을 업무에 헌신하도록 유도하여 업무효율을 높여 왔다. 싱가포르는 집권당인 인민행동당과 행정부관료 간 협력체계가 구축되어 인민행동당이 행정부 정책을 지지하고 인민행동당에 대한 공무원의 충성심이 높아 행정부 정책추진이 원활하다. 각 부처의 협력에 많은 관심과 노력을 기울인 결과 부처 간의 이기주의나 부처 내 인종과 종교 갈등 내지 긴장관계 등은 거의 존재하지 않는다. 상호신뢰를 바탕으로 정책입안·정책결정·정책집행을 추진한다.

행정부는 부패억제 대책을 효율적으로 추진하여 공무원이 업무집행을 투명하게 처리하도록 한다. 그리하여 공무집행 과정에서 공무원은 공정하게 법을 집행하며 규정에 따라 업무를 처리하지 인간관계·인정·상황에 따라 일을 처리하지 않는다. 이러한 노력의 결과 시민들의 요구에 맞는 서비스를 유연하고 효과적으로 제공하는 행정문화를 형성했다.[15]

싱가포르는 전자정보 발전에 있어 가장 앞선 국가 중 하나로 세계에서 가장 일찍 "정무정보화"를 추진한 국가이다. 1981년부터 국가관리 업무의 전자화를 실시하여 효율적으로 공공서비스를 제공하고 행정부·국민·비즈니스가 서로 교류할 수 있도록 개조했다. 전자행정부는 투명성이 보장되어 부패의 기회가 감소되었으며 더 높은 질의 효율적인 대민봉사를 가능하게 하였을 뿐만 아니라 행정부의 관리운영비가 절감되었다.

이 제도는 기업이나 개인을 위하여 가장 빠르고 편리한 방식의 서비스다. 모든 국민들이 언제 어디서나 보다 많은 공공서비스와 온라인 서비스를 받을 수 있으며 다수의 유용한 정보를 최소한의 노력으로 검색할 수 있다. 싱가포르 행정부가 급속하게 고급정보의 고속통신망을 구축할 수 있는 배경은 국민의 높은 교육수준으로 모든 국민이 최소한 초등교육 이상을 받아 문자 해독률이 100%에 달하기 때문에 가능다고 볼 수 있다.[16]

공무원의 업적 평가제도

공무원의 인사관리는 총리실에서 관장하는데 1966년부터 1979년까지 기밀보고서를 이용했다. 기밀보고서는 해당 공무원의 리더십·행동·책임감·구두표현 능력·압력에 대한 반응·전반적인 수행능력·승진의 적합성 등을 평가한 보고서로 인사관리에 이용되었다. 그러나 평가의 객관성 문제와 폐쇄된 보고제도로 평가결과에 대한 피드백이 제공되지 않아 공무의 발전이나 변화가 없어 인사관리 제도를 개혁하기로 했다.

효과적인 인사관리로 성공한 기업인 쉘의 인사관리 제도를 본보기로 하여 1983년 10월에 평가방법을 개혁했다. 새로운 평가방법은 쉘 제도에 기초하여 3가지로 구성되었다. 수정된 기밀보고서, 공무원의 발전보고서(Staff Development Report), 잠재적 순위 매기기(Potential Ranking Exercise)이었다. 기밀보고서는 보고기간과 다음 해에 수행할 계획에 대한 보고당사자와 그 부하직원과의 토론 내용이다. 공무원의 발전보고서는 상급자가 평가한 해당공무원의 잠재능력에 관한 비밀기록이다. 기밀보고서와 공무원발전보고서는 매년 10월부터 12월 사이에 작성되었다. 잠재적 순위 매기기는 별도로 후반기에 실시되는데 해당 공무원에 대하여 최근에 동료들이 평가한 잠재능력 등급의 순위에 기초했다.[17]

쉘의 인사관리 제도를 받아들인 지 13년이 지난 1996년에 이르면 공무원에 대한 평가 방법이 다음과 같이 정리되었다. 공무원의 업무평가는 단체정신(팀워크) · 업무의 양 · 업무의 질 · 조직능력 · 스트레스에 대한 반응 · 책임의식 · 서비스품질 · 지식과 응용의 8가지 기준에 따라 A, B, C, D, E의 5등급으로 평가되는데 E등급은 현 지위를 유지할 수 없는 낙제 평가이다.

제1부서와 제2부서 공무원의 잠재능력에 대해서는 조직을 투시할 수 있는 헬리콥터식의 능력과 추진력, 지적 자질(분석력, 상상력, 현실감), 결과지향(성취동기, 정치민감성, 결단력), 그리고 지도력(동기부여능력, 권한의 위임, 소통)에 관하여 여러 가지 시험을 통하여 평가한다. 제3분과 관리의 잠재능력 평가는 지적 자질, 적응력, 다양한 기능성, 결과 지향, 감독능력 등이다.[18]

공공서비스를 위한 공무원 조직으로의 개선과 정예화

1956년 리콴유가 영국자치정부 총리가 되었을 때 공무원의 역할은 도로건설이나 통신시설의 확충과 같은 경제영역에서 수동적으로 법과 질서만을 유지하는 것이었다. 자치행정부 지도자들은 행정부프로그램을 실천하기 위하여 공무원의 지지가 필요했다.[19] 그리하여 리콴유는 공무원을 공공을 위한 조직으로 정예화하고 합리적인 조직으로 전환하기 위해 다양한 방안을 지속적으로 추진했다.

1959년 리콴유는 공무원의 가치관 변화를 위한 정치연구센터(Political

Study Center)를 개설하고 2주간의 비주거 파트타임 정치연구 과정을 제안했다. 센터의 목적은 정치문제, 선거에 관한 문제, 행정부 정책의 영향력에 대한 공무원의 인식을 변화시키는 것이었다. 다행히 공무원들과 영어교육을 받은 중산층 배경의 자치정부 지도자들과는 상호 기본적인 차이가 없어 정치연구센터의 목적을 달성할 수 있었다.

그는 공무원들이 정치지도자들을 이해하고 친숙해질 수 있도록 주말에 정치지도자들과 함께 다양한 시민 프로젝트에 자발적으로 참여하도록 기회를 제공했다. 공무원들은 이 주말 참석에 비참석자로 인식되어 희생될 것이 두려워 강제적으로 참석했지만 결과는 아주 좋았다.[20]

행정부는 공무원 조직이 영어교육을 받은 공무원들로 구성되어 지역주민의 언어를 대표하지 않는다는 부정적인 이미지를 교정하고자 했다. 행정부가 1960년에 처음으로 26명의 중국어를 주로 사용하는 난양대학 졸업생들을 교육서비스직과 하위공무원에 채용하면서부터 공무원 채용범위가 비영어권 졸업생들로 확대되었다. 1961년에 중앙 불만국(the Central Complaints Bureau)을 설치하여 영어 교육을 받지 못한 대중들이 공무원들로부터 불공정한 대우를 받았을 경우 불평할 수 있는 기회를 제공했다. 만약 불만이 타당하면 잘못한 측에 징계조치가 적용되었다. 중앙 불만국에서는 중국어 교육을 받은 사람들을 채용하여 영어를 못하는 중국인들의 접촉이 가능하게 하였다.

행정부는 고위공무원의 퇴직 기준을 연공서열보다는 개인의 능력과 업무의 효율성에 두는 정책을 추진했다. 무능한 공무원은 조기 퇴직하도록 하고 유능한 공무원은 정년과 상관없이 공무원직을 유지할 수 있는 정책이다. 이 정책의 결과 고급공무원의 높은 이직률이 발생했다. 능력이 있는 공무원은 연공서열에 관계없이 더 중요한 위치로 승진할 수

있는 공무원의 정예화정책은 오늘날에도 계속되고 있다.[21]

공무원조직 정예화의 목적은 싱가포르에 적합한 행정시스템을 구축해서 경제성장과 효율적인 행정서비스를 제공하기 위해서다. 인종과 관계없이 능력과 실력이 있는 엘리트로 관리가 충원되면서 엘리트주의로 인한 관료들의 오만을 겸손으로 변화시켜야 했다.

특히 학자출신의 고급 공무원들은 승진도 빠르고 급료도 높았지만 관료로서의 긍지가 결여되어 부패하기 쉽고 오만하여 자신의 취약한 점을 보충하기 위한 학습의 필요를 느끼지 못했다. 뿐만 아니라 의견이 다른 비학자출신 일반관료들의 의견을 받아들이지 못하고 민간부문으로 이직하기도 했다. 행정부는 비학자 공무원들에게 긍지를 심어 주어 행정부에 충성하도록 하고 학자출신 공무원들이 겸손해지는 방법을 연구해야만 했다. 그래서 행정부는 과제추진이나 업적이 목적이 아닌 직원 중심의 공무원조직의 중요성을 인식하고 전체 공무원의 복지에 더 관심을 가지게 되었다.[22]

그리하여 1981년부터 1985년까지 행정부 역할을 합리적으로 조정하는 중요한 개혁과 작업 중심보다 직원 중심의 인사관리철학에 기초한 인사관리 개혁을 추진했다. 행정부 부처들과 법정위원회 간의 유사하거나 중복되는 업무를 줄이고 부처 간에 관련된 기능을 이전하고 협조를 증진함으로써 공무원조직을 더 이성적이고 합리적으로 개혁했다.

이와 동시에 1983년에 설립된 민원봉사분과(Public Service Division)가 인사관리의 부담을 민원봉사위원회(Public Service Commission)와 분담함으로써 양 조직의 효율성을 강화했다. 그리고 1987년 실시한 인력감시 활동의 소개와 제로 성장 인력정책의 결과로 공무원조직의 불필요한 부분이 제거되었고 필요이상의 직원 채용을 피할 수 있었다.[23]

싱가포르의 행정개혁이 성공할 수 있었던 것은 개혁목표를 국가발전 목표의 성취에 기여하기 위한 공무원 조직의 효율성 증진이라고 분명히 밝힘으로 개혁의 정당성을 보였기 때문이다. 또한 조직의 업무량을 감소하고 조직의 능력을 증진하기 위하여 추진한 공무원조직 개편의 가장 중요한 핵심은 공무원들의 태도 변화와 싱가포르의 정치환경이라 할 수 있는데 싱가포르는 국가가 작아 비교적 장애가 없었고, 부패가 없었으며 개혁에 대한 정치지도자들의 지지와 후원이 있었기 때문에 행정개혁에 성공할 수 있었다.[24]

전 주미 싱가포르 대사였던 찬헹치(Chan Heng Chee, 1942~)는 싱가포르에서 중요한 정치권력을 고위공무원으로 구성된 관료조직을 뽑고 있다. 찬 대사는 일부 관료들이 장관에 의하여 지명되지만 싱가포르에서는 장관직에 발탁될 수 있는 적임자들이 부족하기 때문에 고위공무원들은 때때로 중요한 인적자원이 될 뿐만 아니라 실제로 국가를 운영한다고 주장한다. 싱가포르에서는 의심할 바 없이 주요정책 발의는 내각에서 이루어지고 관료조직은 당의 시녀에 가깝다. 그러나 장기적인 관점에서 보면 경제적인 전략에 있어서 경제계에 행정부의 참여가 중요하게 되어 법적으로 인정된 기관과 민간기업에서 행정부의 역할이 증가하게 되었다. 관료가 일반회사의 이사회 구성원으로 지명되거나 행정부위원회에서 책임을 지는 제도하에서 관료의 영향력이 증가하게 되어 상층 정치지도자들은 관료들의 영향을 받게 된다는 것이다.[25] 바로 이런 우수한 공무원들이 싱가포르 경제발전을 위하여 높은 효율의 정무환경을 창조하고 있다.

2. 21세기의 경쟁력 있는 공무원

싱가포르 지도자들의 공무원 조직 개선을 위한 지속적인 노력의 결과 싱가포르는 세계에서 가장 우수한 공무원들이 행정부를 운영하게 되었다.

공공서비스를 위한 공무원

1995년 5월부터 싱가포르 행정부는 21세기를 위한 공공서비스(Public Service for the 21st Century, PS21)라는 가장 포괄적인 행정 개혁 프로그램을 운영하고 있다. PS21을 운영하고 실천하기 위해 'PS21 중앙위원회(Central PS21 Committee)'가 조직되었고 구성원은 각 행정부처의 상임비서들이며 의장직은 공무원 조직의 수장이 맡는다. 이들 사무를 지원하기 위해 대민봉사국(Public Service Division)과 기능성 위원회가 조직되었다.[26]

이는 세계화의 물결로 인한 국민들의 높은 기준의 다양한 요구에 적극적으로 대응하기 위한 중장기적이고 전체적인 행정부 개혁이었다. 대국민 서비스 질의 향상, 공무원의 미래지향적 비전과 태도, 그리고 행정부 조직의 효율성 향상·혁신·공개성·참여성 등을 강조하는 행정부 조직으로의 변화를 추구하고 있다.[27]

싱가포르 행정부는 공무원들에게 동기를 부여하고 도덕을 증진시키기 위하여 공무원들의 심리적·육체적 복지향상을 추진했다. 또한 그들에게 대학원 교육을 받을 기회를 주고 업무환경 개선을 위해 업무 향상팀과 직원 건의서 계획 프로그램을 운영했다. 그리고 대민 행정서비스의 질과 공무원 성과 향상을 위해 서비스품질 지표를 개발하여 공개했다.[28] 이와 같이 싱가포르 행정부는 미래의 행정을 공무원이 중심이 되어 '더 많은 공공행정서비스'를 추진할 수 있는 환경조성을 위하여 미시적 행정조직의 혁신과 변화에 이르기까지 지속적인 노력을 기울이고 있다.

PS21을 설치한 결과 시민들과 경제계가 필요로 하는 공무원들의 서비스가 질적으로 대단히 향상되었다. 공무원의 향상된 서비스를 'CARE'라고 한다. 친절하고 빠르며 편리한 서비스를 전자정부지원(e-government service)을 통해 제공하는 공손함(Courtesy), 언제 어디서나 전자정부지원 접근이 쉬운 접근가능성(Accessibility), 최소한의 요식체제로 빠르게 서비스를 제공하는 반응성(Responsiveness), 업무 과정에서 복잡하지 않게 확실하고 믿을 만한 자세로 대중을 효율적으로 대하는 유효성(Effectiveness)의 앞 글자를 따 CARE라고 부른다.

대민봉사를 위한 각 부처 공무원들의 결의가 대단해졌다. 일부 예를 들면 다음과 같다. 싱가포르 경찰은 비상전화의 90%를 10초 내에 받으며 사건현장 긴급 출동의 경우 도착까지 85%가 15분 내에 이루어지며 긴급하지 않은 현장이라도 30분 내에 도착한다. 그리고 국민들에게 온 질문에 대하여 90%는 5일 이내에 답을 해주고 주소변경은 10분 내에 처리해주어야 하며 회사나 기업등록도 98%가 10분 내에 끝난다. 이와 같은 서비스 기준에 못 미칠 경우 공무원들은 그들의 업무를 검토하도록 요구받았고, 이런 검토과정을 거쳐 문제점들을 보완하고 있다.[29]

싱가포르 행정부는 이밖에도 효율적인 대민봉사를 위한 다양한 정책을 내놓았다. 예를 들어 내무부에서는 홈팀(Home Team)이라는 개념을 살려 행정부 종합청사에 9개의 부처에서 파견 나온 홈팀 담당자(Home Team Officer)를 상주하도록 하여 국민들이 여러 부처에 관련된 업무를 한 곳에서 일괄 처리할 수 있도록 했다. 교육부에서는 에듀몰(eduMALL)을 설립하여 교사들이나 국민들이 교육에 관한 모든 재료와 봉사를 종합적으로 한 곳에서 모두 알 수 있는 서비스를 제공하고 있다. 그리고 싱가포르 행정부는 국민들이 원하는 것이 무엇인지 알고자 1997년 11월부터 최우수 국민제안 상(Excellence in Public Suggestions Award)을 제정하여 공무원 조직이나 운영 및 대민봉사에 관한 국민들의 의견을 반영하고자 노력했다.[30]

주도면밀한 행정 업무

싱가포르 공무원들이 그들의 업무를 얼마나 철저히 세밀하게 진행하는지 도시발전계획, 수자원 관리, 그리고 도시 녹화의 경우를 예를 들어 보면 다음과 같다.

첫 번째로 싱가포르의 도시발전계획이 성공한 데는 종합적이고 체계적인 발전계획과 단계적인 실시에 있다고 볼 수 있다. 싱가포르의 종합적인 발전계획에는 계획과 실행의 두 측면이 있다. 발전계획에는 발전계획의 개념으로 장기발전계획과 총체적 발전계획인 개발지도발전계획을 포괄하고 있다. 실행에는 토지분양, 발전협조, 발전에 관한 관리와 통제가 포함되어 있다. 장기발전계획은 장기적, 전략적으로 구조형태, 공간배치, 기초시설 등 방면으로 미래 40~50년을 경제와 인구 증가를 유지하기 위한 토지이용전략과 공공건설을 위한 협조와 지도로서 법률적 구속력은 없다. 총체발전계획은 개념발전계획에 의거하여 매 필지의 용도와 용적률 등 중요발전계획의 지시를 반영하고 투자개발 보증을 투명하게 그리고 명확하게 하며 법정 구속력을 가진다.

싱가포르 발전계획의 특징은 행정관리가 명확하고 편제체계가 완전하며 협조기제(메커니즘)가 건전하다. 그리고 발전계획 이념이 과학적이며 규모가 주도하는 발전계획 모델에 따라 기한이 경감했다.[31]

두 번째로는 물을 관리하는 공용사업국(公用事業局)과 도시녹화 건설의 예를 들 수 있다.

① 물을 관리하는 공용사업국(公用事業局)은 경보체계를 갖추고 무료 문자 메시지 등을 통하여 일부 저지대 상가 등 침수가 염려되는 곳에 미리 경보하여 피하도록 한다. 또 수자원이 부족한 싱가포르는 17개의 댐을 건설하여 지표상의 물 3분의 2 이상을 거의 다 수집한다. 그리고 오수를 회수하여 재생하고 있다.

싱가포르에서는 집집마다 에어컨 밑, 부엌, 세탁기와 드라이어 밑에 배수관을 부설하여 한 방울의 물도 낭비하지 않는다. 도시계획에서도 환경오염방출에 대하여 엄격히 관리하여 지표수(地表水)가 공업용 오염에 영향받지 않는다. 일부 오염수는 회수처리한 후 일정한 표준에 도달하면 직접 바다로 내보내고 일부는 현대 막기술(膜技術)처리로 고도의 공업용수가 되어 마이크로칩 제조 등 기업의 용수로 공급되며 일부는 저수지에 들어가 음료수와 혼합하여 가정으로 보내진다. 해수를 담수화하는 기술도 개발하였다. 싱가포르에서는 불량품의 물은 절대 팔지 않는다.[32]

② 도시녹화 건설은 세밀하게 추진했다. 싱가포르 녹색 건설은 "정원 도시"에서 "정원 가운데의 도시"로 변했다. 1960년대 싱가포르는 "정원 도시"를 목표로 하여 가로수를 큰 교목으로 교체했다. 1970년대에는 환경과 도로 녹화에 채색식물을 식목했다. 1980~90년대에는 각종 주제 공원(테마 파크)을 발전시키고 각 공원과 도로를 연결하는 녹색길 시스템을 건설했다.

21세기에 들어서면서는 공원보호 계획을 추진하여 도시 경관을 한 단계 높였다. 싱가포르 녹화 건설의 중요한 특징은 치밀한 관리이다. 싱가포르 공원국(新加坡公園局)은 '도로녹지규범'을 제정하여 녹지 분리대를 규정하고 지하관선을 부설한 후 식물을 심었다. 또 싱가포르 공원국은 140만 개의 가로수에 대한 기록을 작성하여 관리를 전자화했다. 잔디밭은 벽돌식을 선택하는 등 모두 상세히 규정했다. 바로 이 치밀한 관리 속에 '정원 가운데의 도시' '세계의 오아시스 클린 앤 그린 싱가포르(Clean and Green Singapore)'가 탄생한 것이다.[33]

법정위원회 조직과 운영

행정부 15부처의 공무원들은 법과 질서를 유지하고 세금을 징수하며 각종 봉사를 제공한다. 행정부의 각 부처는 사회경제발전 추진을 위한 법정위원회를 구성했다.

• 행정부가 법정위원회를 설립한 이유

첫째, 공무원 조직의 한계를 인식한 지도자들이 사회경제발전 프로그램을 빠르고 효율적으로 추진하기 위해서이다. 행정부가 발전프로그램을 추진하는데 공무원 조직의 엄격한 규칙과 유연성의 부족으로 규정되어 있는 일상적인 문제 이외의 다른 프로그램을 추진할 수 없었다. 그래서 공무원 조직의 절차적인 지연과 규정에 영향받지 않는 법정위원회를 설립했다.

둘째, 공무원 조직의 효율성과 경쟁력을 높이기 위해서이다. 공무원의 능력을 강화하여 업적과 성과를 향상시키기 위해 업무량을 감소하고 훈련 프로그램을 수행하여야 하기 때문에 공무에 부화가 발생할 수 있는 다른 프로그램을 추진할 수 없었다.

셋째, 공무원 조직보다 더 나은 업무환경과 높은 급료를 제공하는 민간영역으로 재능 있는 공무원이 유출되는 것을 막고 민간영역으로부터 능력이 있는 사람들의 영입을 위한 유리한 업무조건을 제시하기 위해서 국가소유재원을 분배하여 법정위원회를 창설했다.[34]

• **법정위원회의 중요한 기능**

법정위원회의 중요한 기능은 경제발전 증진·기초시설과 기본서비스·공공주택과 도시개발·교육·관광사업 증진·금융중심으로 발전·스포츠와 오락활동 증진·공공위생과 환경보호이다.[35] 법정위원회는 이사회, 운영팀, 실행팀의 세 그룹으로 조직되어 운영되고 있다. 고위 공무원·기업인·전문인·노동조합으로 구성된 이사회가 가장 상위그룹이며 이사장은 대개 국회의원으로 특정 분야의 존경받는 인물이나 고급공무원으로 법정위원회가 소속된 부처의 장관이 임명했다. 이사회 아래 운영팀은 총경리(일반 관리자) 또는 집행이사(이사회의 이사 중 1명)와 비서, 그리고 다양한 부서의 장들로 구성되었다. 실행팀은 행정인원과 경영진의 지원스텝들(직원)과 이사회와 운영팀에서 만든 결정을 실행하기 위한 사무직원들로 구성되었다.

법정위원회의 직원들은 공무원이 아니므로 급여스케일, 규정과 서비스 여건 그리고 승진 및 징계처분 등의 기율관제가 필요 없다. 다만 법정위원회가 고위 관리를 모집할 경우 공무원 조직위원회의 특별 인적지원 위원회의 추천과 인준을 받았다.[36]

법정위원회는 공무원 조직 영역이 아니지만 재무관리에 대해서 감사원이나 소속부처 장관이 지명한 회사의 회계감사관의 승인을 받아야만 했다. 법정위원회 소속부처 장관은 반드시 법정위원회의 1년 예산을 승인해야 하고 재무제표와 연말보고서를 국회에 제출해야 한다. 이러한 재무관리는 비록 법정위원회가 공무원들보다 일상 업무수행에 있어 독립적이고 유연하지만 책임지는 위원회임을 의미한다. 법정위원회가 식민지 시기에는 성공하지 못했으나 싱가포르 행정부하에서는 국가발전을 위한 중요한 기구로서 성공할 수 있었던 것은 행정부의 적극적인 지원과 부패방지 정책 때문이었다.[37]

싱가포르국립대학 경영대학원 교수인 탄치화(Tan Chwee Huat)는 법정위원회를 특별법에 의하여 특별기능을 독립적으로 수행하도록 설립된 행정부의 기구라고 정의했다. 법정위원회는 법률지위상 시민서비스의 일부가 아니라서 행정부 부처의 법률특권과 면책특권은 가지고 있지 않다. 그러나 법정위원회의 이름으로 재산을 취득·처분할 뿐만 아니라 그들의 법률 소송·협의·계약에 대해 책임을 지는 것과 같이 그들의 업무수행과 기능에 있어 행정부 부처보다 더 유연하고 더 독립적이다.[38]

3. 투명한 행정부와 청렴한 공무원

부패란 개인적인 이익을 위해 공권력을 남용하여 뇌물수수·강탈·강제매매·족벌주의·사기·횡령을 행하는 것이라 볼 수 있다. 오늘날 싱가포르는 아시아에서는 가장 부패되지 않은 국가이며 세계 180개 국가 중 3번째로 청렴한 국가이다. 그러나 영국식민지 시대 싱가포르는 대단히 부패하여 이를 방지하고자 1952년에 싱가포르 경찰소속의 반부패국(Anti-Corruption Branch)을 부패행위 조사국(Corrupt Practices

Investigation Bureau)으로 승격하여 분리 독립시켰다. 그러나 부패행위 조사국의 설립 초기에는 일반국민의 협조가 미미하여 반부패 업무수행에 어려움이 많았다. 1959년 리콴유 수상이 이끄는 자치행정부가 들어서면서 부패행위 조사국의 기능과 역할이 활기를 띠기 시작하였다.[39]

공무원 관련 '부패방지법'

1960년 6월 리콴유 행정부는 '부패방지법(防止貪污法)'을 제정하고 부패행위 조사국의 권한을 강화하였다. 부패방지법은 부패행위 조사국이 그의 의무를 다할 수 있도록 명시한 것으로 총32장으로 구성되어 있다. 이 가운데 공무원과 관련된 몇 장의 예를 들면 다음과 같다.

부패방지법 5장은 공무원이 직위와 권력을 이용하여 보수를 받는 것을 엄격히 금지하고 이를 위반한 행위에 대하여 엄격한 제재와 처벌을 규정했다. 수뢰 공무원은 조사결과 사실과 일치하면 감금과 동시에 벌금형에 처했다. 일반 수뢰행위는 1만 싱가포르달러 이하의 벌금에 처하거나 혹은 5년 이하의 유기징역, 혹은 2가지 처벌이 병행되었다.

13장은 불법 뇌물을 받아 유죄판결을 받은 공무원은 뇌물수수에 관한 형벌 이외에 받았던 뇌물을 행정부에 반납해야 할 것과 15장은 부패행위 조사국에 용의자에 대한 체포와 조사권을 부여하여 강력한 수사권을 발동할 수 있다는 것을 명시하고 있다.

18장, 20장, 그리고 21장은 검사가 부패행위 방지국의 국장과 그의 고위임원에게 부패방지법을 어긴 용의자의 은행계좌·주식지분·동산구입·지출상태 등을 조사할 권한을 가지며, 수사에 필요하다고 판단되면 혐의자의 재산과 서류를 압수·수색할 권한, 그리고 용의자의 가족 및 대리인에 대해서도 은행장부 등을 조사할 권한을 준다. 22장은 부패행위 조사국 국장이나 시장이 발행한 영장을 가지고 용의선상 장소를 수사하고 범죄관련문서를 압수할 수 있다고 규정하고 있다.

24장은 용의자가 자신의 월급이나 재산으로는 누릴 수 없는 호화 생활을 했거나 수입을 초과하는 돈을 갖고 있을 경우 조사하여 부정부패로 재산을 모은 증거가 조금이라도 나오면 용의자의 전 재산을 가차 없이 몰수할 수 있는 권한 등에 관한 것이다. 27장은 조사국 국장이나 임원이 요청한 사람들이 제공한 정보는 합법적인 정보로 간주한다고 명시하고 있다.

32장에서는 모든 범죄는 체포할 수 있다고 명시되어 있어 조사국에서 빠르게 효과적으로 범죄자를 취급할 수 있고, 35장에서는 법원은 부패방지법에 저촉된 범죄자를 검찰 측 증인으로 요청할 수 있으며, 36장에 의해 정보제공자의 신분은 비밀로 보장된다고 규정하고 있다.[40]

이상과 같은 막대한 권한에도 부패를 척결하는 과정에서 생각하지 못하게 발생하는 문제나 법률상 허술한 부분을 보완하기 위하여 행정부는 1963년, 1966년, 1981년, 1989년에 부패방지법을 수정하여 지속적으로 효력을 발휘하도록 했다. 예를 들어 1966년 개정된 부패방지법 9장에 의하면 실제로 뇌물을 받지 않았다 하더라도 그럴 의도가 있었다고 판단되면 처벌할 수 있게 되었고, 37장에 의하면 해외대사관이나 다른 행정부의 해외대리인으로 근무하는 자도 부패방지법에 저촉되면 싱가포르 국내와 동일하게 처벌받았다.

1981년 개정된 부패방지법 13장에 의하면 수뢰죄로 법정 판결을 받은 자는 뇌물 전액을 반환토록 하되 반환능력이 없을 때에는 그 액수에 따라 징역에 처했다. 1989년에는 부패에 대한 억제효과를 강화하기 위해 벌금이 1만 싱가포르달러인 경우 10배인 10만 싱가포르달러로 증

가했다. 그리고 사망한 피고에 대해서도 뇌물로 받은 금액을 환수할 수 있도록 법을 개정했다.[41]

이상에서 살펴본 바와 같이 싱가포르의 부패방지법은 부패행위 조사국에 막대한 권한을 부여하여 공공부문의 횡령뿐만 아니라 민간부문의 횡령까지 조사할 수 있다. 특히 공공부문은 업무 성격상 제반 법규를 집행하는 공직자에 대해서 특별히 주의를 기울이고 있다. 공공부문의 부패유형을 팁(tipping), 뇌물수수(bribery), 직권남용(exaction)으로 분류했다.

조사국은 수뢰자의 능력, 권력, 기회의 유무와 부탁받은 사항에 관계없이 고소할 수 있으며 조사원은 조사받는 공무원을 공증인의 확인을 받은 진술서의 방식으로 그 가족의 재산을 문서로 작성하여 상신할 수 있다. 조사받는 사람은 정보를 제공할 법률적인 의무가 있다. 싱가포르인은 국외에서 횡령죄를 범했을 경우에도 조사 대상이 된다. 민간부문은 주로 싱가포르의 외국기업 유치와 국제경쟁력 확보의 차원에서 비즈니스 거래상의 불법 커미션 수수나 금융거래상의 불법행위가 대상이다.[42]

부패행위 조사국의 조직과 주요임무

부패행위 조사국은 그 업무와 활동의 독립성을 위하여 총리실에 직속된 독립된 감독기구이다. 그러나 만약 총리로부터 조사국에 대한 방해가 있을 경우 조사국은 대통령에게 보고할 수 있고 대통령은 조사국 국장에게 권한을 부여하여 조사를 계속할 수 있게 법률로 규정하고 있다. 이것은 대단히 중요한 내용으로 이는 부패행위 조사국은 그가 어떠한 사회적 지위를 가졌든지, 어떠한 정치관계이든지, 어떠한 피부나 종교이든지 관계없이 지위고하를 막론하고 똑같이 철저하게 조사하여 엄중하게 처벌할 수 있는 독립된 기구라는 뜻이다.[43]

리콴유 일가도 부패혐의 대상에서 예외가 아니었다. 그와 그 아들은 주택을 염가로 구매하여 부정의 혐의를 받고 조사를 받았다. 근본적인 문제는 리콴유 가족의 개인적인 문제가 아니라 전체 부동산 시장의 문제였다. 리관유는 조사가 종결된 뒤 의심을 받았던 부동산 급등에 따른 차익에다 사재를 보태 모두 100만 싱가포르달러를 사회단체에 기부하여 노블리스 오블리제 정신을 직접 보여주었다. 그는 조사가 끝난 뒤에 "내가 만든 시스템으로 나의 자산행적을 조사하고 그 결과를 상부에 보고할 수 있다는 사실만으로도 싱가포르의 반부패 조사 및 방지 원칙이 잘 운용되고 있음에 만족한다"는 소감을 밝혔다.[44]

조사국의 주요 기능은 3가지로 분류할 수 있다. 첫째, 부패방지 법령하에서 횡령사건에 관련한 투서와 모든 안건을 조사한다. 둘째, 공직자들의 부당한 행위에 대하여 조사한다. 셋째, 공무원의 횡령을 방지하고 기회를 줄이기 위하여 공공기관의 서비스운영에 관하여 관례와 절차를 검토한다. 횡령 가능성이 있는 분야의 행정절차를 연구하여 그 분야의 장(長)에게 개선방안을 제출함으로 횡령이 재발되지 않도록 하고 부패나 부당행위에 관한 어떠한 오점도 없는 후보가 임명되도록 공무원과 법정위원회위원 후보 선택을 심사할 책임이 있다.[45]

• 부패행위 조사국의 조직과 업무

2008년 싱가포르 부패행위 조사국의 직원 총수는 83명이었다. 2008년, 전 공무원 총수가 6만7천8백14명인 것에 비하면 0.14%로 적은 수라 할 수 있지만 이들이 1년에 조사한 안건은 약 400건 정도이다.

부패행위 조사국은 행동부(Operations Division)와 행정과 특별지원부(Administration and Specialist Support Division)로 조직되었다.

행동부는 부패방지법에 의하여 조사업무를 담당하며 인원은 전 조사국업무수행 인원의 60% 이상이다. 행동부는 작전팀과 운영지원팀으로 구성되어 있는데 작전팀 내에는 복잡하고 중대한 안건을 전문적으로 처리하는 특별조사팀이 있다. 운영지원팀에는 수뢰와 부패에 대한 종합적인 정보를 책임지는 정보팀과 행동부의 조사업무에 필요한 자료를 지원하는 외근조사팀이 있다.

행정과 특별지원부는 행정과 인사방면의 사무를 책임진다. 정부부문과 법정기구에 공문서 검열 서비스를 제공하고 조사국의 전략적 계획을 제정한다. 4개의 팀으로 구성되어 있는데 행정팀·예방과 검토팀·컴퓨터 정보시스템팀·기획팀이 있고 업무담당 인원은 대략 전체 인원의 30% 정도이다.[46]

• **부패행위 조사국의 업무 절차**

부패행위 조사국의 업무 절차는 다음과 같다. ① 신고나 정보를 접수한다. ② 조사대상에 관한 정보는 책임자 단독으로 처리하지 않고 단체로 연구·분석한다. ③ 조사업무를 추진하는데 공개조사와 비밀조사 2가지 방법이 있다. ④ 조사를 마친 후 관련 책임자들이 모여 안건에 관하여 토론한 후 징계처분이 내려진다. ⑤ 행동부는 조사와 토론이 끝난 안건에 관해 수집된 증거를 싱가포르 검찰에 제출한다.

조사국은 조사업무가 완료된 횡령안은 반드시 검찰청에 보내 심사하도록 해야 한다. 이는 조사국의 권력 남용을 막기 위한 조처로서 기구(조직) 간 상호제약하여 균형을 이루는 제도라 할 수 있다. 검찰청에서 안건을 심사한 후 증거가 확실하면 부패행위 조사국에 공소장을 발급하고 부패행위 조사국은 곧 피의자를 체포하여 법정에 구속한다. 피의자에 대한 법률소송 업무는 검찰청장이 위임한 부검찰사(副檢察司)가 담당하며 조사국의 조사원은 측근에서 협조한다. 법원에서 심리를 거친 후 재판으로 피의자의 죄 유무가 결정된다. 재판에서 유죄가 결정되면 벌금 10만 싱가포르달러, 혹은 감금 5년 혹은 벌금과 실형을 다 받을 수 있다. 이밖에 법정은 죄인에게 수뢰금과 상등하는 벌금을 납부하게 판결할 수도 있다.[47]

• **부패행위 예방**

싱가포르 부패행위 조사국은 횡령안의 조사뿐만 아니라 공공교육을 통해 예방업무를 중시하고 있다. 싱가포르에서 부패를 예방하는 조처는 다양한데 몇 가지 예를 들면 다음과 같다. ① 부패행위 조사국의 관원은 자주 공무원 특히 법률 집행기관의 관원, 예를 들어 경찰과 이민관련 관원들이 부패에 물들지 않도록 의식교육을 주입한다.[48]

② 공무원의 행위와 징계처벌 기준을 다음과 같이 상세하게 법으로 제정했다. 공무원은 그의 공무와 관계있는 사람으로부터 돈을 빌릴 수 없으며 3개월 봉급을 초과하는 무저당대금을 빌릴 수 없고 공무상 획득한 정보를 이용하여 개인의 이익을 취할 수 없다. 공무원은 임직 이전의 개인재산을 서면으로 보고하고 임직 시와 퇴직 후 매년 자산과 투자를 보고하여야만 하며 그의 배우자와 그에게 의탁하고 있는 자녀들 명의의 부동산과 투자도 보고해야 한다. 공무원은 대중의 예물과 접대를 받을 수 없으며 방문인사로부터 선물을 받았을 경우 소속 기관장에게 신고해야 하고 만약 그 선물을 소유하고 싶을 때는 회계원장(Accountant

General) 명의로 산정한 금액을 지불하여야 한다.[49]

③ 부패조사국은 기구(조직)의 부정부패 경향을 연구하여 매년의 부정부패 안(案)에 대하여 평가하고 문제점을 개선한다.[50]

투명한 전자 행정부제도는 부패를 막는데 크게 기여한다. 행정부업무와 관련해서는 현금거래를 최소화하여 기업의 불필요한 고비용을 방지한다. 그러므로 경쟁력을 유지하여 해외투자가들의 신뢰를 확보할 수 있었고 국가경쟁력을 제고할 수 있었다.[51]

부패행의 조사국의 활동은 반부패자문위원회(The Anti-Corruption Advisory Committee)와 반부패검토위원회(The Anti-Corruption Review Committee)의 검토를 받는다. 반부패자문위원회는 1973년 공무원의 부패를 억제하는 부패행위 조사국의 노력을 강화하기 위해 총리의 조언에 의하여 만들어진 위원회다. 반부패검토위원회는 1996년 반부패 조치들을 검토하기 위해 만들어진 위원회다.[52]

• **부패억제 환경조성**

리콴유는 부정부패를 근절하기 위해서는 부정부패가 생길 수 없는 환경을 조성하는 것이 중요하다고 생각했다. 그는 "적절한 대우를 해주는 것이 바로 정치가와 고급 공무원의 청렴성 유지에 필수적"이라고 지적했다. 우선 이권에 개입할 수 있는 행정부 관리의 봉급을 부정부패의 유혹에서 벗어날 수 있도록 민간기업처럼 현실화하는 조치를 마련했다.[53]

리콴유는 부패를 추방하기 위해서 감독과 제약이 중요하다고 생각했다. 그는 부정부패가 선거철을 기점으로 확산될 수 있는 점에 주목해 선거비용을 줄이고 폐단을 방지하기 위한 선거공영제를 실시했다. 선거공영제는 국가가 선거를 관리하고 그 소요되는 선거비용을 국가가 부담하여 선거의 형평을 기하는 제도이다.

그리고 국회는 정치비자금의 출현을 방지하기 위해 '정치기부금법령'을 제정하여 4년에 한 번 있는 대선 때 당을 감독할 수 있게 했고, 법치에 의존하여 권력을 제약하는 시스템을 수립했다. 그리하여 막강한 권력자인 당의 비서장인 내각총리도 반드시 의회에 대하여 책임을 지고 의회감독을 받아야만 했다.

상술한 조치에 의하여 싱가포르의 청렴도는 아시아에서 1위이고 세계적으로 앞서 있다. 리콴유는 "인민행동당의 최대 성취는 그 활력과 청렴도를 유지하는 것이고 쇠락과 부패의 정당이 되지 않는 것이다"[54]라고 말했다.

리콴유 행정부의 지속적인 부패방지 정책으로 인하여 일반인들의 공과 사에 대한 인식이 분명해졌다. 예를 들어 싱가포르의 한 기업가가 난양이공대학에 70만 싱가포르달러를 기부하자 감사표시로 우웨이 원장이 그를 식사에 초대했는데 부인이 함께 참석했다. 이 경우 공은 공이고 사는 사라며 대학 측은 그 부인의 식사비를 부담하지 않았다. 중국요령성 조직부의 한 관원은 싱가포르인들은 실천을 중시한다면서 "싱가포르에는 슬로건은 없고 다만 행동이 있다"고 말했다.[55]

결론적으로 말하면 싱가포르가 청렴한 국가가 될 수 있었던 이유는 부정부패를 강력하게 단속하고 공직사회의 기강을 확립했기 때문이다. 명확하게 정의된 임무, 충분한 조사권, 간결한 업무절차, 강력한 예방조치, 유효하게 상호제약을 통해 균형을 이루는 부패행위 조사국의 구조(시스템)가 반부패운동을 잘 수행할 수 있도록 했다.[56] 또한 가장 총명하고 뛰어난 인재로 구성된 부패행위 조사국은 적극적으로 업무를 추진하였고, 행정부로부터의 충분한 재정적 지원을 받고 있으며 그 어떤 기관이나 권력의 간섭을 받지 않는 독립적 기구이다.

리콴유가 국민의 신뢰를 받고 '깨끗한 행정부' '부패 없는 행정부' '효율적인 행정부'가 탄생할 수 있었던 것은 엄격한 법과 제도하에 부패 관리는 고하를 막론하고 과감하게 법적으로 단속하여 공직사회의 기강을 확립하였고 부패척결에 대한 강력한 정치적 의지를 보였기 때문이다. 싱가포르에서는 상류층이 되려면 "능력과 깨끗한 영혼"을 가지고 있어야 한다고 할 정도로 상류층은 부패로부터 자유롭다.

청렴을 행정부 운영의 가장 중요한 구호인 동시에 운영원칙으로 삼아 고도의 효율·공정·청렴결백·투명의 원칙이 지켜질 수 있었고, 징벌과 예방을 병행하는 반부패체계를 수립하여 끊임없이 고위 공무원을 정예화하고 행정부 능력을 강화했다. 또한 부패억제 환경이 정치가 청렴할 수 있도록 직접적인 영향을 발휘했다.[57]

이는 최근 중국 시진핑이 추진하는 '부패와의 전쟁'의 모델이라 할 수 있다. 2012년 말 중국공산당 총서기에 취임한 시진핑 국가주석은 부패와의 전쟁을 선포하고 공무원 뇌물, 공금 횡령, 호화, 사치 경조사, 예산 낭비를 단속하고 있다.[58] 2014년 국가반부패총국을 설립하여 모든 직무상의 범죄를 총괄적으로 다스리고 있다.

4. 행정부 정책 홍보를 위한 언론

싱가포르는 높은 국가 경쟁력과 고도의 경제발전으로 선진국으로 분류되는 나라이다. 또한 지식인들이 많아 국가 전체가 미래지향적인 열망이 강한 나라이기도 하다. 그러나 제한적인 제반 법규와 폐쇄적인 정보문화로 인해서 지식인들의 국가적 열망이 거부당하고 있지는 않지만 크게 제재(制裁)를 당하고 있음이 분명하다.

싱가포르의 정보기반시설은 동남아 최고 수준이다. 행정부는 정보기술(Information Technology) 시대에 적극적으로 부응하기 위해서 전국을 하나의 네트워크로 연결하였으며 대부분의 가정마다 개인용 컴퓨터와 인터넷이 보급되었다. 그러나 이와 같은 IT산업의 발전만큼 시민들에게 다양하고 풍부한 정보와 국가운영에 관한 사항이 공개되었다고 보기는 어렵다. 싱가포르의 국가적 보수 성향과 보수적인 법과 가치관은 IT혁명에 내재된 언어의 투명성과 전달의 신속성과 맞지 않는다. 다시 말해 싱가포르의 정보기술은 오히려 막강한 통제력을 보유하고 있는 싱가포르 권위주의 행정부의 새로운 형태의 통제 도구로 이용되고 있다.[59]

행정부의 엄격한 언론매체 지배

싱가포르에서는 뉴스와 같은 언론매체는 반드시 국가건설을 위하여 봉사해야 한다고 강조한다. 리콴유가 1971년 헬싱키에서 개최된 국제신문 편집인 협회(International Press institute)에서 신문은 정치적 영향력을 행사하는 것이 아니라 행정부 소식을 보도하고 국가건설에 있어 긍정적인 역할을 하는 매체여야만 한다고 정의했듯이 언론매체는 우선적으로 경제사회발전에 봉사할 것을 요구받았다. 즉 "언론의 자유와 뉴스매체의 자유는 싱가포르 국가의 온전함과 선출된 행정부의 최고 목적에 종속되어야만 한다"며 미디어의 생명은 신용이므로 진실만을 보도하여야 하고 각각 독립된 관점으로 보도하는 것은 좋지만 행정부 정

책을 약화시키거나 국가를 비난하는 것은 용납되지 않았다.[60]

싱가포르 행정부는 싱가포르 신문사가 시작된 것은 서구의 경우와 다르다면서 서구처럼 보도하는 것을 허용하지 않았다. 행정부는 서방의 자유민주주의와 언론결사의 자유, 서양생활방식을 선전하는 언론보도를 일체 금지했고 엄징했다. 대중매체는 선진국가의 기능과 훈련을 국민에게 소개하여야지 서구의 잘못된 문화의식과 사회태도를 소개하여 젊은 학생들에게 영향을 미쳐서는 안 된다는 것이다. 정치적인 캠페인은 금지하지만 인터넷상에서는 할 수 있는데 거짓을 말하거나 명예를 훼손하고 중상모략하면 고소를 당한다.[61]

또한 행정부는 국가안전에 불리한 것을 금지하고 종족과 종교의 대립을 초래하는 언론보도를 엄금했다. 언론이 공산주의 확산과 종족 간의 융화를 저해할 목적으로 이용될 경우 국가의 안위를 위협한다는 구실로 언론을 통제했다. 또한 서양 국가들이 추구하는 서양식 민주주의도 싱가포르 국가 이익과 공동선(commonwealth) 유지에 해가 된다면 봉쇄했다.

다민족 다종교 국가인 싱가포르 행정부에게는 민족이나 종교문제는 국가 안전과 긴밀한 관계가 있다. 화인은 비록 싱가포르에서는 다수이지만 전 동남아시아에서는 소수이며 보편적으로 불교와 도교를 신봉하는데 주변국가의 다수 인구는 이슬람교를 신봉한다. 그러므로 행정부는 주변국가로부터 싱가포르가 '해외중국' 혹은 '제3중국'이라는 의심을 받을 일체의 언행이나 보도를 금지했다. 싱가포르 행정부는 싱가포르가 국제사회에서 제2의 이스라엘이 되는 것을 원치 않았다. 그리하여 행정부는 미디어가 종족과 종교의 원한을 부추기는 정서를 유포하는 것을 허락하지 않았다.[62]

행정부의 언론에 대한 법적통제

행정부의 언론에 대한 법적통제는 강력하다. 유사시를 대처하기 위해서 모든 정보를 독점하고 통제하여야 한다면서 행정부는 각종 메커니즘과 법 제도를 통해서 언론과 대중매체를 장악했다.[63]

싱가포르에서 언론 통제는 영국식민 행정부가 1948년 모든 인쇄물을 운영하기 위해서는 매년 허가증을 신청하여야 한다는 출판조례(Printing Presses Ordinance)의 유산이라 할 수 있다. 싱가포르 행정부가 이 조례를 유지한 결과 신문 편집자들은 신문을 출판하기 위해 연간 허가증을 갱신해야 했다. 따라서 신문사들이 자체 검열을 함으로써 자연스레 언론의 자유가 속박될 수밖에 없었다.[64]

1974년 출판조례가 신문출판법안(the Newspaper and Printing Presses Act, NPPA)으로 대체되었으나 대중매체는 여전히 이 법안에 의하여 매년 허가를 갱신해야만 했다. 이때 발행인과 편집의 표현이 사정(査定)을 받았다. 그리고 이 법은 싱가포르 행정부로부터 승인을 받은 싱가포르 시민에게 관리주식을 발행함으로써 신문의 재정적 소유와 편집권을 분리하도록 했다. 그리하여 1974년 관리자 주식이 만들어져 지방은행들에게 소유하도록 했다. 왜냐하면 지방은행들은 보기에 정치적으로 중립이었고 안정과 성장에 관심이 있었기 때문이다. 그리하여 신문은 신문사 주인의 뜻대로 좌우되지 않았다. 1977년 행정부는 어떤 한 사람 혹은 임명된 자나 어느 당이 신문의 주식 3% 이상을 보유하는 것을 금지하는 입법을 통과시켰다. 2002년에는 5%까지 허용되었다.[65] 현재 모든 대중매체는 싱가포르 신문홀딩스(Singapore Press Holdings, 新加坡報業控股集團)와 싱가포르 방송국(Singapore Broadcasting, 新加坡廣播局)의 관리와 감독 및 통제를 받고 있다.[66]

1986년 9월 1일에 국회는 신문출판법 수정안을 통과시켜 행정부에 싱가포르 국내정치활동에 대하여 외국미디어가 보도하는 것을 제한하는 권한을 주었다. 그리하여 외국 언론의 오보에 대해서는 반론을 제기하거나 제재조치를 취할 수 있게 되었으며 외국 언론의 무책임한 보도에 대해서 제동을 걸었다.[67]

1987년 5월 26일 헬싱키에서 개최된 제40회 신문발행인의 세계대회에 참석했던 당시 무역과 공업부장관이었던 리셴룽이 행정부가 싱가포르 국내 정치에 간섭한 외국 신문이나 잡지사에 왜 이런 조치를 취해야 했는지를 다음과 같이 설명했다.

> "외국 신문의 편견적인 보도나 사실을 왜곡한 보도가 여론을 지배할 경우 바람직하지 않은 가치관이 국내에 소개될 수 있고 인종폭동을 선동할 수도 있으며 심하면 정권을 전복할 수도 있다. 행정부가 기사 내용의 수정과 반박문의 게재를 요청하면 외국 신문들은 이를 거부하는데 이는 명백히 국내정치의 간섭이라 볼 수밖에 없다."[68]

신문출판법 수정안에 의하여 행정부는 과거 수년 동안 싱가포르에서 정치적 대립자(對立者)와 같은 지식인들과 외국학자들에게 엄격한 규제와 보복조치를 취했다. 정치적·인종적·종교적 불안을 조성하는 자료를 출판하여 싱가포르의 정치에 간섭, 왜곡되거나 또는 당파적인 보고, 또는 허위와 근거 없는 주장에 대하여 반박한 정부의 응답을 게시하기를 거부하는 외국출판물의 판매와 배급을 제한했다.[69]

싱가포르에서 모든 정기 출판물은 신문출판법에 근거하여 국가홍보·예술부(Ministry of Information/ Arts, MIA)의 허가증을 소지해야만 한다. 이 밖에도 이 분야에 종사하는 자연인이나 법인은 국가보안법(ISA), 국가 기밀법(Oficial Secrets Act), 불법 출판물 관리법(Undesirable Publication Act) 등의 저촉여부를 면밀하게 관찰해야 하며 기타 형법, 형사법, 치안유지법 등의 관계 조항에도 항시 유념하지 않으면 안 되었다.[70] 예를 들어《더 스트레이츠 타임즈》의 논평이 편향적이거나 정확하지 않은 내용일 경우 싱가포르 행정부가 예의를 갖추어 반박하면 다음에는 분명히 신문에 잘못된 부분을 수정하고 주의해야 한다.[71]

언론의 역할은 국민들이 언론매체를 통해 선진국가의 새로운 지식과 기술과 법제도를 받아들이기를 갈망하는 사회 분위기를 조성하는 것이라 할 수 있다. 그러나 싱가포르 사회는 논쟁이나 반대의견을 존중하려는 환경이 조성되어 있지 않다. 자유분방한 언론문화가 형성되지 않아 이곳 사람들은 상대방을 불쾌하게 하지 않으면서 이견(異見)을 제시하거나 상대방의 의견에 동의하지 않는 방법을 구사하는데 매우 서툴다. 또 공개적인 장소에서 '정치문제'를 거론하게 되면 누군가 도청하고 이메일을 검열하지 않을까 불안해한다. 왜냐하면 싱가포르의 통신보안 관계 부서가 모든 공간에서 이메일 계정이나 그밖의 통신행위를 검열할 수 있는 능력을 보유하고 있다고 보기 때문이다. 대부분의 싱가포리안은 비애국적이거나 반싱가포르적인 것으로 분류되는 것을 두려워한다.[72]

그러므로 싱가포르에서는 행정부를 비방하거나 국가안전을 위해하는 글은 어떠한 매체도 실어주지 않을 것이고 지도자에 관한 내용이 거짓으로 판정되면 사과 내지 배상을 해야만 한다.[73] 오늘날 싱가포르의 미디어 환경은 인터넷으로 인해 변하고 있다. 그러나 리콴유는 인터넷, 비디오, 핸드폰이 싱가포르의 기본적인 제도에 영향을 주리라 보지 않

는다.[74]

중국은 아마도 싱가포르 정부의 언론 통제와 지배에 대하여 많은 관심을 가지고 있을 것 같다.

5. 싱가포르 공무원 조직의 특성

싱가포르의 공무원 조직과 사고방식에서 영국식민시대의 유산을 엿볼 수 있다. 공무원 조직이 업무, 교육, 공무원의 질, 연봉에 따라 4분과로 구분된 것은 1947년에 시작된 이후 수십 년간 변화가 없다. 그리고 수준이 높은 현지인을 공무원으로 채용하기 위해 1951년에 영국식민지 행정부가 소개한 공공서비스위원회와 1952년 부패척결을 위해 도입된 부패행위 조사국은 오늘날 싱가포르 행정부의 높은 행정능력과 효율성 그리고 청렴도의 기초가 되었다.[75]

싱가포르의 정치가나 공무원은 국민을 위한 서비스 정신이 투철하여 주택뿐만 아니라 공공교통망 등 각 방면의 고품질의 공공서비스를 꾸준히 제공하고 있다. 그리하여 싱가포르는 세계에서 보기 드물게 모든 민족이 가장 잘 단결되었고 소득이 어느 정도 균등하게 분배되었으며 중산계층이 두텁다. 높은 봉급을 받는 정직한 공무원 조직 혹은 관료 조직은 글로벌 부패 지수 순위가 가장 낮다.

콰(Jon S. T. Quah) 교수는 싱가포르의 행정부와 공무원 조직의 특성을 다음 8가지로 요약했다.

① 능력주의에 의존하여 모집된 최우수 정치지도자와 공무원으로 구성되었다.

② 인재를 유치하기 위하여 민간부문과 경쟁력 있는 급여와 가속승진이 제공된다.

③ 행정부가 부패행위 조사국에 충분한 법적권한과 예산을 지원하고 출중한 직원을 배치하여 공정한 반부패법의 집행을 통해 공무원의 높은 청렴도를 유지한다.

④ 지속적인 행정개혁을 통해 공무원의 태도 변화를 유도하고 높은 효율성을 유지한다.

⑤ 국가발전을 위한 사회경제 발전 프로그램의 실천을 가속화하기 위한 법정위원회를 설립하여 공무원의 업무 부담을 감소한다.

⑥ 1981년 이후 전산화와 정보기술에 의존하여 효과적인 공공정책의 실천과 공무원 조직 내의 엄격한 기율통제가 가능하다.

⑦ 1985년 3월에 창조된 피드백 부서, 1991년 4월에 조직된 서비스 향상부서, 1995년 5월에 소개된 PS21에서 볼 수 있듯이 국민에 대한 공공관료기구의 서비스 질 향상을 위해 헌신한다.

⑧ 다른 나라의 경험에서 배워 이를 싱가포르 환경에 맞게 적용하여 정책화한다.[76]

OUE

싱가포르인의 정체성은 어떻게 확립되었는가?

S I N G A P O R E

1965년 8월에 말레이시아 연방으로부터 분리 독립한 싱가포르는 국가를 세우기 위한 최소한의 정체성도 없었고 역사와 민족의 상징성도 없었다. 다양한 이민자로 구성된 싱가포르가 역동적인 세계에서 경쟁하려면 다민족·다문화·다종언어·다종종교 사회를 통합하여 조화를 이루고 국가 정체성을 확립해야 했다. 이에 따라 싱가포르 정부는 사회적 조화와 사회 안정을 위하여 인종, 언어, 종교에 상관없이 공적, 사적 기구를 막론하고 개인의 영역에까지 공정하고 불편부당한 정책을 입안하고 시행했다. 또한 정부는 다양한 인종과 종교가 통합되고 융화될 수 있도록 정치, 교육, 주거생활 등 다방면에서 노력을 기울였으며 경제성장의 결실을 공평하게 분배한다는 원칙하에서 국가를 운영했다.[1]

가장 빠른 기간에 정부의 이러한 정책을 추진하고 그 결실을 볼 수 있었던 곳이 바로 군대였다. 군대에서 자신들의 언어, 문화, 종교와 관계없이 능력 위주와 실적주의에 의하여 동등하게 대우받을 수 있었다. 병사들은 군대 생활을 통해 서로 다른 종교를 이해하고 상호 존중하고 다민족 융합과 국민화합을 이루어 싱가포르인으로서의 정체성을 확립할 수 있었다.

싱가포르는 국가의 정체성과 함께 다양한 외교정책으로 살 길을 모색했다. 싱가포르는 생존 가능한 독립국가로 성공하기 위해서는 국방외교와 경제외교가 필요했다. 싱가포르 지도자들의 창의적인 외교정책으로 싱가포르 도시국가는 세계에 주목받는 일류 국가로 자리 잡을 수 있었다.

4부에서는 자주권 확립을 위한 국방을 살펴보면서 싱가포르인의 정체성 확립과정을 이해하고, 더불어 싱가포르의 창의적 외교를 살펴봄으로써 도시국가 싱가포르가 세계에서 어떤 역할을 주도하는지 소개하고자 한다.

자주권 확립을 위한 국방

1장

싱가포르는 지도상에 한 개의 붉은 점에 지나지 않는 작은 국가이며 말레이인이 다수인 대국 말레이시아와 인도네시아 사이에 절대 다수가 화인(중국인 이민자와 그 후예)인 다민족 국가이다. 싱가포르가 이러한 취약한 환경을 극복하고 생존하기 위해서는 이슬람 국가들인 말레이시아와 인도네시아의 침략을 억제할 수 있는 강력한 국방력이 필요했다. 본 장에서는 먼저 국가의 안보와 치안을 위해 필요한 군대 창설 과정을 살펴보고, 정체성 확립을 위한 국가 통일체로서의 군대, 군에 대한 국민의 의식개혁, 군의 현대화 전략에 대해 살펴보고자 한다.

1. 위기 극복을 위한 자주국방

1965년 8월 9일 싱가포르가 독립할 당시 많은 말레이인들은 싱가포르를 말레이시아 연방에서 축출할 것이 아니라 정복해야 한다고 생각했고 싱가포르 내에는 분리를 반대한 말레이시아의 알사고푸(Alsagoff, 阿尔薩戈夫) 준장의 보병여단이 주둔하고 있었다. 이런 상황에 1965년 9월 30일 인도네시아에서는 친공산당 군관들의 정변이 일어나 당시 장군 중 유일한 생존자인 수하르토가 이를 진압하고 정권을 장악했다. 수하르토 장군은 싱가포르를 친공산주의 세력이 다수인 중국인 정권으로 인식하고 경계하였다.

싱가포르 주 정부 소속 군대로는 2대의 해군 선박과 말라야 연방 사령부에 예속된 약 1,000명의 2개 대대가 싱가포르 밖에 주둔하고 있었다. 국내에 군대를 보유하지 못한 싱가포르는 1965년 12월 싱가포르 총리가 첫 국회개회식에 참석할 때 내외귀빈들이 있는 자리에 말레이시아 보병여단의 호위를 받아야만 했다.[1]

리콴유와 국방부장관 고켕스위는 누구나 평등한 대우를 받아야 한다는 원칙하에 군대를 창설하기 시작했다. 그리고 강력한 군대를 만들기 위해 엘리트주의를 강조했다. 싱가포르 건국 초기의 주변상황은 이스라엘과 비슷한 점이 많았다. 독립하자마자 주변 아랍국들과 전쟁에 들어갔던 이스라엘과 유사하게 싱가포르 또한 이슬람인 말레이시아와 인도네시아에 둘러싸여 국가로서 존재 자체가 위태로웠다.

이스라엘 군대는 인재 엘리트주의이며 군대는 국가 통합의 상징으로 군에서는 누구나 평등한 대우를 받아야 한다는 원칙을 준수한다. 이에 영향을 받은 싱가포르는 이스라엘과의 비밀접촉에 성공하여 군사고문으로 1965년 11월 이스라엘 잭 엘라자리(Jak Ellazari) 대령을 초빙했다. 이 과정에서 이웃 이슬람 국가의 눈을 피하기 위하여 멕시코인으로 위장한 18명의 이스라엘 장교가 싱가포르에 도착하여 군 건설에 기여했다.[2]

싱가포르 정부는 우선 급한 대로 독립 전 싱가포르 주 소속의 2개 대대를 독립 싱가포르 군대 신분으로 회복하고 싱가포르 국가에 대한 그들의 충성을 확보했다. 고켕스위 국방부장관은 즉시 군대를 건설하기 시작했으며 테마섹에 주둔하고 있던 말레이시아 군대를 1967년 11월에 말레이시아로 철수시켰고 무장군대를 창설하기 시작했다.[3]

싱가포르 독립 1주년인 1966년 8월 9일 내외귀빈이 참석하는 국경기념식에서 약간의 병력으로 사열식을 가지기 위해 공무원, 국회의원, 장관들이 속성 장교훈련 과정에 참가했다. 그리고 그들이 솔선수범하여 국민방위군(People's Defence Force)을 조직했는데 방위군 다수는 중국어 교육을 받은 일반인들이었다.

국경기념식에 제복을 입은 장관과 국회의원들이 국민방위군과 함께 씩씩하게 행진했고 경찰과 소방대도 제복을 입고 대열에 참가했다. 노동조합, 인민행동당, 법정기구 구성원들과 각 종족을 대표하는 지역사회 지도자들도 깃발과 표어가 적힌 플래카드를 높이 들고 퍼레이드에 참가했다. 퍼레이드에 참가한 사람들은 화인, 인도인, 말레이인과 영국 상업계지도자들이었다. 단상의 귀빈과 길가에 늘어섰던 군중들이 열렬히 그들에게 갈채를 보냈다. 싱가포르 지도자들은 자위군대를 창설하여 신생국가를 방위하겠다는 싱가포르인의 정신과 결심을 이웃 국가들 특히 말레이시아에게 보여주고 싶었다.[4]

2. 정체성 확립을 위한 국가 통일체로서의 군대

싱가포르 정부가 군대를 창설하는 목표는 국가의 통일체로 군에 대한 편견과 종족 간의 갈등을 해소하면서 강력하고 우수한 군대를 조직하는 것이었다. 싱가포르 지도자들은 스웨덴·스위스·이스라엘의 군사제도에서 모델을 찾으려 연구한 결과 국민 개병제를 채택했다. 또한 작은 규모의 상비군과 예비군 그리고 전 국민이 국방에 참여하는 제도를 만들고자 했다.[5]

고켕스위 국방부장관은 말레이시아의 침략을 억제하기 위해서 비록 인구수는 적으나 국민개병제와 강력한 전투력을 가진 정규전투 부대를 조직하겠다는 의지를 피력했다.

이 계획은 짧은 시간 내에 가장 많은 사람들을 동원하는 이스라엘의 군 조직을 참조했다. 계획안은 다음과 같다. 1969년까지 12개 대대(大隊)로 조직된 정규군을 창설하기 위해 먼저 정규장교를 훈련시키고 국민을 단결시키기 위하여 전 국민을 대상으로 징병하되 가정과 종족배경을 상관하지 않고 모든 신병은 평등하게 대우한다는 것이었다.

1967년 2월에 정부는 18세 이상의 성인남성 시민과 영주권자 2세는 반드시 군대, 또는 경찰이나 방위대에서 2년간 복무하여야 하며 복무를 마친 후 예비군이 되어 정부·법정기구·사기업계에 직장을 보증하는 법안을 국회에 제출하여 통과시켰다. 정부는 싱가포르가 말레이시아와 인도네시아에게 포위당해 있다는 사실을 설명하여 국민들의 적극적인 지지를 받고 젊은이 9천 명을 모집할 수 있었다. 한편 고켕스위는 이스라엘 군사고문의 협조를 받아 무장한 정규전투 부대를 설립하기 위해 경찰인원과 경찰통신 기재 및 기타자원을 동원하였고 무장 전투부대는 최우수인원을 모집하여 부대원들이 군대에 오래 머물기를 희망하도록 여건을 만들어주고 정치지도층에 충성하도록 하였다. 1967년 8월부터 징병된 청년들 중 10%의 우수한 청년들을 선발하여 특별훈련을 시켰다. 무장부대의 중요한 인력과 재무는 모두 국방부의 민간관원이 장악하는 이 계획안은 국방이사회의 동의를 받았다.[6]

싱가포르 지도자들이 국군창설에 전념하고 있을 때인 1967년 11월 말레이 반도 페낭(Penang, 檳城)에서 말레이시아 정부의 말레이어 강제 사용 요구에 분노한 화인들과 무슬림들이 충돌했다. 아울러 영국 파운드가 평가 절하되자 각지에서 파시(罷市)와 노동자들이 파업하면서 종족 간 충돌이 발생하였다. 싱가포르 지도자들은 이 종족폭동이 싱가포르까지 확산되어 말레이시아의 무장부대가 동원될까 염려했다.[7] 싱가포르는 아직 제대로 방위능력을 갖추고 있지 않아 외부 침략에 대한 방어를 싱가포르에 주둔하고 있는 영국 군대에 의존할 수밖에 없었는데 영국 군대는 1968년 8월에 철수한다고 선언한 상태였다.[8]

싱가포르는 말레이시아뿐만 아니라 인도네시아로부터도 위협을 당하고 있었다. 싱가포르 정부는 1968년 10월 17일에 오차드 로드(Orchard Road)에 위치한 홍콩과 상하이 은행(Hongkong&Shanghai Bank)을 폭발한 2명의 인도네시아 돌격대 출신 범인을 처형했다.

인도네시아 수하르토 대통령이 이들의 사면을 요청했으나 싱가포르 정부는 이에 굴복한다면 싱가포르의 법치뿐만 아니라 이웃 국가들과도 법을 준수하기가 어렵다고 판단하여 거절했다. 범인들이 처형되던 날 인도네시아인들이 인도네시아 각지에서 시위를 했고 군대는 군사훈련을 하며 싱가포르를 공격하겠다고 선포했다. 이후 인도네시아 정부는 일주일 동안 싱가포르와의 통상을 줄이겠다고 선포했다. 이는 마치 비

공개적으로는 싱가포르를 전복하려고 활동하는 것처럼 보였다.[9]

싱가포르 정부는 서둘러 장갑부대를 창설하기로 결정했다. 다행히 이스라엘에서 프랑스 산 AMX-13 경탱크를 할인하여 구매할 수 있었다.[10] 1969년 6월에 이스라엘로부터 정비와 수리를 거쳐 새로 단장한 30대의 경전차가 도착했고 9월에는 42대가 도착했으며 170대의 V200 4륜식의 장갑차가 구입되었다.[11]

1969년 8월 9일 싱가포르 독립 4주년 기념식에 싱가포르 정부는 AMX-13형 탱크와 V200형 장갑차를 도열했다. 기념식에 참가했던 말레이시아 대표 라자크(Razak, 拉薩)는 물론 조호르 해를 사이에 두고 싱가포르 북단과 마주한 조호르의 말레이인들은 그날 저녁 TV에서 탱크와 장갑차를 보았다. 기타 지방의 말레이인들은 그 다음날 신문에서 탱크와 장갑차의 사진을 보았다. 그들은 큰 충격을 받았다. 왜냐하면 그 당시 말레이시아에는 아직 탱크가 없었다. 싱가포르가 탱크와 장갑차를 구입한 것이 말레이시아로 하여금 싱가포르를 다시 복속시키려는 야심을 멈추게 하는데 일조했음에 틀림없었다.[12]

당시 싱가포르 정부는 경제도 좋지 않고 훈련받을 인원에도 한계가 있었지만 영국 군대가 떠나기 전에 서둘러 1개의 전투기 중대를 설립하여 대공방어(對空防禦) 시스템을 구축하고 비록 규모는 작지만 침략자를 막을 수 있는 해안방위대를 창설하기로 결정했다. 그리하여 우선 6명의 비행사를 영국에 파견하고 훈련을 받도록 하여 1970년 9월에는 16대의 호커 헌터(Hawker Hunter)라는 전투기로 구성된 전투기 중대를 보유할 수 있게 되었다.

1968년에 철수하기로 했던 영국군대는 1971년 12월까지로 철수를 연장했고, 1979년까지 소규모의 병력만 남겼다. 영국은 1971년 군의 철수에 대한 보상으로 영국·호주·뉴질랜드·말레이시아·싱가포르의 총 5개국과 방위협정(Five Power Defence Arrangement)을 체결하여 지역 안보를 공동으로 담당할 것을 제안했다. 이 방위협정이 비록 정식연맹은 아니지만 싱가포르로서는 적어도 말레이시아를 안보 협력에 참여시킬 수 있어 다행이었다.[13]

1971년 영국군대가 철수할 무렵 싱가포르는 17개의 현역대대인 1만6천 명과 14개 예비대대인 1만1천 명의 군대를 보유하게 되었다. 부대 단위는 보병부대, 돌격부대, 포병부대, 탱크대대, 장갑운전대대, 야전공병대대, 통신대대, 야전전투 근무지원대대, 야전병원과 야전보급대대, 각 1개와 대량화물 운송의 수송중대였다. 정부는 훈련학교를 설립하여 신병에게 기본군사훈련을 제공했고, 견습장교, 포병, 공병, 불발탄 처리 인원과 해군을 훈련하여 배출했다. 공군은 각 1개 중대의 요격 전투기, 훈련 및 전투 겸용 항공훈련기, 헬리콥터와 수송기를 갖추었다.[14]

육군창설에 이어 이스라엘이 해군 설립계획을 도왔고 뉴질랜드인이 수병을 훈련하여 고속순찰선(高速巡邏艇)을 운전할 수 있게 되었다. 싱가포르는 2년 내에 3척의 잠수정을 보유하는 2개의 중대를 건립했고 그 후 탄도유도탄 잠수정(導彈艇)으로 발전했다.

이상에서 살펴본 것과 같이 싱가포르 자체가 독자적인 강력한 군대를 보유하지 못한 상황에서 말레이시아와 인도네시아의 위압적인 태도, 그리고 이러한 이웃국가들의 무력적 침략을 억제하는 역할을 해주던 영국군의 철수는 싱가포르 지도자들로 하여금 독자적인 군대 건설에 박차를 가하게 했다. 더구나 말레이시아 내의 중국인들에 대한 차별 등으로 인종 간의 분쟁이 국내로 확산되는 것을 막기 위해서도 군대설립을 더욱 빠르게 추진했다. 싱가포르 지도자들은 이상과 같이 군대를 속성으로 창건해야만 했고 경험도 부족했지만 지도자들의 불요불굴의 정신과 강한 결속력으로 짧은 기간에 군대건설을 완성할 수 있었다.

3. 군에 대한 국민의식 개혁

국가의 통일체로 군에 전시민이 참여한다는 생각은 스웨덴에서 빌려온 전면방어라는 개념으로 싱가포르 통치전략의 기초가 되었다. 이것은 제한된 인력을 보충해준다는 개념으로 국방은 군대 혼자 책임지는 것이 아니라 싱가포르인 모두의 책임이라는 것이다. 전면 방위는 5개 부서로 구성되었는데 국방안전, 민방위, 경제방위, 심리방위와 사회방위로 나뉘었다. 싱가포르 전면 방어에서 특히 결정적인 것은 심리적인 영역으로 싱가포르같이 작은 섬 국가에서 전면 방어를 위해 국민들이 군대의 의지와 능력을 믿으며 스스로 방어할 수 있고 방어할 것이라는 심리가 중요했다.[15]

싱가포르 사회 전체를 방위활동에 동원하기 위해 교장·교사·가장·고용주·지역사회 지도자들을 지원연락망에 가입시켰다. 그리고 1994년에는 유사시를 대비하여 예비군 명칭을 전비군(戰備軍人, operationally ready NS men)으로 개칭하였다. 전비군들은 매년 그들이 이전에 소속했던 대대로 돌아가 몇 주간의 훈련을 받았다. 또 몇 년마다 타이완·태국·브루나이 혹은 호주에 파견되어 여단급의 야전훈련 혹은 대대 수준의 실탄훈련을 받았다. 그들은 전비군 훈련에 적극 참여하여 동지애를 돈독히 했고 고용주들도 손해를 보지만 전면 방위개념을 이해하고 지원하여 실효를 거두고 있다.[16]

군에 대한 편견 제거

싱가포르 국민들은 군에 대한 편견과 반감이 컸다. 이민자들의 후손과 이민자들로 구성된 싱가포르 국민들에게는 돈만 벌면 고국으로 돌아가겠다는 이민 심리가 만연했다. 영국식민지 시대 군대와 경찰은 주민을 억압하는 주구가 되었기 때문에 일반적으로 군대와 경찰에 대해 공포와 반감을 가졌다. 특히 중국인들의 전통적인 관념인 "인재는 병사가 되지 않고 좋은 철은 못을 만들지 않는다(好漢不當兵 好鐵不打釘)"는 구절처럼 모든 화인 남자들은 군에 대한 편견을 갖고 있었다. 또한 중국인들은 중국 내전 시(1927~1949) 사병들이 도처에서 위협하고 약탈했던 사실을 알고 있었기 때문에 군경을 두려워했다. 정부는 이와 같은 국민들의 거부 심리와 군에 대한 전통적 고정관념을 극복하고 병사가 되는 것에 자부심을 갖도록 의식개혁을 해야만 했다.

리콴유는 국민들의 사고방식과 태도가 변하면 싱가포르도 스위스나 이스라엘과 같이 거대한 평민부대를 10년 내에 설립할 수 있을 것으로 보았다. 그리하여 정부는 모든 중학교에 전국 학생군단과 전국 학생경찰단을 조직하여 가장들로 하여금 자녀가 군인과 경찰관이 되는 것을 인정하도록 하고, 군경을 그들의 보호자로 인식하도록 했다. 그리고 군인의 용맹함은 반드시 국민의 존경을 받는다는 인식을 국민들에게 심어주고자 했다.

고켕스위는 "물건을 사고파는 것을 생업으로 하는 사회에서 스파르타식의 생활방식이 저절로 형성되지 않는다"며 체력단련과 모험정신 함양을 위해 청년들을 각종 체육활동과 각종 고되고 힘들며 위험한 활동에 즐겁게 참가하도록 했다. 이를 위해 교육부가 책임지고 경험이 풍부한 인원들이 국민교육 프로그램을 통해 선전·설득·강연을 실시했다. 또한 매 선거구의 민중연락소에서 신병입대 환송의식을 거행하는데 신병이 훈련소로 가는 군용차량에 오르기 전에 국회의원, 장관, 그리고 그 지역사회 지도자들이 모두 참석하여 연설을 하고 격려하도록 했다. 이러한 정부의 노력의 결과 마침내 병사에 대한 전통적인 편견과 국민의 거부감이 사라졌다.[17]

군대 내 종족 간의 조화

싱가포르 건국 초기, 인구의 4분의 3이 화인인 싱가포르의 치안을 말레이인 경찰과 군대가 맡고 있었다. 그들 다수는 말레이시아 출생으로 싱가포르에 이민 온 자들이었다. 말레이인은 군경이 되는 것을 좋아하지만 영국인 혹은 말레이인의 정부도 아닌 화인 정부에게 말레이 군대와 경찰이 충성을 다할 것인가가 의문이었다. 그런데 당시 국방부 상임비서였던 죠지 보가스(George Bogaars, 波卡斯)는 중국어교육을 받은 자들을 신임하지 않았다. 왜냐하면 중국어교육을 받은 자들은 한인우월주의(쇼비니즘)에 물들어 있었고 공산주의를 지지하는 성향이라서 무장부대에서 간부를 모집할 때 차라리 말레이인을 선택했다. 그리하여 싱가포르 정부는 군 조직에 종족 비율을 반영하고 화인에 대한 편견을 교정하기 위해 이후 몇 년 동안 군대에서는 말레이인의 비율을 줄여 나갔다.[18] 군대뿐만 아니라 말레이인이 다수인 경찰도 종족성분을 다원화하였다. 정부는 군경 내의 소수인 화인들이 안심할 수 있다고 판단될 때까지 종족에 비례하여 신병을 입대시켰다.[19]

다양한 종족·다양한 언어·다양한 종교라는 싱가포르의 난제는 군제도를 통해 해결되기 시작했다. 리콴유는 싱가포르 군대가 복잡한 민족 구성으로 존재조차 없었던 국가의 정체성을 만들 수 있는 '거대한 용광로'가 될 수 있다고 확신했다.

군의 공식용어로는 영어를 채택했고 또한 소고기를 금지하는 힌두교와 돼지고기를 먹을 수 없는 이슬람교도들을 법으로 보호하여 군생활에 불편하지 않도록 했으며 적극적으로 종교적 가르침을 지킬 수 있는 편의를 제도화했다. 그리하여 모든 민족은 평등하며 어떤 종교도 존중되어야 한다는 '민족·종교에서의 평등'이 군대에서부터 실행되었다.

그리고 군대 안에서 승진과 지위는 그들의 부모가 장관·은행가·전업인사·노동자·택시기사·소상인이든 상관없이 모두 개인의 능력에 따르는 업적주의가 철저하게 자리 잡았다. 이 원칙이 싱가포르 국가 경영의 주요 원칙으로 확산되었다. 싱가포르 군은 짧은 기간 내에 다종족 간의 평등과 조화의 강한 상징적 표상으로 등장하게 되었고 국내 치안을 담당하는 경찰도 이와 같은 방식으로 양성되어 싱가포르인의 정체성 확립에 기여했다.[20]

지난 30년 동안 국민개병제는 싱가포르 사회에 중대한 영향을 미쳤다. 부모의 신분이나 지위에 관계없이 평등하게 법 절차에 따라 군대에 갔다 와야 한다는 국민개병제도를 실시한 결과 군 입대는 젊은이들에게는 통과의례가 되었고, 삶의 방식으로 자리 잡아 국민을 하나로 통일하는 데 도움이 되었다. 국가병역에서의 평등은 사람들을 단결시켰고 젊은이들은 함께 공동으로 생활하고 업무를 수행하는 것을 배웠다.[21]

그러나 국방에 있어 말레이인의 역할은 여전히 싱가포르가 직면한 도전이며 딜레마이다. 군은 싱가포르 사회의 축소판과 같이 군대 내에서의 인종관계는 싱가포르의 광범위한 사회를 반영했다. 싱가포르 정부는 지하드의 테러가 곳곳에서 발생하는 국제적인 사정에 주의를 기울이지 않을 수 없다. 그리하여 군대에서는 신뢰·이해·신임을 강조했고 예민한 종족과 종교에 나쁜 영향을 주는 개인적인 사건이 발생하지 않도록 최선을 다하고 있다. 군대 내의 임명과 승진에 관한 결정은 그들이 싱가포르에 헌신하고, 군 업무에 전념하는 군인의 자격요건과 업적에 근거한다는 것을 최상의 방법으로 하고 있다.[22]

국가 병력의 배치는 병사의 신체 컨디션에 기초하여 다양한 종류의 임무수행에 대한 개인의 적합성과 각 단위의 작전상 그리고 요구되는 인력을 참조해서 결정한다. 매 병사가 배정받은 임무를 싱가포르의 안보와 국방에 의미가 있고 중요하게 여기도록 하는 것이 싱가포르 군대와 국방부의 목적이다.[23]

4. 군대의 위상 제고 정책

싱가포르 정부는 군대에서 문무를 겸비한 인재를 배양하여 군의 위상을 높이고자 했다. 1967년에 징병을 반대하던 고학력 소지자 중 10%가 징병되었고 모든 고등학교에 생도군단을 설립했다. 싱가포르 군대는 우수인재를 양성하여 국가 인력 공급원의 역할을 하고 있다. 뿐만 아니라 군대는 세계 여러 지역에서 훈련을 하고 있고 동시에 세계 평화유지와 재난구조를 위해 군대를 파견하고 있다. 세계화한 21세기의 군대는 안보에 대한 복잡하게 발생하는 도전과 끊임없이 현대화하는 조직으로 싱가포르에서는 일찍부터 지식경영체제로 운영되고 있다.[24]

해외 우수 장학생 제도

1971년부터 군대는 해외 우수 장학금 제도를 마련하여 능력을 겸비한 총명한 젊은이들을 장교로 배양했다. 장학생은 영국 옥스퍼드나 케임브리지대학과 기타 대학에서 인문학과·이과·공과 혹은 전문 과정을 마치도록 했다. 장학생들은 공부하는 동안 중위 계급의 봉급을 받고 장학금 이외에 학비·생활비·숙박비·기타 잡비를 받는다.

이들은 장래가 촉망되고 능력을 겸비한 장교들로서 도전적인 과업을 부과받았고 빠르게 진급했다. 귀국 후 8년간의 의무복무 기간 중에는 미국 혹은 영국에 다시 가서 2개 혹은 3개의 과정을 밟을 수 있다. 먼저 포병·장갑차·통신에 관한 특별훈련을 받는다. 여기에 대통령 장학금을 받으면 미국 혹은 영국에 가서 참모와 지휘에 관한 특별훈련을 받기도 하고 미국 하버드나 스탠포드와 같은 일류대학에 가서 공공행정 혹은 경영학과정을 마칠 수 있다.

이들을 '학자군인'이라 부르는데 리콴유의 두 아들도 '학자군인' 출신이다. 이들은 8년의 임기를 마친 후 무장부대에 머물 수도 있고, 공공복무 부문에서 공무원 중 최고급 행정관이 될 수 있으며 법정기구나 혹은 사적기구에 근무할 수 있다. 인민행동당은 군대 내 대통령 장학생 출신들이나 군대 해외 장학생 출신들을 정치에 입문시켰다.[25]

1995년 무장부대 장학생 출신 중 고위층에 오른 사람으로 리셴룽 준장, 죠지 야오 준장, 림헝캉(Lim Hng Kiang, 林勳强, 1954~) 준장, 타오치힌(Teo Chee Hean, 張志賢, 1954~) 준장 등이 있다. 2002년 내각에는 5명의 군대 해외 장학생 출신 중 4명이 대통령 장학생 출신이었다. 대통령 장학금은 남녀 모두에게 수여하며 1년에 4명을 선발하는 아주 명예로운 장학금이다. 군대 위상 제고를 위한 이러한 정책의 결과 특히 군에

대한 화인들의 시각이 달라졌다.[26]

국가 인력자원 공급원

군대에서 가장 가치 있는 자원은 인력이므로 군지휘부는 사람에 대한 투자를 게을리 하지 않았다. 오늘날의 군대는 복합적이기 때문에 과거와 달리 복잡하고 광범위한 기술을 가진 지휘관이 필요하다. 군 사령관으로 오늘날 일상적으로 다루는 복잡한 도전에 성공할 수 있다면, 그는 어떤 분야와 인생에서 성공할 수 있다고 사람들은 확신한다. 그리하여 많은 선진국에서는 실제로 기업이 종종 군 출신을 기업의 지도자로 영입한다.

싱가포르 군대는 군인들이 그들의 잠재력을 최대한 발휘하도록 투자한다. 싱가포르는 리더십 양성을 위해 고켕스위 지휘 및 참모대학(Goh Keng Swee Command and Staff College)을 설립했다. 이 대학은 난양이공대와 석사과정을 공동으로 주관하며 세계적으로 동일한 단체와 대학을 벤치마킹하고 국내외 지휘와 참모대학과 밀접한 관계를 가지고 운영하고 있다. 현재 이 과정 졸업생은 체계적인 리더십 과정에서 대학원 학위를 받을 수 있도록 했다. 그 결과 장교들에게 일반대학원과정과 마찬가지의 혹독한 학습과정을 제공하여 장교들의 수준을 높일 수 있었다.

최근에 참모대학은 싱가포르 인력 개발기구(WDA)와 함께 리더십 양성을 하고 있다. 이는 싱가포르 인력 기술 자격(WSQ) 틀에서 이루어지고 있는데 CEO와 부문 이사 수준에 맞는 비즈니스(경영)와 전략적 지도자들을 위한 리더십 개발 로드맵을 제공한다. 이것은 군대 내뿐만 아니라 경찰 및 공공 부문과 민간 부문에서도 가치가 있는 좋은 프로그램이다.[27] 이러한 교육프로그램에는 한국·미국·중국 등 12개국으로부터 능력을 겸비한 고위 장교들이 수강하러 온다. 이런 다양성과 활발한 학술교류는 업무상의 다른 경험을 나누고 토론할 수 있어 참가자들의 시야를 넓히고 세계와 각국이 도전받고 있는 다양한 문제에 대하여 함께 생각하고 토론할 때 다른 문화 배경과 인식의 차이를 배울 수 있다.[28]

국제적인 재난구조 활동을 통한 국위선양

오늘날 세계 안보의 도전은 한 지역에 제한되지 않고 국가 간의 경계를 초월하고 있다. 세계적인 평화유지와 재난구조에 군이 참가하는 기회가 증가하고 있다. 싱가포르 지도자들은 UN이 국제법을 유지하여 작은 국가들이 존속할 수 있는 권리를 지켜줄 중요한 기구라고 생각한다. 그래서 싱가포르는 1989년에 처음으로 평화 유지활동에 참가하기 시작했다. 1999년 9월에는 동티모르에 두 척의 배로 탱크·의료진·조사원·연락장교·물류지원을 포함한 270명의 군대를 파견했다. 2001년에는 처음으로 동티모르의 UN 관리의 일부로 무장평화유지군을 동티모르에 파견하여 위험한 서동티모르와 경계선 부분을 순찰하는 의무를 수행하기도 했다.[29]

싱가포르는 국제 사회의 책임 있는 일원으로 다국적 재건과 안정화 임무를 위해 5백 명의 군인을 아프가니스탄에 6년간(2007~2013) 파견하여 호주·뉴질랜드·네덜란드·미국 파트너와 함께 일했다. 보건 시설을 구축하여 주민들을 치료하기도 하고, 지역 보안군을 훈련하기도 했다. 이것은 단지 인도주의적 기여만이 아니었다. 싱가포르는 연맹동반자들의 보호를 위해 무기를 찾는 레이더를 보냈을 때 싱가포르의 젊은이들이 로켓과 박격포의 공격을 받았으나 이러한 과정에서 공동의 경

험을 공유할 수 있었다. 공군에게 아프가니스탄에서의 6년간 경험은 대단히 가치가 있었다.[30]

2004년 말 인도양에 지진해일인 쓰나미가 닥쳤을 때 싱가포르의 육해공군이 하나가 되어 구조작업에 참여했다. 그들의 목표는 미사일과 총을 가진 적군이 아니라 필리핀을 향한 시속 300km의 바람을 동반한 격렬한 태풍이었다. 2013년 11월 8일 태풍 하이엔(Haiyan)이 필리핀을 강타하여 6천여 명이 사망했고 4백만여 명이 삶의 터전을 잃었다. 태풍이 지난 5일 후 싱가포르 군에서 2대의 C-130 항공기가 완전히 파괴된 해안 도시인 타클로반(Tacloban)과 카피즈(Capiz)에 구호품을 가지고 희생자들을 돕기 위해 날아갔다. 이와 같이 점점 더 많은 싱가포르 군이 인도적 지원에 나서고 있고 분쟁지역에서 평화유지를 위해 활동하고 있다.

2009년부터 싱가포르는 아덴만의 해적에 대해 다국적 해적 대처 특수임무의 일환으로 싱가포르 남녀 군인 1천2백 명 이상과 네 척의 배를 아덴만에 파견했다. 또한 최근 아덴만에 싱가포르 프리깃 함정 및 해군 헬리콥터로 구성된 다섯 번째 작업 그룹을 배치했고, 2010년부터는 국제 임원들도 싱가포르 군에 합세하여 활동한다.[31] 현재 싱가포르의 육해공군은 해외에 아프가니스탄·아덴만·뉴질랜드의 크리스트처치(Christchurch)에 이르는 50여 곳 이상에서 평화유지·인도주의적 지원·재난구조 임무에 참여하고 있다.

그러나 일부에서는 국방에 전력을 기울어야 할 군이 그것도 징병으로 구성된 싱가포르 군이 전쟁이 아닌 다른 임무에 관여하는 것이 타당한가에 대해 비판이 있다. 그러나 실전할 기회가 없는 싱가포르 군이 인도주의나 평화유지 임무에 참가함으로써 많은 이로운 점이 있다는 지적도 있다. 병사들은 생생한 작전에 노출되어 최신 통합작전을 경험하게 된다는 것은 가치가 있다. 모의 전투에서의 많은 훈련과 작전보다는 쓰나미가 지나고 난 후의 구조 작전에서 싱가포르군은 실제 훈련 기회를 가질 수 있다는 것이다. 전쟁에서 필요한 병참, 수송의 준비, 계획 등의 임무가 인도주의적 구조라는 맥락에서 볼 때 이 역시 임무라는 것이다. 그리고 실제로 이러한 임무를 수행하는 동안 18~19세의 어린 병사들이 성숙해지고 성장한다. 그리고 중요한 것은 이러한 임무수행을 통해 이웃국가들에 대한 선린우호의 관계를 맺을 수 있고, 여러 나라들과 함께 재난구조 작업을 하면서 협력을 도모하여 외교적 관계로 발전시킬 수 있다는 점이다.[32]

그러나 이러한 국제활동에 참가하는 부대장병을 지휘할 때에는 장병들이 세계를 잘 이해하도록 도와야 한다. 지역의 평화와 안전유지에 기여할 수 있다는 것은 의미가 있는 활동이지만 이 안전유지는 모두 여러 국가 간의 이해관계가 얽혀 있어 현실적으로 해결하는 것이 복잡하다. 몇 가지 예를 들면 남중국해, 동중국해, 한반도, 중동, 테러, 해도(海盜) 및 전염병 등의 문제들은 해결할 수 있을지 의심스럽다. 이러한 문제들에는 상호 관련되는 상대가 있어 군사적인 교전까지 포함된다. 그러므로 어떠한 활동이든지 실질적인 협력과 합작을 추진하기 전에 반드시 상호 신뢰 구축이 필요하다.

5. 방위체계의 현대화

해외 공군기지 확보

1975년 이후, 싱가포르 군은 선제능력을 가진 것으로 판단되고 있다. 싱가포르는 작은 영토 내에서 침략자와 싸울 수 없다고 판단하고 전진 수비 전략을 채택했다. 그리하여 1980년대에는 공군력 강화와 신과학 기술을 받아들여 첨단무기와 방위산업을 갖춘 현대화한 방위체계의 확립에 들어가기 시작했다.[33]

일개 여단에서 사단의 병력으로 증가한 싱가포르는 군사 훈련소·창고·무기보급창·내무반·공군과 해군기지와 같은 군사시설이 영토의 20%를 차지하기 때문에 심각한 문제였다. 따라서 군인을 훈련시킬 훈련장소를 해외에서 찾아야만 했다. 더구나 영공이 제한되어 있어 해외에 공군기지가 필요했다.

1975년에 타이완의 장징궈(蔣經國, 1910~1988) 총통이 싱가포르의 보병·장갑인원·포병을 타이완에서 훈련하도록 허락했다. 그리하여 싱가포르 군대는 타이완에서 타이완 군과 연합 군사훈련을 하고 독일의 퇴직한 시에그후리드 슐츠(Siegfried Schulz) 장군을 초빙하여 싱가포르 고급장교의 실전훈련에 대한 전투작전 전략을 지도받기도 했다.

1970년대 말에는 필리핀의 마르코스(Marcos) 총통과 미국국방부의 허락을 받아 싱가포르 공군부대가 필리핀 클락(Clark) 공군기지의 미군훈련시설을 이용하기도 했다. 미군이 1990년대에 클락 공군기지를 떠난 후 호주와 미국 애리조나에 위치한 공군기지로 훈련장소를 바꾸었다.[34]

그리하여 미국과 싱가포르는 공군 간의 전략적 동반관계로 1993년부터는 미국은 애리조나주 루크 미 공군기지를 싱가포르 공군 피스 칼빈(Peace Carvin (PC)) II 파견대와 싱가포르 F-16 기지로 제공했다. 그 후 피스 칼빈(Peace Carvin)V F-15SG 파견대는 마운튼홈(Mountain-home)에 있는 아이다호(Idaho) 기지를, 아파치(Apaches)와 치누크(Chinooks) 파견대는 루크 기지를 제공받았고 현재 미 공군의 공동지휘하에 약 130명의 싱가포르 군인이 있다. 또한 미국은 싱가포르 군대가 베리 엠 골드워터 렌지(Barry M. Goldwater Range)에서 종합 실탄사격을 연습하도록 허락했다.[35]

미국은 루크 공군기지에 광대한 훈련 공간 및 우수한 시설을 싱가포르 공군에 제공했고, 싱가포르 공군은 미국에서 세계 최고의 조종사들과 함께 훈련할 좋은 기회를 가졌다. 싱가포르 조종사·엔지니어·기술자들은 미국에서 이러한 교육시설과 훈련기회를 가지게 되어 싱가포르의 방어 능력을 향상시켰다. 싱가포르 공군은 세계에서 최고인 미 공군을 벤치마킹하여 5년도 안 되어 운영·기술·물류 기능을 전수받고 싱가포르 공군의 F-16C/Ds를 전체 운영할 능력에 도달할 수 있게 되었다.

싱가포르 공군은 많은 실전사격훈련에서 미군이 참여하는 훈련에 참여하기도 했다. 또한 미국 공군과의 협력관계에서 새로운 개념의 고급 전술을 개발하여 전투능력이 강화되고 더 정확하게 공격할 수 있는 새로운 무기도 소유하게 되었다. 싱가포르 공군전투함대의 중추인 F-16은 싱가포르의 다층 방공 시스템에서 중요한 역할을 담당한다. 베리 엠 골드워터 렌지에서는 싱가포르 육군과 싱가포르 공군이 네트워크 전투 능력을 테스트하는 훈련의 하나인 훠얼징 세이버(Forging Sabre) 훈련을 진행하기도 했다. 실제로 이런 종합적인 실전사격훈련과 같은 규모와 정교한 훈련이 가능했던 것은 1백60만 헥타르의 거대한 훈련장 때문인데, 이 크기는 싱가포르 영토의 19배 크기이다.

이러한 파견은 싱가포르 공군 요원들에게 최고급 교육기회를 제공할 뿐만 아니라 미국과 나토군과 싱가포르 공군과의 상호 운용성과 군사적 관계를 강화했다. 이러한 상호 운용은 국제적인 작업을 할 때 도움이 되었다. 예를 들어 이라크에서 국제적 안정화 및 재건 노력의 일환으로 싱가포르 KC-135 유조선이 2004년과 2008년 사이에 걸프에서 1천4백 대의 연합군 항공기보다 더 많이 공중에서 급유했다. 허리케인 카트리나의 여파 때에도 싱가포르 치누크는 긴밀하게 미국연방 경비대와 협력하며 구호활동을 지원했다.[36]

현재 싱가포르 공군은 아시아·아프리카·뉴질랜드의 여러 곳에 배치되어 있다. 주변국가들 특히 말레이시아와 인도네시아가 싱가포르를 공격할 시 단시간 내 양국가의 군사시설과 주요도시를 직접 공격할 수 있다. 1983년에 이미 싱가포르 군대는 동남아시아에서 최고 중 하나로 평가되고 있다.

《제인의 정보리뷰(Jane's Intelligence Review)》는 "동아시아에서 싱가포르 군대는 가장 잘 훈련되고, 가장 잘 장비를 갖추었으며 잠재적으로 가장 효율적인 군대 중 하나로 발전했다"고 기록하고 있다. 미국 육군 전쟁대학의 한 연구는 싱가포르의 지상군은 이웃국가들의 지상군보다 "기술적으로 더 유능한" 군대라 평가했고 미국의 주간지인 《국방뉴스(Defense News)》는 싱가포르 해군을 그 지역에서 순위 최고라고 했다. 1990년 국제방위간행물인 《군사과학기술(Military Technology)》에 '1990년에 이르러 싱가포르 무장부대는 존중받는 전문부대가 되었다. 현대화한 방위체계를 가지고 국가의 주권과 영토를 완전히 보위할 수

있다'고 기술하고 있다.[37]

리콴유는 강력하고 능력이 있는 싱가포르 공군이 필요한 이유는 싱가포르를 방어할 뿐만 아니라 공격에 반격할 수 있어야 하기 때문이라면서 만약 강력한 공군이 없다면 말레이시아와 인도네시아가 싱가포르에게 온갖 위협을 가할 것이라고 말했다.

또한 그는 싱가포르로 향하는 항로를 열어둘 필요가 있는데 그러기 위해서는 해군의 역할이 중요하다고 지적했다. 이러한 공군과 해군을 유지하기 위해서는 튼튼한 경제가 필요하며 몇 년마다 매번 신형 미사일, 배, 비행기, 잠수함 등 새로운 장비로 갱신하여야 한다고 주장했다. 강한 경제 없이는 강한 국방도 없고, 강한 국방 없이는 싱가포르도 없을 것이라고 강조했다.[38]

방위산업

효율적이고 강한 군대를 유지하려면 외국의 무기공급 의존도를 낮추고 어느 정도 자립할 수 있는 방위산업이 필요하다. 싱가포르의 방위산업은 1967년 한 작은 소형무기 탄약제조 공장에서 출발했는데 이제는 거대하고 다양한 방위기업국으로 성장했다. 100개 이상의 자회사를 가진 싱가포르 테크놀로지(Singapore Technologies(ST))는 무장·항공우주·해양·산업의 4개 영역으로 조직되었다. 1990년 중반에 ST의 활동을 방위전략에 국한할 것인지 아니면 광범위하게 정치경제 활동으로 확대할 것인지에 관한 논의가 있었다.

리셴룽 총리 부인인 호 칭(Ho Ching, 1953~)이 ST의 사장과 CEO가 되면서 정치경제 활동을 추진하여 그 운영이 다국적 기업과 유사해졌다.[39] 싱가포르의 방위관련 사업은 ST의 보이지 않는 동반자이며 싱가포르에서 가장 큰 연구 및 개발 조직인 국방연구소(Defence Science Organization, DSO)가 주도한다. 이 조직은 국방부 직속 산하라는 것을 제외하고 잘 알려지지 않았지만 핵심 방위산업체로 간주되고 있다. 2000년에는 국방부 직속 위원회인 국방과학기술원(Defence Science and Technology Agency, DSTA)이 설립되어 지식경영으로 군대를 위한 무기체계를 발전시키고, 과학과 기술에 대하여 국방부를 자문하고, 방위 연구과 개발을 위해 운영해왔다.[40]

지도자들은 공간과 인력이 제한된 작은 나라 싱가포르는 기술이 방위 전략의 핵심이며 기술만이 스마트 솔루션(총명한 해결방안)을 가능하게 하는 중요한 원동력이라고 생각했다. 해외로부터의 구매한 기술은 싱가포르의 방어 기능에서 필요한 에지(edge)를 제공하지 않았다. 그래서 싱가포르 상황에 맞는 기술을 개발하기 위해서는 다른 나라에 의존할 수만은 없음을 인정했다. 예를 들어 싱가포르는 프리깃과 SAR 21 소총을 외국에서 구입해서 그대로 사용하지 않고 싱가포르 방어에 적합한 과학기술을 본지에서 개발하여 싱가포르 방어시스템에 기술적 에지를 제공하도록 했다.[41]

1980년대 싱가포르 군대는 최첨단 무기를 갖추고 자체 방위산업의 생산품을 사용했다. 최근에는 몰래 잠행하는 스텔스 무인기의 사용과 역할 그리고 정보기술을 습득하여 위기발생시 육해공 35만 명의 현역과 예비군을 불과 6시간 내에 동원할 수 있다. 2000년 싱가포르의 국방비는 44억 달러로 동남아시아에서 최고이며 GDP의 4.6%이다. 2005년에서 2009년 사이에 군대는 6대의 스텔스 라파엣급 프리게이트(Lafayette-class frigates)를 보유하게 되었고, 2001년 초에는 2대의 설비가 교체된 스위스 제작 잠수함과 두 척의 새 상륙용 보트(舟艇)를 전달

받았고 그후 두 척의 잠수함을 더 구입했을 것으로 본다. 2000년 7월 이후 몇 년간 공군은 F-16C/Ds로 현대화했다. 아울러 《제인국방주간(Jane's Defence Weekly)》에 의하면 싱가포르와 이스라엘이 일련의 사진 정찰 위성을 개발하는 공동 프로젝트를 진행하여 싱가포르 군대의 작전 능력이 향상되었다.[42]

2000년대 초기부터 국방부는 DSTA, DSO와 강력한 국방 과학기술 생태계를 구축하기 위해 매년 과학기술의 최우수 인재를 모집하고 있다. 방어 기술계의 작업은 응용 연구·시스템 개발·엔지니어링 지원·적절한 하드웨어와 기술을 필요로 했다. 싱가포르는 기술능력을 확장하고 각종 자원으로부터 혁신적인 아이디어를 발굴하기 위하여 국내는 물론 국제적으로 광범위한 과학 기술계를 활용했다. 난양이공대학과 같은 대학과 타 연구기관과의 전략적 협력은 DSTA 및 DSO의 연구자원을 확장하고 과학적인 전문 지식과 재능의 공급원을 제공했다.

예를 들면 국방부와 난양이공대학의 전략적 협력의 초석은 난양이공대학에 설립된 테마섹 연구소(Temasek Laboratories@NTU)이다. 2007년 9월 7일 당시 국방부장관 타오치헤안이 개소식에 참석한 TL@NTU가 달성한 일부 업적을 소개하면 다음과 같다.

MIT와 협력한 TL의 신소재 팀은 유연한 도자기를 만들 수 있는 방법을 발견했다. 슈퍼 탄성 세라믹은 구부릴 수 있고 그런 다음 다시 가열하여 복구할 수 있다. 이 획기적인 세라믹은 위험한 환경에서 작동할 수 있는 능력을 강화하는 기구 혹은 장갑차량에 사용될 수 있다는 것을 의미한다.

또한, 통신신호에 대한 알고리즘(算法)에 대하여 TL@NTU는 시끄러운 환경에서 매우 약한 신호도 포착할 수 있는 기술을 연구했다. 이 기술은 SAF에 유용하고, 무선 통신 시스템을 향상시키는 데 도움이 된다.

TL@NTU의 기술 혁신에는 국방의 영역을 벗어난 응용 프로그램도 있다. TL@NTU는 DSO와 공동으로 방어를 위한 진보된 마이크로칩을 개발했다. 이 마이크로칩은 군대의 감지기와 통신 시스템을 보다 정교한 전자 부품으로 변환하고, 또한 군사 시스템을 위한 첨단 반도체 기술의 연구를 시도할 수 있다. 동시에, 이들 마이크로칩은 잠재적으로 상업적 용도로 사용될 수 있다.

이와 같이 국방부는 싱가포르의 보안 및 방어에 기여할 뿐만 아니라, 일상생활에까지 모든 싱가포르인에게 혜택을 주는 상용 응용기술을 개발하는데 방위예산을 사용하고 있다. TL@NTU에서는 에너지 재료·위성기술·보호기술·전자기학에 초점을 맞추고 있다.[43]

제3세대로 변신하는 군대

싱가포르는 세계최첨단의 방위와 공격무기를 보유하고 있으며 강한 전투력을 가진 육해공 삼군부대를 가지고 있다. 싱가포르군은 주변국들과의 안보적 위기상황에 대비하여 군대자체를 지속적으로 개선하고 있다. 싱가포르 군대는 2000년대 광범위한 위협에 초기 대응할 수 있는 더 많은 능력을 구비하기 위하여 제3세대 변신에 착수했다.

새로운 군대는 더 나은 지휘 및 통제를 위하여, 더 정확한 공격을 위하여, 그리고 더 많은 무인시스템을 사용하기 위하여 기술과 장비를 이용하려 한다. 군대 재편에 섬 방어 기동부대(the Island Defence Task Force), 해상안보 기동부대(Maritime Security Task Force) 그리고 특수작전 기동부대(Special Operations Task Force)가 포함되었다.

싱가포르의 안보를 위하여 정부 기구인 해상 및 항만당국과 싱가포르 세관과도 긴밀하게 작업하고 있다. 가장 최근에 항로통신과 싱가포르 영해를 보호하기 위하여 국방부는 국가해상보안 시스템을 수립했다. 싱가포르군은 성공적인 제3세대 변신으로 예측할 수 있는 위협·테러·해적·자연재해·사이버 위협에 대응할 준비가 되었다.[44]

제3세대 싱가포르군은 미래 저출산에 대비하여 기술의 진보와 더 효과적인 제도개선으로 더 소수 인력으로 작전에 대처할 준비를 하고 있다. 예를 들어 최근 구입한 고속기동용 포병로켓시스템(High Mobility Artillery Rocket System, HIMARS)은 조준력과 파괴력이 뛰어나서 12명이 필요한 시스템을 3명이 작동할 수 있다.

해군의 경우 유사한 전함에 100명이 필요했지만 소형 구축함은 70명으로 운용된다. 또 최근에 구입한 무인항공기(Heron-1 Unmanned Aerial Vehicle, UAV)는 구형의 UAVs와 비교해서 같은 수의 인원배치로도 항공감시 능력을 가졌다. 싱가포르군은 효과적인 인력배치와 최대한의 능력 발휘를 위하여 진보된 기술에 신중하게 지속적으로 투자할 예정이라고 한다.

또한 싱가포르 국방부는 기술적으로 진보된 전력증강 계획에 투자하는 것 이외에 훈련과 작전에 더 큰 시너지 효과를 제공할 수 있는 네트워크를 구축했다. 한 예로 최근에 명령·제어·통신·컴퓨터 및 정보화 커뮤니티를 발족했다. 또 중요한 사실은 병사들의 수준이 높아졌기 때문에 싱가포르군의 전반적인 능력과 생산력이 향상되었다. 싱가포르 병사들의 교육수준이 높아져서 제3세대 싱가포르군에 적합한 기술을 더 효과적으로 훈련시킬 수 있고 정교한 시스템을 운영할 수 있다. 싱가포르는 높은 수준의 병사, 진보된 시스템, 기술의 효과적인 사용을 시스템과 연결하여 어떠한 침략도 효과적으로 막을 수 있는 강한 군을 유지하

고 있다.[45]

1997년부터 싱가포르 군복무에 여성들의 지원이 가능해지며 국방에 기여하고 있다. 현재 1,500명의 여성 정규군은 싱가포르 정규군의 약 7%를 차지하며, 군 내 다양한 직종과 보병대·포병대·전투공병·조종사·해군장교 등 다양한 전투범위와 군사전문영역에 광범위하게 배치되어 있다.[46]

여성현역의 경우도 군내 승진은 능력과 직종의 적합성에 근거하여 여단과 대대에 고위지휘관이나 참모직위로 승진한다. 여성현역들은 해외 다국적 평화수호지원·인도주의적 지원·재난구조 임무 작전을 수행하기도 한다. 예를 들어 2004년에 많은 여성현역이 인도네시아의 아체(Aceh)에서 쓰나미 구조작업에 참여했고 최근에는 아프가니스탄과 아덴만에도 배치되었다.

싱가포르군은 여성현역이 결혼을 한다든지 출산을 할 경우에 직분을 완수하도록 유연하게 그들이 필요로 하는 지원을 한다. 또한 임산부에 대해서는 특별히 그들이 신체적으로 이행할 수 있는 업무에 재배치하여 의무를 이행할 수 있도록 배려한다. 싱가포르군은 더 유능한 여성이 군에 참여하도록 유도하기 위해 1993년부터 뛰어난 사람들에게 우수장학금을 수여하고 있다. 그 예로 샤론 탄(Sharon Tan)이 2010년에 명예로운 싱가포르군(Land Transport Authority, LTA) 해외 장학생으로 선정되기도 했다. 군은 여성현역들이 남성현역들과 동등하게 전문적인 영역에서 활동할 수 있고 효과적인 전투력을 가질 수 있도록 배려하고 있다.[47]

6. 군부는 국가를 수호하는 중추적 기관

싱가포르군은 인도네시아와 말레이시아 등 주변국으로 인한 안보 불안을 해소하고 다국적 기업의 이탈과 경제 불안을 막고 있다. 이는 국가 생존을 위해 국방에 총력을 기울인 결과이며, 이제 싱가포르 군대는 동아시아에서 가장 잘 훈련되고 가장 잘 장비가 갖추어졌으며 가장 효율적인 군대로 발전했다.

군대에 관한 정치적 통제는 총리가 행사하며 대통령은 군 수장과 지휘관 임명을 거부할 수 있고 국회가 공식적으로 지출을 승인한다. 또한 민간인인 국방부장관이 군부의 수장과 지휘관을 임명·승진·이동·강등시킬 수 있다.[48] 국방부 장관직은 총리 다음으로 내각에서 가장 중요한 직으로 능력을 겸비한 강력한 인재를 임명한다.[49] 장관 밑에는 제2국방장관(2nd Minister)·국방담당국무장관(Minister of Stste)·병무청장·안보 및 정보청장이 있고, 그 밑에 국방차관·국방개발차관·국방총장이 있으며 차관보급으로 정책차관보·기술차관보·행정차관보·국방과학원장 등이 있다.

군최고 정책기구로는 군사위원회가 있는데 1972년 싱가포르 국방법에 의하여 국방장관·관련 장관·국방총장·국방차관 또는 차관보·3군총장·대통령이 지명하는 4인 이상의 위원으로 구성되어 있다. 1998년 이후 전략·국방·안보 문제에 관한 최고의 의사결정기관으로 국방위원회가 있다. 의장은 총리이고 내무·외무·정보통신·공보예술부의 장차관·국방총장·선임장교로 구성되며 분기별로 회의를 개최한다. 위기나 전시에는 국방부 국무장관과 선임장교들로 구성된 국방위의 집행단에서 의사를 결정한다.

싱가포르는 GDP의 5~6%를 국방에 사용하며 최첨단화된 장비로 무장한 총병력은 35만여 명이다. 여군 4천명이 포함된 직업군인이 2만 명, 의무복무병이 4만5천여 명, 상비예비군이 25만 명, 민방위대 2만3천 명, 경찰 1만2천 명으로 총병력이 35만 명에 달한다. 병력제도는 국민개병제로, 시민권과 영주권 보유자는 남자 18세 이상 강제 징집, (여자는 지원제) 정년은 장교 50세, 장병은 40세다. 상비 예비군은 장교가 50세, 사병은 40세까지 연간 40일간 실시되는 동원훈련을 받으며 훈련기간 동안 회사에서 임금을 지급받는다. 민방위대는 준군사 조직으로 이스라엘을 모델로 했다.[50]

또한 싱가포르 군은 세계 중요 국가들과 군사적 협정을 체결하여 전방위 국방체제를 이루고 있다. 최근에는 중국과도 군사적으로도 긴밀한 협력관계를 형성하기 위해 2001년에 국방무관을 교환했고, 2008년에는 방위협정도 체결했으며, 2014년 11월에 인민해방군 훈련에 싱가포르 병력 70명을 파견하여 중국과 군사협력을 모색했다.[51]

현 리셴룽 총리를 필두로 많은 퇴역 및 예비역 준장들과 장군들이 고위 정치적 공무원직(국방부에 중요한 정책담당직 포함), 정부 법정위원회, 정부 관련 기업의 중요한 위치를 차지하고 있지만 민간정부가 정치적으로 강하게 군대를 통제하고 있어 군부는 국가를 수호하기 위한 중추적 기관으로 단 한 번도 정권에 참여하거나 집권한 적이 없다. 싱가포르 군부는 연공서열이나 개인의 배경이 아니라 개인의 실력과 능력을 중시하는 곳이다. 따라서 싱가포르 군부에는 20대의 위관장교도 많지만 육군 참모총장을 비롯한 군 수뇌부는 40대의 석박사 학위를 가진 학자장교 출신이 대부분으로 정부와 기업 엘리트를 배출하는 기관이 되었다.[52]

창의적인 외교

2장

싱가포르의 외교정책은 초대 총리 리콴유와 초대 외무부장관 라자라트남(S. Rajaratnam)에 의하여 구체화되었다. 그들은 싱가포르가 생존 가능한 독립국가로 성공해야만 한다고 생각했다. 싱가포르는 자원이 부족하고 배후지가 없는 작은 섬나라이면서 말레이시아와 인도네시아라는 큰 두 이슬람 국가 사이에 있다. 싱가포르는 생존하기 위해서 말레이시아와 인도네시아가 싱가포르를 침략할 생각을 갖지 못하도록 억제할 수 있는 국방외교가 필요했다. 또한 싱가포르 경제는 오직 무역에만 의존해야 하기 때문에 다른 나라들과 적극 상업적 교류관계를 맺고 경쟁 상태를 유지하는 경제외교가 필요했다.[1]

국방외교와 경제외교를 위해서 싱가포르는 모든 국가들과 우호적인 관계를 수립하려 노력했다. 그래서 싱가포르가 창의한 외교정책은 동남아시아 지역 내의 국가 간에는 물론 다른 지역의 국가들과의 협정을 체결하고 포럼을 조직하여 운영하는 것이었다. 그 결과 동남아시아 지역 내의 국가들 간의 결속을 강화할 수 있었고 다른 지역의 국가들과도 다자 간의 대화를 도모할 수 있었다.

이 창의적인 외교정책의 원동력은 주로 경제였지만 정치적이고 전략적 이유도 있다. 양자 간 혹은 다자 간의 협정과 포럼을 통해 강대국들을 동남아시아에 고착시키므로 국가 간·지역 간의 균형을 확보하고자 했다.[2]

이제 싱가포르는 그들의 행정관리·도시행정·환경·첨단기술 등의 모델을 수출하는 외교로 전향했다. 해외에 대한민국 남한의 영토(99,720km²)보다 광범위한 싱가포르 영토의 171배 크기(약 122, 949km²)의 공단을 관리 운영함으로써 세계적인 싱가포르로 거듭나고 있다.

본장에서는 창의적인 싱가포르의 기본 외교 정책과 전략을 살펴보고, 이웃 강대국인 말레이시아와 인도네시아와의 외교관계 및 미국과의 관계를 살펴보고자 한다.

1. 실용주의 외교노선

싱가포르 지도자들은 현실주의자들로서 싱가포르가 생존하기 위해 실용주의에 기초한 외교노선과 전략을 수립했다. 리콴유는 항상 "우리가 강력하고 국제적으로 균형을 잡으면 우리는 안전하"[3]며 "싱가포르의 생존을 위한 가장 확실한 보장은 다른 국가가 싱가포르를 그들 국가에 유용하다고 생각하도록 만드는 것"이라고 말했다. 싱가포르는 국제사회에 특히 이웃국가들이 싱가포르를 자산으로 인식하고 유용하다고 생각하도록 노력했다. 그러려면 반드시 신뢰가 바탕이 되어야만 가능하다며 다음과 같은 외교노선을 정했다.[4]

첫 번째의 외교노선은 국내 사정으로 외교적으로 좋지 못한 결과가 초래되더라도 싱가포르 정부는 신뢰를 잃지 않도록 최선을 다하는 것이다.[5] 어려운 시기에 싱가포르를 도와주었던 국가를 저버리지 않는 신뢰이다.

두 번째의 외교노선은 지역 협력을 통한 안보 강화와 번영을 도모하기 위해 중립 노선을 지향하며 모든 국가와 우호관계를 증진하되 특히 주변 국가를 자극하지 않도록 노력하는 것이다. 싱가포르는 말레이시아로부터 분리 독립한 후부터 비동맹노선을 추구하여 아시아·아프리카의 제3세계 국가들과 적극적인 외교관계를 수립했다. 이는 아시아·아프리카의 약소국들의 반제국주의 노선을 수용하며 싱가포르의 중립화와 적극적인 독자성을 추구하기 위한 시도였다.[6]

세 번째의 외교노선은 원칙에 어긋나면 어떤 압력과도 타협하지 않는다는 것이다. 한 예로 1967년 6월에 이스라엘과 아랍 간에 전쟁이 폭발하여 유엔에서 이스라엘 견책 안에 대해서 토론할 때 싱가포르 외무부장관은 아프리카 국가들을 지지했었다. 당시 이스라엘 교관이 싱가포르 무장부대를 교습하고 있었으나 싱가포르의 생존권을 보호하기 위해 이스라엘 편을 들지 않았다.[7]

이 3가지가 싱가포르의 일관된 외교정책 기조이다. 싱가포르는 이성적으로 계산하여 국제관계에서 신중하게 외교정책을 행사하고 있으며 자신의 미래를 결정할 권리를 확실히 주장했다.

기회가 있을 때마다 정치적 결의를 표시하면서 국내외적으로 약점을 보여주지 않으려 최선을 다했다. 예를 들어 영토주권에 대한 국제적인 원칙과 규정준수 및 소국가의 생존권을 강력히 주장하며 대국의 소국에 대한 무력침략에 특히 반대했다. 싱가포르는 1975년 UN회의에서 아세안(ASEAN) 국가로서는 유일하게 인도네시아의 동티모르 침공계획에 기권하여 인도네시아를 자극했고, 1983년 미국이 그레나다(Grenada)를 침략한 것에 반대했다. 또한 인도네시아와 말레이시아 두 무슬림 이웃 국가들의 공식적인 입장과 달리 캄보디아·아프가니스탄·쿠웨이트의 침략에 반대했다. 이는 국가적 희생이 따르더라도 기본원칙을 지킨다는, 즉 약소국인 싱가포르가 주변 강대국들로부터 내정간섭과 주권 침해를 받지 않겠다는 원칙을 세웠기 때문이다.

싱가포르는 국제법과 국제협약에 따라 이웃하고 있는 강대국과 서로 주권을 존중하고 지속적인 경제성장을 목표로 외교를 진행하면 내분이나 경쟁은 있을 수 없다고 보았다. 그리고 싱가포르의 안전을 위험하게 하는 자는 어떠한 국가의 국민이든 싱가포르 국내법에 따라 처벌하며 혹 그 조치가 전 세계의 비난을 받더라도 싱가포르 정부는 이에 절대 굴복하지 않는다는 것을 보여주었다.[8]

외교정책의 기본수칙

싱가포르 전 외무부장관 자야쿠마르(S. Jayakumar, 1939~)[9]는 정치 지도력을 변함없이 지지하는 자유민주주의 이념에 입각한 거시적 외교정책의 필요성을 강조했다. 그는 작은 나라로서 위험이 도사리고 있는 싱가포르의 경우 '항상 창의적이고 항상 사전 대책을 강구하는 외교정책'을 구사하여야만 국제관계에서 적절한 역할을 할 수 있다고 보았다. 급변하는 외교정세에 성문화된 안내서는 없다면서 현장 경험에서 얻은 기술, 동료들과 친구들의 충언 그리고 기존 외교관들의 경험을 통해 현재 국가의 필요와 국익에 맞도록 끊임없이 수정하며 혁신적이고, 획기적인 외교정책을 창조해내야 한다고 그는 강조했다.

자야쿠마르는 싱가포르의 외교정책의 기본수칙을 다음과 같이 말했다.

① 싱가포르는 누구나 친구하고자 하는 국가와는 친구가 되고자 한다. 즉 싱가포르와 우호적인 관계를 원하는 모든 국가와 친교를 맺을 수 있다. 싱가포르는 분단국의 경우에 분단국 양쪽에 똑같은 비중을 두고, 교역과 우호관계를 유지하는 외교정책을 수행해왔다.[10]

② 비동맹을 고수함으로 대국들의 경쟁에 휘말리지 않는다. 강대국들의 정치·외교적 블록화에 대항하여 비동맹노선을 견지한다. 싱가포르는 강대국 간의 이권 경쟁 가운데에서 싱가포르의 안정과 생존을 위하여 국익, 국제협정, 국제법 간의 상호작용을 항상 유념하면서 정치적·경제적·외교적 입지를 끊임없이 찾아야 한다.

③ 싱가포르는 동남아시아 및 아시아-태평양지역 내 안보 및 평화로운 환경 조성을 위해 강대국들이 존재하기를 격려한다.

④ 외교정책의 초석으로서 아세안을 적극 지지하며 관련 활동에 적극 참여하고 아세안 회원국들과 밀접한 관계를 통하여 동남아지역의 평화와 안정을 유지하고 공동번영을 추구한다.

⑤ 통치 이데올로기나 정부형태 혹은 정체(政體)에 관계없이 상호간에 이익이 되면 어떠한 국가와도 기꺼이 자유롭고 개방적인 국제 무역체제를 위해 상업적인 교류를 한다.

⑥ 좋은 국제시민이 되도록 노력한다.[11]

자야쿠마르가 외교 수칙으로 꼽지는 않았지만 그는 각부 장관들과의 긴밀한 협력을 당부하며 각 부서가 서로 경쟁하거나 조금의 틈도 있어서는 안 된다고 강조했다. 다른 나라의 경우 경제관장 부서와 외무부가 상호 경쟁하며 다른 입장을 표명하여 상호 어색해지는데, 이것은 금물이며 외교부는 반드시 정치적·외교적 측면에서 경제적 과제들을 분석하고 재경부나 산자부, 기타 경제관련부와 긴밀하게 협조할 것을 당부했다.[12]

신뢰와 원칙을 중시한 외교

중국과 외교상 발생했던 한 에피소드를 통해 싱가포르가 신뢰와 원칙을 어떻게 중시했는지를 설명하고자 한다. 리콴유는 건국 후 반공산주의 타이완과 국교를 유지하면서도 강대국 중국과 정치적·경제적·문화적으로 대단히 밀접한 관계에 있었다. 1971년에 중국 정부가 타이완 정부를 대신해서 유엔에서 대표권을 가지는 문제에 대하여 싱가포르는 미국의 반대에도 불구하고 중국 쪽에 찬성표를 던졌다. 국익을 위해 하나의 중국을 인정했던 것이다.

중국의 정책은 타이완과 어떠한 공식적이거나 외교적 관계를 가지는 국가들을 강하게 승인하려 하지 않아 많은 나라들이 타이완과 외교적 관계를 가지는 것을 주저하게 만들었다. 그러나 리콴유는 타이완 지도자들과 우호적인 관계를 지속하며 정기적으로 상호 방문했었다. 게다가 1975년부터 장징궈 총통의 배려로 군사협정을 맺고 싱가포르의 군대가 타이완에서 훈련하고 있었다.[13]

중국은 싱가포르가 타이완에서 군사 훈련하는 것을 그만두기를 바라며 중국 대륙에서 군사 훈련시설을 제공하겠다고 제의하였으나 리콴유는 싱가포르 군대를 타이완에서 훈련할 수 있도록 허락해준 것에 대해 타이완인들에게 특히 장징궈 전 총통에게 크게 빚지고 있다고 말했다. 타이완에서 군사 훈련을 할 수 있게 되었다는 것은 이웃 국가들이 싱가포르를 포위하려는데 이 포위망을 벗어날 수 있게 되었다는 것을 의미했다. 리콴유는 이것은 싱가포르의 국가안보에 대단히 중요하므로 싱가포르는 이 점을 절대 잊어서는 안 된다고 말했다.[14] 또한 만약 중국의 제의를 받아들여 싱가포르 군대가 대륙에서 군사 훈련을 할 경우 인도네시아와 말레이시아가 보일 반응을 염려해서였다.[15]

타이완은 어쩌면 중국과 싱가포르 양국에 가시 같은 존재이다. 싱가포르 부총리 리셴룽이 2004년 총리취임 1개월 전인 2004년 7월 10일부터 13일까지 수석외교정치인 자격으로 12년만에 타이완을 방문하여 중국의 불만을 야기했다. 당시 중국 정부는 2004년 3월에 독립을 선호하는 천수이볜(陳水扁, 1951~)이 총통에 재선되어 중국이 타이완에 대하여 강하게 불만을 가지고 있던 중이었다. 싱가포르 외교부는 이 방문은 개인적이며 비공식적인 방문으로서 싱가포르 지도자로서 타이완에 주둔하고 있는 싱가포르 군대를 방문하기 위한 것이라고 발표했다. 또한 싱가포르 지도자들이 타이완 방문을 통하여 타이완의 발전을 이해하고 있어야 미국과 양안문제를 논의할 때 신뢰를 얻을 수 있다고 설명했다.[16]

그럼에도 중국의 외교부장관 리자오싱(李肇星, 1940~)은 싱가포르 외무부장관인 자야쿠마르에게 전화로 다음과 같이 항의했다. 중국에게 있어서 타이완은 대단히 중요한 문제라며 리셴룽의 타이완 방문은 천수이볜의 타이완 독립을 옹호하는 것으로 비추어질 수 있으므로 양국의 정치적인 우의와 협력 관계가 악화될 것이고 13억 중국인의 신뢰를 잃게 될 것이라고 말했다.

이에 당시 자야쿠마르는 리자오싱에게 작은 나라로서 싱가포르의 핵심 관심은 신뢰를 유지하는 것이라고 말했다. 자야쿠마르는 중국의 압력 때문에 리셴룽의 타이완 방문이 취소된다면 싱가포르는 신뢰를 상실하게 된다는 사실을 리자오싱에게 이해시키려 했다.

그러나 중국 측은 양국의 외교 관계의 수준을 대사급에서 대변인 급으로 낮출 것이며 중국 지도자들의 싱가포르 방문을 취소할 것이고, 논의되고 있는 FTA 등 경제적인 협상을 중지할 것임을 암시했다. 이러한 중국 측의 점점 거세지는 압력과 강도 높은 반응에도 불구하고 싱가포르는 자신들의 의지를 굽히지 않고 침착하고 이성적으로 대응했다.[17]

싱가포르 정부는 타이완 측에 리셴룽의 방문을 조용히 다뤄줄 것을 요청했지만 천수이볜은 오히려 이 기회를 그의 정치적 목적으로 이용하고자 했다. 언론이 마치 리셴룽의 방문이 동남아시아를 향한 타이완의 외교적 돌파구인 것같이 묘사했다. 이에 중국은 싱가포르 지도자들이 무슨 구실로 타이완을 방문하였든지 간에 이번 방문은 중국의 핵심 이익과 중국과 싱가포르 관계의 정치적인 기반을 손상시켰으며 앞으로 발생할 모든 일에 대해 싱가포르는 책임져야 할 것이라고 강하게 항의했다.

이런 중국 정부의 강한 불만과 항의는 중국 국민들의 감정을 자극했다. 네티즌은 싱가포르에 대한 보복으로 모든 분야의 협력을 중단하고 수송선박들이 말라가 해협에 의존하여 싱가포르에 기항하는 것을 차단하기 위해 끄라 지협(Kra Isthmus) 운하를 구축하기 위한 지원을 강화하자는 등의 여론이 쏟아졌고 심지어 국교를 단절하자고 했다. 실제로 중국은 중국 인민은행의 저우샤오촨(周小川, 1948~) 행장의 싱가포르 방문을 취소했다. 중국 민영항공총국 국장의 방문도 취소되었고 FTA 협상도 연기되는 등 중국의 대응이 지나치다고 할 정도였다. 그러나 정치적으로 중요하지 않은 낮은 수준의 교류는 지속되었다.[18]

싱가포르 외무부는 조용히 그리고 침착하게 각 부처들과 협력하여 대응했다. 통상산업부가 경제적인 영향을 평가하고 중국의 이런 압력에도 불구하고 싱가포르는 입장을 변경하지 않고 사태를 관망하기로 결정했다. 그 대신 싱가포르는 공적으로 그리고 사적으로 중국의 이러한 '따돌림 전술'을 폭로했다. 예를 들어 국내신문에 리셴룽의 방문을 반대하는 중국 외무부 성명을 게재했다. 싱가포르는 중국의 강제적인 수법을 폭로하여 중국이 과거 수년 동안 국제사회를 설득하기 위해 열심히 주장한 "온화하고(良性) 평화로운 등장"이라는 자신의 이론을 조롱하는 것임을 국제사회에 알리고자 했다.[19]

중국은 조심스럽게 그들의 반응을 교정했고 더 이상 이 문제를 확대하려 하지 않았다. 중국 측은 싱가포르가 싱가포르의 조처를 설명할 특사를 베이징에 파견하면 해결할 수 있다는 일관성 있는 메시지를 보냈다. 2004년 9월에 뉴욕에서 개최된 국제연합총회(United Nations General Assembly)에서 싱가포르가 요청하여 싱가포르 외무부장관인 죠지 야오와 중국의 외무부장관 리자오싱이 별도로 만났다. 이후 리셴룽 총리가 2004년 11월 19일 후진타오 주석을 칠리 산디에고에서 개최된 APEC 정상회담에서 만났다. 이로써 말다툼은 끝났고 화해가 이루어졌다.[20]

전 외무부장관 자야쿠마르는 리셴룽의 타이완 방문으로 야기된 에피소드가 양국관계에 있어서 다음과 같은 긍정적인 전통을 남겼다고 분석한다. 싱가포르는 분명히 두 국가 모두에게 핵심 이해관계인 문제에 있어 싱가포르가 절대적으로 중국의 이해관계에 종속될 수 없음을 확실히 인식시켰다. 중국의 보복과 상층인사들의 방문 취소나 경제적 협상의 중지에도 불구하고 싱가포르는 위축되지 않았다. 싱가포르가 중국의 조공국과 같이 그들이 바라는 대로 따르지 않을 것임을 분명히 했다. 자야쿠마르는 이번 기회에 중국도 조심스럽게 싱가포르를 연구했다고 믿으며 싱가포르 또한 중국인들이 국제관계에 있어 대단히 영리하며 경험이 풍부하다고 보았다. 그는 이제 두 나라 관계는 더 성숙하고, 더 현실적이며, 더 현명한 기초 위에 놓여졌다고 평가했다.[21]

2. 상생과 실익을 위한 외교전략

국익을 위한 국제기구 활용

싱가포르는 1965년 8월 독립 직후인 9월 21일 유엔에 가입했고, 10월 15일 영연방에 가입했다. 싱가포르는 유엔을 위시한 다양한 국제기구와의 유대관계 강화를 통하여 소국인 싱가포르의 국익을 방어하고 취약점을 보완하여 국가발전의 기회를 가지고자 했다. 또한 유엔과 같은 국제조직에 참여하여 국제법규와 질서유지 및 분쟁의 평화적 해결을 적극 지지했다. 싱가포르 외교관은 다국적인 외교에서 그들이 필요한 기회를 놓치지 않기 위해 적극적으로 국제적인 역할을 하며 능숙한 외교를 통해 싱가포르의 명성과 신뢰를 지속적으로 유지하려 노력했다. 그리하여 싱가포르는 다국 간의 협조 조직에 적극 참여하여 싱가포르의 존재를 표출하고 있다.[22]

싱가포르가 처음 국제기구에 가입한 것은 독립 직후인 1965년 9월의 유엔 가입이다. 싱가포르는 때로는 유엔조직에 실망하기도 했지만 유엔에 최선을 다하고 있으며 유엔이 국제법과 세계평화를 위해 중요한 역할을 하리라 믿고 있다. 그래서 싱가포르는 평화와 인도주의를 위해 유엔이 요구하는 곳에 군대와 장비들을 보내고 지원하고 있다.[23]

싱가포르는 지속적으로 주권원칙과 불간섭을 지지했고, 군사력을 사용하여 타국의 정부나 영토를 변경하는데 영향을 미치는 것에 반대했다. 1979년 베트남이 캄보디아를 침략하자 싱가포르는 유엔에서 강하게 반대했고, 베트남이 캄보디아에 세운 정부를 유엔이 인정하지 못하도록 주장하여야 한다는 것을 아세안 국가들에게 설득하는데 성공했다. 1980년 9월 유엔에서 싱가포르 외무부장관 다나발란(S. Dhanabalan, 1936~)은 "다른 나라의 주권과 영토보존, 그리고 독립이 큰 나라들에 의하여 위반된다면 우리의 안보도 위험해진다"면서 "유엔 회원의 자격은 인권이 아니라 주권의 원칙을 존중하느냐"라고 비판했다. 이 캄보디아 문제 이후 싱가포르 지도자는 외교상에 있어 주목할 만한 지도자이며 단호하다는 평을 들었다.[24]

유엔에서 싱가포르가 가장 크게 기여했던 역할은 1982년 세 번째 바다에 관한 유엔 법을 제정하는 회의(The Third UN Law of the Sea Conference)의 의장을 맡은 것이라고 할 수 있다. 이 회의에서 바다를 지배하는 첫 번째 법적 기구가 탄생했다. 이 기구는 1994년에 발효되었고 지금은 130개 국가의 해상행위를 연결하고 있다. 이 기구의 노력 결과 유익한 해상법제가 통과되었다. 그리고 싱가포르가 작은 국가들의 유엔 포럼(The UN Forum of Small States)을 추진하여 1992년부터 제도화되었다.[25]

10년 동안 싱가포르의 외교적 노력의 결과 2001년에 총회에서 싱가포르는 유엔안전보장이사회(UN Security Council)의 2년직 비영구회원으로 선출되었다. 싱가포르가 이를 얼마나 중요시 여겼는지는 유엔대사로 전 외교부의 유명한 상임비서장인 키쇼르 마브바니(Kishore Mahibubani, 1948~)를 임명한 것으로 알 수 있다.[26]

싱가포르가 두 번째로 가입한 국제기구는 영국연방(The Commonwealth)이다. 영국을 비롯하여 캐나다·오스트레일리아·뉴질랜드·인도 등 과거 영국의 식민지였던 53개의 국가로 구성된 국제기구인 영국연방은 회원국들이 민주주의·인권·법질서 등의 공동의 가치를 추구한다.[27]

지역협력기구를 통한 인접국가와의 협력

1967년 8월에 인도네시아·말레이시아·태국·필리핀과 함께 싱가포르는 동남아국가연합(ASEAN)이라는 지역협력기구를 조직하였다. 싱가포르는 이 지역협력기구를 통하여 인접국가와 유대를 강화하고 협력관계를 심화 발전시켜 나가는 전략을 외교정책의 근간으로 삼았다. 아세안은 지역의 이웃국가들과의 관계에서 양자 간의 문제는 제거하지 못했지만 다국 간의 협력과 대화는 양국 간의 문제들을 개선하는데 도움이 되었다.[28] 아세안은 설립당시부터 지금까지 해당지역의 다국 간의 방위협정이나 안보배치를 중요시해왔다. 동남아시아에서 긴장을 유발하고 있는 중국에 대한 아세안의 집단적 목소리처럼 외교를 통한 아세안의 역할이 여전히 중요하다. 리콴유가 말한 것과 같이 아세안의 이해관계가 아닌 타이완·홍콩·티벳과 같은 중국의 주권과 관련된 문제에 대해서는 아세안은 미국을 지지하지 않을 것이나 난사도(南沙, Spratlys)에 관해서는 아세안이 중립일 수가 없다.[29]

싱가포르는 아세안이 과거 이 지역에서 공산주의의 확산을 막는데 중요한 역할을 했듯이 21세기의 아세안은 경제통합 증진과 지역교역강화에 집중하고 이를 위해 최고의 장려자가 되어야 한다고 믿는다.[30] 오늘날 아세안 회원은 꾸준히 성장하고 있다. 총체적으로 아세안의 인구는 유럽보다 많고 GDP는 인도나 러시아보다 높다. 아세안은 경제·사회·문화·정치적 관계를 긴밀하게 구축하고 있고, 2015년 12월 31일에는 아세안 경제 공동체가 출범했다.[31]

싱가포르는 아세안이나 아시아 태평양 경제협력체(APEC), 아세안 안보포럼(ARF) 등 다자체제의 테두리 안에서 적극적으로 주도적인 역할을 한다는 전략에 따라 동남아의 아세안화(ASEANization of Southeast Asia)에 앞장섰다. 싱가포르는 동남아국가연합(아세안) 지역을 완전한 자유무역지대로 만든다는 아세안 자유무역지대의 계획에 진전이 없음에 조바심을 냈다.[32]

아세안+3(한국·중국·일본)을 적극 지지했다.[33] 싱가포르는 중국·일본·한국·인도와의 협력 발전에 초점을 맞추고, 아세안의 단결과 협력을 유지하기 위해 최선을 다하면서 태평양 지역에서 미국·중국·일본·러시아의 전략적 균형을 주창한다. 무역 및 투자 자유화 촉진을 위해 총 165개국과 외교관계를 수립하고 있다.

싱가포르에게 있어서 안보는 대단히 중요하므로 지역협력기구를 통하여 싱가포르의 안보를 보장받고자 했다. 1971년 영국·호주·말레이시아·뉴질랜드와 더불어 5개국이 서명한 방위협정도 같은 맥락에서 볼 수 있다. 이 방위협정은 영국이 싱가포르에서 영국군대를 철수하면서 그 보상으로 말레이시아의 위협으로부터 싱가포르의 방위를 확고히 하고자 제의했던 협정이었다.

이 '5개국 방위협정'은 공식적인 동맹도 아니고 이로 인한 혜택도 미미했지만 당시 싱가포르로서는 최선이었다. 최소한 말레이시아를 이 지역 안보협력의 구성원으로 끌어들일 수 있었기 때문이다. 이것은 이 지역에서 가장 역사가 오래된 다자간 협정으로 매년 공군과 해군이 합동훈련을 실시한다. 특히 1993년 조직된 아세안 안보포럼은 미국을 포함한 모든 중요 아시안 국가들이 참여하는 다자 안보 대화 포럼으로 제도적 협력과 대화를 통해 안보문제를 해결하고 적의(敵意)를 완화하도록 고안되었다. 아세안 지역포럼의 회원국은 2007년에는 인도를 포함한 28개국이며 북한이 참석하는 몇 개 안 되는 지역포럼 중 하나가 되었다. 아세안 지역포럼은 참가국의 장관들과 관료들 간의 신뢰구축과 네트워크에 기여했고, 광범위한 범위의 안보문제·평화유지·핵확산금지·군축·재난구조·해상보안·테러방지·초국가적 범죄 등에 관해 토론했다. 기본적인 전략에서 가장 중요한 것은 네트워크에서 끝나는 것이 아니라 당시 막 고립주의에서 빠져나온 중국과 미국을 예측 가능한 틀 안에서 관계를 맺도록 하여 지역에 관한 안건에 대해 아세안 국가들이 영향을 미칠 수 있게 되었다는 것이다.[34] 아세안 특별고위관리회의(ASEAN Special Senior Officials Meeting)는 매년 아세안 국가의 외무부와 국방부 대표들이 함께 모여 지역안보에 관해 토론한다.[35]

싱가포르는 동남아시아 지역 내의 어느 특정국가가 특별하게 강해지는 것보다 국력이 엇비슷한 2개 이상의 국가가 서로 세력균형을 유지하기를 희망하고 있다. 정치·외교적으로는 중국과 미국이, 경제적으로는 일본·미국·EU가, 군사적으로는 미국·러시아·중국·베트남이 각각 동남아 국가들과 다방면에서 호혜적인 관계를 유지함으로써 싱가포르를 포함한 동남아의 세력균형이 유지될 수 있다고 보고 있다.[36]

싱가포르는 그 활동영역을 동남아시아에 국한하지 않고 아시아-유럽정상회의(ASEM), 아시아-중동대화(Asia-Middle East Dialogue, AMED),

동아시아-라틴아메리카 협력포럼(Forum for East Asia-Latin America Cooperation, FEALAC)과 같은 다자간의 토론회를 주도하거나 참석하여 국제사회에서 입지를 강화하고 타국이 싱가포르를 잘 인식하도록 만드는 중요한 계기로 삼았다.[37] 이런 활동은 싱가포르 국방과 외교 정책에 장기적인 이익이 되었다.

난양이공대학 '라자라트남 국제문제연구학원'의 리밍장 교수는 기타 동남아국가와 비교하여 볼 때 싱가포르 지도자들은 전략적인 사고가 비교적 깊고 개방적이라고 보고 있다. 그는 또 싱가포르의 정치 엘리트들은 문제를 비교적 장기적 안목을 가지고 생각함으로써 싱가포르는 아세안의 대뇌역할을 하는 기능을 가지고 있으며 이 지역의 발전과 합작에 대한 방법을 알고 있다고 말했다. 또한 그는 싱가포르 지도자들의 안목은 비교적 탁 트였고 강력한 연구그룹을 보유하고 있어 이들이 제출한 건의는 모두 아세안 국가의 수락을 받는다고 분석했다.[38]

상생과 실익을 위한 양자체제

170여 개 국과 외교적 관계를 맺고 있는 싱가포르가 가장 중요하게 생각하는 국가는 이웃하고 있는 말레이시아와 인도네시아이다. 1984년 아세안 연례 각료회담에 앞서 싱가포르 외무부장관 다나발란은 싱가포르 영자신문《더 스트레이츠 타임즈》와의 인터뷰에서 1970년대 이후 싱가포르 외교의 최우선 정책은 인접국 말레이시아와 인도네시아 양국과 싱가포르 간의 오해·불신·의혹을 해소하고 신뢰를 쌓는 것이라고 말했다.[39] 싱가포르가 말레이시아와 인도네시아의 압박에서 벗어날 수 있었던 것은 다른 나라들과의 활발한 교류 때문이었다. 그중 안보상 경제상 가장 중요한 국가는 중국과 미국이었다. 리콴유는 역외 국가

들과의 교류의 중요성을 강조했다.[40]

싱가포르는 양자체제를 통하여 실익과 함께 상생관계를 발전시킨다는 전략으로 양국 간의 자유무역협정(FTA)을 체결하기 위해서 최선을 다했다. 협상과 기관 간의 조정과 협력을 위하여 각 기관들과 부서들은 광범위한 국가이익과 필요에 대해 충분히 인식을 공유했다. 때로는 협상을 위해 무엇을 절대 비판하거나 언급해서는 안 되는 것인지 검토했다. FTA의 경우 경제적인 동기만이 아니라 정치적인 배려가 중요했다. 즉 발빠른 정치적인 운영이 필요했다. 그래서 정치적 지원을 받기 위해 상대국에 주재하고 있는 싱가포르 대사들은 결사적으로 로비를 해야 했다. 핵심 사안에 따라서 전적으로 개인적인 관계에 의존하기도 하며 정치적으로 개시할 시기를 조절해야만 했다.[41]

기술 원조를 통한 싱가포르의 위상 확립

1992년 창설된 싱가포르 협력프로그램(Singapore Co-operation Programme, SCP)을 통해 1960년대 이후 개발도상국에 대해 기술 원조를 해왔으며, 매년 80여 개의 개발도상국에서 2천여 명의 공무원이 싱가포르를 방문해 싱가포르의 발달된 행정체계를 배우고 있다. 싱가포르의 세계도시화정책은 이제까지의 수입대체 산업으로부터 수출지향적인 고도의 기술집약형산업화로 지향하는 적극적인 경제외교정책을 의미하는 것이다.[42] 싱가포르는 그들의 행정관리 · 도시행정 · 환경 · 첨단기술 등의 모델을 수출하는 외교로 전향했다. 해외에 싱가포르 영토의 171배 크기의 공단을 관리 운영하고 있다.[43] 이는 지난 세기의 착취를 위한 식민정책이 아니라 공동번영을 위한 21세기형 식민정책이라 할 수 있다.

3. 말레이시아와의 외교관계

싱가포르 외교정책에 있어 말레이시아와의 관계는 대단히 중요하다. 1960년대 양국이 분열될 시기에는 정치적·경제적·사회적 혼란이 있었으나 1965년 9월 1일 정상적인 외교관계를 수립했다. 그러나 말레이시아군은 어떠한 장애물도 없이 말레이반도 남단 조호르에서 육상으로나 해상으로 바다로 둘러싸인 싱가포르를 공격할 수 있다.

동시에 말레이시아는 싱가포르의 가장 큰 무역 파트너이며 식용수를 공급해주는 국가이다. 안보문제와 급수공급 문제로 인하여 싱가포르는 항상 말레이시아를 의식할 수밖에 없다. 또한 중계무역지인 싱가포르에게 말레이시아는 상품공급을 위한 배후지역으로서 절대적으로 중요했다.[44]

싱가포르는 영연방국가의 일원으로서 말레이시아가 여타의 동남아 국가와는 다른 시각으로 싱가포르를 보아줄 것을 기대했다. 그리하여 자국의 독립과 자주에 악영향을 끼치지 않는 선에서 말레이시아 연방정부의 헌법조문을 그대로 적용하고 공용어로서 말레이어를 인정하는 등 사회제도의 많은 부분을 원용(援用)하며 말레이시아 정부에 대해 유화적 태도를 취했다. 그리고 싱가포르 정부는 자국민에게 말레이시아에 투자하는 것을 장려했고, 말레이시아인들이 싱가포르에 와서 취업할 수 있는 기회를 더욱 늘렸다.[45] 싱가포르 정부의 노력의 결과 1986년까지 양국의 관계는 적절했다.

그러나 양국관계는 크고 작은 문제에 대하여 험악한 말과 매체를 통한 논쟁이 난무하기도 해 긴장 관계에 놓일 때도 있다. 양국은 급수(물 공급), 매립, 페드라 브랑카(Pedra Branca) 섬의 영토권문제로 마찰을 겪었다. 더구나 싱가포르 국민의 13.6%가 말레이인이다 보니 양국 국민 간의 편견 또한 심각했다. 그러나 싱가포르는 실용주의와 외교적인 수단을 항상 우선으로 하여 문제를 해결하곤 했다.[46]

급수협정

싱가포르는 식수가 없는 섬으로 급수 문제는 사활이 걸린 중대 문제였다. 싱가포르가 독립하기 전에 공익사업청이 1961년(50년 계약으로 2011년 8월 21일 만료)과 1962년(100년 계약으로 2061년에 만료)에 조호르 지방정부와 급수협정을 체결했다. 싱가포르가 1965년 독립할 때 말레이시아 연방정부는 조호르가 급수협정을 준수할 것을 보장해주었다. 그러나 양국관계가 긴장될 때마다 말레이시아 정치인들은 싱가포르의 가장 치명적인 약점인 급수문제를 들고 나오곤 했다.[47]

말레이시아 정부는 국내 정치적 목적으로 과거에 체결한 계약과 양해각서에 대해 변경을 요구했다. 급수협약은 영국에 의하여 억지로 떠맡겨진 것으로 본질적으로 말레이시아에게 불공평한 협약이라고 주장했다. 싱가포르가 말레이시아로부터 식수를 3sen에 구입하여 조호르에 50sen에 팔면서 엄청나게 이익을 보고 있다고 성명서를 발표함으로써 급수문제를 국민에게 두루 관계되는 공공의 사례로 만들려 했다. 이에 싱가포르 외교부는 1965년 협정을 준수해줄 것을 요청하면서 그동안 양국 간에 있었던 물에 관한 일괄협상 내용을 연대별로 영어와 말레이어로 작성하여 말레이시아 국회의원들에게까지 전달하여 말레이시아와 싱가포르 양국민이 모두 분명히 알도록 했다. 싱가포르는 다른 문제를 취급하면서 쌍방 양보(give and take)로 물에 대해 높은 가격을 지불하려 했지만 말레이시아측에서 일방적으로 회담을 중지했다는 사실도

모두 공개했다.[48] 그 이후 말레이시아는 더 이상 물 문제를 들고 나오지 않았다.[49]

사실 말레이시아 당국이 급수 중단으로 싱가포르를 위협할 수는 있지만 그럴 경우 말레이시아가 치러야 할 대가도 국가적 재앙이 될 수 있다. 말레이시아의 주요 수출품인 고무·주석·팜유 등 거의 대부분이 중계무역항인 싱가포르를 통하여 세계시장에 수출되고 있다.[50]

양국민 간의 편견

말레이시아는 싱가포르가 작고 자원이 없다고 얕보려 하지만 싱가포르의 경제적 성취를 상당히 부러워하며 말레이시아를 부정적으로 싱가포르와 비교하는 것에 분개했다. 1997년 법정 진술에서 리콴유가 조호르는 총격·강도·자동차 도둑으로 악명 높다고 한 말이 공개되면서 말레이인들의 데모와 공식적인 항의 등 양국관계가 사실상 거의 단절상태에 이르렀다. 말레이시아는 싱가포르에게 24시간 내에 여러 가지 협정을 취소하겠다는 통지를 보내기도 했다. 이 여러 가지 협정 중에는 싱가포르 공군기의 말레이시아 영공 비행 허가를 거부하고 그해에 실시하는 '5개국 방위협정'에 따른 군사훈련에서 말레이시아는 탈퇴하겠다는 것도 있었다. 당시 선임장관이었던 리콴유는 기탄없이 두 번이나 사과하였지만 관계는 여전히 나빠 1998년 출판된 리콴유의 회고록의 첫 권은 말레이시아에서 냉대를 받았었다.

2001년 초에는 고촉통 총리의 말이 발단되어 말레이시아인들의 비난을 받기도 했다. 여러 면에서 말레이 싱가포르인들이 소외되었다고 주장한 말레이시아 언론 보도에 대하여 고촉통 총리는 싱가포르 말레이인들이 말레이시아에 살고 있는 말레이인들보다 더 잘살고 있다고 답했다. 이로 인해 언어 전쟁이 여러 달 동안 계속되었고 말레이시아의 수도 쿠알라룸푸르에 주재하는 싱가포르 외교사절이 소명하도록 불려가기도 했다.

말레이시아는 싱가포르가 말레이인의 감정에 전혀 신경 쓰지 않으며 오만하다고 보았던 것 같다. 1986년 이스라엘 헤르조그(Chaim Herzog, 1918~1997) 대통령의 공식적인 방문을 승인한 것 등이 이를 반영한 것이라고 간주했다. 반이스라엘 감정이 강한 이슬람 국가인 말레이시아에서는 이스라엘 대통령의 싱가포르 방문으로 난리가 났었다. 또 1987년의 논란은 왜 공군과 육군의 민감한 보직에는 말레이 군인이 없는가 하는 질문에 당시 병무담당 제2국방장관이었던 리셴룽이 국군은 말레이 무슬림 군인을 그들의 국가에 대한 충성과 종교 간의 충돌이 생길 가능성이 있는 보직에 배치하기를 원치 않는다고 답했다. 이와 같이 싱가포르 정부가 국내 정치적 목적으로 언급하는 것들이 때로는 말레이시아를 불쾌하게 만들기도 했다. 예를 들어 현 상태에 만족하고 있는 싱가포르인들에게 충격을 주기 위해 총리인 리콴유가 외교적이 아닌 말들을 공개적으로 할 때가 있어 양국관계가 긴장되기도 했다.[51]

우호적 관계로 전환

2001년 지역안보 환경이 악화되는 가운데 싱가포르는 말레이시아와의 장기간 분쟁을 해결하기 위해 대단히 유화적으로 접근했다. 말레이시아 총리인 마하티르 빈 모하마드(Mahathir Bin Mohamad, 1925~)도 협정에 대한 타결을 위해 리콴유와 협상하기를 원했다. 그래서 2001년 9월 리콴유가 푸트라자야(Putrajaya)에 직접 가서 마하티르와 급수에 관한 새로운 패키지 계약을 체결했다. 싱가포르는 물을 2061년 이후부터

2161년까지 지금의 반 이하로 수입하고 물값은 지금의 15배로 올려주기로 했다. 이 협정에 대하여 싱가포르측에서는 합당한가 여부를 문제로 삼았지만 리콴유는 이것이 최선의 거래는 아니지만 어느 정도의 양보는 장기간의 안보를 위한 거래라면서 협상을 타결했다.

그리하여 싱가포르 공군에 대한 말레이시아 영공의 사용도 복원되었고, 새로운 다리와 철도 터널공사가 재개되었으며, 말레이시아측이 요구한 철도부지·세관·출입국 검역의 위치변경에 대해서도 동의했다. 그리고 싱가포르에 더 이상 거주하지 않는 말레이인들의 중앙적립금(CPF)납부액을 조기에 인출하는 것에도 싱가포르 정부가 동의했다.[52]

2003년에 새로 말레이시아 총리로 취임한 압둘라 바다위(Abdullah Badawi, 巴达维, 1939~)가 취임 직후인 2004년 1월에 싱가포르를 방문하여 양국이 역사적인 묵은 문제들을 해결하는데 동의했다. 같은 달에 양국의 총리들이 친선 방문을 했고 6월에는 웡칸셍 내무부장관이 말레이시아를 방문했다. 7월에는 말레이시아·인도네시아·싱가포르 삼국이 협정을 체결하여 말라카 해협에서의 싱가포르 해군 순찰을 인정하기로 결정했다. 같은 달 부총리겸 국방과 안전장관인 토니탄(Tony Tan Keng Yam, 陳慶炎)이 말레이시아를 방문하여 양측은 말라카 해협의 보안을 강화하기 위해 테러에 대한 새 정책을 채택하기로 합의했다. 10월에는 리셴룽이 총리 신분으로 처음 말레이시아를 방문하여 말레이시아 총리 바다위와 양국 사이의 해묵은 역사문제를 해결하고 협력에 대한 심층적인 토론을 위한 새로운 기회를 모색했다. 양측은 이중 과세 방지법 개정에 관하여 협정을 체결했다.

그리하여 말레이시아가 1979년에 페드라 브랑카 섬의 영토권을 주장하며 28년간 끌어온 영토권 분쟁은 양국의 합의하에 2003년 네덜란드 헤이그 국제중재재판소로 회부되고 2008년 5월 싱가포르의 영토로 최종 판결되어 원만히 해결되었다.

2010년 5월에는 오랫동안 미결이었던 싱가포르 내 말레이시아 철도부지 문제를 해결하기 위해 획기적인 토지교환 거래를 확정함으로써 양국 간 정치 및 경제적 협력의 기반이 강화되었다. 이 토지교환 거래에 따르면 말레이시아에서 소유한 탄종 빠가(Tanjong Pagar), 크란지(Kranji), 우드랜드(Woodlands)의 철도부지 3개와 북킷 티마(Bukit Timah)의 철도부지 3개 등 6개 토지 구획을 싱가포르에게 주는 대신, 싱가포르에서는 마리나 사우쓰(Marina South) 내 4개 토지 구획과 오피르 로초(Ophir-Rochor) 지역의 2개 토지 구역을 말레이시아에게 주고, 말레이시아와 싱가포르가 60:40 지분으로 합작투자할 회사인 M-S Pte Ltd를 설립하여 공동으로 개발하기로 합의했다.[53] 대표적인 합작 프로젝트인 마리나 원(Marina one)은 2018년 1월 15일 개장되었다.[54]

2012년 1월에도 양국 총리가 만나 에너지 수입 및 말레이시아 이스칸다(Iskandar)지역에 대한 공동개발과 양국을 연결하는 고속대중 교통 시스템 건설 등 굵직한 경제협력 안건을 논의하였다. 2013년 2월에는 양국대표들이 다시 만나 싱가포르와 쿠알라룸푸르를 연결하는 고속철도개발을 2020년까지 완성하기로 했다. 이외에 이스칸다 지역에 32억 싱가포르달러 규모의 도시건설 계획을 확정하는 등 양국 간의 경제·정치적 관계는 과거 어느 때보다도 우호적으로 발전해가고 있으며 양국 간 투자교류도 급증하고 있다.[55]

이상에서 살펴본 것과 같이 싱가포르는 말레이시아와 급수문제·다리건설·모래수입·군사훈련을 위한 영공이용 등 많은 문제에 관하여 협상해야만 했다. 그러나 협상은 순탄하지 않았고 때로는 협박에 가까운 무리한 요구도 있었다. 전 외무부장관 자야쿠마르는 이런 경우 싱가포르는 다음과 같은 접근방법으로 문제를 해결했다고 말한다. 첫째, 국제법 및 법적 권리와 의무의 준수를 강조했다. 둘째, 싱가포르 지도자들은 대등한 입장에서 관계를 유지하려 노력했고 양국 간의 혜택이 균형을 이루도록 유연하게 대처했다. 그러나 필요하다면 싱가포르의 입장을 견지하면서 부당한 요구나 전술에 대항했다. 셋째, 위기를 기회로 만들었다. 예를 들어 급수문제는 싱가포르의 사활이 걸린 문제였다. 그래서 NEWater를 생산하는 기술을 개발하여 협상력을 높였다.[56] 자야쿠마르는 타국과 분쟁을 해결할 때 제3자와의 합의를 통해 우호적이고 원만하게 해결하는 것이 가장 중요하다고 말한다.[57]

오늘날은 양국의 대통령 및 총리를 비롯한 각료급 대표들의 상호 방문이 매우 빈번하며 다양한 측면에서 공통된 이해관계를 바탕으로 협력하고 있다. 싱가포르는 양국 간 협력 강화를 위해 말레이시아와 우호적인 관계를 발전시켜 나가기 위해 항상 노력하고 있다.

4. 인도네시아와의 외교관계

싱가포르와 인도네시아는 1966년에 국교를 수립하였지만 두 나라 관계는 복잡하다. 인도네시아의 번영과 안정은 싱가포르에게 대단히 중요하지만 거대국가 인도네시아에게 싱가포르는 그다지 중요하지 않았다. 두 나라 사이의 외교와 경제관계는 리콴유와 수하르토의 친근한 개인적인 관계로 인해 수하르토 대통령이 1998년 5월에 사임할 때까지 우호적이었다.

싱가포르는 인도네시아와의 외교 경험을 통해서 외교정책이 개인관계에 의존할 경우 아주 위험하다는 것을 깨달았으나 어쩔 수 없었다. 그래서 수하르토의 후계자가 될 인재를 미리 탐색하고 우호적 관계를 가지려 많은 노력을 기울였었다. 그러나 대통령 감이라고 생각지도 못했던 하비비(B. J. Habibie, 1936~)가 수하르토 후계자로 등장하여 결과적으로 그동안의 노력은 물거품이 되었다. 하비비는 자신에 대한 리콴유의 얕보는 발언에 대해 분개하여 싱가포르의 수십억 달러의 지원을 거절하였다. 하비비는 지도상 녹색인 인도네시아 옆에 붙어 있는 붉은 한 점으로 싱가포르를 간주하여 두 나라 관계가 냉담해졌다.

하비비로 인해 양국관계가 악화되자 싱가포르는 1999년에 새 대통령에 당선된 아브두라만 와힛(Abdurrahman Wahid, 1940~2009)과 좋은 관계를 가지기 위해 재빨리 움직였다. 처음에는 화기애애한 것 같았으나 아세안에 참가하기 위해 싱가포르를 방문한 와히드는 싱가포르를 이익만 생각하는 이기주의 국가라고 비난했다. 그리고 인도네시아가 말레이시아와 그들의 이권을 챙기려 했고 아세안의 공식언어가 영어인 것에 대하여 고촉통을 비난하기도 했다. 심지어 와히드는 싱가포르가 새로 구입하는 잠수함을 폭파하겠다고 위협까지 했다.

싱가포르는 외교적으로 침묵을 유지하면서 빈틈없고 신중하게 답변할 모든 기록을 철저히 준비했다. 2001년 7월 메가와티 수카르노푸트리(Megawati Sukarnoputri, 1947~)가 부패와 실정으로 탄핵된 와히드에 이어 새 대통령에 선출되자 양국관계 개선을 위해 노력했다. 싱가포르는 인도네시아의 문제들이 싱가포르로 확산되어 영향을 미칠 가능성이 있기 때문에 인도네시아의 정치적 안정·영토보전·경제회복에 관심을 가졌다.[58]

2004년 1월 리셴룽 부총리가 인도네시아를 방문하여 인도네시아 대통령, 부통령, 인민 협상회의 의장, 국회의장을 각각 별도로 만났고, 10월에는 리셴룽이 수실로 반방 유도요노(Susilo Banbang Yudhoyono, 1949~) 인도네시아 대통령 취임식에 참석했으며, 11월에는 인도네시아를 의례적으로 방문했다.

그해 12월에 인도네시아가 인도양의 지진과 쓰나미 재해로 사상자와 재산 손실을 입자 싱가포르는 피해 지역을 적극적으로 지원했다. 싱가포르는 생존자 지원과 부두건설을 위해 적극 협력했다. 이후에도 인도네시아에 지진이 발생할 때마다 인도주의적 지원을 아끼지 않았다. 인도네시아 유도요노 대통령은 2010년 싱가포르를 공식방문했으며 이어 2013년 4월 말에 싱가포르를 방문하여 리셴룽 총리와 정상회담을 갖고, 투자 · 항공운송 · 관광 · 인력 · 농업 · 대(對) 테러 등 양국 간 다양한 협력 확대 방안을 논의했다. 또한 그는 난양이공대학으로부터 명예학위를 수여받는 등 양국 간의 방위산업 및 각종 기술분야의 협력 네트워크를 재확인했다. 인도네시아는 아세안 국가 간의 협력관계에서도 중추적 역할을 한다. 아세안의 이해관계를 증진하기 위한 양국의 긴밀한 협력은 아세안의 통합과 지역안정을 증진할 뿐만 아니라 아세안 내의 저명인사 그룹과 젊은 외교관 양성 등 아세안공동체를 위한 협력에 기여하고 있다.[59]

범죄자 인도조약과 방위협력

싱가포르와 인도네시아 양국관계에 있어 가장 문제가 되었던 것은 범죄자 인도에 관해서였다. 인도네시아 인들은 부정직한 사업가들이 그들의 부당이익을 싱가포르에 있는 은행에 은닉한다고 믿었다. 그래서 인도네시아의 부패를 척결하기 위해서는 싱가포르와 범죄자 인도조약을 체결해야 한다고 주장했다. 싱가포르측에서는 의도적으로 이들 사업가들을 감싼다는 의심을 받는 것이 싫어 범죄자 인도 조약체결을 꺼렸다. 왜냐하면 인도네시아가 지목한 사업가들은 불법적으로 목재와 모래들을 반출하고 있었지만 인도네시아에서는 어떤 범죄의 혐의도 받고 있지 않고 자유로이 국외로 여행도 하고 있었다. 그래서 싱가포르 정부는 인도네시아가 이런 사업가들에게 강하게 법을 집행하여 해결할 수 있는데도 불구하고 싱가포르가 그들 대신 법을 집행해주기를 기대한다고 보았다.

수하르토가 집권했던 시기에는 리콴유와 수하르토와의 개인적인 친분으로 인하여 이 문제가 때때로 거론되었지만 더 중요한 문제들에 초점이 맞추어져 문제가 되지 않았다. 그러나 수하르토 이후 양국관계에서 범죄자 인도문제가 주요 안건이 되었다. 2002년 12월 16일 고촉통 총리가 발리를 방문하여 메가와티 대통령을 예방했을 때 하산 위라주다(Hassan Wirajuda, 1948~) 인도네시아 외무부장관은 더 이상 범죄자 인도조약을 미룰 수 없음을 언급했다.[60]

싱가포르의 입장에서 범죄자 인도조약을 주저하는 이유는 다음과 같았다.

첫째, 싱가포르 정부는 싱가포르를 국제 금융중심으로 발전시키고자 노력하는데 범죄자와 그들의 불법자금이 대피하는 곳이라는 불명예가 금융허브로서의 명성에 폐가 될까 싶어 범죄자 인도조약을 주저했다. 그리고 많은 인도네시아의 진정한 금융투자가들을 인도네시아의 일부 정치인들과 관료들이 정치 또는 금융 이익을 위해 그들을 괴롭히려고 범죄자 인도조약을 남용할까봐 걱정했다.

둘째, 인도네시아인들은 범죄자 인도조약을 체결하면 불법자금을 싱가포르로부터 돌려받을 수 있다고 잘못 생각하고 있다. 범죄자 인도조약은 일반적으로 단지 범죄자만을 넘겨줄 뿐 불법 행위에서 파생되었다고 주장되는 금융 및 기타 자산의 몰수는 다른 조약과 법률에 따라 제공된다. 인도네시아와 싱가포르는 유사한 견해를 가진 국가들과 2004년 형사사건에 있어서 공조한다는 조약을 체결하였기 때문에 외국인의 몰수재산에 대한 주문을 집행하는 서비스를 제공할 수 있다. 그러므로 인도네시아 정부가 싱가포르 재판소에 몰수재산에 대하여 민사소송을 제기할 수도 있다.

셋째, 싱가포르가 염려하는 것은 범죄자 인도조약을 체결할 경우 만약 인도네시아가 특정 범죄자 인도를 요구했을 때 이를 거절하면 정치적으로 부정적인 결과를 초래할 수도 있다는 것이다. 왜냐하면 싱가포르 정부가 인도네시아가 원하는 사람을 넘겨주려 해도 싱가포르 법정이 범죄자 인도조약의 요구사항이나 싱가포르 법을 충족시키지 못한다고 판단할 경우 범죄자를 인도할 수 없게 될 수도 있기 때문이다. 이런 경우 인도네시아에서는 싱가포르 정부의 처사와 법원의 판결을 이해 못하고 불만의 소리를 높일 것이라는 것이다.[61]

싱가포르 정부는 기회가 있을 때마다 여러 번 이런 사실들을 언급했고 2004년 1월에 리셴룽 총리가 메가와티 대통령과 내각 장관들을 만났을 때 범죄자 인도조약이 매직 지팡이가 아님을 강조했다. 그러나 인도네시아는 범죄자 인도조약을 체결하지 않으면 싱가포르로 모래 수출을 금지하겠다고 압력을 가했다.[62]

인도네시아측에서 보면 범죄자 인도조약이 중요하지만 싱가포르측에서 보면 군사적 협력이 더 중요했다. 수하르토 대통령 재임기간 동안 양국군대는 우호적인 관계로 발전했다. 싱가포르 장교들은 정규적인 군사훈련을 하고 인도네시아 육군 참모지휘학원에서 강의를 듣도록 파견되었다. 또한 싱가포르와 말라카 해협에서 합동순찰과 인도네시아-싱가포르 순찰 작전에 협력했다. 이와 같은 긴밀한 협력과 친숙함에 따라 양측 장교들 간의 상호이해가 돈독해졌고 1997년 비행기 추락사고 때나 쓰나미 발생시 신속하게 협력할 수 있었다.

그러나 2003년에는 1995년에 맺은 군사훈련협정을 지키지 않았고 육상 비행훈련구, 시아부(Siabu) 공중사격장, 공군사격장에 관한 협력협정도 활성화되지 않았었다. 이 모든 협정은 싱가포르 공군 훈련을 위해서 매우 중요했다.[63]

범죄자 인도조약은 메가와티 정부뿐만 아니라 싱가포르 국민에게도 상징적으로 중요하다는 것을 깨달은 싱가포르 정부는 조심스럽게 이 문제에 접근했다. 다행히 장군 출신인 유도요노가 2004년 10월 대통령에 당선되어 전환점이 되었다. 그는 인도네시아를 재흥하기 위해 세계무대에 적극 참여하고자 했다. 그래서 그는 싱가포르와 좋은 관계를 가지고자 처음부터 리셴룽 총리에게 우호적이었다. 또한 2004년 12월의 쓰나미 재해 복구에 싱가포르가 재빠르게 실질적인 원조를 하여 우의가 더욱 강해졌다. 이어 인도네시아 군대와 싱가포르 군대 간의 방위협력이 회복되었고 양국의 군대는 중요한 군사협정에 관하여 논의하기 위하여 합동 실무그룹을 조직했었으나 진전은 없었다.[64]

유도요노 대통령은 그가 2005년 2월 싱가포르를 방문했을 때 범죄자 인도조약을 조속히 처리해주기를 바랐다. 2005년 10월에 두 지도자들이 발리에서 만나 범죄자 인도와 방위 협정을 함께 처리하기로 합의를 보았다. 그러나 실무진에서 논의가 평행선을 달리다가 "주고받기"식으로 타협이 이루어져 2007년 4월 27일 드디어 외무부와 국방부 장관과 국군최고사령관이 리센룽 총리와 유도요노 대통령 앞에서 범죄자 인도조약과 방위협력협정 등에 관하여 서명했다. 이 협정은 양국의 국회를 통과하지 못해 실행되지 못했으나 다행히 두 나라 관계에는 영향을 미치지 않았다.[65]

양국의 다양한 방면의 협력관계

경제면에서 싱가포르와 인도네시아 양국은 이미 제1무역동반자이고 방문자와 투자의 재원이었다. 1990년대부터 바탐(Batam), 빈탄(Bintan), 카리문(Karimun)의 개발에 관한 오랜 협력은 양국에 경제적 혜택을 가져다주었다. 다민족으로 구성된 싱가포르의 노동력과 토지가 염가인 이들 섬에서 다양한 프로젝트를 수행할 수 있었다. 산업화와 관광업은 이 섬 주민들인 인도네시아인들에게 많은 취업의 기회를 제공했다.[66]

천연가스의 수입을 위해 인도네시아와 싱가포르가 인도네시아의 그리식 가스 공장(Grissik Gas Plant)으로부터 바탐을 통해 싱가포르까지 잇는 500km 정도의 고압 파이프라인을 설치하기로 합의하여 2004년부터 인도네시아 회사가 주도하여 공사를 시작했고 2018년 완공 예정이다.[67]

국경을 초월하여 발생하는 테러와 질병의 문제에 관해서 양국의 관계당국은 긴밀하게 협조하고 있다. 특히 제마아 이스라미아(Jemaah Islamiah)의 네트워크가 폭로된 후에 양국의 치안당국은 테러대책에 있어 긴밀하게 협력하고 있다. 그밖에 잠비(Jambi)에서 발생하는 연기와 인도네시아 반텐(Banten)성(省)의 한 도시인 탄저란(Tangeran)의 조류독감 같은 질병이 발생했을 때에도 양국은 긴밀하게 협조했다.

재난지역에 대한 협조도 긴밀히 진행되었다. 싱가포르 비행기가 1997년 12월 무시(Musi)강에 추락하여 104명이 사망하자 인도네시아에서 많은 인원의 구조대를 파견하여 생존자를 구조하고 인도네시아의 다이버가 2개의 블랙박스를 찾아주었다.

싱가포르는 2004년 12월에 발생한 인도네시아의 쓰나미, 2005년 요그야카르타주 지진, 2006년 중앙 자바(Java) 지진, 2007년 수마트라 지진, 그리고 2009년 파당(Padang)에서 지진이 발생했을 때 인도주의적 지원을 아끼지 않았다.

예를 들어 쓰나미 이후 건설작업에 싱가포르 군대와 인도네시아 군대가 긴밀히 협력했다. 인도네시아에서 훈련받은 싱가포르 고급 장교들은 인도네시아 장교들과 나란히 아체(Aceh)특별구에서 가장 피해가 큰 마을 중 하나인 메울라보(Meulaboh)에 병원을 건설하는 등 몇몇 재건 프로젝트를 함께하며 두터운 유대관계를 쌓았다. 그래서 싱가포르에 대한 감사의 표시로 메울라보의 중심로를 심팡 테마섹(Simpang Temasek) 또는 싱가포르로 명명했다.[68]

전 외무장관 자야쿠마르는 인도네시아의 변화와 정치와 정책 결정에 지도자들이 언론, 의회, 민간사회단체의 영향을 받는다는 것에 유념할 것을 당부하고 있다. 또한 인도네시아도 싱가포르가 붉은 점에 불과하다는 인식을 버리고 싱가포르는 원칙을 엄격히 지키는 지배구조, 투명한 결정, 사람들의 결의에 의해 발전한 것임을 인정할 것을 요구했다. 그리고 양국관계가 평등에 기초하여 상호 존중하고 상호이익을 위해 이루어져야 한다고 말했다.[69]

5. 미국과의 관계

싱가포르에게 있어 미국과의 관계는 중국 이상으로 중요하다. 미국은 동남아시아에 있어서 유일하게 중국을 견제할 수 있는 강대국일 뿐 아니라 경제적으로나 군사적으로 중요국가이다.

싱가포르는 미국과 1966년 4월에 수교하였으며 미국은 싱가포르의 제3대 무역파트너이다. 두 나라의 국방외교 관계는 항상 양호하나 싱가포르와 미국 국무성과 미국 자유매체 기관들과의 관계는 때로 긴장되었다.

싱가포르는 미국이 동남아시아 지역에 계속 관심을 가지고 영향력을 행사하기를 기대한다. 왜냐하면 미국을 합리적이며 다른 국가에 대하여 영토적 야심이 없는 패권국가라고 인식했기 때문이다. 또한 이 지역의 평화와 안정을 위해 미국의 역할이 중요하다고 보았다.[70] 그리하여 싱가포르는 미국의 월남전 참여를 지지했다. 왜냐하면 월남전으로 인하여 미국은 동남아시아가 경제적으로 발달하는데 필요한 시간을 주고 지역 내 공산주의자들의 반란을 좌절시키는데 성공할 것으로 보았기 때문이다.

그러나 구소련의 붕괴로 냉전이 종식되자 미국에 있어 싱가포르의 유용성이 감소되었다. 미국이 외교정책에서 인권과 민주적인 발전을 다시 강조하자 두 나라의 정치적 가치관이 충돌하게 되었다. 싱가포르는 미국이 국내정치에 간섭하는 것을 결단코 허용하지 않았을 뿐만 아니라 대담하게 미국의 사회적·정치적 단점들을 비판했다. 1990년대 양국의 악감정이 심해지자 한 정치평론가는 "이러다가 두 나라 관계가 돌이킬 수 없는 단계에 이를 것처럼 보인다"고 말했을 정도였다.

두 나라의 정치적 가치의 격렬한 충돌은 커다란 그림에서 더 잘 설명될 수 있다. 이것은 미국이 아시아에 민주화를 복음처럼 전파하려는 것이 작은 나라 싱가포르에 의해 거절되어서가 아니다. 미국을 자극하는 것은 싱가포르가 중국에 대해 민주주의와 반대되는 모델을 제시할 뿐만 아니라 중국에게 미국이 중국의 인권침해와 다른 남용에 대해 비판하는 것에 대하여 어떻게 대응하는지를 자문하기 때문이다.

싱가포르는 미국이 때로는 대중여론과 유행에 좌우되는 외교정책에 의하여 잘못된 정치권력을 끝까지 제거하지 못하는 점에 대하여 불만을 가지고 있다. 예를 들어 동티모르를 둘러싼 사건들에 보여준 소극적인 관여와 동남아시아를 강타한 경제위기시에 보여준 미국의 무관심을 보고 미국이 혹시 동남아 안보로부터 손을 떼는 것이 아닌가 하고 염려했다.

그러나 테러와의 전쟁으로 미국이 다시 동남아에 관심을 가지게 된 것에 대해 싱가포르 지도자들은 다행으로 여겼다. 조지 부시 행정부가 들어서면서 양국의 지도자들이 만나 우의를 다졌다. 2004년 6월에는 미국국방장관 도널드 럼즈펠드(Donald Rumsfeld, 1932~)가 싱가포르에 와서 제3의 아시아 안전보장 회의에 출석했다. 또한 9월에는 싱가포르와 미국 국방협력위원회는 양국 간의 해상 안전보장과 방위기술 협력에 관하여 의견을 교환하기 위해 제5차 회합을 개최하는 등 관계가 호전되었다.

특히 싱가포르가 이슬람 과격 그룹인 제마아 이스라미아의 3개 지하방에서 미심쩍은 테러범들을 체포하면서 양국의 관계는 더욱 가까워졌다. 그들은 미국전선(戰船), 근거리 왕복버스를 이용하는 해군요원, 미국회사와 미국대사를 포함한 여러 나라 대사들을 공격할 음모를 꾸미고

있었다.[71]

싱가포르는 강력한 테러와의 국제적인 싸움을 지원하고 적극적으로 지역의 글로벌 대테러 작업에 미국과 협력하여 이라크 전쟁 후 이라크에 192명의 평화 유지군을 파견하여 이라크의 재건에 참여했다. 미국은 세계 제2차 대전부터 아시아에 존재했지만 오바마 제1기 정부는 아시아를 중심점이라 부를 정도로 아시아와 미국과의 관계가 강해졌다. 미국은 아세안에 관여하고 있으며 싱가포르와 관계 또한 긴밀해졌다.[72]

경제적으로 싱가포르는 미국과 미국기업의 주요한 파트너로서 공동으로 동남아시아의 성장기회를 활용했다. 미국과 싱가포르의 자유무역협정은 아시아에서 미국이 첫 번째로 거의 10여 년간 기업의 참여를 지지하고 있다. 미국의 투자는 싱가포르 경제를 변화시켰고 싱가포르는 많은 미국기업들과 장기적인 관계를 유지하면서 좋은 인프라와 링크 및 첨단기술 인력을 가지게 되었다.[73] 싱가포르는 이로부터 새로운 단계에 진입하게 되어 경제와 사회가 발전했다.

한편 싱가포르는 미국기업의 범위를 아시아 시장에 확대시켜주는데 도움이 되었다. 예를 들어 프록터(Procter)와 갬블(Gamble)은 싱가포르에서 소비자의 통찰과 설계팀의 도움으로 기존 제품을 아시아 시장에 맞게 특화하여 새로운 제품을 생산했다. 이와 같이 싱가포르는 미국기업들을 아시아에 연결시켜주는 고리역할을 함으로써 미국기업과 싱가포르가 함께 윈-윈하는 전략을 펼치고 있다.[74]

2007년부터 2013년의 6년간 세계는 큰 변화를 보았다. 글로벌 금융위기는 큰 충격이었고 기술 및 소셜 미디어는 근본적으로 사회를 변화시키고 있다. 그 한 예가 '아랍의 봄'으로 2010년 말 북아프리카 튀지니에서 시작되어 아랍중동국가 및 북아프리카로 확산된 반정부 시위이다.

다행히 아시아는 상대적으로 금융위기를 잘 극복하여 국가들은 번영하고 지역은 통합을 이루고 있다. 이런 변화 중에 싱가포르가 주축이 된 아세안은 외부 파트너와의 관계를 돈독히 하고자 했다. 그리하여 동아시아 정상회의에 미국과 러시아를 포함시켰다. 싱가포르는 아세안 내에서 미국과의 관계를 강화하고 있고 미국이 아세안 국가들과 전략적 파트너관계를 맺고 경제협력을 적극적으로 확대하기를 기대하고 있다.

2013년 미국과 싱가포르와 기타 9개의 아시아 태평양 국가들은 범태평양 파트너 관계 협정(Trans-Pacific Partnership, TPP)을 완성한 후 회원국들의 총국내생산가는 전 지구에서 3번째로 큰 자유무역협정이 될 것으로 보았다.[75] 미국 트럼프 대통령의 보호주의 정책으로 위기를 맞고 있으나 싱가포르는 범태평양 파트너관계 협정인 TPP를 적극 추진하며, 여기에 일본이 참여하여 미국과 함께 동북아시아의 안전과 경제발전을 도모해주기를 기대하고 역내 포괄적 경제동반자협정(RCEP)과 같이 TPP가 아시아 태평양 자유무역협정(Asia Pacific FTA)을 발효시키기를 희망한다.

싱가포르와 미국은 경제뿐만 아니라 전략적 기본협정하에서 우수한 보안협력을 향유하고 있다. 싱가포르 군대는 미국에서 훈련할 기회를 준 미국에 감사하고 있으며 이에 보답하기 위해 허리케인 카트리나가 엄습했을 때에 싱가포르 공군이 즉시 구호 활동에 출동하여 봉사했다.

또한 싱가포르대학과 예일대학교, 연구 및 기술을 위한 싱가포르대학과 MIT 제휴 등 싱가포르와 미국 교육계는 다양한 협력관계를 맺고 있다. 2012년에 싱가포르와 미국은 교육 협력을 강화하는 양해 각서를 체결했고 미국의 일부 학교에서는 심지어 싱가포르의 수학교재를 시험적으로 사용하고 있다.[76]

미국과 중국의 관계가 어떻게 발전하는가는 싱가포르에게 대단히 중요하다. 싱가포르는 아주 작은 국가이며 수출지향국가로서 아주 작은 문제 하나가 경제에 충격을 줄 수 있기 때문에 국가안보 문제는 대단히 중요하다. 2009년 리셴룽은 싱가포르의 경제발전이 중미관계에 따라 달라진다고 실토했을 정도로 양국관계가 악화되면 경제무역, 통화, 인권문제에 관해 마찰이 발생할 것으로 본다. 그러므로 싱가포르는 중미 양국이 서로 전략적 신뢰를 구축하기를 희망한다.[77]

사실 중국의 발전은 세계의 세력균형에 큰 변화를 가져왔다. 중국은 그들의 성공은 안정적인 국제 환경에 의존한다는 것을 잘 알고 있다. 중국은 양지에서 그의 정당한 자리를 원하지만 행동의 자유를 제한하려는 어떠한 시도도 경계할 것이다.[78]

리콴유는 안보에 관하여 싱가포르와 중국과의 협력이 미약한 것을 걱정했고 동남아시아에서의 중국의 지정학적 야심에 신경을 썼다. 싱가포르는 아세안을 통해 여러 아세안 구성원 간의 영토 및 해양 분쟁에 있어 당사자들의 자제를 촉구하고, 평화와 유엔 해양법 협약을 포함한 국제법에 따라 문제를 해결할 것을 요구했다. 미국이 분쟁의 당사자는 아니지만, 남중국해에서 항해의 자유와 지역의 평화와 안정을 유지하여야 한다는 원칙을 공유하고 있어 싱가포르는 미국이 관심을 가져주기를 희망한다.[79]

리콴유는 중국 지도자들과 절친하지만 남중국해에서 평화를 유지하기 위해 미국의 존재가 필요하다고 말할 정도로 국제관계는 냉정하다는 것을 보여주었다.[80] 아세안은 2개의 강력한 끌어당기는 힘 즉 미국의 존재를 유지할 필요가 있고 거대 이웃인 중국과 실용적이고 장기적인 발전관계를 유지할 필요가 있다.

싱가포르는 동남아시아에서 중국이 영향력을 유지하기를 지지할 뿐만 아니라 중국과 아세안 국가들과 상호 합작관계가 성립되도록 적극 추진했다. 싱가포르는 동남아에서 중국이 장기간 안정적으로 영향력을 유지하도록 지지하지만 중국의 영향력이 아주 빠르게 강해지기를 원치 않았다. 현재 중국이 동남아에서 주도적인 역할을 하는 대국으로 변하는 것을 바라지 않았다. 왜냐하면 실제 동남아 국가들의 문제가 대단히 많고 발전수준이 고르지 못해 중국은 동남아를 주도할 대책을 가지고 있지 않을 뿐만 아니라 실력이 부족하다고 평가했었다. 그러므로 중국이 현재 취하고 있는 것과 같이 아세안 국가들과 계속 합작을 추진하면 윈-윈할 것이라고 보았다. 그런데 최근 중국은 군사적으로 외교적으로 점점 강해지고 있다. 이것이 최근에 싱가포르 지도자들이 자주 동남아에서 대국의 영향력이 균형을 유지하여야만 한다고 말하는 이유이다. 그래서 싱가포르는 미국이 동남아를 홀시할 수 없도록 끊임없이 격려한다.

리콴유는 《포브스(Forbes)》에 중국경제가 번영하면서 군대도 발전하는데 그 첨단무기는 대부분 중국이 자체연구 개발한 것으로 국력이 날로 강해지고 있다며 우려를 표했다. 이러한 상황에 중국의 핵심 이익이 위협을 받아 13억 중국시장이 닫힌다면 다른 나라 경제에 미치는 영향은 대단할 것이라 투고했다.[81]

또 2011년 5월 26일 "아시아의 미래" 연례회의에서 리콴유는 중국은 이미 너무 커 중국과 경쟁할 수 있는 나라는 없다고 말했다. 다만 미국이 그 첨단기술로 중국과 경쟁할 수 있다면서 미국이 아시아에서 중요한 역할을 해주기를 기대했다.[82] 그는 동남아에서 강력하게 지역안전을 보증할 수 있는 국가는 현재로는 미국만이 가능하다고 보았다.[83] 리콴유는 미국과 중국은 현명하고 신중하게 세계의 세력 균형을 관리하기 위해 상호 신뢰를 강화해야 한다고 말했다.[84]

6. 국익이 최우선인 외교

2004년 8월 리셴룽이 고촉통을 계승하여 총리가 된 후 첫 국경일 행사 연설 중 그는 다음과 같이 지적했다. "우리는 우리와 함께 협력하고자 하는 모든 국가들과 상생 협력을 추구합니다. 그러나 이것이 우리가 다른 나라의 견해나 입장을 항상 수용할 수 있다는 것을 의미하지 않습니다. 우리의 중대한 이해관계가 위기에 처할 경우, 우리는 조용히 우리의 입장을 고수해야 합니다. (…) 대국은 (…) 그들의 이익을 첫째로 두기 때문에 우리도 우리의 이익을 첫째로 두어야 합니다".[85]

싱가포르는 작은 교역국가라는 취약점과 한계를 보완하기 위해 외교에 상당한 자원을 투자했다. 타국과의 연대는 국가 이익을 추구하기 위한 정책이었다. 약소국인 싱가포르가 주변 강국들로부터 내정간섭과 주권 침해를 받지 않으려는 적극적인 외교 정책의 일환이었다.[86]

싱가포르는 도시국가임에도 불구하고 동남아시아에서 주도적인 외교역량을 과시하고 있다. 동남아시아 등지에서 외교적 영향력이 강력한 이유는 경제력을 바탕으로 한 실용주의 외교정책의 결과라고 할 수 있다. 외교 분쟁 국가 간 지렛대 외교는 실용주의적 외교정책과 관계가 있다. 인도네시아와 말레이시아 등 아세안 회원국들에게 싱가포르는 자주독립 국가임을 부각시키는 노력을 지속적으로 기울였다. 싱가포르는 동아시아 국가연합인 아세안 창설에 참여한 이후 2007년과 2008년 사이

아시아·태평양 경제협력체(APEC)의 의장국을 수행하였으며 최근 APEC 차원에서 아태지역 경제통합을 위한 노력을 기울이고 있다.

싱가포르는 대외적으로 독립국가로서의 정체성을 강조한다. 싱가포르는 동남아시아 외교의 지렛대 역할에 그치지 않고 세계적으로도 외교적역량을 강화하고 있다. 또 하나의 대국인 인도와도 관계개선에 힘써 인도를 아시아 지역포럼(Asian Regional Forum)과 동아시아 정상회담(East Asian Summit)에 초청했고, 많은 장관들의 반대에도 불구하고 싱가포르는 첫 번째로 자유무역팩(Free Trade Pack)을 체결했다. 그래서 싱가포르는 2개의 추진 세력을 가지게 되었다. 그리고 싱가포르는 중동에 있는 오일 국가들과도 관계를 가지게 되었고, 러시아와도 소규모로 관계를 맺기 시작했다. 리콴유는 이들 외부의 국가들과의 연계 없이 싱가포르는 무엇을 할 수 있을지 모르겠다고 말했다.[87]

싱가포르의 외교정책은 곧 번영을 위한 경제정책으로 이어졌다. 싱가포르의 외교원칙은 '수교(修交)와 교역(交易)은 별개'라는 방식으로 정치적 이데올로기와 무관하게 상대국가와의 상호이익을 위한 교역을 증진시켰다. 싱가포르는 중국과 타이완을 포함하여 이슬람 국가와 이스라엘 등 어느 국가와도 이데올로기와 정체(政體)에 무관하게 상호이익을 위한 교역을 증진시키는데 노력해왔다.[88]

싱가포르는 1990년대부터는 건국초기의 불안 대신 자신감을 가지고 외교정책을 펼쳤다.[89] 싱가포르는 아무리 작은 국가라 해도 다른 나라들과 어떻게 소통하고 교류하는가와 그 자신을 어떻게 기획하는가에 따라 다른 나라가 싱가포르의 유용성에 대해 인식하게 된다고 판단했기 때문이다.[90]

싱가포르의 외교정책은 리콴유에 의해서 시작되었다. 1993년부터 중국은 싱가포르를 중국의 발전모델로 여겼고, 1990년대에 아프리카 리더십 포럼은 싱가포르의 경험으로부터 배울 수 있는 교훈들에 관심을 가졌다. 영국은 노동당이 다시 집권하자 예비장관(Shadow Ministers)들을 싱가포르의 사회보장(연금)과 보건저축 건강시스템(Medisave Health Systems)을 배우도록 파견했다. 리콴유는 국제적으로 존경받는 인물로 베트남·카자흐스탄·인도네시아의 고문이 되었고 다양한 국제적 장소에서 그의 관점이 옹호되기도 하여 그의 역할이 확대되었다.[91]

그는 국제무대에서 세계지도자들과 광범위하게 접촉했다. 그의 여행과 국제적 연설은 소국가 싱가포르의 '예외'에 대한 세계적인 인식을 증강하는데 기여했다. 그는 또한 타이완과 중국과 중개자의 역할도 했다.[92] 그는 중국전문가로 중국 지도자들뿐만 아니라 미국 지도자들에게도 그의 생각을 말하곤 했다. 예를 들어 미국 상원의원에게 중국과 타이완 사이에 교역과 투자가 활발히 진행되고 있으므로 경제적으로 긴밀하게 연결되면 통일은 자연스럽게 이루어질 것이니 미국은 타이완 문제로 중국과 충돌하지 말라고 조언하기도 했다.[93]

2015년 리콴유 사후 싱가포르는 여전히 국가 이익을 위한 외교, 경제번영을 위한 외교를 지속하고 있다. 싱가포르의 경제에 있어 믈라카 해협과 한국·일본을 잇는 남중국해는 핵심 이익이 걸린 해상 교역로라 할 수 있다. 그리하여 국제중재재판소가 중국의 남중국해 영유권 주장은 근거 없다고 판결한 이후 주요 국제회의 때마다 이 판결을 거론하여 중국을 불편하게 했다. 중국의 시진핑 정부는 동남아 국가와 남중국해 영유권 분쟁에 있어 싱가포르가 미국의 편에 기울어져 있다고 보았고 싱가포르가 환태평양경제 동반자협정에 임하는 태도에도 불만이었다. 그리하여 2016년 11월 타이완에서 훈련을 마치고 귀국길에 푸젠성과 홍콩을 경유하는 싱가포르 장갑차 9대를 홍콩세관에서 억류했다. 표면상의 이유는 통관수속상의 문제라고 했지만 실제로는 싱가포르에 대한 경고였다. 양국이 3개월간의 협상 끝에 설이 끝나기 전에 장갑차를 돌려보냈고 이어서 곧 양국고위층 합작회의가 개최되었다.

싱가포르 부총리 테오치헤안이 2017년 2월 26일 많은 대표단을 인솔하고 베이징을 방문하여 양국이 1년에 한 번 개최하는 쌍무고위층 합작회의에 참석했다. 중국 부총리 장가오리, 싱가포르 외무부장관 발라크리쉬난(Vivian Balakrishnan, 維文, 1961~), 중국 외무부장관 왕이(王毅, 1953~) 그리고 다른 장관들 모두 과거와 다를 바 없이 연회에 참석하고 교류했다. 그러나 완전히 경직된 관계가 해소된 것은 아니었다. 장가오리는 "단단한 정치적 상호신뢰(牢築政治互信)"와 "이익공감대를 당겨 잡자"를 주장했고 왕의 부장은 '역내 포괄적 경제동반자협정(RCEP)'을 빨리 완성하고 중국과 동맹의 운명 공동체를 건설하자고 주장했다. 테오치헤안도 중국의 일대일로 건설에 싱가포르가 적극 참여하기를 바라며 양국관계가 더 심화 발전하기를 바란다고 했다. 그리고 싱가포르는 중국의 진흥굴기를 완전히 지지하고 고도로 중국과의 관계를 중시하며 중국이 장기간 신뢰하는 협력동반자가 되기를 희망한다고 말했다.

시진핑 주석이 다보스 포럼에서 연설한 것같이 중국은 '역내 포괄적 경제동반자협정'을 빨리 완성하여 아태자유무역구를 건설하고 세계자유무역체제를 유지하기를 원했다. 그러나 싱가포르는 중국의 원조를 필요로 하지 않기 때문에 필리핀이나 말레이시아처럼 태도를 급변하여 친중으로 기울지는 않는다.[94]

2017년 5월 14~15일 베이징에서 개최된 일대일로 국제협력 정상회의에 싱가포르의 리셴룽 총리는 인도 수상과 함께 참석하지 않았다. 싱가포르 국가발전장관인 로렌스웡(Lawrence Wong Shyun Tsai, 黃循財, 1972~)에 의하면 중국 측에서 초청하지 않았기 때문이라고 한다. 싱가포르가 남해문제에 대해 미국과 일본 측에 협조한다고 중국이 싱가포르를 옹졸하게 냉대하는 모습으로 볼 수 있다. 2016년까지 중국자본 기업이 일대일로 연선의 20여 개 국가에 56개 경제합작구를 건설했고 주체국들은 거의 11억 달러의 세수를 확보했다. 이런 거대한 경제파이에 싱가포르가 관심이 없을 수 없다.[95] 비록 싱가포르는 지도상의 한 점에 불과한 작은 도시국가이지만 국가의 전략적 이익과 자존심이 걸린 문제에 대해서는 결단코 물러서지 않을 것이다.

OUE

C H I N A

싱가포르의 정책은 어떻게 실행되어 효과를 거두는가?

S I N G A P O R E

신생독립국가 싱가포르가 당면한 중요한 과제는 첫째 국제적으로 독립을 인정받는 것, 둘째 영토를 방어하는 것, 셋째 국민들을 먹여 살리는 것, 그리고 넷째 다민족으로 구성된 국민들을 평등하고 평화롭게 살 수 있도록 하는 것이었다. 앞에서 이미 우리는 당면과제의 첫째와 둘째를 살펴보았다. 5부에서는 당면과제 셋째와 넷째를 소개하려 한다.

싱가포르의 제일 중요한 과제는 국민들을 먹여 살리는 경제발전이었다. 1장에서는 끊임없이 도전해오는 경제문제를 어떤 정책으로 어떻게 대처해 나가는가를 살펴보고자 한다. 2장에서는 아시아에서 행복지수가 가장 높은 싱가포르인들의 사회복지에 관하여 살펴보고, 3장에서는 미래발전을 위한 우수한 인재를 어떻게 양성하는지 소개하려 한다.

노사정(勞使政) 협조로 이룬 경제발전

1장

독립국가 싱가포르는 국내시장도 없고 자연자원과 배후 교역시장이 제한되어 있는 작은 섬나라이다. 싱가포르는 생존을 위해서, 그리고 안정과 번영을 위해 국가정책 중 경제발전을 우선순위로 두었다. 지도자들은 "생존을 위해 기회를 포착해야 한다"고 생각하고 무에서 유를 창조하는 정신으로 국정에 임했다.[1] 경제발전을 위해서는 경쟁력과 지속적인 성장을 유지해야만 했다. 싱가포르는 자본·이윤·자유시장의 이념과 국제 경제체제와의 공존 이데올로기라는 경제정책을 내세우고 경제 발전을 위한 공업화와 과학기술에 기초한 산업발전에 역점을 두었다.[2]

본장에서는 세계경제 변화에 따른 싱가포르 경제정책의 변화와 그 내용을 알아보고자 한다. 우선 싱가포르 정부가 경제발전기획을 어떻게 수립하였으며 경제 변화에 어떻게 대응하여 오늘날 세계 경제 지표상 높은 수위를 차지하게 되었는가를 경제발전국의 역할을 통해 살펴보고자 한다. 그리고 싱가포르의 경제적 발전과정에서 나타난 주요산업 정책의 변화와 공업화 전략, 산업구조의 고도화, 세계화를 향한 경제의 다원화 전략을 소개하려 한다. 끝으로 싱가포르의 경제를 전망해보고자 한다.

1. 경제정책과 기획부서인 경제발전국의 역할

싱가포르는 지정학적으로 시장은 좁고 말레이시아와의 합병으로 시장이 확대될 것을 예상하고 설립했거나 개척한 많은 산업분야가 말레이시아 연방으로부터 분리 독립되어 초과 가동되는 상태였다. 게다가 1968년 영국정부의 군사기지 철수 결정으로 노동력의 20%에 해당하는 3만8천 명이 실직될 예정이라는 위기의식은 경제에 대한 정부의 관여에 정당성이 부여되었다. 그리하여 싱가포르 정부는 경제개발을 주도하고 관리들이 오직 경제발전을 위해 그 역할을 다하였다.[3]

국가주도 경제개발정책

싱가포르 경제는 토지와 기간산업의 국유화 등 사회주의 경제개념이 가미된 자본주의 시장경제의 운영방식을 채택하고 있다. 정부는 싱가포르 국토의 75%를 소유하고 있으며, 정부가 원하면 언제든지 그 여분의 토지를 획득할 수 있는 권한을 가지고 있을 뿐만 아니라 노동과 자본시장에 개입하여 자원의 관리와 분배를 통제하고 규제한다.[4]

리콴유는 경제 문제를 해결하기 위해 이스라엘을 벤치마킹했다. 이스라엘이 전 세계의 유대인들을 활용한 것처럼 리콴유도 이웃 말레이시아와 인도네시아 지역을 벗어나 다른 지역과의 관계개선을 통하여 자본을 유치하고자 했다. 해외투자를 성공적으로 유치하기 위해 대외 개방체제가 필요했고 이를 지탱할 관료들은 기본적으로 "비즈니스 마인드"로 무장한 공무원이어야 했다. 그리하여 구조조정을 통해 강력하고 실천력이 있는 인재를 중심으로 한 관료 조직을 만들었다.[5]

그리고 싱가포르는 외부의 충격에 위축되지 않는 튼튼한 경제를 유지하기 위해서 지속적으로 제도를 개선하여 경제의 기초를 튼튼히 하고 첨단기술산업과 서비스업으로 전환하여 어느 한 분야가 위축되어도 큰 영향을 받지 않도록 했다.

리콴유는 그의 회고록에서 1960년대 후반에 2가지 중요 정책을 추진하기로 결심한 것이 싱가포르의 경제적 성공을 이끌었다고 말한다. 하나는 기술 습득을 위한 다국적 기업 유치와 협조이고 또 하나는 사업하기 좋은 환경을 조성하는 것이다. 그는 저가의 노동력, 안정된 사회, 생활하기 편리한 공공시설, 아름다운 환경을 이용해 싱가포르를 제3세계에서 가장 으뜸가는 오아시스로 건설하려는 계획을 가지고 있었다.[6]

• 다국적 기업 유치

1965년 싱가포르가 독립된 이후에 추진한 첫 번째 경제정책은 다국적 기업을 유치하는 것이었다. 국내자본이 매우 취약한 싱가포르는 수출 제조업에 외국투자를 끌어드리기 위해 다국적 기업을 유치하는 정책을 수립했다. 리콴유는 싱가포르의 수출 증진을 위해 당시 다른 국가에서 시도한 적이 없는 다국적 자본으로 산업화를 시작했다. 이것은 싱가포르가 외국으로부터 돈을 빌리는 것이 아니라 그들에게 직접 투자

하도록 하는 전략이었다.[7]

이 전략은 싱가포르 경제를 활성화시키는 아주 결정적인 선택이었고 수입대체 전략이 되었다. 싱가포르의 이러한 정책 결정의 배경에는 첫째, 과거 식민지시절부터 해온 자유무역의 경험이 외국투자를 적극 유치하고 국제화하는 것을 두려워하지 않게 작용했다고 볼 수 있다. 둘째, 싱가포르의 주어진 환경을 고려하여 그들에게 적합한 정책을 제정하고 실천한 지도자들의 창의력이 중요한 역할을 했다. 지도자들이 당시 다수를 차지했던 중국계 상인들에 의존하지 않고 다국적 기업을 선택함으로써 긍정적인 결과를 초래할 수 있었다.

다국적 기업에서 국내 노동자들은 새로운 기술을 습득할 수 있었고, 다국적 기업을 통해 국제적 시장의 판매망을 확보할 수 있었다. 또한 제한된 소규모의 경제에서 대규모의 경제를 운영할 수 있게 되었고 세계경제에 통합되어 전문화된 영역을 창출해낼 수 있게 되었다.[8]

리콴유는 싱가포르 경제의 세계화에 대해 다음과 같이 말했다. "나는 우리가 성공할 것이라고 예상하지 못했다. 세계가 어떻게 발전할지 모르기 때문이다. 그러나 나는 우리가 모든 기회를 잡으면 세계와 같이 발전할 것이라는 것을 알았다. 만약 다른 세계가 아닌 이 지역에만 의존했더라면 우리는 여러 단계 밑일 것이다. 우리는 처음에 영국·유럽·미국·일본과 연결하여 한 단계 높아졌다."[9]

1968년 리콴유가 미국 케네디정부학원에 명예원사(Kennedy School of Government honorary fellow, 院士)로 갔을 당시, 유럽은 외국에서 그들의 공장을 철수하고 있었다. 반면 미국은 확장하고 있었다. 그는 당시 하버드 경제학과 레이 버논(Ray Vernon) 교수에게서 경제학 강의를 듣고 싱가포르의 경제발전 계획을 구상했다. 그는 끊임없이 변화하는 기술·산업·시장과 특히 노동집약적 산업에서 어떻게 비용이 이익을 결정하는지에 대해 배웠다. 그리고 홍콩·한국·타이완의 경제 발전과 홍콩 기업가가 어떻게 성공하는지 등에 관해 들었다.[10]

리콴유는 당시 중국의 문화대혁명으로 타이완이나 홍콩을 위험하다고 보는 미국 기업가들에게 싱가포르가 정치적으로 안전하다는 것을 제시할 수 있다고 판단했다. 그는 싱가포르가 세계의 컴퓨터센터와 하드디스크센터가 될 수 있고 석유화학을 발전시킬 수 있다고 보았다.[11]

그는 미국을 위시한 세계의 흐름을 보았다. 그는 당시 좌익계통이 주장하는 다국적 기업이 발전국가의 부존자원을 약탈한다는 지배적인 관점에 찬성하지 않았다. 싱가포르는 다국적 기업이 약탈할 만한 많은 자원도 갖지 못했지만 부패를 제거함으로써 다국적 기업을 조종할 수 있다고 확신했다. 1965년까지 싱가포르 지도자들이 다국적 기업을 적극적으로 유치한 결과 1980년대 후반에 이르면 싱가포르 생산품의 4분의 3이 외국회사로부터 생산되었다.[12]

외국기업의 투자는 장기적인 경제발전에 거대한 엔진이 되었다. 이 엔진은 싱가포르 석유화학산업의 발전을 촉진했고, 싱가포르를 세계 톱 3의 석유정제센터 중 하나로 만들었다. 또한 첨단과학기술을 주요산업으로 하는 공업단지의 발전으로 인해 싱가포르는 세계에서 제일 먼저 IT 산업의 집중지가 되었다.

• 사업하기 좋은 환경

싱가포르 정부가 추진한 두 번째 정책은 외국인들을 싱가포르에 와서 비즈니스를 하고 즐기도록 유도하는 것이었다. 싱가포르 정부는 공공과 개인의 안전·건강·교육·통신·교통·서비스 측면에서 외국기업이 선호하도록 노동자들과 국민을 재교육시키고 재훈련시켰다. 특히 외국기업들과 협력하도록 노조가 운영되고 노동의 질과 저임금이 유지되도록 정부가 노력해야만 했다. 이러한 정부 노력의 결과 다국적 기업의 유치에 있어 경쟁우위를 차지하게 되었고 이들 기업들의 지역총괄본부 유치에 경쟁력을 갖게 되었다. 이와 같이 사업하기 좋은 환경 조성은 싱가포르 경제발전국과 UN관리들의 노력의 결과였다. 특히 앨버트 윈세미우스 박사의 도움을 많이 받았다.[13] 윈세미우스 박사는 싱가포르의 경제고문으로 1961년부터 1984년까지 23년간 매년 2번 싱가포르를 방문하여 3주씩 머물면서 자문했다. 그는 첫 주에는 경제발전국 관리들을 시작으로 다국적 기업의 경영진, 일부 싱가포르 회사의 경영진, 그리고 노조지도자들을 차례로 만난 다음 보고서와 권고사항을 재무부장관과 리콴유에게 전달했다. 다국적 기업의 최고경영자들은 자유롭게 정부규제에 대한 문제들과 싱가포르달러의 가치 상승, 외국인 노동자의 고용제한 등에 대하여 그에게 말할 수 있어 감사하다고 말했다.[14] 정부는 윈세미우스 박사의 권고에 따라 노사정 협력체제를 구축할 수 있었다.

① 전국노동조합 총회를 통한 노사 간 협력체제 구축

다국적 기업을 유치하기 위해서는 산업인프라 구축, 저임금 정책, 그리고 정치적 안정이 필요했다. 정부는 노사관계가 경제적 필요에 순응하는 정책을 추진했다.

1960~70년대에 정부는 일찍이 경제성장을 위한 다국적 기업 유치에 있어 노사 간의 협력관계를 중요조건으로 보았다. 1959년부터 1979년 사이의 산업화 과정에서 좌익계가 장악하고 있던 싱가포르 노동조합 협회가 해체되었고 싱가포르의 전국 규모 노조인 '전국노동조합총

회(National Trade Union Congress(약칭 전국노총))'가 그 위상을 확고하게 정립하였다.[15]

리콴유는 조합원들에게 싱가포르가 당시 직면하고 있는 위기의 심각성을 지적하며 "변하겠느냐 아니면 죽겠느냐" "만약 이렇게 하면 집을 가질 수 있고, 자녀들이 학교에 갈 수 있고, 정부로부터 도움을 받을 수 있다"라고 하며 조합원들을 설득했다. 그리하여 노동법·고용법·노동조합법을 변경했고 조합원들은 파업하기 전에 투표를 해야만 했다. 리콴유는 새로운 기구들을 창설해 부패가 없는 청결한 도시국가, 범죄가 없는 살기 좋은 나라를 창조하겠다는 의지를 조합원들에게 보여주었다. 이러한 그의 설득은 주효했다. 그는 "내가 만약 설득력이 없었다면 잘 안 되었을 것이다"라고 당시를 회고했다.[16]

정부는 전국노총을 통해 노동자들을 국가에 충성하는 가치관을 갖도록 사회화하고 근면하도록 훈련시켜 나갔다. 정부는 1941년에 제정된 노조법에 따라 이념을 달리하는 노조원들의 등록을 취소했다. 또한 1968년엔 고용법과 노사관계법을 수정하여 제도적으로 노동자들의 지나치고 무분별한 요구를 금지시켰고, 인사이동·승진·해고·임무부여 등을 단체협상 항목에서 제외시켰다.[17] 이 수정된 고용법과 노사관계를 실천하기 위해 리콴유 총리를 위시한 정부각료들은 노동운동은 계급투쟁을 목표로 한 전투조직으로서의 역할을 중지하고 국가 이익을 최선의 목표로 수용해야 한다고 강조했다.

싱가포르 정치체제는 국가 이익을 우선하는 권위주의적 통치체제로서 전국노총은 국가 이익의 관점에서 노동의 부분적 이익을 국가 전체 이익에 종속시키고 노사관계에서 전통적인 대립이 아닌 협력을 중시하며 국가 건설에 있어서 노동자에 대한 교육적·사회화적 기능을 담당하도록 요구받았다.[18] 1970년 중반에 이르면 노동조합은 더 이상 전투적이 아니고 개인보다 국가이익을 우선하여 고용인들에게 유리하게 되었다.[19]

싱가포르의 산업화와 함께 전국노총의 구조와 역할도 거듭 변했다. 전국노총은 고도의 중앙집권화된 조직체로 노동자들과 그들의 불만을 효율적으로 통제함으로써 정치적 동원을 막을 수 있었다. 전국노총은 정치체제 내에서 그 대표성을 인정받았을 뿐만 아니라 정치 참여가 허용되었다. 이에 싱가포르는 국가와 노동 간의 공생 관계를 근간으로 상호 협력하여 국민경제를 실현하는 체제를 구축했다.[20]

1974년부터는 노조분쟁위원회가 모든 조합들의 협상여부를 승인하고 분쟁해결 과정에서 고용주에 불리한 분쟁은 철회할 수 있는 권한을 가졌다. 노사 간의 합의도 지역사회와 경제에 부정적인 영향을 미치지 않도록 산업중재법원(Industrial Arbitration Court)의 확인을 받은 후에 그 효력이 발생하도록 하였다. 또한 1977년에는 노동부가 조합등록 담당관이나 노동부의 조사를 받고 있는 조합원들의 은행계좌를 동결시킬 수 있는 권한을 갖게 되었다. 이상과 같이 싱가포르 정부는 노조의 활동을 엄격히 제한하는 한편 개방적 산업화 정책을 효율적으로 수행하기 위해서 노조와의 관계를 신뢰의 관계로 발전시키기 위한 노력도 기울였다. 이 과정에서 정부는 정치적으로나 재정적으로 노동자들에게 상응하는 대가(代價)를 보상했다.[21]

② 노사정 협의체인 국민 임금협의회 창설

리관유는 노조가 추진한 임금 일괄 인상안이 능력주의에 맞지 않는다는 점을 강조했다. 그는 "열등한 노동자를 지키려는 노동조합운동은 피해야 한다. 모두가 똑같이 임금을 받게 된다면 그 누구도 열등한 노동자보다 열심히 일하려고 하지 않을 것이기 때문이다"라고 주장하였다. 일을 잘하든 못하든, 생산성이 높든 낮든 단체의 힘으로 어물어물 넘어가려는 싱가포르 노조의 행동에 쐐기를 박은 것이었다. 임금인상이 빠르게 이루어지자 정부는 경제성장을 위해 노동시장을 장악했다.

1972년에 정부는 고용주·노조·정부대표로 구성된 '국민임금협의회(National Wage Council)'를 창설하여 전형적인 3자연합의 모델을 구체화했다. 국민임금협의회는 임금체계 유연화, 공정한 고용규칙, 고용창출의 문제 등 모든 노동현안을 대화로 풀어 정책방향을 결정하기 위한 심의체이다. 여기에서 임금인상이 노동생산성 증가율을 결코 초과해서는 안 된다는 분명한 원칙, 즉 가이드라인이 마련되었다. '성장이 먼저냐 분배가 먼저냐' 하는 논의에 대해 싱가포르는 돈을 벌어야 나눌 수 있다는 것을 국민 모두의 원칙으로 삼았다.[22]

국민임금협의회는 반관·반민기구로서 정부정책과 노사정책을 반영하여 합의를 도출하는 위원회다. 주요임무는 임금인상이나 인하의 시기 결정, 인상률과 인하율을 연구하여 결정하는 것이다.

국민임금협의회는 경제적 성과를 객관적으로 검토한 후 현실에 근거하여 매년 임금인상의 범위를 조정하고 단체협상을 위한 틀을 제공한다. 국민임금협의회의 운영 메커니즘은 대단히 건전하다. 국민임금협의회에 정부가 파견한 대표는 재정부(고용주 대표)·경제발전국(투자자 대표)·통상산업부(투자자 대표)·인력부(노동자 대표)·주택건설발전국(주택구매자 대표)이며, 노조에서 파견한 대표는 전국노조총회이고, 고용주가 파견한 대표에는 본지 고용주·소형노조위원회·미일서구(美日西歐) 기업주들로 구성되어 각각 대표성이 강하다.

국민임금협의회는 매년 4월에 개회되며 임금인상 여부에 관해 각 대표들이 그들의 이익을 대표해 논쟁을 하는데 7월이 되어야 겨우 임금의 인상·인하 여부에 관한 결의를 공표한다. 국민임금협의회의 정책결의는 만장일치로 통과되는 것을 원칙으로 한다. 그리고 각 대표들은 회의상 토론내용에 대해서 엄격히 비밀을 지켜야 한다. 만약 토론내용이 유출되면 각 이익단체의 불만을 야기할 수 있어 국민임금협의회의 결의를 집행할 수 없기 때문이다. 비밀유지를 못하는 대표는 위원회에서 축출된다. 국민임금협의회의 임금결의안은 전문업이나 직종을 구분하지 않고 모두 포함하며 건의의 성격이 강하다. 비록 강제적이지는 않지만 향후 싱가포르의 성장을 위태롭게 하지 않는 범위에서 노동자들은 경제성장의 정당한 지분을 할당받아야 한다는 것을 주지한다.[23]

국민임금협의회의 임금결의안은 광범위한 지지를 얻을 수 있었다. 왜냐하면 공동분배에 대한 국민적 공감대를 형성한 정부·노동자·사용자의 공생체제이기 때문이다. 대다수의 고용주는 모두 임금 결의안을 받아들이고 대다수의 노동자들도 이에 만족한다. 국민임금협의회의 결의안이 만들어지는 그 과정이 노사정 모두에게 합리적이기 때문이다.

국가임금협의회의 결의안은 싱가포르 전체 이익에 부합한다. 임금협의회는 노사정 일체화의 효과적인 대화와 협력의 장으로서 노동임금정책을 주도했고 전 국가의 경쟁력에 영향을 주었다. 회의를 주도하는 회장은 정부가 임명하지만 노사정이 모두 동의하는 인물이어야 하며 겸직으로 보수가 없다. 그는 비범한 통찰력이 있어야 하며 특히 경제발전의 변수에 대하여 이해가 깊어야 한다. 그렇지 않으면 경제가 혼란스럽게 되고 국민의 지탄을 받게 된다. 싱가포르의 경제가 호황일 때는 협의회가 임금인상을 건의하여 자연스럽게 저임금 직무가 개편되

어 좋은 일자리가 만들어져 친노동자적이면서도 노사가 상생할 수 있도록 했다.[24]

1970년대 전반을 통해 국민임금협의회는 세계 시장에서 싱가포르 상품의 경쟁력을 제고시키고 다국적 기업에게 싱가포르는 매력적인 장소가 되게끔 저임금 정책을 지속적으로 유지했다. 정부는 임금협의회를 통한 임금정책과 외국인 노동자의 수급조절 그리고 교육을 통한 인력 훈련 등의 방법으로 노동시장에 개입했고, 노동자들은 이를 통해 파업의 수단이 아닌 다른 통로를 통해 경제성장의 정당한 대가를 할애받을 수 있었다. 싱가포르 정부는 각종 법적 · 정치적 장치를 동원하여 사용자와 노동자 간의 평화로운 노사관계를 유지하는데 최선을 다하여 완전 고용상태에 들어가게 되었다.[25]

경제발전국의 역할

싱가포르 경제발전의 일등공신인 외국인 투자 업종의 유치를 담당하는 기관은 통상산업부 소속 경제발전국(Economic Development Board, EDB)[26]이다. UNDP에서 파견한 싱가포르 경제고문 앨버트 윈세미우스의 건의에 따라 1961년 8월 싱가포르는 입법으로 경제발전국을 조직했다. 경제발전국은 처음 몇 개월간 UNDP와 국제 노동사무소(the International Labour Office)에서 파견한 전문인들의 도움을 받았다. 고켕스위가 선발한 혼수이센(Hon Sui Sen, 韓瑞生, 1916~1983)이 경제발전국의 주석을 맡았고 호주 · 뉴질랜드 · 캐나다 · 영국에서 학업을 마친 장학생을 관원으로 선발하여 경제발전국의 새로운 문화를 형성했다. 이들 젊은 관원들은 불요불굴의 정신으로 장애요소를 극복하였고, 능란한 언어구사로 투자를 유치하여 취업기회를 창출했다.[27]

• **경제발전국의 6P 방침**

경제발전국의 역할은 싱가포르를 세계무역과 투자의 중심지로 육성하기 위한 계획을 수립·시행하는 것으로 경제 담당 전략기획실과 같다. 경제발전국은 외국 투자자를 유치하기 위하여 싱가포르의 독특한 투자환경을 조성하고 선전해야만 했다. 경제발전국은 외자 유치를 위해 제조(Product), 가격(Price), 배치(Place), 판촉(Promotion), 권력(Power), 홍보(Public relations)의 6P 방침을 정하고 있다.

'제조'는 투자환경을 위한 제조조건을 최고 수준으로 개발하는 것이다. 기반시설로 공장·실험실·물·전기·교통·운송·공항·항만을 개발하였다. 경제발전국은 새로운 정비사 훈련센터와 많은 항목의 인력개발 프로젝트를 통해 싱가포르 노동인구가 제조업과 기술서비스 산업이 필요로 하는 새로운 기술을 획득하도록 업자가 노동자들을 훈련하는 것에 협조했다. 결국 싱가포르 경제의 빨간불이었던 노조운동을 완전히 와해시켰다.[28]

'가격'은 경제발전국이 외국인 투자자들에게 세무와 재무 방면에 있어 일련의 인센티브를 제공하는 것이다. 강력한 인센티브로 제조업의 경우 관세를 3%까지 내렸으며, 법인세는 40%에서 4%까지 낮췄다. 수입 설비에 대해서는 아예 수입세조차 면제해주었다. 임대료가 최저 조건은 아니지만 인력에 있어서는 싱가포르에 있는 외국기업의 단가를 최소화해주고 있다. 이밖에 경제발전국은 투자자를 위한 장기 저리융자를 제공할 뿐만 아니라 별도로 경제발전국 투자공사를 설립하여 전략적 투자의 경우 외국기업과 공동으로 투자자금을 제공했다. 다국적 기업이 진출하기에 가장 좋은 조건을 구축한 싱가포르 정부 조직은 이와 같이 할인된 가격을 제공하며 어떠한 간접비용도 받지 않는 세계에서

가장 청렴하고 투명하며 합리적이다.[29]

'역할배치(레이아웃)'는 가능한 자본의 유출과 연동하여 도처에 해외 사무소를 설치하고, 세계경제 동향에 대한 최신 정보를 확보하는 것이다. 그런 후에 기계나 설비의 배치가 완성단계에 이르면 잠재적인 투자자를 싱가포르로 유치한다.[30]

'판촉'은 세계에 싱가포르 마케팅의 장점, 명성, 상표 브랜드를 선전하는 것이다.

'권력'은 경제발전국의 세무지원에 관한 권한을 의미한다. 정부 법령의 범위 내에서 경제발전국은 외국인 투자유치를 위해 세무혜택을 제공할 수 있다. 외국 투자자에게는 일률적으로 26%의 기업소득세를 부과하는데 1970년 말에는 390개의 선구적인 기업에게 5년간의 소득세 감면 우대를 해주었고, 1974년 이후에는 이들에게 소득세 감면 우대를 10년으로 연장해주었다.[31]

'홍보'는 싱가포르의 국제적인 인상을 어떻게 만드느냐에 주의를 집중한다. 투자자의 신뢰를 위해서는 결함의 개선에 관한 어떠한 논평도 환영한다. 경제발전국은 외국기업의 제품설계 · 개발 테스트 · 마케팅 · 서비스 수출뿐만 아니라 운영자금 · 금융조달 · 일정을 진행 운영할 수 있는 싱가포르를 총괄본부의 기지로 삼도록 적극 홍보하며[32] 세계의 기업가들에게 싱가포르가 아시아의 친구로서 아시아를 연결해주는 역할을 할 수 있음을 자처한다.

이상과 같은 경제발전국의 6P 정책은 외국인 투자자를 유치하는데 자석과 같은 역할을 하고 있다.[33]

외국인 투자자들은 싱가포르의 이 새로운 전략에 매료되었다. 예를 들어 미국 애플사의 직원들이 새벽 3시에 싱가포르에 도착하자 경제발전국 직원이 그들을 맞이했다. 투자사항 논의부터 공장부지 현장 조사 및 도급업자와 회계사를 고용하는 데까지 걸린 시간은 단 일주일이었다. 싱가포르의 각 산업을 깊이 이해하고 있었던 경제발전국은 신속하게 해외투자자에게 싱가포르 제조업체와 합자하여 영업을 함께할 파트너를 찾아줄 수 있었다.[34]

이상과 같이 경제발전국은 투자를 촉진하기 위하여 토지·전력·물을 공급하고, 안전하게 업무를 수행할 수 있도록 값싼 노동력·정치적 안정·저렴한 세금·깨끗한 정부 관원들의 탁월한 행정서비스를 제공하며, 범죄가 없는 살기 좋은 도시문화로 외국투자자를 유치했다.

• 도전에 대한 경제발전국의 대응

외국인 투자자들이 싱가포르에 들어온 지 일정기간이 지난 후 인건비 상승으로 일부 투자자들이 싱가포르를 떠나 인건비가 싼 지역이나 국가로 이동했다. 더 심각한 것은 국내자본가들도 외국으로 이동하기 시작했다. 이것은 경제발전국에게 가혹한 시련이었다.

경제발전국은 새로운 도전에 대한 답을 찾아야만 했다. 새로운 대응정책은 해외투자자가 제조업과 경쟁력이 있는 고부가가치 산업에 투자하도록 유도하고 노조와 합의하에 적극적으로 노동자들을 훈련시키고 기술을 향상시켜서 노동 임금 인상으로 발생한 부작용을 보상하는 것이었다. 그래서 노동 비용은 상승했지만 노동력의 기술이 보다 빠르게 향상하여 임금 상승에 의한 피해보다 훨씬 큰 혜택을 외국인 투자자에게 제공한다는 인식을 주었다. 또한 불량품의 비율을 5%에서 1%로 줄여 싱가포르는 투자자의 첫 번째 선택지가 되도록 했다. 또한 각종 범죄에 대해 엄벌 정책을 시행해 치안을 유지하는 것도 싱가포르의 경쟁력

이 되었다.[35]

경제발전국은 경제발전을 위한 새로운 아이디어를 끊임없이 창조할 뿐만 아니라 목적이 분명하지 않은 투자에 대해서는 문제점을 발견하여 시정하고 새로운 투자자를 찾아내어 유치하려 노력했다. 예를 들면, 뉴욕이 일부 유럽 기업가 등 외국인 투자자를 유치하고 있지만, 미국의 인건비가 상대적으로 높고 노사관계가 긴장되어 있었다. 그래서 일부 외국자본이 뉴욕에서 세계로 빠져나가고 있었다. 경제발전국은 천방백계로 뉴욕으로부터 나오는 자본의 트랙을 찾아 싱가포르에 투자하도록 유도했다. 또한 그들은 뉴욕 이외 미국의 다른 도시와 유럽·일본·중국에서도 이러한 방법으로 접근했다. 자본의 추적 작업을 보다 효율적으로 수행하기 위해 그들은 이들 국가에 있는 주요 도시에 사무소를 설립했다. 해외 사무소의 업무는 투자자를 유치하여 그들에게 투자정보를 포함하여 해외투자자가 필요로 하는 공업 용지(用地) 및 비즈니스 시설에 관한 원스톱서비스를 제공하고, 투자자가 빠르게 싱가포르에 회사를 설립하고 영업을 개시할 수 있도록 도와주는 것이다.[36]

또한 경제발전국은 과학연구 개발에 투자했다. 싱가포르국립대학(NUS), 난양이공대학(NTU)의 과학 및 공학 건물, 많은 수의 연구개발 인력훈련, 연구개발기관(R&D기관) 설치, 산업기술개발플랫폼에 지원했다. 정보 교환을 강화하고 제품개발 프로세스를 촉진했다. 제조 및 자동화 기술개발을 위한 정밀공학 기술연구소, 소프트웨어기술에 초점을 둔 싱가포르와 일본종합연구소, 전자공학 기술연구를 위한 싱가포르와 프랑스 연구소 설립 등이 그 예이다. 이것은 자본투자뿐만 아니라 외국의 기술지원을 받을 수 있게 되었다. 이밖에 경제발전국은 정부효율성의 향상과 정부자원의 형성에 초점을 맞추었다. 정부가 책임진다고 말하면 정부는 반드시 그 약속한 일은 구현했고 정부가 양보하기로 한 것은 반드시 약속을 지켰다. 그 결과 기술·연구플랫폼·정부효율성은 새로운 아이디어를 창조하기 위한 투자가 되었다.[37]

경제발전국은 외국투자자가 싱가포르에 투자하도록 설득하는데 정부의 국무총리와 부총리가 앞장서도록 요청했다. 리콴유·고촉통·리셴룽과 같은 정치인들이 유럽·미국·일본을 방문할 때 그 어떤 문제들보다 중요시했던 것은 투자자 유치였다. 이런 노력의 결과로 1974년에 휴렛패커드(Hewlett-packard)가 싱가포르에 투자하여 포켓용의 소형계산기를 생산했고, 1978년에는 텍사스 인스트루먼트(Texas Instruments)가 투자했다.[38] 이밖에 모토롤라·파나소닉·도시바·히타치·닛폰전기와 다른 다국적 기업들이 싱가포르에 생산 공장을 부설했다. 이들이 싱가포르를 생산시설을 갖춘 세계최고 수준의 생산 공장이라고 말하는 것은 과장이 아니다. 세계에서 그 규모가 상당히 큰 모빌석유공사는 1964년에 파사 판장(Pasir Panjang)에 최초로 모빌(Mobil) 서비스 스테이션을 설립하더니 1년 후 스테이션을 14개로 확장했다. 1970년대 후반에 이르면 그 정제능력이 1일 18만 배럴까지 이르게 되었다. 1964년에는 에소(Esso) 석유공사가 1960년대 후반에 오일 정제사업에 진출하여 현재 1일 29만 배럴 이상을 정제할 수 있다.[39]

해외의 경영진은 싱가포르에 투자하는 이유를 좋은 협력관계, 매우 유리한 사업환경, 유리한 세제혜택, 높은 품질의 노동력, 높은 생산성 그리고 고용자와 피고용자 쌍방이 서로 장기적으로 이익을 볼 수 있기 때문이라고 한다. 이미 싱가포르에 여러 해 동안 투자하고 있는 폴리어(Polyear)공사는 싱가포르에서 사업을 하는데 있어 문제가 발생하면 도움을 받기가 용이하고, 직원들이 매우 열심히 일하며, 세율이 중간 정도이고, 생활환경이 양호하다고 말한다. 이런 것들이 이미 높은 노동 비용에도 불구하고 여전히 외국투자자를 유치할 수 있는 이유였다.[40]

경제발전국은 싱가포르를 전통 중계무역국가에서 현대 다원화한 경제체제국가로 전환시키는데 기여했다. 경제발전국은 기구가 점차 커져 공업부문을 담당하는 주롱타운 관리국과 금융을 담당하는 싱가포르 발전은행을 독립시켰다.[41]

2. 제1차 공업화추진: 수입대체공업을 수출주도형 공업으로 전환 (1965~1978)

싱가포르는 동남아시아 국가 중에서 제일 먼저 다국적 기업을 유치하여 제조공장을 건립했다. 싱가포르는 '선 경제발전 후 민주화'라는 노선을 정했다. 리콴유는 "황금알을 낳는 닭을 죽일 수 없다. 왜냐하면 국민이 금알이 필요하기 때문이다"라고 말했다. 다국적 기업이 황금알인 자본을 가지고 들어와 싱가포르인을 착취하지만 일단 경제가 발달하면 이익을 할당하여 국민이 혜택을 받을 수 있다는 뜻이다.[42]

수출가공과 무역서비스업에서 많은 자본금이 필요했고 고부가가치 산업인 전자화학, 기계, 운수설비 제조업, 무역서비스업, 금융업, 은행업으로 전환하기 시작했다. 싱가포르에 설립된 다국적 기업은 계속해서 싱가포르에 자본과 수출시장, 그리고 필요한 기술과 관리에 관한 전문지식을 전해주는 데 기여했다. 다국적 기업과 관계가 있는 중소기업은 새로운 기술과 기업문화를 받아들여 성공적인 기업이 될 수 있었고 싱가포르는 이로 인해 빠른 기술적인 발전과 높은 생산성을 획득하게 되

었다.[43]

중요 기간산업 발전

싱가포르의 중요 기간산업으로는 철강, 선박수리, 석유화학 등을 들 수 있다. 1960년대 철강은 한 국가의 공업역량을 상징한다고 할 만큼 중요했다. 생철이나 석탄도 없는 싱가포르에서 폐강을 이용하여 강철로 만드는데 성공했다. 경제발전국은 프랑스에서 전기 아아크로 제강(製鋼)(electric arc furnace steelmaking) 전문가를 고문으로 초빙하고 대량의 낡은 선박을 사서 해체하여 강철을 압연하고 강재로 제작하여 철강 산업의 원재료로 삼았다. 1960년대부터 싱가포르 정부가 주민에게 제공하기 위해 건설하기 시작한 정부주택건설 프로젝트로 인하여 대량의 건축용 강재가 필요했다. 이 거대한 프로젝트에 싱가포르에서 처음 생산된 대량의 토착강철이 사용되었다.[44]

싱가포르에서 선박수리업이 시작된 것은 영국이 견인할 때 사용하는 부동도크(floating docks)가 포함된 삼바왕(Sembawang) 해군도크를 넘겨주면서부터이다. 조건은 싱가포르 정부가 5년 기간으로 스완 헌터(Swan&Hunter) 공사와 위임관리에 대한 협약을 체결하는 것이었다. 1968년 3월에 영국은 25%는 기부금이고 75%는 차관으로 5천만 파운드를 싱가포르 정부에 제공하고 그 대가로 영국선박의 화물을 처리해 줄 것을 요구했다.

마침 미국 육군과 해군이 1968년 4월부터 6월까지 삼바왕의 선박수리시설을 시험 사용하겠다며 4~5백만 달러의 일거리를 제공했다. 이후 싱가포르는 해군도크를 민용으로 개조하는데도 성공했고 삼바왕도크의 스완 헌터와 싱가포르의 케펠(Keppel) 민용도크의 사업도 번창할 수 있었다. 1978년에 스완 헌터의 최고 관리자인 네빌 왓슨(Neville Watson)이 사업을 인수받아 삼바왕 조선창(Sembawang Shipyard Co)을 설립했고, 사업이 번창하여 나중에 삼바왕 그룹이 되어 주식이 상장되었다.[45]

선박수리업이 선박수리산업으로 발전하게 된 계기는 일본이 제공했다. 1960년대 초반 아라비아 만(Arabian Gulf)으로 운수화물을 운반하러 가는 일본의 하리마 중공업(播磨重工業) 소속의 초대형 유조선의 선장이 싱가포르에서 24~26시간 동안 원유를 제거한 후 가스를 공급하고 유지·보수해주기를 요청했다. 이것이 싱가포르 선박수리산업의 시작이 되었다.

싱가포르는 지리적으로 아시아 대륙남단에 위치하고 인도양과 태평양 사이에 있어 선박수리산업에 아주 적합했다. 태평양을 출발하여 인도양으로 혹은 인도양에서 태평양으로 가는 선박은 모두 싱가포르나 홍콩에서 가스공급 및 유지·보수를 해야 했다. 지금도 싱가포르의 동쪽 해안에는 화물선들이 다양한 국가의 국기를 휘날리며 줄을 이어 대기 중인 것을 볼 수 있다. 통계 자료에 의하면 선박수리산업의 종사자 수는 2만 명 이상인 것으로 나타났다.

또 기회를 창출한 성공적인 예는 싱가포르 석유화학산업의 개발이다. 싱가포르의 석유화학산업은 비교적 일찍 시작되었다. 모빌(Mobil), 엑손(Exxon)과 쉘(Shell) 등 거대 석유 회사들이 싱가포르에 정유공장을 설립했다. 그러나 1970년대까지 싱가포르는 에틸렌을 생산할 수 없었다. 에틸렌은 석유화학공업의 가장 기본 원료 중 하나이며 다양한 하류 석유제품(다운 스트림 제품) 생산의 필수품이다.

마침 일본의 스미토모 화학(住友化工)이 정치적으로 안정된 싱가포르를 선택하여 에틸렌 생산에 투자하였다. 이를 기반으로 싱가포르의 석유화학산업이 발전하게 되었다. 싱가포르인들은 스마트한 수리 기술을 이용하고 산업 체인을 신장하여 산업 부가가치를 증대하였다. 그들은 오일 시추 플랫폼(드릴링플랫폼)을 생산하는데 성공했다. 현재, 캐펠과 삼바왕 조선소, 그리고 석유굴착장치는 세계 최대 생산자 대열에 위치한다.[46]

외환거래센터 설립

1968년 앨버트 윈세미우스 박사는 친구인 싱가포르 주재 미국지점 은행 부사장 밴 오넌(Van Oenen)과 런던에서 만나 세계금융거래에 대해 의논했다. 당시 세계금융은 스위스 취리히 은행이 오전 9시에 개장하고 그 이후 프랑크푸르트, 그다음 런던 순으로 개장했다. 런던 시간으로 오후 2시가 되어야 오전 9시에 개장하는 뉴욕은행에 재무자금을 유통할 수 있었다. 오후에 뉴욕은행이 마감한 후 자금이 샌프란시스코로 넘겨져 오후 마감시간이 되면 다음날 스위스 시간으로 오전 9시까지 아무 일도 할 수 없었다. 윈세미우스 박사와 밴 오넌 부사장은 만약 샌프란시스코가 마감하기 전에 자금을 중간에 싱가포르로 넘기고, 싱가포르가 마감하기 전에 자금을 취리히로 넘긴다면 역사상 처음으로 자금과 은행 서비스가 24시간 안에 이루어질 수 있다고 보았다.

그리하여 앨버트 윈세미우스 박사의 요청으로 밴 오넌이 이 문제를 경제발전국 주석 혼수이센에게 제의했고, 싱가포르는 이 제의를 받아들여 세계에서 세 번째로 큰 외환거래센터가 되었다.[47] 싱가포르가 아무도 거래하지 않는 샌프란시스코의 오후 마감 시간부터 다음날 스위스 시간으로 오전 9시까지의 시간 간격을 채웠다. 아무도 경쟁하지 않고 단독으로 즐기는 외환거래는 싱가포르에 부(富)를 가져왔다. 이 시간 간격이 싱가포르를 세계 3대 외환거래센터의 하나가 되게 만들었고 오늘날의 금융업 지위를 성취하게 했다. 틈새에서 살아남으려는 작은 나라 싱가포르에게 기회가 창조되었다.[48]

리콴유 정부는 1968년에 외환규제 해제를 시작으로 '아시아 달러시장'을 개장했다. 금융기관 외환거래 및 그로 인해 파생된 교역시장이 개장되면서 점차 싱가포르를 세계 최대의 외환시장과 자산관리시장 중 하나로 발전시켰다.[49]

인플레이션 대응책

싱가포르 정부는 독립 후 10년 동안 산업화와 수출 중심으로 경제를 운영하면서 제조업을 위한 노동집약 정책과 낮은 임금 정책을 실시하여 경제성장을 이루었다. 그러나 1973년 아랍전쟁으로 인한 세계 석유파동으로 석유가격이 3배로 급등하여 싱가포르의 경제에 거대한 충격을 가져왔다. 1973년에 싱가포르의 인플레이션율은 19.9%에 달했다. 게다가 인접국가의 값싼 노동력 제공에 저임금 노동력으로는 경쟁할 수 없게 되어 실직자 수가 증가하였다. 1974년에는 인플레이션율이 끊임없이 급등하여 22.2%나 되었고 동시에 노동자의 실제 임금수준이 하락하기 시작하여 1974년에는 실제 임금수준이 3.3%로 낮아졌다. 물가가 앙등한 상황에서 임금수준이 낮아지자 국민의 생활수준 역시 낮아졌다. 즉 1974~75년 사이에 발생한 세계불황으로 싱가포르의 경제성장은 잠시 중단되었다.

경제성장의 기초를 확장하기 위해 노동 생산율과 산업투자 밀집 정도를 수정하여 산업구조의 등급을 올려야만 했다. 석유파동이 가져온 인플레이션에 대응하기 위하여 싱가포르 정부는 2가지 정책을 추진했다.

첫 번째는 임금정책이다. 국민임금협의회가 임금과 공적금 납부율을 대폭(11% 내지 15%) 인상했다. 국민의 수입수준은 분명히 높아져서 생산원가가 증가했지만 투자이익을 감소시켜 과열하게 팽창한 경제를 조정했다. 이와 같이 국가가 국민 임금협의회를 통해 임금인상에 직접 개입하여 임금인상이 생산성을 절대 앞지를 수 없도록 하는 가이드라인을 만든 것도 해외자본을 끌어들이기 위한 정책이었다.

두 번째는 재정정책으로 수입관세를 대폭 삭감하여 국내물가를 안정시켰고 기업도 내수보다는 수출을 지향하게 했다. 싱가포르 정부는 경제 발전에 따른 인플레이션을 억제하기 위해 통화 공급을 엄격히 규제하는 등 보수적인 재정정책을 일관성 있게 유지하여 빠르게 경제성장을 이루었고 물가를 안정시키는데 성공했다.[50]

이상의 임금정책과 재정정책의 효과는 현저히 나타났다. 1975년 싱가포르의 물가지수는 2.6%까지 하락했고, 1976년에는 1.8%까지 하락했다. 1965년부터 1973년까지 싱가포르의 연평균 국민총생산 증가율은 12,7%에 달하는 등 초고속으로 성장하여 세계 제1의 기반을 다질 수 있었다. 또한 기존의 생산산업과 수출산업에 이어 세계의 금융 및 서비스 중심 국가로 도약하기 시작했다. 신속히 대응하는 기업 마인드로 무장한 싱가포르 정부는 철저히 인플레이션의 부작용을 예방할 수 있었다. 1975년 싱가포르의 GDP 성장률이 4%였고, 1976년에는 성장률이 7.2%였다. 이 성장 수준을 1984년까지 약 10년간 유지했다. 이 시기가 싱가포르 경제가 비약하여 4개의 작은 용 중 하나가 된 중요한 시기였다.[51]

테마섹 투자공사 설립

산업구조의 향상과 시장경제를 주도하기 위해서 1974년에 싱가포르 재정부가 전 자산을 투자하여 테마섹 투자공사를 설립했다. 테마섹 투자공사에서 관리하는 자산은 거의 2천7백50억 싱가포르달러로 싱가포르 정부가 전문적으로 경영하고 관리했다. 공사는 일정량의 주식을 보유함으로써 해당 회사를 지배하는 방식으로 직접 23개의 국유기업을 관리했고, 간접관리 혹은 조정할 수 있는 기업은 2천여 개였다. 테마섹 투자공사는 금융·전신·매체·에너지·공공사업·기출시설·공사·운수·물류 등의 산업영역을 경영 관리하여 모두 크게 발전시켰다. 테마섹 투자공사가 영향력을 발휘할 수 있는 영업액은 싱가포르 국내생산총가의 13%를 차지했다. 30여 년간의 테마섹 투자공사의 경영실적은 순자산 수익률이 연 평균 18%를 초과하며 국가주식의 연 이익 배당이 평균 6.7%를 초과했다.[52]

싱가포르의 정부 관련회사들은 다른 나라의 국유 기업과 매우 다르다. 그들은 비즈니스에 있어서 효율성을 제일 중요시한다. 2003년 IMF의 연구보고서에 의하면 비즈니스에 기초하여 경쟁적으로 운영하는 싱가포르의 정부 관련회사는 특별한 정부의 지원이 없는 것으로 나타났다.

싱가포르의 정부 관련회사가 시장에서 성공하는 것은 다음과 같은 4개의 조건 덕분이다. 첫째, 공사법에서 파산법에 이르기까지 정부 관련회사는 기타 기업과 똑같은 법률을 적용받아 다른 기업들과 평등하다. 둘째, 싱가포르 정부는 초빙된 일류 인재들에게 높은 봉급을 주면서 기업들의 관리를 맡기므로 자연히 기업의 관리 수준은 높아지고 인재들에게는 출세할 기회가 제공된다. 셋째, 엄격한 회사지배와 내부통제의 메커니즘을 확립하여 내부의 이기적인 취약점을 차단할 수 있다. 넷째,

부패에 대한 무관용 정책으로 한 번 부패가 발각되면 빠져나갈 수 없도록 엄벌에 처한다.[53]

3. 제2차 공업화추진: 자본·기술집약적 산업으로 발전과 경제 불황 (1979~1986)

싱가포르는 정부주도로 산업계의 지속적인 발전을 추진했다. 수출주도형 공업화에서 자본·기술집약적 산업으로 발전하기 위하여 1979년부터 일련의 과감한 정책으로 경제 구조조정을 가속화했다. 정부는 임금 수정정책에 따라 경제전반에 걸쳐 고임금을 유도하고 이를 통해 제2차 공업화추진을 선언하며 고부가가치 제조업 발전에 착수했다. 1980년대의 경제발전 정책과 전략은 지속적인 경제성장을 위해 자본집약적, 고숙련, 고부가가치 방향으로 구조조정하는 것이었다.[54]

고부가가치 생산을 위한 기술과 자본집약산업으로 정책전환

• 임금 수정정책

정부는 임금협의회의 임금지침에 따라 정당한 임금개선을 보장하는 대신 1979년 시작한 경제구조 개편을 위한 정책을 추진했다. 이후 3년 동안 일률적으로 20% 고임금 인상정책을 골자로 하는 임금 수정정책을 단행하면서 산업구조를 노동집약에서 자본집약으로 개선하였다.[55]

고임금 정책을 위한 구조개혁이 성공하기 위해서는 교육을 강화하여 품질을 향상하고 노동자와 팀워크 및 좋은 고용관계를 유지했다. 또한 노조 지도자들과 회원들의 의사소통을 원활하게 하고 생산성을 향상하여 근로자들에게 보다 나은 서비스를 제공했다.

싱가포르는 1979년에 '직업 및 산업훈련위원회'를 설립하고 '숙련개발기금'을 조성하여 인적자원 개발을 위한 기초를 마련했다. 이러한 과감한 구조조정으로 1978~82년 제조업의 수익이 81% 증가했고 노동자 1인당 부가가치는 1980~81년에 85% 증가했다.[56]

1981년 4월 싱가포르 정부는 생산성위원회(Committee on Productivity)를 설립하고 생산성 운동을 시작했다. 생산성 운동은 생산성이 고용증대를 가져올 것이라는 인식하에서 직무변화를 추진했다. 노사가 생산성 향상방안 도입을 위한 논의·연구·이행에 협력하고 생산성의 성과는 투자자·주주·사용자·노동자·소비자에게 분배한다는 원칙하에 추진되었다.

생산성위원회는 생산성 향상을 위해서는 기술·경영시스템·인간관계의 개선이 필요한데 기술과 경영의 개선은 이미 이루어지고 있기 때문에 인간관계 개선에 역점을 두어야 한다고 권고했다. 이 권고에 따라 민간 기업에서는 현장근로자들이 품질관리를 위해 큐시(Quality control) 써클을, 공공부문에는 작업개선 팀(Work Improvement Teams)을 설치했다.[57]

이 기간에 오늘날의 전자, 정밀 엔지니어링, 석유화학, 생물과학과 운송 등 5대 지주산업이 건설되었다. 이밖에 정부는 싱가포르를 무역을 위한 서비스업과 금융중심이 되도록 노력했고, 자산관리사업의 개발, 신규 투자 및 부자들이 싱가포르에 정착하도록 유치하였다.[58]

• 금융관리를 위한 투자공사 설립

중앙공적금의 저축과 공공부문의 여유자금을 투자하여 금융저축을 높이기 위해 1981년 5월 정부는 고켕스위 책임하에 투자공사를 설립하고 로스차일드 기업(N. M. Rothschild & Sons Ltd)의 소유주를 자문위원으로 초빙했다. 로스차일드(Rothschild) 부자(父子)는 싱가포르 투자공사 설립기간에 싱가포르 직원들과 함께 일할 수 있는 경험이 풍부한 임원을 몇 달 동안 파견해주었다. 투자공사는 또한 다른 종류의 투자를 위한 시스템 개발을 위해 미국과 영국으로부터 투자매니저들을 고용했다.

고켕스위는 투자공사의 관리팀을 이끌기 위해 용풍호우(Yong Pung How, 楊邦孝, 1926~)를 투자공사의 첫 관리감독으로 임명했는데 그가 투자전략 고문으로 영입한 제임스 울펀슨은 나중에 국제부흥개발은행(IBRD)의 회장이 되었다. 1987년에 이르면 투자공사는 싱가포르 화폐국의 저축금을 관리할 능력을 보유하게 되었다.[59] 이와 같이 싱가포르는 그 분야의 세계최고 전문가를 국가나 기관의 자문으로 영입해와 배웠다.

연구에 의하면 싱가포르는 정부가 회사를 소유하거나 관리하는 정부 관련기업들이 제조·금융·무역·조선·에너지·통신 및 다른 많은 분야를 포함하여, 경제의 60% 이상을 차지하고 있는 것으로 나타났다. 싱가포르 항공, 싱텔, 미디아 코포레이션(MediaCorp), DBS은행 주식회사, 전력 회사, 운송 회사, NOL 그룹(東方海皇集團)의 최대 주주는 해외 스탠다드차터은행, 중국은행, 중국건설은행이었다. 1984년 기준으로 국가기업에 의한 공공투자 규모는 국내 총고정자산 형성의 33.4%(한국의 경우 17.6%), 공공부문의 저축액은 국내 총저축액의 64%로 동아시아의 신흥공업국 중 최고다. 리셴룽의 최근 발표에 의하면 현재 정부 관련기업들은 과거보다는 정부가 덜 간섭하고 있다고 한다.[60]

• 숙련된 노동력 확보를 위한 주롱산업단지 건설

정부는 수출무역에서 가공무역으로 산업구조를 전환하기 위해 숙련된 노동력이 필요했다. 이를 확보하기 위해 주롱지역 1만7천 에이커 부지에 50만 명이 일할 수 있는 산업단지를 건설했다. 초기 경제발전국 프로젝트의 하나인 주롱산업단지 건설은 중공업단지가 부둣가에 위치해 발전가능성이 있어 보였다.

경제발전국은 아무도 들어오지 않는 이 산업단지의 하부구조를 건설하는 데에 많은 예산을 지출했다. 이후 산업단지는 대규모의 생산기지로 발전하였다. 싱가포르는 자본과 높은 효율성을 내세워 많은 다국적 기업들을 유치하였고 세계적으로 유명한 주롱산업단지를 건설했다. 주롱산업단지는 전 세계의 산업변화에 따라 다국적 기업의 투자와 산업발전을 위해서 전문적인 서비스를 제공했다. 산업단지는 성공적으로 높은 품질의 서비스업, 일류 수준의 관리 및 전문성 등 외래기업 유치운영의 요소들을 갖추었다.[61]

주롱산업단지는 엑슨모빌(Exxon Mobil)과 쉘의 시설이 포함되면서 세계적인 화학공장이 되었다. 이와 함께 정부의 계획과 관리하에 23개의 산업단지를 포함한 최초의 대규모 주롱타운을 조성했다. 고촉통 총리는 주롱산업단지를 녹색타운으로 조성하기 위해 국토 전면적의 12%에 해당하는 지역을 정원과 공원 및 녹색공간으로 만들어 긍정적인 평가를 받았다.[62]

주롱산업단지는 통일적·자주적으로 외래기업을 유치하는 전략과 고도의 판촉권을 가지고 있다. 싱가포르 국외공업 부동산개발과 전문적인 외국산업 유치와 서비스업을 결합한 지식경영 발전양식을 모델로 한 주롱산업단지의 네트워크는 다국적 기업에 영향을 주어 전 지구와 연결고리가 되어 동아시아 각국과 세계에 큰 영향을 미치고 있다. 예로 중국의 쑤저우공업단지는 싱가포르 해외단지 개발의 성공사례로 주룽산업단지의 모범적인 역할을 발휘하고 있다.[63]

• **컨테이너 시설을 위한 항구와 새로운 에어 터미널 건설**

싱가포르 정부는 싱가포르의 항구시설을 확대하여 세계에서 가장 번창한 항구 중의 하나로 만들었다. 싱가포르 항구는 주로 화물 컨테이너를 취급했다. 이후 싱가포르 항구 당국은 세계에서 가장 많은 화물 컨테이너 지휘본부가 되었다. 또한 정부는 창이공항에 35만m^2의 대규모 새로운 터미널을 건설하였다. 이 공항은 지상 4층과 지하 3층으로 이루어졌으며 특수전등시설을 갖추어 최대한 자연광선을 받아들일 수 있도록 건설되었다. 하부구조는 21세기의 초대형 비행기인 A3XX 대형 여객기 25대를 수용할 수 있어 1년에 20만여 명의 여행객을 수송하고 있다.[64]

이상과 같은 정책을 추진할 수 있었던 것은 싱가포르 정부가 사회의 하부구조와 사회서비스 분야를 완전히 장악하고 있기 때문이다. 국가가 모든 시설물 즉 전화·우편시설·항구·항공사시설·산업단지·라디오와 텔레비전의 방송기관을 독점하고 있다. 국가는 기업설립에도 개입하여 자율경제기구와 정부관련기업 형태의 많은 국가기업을 설립하여 경제구조개편과 다변화를 추진했다. 제조업 부문에 국가 개입은 식료품·섬유·의류·석유화학·생물공학·항공분야에 이른다. 국가기업은 항공기 운항, 선박, 방위관련 산업분야에서는 유능한 기업으로 변모하였다. 국가기업의 경영방식은 자본주의 원칙을 고수하고 있으면서 사회주의 원칙과 맥락을 같이한다.[65]

경제 불황 대응전략

1979년 싱가포르 정부는 제2차 공업화정책과 함께 일련의 대담한 경제구조정책을 추진하기 시작했다. 첫째, 고임금정책을 추진하여 향후 3년간 연평균 20% 수준으로 올리고 노동집약산업 중심의 경제를 자본과 기술집약적인 고부가가치 산업으로 전환했다. 둘째, 각종세제와 정부지원제도를 개편하여 설비투자, 자동화, 전산화, 연구개발 등을 촉진했다. 셋째, 노동자들의 훈련을 위해 학교교육과 현장교육을 강화하여 기술력을 향상시켰다.[66]

그러나 1985~86년에 싱가포르는 최악의 경제침체를 경험했다. 외부적 요인으로 1979년 제1차 석유 위기로 낮은 오일가격과 낮은 운송비 등은 싱가포르의 석유굴착장치·석유정유·석유화학제품 수출에 영향을 미쳤다. 또한 미국의 경제성장률이 1984년에서 1985년 사이에 낮아져 전자제품수출이 줄어들었다.

경제 침체의 내부적 요인으로는 고부가가치 산업을 창출하기 위해 임금인상을 허용해온 것이 누적된 탓이었다. 구조조정 과정에서 '양호한 노사관계 촉진, 노동자의 노동조건 개선 및 경제사회적 지위향상, 국가경제의 이익을 위해 높은 생산성 달성'을 위해 1982년에는 노조법을 개정하고 1983년에는 변형근로제를 도입했다.[67] 그러다 보니 사용자가 지불한 노동비용이 노동생산성보다 앞서 1984~85년의 불황으로 경제적 침체를 초래했다.[68] 즉 1981년부터 1984년까지 싱가포르의 임금은 국민임금협의회의 가이드라인보다 증가했고 생산보다도 앞섰다. 결국 국내 수요부족으로 위기가 발생했다. 1985년 싱가포르의 GDP 성장률이 -1.6%로 건국 20년 내의 최저 수준이었고, 1986년에는 성장률이 2.3%였다 그러나 실업률은 6.5%였다.[69]

싱가포르 정부는 1985년의 경제 쇠퇴의 내부 구조적인 요소인 높은 임금과 높은 자본에 대하여 신속하게 대응했다. 싱가포르 정부는 금융계의 개혁, 경제위원회의 경제정책분석, 생산성 개선, 기술향상, 임금조정, 노사협력을 통해 경제 불황을 극복했다.

• 금융계의 발전을 위한 정책

싱가포르 정부는 1984년 금융계의 국제적 신용을 높이기 위하여 시카고 상업교역소의 방식을 본보기로 싱가포르 국제교역소와 함께 상호저당제도를 채택했고, 매일 24시간 금융교역서비스를 했다. 금융교역서비스는 혁명적인 서비스로 시카고 상업교역소에서 증시상태가 시작되고 싱가포르 국제금융 교역소에서 결산하는 것인데 역으로도 시행된다. 싱가포르 금융계가 발전할 수 있었던 또 다른 이유는 싱가포르 국제통화 거래소 때문이었다.

1984년에 싱가포르에서 금교환은 금융선물 거래를 포함하여 금 선물교역이 확대되어 이름을 '싱가포르 국제통화 거래위원회(Singapore International Monetary Exchange, SIMEX)'로 고쳤다. 국제 금융기관의 신용을 얻기 위해 싱가포르 정부는 SIMEX를 공개호가 거래제도인 '시카고 상업거래소(Chicago Mercantile Exchange, CME)'를 모델로 했다. 싱가포르는 또한 연중무휴 거래를 활성화하기 위해 SIMEX와 상호 오프셋(offset) 시스템을 채택하도록 시카고 상업거래소를 설득했다. 이 혁신적인 개념은 투자자가 시카고의 CME에 위치를 설정하고, 싱가포르의 SIMEX를 오프셋 하는데 추가 마진을 지불하지 않아도 되었다. 물론 반대로도 가능하다. 미국상품미래무역위원회(The US Commodity futures Trading Commission)에서 비준한 상호 오프셋 시스템은 싱가포르 국제

금융교역소 설립 이후 지금까지 계속되고 있다.[70]

싱가포르 정부가 금융계의 발전을 도모하는 와중에 싱가포르 통화당국(Monetary Authority of Singapore)이 싱가포르 증권 거래를 관리하기 위해 투자했는데, 운영 가격이 높았다. 1985년 주식 가격이 떨어지면서 돈이 밖으로 유출되어 그들이 합의한 가격에 주식을 상환할 수 없었다. 통화당국 관료들은 증권 중개인들을 구하기 위해 1억8천만 싱가포르달러의 긴급기금을 4개의 거대 은행과 밤낮으로 작업하여 마련했다. 이들의 노력으로 증권거래는 조직적인 시장의 붕괴를 피할 수 있었고 투자자들의 신뢰를 회복할 수 있었다. 정부는 증권업에 대한 법령을 수정하여 주식회사들의 위법을 막고 손님들의 이익을 더 많이 보장해주었다.

1987년 10월 19일 뉴욕 주식시장의 주식 대폭락 일인 '암흑의 월요일'도 싱가포르는 무사히 넘길 수 있었는데 이는 싱가포르에 국제금융교역소가 설립되어 있어 금융계의 발전이 한 단계 높았기 때문이었다. 1998년 런던 국제융자평론(International financing Review)에서 싱가포르 국제금융교역소를 국제교역소(International Exchange of the Year) 중 최고로 평가한 이후 싱가포르 국제금융교역소는 네 번이나 이 명예를 차지했다.[71]

• 경제위원회의 활동

싱가포르 제품에 대한 국내외 수요 부족으로 1985년의 경제 불황이 계속되자 싱가포르는 경제방향을 정립하기 위해 리셴룽 주도하에 경제위원회(Economic Committee)를 설립했다. 경제위원회는 1985년에 경제발전을 검토하고 미래성장을 위한 방향을 결정했다. 이 위원회는 대규모의 하부위원회들과 광범위하게 경제범위를 재점검했다.[72]

경제위원회는 크게 다음의 4가지 구조적인 문제들을 지적했다. 첫째, 높은 임금과 높은 생산비용이 싱가포르의 국제경쟁력을 약화시켰다. 둘째, 국가경제가 건설산업에 대한 의존도가 높아 부동산경기가 침체되어 경제침체를 가속화했다. 셋째, 중앙공적금을 통한 강제저축과 정부저축의 비중이 과도한 반면, 투자는 건설투자에 집중되어 산업설비투자와의 균형이 맞지 않았다. 넷째, 특히 임금구조를 위시한 경제정책과 제도가 경직되었다.[73]

① 경제위원회는 경제위기 극복 방안으로 임금을 동결했고, 기업의 법인세를 감소해주는 방법으로 1986년에 법인세율을 40%에서 33%로 하향조정하였다. 임금동결은 업주의 투자의욕을 자극했고, 감세는 기업의 이익을 증가시켜 재투자를 촉진하기 위해서였다. 그 결과 1986년에는 2.3%였던 성장률이 1987년에 9.7%가 되었고, 1988년에는 11.6%의 수준에까지 오르게 되었다. 실업률 또한 하락하여 1989년에는 2.2%로 떨어졌다. 이 실업률 수준은 1997년까지 계속되었다.[74]

② 기업활동의 원동력은 정부가 아니라 민간부문이 되어야 한다면서 국영기업의 민영화를 추진하며 정부의 기업활동을 축소하기 시작했다. 정부는 국영기업의 한계성을 극복하고, 막 태동하고 있는 주식시장을 강화하여 자본이 널리 확산되도록 하기 위해서는 국영기업의 민영화가 필요하다고 판단했다. 또한 정부가 외국의 대규모 다국적 기업에만 관심을 쏟으면서 상대적으로 소외된 토착기업가들을 달래기 위한 목적도 포함되었다. 그러나 1985년에 싱가포르 항공사의 민영화를 추진하는 과정에서 경제위원회의 경제전문가들은 거대 공기업을 민영화하기 위해서 필요한 재원과 전문인이 싱가포르에는 부족하다고 지적했다. 또한 대부분의 국영기업은 효율적으로 운영되었고 경제적으로 불경기였던

1980년대 중반에도 평균 5%의 이익을 창출했다. 그래서 위원회는 극소수 국영기업만 민영화되도록 추천하여 민영화 계획은 완만하게 진행되었다.[75] 이러한 정부의 경제 개입은 사기업의 수익성과 노동인구의 복지에도 긍정적인 영향을 미쳤다. 싱가포르는 자유시장의 "보이지 않는 손"이 아니라 "국가의 보이는 손"에 의하여 성공하였다.[76]

③ 경제위원회는 노동력 생산성의 중요함을 인식하고 분과위원회의 하나로 '인력분과 위원회(Subcommitee on Manpower)'를 설치하였다. 인력분과 위원회는 생산성 개선을 위해 생산성 위원회가 주창하는 프로그램을 통해 생산성 운동을 전개할 것과 생산성 연구소를 설립하여 총체적 품질관리를 함으로써 기업수준의 생산성 활동을 통합할 것을 제의했다. 그리고 경영생산성과 경영기술을 향상시키고 경영자가 생산성 운동을 선호하도록 생산성 컨설팅, 재정, 기술적 지원을 통해 중소기업의 생산성을 향상시킬 것을 권고했다.

인력분과 위원회는 싱가포르의 임금체계가 연공서열에 의한 승급으로 경직되어 있다고 진단하고 직무가치 및 종업원 생산성을 반영하는 임금수준·보너스·이윤분배를 결정하여 경직성을 해소할 것을 권고했다. 또한 인력분과 위원회는 국민임금협의회가 가이드라인을 결정할 때 기업의 지불능력과 물가 등을 고려하고 대신 임금유연화나 임금체계 등 질적인 부분을 고려할 것을 제시했다. 이러한 인력분과 위원회의 제시결과 1989년에는 '생산성 2000 보고서(Productivity 2000 Report)'가 제출되어 긍정적 작업태도, 숙련향상, 노사협력, 경영관행 및 인력활용 등으로 경제 불황의 문제가 해결되었다.[77]

• 임금개혁 3자 분과위원회 설립

1986년 4월 국민임금협의회는 '임금개혁 3자 분과위원회(Tripartite Sub-committee on Wage reform)'를 설립하여 같은 해 11월에 보고서를 제출했다. 보고서는 유연임금 체계의 원칙에 대한 것으로 임금은 직무가치를 반영해야 하고 임금인상은 생산성 향상이 뒤따라야 한다는 내용이다. 보고서에는 임금인상은 회사의 수익성 및 개인의 성과를 고려해야 하며 항구적 기초 위에서 주어지는 것은 아니지만 노동자 소득에 안정성이 있어야 한다는 점 등을 제시했다. 그리고 이윤분배공식에 의해 지급되는 이윤분배모델과 수익성을 감안하여 생산성에 기초하는 연간임금총액을 교섭하는 변동생산성 지급모델을 제시했다.[78]

• 노조와의 동반자관계 확립

경제 불황 극복과 경제성장을 위해 노조의 협조가 필요했다. 싱가포르 정부는 노조를 동반자로 인정하되 노조의 교육기능을 강화함으로써 노조의 운동방향이 정부 정책을 수렴하도록 주력했다. 그 결과 전국노동조합 총회는 싱가포르가 경쟁력을 잃지 않으면서 대량 해고를 방지할 수 있는 신축임금제도를 지원했다. 해고가 불가피할 경우엔 적절한 혜택을 근로자들에게 지급토록 했다. 임금동결 결과 중앙적립기금에 사용자 기여분 25%를 10%로 삭감했으며, 1986년에는 유연임금체제를 도입했다. 그러나 경기가 회복되자 다시 사용자협회와 전국노총은 임금인상을 둘러싸고 대립했다.[79]

단체교섭은 전국노총의 핵심활동이다. 노동관계법에 의하면 싱가포르는 노동자의 단결권과 단체교섭권은 인정하지만 결사의 자유는 인정하지 않는다. 파업은 여전히 노동조합의 무기이지만 강제 중재제도로 인해 제약을 받을 뿐만 아니라 노사관계의 각 단계에서 노사정 3자의 협력이 광범위하게 실천되고 있다. 싱가포르 사용자협회(Singapore National Employers' Federation)는 1985년부터 격년으로 제조업과 비제조업 부문의 기업들이 단체협상에서 채택한 임금과 각종 복지혜택의 양식과 수준을 비교 조사하여 발표하고 있다.

싱가포르의 단체협상은 먼저 전국적인 수준으로 국민임금협의회에서 노사정이 임금지침을 논의하고, 그 지침에 따라 산업분야별 기업체 수준에서 노조들이 경영자들과 임금인상에 대한 협상을 벌였다. 이밖에도 노사는 산업관련 제반 문제를 협의하였다. 합의사항은 산업중재법원의 확인을 거쳐 최장 3년까지 유효하게 된다. 이는 고용주들과 노조가 단체협상시 활용하는 중요한 정보가 되며 기업들이 봉급과 종업원 혜택들을 설계하고 개발하는데 도움을 주고 있다.[80] 사용자협회는 노동조합의 대폭 임금인상 압력에 대응하는 지침서를 발행하였으나 노사분규는 발생하지 않았다.

정부의 노조에 대한 통제는 국가 중심적이고 광범위했다. 정부는 전국노총을 통해 국가 발전정책을 추진했다. 전국노조총회는 노조원들에게 광범위한 이익과 서비스를 제공했고 생산성 제고와 훈련프로그램을 운영했다. 그러나 노동자를 위한 복지정책은 국가가 주도했다. 즉 자본의 이익은 국가로 편입되고 그 이익의 수혜자는 바로 노동자라는 의미이다. 따라서 싱가포르에서 국가와 노동자의 관계는 공생관계라 볼 수 있다.[81]

4. 산업구조의 고도화추진(1987~2000)

1987년 싱가포르 경제는 다시 성장궤도에 진입했다. 이로써 싱가포르 정부의 적극적인 경제정책 및 기업친화적 정책과 대외개방적인 경제 환경이 경제성장에 큰 기여를 했음이 증명되었다.[82]

싱가포르 경제의 기초가 마련되자 리콴유는 1991년 2월에 마침내 국민에게 약속한 대로 고촉통에게 총리 자리를 넘겼다. 고촉통 총리는 리콴유 밑에서 15년 동안 혹독한 후계자 수업을 받으면서 국정 운영의 비법을 전수받은 인물이었다. 고촉통 총리는 경제운용원칙을 기술집약적 산업육성과 서비스분야 발전에 중점을 두고 국제비즈니스센터로서 싱가포르의 기능과 역할을 제고하는 데에 집중했다. 그리하여 싱가포르 정부는 1990년대 이래로 새로운 지식경영의 구도에서 생물과기·수과기·신에너지 등 내적 첨단과학기술산업 및 그 연구업무를 개시했다.[83] 그리고 싱가포르국립대학 지역에 있는 과학공원 근처에 '부나 비스타(Buena Vista)'와 같은 과학 중심지를 건설하여 기술발전을 추진했다.[84]

1992년《이코노미스트》에 의하면 고촉통 총리는 약 3천여 개의 다국적 기업에게 싱가포르에 사무실을 개설하도록 권유했다고 한다. 고촉통은 새로운 시장을 찾아야 하며 싱가포르가 2개의 날개로 뻗어나가야 한다고 강조했다. 또한 싱가포르에서 7시간 비행 거리 내의 28억 인구들을 포함한 시장을 개척해야 한다고 주장했다. 그는 자유무역을 증진하기 위해서 많은 국가들과 쌍무조약을 체결했다.[85]

그 결과 제조업과 금융업에 집중된 3천 개 이상의 다국적 기업이 싱가포르로 진출했다. 실질적으로도 2000년 기준 싱가포르 경제의 두 축은 제조업(26%)과 금융업(22%)이 차지하고 있었고, 1960년부터 1999

년까지 평균 8.0%의 높은 경제성장을 기록하였다. 특히 1985년 미국이 엔화 평가절상을 요체로 하는 '플라자 협정'을 체결한 이후 일본의 직접 투자가 활발해졌고, 1997년 경제위기 이전까지 외국인 투자액은 연 100억 싱가포르달러를 돌파했다.

리콴유의 전략은 "생존하기 위하여 소국인 싱가포르를 외국 투자기지로 만드는 것"이었다. 이에 따라 싱가포르는 자본주의 자유시장 체제를 유지하고 재산권을 보호하며, 국제무역을 개방하여 다국적 기업들이 공장에 투자하는 것을 환영했다. 외국 언론들은 싱가포르가 오랜 기간 부유한 외래 거주자와 다국적 기업의 고급 경영인들에게 인기가 있었던 이유는 낮은 세금, 범죄율이 제로인 거리, 기업발전에 적합한 정책, 그리고 안정된 정부라고 평가했다.[86]

국제 비즈니스의 중심으로 도약하기 위해 고촉통 정부는 노동에 대한 통제정책을 추진하여 다국적 기업에게 낮은 임금에도 노동 분규에 가담하지 않는 안정되고 숙련된 노동력을 제공했다. 1991년 국민임금협의회는 최고의 경영성과를 보이고 있는 기업이 임금인상을 해주도록 하는 것을 제외하고는 낮은 경제성장에 따른 저임금 인상을 요청했다. 1992년에도 국민임금협의회는 유사한 요청을 하였으며, 중앙적립기금의 기업 측 기여금을 5% 인상하면서 인상분을 임금협상에 반영하도록 요청했다.[87]

노조는 1993년 퇴직연령을 민간부문과 공공부문이 동일하게 55세에서 60세로 연장하였고, 1997년에는 고령자 고용과 관련해 '정년연령 연장에 관한 3자 위원회(Tripartite Committee on the Extension of the Retirement Age)'를 구성하여 고령노동자에 대한 고객과 노사의 태도를 긍정적으로 바꾸는 것 등에 대해 합의했다. 그리고 이 합의에 따라 정년이 1차적으로 60세에서 62세로 연장되었고 2017년 7월 인구의 고령화에 의하여 퇴직연령이 67세로 연장되었다. 1999년에는 '비차별적 구인광고에 관한 3자 위원회(Tripartite Committee on Non-discriminatory Job Advertisement)'를 조직하여 직무와 관련되지 않은 연령·성별·종교·혼인여부 등에 관한 차별을 두는 채용광고를 하지 못하도록 합의했다.[88]

중소기업 또한 1983년 초기보다는 정부로부터 다국적 기업의 공급원으로서 높이 인정받게 되었다. 정부는 1991년 총선에서 인민행동당이 약세였던 이유 중 하나가 의원 후보와 화인 유권자들의 관계 소원으로 분석했다. 그래서 정책결정자들이 싱가포르 화인 기업에 민감하게 관심을 보이면서 1990년대에는 중소기업에 대해 많은 지원을 했다. 최근 싱가포르의 중소기업은 그 운영자들과 노동자들이 교육을 더 많이 받고 적극적으로 기술변화에 적응하여 가족 간의 대물림 경향이 적어졌다.[89]

고촉통 총리 집정기간 싱가포르는 동남아 국제 비즈니스의 중심으로 도약했고, 금융과 서비스 부문에서 세계 최고 수준에 이르게 되었다.[90]

싱가포르의 해외투자

싱가포르는 1990년대에 외국에 투자하기 시작했다. 고촉통 총리와 리콴유는 중국과 인도의 광대한 지역들을 여행하고 그 지역들을 발전시키기를 원했다. 정부는 민간부문에서 그 업무를 담당하도록 적극적으로 유도하기 위해서 외국에서의 생활여건 등에 대한 정보를 제공하고 그들이 싱가포르로 귀국했을 때에 발생할 수 있는 자녀교육 문제 등에 대해서도 해결방안을 제공했다.

중국이 싱가포르 투자의 중점지역이 되었다. 리콴유는 중국 지도자들과 긴밀한 관계를 갖고 있는 고켕스위와 여러 차례의 토론 끝에 중국 쑤저우에 30억 달러를 투자하여 70km²의 중국-싱가포르 공업단지를 설립하기로 했다. 싱가포르 지도자들은 거대한 중국의 경제발전 가능성에 대해서 흥분했고 대중투자를 적극 확장하여 방직, 의류, 전자, 의약 등에서 부동산, 상업, 금융업 등으로 다원화했다.[91]

고촉통은 1990년대 초반에 싱가포르와 말레이시아의 조호르, 그리고 인도네시아의 리아우(Riau) 섬의 삼각관계에서 경제를 상호보완 발전시키는 아이디어를 냈다. 이 아이디어는 싱가포르의 산업전문기술과 재정이 덜 발달된 말레이시아와 인도네시아의 토지와 노동력을 합친 협력 프로젝트이다.

싱가포르의 경제발전국은 싱가포르의 주롱공업단지에 맞먹는 공업단지를 리아우에 건설하려고 계획했다.[92] 경제발전국은 스미도모 전공(Sumitomo Electric, 住友電工), 도시바, 톰슨 일렉트릭과 필립스(Thomson Electronics & Philips) 등의 기업들을 유치하여 이 삼각지대의 발전을 도모하고 있으며, 이 삼각지대의 성장은 중국과 월남의 경쟁대상이 되고 있다.[93]

1997년 경제위기와 대응전략

1997년의 동아시아 금융위기로 인해 싱가포르의 화폐가치는 19% 하락하였다. 한국·타이완·홍콩 등 아시아 신흥공업국(NICs)과 비교했을 때 타격의 정도가 심한 편은 아니었지만 수출에 대한 싱가포르의 지나친 의존은 세계화 혹은 지역성의 경제 파동에 쉽게 영향을 받는다는 것이 드러났다. GDP성장이 1998년에는 1.5%에 지나지 않았고 연 실직률이 거의 2배가 되었다.[94]

싱가포르는 왜 다른 지역보다는 동아시아 금융위기 영향을 덜 받았을까? 동아시아 금융위기의 충격으로 싱가포르 정부는 국민임금협의회에 임금을 대폭 인하하고 공적금의 납부율을 20%에서 19%로 내릴 것을 건의했다. 싱가포르 정부는 기업과 노조 간 협조체제가 구축되어 있어 원활한 정책결정, 수행을 도모할 수 있어 임금결정을 신축성 있게 운영할 수 있었다. 이것이 싱가포르가 경제적으로 성공한 요인 중 하나로 작용했다.

델(DELL)의 인프라 솔루션 그룹 채널 담당 수석이사인 린다 로우(Linda Low)는 1997년 경제위기 때 싱가포르가 위기에 덜 노출된 이유를 다음과 같이 지적했다. 싱가포르는 엄격한 정책과 보유금액으로 다른 지역으로부터 영향을 받지 않아 불경기가 다른 지역에 비해서 기간이 짧았고 피상적이었다. 이는 아마도 강한 재정력과 도전에 대응하는 정책 때문이라고 분석했다.

1997년 리콴유가 보스턴에서 연설할 때, 싱가포르의 1년 예산을 지적하면서 강한 공적외환보유와 충분한 잉여자금과 은행의 높은 신용도에 대해서 말했듯이 경제적인 위기에 직면했을 때 리콴유와 재무장관 리차드 후(Richard Hu Tsu Tau, 胡賜道, 1926~)는 싱가포르의 통화정책으로 방어했다. 그리하여 금융위기 시 싱가포르달러는 미국·일본·중국·홍콩의 통화에서는 손실을 봤지만 대부분의 나라에서는 손실을 보지 않았다.[95]

• 은행관리와 업무개혁

싱가포르 정부는 싱가포르 은행을 보호하기 위하여 건국 이후 30여 년 동안 외자은행의 시장진입을 제한했다. 1990년 총리직에서 물러난 리콴유는 싱가포르 은행업에 몰두하기 시작하여 1992년 이후 은행관리와 은행업무 방식을 개혁하기 시작했다.

그는 전 미국 국무부장관 죠지 슐츠(Geprge Shultz)가 주최하는 JP 모건(JP Morgan) 국제자문위원회에 초청되었다. JP 모건은 미국 일류 은행으로 매년 2회 최고위층만의 회의를 개최한다. 여기서 그는 이들의 업무방식과 어떻게 은행서비스가 세계화에 기여하는지를 배웠다. 이들은 최고의 기업 총재들이고 세계 경제를 담당하는 정치 지도자들이었다.

리콴유는 정부 투자공사(GIC) 주석으로서 구미와 일본의 은행 총재와 은행문제들을 토론하였고 이 과정에서 세계의 은행서비스 방향을 배웠다. 그는 미국이나 세계무역기구(WTO) 협정과의 양자 협정에서 싱가포르가 금융 산업을 개방하고 국내은행에 대한 보호를 제거해야만 한다는 것을 인식했다. 1997년 동아시아 금융위기 후 리콴유는 국내은행이 국제경쟁자들과의 경쟁에 참여하기 위해서는 서비스 개선을 하지 않으면 시장점유율을 상실하게 될 것이라 판단했다. 그러나 국내은행들이 이미 보호를 즐기는 이익집단이 되어 있었다. 그래서 싱가포르 정부는 기업 지배 구조를 강화하기 위해 국내은행과 국내은행의 외국인 투자자의 주식보유제한의 철회와 금융 부문을 개방하고, 국내은행 통화당국의 리더십을 보호하기 위해 은행관리와 업무방식을 치열하게 개편했다.[96] 이러한 개혁에 있어 리콴유라는 한 사람의 현명한 지도자의 역할이 얼마나 중요한 영향을 미치는지 알 수 있다.

부친 리콴유의 영향으로 금융개혁을 담당했던 리셴룽은 소그룹을 이끌고 금융관리국을 쇄신하기 시작했다. 리셴룽은 1997년부터 은행과 펀드 관리자들과 회의를 시작하면서 싱가포르의 금융 부문의 운용에 통달했다. 1998년 1월 1일 고촉통 총리에 의하여 싱가포르 통화당국

(Monetary Authority of Singapore) 회장에 임명되었을 때 리셴룽은 이미 개혁할 준비가 되어 있었다. 몇 명의 주요 임원의 도움으로 금융 부문을 개발하고 규제하기 위한 새로운 접근방식을 구현하기 위하여 싱가포르 통화당국을 재조직했다.

그 결과 싱가포르 통화당국은 업계의 제안과 의견에 더 개방적으로 변했다. 경영 컨설턴트와 산업위원회의 조언으로 그들은 금융 부문의 모든 부분에 영향을 주는 정책으로 전환했다. 그들은 자산관리 산업을 촉진하는 조치를 취했고 자본시장의 성장을 촉진하기 위해 싱가포르달러의 국제화에 대한 규정을 개정했다. 싱가포르 통화당국은 무료수수료율과 교류접근성을 병합하기 위하여 증권거래(SES)와 선물교환(SIMEX)을 권장했다. 싱가포르 통화당국은 외국인 은행들이 더 많은 지점을 개점하고 현금 지급기를 설치할 수 있는 자격을 허용함으로써 국내 금융 부문에 대한 접근을 자유화했다. 많은 미국 은행의 유사한 제도를 모델로 은행들은 자신의 이사회에 지명위원회를 설치하도록 하여 현지 은행 주식의 외국인 소유에 대한 제한을 해제했다. 이 위원회들은 다만 주주를 지배하는 것이 아니라 모든 주주의 이익을 돌볼 능력이 있는 사람이 이사회와 중요 관리에 임명될 수 있도록 심사했다. 이러한 금융 부문의 변화로 인하여 1997년 7월에 시작된 금융위기를 싱가포르는 동요 없이 넘어갈 수 있었다.[97]

동아시아 금융위기를 계기로 싱가포르는 기존의 틀을 타파하고 싱가포르 은행에 필요한 외국인재를 영입하고 동시에 은행원의 근무태도를 개선했다. 싱가포르 정부는 리콴유의 권유로 1998년에 JP 모건의 고급 집행위원인 요한 올즈(John Olds)를 초빙하여 싱가포르 발전은행의 부주석 겸 총재로 영입했다. 이후 화교은행에도 홍콩은행가 알렉스 아우

(Alex Au)를 총재로 영입했다.[98]

• **정보 혁명**

새로운 경제발전은 정보의 전달과 그 과정에 달려 있다. 이를 정보 혁명이라고 말할 수 있는데 싱가포르에서는 이를 적극적으로 받아들였다. 그 결과 싱가포르는 정보기술시대를 맞이했다. 싱가포르는 1991년부터 IT에 관해 장기적인 프로그램을 개발했고 이 지역의 중심위치를 차지하고자 했다. IT전략의 첫 단계는 발달된 하부구조를 건설하는 것이었다. 지금은 법으로 모든 가정에서 주파수의 광대역을 갖추고 있다. 2000년대에 국가전체에 고속데이터 통신망이 설치되어 전 도시가 이제 하나의 싱가포르가 되었다. 이제는 집에서 길의 정체상황을 파악할 수 있고 택시·학교·영화 등 모든 생활상에 필요한 위성 위치확인 시스템이 가능하다. 1996년 싱가포르는 미국과 핀란드 다음으로 인터넷 사용자가 많았다.[99]

IT의 확산으로 기업과 사회 전반이 혁신되었다. 2006년에는 싱가포르의 25%의 인구가 컴퓨터에 인터넷이 연결되어 있고 컴퓨터나 가전제품으로 다른 세계의 사람들과 연결되었다. 시민센터(Citizen's Center)를 통해서 많은 매매거래가 이루어지는데 예를 들면 24시간 동안 세금 보고서, 장학금 신청, 연금확인 등의 서비스가 제공된다. 최근 기술의 발달로 주파수의 제한이 없어져 주파수 광대역의 시대가 왔다. 케이블 TV 네트워크를 통해서 주파수 사용료가 낮아질 것이고 통신시장의 개방으로 인터넷으로 전화 통화하는 방법이 더 많이 확산될 것이다.

그러나 디지털 사용으로 인하여 3가지 문제가 발생했다. IT분야에서 싱가포르 국민들은 고소득과 저소득층으로 나눠졌고, 영어교육을 받은 사람과 그렇지 못한 사람으로 나눠졌으며, IT를 일찍 받아들인 사람과 늦게 받아들인 사람으로 나눠졌다.[100]

• 경쟁력위원회 설립

정부는 가격경쟁력을 강화하기 위해서 1997년 5월 경쟁력위원회(The Committee on Singapore's Competitiveness, CSC)를 설립하고 그 의장은 당시 통상산업부의 장관이 맡았으며 다른 구성원들은 주로 민간분야에서 파견되었다.[101]

경쟁력위원회의 설립 목적은 싱가포르의 미래 10년간의 경쟁력변화와 미래 발전에 대한 평가를 하기 위한 것이었다. 경쟁력위원회 밑에는 5개 부속위원회가 있어서 각각 제조업·금융서비스업·중추서비스업·국내 상공기업·인력자원을 맡았다.

경쟁력위원회는 1985년 이후의 경제적 업적을 검토해본 결과 경쟁력 상실은 상품에 대한 가격상승과 임금교정 정책 때문이라고 비판했다. 경쟁력위원회는 상품가격을 낮추기 위해 경쟁력을 갖춘 하부구조와 노동력확보 및 지역비즈니스 발달과 기업의 재정비를 추천했다.[102] 첫째, 싱가포르는 반드시 기술밀집형의 경제체제에서 지식기반경제체제로 전환하여야만 경쟁 중 도태되지 않는다. 둘째, 지식경영체제가 되려면 싱가포르의 인력자원의 수준을 향상시켜야 한다.[103]

1998년 11월 11일 싱가포르 경쟁력위원회는 앞으로 10년간 매년 기업원금(자본금) 100억 싱가포르달러를 삭감하는 단기 대책과 싱가포르 경제발전의 총 목표와 싱가포르 경쟁력 향상을 위한 8항목의 장기 전략을 다음과 같이 제출했다.

장기적 목표는 선진화하고 세계적으로 경쟁력 있는 지식경영체제로 발전하는 것이었다. 8개 항목은 다음과 같다. ① 경제성장의 2개의 엔진은 제조업과 서비스업이다. ② 외부와의 경제관계를 강화한다. ③ 국내기업을 세계적인 기업으로 발전시킨다. ④ 국내 중소기업의 기초를 강화한다. ⑤ 우수한 경쟁력을 가진 인력자원과 지식자본을 만든다. ⑥ 경쟁력의 방법은 과학기술과 창조다. ⑦ 자원관리를 최적화한다. ⑧ 정부는 기업친화적이 되어야 한다.

이 전략들을 정착시키기 위하여 경제경쟁력위원회는 '21계획'을 제출했다. 예를 들어 높은 수준의 창조적 인재를 양성하기 위한 '인력자원 21계획'은 인력지도위원회가 집행했으며, 노동자의 생산효율을 높이기 위한 '생산력21행동계획'은 생산력표준국이 집행했다. 또 정보통신과학기술의 발전을 추진하기 위한 '정보통신발전 21청사진' 등이 입안되었다.[104]

• **건의를 성실히 실천하는 정부**

1997년 아시아 외환위기 이후 다른 나라들은 회복기가 7~8년 걸렸지만 싱가포르는 효율적인 위기대처로 곧 회복세를 보였다. 정부는 불경기에 적응하기 위해서는 노동자들이 직장을 유지해야 한다고 판단했다. 그리하여 국민임금협의회는 비록 임금을 감소하더라도 경제적으로 혜택을 주는 일관된 정책으로 균형을 잡았다. 국가경쟁력 유지라는 맥락에서 사용자협회와 전국노조총회가 중앙적립기금의 사용자 분담률을 20%에서 10%로 삭감하는 데 동의했다.[105]

싱가포르 정부는 위원회의 건의를 받아들여 임금 중 가변 부분 36억 싱가포르달러와 중앙적립기금 39억 싱가포르달러를 삭감했다. 이렇게 하여 단번에 75억 싱가포르달러의 기업 비용부담을 덜어주었다. 이로 인해 자본유출을 막고 기업의 국제시장경쟁력을 증강시켜 화폐가치 하락을 막는데 기여했다. 이와 동시에 정부는 기업의 세수 부담을 총액 30억 싱가포르달러 정도로 대폭 삭감해주어 총 105억 싱가포르달러의 기업비용을 감소시켰다. 또한 정부가 공장임대료와 유틸리티비용을 삭감해주어 사업운영 비용을 절감해주었다. 이리하여 기업의 자본이 한층 안정되고 생산이 호전되어 수출이 증가하였으며 환율의 하락이 멈추고 상승했다.

이런 정책의 효과로 금융위기 발생 후 첫해인 1998년에 싱가포르의 GDP 성장율은 0.1%이었으나 1998년 중간부터 경제가 회복되기 시작했다. 다행히 미국경제의 번영으로 특히 전자업이 다시 활기를 찾아 싱가포르를 포함한 동남아 지역의 경제가 빠르게 회복되었다.[106]

1996년에는 전국 생산성 위원회와 싱가포르 표준산업 연구기구(Singapore Institute of Standards and Industrial Research)가 합병하여 싱가포르 생산성 표준위원회(Singapore Productivity and Standards Board)가 설립되었다. 국가 차원의 생산성운동이 전개되면서 1998년 전국노총은 생산성 활동 통합관리 프로그램(Integrated Mannagement of Productiviity Activities)을 추진했다. 이 프로그램의 목적은 생산성 프로그램의 이행을 통해 노동자의 고용가능성을 높이고 생산성 개선을 통해 더 나은 일자리와 더 높은 소득을 보장하는데 있다.[107]

싱가포르는 1997년의 경제위기를 이상과 같이 은행계의 혁신, 정보혁명, 경제적 능력 향상을 위한 제반정책들의 실시와 전국노총의 생산성 향상으로 1999년에는 GDP 성장률이 5.5%까지 올랐고, 2000년에는 10.3%까지 올랐으며 실업률은 안정되어 3%대가 되었다.[108]

21세기형 지식경영 산업의 중심지로 방향을 전환하기 위해 2000년대의 싱가포르는 연구개발(R/D)센터의 허브로 도약하고 세계 최고의 정보통신(IT) 중심 국가를 건립한다는 원대한 목표를 세웠다. 그 방법은 바로 첨단과학기술을 보유한 다국적 기업을 유치해서 싱가포르에서 세계 최고의 하이테크 기술이 나오도록 하는 것이다. 그리고 아시아의 교육허브, 의료허브로 도약하겠다는 목표를 세웠다.[109]

5. 세계화를 향한 경제의 다원화전략

정부의 완전한 대외 개방체제로 단순한 무역과 생산 거점이었던 싱가포르는 국제 금융·물류·서비스 부문의 허브로 성장하였다. 이렇게 허브로 성장할 수 있었던 가장 큰 동력 중의 하나는 영어의 공용화이다. 영어 공용화는 세계 유수의 다국적 기업들을 유치하는데 결정적인 기반요소가 되었다. 싱가포르에 진출한 다국적 기업은 무려 6천 개 이상이 되었고, 2001년 이후로는 새로운 규모의 기업들이 발전하였다. 기존의 기업으로부터 새로 출발하고 있는 기업들은 지식경영에 기초하여 과중한 투자를 요구하지는 않았다. 예를 들면 컴퓨터 칩을 디자인하는 경우 공장이 필요 없다.[110]

싱가포르의 항구와 공항은 세계 최고의 서비스를 제공하는 세계적 물류 허브이다. 런던·뉴욕·홍콩·도쿄와 더불어 싱가포르는 세계 5위의 외환시장이며 역외 금융시장·자본시장·선물시장도 탄탄해 명실공히 금융의 중심지가 되어 웬만한 국제 금융기관은 싱가포르에 지사나 지점이 있다.[111] 싱가포르는 쉘(Shell)·영국석유(BP)·애소(Esso)·칼텍스(Caltex) 등이 진출해 있는 세계 3대 정유 산업 대국이다.

그럼에도 2000년도 싱가포르 경제성장은 축소되기 시작했다. 중국의 세계화로 인해 중국이 IT강대국이 되어 동아시아의 외국투자의 50%를 차지하게 되자, 미국수출의 중요제품을 생산하는 정보기술 산업의 하향으로 싱가포르의 경제성장이 축소되었다. 싱가포르 인력부에 의하면 실업자는 그해 말에 2만5천 명에 달했다. 2001년 8월 국경일에 고촉통 수상은 1997년 위기 때 고용인의 중앙적립기금 납부율을 감소하여 싱가포르의 경쟁력을 향상시켰던 것과 같이 2001년도 예산은 기업과 개인의 세금을 감소하고 임대료를 낮추는 것이라고 설명했다.[112]

그런데 2001년에 '9.11테러'가 일어난 데 이어 2003년에 인도네시아의 휴양지 발리 섬에서 폭탄테러가 일어나는 등 주변 여건이 경제운용에 부담이 되기 시작했다. 더구나 중국뿐만 아니라 말레이시아·인도네시아·태국 등 주변나라들이 싱가포르의 독주에 강력한 경쟁자로 등장하기 시작했다.[113]

2002년과 2003년은 싱가포르의 발전에 병목현상이 일어나고 격렬한 도전을 당한 해였다. 전 세계 컨테이너 물동량이 1~2위이던 항구가 2002년에 말레이시아 단롱 파라파스항구와 경쟁하게 되었다. 가장 큰 손님인 덴마크의 마스크(Maersk)와 타이완의 에버그린(長榮)해운이 선후로 운영원금을 문제 삼아 부분 업무를 말레이시아로 옮겼다. 2003년에는 사스 전염병으로 물류와 사람들의 이동의 중심인 싱가포르가 심각하게 타격을 받았고 관광업도 위축되었다.[114]

그러나 싱가포르는 경제위기 때면 효과를 보았던 임금정책과 재정정책을 이용하여 단호하게 대처했다. 싱가포르의 임금정책과 재정정책은 양수기에 비할 수 있다. 경제가 좋을 때는 저수지의 물을 일부분을 퍼 다른 곳에 비축하였다가 경제가 나쁘면 비축해 놓은 물을 다시 저수지에 넣어 종전의 상태를 만드는 것과 같다.

21세기가 시작되면서 세계경제가 중국과 인도를 중심으로 재편될 것이라는 전망이 속속 나왔다. 중국이 2040년 무렵이 되면 미국의 경제수준과 맞먹을 정도로 성장해 세계경제의 5분의 1을 차지할 것이며, 인도는 2030년 무렵이 되면 일본을 추월하고 2050년쯤 되면 유럽과 대등해진다는 전망이 나오기 시작했다. 싱가포르는 세계경제의 재편에 대비하기 위한 준비에 착수했다.

구조조정을 위한 경제검토위원회(Economic Review Committee, ERC) 설립

싱가포르 지도자들은 경제침체를 비탄하는 것이 아니라 경제적 구조조정과 새로운 경쟁전략을 수립했다. 싱가포르 정부는 2002년에 싱가포르 경제검토위원회를 운영하기 시작했다. 당시 부총리겸 재무장관인 리셴룽의 지도하에 7명의 장관과 정무장관이 포함된 20명으로 구성된 위원회에는 세무재정 · 주택 · 공업 · 상업 · 환경 · 교통 · 공공시설의 7개 부속위원회가 있었는데 전 구성원은 200~300명에 달했다.

이들은 정부 · 기업 · 민간부문 · 학술계의 인재들로서 싱가포르의 미래 경제 방향과 정책을 전문적으로 연구했다. 이들은 상세하게 토론하고 매문제마다 살펴보았다. 동시에 차세대가 내각을 이끌어 가도록 싱가포르 재건위원회를 조직하여 사회 · 문화 · 정치 등의 각도에서 싱가포르 21세기의 발전전략을 검토하도록 했다. 이로부터 싱가포르 정부는 현실을 직시하고 미래의 전망을 예의 주시하며 대규모의 경제구조조정을 시작했다.[115]

2003년 2월 경제검토위원회는 경제발전의 2개의 엔진으로 지식밀집형의 제조업과 서비스업을 중점 발전시켜 혁신정신으로 세계를 향한

다원화 경제로 발전하여야만 한다는 내용을 제출했다. 또 경제의 세계화 시스템 중 싱가포르는 세계의 모든 주요 경제체제와 연결하는 중요한 접점이 되어야 한다고 보고했다.[116]

제조업 분야에서는 미래 제조업은 R&D에 집중하여 전자·화학·생의학·나노공학의 4개 고부가가치 산업을 집중 육성하고, 서비스업은 생명건강·교육·대중매체·통신과 정보과학기술(IT)·오락·관광·금융서비스 법률·전자상무·물류·무역 등으로 사업 영역을 확대하여 세계의 아시아 서비스 센터가 될 계획을 세웠다. 그러기 위해 새로운 경제로 알려진 지식경영은 인적자본을 강조했다.

세계경제포럼에서 경제적인 창의력지표에서 싱가포르는 3위를 획득한 반면 혁신의 범주에 해당하는 지표에서는 10위 안에 들지 못했다. 기업정신의 아주 기본적인 요소는 위험 부담을 안으면서 과감히 업무를 추진하는 것인데 일반적으로 싱가포르인은 위험부담을 두려워하지 않는 것으로 보여[117] 혁신범주의 지표도 올라갈 것으로 보인다.

2003년에 리셴룽은 이듬해 총리 취임을 앞두고 싱가포르의 경제 재도약을 위해 21세기 청사진인 '국가정책보고서'를 내놓았다. 그는 2018년까지 아시아 및 세계 경제의 허브에서 세계 일류 도시로 도약한다는 '비전 2018'을 국내외에 천명했다.

그 핵심은 싱가포르를 세계 일류 기업의 연구개발(R/D)센터로 운용하면서 중국과 인도를 생산 기지로 활용하자는 내용이었다. 이를 위해 과거보다 훨씬 더 진취적인 기업가정신이 필요하며, 또한 기업의 구조조정이 불가피하다는 입장을 밝혔다.[118]

구조조정의 일환으로 도박장 건설

세계 환경의 변화와 싱가포르 민심의 변화로 많은 영역에서 변혁이 시작되었다. 세계에서 우위의 경쟁력을 보유하기 위하여 싱가포르 정부는 도박장을 건설하기로 했다. 싱가포르 사람들은 보수적이며 청렴결백하고 질서를 잘 지킨다는 인상을 주어 오락과 관광시설을 잘 운영하지 못한다는 평을 받아왔다. 싱가포르 전 총리 리콴유는 일찍이 싱가포르에 도박장 건설은 불가하다고 선언했었으나 최종에는 국가 경제발전을 위하여 융통성을 발휘하여 결심을 바꾸었다.

정부는 2004년에 도박장 건설을 위해 대중과 사회의견을 조사했는데 국민의 반과 적지 않은 종교단체와 사회조직이 강력하게 반대했다. 당시 싱가포르 관광업이 점점 경쟁력을 잃어 관광객이 싱가포르에 머무는 평균시간이 3일로 조사되었다. 만약 관광객이 없다면 이는 경제에 직접적인 영향을 미친다. 1년간의 논쟁 끝에 2005년 4월에 싱가포르에 도박장을 포함한 종합적인 휴양지를 건설하기로 결정했다. 도박장을 포함한 휴양지 중 하나는 관광지인 산토사(Sentosa)에 가족중심의 오락시설을 건설하는 것이고, 또 한 곳은 이곳에서 10여 km 떨어진 시내의 가장 황금지역인 마리나 베이(濱海灣)에 회의 중심의 휴양지를 건설하는 것이었다. 결국 싱가포르는 이 마리나 베이에 규모 20만m²의 세계에서 가장 비싼 도박장을 건설했다.[119]

관광업계에서는 도박장 건설로 인한 수익이 100배가 될 것이라고 확신하며 환영했다. 그리고 “도박장을 건립하는데 무엇인들 못하랴” 하는 도전정신은 싱가포르에 활력을 주었을 뿐만 아니라 싱가포르의 많은 잠재력을 발굴하는 계기가 되었다. 사실 산토사와 마리나 베이 2곳의 원자본이 회수되고 발전단계에 이르려면 적어도 15년이 걸릴 것으로 보았다. 하지만 4년만에 세계 선진 종합휴양지가 되었다. 정부는 통합적인 휴양지와 관광산업을 성장시키고 카지노로 인해 세입이 증가할 것을 기대했다.

싱가포르 정부는 도박장으로 인한 나쁜 영향을 막기 위해 내국인과 영주권자는 100달러의 입장료를 내도록 했다. 그리고 카지노의 도박습관에 물드는 것을 막기 위해 가족멤버만 허용하였다.[120] 동시에 이 2곳은 예술중심, 칼랑(Kallang)체육중심, 마리나 베이 방죽 발전계획과 매치되어 도시에 새로운 생명력과 즐거움을 가져다주었다.

이 두 종합 휴양지는 2009년과 2010년에 각각 낙성되어 싱가포르에 약 3만5천 개의 일자리를 창출했고, 싱가포르 경제발전을 자극했다. 또한 제조업과 금융서비스와 교통업 등의 영역에 많은 취업기회를 제공했다. 두 도박장에 미국 라스베이거스 샌드기업(Las Vegas Sands Corp.)과 말레이시아 겐팅(雲頂)국제기업이 50억 이상의 싱가포르달러를 나누어 투자하여 기타 투자자들의 신뢰와 관심을 끌었다.[121]

도박장에 대한 인식의 전환은 싱가포르 자체의 개조와 변화를 빠르게 했다. 그리고 세계에 싱가포르의 고효율성과 실무적인 체제 활력 및 새로운 시장 잠재능력을 보여주었다. 싱가포르는 성공적으로 야간 자동차 경주의 주최권을 획득하여 2008년 9월부터 연속 5년간 거행했다. 고층건물의 관경이 아름답고 절묘한 마리나 베이 강가의 건설이 끝난 2008년 2월부터 영업을 시작했다. 싱가포르 정부는 2015년에 이르면 관광객 수가 증가하여 1,700만에 이르고 관광업 소비 역시 3배 증가하여 300억 싱가포르달러에 이르리라 예상했다. 이러한 예상은 빗나가지 않아 2017년 방문객수가 약 1,740만 명에 이르렀다.[122]

싱가포르는 세계무역 · 항만운송 · 항공 · 구역회의 · 교육 · 의료보건 ·

금융관리 등의 중심이 되고자 한다. 이 모든 것은 '사람 중심'으로 세계 각지의 인재가 모이는 환경과 관광의 중심이 되면 자연히 자금이 모이게 된다는 전략이다.[123]

해외투자와 진출

싱가포르에서는 국유자본이 장기적으로 중요한 역할을 했다. 여러 해 동안 재부의 축적과 전문적 기금관리를 통하여 싱가포르는 그 자체가 중요한 금융중심과 재무관리의 중심일 뿐만 아니라 전 세계 시장에서 각축을 벌이고 있다. 주목할 진출로 2007년 12월 초에 싱가포르 정부투자공사가 100억 달러의 스위스 은행주식을 매입한 일이다. 2008년 1월에는 68억 달러의 씨티은행 주식교환 채권을 매입했는데 씨티은행 주가가 4% 정도 증가했다. 테마섹은 2007년에 7월에 약 30억 싱가포르달러로 영국 2대 은행인 바클레이(Barclays) 은행 유가증권과 약 64억 싱가포르달러로 미국 메릴린치 증권회사의 유가증권을 매입했다. 이와 같이 싱가포르의 국유자본(국부펀드)의 활약은 세계의 주목을 끌었다.[124]

대외협력 분야에 있어서 싱가포르는 풍부한 창의성을 발휘하여 국가들 간 교량 역할을 한다. 미국·일본·한국·유럽동맹 심지어 남미의 칠레 등과 자유무역협정을 체결했고 중국과는 쌍무자유무역협정을 체결하여 앞으로 전 지구에 신 무역질서 체계를 수립하고자 한다. 또한 싱가포르 정부와 기업은 공업단지 모델을 해외에 수출하거나 현지와 합작하여 공업단지를 조성하고 있다. 이는 싱가포르 기업의 국제화를 조장할 뿐만 아니라 동시에 해외공업단지사업 운영으로 상당한 수익을 올리고 있다. 2부에서 살펴본 것처럼 중국지방 경제발전 과정에 따라 싱가포르는 이미 중국 지방정부와 선후로 많은 대형 공업단지 건설사업을 공동으로 추진하고 있다.

싱가포르 국제기업발전국 중국사(中國司)의 부사장인 티엔키위엉(Thien Kwee Eng, 张婉芯)은 싱가포르가 끊임없이 중국과 동남아에 공업단지 모델을 수출하는 이유는 싱가포르 경제 구조상 필요하기 때문이라고 보았다. 티엔키위엉은 싱가포르 지도자들은 단순히 국제무역에 의존해서는 장기적인 발전을 지탱할 방법이 없으며 국제화만이 싱가포르를 지속적으로 발전하게 할 새로운 수단으로 인식했다고 지적한다. 싱가포르 정부와 기업은 해외에 '싱가포르식의 공업단지모델'의 수출을 통해 기업이 국제화를 추진할 수 있고 동시에 해외공업단지 운영을 통하여 괄목할 만한 수익을 얻을 수 있다고 판단했다. 즉 임대 수입과 중간서비스비용뿐만 아니라 고속 발전하는 합작 공업단지에서 싱가포르는 계속 이윤을 챙길 수 있다는 것이다. 이러한 배경하에서 싱가포르는 국내에서 성공한 공업단지 건설경험을 해외에 대량으로 수출했다. 인도·필리핀·중국·인도네시아·베트남 등지에 싱가포르식 공업단지가 계속 나타나기 시작했다. 그 해외공업단지의 면적이 싱가포르 영토 171개에 상당한다. 이는 대한민국 면적보다 넓다. 그래서 싱가포르는 "공업단지의 상업적 복제의 대가"라는 칭호를 얻었다.[125] 필자는 이를 '21세기형 식민정책'으로 보고 있다.

싱가포르는 중동에도 진출하기 위해 각축을 벌였는데 전 총리 고촉통과 리콴유는 힘들지만 자주 중동에 가서 중동경제의 구조조정 기회를 이용하여 더 많은 합작기회를 창출하고자 했다. 싱가포르는 카타르재단을 통해 생태도시 항목에 참여하는 등 교량적 역할을 활발히 추진했다. 2007년 싱가포르는 노르웨이 재생에너지그룹에 50억 달러를 투자하여 세계 최대종합태양에너지 제조센터를 건설했다. 발 빠른 경제정책, 유연성 있는 대응전략, 높은 효율성의 행정수단, 광범위한 세계네트워크로 싱가포르는 세계적인 경쟁력을 가지고 견고한 경제적 위치를 확립하고 있다.[126]

우수한 인적자원 양성

2007년 싱가포르의 전체 실업률은 1.7%로 상당히 낮았다. 그러나 싱가포르 지도자들은 위기를 고통이 아니라 창조와 변혁을 위한 기회로 받아들일 자세가 되어 있었다. 그들은 싱가포르 경제를 10~12년 안에 세계 최상층으로 올려놓겠다는 목표를 세웠다.[127]

2008년 2월 15일 싱가포르 정부는 재정예산안을 공표했는데 지난 재정년의 잉여금 64억 싱가포르달러(45억8천 달러) 중 18억 싱가포르달러를 국민들에게 보너스로 주었다. 동시에 교육과 연수 및 훈련에 대한 투자를 늘려 경제의 경쟁력을 강화했다. 예산안은 이미 고도로 국제화와 세계화한 싱가포르 계획의 거시적 방향과 소시민의 기본생활 향상을 제시했다. 이는 싱가포르의 치국이념과 경제책략을 반영한다. 사실 싱가포르는 2006년 리셴룽이 싱가포르인들에게 '성장set'를 발표했을 때 잉여금 26억 싱가포르달러에는 '성장이익분배', '취업장려 보너스' 및 '국민서비스 보너스' 등이 포함되어 있었다. 더욱이 '취업장려 보너스'는 실업자가 직장을 찾아야만 하는 독특한 격려정책으로 국가가 복지주의에 빠지는 것을 막기 위한 것이었다.[128]

싱가포르 정책 입안자들은 기술 향상 없는 임금인상은 해결방법이 아니기 때문에 이들을 오직 재훈련시킴으로써 기술을 향상시켜야 한다고 보았다. 젊은 노동자들의 25~30%는 대학교육을, 40%는 폴리텍

(polytechnics), 20% 이상은 기술교육을 받았다. 그러나 나이 먹은 노동자들의 대다수는 자녀들은 많고 새로운 기술을 교육받을 만한 언어능력을 갖추지 못한 사람들이었다. 그래서 인력자원부와 전국노조총회는 40세 이상으로 기술교육기관(ITES)이나 폴리텍이 당시에 없어서 교육의 기회를 놓친 이들을 위해 기술 재교육을 실시하고 직업을 업그레이드시켰다.[129] 고촉통은 이들을 새로운 직업훈련을 통해서 환경을 바꾸어주어 생활을 향상시키려 했지, 복지제도와 연결시키려 하지는 않았다. 정부의 목적은 사람들이 한 직업에 평생토록 종사하는 것보다는 평생 고용되도록 하는 것이었다. 만약 이 문제가 해결되지 않는다면 사회긴장이 발생할 것이고 사회적인 통합이 깨질 것으로 인식했다. 싱가포르는 이러한 재훈련의 중요성을 인식하고 평생교육기금으로 10억 달러를 할당했다.[130]

국민들이 경제성장의 혜택을 누리고, 보너스를 받는 정책은 최근 싱가포르 재정예산에 여러 차례 반영된 조처이며 4, 5년 전에 싱가포르가 추진한 사회경제 구조 및 문화형태 가치관의 전환에 따른 것이었다.[131]

경제전략위원회(Economic Strategies Committee, ESC) 설립

2008년 세계금융위기는 싱가포르 경제를 다시 심하게 손상시켰을 뿐만 아니라 싱가포르의 빠른 발전 속도를 중단시켰다(연 성장률은 다만 1.1%였다). 싱가포르는 아시아 지역에서 제일 먼저 지식경영을 향한 기술밀집형 경제의 고착으로 2009년 경제 위축이 심각했다. 2009년 6월 싱가포르 정부는 재무부장관 탈먼 샨무가라트남(Tharman Shanmugaratnam, 尚达曼, 1957~)을 회장으로 하는 경제전략위원회를 설립했다. 경제전략위원회 구성원은 내각 장관들, 전국노조총회대표와 기업대표

등 25명으로 그 아래 8개의 소위원회가 있다.

경제전략위원회의 2009년 보고에 의하면 세계경제가 이미 구조적으로 변했기 때문에 선진국의 경제가 정체되고 보호주의에서 벗어나려 하여 아시아 경제에 새로운 기회를 가져다줄 수 있는 변수가 많다는 것이다.

2010년 2월 2일 경제전략위원회가 발표한 보고서에서는 구체적으로 3가지 중요한 전략을 건의했다. 첫째, 각종직업의 기능(High - Skilled People)을 향상하기 위하여 하나의 전국적인 메카니즘을 건립하여 교육과 훈련을 지속적으로 확대하고 모든 사람들에게 기회를 주어 전문지식과 기능을 향상하도록 한다. 둘째, 싱가포르 기업의 혁신적인 경제(Innovative Economy)를 심화하여 아시아에 나타난 비즈니스 기회를 장악한다. 또한 앞으로 5년에서 10년 사이에 중형의 세계적 기업을 싱가포르에 유치하여 싱가포르 기업을 아시아의 선두주자로 발전시킨다. 셋째, 싱가포르가 독특한 세계적 도시(Distinctive Global City)가 되어 지속하여 세계 각지의 최고인재를 유입함과 동시에 가장 최고의 투자기회를 제공한다.

경제전략위원회가 제출한 건의는 싱가포르 경쟁력위원회가 1998년에 경쟁력 있는 지식기반경제체제로의 발전을 위하여 제출한 건의를 전략적으로 계승·발전하여 싱가포르 미래에 대한 진일보한 지식에 기반을 둔 경제 모델의 발전방향을 제출한 것이었다.

싱가포르 정부와 국민은 아시아 금융위기 이후 세계와 아시아 지역 경제환경이 변한 것을 의식하고 이에 적응하기 위하여 지식밀집형으로 지식경영 산업을 발전시키고 산업구조를 최적화하여야만 경쟁력을 증강할 수 있음을 강조했다. 단지 시기에 따라 지식기반경제발전 과정에서 중점적으로 강조하는 것이 달랐다. 싱가포르 경쟁력위원회가 제시한 지식경영 청사진부터 싱가포르 검토위원회의 지식경영 발전계획을 거쳐 이를 계승 발전시킨 싱가포르 전략위원회의 지식기반경제 계획의 방향까지 싱가포르 정부의 지식경영의 계획은 부단히 국제경제와 지역경제 환경에 맞추어 발전하는 능력을 보여주었다.[132]

6. 싱가포르 경제 전망

싱가포르 지도자들은 싱가포르의 외향형 경제로 인해 세계화 혹은 지역성 경제 파동의 영향을 면하기 어렵다는 것을 인식하고 있다. 한 예로 싱가포르 통상산업부의 연구결과에 의하면 과거에 미국경제의 성장이 1%면 싱가포르 경제의 성장은 0.96%로 미국경제의 영향이 현저했다. 안정된 경제성장을 유지하기 위하여 싱가포르는 경제적으로 구조조정을 지속할 뿐만 아니라 경쟁력을 높이고 더 많은 관심을 중국 등 신흥 국가들에 기울여서 선진국가들의 경제쇠퇴가 싱가포르에 가져오는 영향을 최소화해야 했다.[133] 이와 같이 세계경제가 어디로 가느냐에 따라 영향을 받는 싱가포르지만 지도자들은 항상 위기에 적절하게 준비하고 대처했다. 이런 전략은 성공적이어서 싱가포르 거시경제의 안정을 훼손하지 않았다. 국제기준으로 보면 싱가포르의 가격 인플레와 실업률은 낮고 국가의 빚도 거의 없다. 국제 수지에 있어 지속적인 흑자와 공식 외환 보유고의 급속한 축적이 있다.[134]

싱가포르는 정치적으로 안정되어 있고 훌륭한 인프라와 오픈 비즈니스 정책으로 인하여 아시아에서 세계 최고 수준의 글로벌 비즈니스센터로 알려져 있다. 2012년 미국의 사업환경리스크 평가센터(Business Environment Risk Intelligence)의 보고에 의하면 싱가포르는 세계국가투자 환경평가(Profit Opportunity Recommendation)에서 최고 점수를 얻었다. 세계경제논단(World Economic Forum)의 《2012년의 글로벌 거래무역 보고(The Global Enabling Trade Report 2012)》에서 싱가포르의 글로벌 무역 촉진 지수 순위는 1위이고, 로잔경영연구소(the Lausanne Institute of Management)의 《2012년의 세계경쟁력연감(World Competitiveness Yearbook 2012)》에 의하면 싱가포르는 경쟁력 지수가 세계 4위이다. 세계은행(World Bank)의 《2012 사업보고서(Doing Business 2012 Report)》에서는 싱가포르가 사업하기에 세계에서 가장 편리한 국가로 선정되었다.[135]

2013년도 예산과 국민임금협의회의 2015/2016년 가이드라인을 살펴보면 싱가포르 정부는 국민들의 소득을 높이고, 일치단결한 사회와 경제성장을 촉진하기 위해 더 높은 기술과 창의성 그리고 높은 생산성을 추진하는 구조조정을 미래 싱가포르 정부가 지향하는 목표로 하고 있다. 창의성에 관한 한 싱가포르 정부는 디지털 미디어 산업의 성공을 위해 중요한 요소인 탐구정신 등을 고취하기 위해 창조적인 생태계를 조성함으로써 개방적이며 활력이 충만한 경제를 창조하고자 한다.[136]

싱가포르 정부는 다음과 같은 3개 전략을 수립했다. 첫째, 아시아에서 글로벌 비즈니스 허브로 싱가포르를 개발한다. 싱가포르는 계속 다국적 기업과 중형국제기업들을 유치하여 싱가포르를 거점으로 업무를 아시아 내지 세계 기타지역으로까지 개척하도록 한다. 둘째, 기존 산업은 싱가포르 경제의 지속적인 구조조정의 일부이므로 고부가가치 산업으로 변화해야 한다. 셋째, 싱가포르는 생산력 개선에 노력해야 한다.

글로벌의 중심으로서 위상 재정립

중국을 위시한 아시아의 경제발전이 세계 경제성장의 주 엔진이 되고 있고 최근 인도가 잠재적 경제대국으로 대두되고 있다. 이에 싱가포르는 중국과 인도를 연결하는 허브 역할에 총력을 기울이고자 한다. 싱가포르 정부는 중국과 인도 간의 허브 역할을 뒷받침하기 위해 외국인 투자와 다국적 기업 유치에 더욱 힘쓰고 있다.[137]

싱가포르는 WTO의 다국적 회담에 참여하고 적극적으로 각국과 접촉하여 FTA협정에 서명하고자 한다. FTA는 경제무역 자유화 추진과 싱가포르의 국제시장 확대의 동력을 의미한다. 또 한편으로 미국·유럽·일본과 같이 선진국가들과 자원국가들과의 FTA협정은 아세안 국가 간의 통합은 물론 세계로의 네트워크를 더 확대하고 강화함을 의미한다. 현재 싱가포르는 일본·호주·뉴질랜드·미국·인도·파나마·요르단·한국·중국·페루·코스타리카·유럽자유무역조직(EFTA)·태평양 전략적 경제협력·걸프 협력위원회 등과 FTA에 서명했다. 또 싱가포르와 EU의 FTA는 이미 협상이 완성되었고 서명 발효만 기다리고 있다. 맥시코, 캐나다, 우크라이나, 파키스탄, 타이완과는 FTA체결을 위해 협상 중이다.

그리고 태평양 횡단 파트너십 계약 협상(TPP)에 적극적이다. 그러나 트럼프 정권은 자유주의 질서를 후퇴시키고 배타주의, 고립주의로 회귀하는 듯하여 미래를 예측하기 어렵지만 싱가포르는 전 세계에서 아시아의 중심이 되기를 희망한다. 싱가포르는 외국기업의 전략적 사업을 싱가포르로 유치하는 것이 싱가포르가 아시아 중심 더 나아가 세계의 중심이 될 기회를 가질 수 있다고 본다.

제조업과 서비스업, 두 엔진의 균형 발전

싱가포르 정부는 싱가포르의 장점을 잘 활용하고 지식기반 제조산업을 발달시켜 싱가포르가 지역 내의 다국적 기업 R&D 센터로 발전할 수 있도록 준비하고 있다. 중국과 인도의 경제성장에 대응하기 위하여 부가가치가 높은 고품질의 서비스업을 개발하여 이 지역의 새로운 서비스센터가 되고자 한다. 서비스업 방면에 있어서 싱가포르는 모든 주요 국제회의 및 전시회를 싱가포르에서 개최하도록 적극 유치하고 산토사 섬의 카지노를 포함한 통합 리조트와 마리나 베이 지역에 통합된 리조트를 적극 활용하여 외국 여행객을 유치하는 것 이외에 경제성장을 주도하는 고용의 기회를 많이 창출하고 있다.

싱가포르는 국가전략사업으로 BTMCE를 육성하고 있다. 이는 비즈니스여행(Business Travel), 포상여행(Icentive Travel), 기업회의(Meeting), 컨벤션(Convention), 전시회(Exhitbition)의 앞 글자를 따서 만든 조어다. 정부는 관광청 내 BTMCE 전담부서를 만들어 범정부 차원에서 지원하고 있다. 이 부서는 BTMCE의 시장 확대를 위한 각종회의와 이벤트 유치전략 수립부터 호텔·항공 분야와 제휴, 대외 홍보 같은 모든 업무를 총괄한다. 또 월별로 특화한 행사기간을 정해 국내외 기업들을 유치하고 있다. 지정학적 이점과 관과 민간의 창의적인 발상으로 인하여 싱가포르를 찾는 BTMCE 부서방문 인원은 2011년 320만 명에서 2014년 350만 명으로 늘었다고 한다. 싱가포르는 2013년 국제회의 개최국가 순위에서 세계 1위로 994건이나 되었다. 싱가포르는 세계인의 주목을 끌기 위해 대형식물원, 수족관, 회전관람차 등을 글로벌 회의장으로 탈바꿈했다. 인기 관광지가 수시로 기업회의장이나 이벤트 장소로 변신할 수 있다.[138]

생산성 향상을 위한 교육이사회 설립

2009년 5월에 조직된 경제전략위원회는 2010년 2월에 발표한 생산성 향상을 위한 구체적인 방법을 시행하기 위하여 전국생산력과 지속적인교육이사회(National Productivity & Continuing Education Council, NPCEC)를 설립했다. 구성원으로는 노동조합과 비즈니스 대표, 그리고 내각 장관들이며 부총리가 의장을 맡고 생산성 향상을 위해 주요산업을 지원하는데 협조한다.

이 위원회의 주요 목적은 싱가포르의 생산력이 앞으로 10년 동안 매년 2~3% 성장하고 국민의 실제 임금이 3배가 되는 것이다. NPCEC는 미래에 전자업·정밀 엔지니어링 산업·건설업·소매업·음식 서비스업·호텔·물류·창고 산업을 포함한 12대 공간산업의 생산성을 향상하는 청사진 개발에 힘쓴다.

NPCEC는 (1) 더 이상 생산성을 높이기 위해 자동화된 생산과 교육에만 의존하지 않고, 기업의 부가가치를 증가할 수 있는 혁신적인 방법을 추구한다. (2) 기존 시스템과 비즈니스 네트워크의 장점을 이용하고 생산성의 성장 목표를 달성하도록 촉진한다. (3) 관리 회사에 의해 생산성 향상을 촉진하고 (4) 이러한 생산성 등 4개 분야에서 지속적인 문화 개선과 학습과정을 만들어 생산력 성장을 지속적으로 추진한다.

싱가포르는 2011년 회계예산에서 국가생산력기금(National Productivity Fund)에 10억 싱가포르달러를 투입하고 기금총액이 20억 싱가포르달러가 되도록 하여 생산력 향상을 위한 자금을 마련하겠다고 발표했다.

싱가포르는 2010년 이후 매년 2~3%의 생산력 향상을 성장목표로 정하였고, 10년 내에 생산력을 30%로 향상하는 것을 목표로 했다. 정부는 경제, 산업, 기업, 직원과 노동자 방면에 있어 생산력 제고에 착수했다. 기업의 경우 정부가 생산성 강화와 혁신 신용계획(Productivity and Innovation Credit)을 통해 혁신에 투자하고 생산성을 향상시키도록 적극 격려한다. 추가로 정부는 외국노동자 고용의 비율을 줄이고 중소기업의 업무개선과 생산력 향상을 위한 종업원 훈련을 지원했다. 지원방식은 많은 학비보조금과 결근 급여 보조금을 포함하여 개발능력 향상을 위한 프로젝트의 보조금을 50%에서 70%로 증가했다.

2015년과 2016년 국민임금협의회의 임금 가이드라인 역시 생산성 성장을 위한 기술과 지속적인 임금인상에 집중되어 있다. 국민임금협의회는 기업의 고용주도 성장보다는 생산성중심 성장으로 나아갈 것을 강력하게 촉구한다. 그리고 기업의 성장과 생산성 및 경쟁력의 핵심 원천은 품질임을 강조하고 있다. 이를 위해 지속가능한 임금 인상을 허용하고 기업이 근로자를 유치 및 유지할 수 있도록 정부가 돕는다. 그리고 고용주는 근로자가 시작한 직업 기술 관련 훈련을 지원해야 하며 근로자 역시 직장에서 기술을 훈련하고 활용할 기회를 포착하는 데 힘써야 함을 강조한다. 국민임금협의회는 혁신적인 임금 모델(Progressive Wage Model)을 강력하게 지원하여 노사의 작업 전망과 수입을 향상시키는 데 있어 삼자 간의 노력을 환영한다.[139]

자립을 위한 창조적 사회복지

2장

복지는 국민의 기초생활 향상과 사회보장을 위한 사회정책과 시설을 말하는데, 교육·의료·노동·문화 등 사회생활의 모든 분야를 포괄한다. 서구국가의 사회복지는 사회민주주의의 영향을 받아 사회복지를 사회발전의 최종 목적으로 삼는다. 영국의 사회주의 정책인 "요람에서 무덤까지"의 실패는 싱가포르 지도자들의 복지정책 방향에 영향을 주었다.

싱가포르 인민행동당은 복지정책을 채택한 다른 국가에서 발생하는 많은 문제들을 인식하고 복지국가정책을 채택하기를 거절했다. 왜냐하면 많은 복지국가들에서 남용과 낭비 그리고 개인 책임이 약해지는 것을 볼 수 있었기 때문이다. 따라서 '싱가포르 모델'에서는 사회적 도움(구조)은 최후의 수단으로 정부가 제공하여야 한다고 단정하고 있다.

1976년 6월에 당시 국방부장관인 동시에 부총리였던 고켕스위는 다음과 같이 말했다. "세상에 공짜는 아무것도 없다. 무차별한 복지국가정책의 최종 결과는 파산이다. (…) 몇몇 서유럽 국가에서 너무 관대한 실업급여로 인하여 일부 근로자들은 차라리 실직이 더 낫다고 생각한다. 복지에 대한 지출은 세금이나 지폐를 인쇄해서 생긴다. 세금인상은 부자들에게 영향을 주고 가능한 투자를 감소시켜 경제성장을 둔화시킨다. 지폐를 인쇄하는 것은 세금을 증가하지 않으려는 정책인데 그 결과는 인플레를 가져온다." 싱가포르 지도자들은 사회복지를 일종의 소비품으로 보았다. 그들은 정부가 제공하는 복지는 근로자들을 국가에 의존하도록 유도하여 기업의 수액을 빨아먹고 경제성장을 해칠 뿐만 아니라 개인의 적극성을 약화시킨다고 판단하였다. 즉 영국식 사회복지 모델은 근로윤리와 직업윤리를 저해하는 주요 요인으로 규정하고 사회보장제도는 근로의욕을 높이는 방향으로 설계되어야 한다는 원칙을 중요시했다.[1]

또한 싱가포르 지도자들은 규모도 작고 자원이 빈약한 도시국가인 싱가포르가 생존하기 위해서는 사회와 집단의 이해가 개인의 이해보다 우선하는 사회적 문화를 가지게 되었다. 그리하여 복지에 의존하는 인구를 최소화하는 것이 국가 경제력 제고에 초석임을 정부, 노조, 사용자, 지역사회단체들이 인식하였다.[2] 싱가포르는 사회복지의 문제와 경제발전과의 문제를 연계하여 하나로 보고 "경제발전과 단절된 사회복지는 줄기 없는 나무요, 근원 없는 물"이라고 보았다.[3] 또한 경제발전을 위하여 인적자원의 효율적 운영을 극대화하여야 한다는 지도자들의 인식이 복지정책 방향에 작용했다.

싱가포르 지도자들은 사회복지에 국가 예산배정을 최소화하고 사회공동체 합의를 통해서 사회보장제도를 효율적으로 운영하는 창조적 사회보장제도를 개발했다.[4]

싱가포르 사회복지정책의 핵심은 실업보험·최저임금·양로보장 등이 아니라 공공지원이었다.[5] 리콴유와 첫 내각의 고켕스위, 라자라트남, 혼수이센, 림킴산(Lim Kim San, 林金山, 1916~2006) 등 재정을 맡았던 사람들은 "사람은 본질적으로 동등하지 않다"에 동의하였다.[6] 그래서 국가는 개인이 그들의 능력에 따라 자신의 안위와 가족의 복지, 나아가 국가발전에 일조할 수 있도록 사회적 기반을 구축하고 이를 최대한 효율적으로 운영할 수 있도록 도와주어야 한다고 보았다. 국가는 좋은 교육, 좋은 의료와 미래 재산가치가 될 주택을 제공하기로 결정했다.[7] 싱가포르 정부는 교육·주택·의료를 대단히 중시했고 여기에 사회투자를 했다.[8]

이런 시각으로부터 싱가포르 정부는 국민의 복지는 국가가 가정을 대신할 수 없다면서 가정이 가정 성원을 돌볼 책임을 지도록 했다. 다만 고아·극빈층·편부모 가정과 같은 보호 대상자들과 취업능력이 아주 없는 빈곤한 사람들에게만 지원했다. 따라서 인구비례에 따라 공공지원 대상을 접수하는데 그 수는 그렇게 많지 않았다.[9] 싱가포르 지도자들은 공공지원에 대해 엄격한 기준을 마련했다. 공공지원 수혜자의 90% 이상이 독거노인으로 평생 힘든 생활을 해온 이민자들로서 결혼한 적이 없거나, 가족이 없고 정신적으로나 육체적으로 장애가 있는 사람들, 과부, 고아, 버려진 아내와 어린이들이다. 1986년부터 1996년까지의 경우를 보면 싱가포르에서 공공지원 수혜자의 87%는 노령의 극빈자들이었다.[10]

지도자들은 국민들에게 평등한 기회가 제공되고 재산에 대한 소유권이 인정되면 싱가포르가 안정될 것으로 믿었다. 사회가 국민 개개인을 돌보아야만 하는 것이 아니라 국가가 제공한 평등한 기회를 국민 개개인이 노력해서 활용하여야 한다는 것이다.

리콴유는 국민들이 기회를 잘 포착하도록 기(氣, 활동할 수 있는 힘)를 살려주어야 한다고 주장했다. 정부는 곤란을 극복할 수 있을 정도만 주고 경제가 회복되면 다시 일자리를 찾을 수 있도록 기술향상 프로그램을 운영하여 기술을 배우라고 권고했다.[11] 이러한 복지제도는 사회복지 대상자들에 대한 단순 지원보다는 교육·훈련·기회·지원을 통한 생산적 복지(Welfare to work)를 추구하는 것이라고 할 수 있다.[12]

싱가포르는 국민에게 양질의 일자리와 일할 기회를 줌으로써 생활을 보장하려는 정책을 취하고 있다. 이러한 정책은 경제가 충분히 성장해야 추진이 가능한 원리이다. 때문에 경제성장을 위한 정책에 최우선 순위를 부여하고 이를 위해 모든 경제주체들에게 각자의 위치에서 협력하도록 요구하고 경제주체들도 그것을 기꺼이 받아들이고 있다.[13]

싱가포르 정부는 실업보조금과 최저임금 보장과 같은 복지정책은 싱가포르인들의 근로 동력을 약하게 하여 싱가포르 경제 경쟁력에 영향을 미칠 것으로 판단하여 실업수당제는 아예 없다. 리콴유는 1984년 한 군중대회에서 "우리는 결코 철 밥통 정책을 채택하지 않는다, (…) 왜냐하면 우리의 밥그릇은 도자기이므로 그것을 소중히 다루어야 한다"[14]고 말했다. 리콴유는 너무 많이 주면 사람들이 일을 하지 않으려 할 것이므로 곤란을 극복할 수 있을 정도만 주고 국가복지정책이 일하지 않아도 되는 장려금을 위한 정책이 되어서는 안 된다고 말했다.[15]

싱가포르 정부는 실업자에게 보조금을 지급하지 않고 취업을 보조하는 동시에 실업 위기에 있는 사람들에게 기술향상 훈련을 제공하여 그들이 재취업시 한 단계 향상할 수 있도록 했다. 또한 싱가포르 정부는 교육과 건강은 복지의 범위에 들어가지 않고 다만 생산성 있는 사회투자로 간주했다. 그리하여 일하는 사람들이 스스로 노력하여 보건·주택·교육·노후보장·자산 증식 등 기본적인 사회적 필요에 대해서 준비하도록 하였다. 이것이 바로 개인계좌에 기반을 둔 강제저축제도인 중앙공적금(Central Provident Fund) 제도이다. 정부의 입장에서 중앙공적금의 역할로 인해 정부의 사회복지 지출이 낮아 정부의 사회에 대한 부담이 적다.[16]

근로자들의 삶의 질 향상을 위한 복지욕구는 기업복지나 자주복지를 통해 해결하고 있다. 1980년대 이후 싱가포르 정부는 노사관계의 핵심을 국가복지주의(State Welfarism)로부터 근로자의 복지와 기업의 복지를 연결시키는 기업복지주의(Company Welfarism)의 노동정책에 초점을 맞추기 시작했다. 또한 기업이 주도하는 복지 프로그램을 강조하기 위하여 근로자들과 기업 및 고용주들 간의 관계를 공고히 했다.[17]

1980년대 이후 정부는 수입 차이를 축소하여 하층사회가 형성되는 것을 막기 위해 여러 정책을 수립했다. 예를 들어 교육상의 지원정책은 저소득 계층의 자녀로 하여금 교육을 받아 빈곤에서 벗어나도록 하는 것이다. 그리하여 싱가포르에서 일반 봉급노동자들이 자녀가 많아도 소학·중학을 보내는데 부담이 없다. 그러나 대학은 성적이 좋으면 장학금을 받을 수 있지만 학비가 비싸 자신들이 저축한 중앙공적금에서 자녀의 대학 교육비를 지불할 수밖에 없다.[18]

또한 수입이 비교적 낮은 사람들을 각 선거구로 분산시켜 그들이 도움을 받을 가능성을 증대시켰다. 1998년 당시의 사회보장계획에 의하면 싱가포르의 가난한 노인들을 충분히 보호해주지 못했다. 여성 노년층, 특히 말레이 노인 여성들이 가장 불리한 위치에 있었다.[19] 고촉통은 총리가 된 이후 다방면에서 빈곤층을 도와줄 정부 공사와 사회사업을 실시했고, 정부는 국민과 모든 국민이 발전의 혜택을 향유하는 '새로운(新)사회계약'을 체결할 것을 제의했다.[20]

정부는 의도적으로 국가의 성장을 모든 국민이 공유할 수 있도록 점점 더 많은 지하와 지상 열차, 아름다운 공원과 수로를 건설했다. 싱가포르 지도자들은 그들이 창조한 제도는 공평한 것으로 국민 개개인이 얻는 것은 그 자신의 업무성과에 달려 있으며 개인의 업무성과는 그의 교육·기술·능력에 달려 있다고 강조한다.[21]

본장에서는 우선 다양한 사회보장의 역할을 담당한 중앙공적금제도와 싱가포르 정부의 사회발전 방면에서 가장 성공한 공영주택 정책을 살펴보고자 한다. 그리고 개인과 가정이 건강을 책임져야 한다는 싱가포르 보건건강 정책과 선진국 수준의 의료서비스를 국민들에게 제공하기 위한 의료체계의 개혁에 대하여 알아보고, 싱가포르의 노동정책인 기업복지와 전국노조총회의 복지정책 등을 검토해보고자 한다.

1. 중앙공적금제도

싱가포르의 중앙공적금제도는 다양한 사회보장의 역할을 담당한다. 중앙공적금제도는 영국식민지 정부가 1955년 불경기에 노동자의 실업문제를 해결하기 위하여 만들어진 제도이다.[22] 이 제도는 노동자가 취업시 소득한 일부분과 고용주가 제공하는 일부분을 합쳐 자금을 조성하여 저축하는 것이다. 중앙공적금은 노동자가 실업시 혹은 퇴직 후 양로금으로 받을 수 있는 보호기금이었으며 강제 저축 프로그램이다.[23]

싱가포르는 독립 이후 인구 급증과 1973년의 석유파동, 주택가격 급

등 등의 많은 문제들이 돌출하자 정부는 경제와 사회 방면에서 중앙공적금의 역할을 확대했다. 또한 일련의 법령을 통해서 저축의 범위를 확대하고 공적금제도를 한 단계 발전시켰다. 싱가포르 정부는 공적금으로 주택구입·의료비용·자녀교육 등 날로 증가하는 사회문제에 대응하도록 했다. 이로써 공적금은 싱가포르 사회에 있어 하나의 안정장치의 역할을 하게 되었다.[24]

대략 1970년대부터 싱가포르 정부는 국민들의 주택문제를 해결하기 위하여 한편으로는 대량으로 공영아파트를 건축했고 한편으로는 공적금을 개방하여 국민들이 자기 공적금계정의 자금으로 공영아파트를 구매할 수 있도록 규정했다. 이 방법의 장점은 보통 사람들이 주택구매를 위해 은행의 자금을 빌렸기 때문에 일상생활비에 영향을 받아 생활수준이 낮아지는 것을 막고, 공적금을 이용하여 할부로 자기 주택을 구매할 수 있다는 것이다.

아무리 가난한 사람들도 공적금을 통하여 온가족이 안정된 생활을 할 수 있는 최소한의 보금자리를 마련할 수 있게 되었다. 이것은 맹자가 말한 '항산항심(恒産恒心)'과 같이 일정한 직업과 재산을 가진 자는 마음에 그만큼 여유가 있어 동요 없이 꾸준한 마음을 가진다고 한 말에 비유할 수 있다. 이런 공적금제도의 실시가 바로 싱가포르 사회가 안정된 사회가 될 수 있는 중요한 원인 중 하나라고 말할 수 있다.[25]

정부의 중앙공적금 운영과 관리

중앙공적금은 고용주와 고용인이 매월 고용인의 월급에 비례하여 강제적으로 저축한 기금이다. 일반적으로 임금인상과 생산성 증대를 위해 고용주의 중앙공적금 납부율을 올리기도 했지만, 1986년 경제상황이 악화되었을 때는 고용주의 중앙공적금 납부율을 하향 조절하여[26] 고용주의 부담을 덜어 주었다. 이후 대략 임금의 40%에 해당했다가 동남아 금융위기의 영향으로 30% 좌우로 떨어졌다.[27] 또한 공적금 납부금은 고용인의 나이에 따라서 변동이 있다.[28]

싱가포르 지도자들은 사회가 가불을 계속한다면 다음 세대에게 지금 현 세대의 복지지출을 부담시키게 된다고 믿어 높은 저축률을 유지하고 있다. 이러한 강제 저축은 노동자의 불만을 야기할 수 있는데 만약 납부율이 그들 손에 들어오는 임금을 감소시킨다면 그들은 바로 반대했을 것이다. 그러나 싱가포르 정부의 운영방법은 공적금 납부율을 높임과 동시에 노동자의 임금 또한 조금씩 상향하게 했다.

전국임금조정이사회(全國工資理事會)가 매년 다음해의 임금인상에 대해 건의하기 때문에 싱가포르 경제성장률에 따라서 임금인상률의 조정이 가능해서 공적금 납부율이 높음에도 불구하고 노동자의 반대를 야기하지 않고 노사 간의 관계가 긴장되지 않았다. 납부율이 다국적 기업의 투자에 영향을 미칠 때에는 싱가포르 정부가 고용주인 기업의 공적금 납부율을 하향 조정했다.[29] 이리하여 공적금은 거시경제 정책의 도구로써 사용되었다.[30]

중앙공적금은 고용인이라면 모두 가입하여야 하며 자영업자는 임의로 연간 2만8천8백 싱가포르달러를 초과하지 않는 범위 내에서 가입할 수 있으나 마음대로 인출할 수는 없다. 중앙공적금은 고용인이 자기와 자기가정을 위한 일종의 예방성 저축과 투자라고 할 수 있다. 회원의 계좌는 54세까지는 일반계좌(Ordinary Account) · 의료계좌(Medisave Account) · 특별계좌(Special Account)로 나누어져 있다.

일반계좌의 자금은 주택을 구매할 때 교육 및 투자에 이용하고, 의료계좌는 입원비, 승인된 의료보험, 외래 치료 등에 사용된다. 특별계좌는 주로 양로와 은퇴관련 상품투자나 비상시 목적으로 사용한다. 55세부터는 은퇴계좌(Retirement Account)를 개설한다. 은퇴계좌의 적립금액이 일정액 이하인 자는 일반계좌나 특별계좌의 적립금을 은퇴계좌로 이체할 수 있고 의료계좌나 특별계좌의 금액이 일정금액 이하인 자의 경우 일반계좌에서 일정금액 이하를 이체할 수 있다. 55세가 되거나 싱가포르를 떠나게 될 경우 그리고 정신적으로나 신체적으로 고용될 수 없을 때에는 적립금을 환급받거나 타 계좌로 이체할 수 있다.[31] 중앙공적금의 지출과 출납에는 세금이 면제된다.[32]

싱가포르 정부의 공적금에 대한 관리는 매우 엄격하다. 정부가 공적금으로 주택을 구입하고 주식에 투자하고 자녀학비에 사용할 수 있지만, 사용할 수 있는 금액은 공적금 통장 계정 잔액의 80%를 초과하지 못하게 규정하고 있다. 퇴직 후 공적금을 사용할 때 공적금 총액의 8%는 사용할 수 없게 했고, 의료비를 공적금으로 해결할 수 있지만, 공적금 총액의 12% 이상은 사용할 수 없게 했다. 이러한 공적금의 엄격한 관리로 인해 공적금 사용의 투명도가 한 단계 제고되었고 공적금 액수의 기복을 방지하는데 기여했다.[33]

싱가포르에는 실업구제 제도가 없다. 실직으로 인해서 보상을 받는 경우는 거의 없어 사람들로 하여금 일을 열심히 하도록 만든다. 이는 게으른 자를 부양하지 않겠다는 당 지도부의 가치관을 반영한 것이다. 그러므로 노동자가 일단 실업하면 개인계정상의 공적금으로 의식생계에 사용할 수는 있지만 노동자 스스로 필사적으로 일거리를 찾도록 강요한다. 한 직장이 충분하지 않으면 복수로 다른 직장에 취업할 필요가 있다. 왜냐하면 일이 많으면 많을수록 계정상의 공적금이 많아지므로 실

업 후 혹은 퇴직 후 보장능력이 더욱 강해지기 때문이다.[34]

인민행동당은 퇴직 후에도 수입이 생기면 계속 저축하라고 강요한다. 대부분의 중앙공적금 회원들은 정부의 이러한 강제적인 저축에 찬성한다. 1990년 초기에 싱가포르에서 70명의 미국 학자들이 이와 관련된 문제를 조사했다. 56명은 이러한 강제적인 저축에 대해서 찬성했고 14명은 반대했다. 이들이 찬성하는 이유는 인간은 저축하기보다 좋은 것들을 사고 싶은 유혹을 받기 때문에 강제적으로 저축하도록 하지 않는다면 저축할 수 없기 때문이라고 말한다.[35]

싱가포르에서는 양로금 제도가 없는 관계로 퇴직 후 유일한 생활 수입원은 공적금 계정에 남은 액수이다.[36] 그러므로 정부가 가입자들의 안정적인 생활보장을 위해 정책적으로 최소총액제도를 수립해 55세에 퇴직하더라도 은퇴계좌에 일정 금액(3만 싱가포르달러까지)을 남겨두도록 하고 있다. 이로써 회원들이 퇴직시에 최소한의 기금을 보장받을 수 있도록 했다. 최소한의 보장을 위해 많은 저축이 제공되었고 퇴직연령에 따라서 효력을 발생하는 연령이 변했다. 퇴직 후에 제공할 회원의 기금은 다른 목적을 위해서 사용하지 못하도록 했다.[37] 또한 제도적으로 저소득 노인층을 위해 자녀가 부모 은퇴계좌에 자신의 적립금을 이전시킬 수 있다.[38]

• 중앙공적금 회원의 재산 증식

고촉통 총리의 새로운 계획은 중앙공적금 회원들이 재산을 증식하도록 돕는 것이었다. 정부는 중앙공적금 회원들이 우량주식을 소유함으로써 싱가포르 경제를 활성화시킨다고 믿었다. 당시 침체된 주식시장에 활기를 주기 위해서 회원들에 의한 투자를 장려했다. 1986년에는 투자

범위를 더욱 확대하여 회원이 그의 중앙공적금 저축의 퍼센트에 따라서 중앙공적금위원회에서 승인한 싱가포르 증권거래소에 등록된 주식에만 투자할 수 있게 하였다. 1993년에는 투자할 기회가 더 광범위하게 제공되었다. 그들은 싱가포르 통신사인 싱텔(Sing Tel)에도 투자할 수 있게 되었고 수백 주의 싱텔 주식을 살 수 있는 자격이 주어졌다. 1993년의 경우 중앙공적금 회원이 중앙공적금에 5백 싱가포르달러를 저축했다면 3월 1일부터 8월 31일 사이에 2백 싱가포르달러의 이자를 받을 수 있었다.

2000년 고 총리는 일정 기간 동안에 중앙공적금에 저축한 회원만이 주식을 살 자격을 주었고, 그 배당금은 수입에 따라 차이가 있었다. 최고 수준의 수입을 가진 사람은 최소한의 분배를 받고, 가장 낮은 수준의 수입을 가진 사람은 가장 많이 혜택을 받았다. 중앙공적금 회원에 의한 정부에 대한 투자 배당은 정부에 의하여 회원의 통장으로 보내진다. 고 총리는 정부가 신탁관리자임을 자처했다. 공적금을 운영해 이자가 많이 생기면 보너스도 주었다. 비록 이러한 투자는 공적금 회원들에게 호소력이 있었지만 성공적이지 못했다. 5명 중에 3명만이 투자하는 것을 선호했고 나머지 사람들은 2.5%보다 더 적은 이자에도 불구하고 그냥 중앙공적금에 놔두기를 원했다.[39]

일부 운영자들이나 전문가들은 그들의 저축을 스스로 선택해서 투자하도록 허가하기를 희망했다. 정부는 현재 일부 고수입 인사들에게 공적금을 이용하여 황금을 구매하거나, 정부가 건축한 공영주택 이외의 부동산과 주식을 구매하는 것을 허용했다. 이로 인한 수입에 대한 수입세는 면제되었다. 고수입자들은 이 정책을 활용하여 부동산을 구입하여 세를 주거나 팔아 공적금을 증식했다.[40]

• **퇴직금 관리**

퇴직금에 대한 전망은 그리 밝지 않았다. 정부장관인 마바우탄은 중앙공적금이 보충되어야 하는데 이것은 민간 분야에 의해서 보충될 필요가 있다고 말했다. 21세기가 시작되면서 불안스러운 통계 중의 하나는 중앙공적금의 퇴직금이 아주 적다는 것이다. 정부주도의 위원회는 1999년에 다음과 같이 설명했다. 중앙공적금 회원 중 24%는 1998년에 55세가 되는데 그들이 퇴직금으로 받는 금액은 1만6천 싱가포르달러보다 적다. 이것은 그들 가족을 지원하기에 부족한 돈으로 퇴직 후에 괜찮은 생활을 하기에는 부족하다. 적어도 매달 7백5십 싱가포르달러가 필요한데 부채가 없이 그 정도의 돈을 받을 사람은 그리 많지 않다. 공적금 회원들이 가족들의 도움 없이 어려운 생활을 면하기 위해서는 분명히 기금이 더 필요하다. 이 필요 기금을 정부가 제공할 것인지 아니면 회원 자신이 마련해야 하는지 결정하지 못했지만 정부는 회원 자신들이 퇴직 후를 위해 스스로 마련해야 한다고 말했다. 이에 정부는 회원들에게 더 광범위한 투자기회를 제공했다.[41]

2001년 정부는 퇴직금을 보충해주는 새로운 저축제도를 소개하였는데 이는 고용인들에게 공적금 이외에 별도로 그들의 퇴직 후의 필요를 위해서 더 저축하도록 권장하기 위해 소개된 제도이다. 이 저축은 싱가포르의 통화청에 의해서 승인된 재정기구에 의해서만 운영되며 이 저축에 가입할 경우 여러 종류의 세금감면의 혜택을 받도록 했다.[42]

사회보험과 비교해서 중앙공적금제도는 개인저축금처럼 위험부담은 없지만 개인의 책임을 강화한 제도라 할 수 있다. 만약 부상을 당했거나 중병에 걸렸을 경우 혹은 기타 의외의 사고를 당했을 때 개인과 가정의 부담은 대단히 클 수밖에 없어 경제력이 약한 집단들은 불안감을 느낄

수밖에 없다.[43]

그리하여 정부는 1984년과 1990년 사이에 중앙공적금의 기능을 확대했다. 퇴직을 위해서 강제로 저축하도록 했고 중앙공적금 납부 회원이 능력이 없게 된다든지 사망했을 경우 그 가족에게 일부 지원을 제공했다. 가장 눈에 띄는 기능의 변화는 사회복지를 위한 일부 지불로 제3차교육과 불치병에 대한 건강보험(MediShield)의 대출이었다.[44]

정부는 인구 노화로 국민들이 퇴직자금을 잘 관리하지 못할까봐 걱정이 되었다. 그래서 강제적으로 종신연금 계획에 가입하도록 했다. 이 계획하에 보험공사는 예상되는 고객의 수명에 따라 회원에게 매월 생활비를 지급한다. 만약 회원이 그 기한을 다하지 못하고 사망하면 그 나머지 액수는 그의 상속인에게 준다. 이러한 관리에 의하여 퇴직생활의 품질이 향상되었다.[45] 2014년 7월 1일부터 55세의 공적금 회원의 최저예금은 반드시 15만5천 싱가포르달러(약 12만 달러)이어야 하며 그들은 다만 이자만을 꺼내 사용할 수 있도록 했다. 저축이 최저액에 도달하지 못한 회원은 그의 계좌로부터 많아야 5천 싱가포르달러를 인출할 수 있다. 회원은 부동산(주택) 구입에 최저예금의 일부분을 사용할 수 있는데 가장 많아야 7만7천5백 싱가포르달러(약 6만 달러)이다.

공적금의 사회경제적 기여

공적금제도는 실제로 싱가포르 사회경제에 대단히 중요한 역할을 했다. 이 제도는 "본질적으로 국민이 자력으로 떨쳐 일어나고, 스스로 취업하며, 자기자신이 노년을 돌보도록 장려하는 것"으로 적극적으로 사회안정을 유지하는데 기여했다. 또한 공적금제도가 자연히 취업을 장려하는 역할을 하게 되어 취업률이 높아져 정부의 수입이 많아지고 징수

하는 소득세율도 낮아져 양성순환의 메커니즘이 형성되었다.[46]

정부입장에서 볼 때 중앙공적금은 공업화와 거시경제 조절 및 제어 기능을 촉진했다. 수십 년을 경과하면서 누적된 싱가포르의 공적금은 그 액수가 거대해졌다. 이 기금은 경제 발전을 촉진하는 역할을 했다. 공적금의 규모가 거대한 저축기금에 속하므로 강제성 저축률은 정부가 인플레이션을 억제하는 것에 일조했고 정부 관리를 위한 총수요의 도구가 되었다. 또한 공적금은 정부에 편리한 자금원이 되었다. 국가는 공적금에 대해 채권 발행의 방법으로 주요 프로젝트 및 인프라 투자에 그 자금을 사용했다. 그러므로 예산 적자를 받아들이거나 또는 국내 및 해외 은행의 개발자금의 제공에 의존할 필요가 없었다.[47]

중앙공적금은 공공시설 건설과 자본시장 발전을 위해서 대량의 자금 공급원이었다. 중앙공적금은 정부가 진행하는 공공건설과 투자를 위해서 염가의 거액자금을 제공하여 싱가포르 정부의 재무능력을 증강했고 그로 인하여 국가는 공업발전을 위하여 대량으로 외국은행이 제공하는 자금에 의존하는 상황을 피할 수 있었다. 정부는 공적금을 이용하여 신속히 주택건축 자금을 회수할 수 있었고 더 큰 규모의 주택 지역구를 조성할 수 있었다. 공적금 제공의 창의적인 발상으로 80% 이상의 주민이 정부로부터 공영아파트를 구매할 수 있어 생활수준이 현저히 높아졌다. 정부는 공공 주택건설사업 이외에, 후생복지사업, 교육사업에 투자하여 사회간접자본 시설을 확충하고 공업화를 위한 기반을 마련했다. 공적금은 싱가포르 정부가 진행하는 총수요관리 정책의 도구였다. 공적금의 예치율을 통하여 전 경제 일부분의 예치율에 영향을 주었다. 2005년에도 정부 예산안의 21%를 중앙적립기금으로 충당했다.[48]

중앙공적금제도에 대한 평가

최근 중앙공적금에 대한 평가는 재정에 대한 생존능력과 중앙공적금의 본래 목적이 다른 기능에 의해서 침식당했는가 안 했는가의 문제에 집중되었다. 평가는 다양하다. 아주 개인적인 것으로 내가 나이가 먹었을 때 내가 필요한 것을 충분히 제공할 수 있는가 하는 우려도 있다. 또한 정부의 불연속적인 정책에 대한 비판도 있다.

린다 로우는 중앙공적금의 추가기능은 정부에서 주도한 정책으로 아주 잘 계획되어져 있다고 보았지만, 일부는 정부의 중앙공적금 운영에 문제가 있다고 지적했다. 공적금이 공기업에 투자된 내용이 공개되지 않아 중앙공적금 기금과 회원들이 받는 기금과의 관계가 투명하지 않고 회원들은 단지 짧은 기간의 이자율만 알 뿐이라는 것이다. 또 최근 고용실태의 변화로 비록 중앙공적금의 혜택이 한 직장에서 다른 직장으로 옮겨갈 수는 있지만 의료혜택은 이동이 가능하지 않다는 것이다.[49]

그리고 중앙공적금의 역할이 너무 광범위하다는 비판도 나오고 있다. 2000년에 국제통화기금(IMF)은 공적금은 원래의 목적인 퇴직 후에 저축으로만 계획되어야 한다면서 앞으로 공적금 운영계획에 있어 강제적인 저축의 성격을 다소 가감해서 보충은퇴계획(Supplementary Retirement Scheme)으로 조종할 것을 권유했다. 그리고 이미 자기 집을 소유한 사람들이 많기 때문에 이제는 일반저축으로부터 주택을 위한 기금 사용을 중지하자고 제의했다.[50]

결론적으로 말하면 싱가포르의 중앙공적금제도는 일종의 위험예방수단으로 어떠한 복지를 지향하는 이용약관은 없지만 개인과 고용주가 저축한 액수에 이자를 합친 것으로 퇴직 이후 연금으로 제공하는 것이다. 한 개인의 일생 동안의 수입과 지출이 연결되어 있다. 젊었을 때 얼마나 많이 저축했는가가 퇴직 후에 어떤 생활을 하는가를 결정한다. 그들은 그들 자신과 자녀들을 위해서 좋은 계획을 마련하고자 하지만 많은 사람들은 그렇지 못하는 경우도 있다. 그래서 싱가포르의 중앙공적금제도는 정부가 재정적 계획을 어느 정도 간섭하는 일종의 종합성 사회보장제도라고 할 수 있다.[51]

중앙공적금제도는 싱가포르 특색의 책임지는 '엄부'의 치국이념이라 할 수 있다. 정부는 법률을 통해 국민이 자기수입의 권리를 지배하는 것을 제한하여 국민이 퇴직시 담보 대출할 수 없는 부동산 즉 주택을 보유하고, 충분한 저축으로 필요한 의료비를 지불할 수 있기를 기대한다. 공적금제도상 정부와 국민의 권익이 완전 대등하지 않다. 정부가 강제로 국민의 부분재산을 점유하여 정부 의지대로 사용하며 재산소유자가 해당 재산을 처리하는데 종종 제한을 가한다. 더 심한 것은 이 자금의 관리와 사용에 대하여 기본적으로 완전히 정부 관료위주이며 보통사람은 그것이 어떻게 운영되는지 알기 어렵다. 그래서 근래에는 점점 더 많은 싱가포르인들이 정부 관리하의 공적금 운영이 투명하지 않다고 생각할 뿐만 아니라 공적금에 대한 사용제한이 지나치고 지불하는 이자가 너무 낮다고 불만을 나타냈다.

2014년 6월 7일 싱가포르에서 유일하게 공개시위가 허락된 장소인 홍림공원(Hong Lim Park, 芳林公园)에서 공적금제도에 항의하기 위해 6천여 명이 모였다. 이들은 '공적금의 돈은 고용인들이 저축하고 고용주가 고용인을 위하여 저축한 것인데 왜 정부가 강제로 국민 대신 주인 노릇을 하느냐'는 것이다. 그리고 '그들에게 유리하지 않은데 왜 완전히 공적금 관리자인 국가에게 의존하도록 하는 것이 옳은가?'에 대한 의문이었다. 장기적으로 공적금 이익을 향유한 싱가포르 정부로서는 이런

질문들에 대해 설명하기가 대단히 어려울 것 같다.[52]

2. 자기 집을 소유하는 사회: 싱가포르의 주택정책

싱가포르 정부 주택건설발전국 건물 대청의 정중앙에 서예작품 한 점이 걸려 있다. 당대(唐代) 시인 두보(杜甫)가 지은 〈가을 바람이 오두막을 부쉰다는 노래(茅屋为秋风所破歌)〉의 일부인 "어떻게 천만 칸의 넓은 집을 구하여, 천하의 가난한 선비를 비호하여 모두 웃게 하고, 비바람도 움직이지 않는 산처럼 편안하게 할 수 있는가?(安得广厦千万间, 大庇天下寒士俱欢颜, 风雨不动安如山)"라는 시구이다. 이는 싱가포르 지도자들의 '내 집 소유하기'의 계획을 반영하는 시구라 볼 수 있다.[53]

공영주택(보장성 주택, 組屋)정책은 싱가포르 정부가 사회발전 방면에서 가장 성공한 정책이라 할 수 있다. 싱가포르 정부는 절대 다수의 국민 80% 이상에게 경제적인 주택을 제공하고 동시에 지속적인 신타운 건설을 통해 국민들의 거주 환경의 질을 개선하고 있다. 전 세계에 어느 국가도 어느 도시도 싱가포르와 같은 수준에 도달하지 못하고 있다고 해도 과언이 아니다.

1959년 인민행동당의 집정 초기에 싱가포르는 동남아 지역에서 거주 공간은 협소하고 집들은 파괴되었으며 기초설비는 부족한 빈민굴이 가장 많은 도시 중에 하나였다. 현재는 정원식의 주거환경을 갖춘 현대 도시국가로 변모하였다.

이러한 싱가포르의 성공은 지도자가 처음부터 "자기 집을 소유한 사회"의 이념을 신봉하고 그것을 국가 기본정책으로 삼아 시종일관 관철

했기 때문이다.[54] 리콴유가 이상으로 하는 사회는 싱가포르 국민이 모두 "자기 집을 소유한 사회"이다. 그의 관찰에 의하면 집을 소유한 사람들과 집을 임대한 사람들의 태도는 상당히 다르다. 자기 집을 가진 사람들은 긍지를 가진다. 그러나 정부가 보조한 염가 임대주택에 거주하는 사람들은 주택을 함부로 사용하고 유지와 수리도 잘 안 하기 때문에 정부 보조금만 낭비하게 된다는 것이다.

그는 가정마다 모두 자기 집을 가진다면 국가가 더욱더 안정될 것이라고 확신했다. 그는 역사적 공동체의식이 결핍되어 있는 싱가포르에서 국방의 의무에 대해 가치를 두는 것은 대단히 중요하다고 인식했다. 그가 생각하기에 집을 소유한 사람의 아들이 국방의 의무를 이행할 경우 부모는 싱가포르를 자신의 일부라고 생각할 것임으로 아들이 국가를 수호하는 것을 보람으로 생각하겠지만, 만약 자기 집이 없는 부모는 그들의 아들이 수호하는 것이 돈 있는 사람의 재산이라고 생각할 것이라는 것이다. 그러므로 자기 집을 소유한 사람들은 자신감을 가지게 되며 싱가포르를 조국으로 느끼게 되고[55] 국가에 대한 귀속감을 가지게 될 것임으로 자기 집을 소유한 사회를 건설해야 된다는 것이 그의 신념이었다.

"자기 집을 소유하는 사회"

리콴유는 싱가포르가 아직 말레이시아로부터 독립되기 전인 1960년에 주택건설발전국((Housing Development Board, 建屋發展局) 법정위원회를 설립하여 1964년에 공영주택 건설계획을 추진했다. 그의 주요목적은 '부동산을 소유하는 민주사회를 실현하는 것'으로 중저 수입의 싱가포르 국민들이 자기 주택을 소유할 수 있도록 정책을 추진하는 것이었다. 이들 주택들은 경제적이고 실용적인 주택으로 정부가 건설표준을 정하고 공급대상과 판매가격을 제한하여 주택을 마련할 수 없는 저소득층 가정에 염가로 판매하는 면적 90m² 미만의 정책성 주택을 가리킨다. 공영주택 토지사용권은 정부가 보유했고 주택구조·면적·레벨에 관하여도 정부가 주도하여 상용주택과 비교하여 가격이 저렴했다.[56]

인민행동당의 높은 관심으로 주택 건설이 놀라운 속도로 추진되었으나 공급은 부족했고 시설기준은 낮았다. 그러나 주택건설은 실업자들을 건설 산업에 고용할 수 있어 실업자 문제해결에도 도움이 되었다. 그리고 인민행동당 지도자들은 잘 계획되고 잘 추진된 주택정책은 아주 놀라운 보상이 돌아온다는 것을 빠르게 인식했다. 정치적으로 인민행동당의 인기가 올라갔고 이것은 당이 약속을 지켰다는 가시적인 증거가 되었다.

리콴유는 집을 소유하기를 희망하는 사람들은 잠정적인 수혜자들인 동시에 가능한 지지자들이라 인식하고 앞으로는 국민들이 집을 소유할 수 있게 될 것임을 호소했다. 주택건설발전국은 1968년부터 자가 주택 계획을 수립하였다.[57]

국민이 자기 집을 소유하도록 싱가포르 정부는 공영아파트 구매자에게 몇 개 항목의 혜택과 보조를 제시했다. 첫째, 보조금 특혜 대출을 통해 정부가 공영아파트의 판매 가격을 억제하고, 주택건설발전국에게 원가 이하로 판매하도록 요구했다. 그리하여 주택건설발전국의 자산부채가 항상 적자로 나타났지만 이 자체가 구매자에게 일종의 보조금이었다. 둘째, 중앙공적금에서 주택매입을 위해 대출할 수 있도록 허가했다. 신청자 가정의 수입에 따라 정부는 주택공적금을 통해 수천에서 수만 싱가포르달러의 보조금을 제공했다.[58]

1968년에 정부는 주민들이 그들의 공적금을 이용하여 공영아파트를 구매하는 것을 허락했다. 주민은 주택구입 자금의 20%를 계약금으로 치르고 그다지 힘들지 않게 자기 집 한 채를 소유할 수 있게 되었다. 나머지 80%는 주민의 일상적인 지출에 부담을 주지 않으면서 공적금으로 상환했다. 이 정책은 주택을 구매하는 주민의 수를 크게 증가시켰다.[59]

싱가포르 공민(영주권자는 중고 주택을 살 수 있으나 수입제한은 없다)은 공영아파트를 구입할 수 있다. 구입 가능한 연령은 최소 21세로서 반드시 가정을 이루고 월수입이 최저 8천 싱가포르달러였다가 1만 싱가포르달러로 올랐는데 연 평균 수입이 끊임없이 조정되고 있다. 만약 싱글인 경우 35세 이상이면 재판매하는 공영주택을 살 수 있다. 그러나 수리, 전세의 경우 허가를 받아야 하며 거주한 지 만 5년 이상이 되어야 전매할 수 있다. 그리고 도덕적으로 부적절한 행위나 죄를 범했을 경우 거주지에서 축출된다. 이는 다수 국민에 대한 정부의 막대한 통치권 행사를 의미한다.[60]

정부 입장에서 보면 공영주택 매매는 경제적으로 지출과 수입이 결산될 수가 없으나 국민의 사회보장과 정치적 안정을 위해서 필요했다. 주택건설발전국의 기능은 국가발전부에 의해서 추진되었는데 토지확보에 대해서 광범위한 권한을 가졌고 가격을 낮추기 위해서 건설방법을 표준화했다. 주택건설발전국은 특히 저소득층을 위해서 집을 팔거나 전세로서 보조했는데 이는 강력한 정부만이 효율적으로 운영할 수 있는 조처였다.[61]

영리사업이 목적이 아닌 공영주택건설은 총체적으로 손해였다. 그 손해는 국가재정과 채권발행 등으로 융자받아 보충하였다.[62] 싱가포르 정부는 대량의 재력을 투입했고 두 종류의 대출로 지불했다. 주택건설발전국에 재정적으로 주택발전기금을 대출해주었고 공영주택매입자에게는 담보대출을 제공했다. 정부가 주택 매입자에게 대출한 금액은 그의 공적금 중 연분연승법[63]으로 공제했음으로 주택건설기관에 대출한 금액의 회수에 문제가 없었다.[64]

정부는 저소득 가정이 공영주택을 구매할 경우 여러 가지 지원을 제공했다. 예를 들어 1994년에 저가임대공영주택에 거주하는 임대가호가 할인가격으로 공영주택을 구매할 수 있도록 충분한 주택대출을 해주는 정책을 추진했다. 정부는 월수입이 8백에서 2천 싱가포르달러 사이의 저소득층에게 먼저 방이 3개인(一间三房式) 공영아파트를 임대해준 후 감가로 그 공영아파트를 구매할 수 있게 해주었다. 만약 감가를 해도 살 수 없을 경우에는 90%까지 정부가 대출해주어 자기 집을 소유할 수 있도록 했다. 이렇게 90%까지 정부가 대출을 해주었기 때문에 빈곤한 가정도 내 집 마련이 그다지 부담되지 않았다.

2003년부터 주택건설발전국은 월수입이 8천 싱가포르달러가 안 되는 가정에게는 저리로 주택대출을 제공했다. 정부는 대출금을 그들의 공적금에서 천천히 공제하여 일상생활의 지출에 영향을 주지 않았다. 즉 공영주택의 판매가는 기본원금과 연계되어 있을 뿐만 아니라 신청자의 구매력과 정부 보조능력이 고려되어 결정되었음을 알 수 있다.[65]

주택건설발전국이 설립 10주년이 되었을 때는 싱가포르의 대다수인의 거주 문제가 해결되었다. 주택은 인민행동당의 업적 중에 가장 중요한 것으로 선거에서 성공할 수 있었다. 인민행동당 정부를 거의 칭찬하지 않는 기록가인 조르즈(T. J. S. Jorge)는 1973년에 "싱가포르의 비즈니스나 산업의 성장만큼 놀라운 것은 많은 아름다운 저가의 주택계획의 성공이라고 말할 수 있다. 이것이야말로 세계에서 토픽으로 논의할

주제"라고 지적했다.[66]

싱가포르 정부가 주택정책에 성공하기까지 난관이 없었던 것이 아니다. 싱가포르는 작은 국가이므로 땅이 부족하다. 의회에서 부동산 투기로 토지의 값을 올리지 못하도록 하고 합리적인 가격으로 땅을 확보할 수 있도록 법을 통과시켰다. 토지소유자들에게 토지를 포기하도록 요구하는 것에 대한 저항이 없었던 것은 아니었다. 왜냐하면 어떤 토지소유자에게는 그 배상가격으로 다른 곳에 그와 유사한 조건의 주택을 구입할 수 없기 때문이다. 특히 농부들, 노인이나 말레이인들의 경우 그들의 생활방식을 포기하고 아파트로 옮겨야 했기 때문에 반대했다. 또한 말레이인들은 그들의 모스크를 재배치해야 하는데 이것은 종교단체와 협상이 필요했다. 정부는 이러한 어려운 상황을 극복하고 거주지 이주 정책에 있어서도 최소의 조정과 공평한 보상을 했다.[67]

2007년 경제가 발달하면서 정부는 토지법을 변경했고 토지 주인들에게 그 당시의 토지가격으로 완전한 보상을 해주었다. 이에 토지가격이 오르고 사회공공 기반시설 발전비용이 상승하면서 주택의 가격이 올라갈 수밖에 없었다. 노동자들이 주택을 구입하는 것이 부담스럽게 되자 정부는 새로 집을 장만하는 사람들 중 처음으로 공영주택을 구입하는 사람들에게 8만 싱가포르달러까지 융자금을 대출해주었다.[68]

리콴유는 국민들이 주택건설은 그들에게 한몫이 돌아가는 기회가 될 것이라는 인식을 가지도록 하는 것이 중요하다고 했다. 다수의 공영주택들은 소형아파트로 저가격이었지만 이들 주택은 싸구려 임대주택이 아니라 구매하는 사람이 소유권을 가지는 경제적으로 가치가 높은 주택이 되었다. 2007년부터 2012년까지 싱가포르 정부가 새로운 '홈 개선계획'을 수립하며 경제적이며 실용적인 공영아파트 수가 증가했다.

싱가포르 정부는 공영아파트 보수 공사 프로그램에 46억 싱가포르달러를 투자하여 '자기 집 소유' 정책이 보장되고 흔들리지 않도록 했다.[69]

처음부터 정부가 경제와 사회적 목적을 가지고 공영주택건설을 위해 재정적으로 부담했고 자주 간섭했기 때문에 2008년에 이르면 대략 82%의 싱가포르인이 정부가 제공하는 주택에서 거주하고 있고 그중 95%가 주택을 소유하게 되었다.[70]

싱가포르 정부가 건립된 이래로 보통시민들에게 환영받는 것 중 하나는 '자기 집을 소유하는 사회'의 건설일 것이다. 분명한 것은 정부가 만약 힘없는 국민들의 이익을 보장한다면 이 정부는 무적이다. '자기 집에 거주한다'는 것은 전 싱가포르 국민의 긍지와 자부심이라 말할 수 있다. 이 계획은 국가정치 · 경제 · 사회의 안정을 성공적으로 촉진했다.[71]

인간관계를 중시하는 주택정책

초기 공영주택을 건설할 때에는 주택을 대량으로 생산했기 때문에 멋있는 형태라든지 구조에는 신경을 쓰지 않았다. 아파트는 방 1개, 부엌 1개, 그리고 각층마다 공동화장실과 욕실이 있는 긴 복도의 기숙사 스타일의 설계였다. 수십만 명을 수용할 수 있어 어떤 비평가는 마치 이들이 병영에서 사는 것과 같다고 표현했다. 그러나 시간이 흐름에 따라서 점차 질이 좋아지면서 양이 조절되기 시작했고 아파트 구조와 디자인이 좋아졌다.[72]

비록 정부가 제공하는 공영주택 아파트이지만 건축은 다른 나라의 분양주택과 비교될 만큼 아름답고 대중교통도 편리하게 연결되어 있다. 싱가포르 공영아파트는 일반적으로 위성 타운식으로 전 싱가포르 외곽에 편재되어 도시로 진입하는 지하철이나 버스 역을 중심으로 분포되어 있다. 주택건설발전국은 공영주택을 건설하면서 싱가포르의 새로운 도시 타운과 지역사회를 설계하고 건설하여 싱가포르의 도시경관을 형성하는데 공헌했다.[73]

저소득 공영주택이 빈민굴로 전락하는 것을 막기 위해 싱가포르 정부는 끊임없이 다양하고 새로운 정책을 내놓았다. 커뮤니티(지역사회)의 기반시설 건설, 공영주택 개조 그리고 환경개선 등 새로운 계획 등이다. 이런 커뮤니티의 지속적인 개선은 주민들의 자산가치를 보호함과 동시에 커뮤니티 주민들의 생활을 안정시켰다.

• **지역사회 건설**

주택정책은 사회환경의 중요성을 충분히 고려하여 거주와 생활에 적합한 지역사회를 건설했다.[74] 체육관 · 경기장 · 수영장 · 탁아소 · 소학교 · 중학교 · 공원 · 쇼핑몰 · 건강진료소 · 노인복지관 · 지역도서관 등 각종 공공지원시설이 완전히 갖추어져 있다. 심지어 공영주택 아파트단지 내에 커뮤니티 식당(food court)이 있어 다양한 종류의 음식을 팔고 있다. 각각의 주방은 맛이 다른 음식들을 제공하는데 중국계와 인도계통의 음식은 물론 서양 요리 등을 제공한다.[75]

정부는 공영주택 아파트를 건축할 뿐만 아니라 신탁관리를 한다. 즉 커뮤니티는 정기적으로 모기방역과 같은 소독작업을 진행하는데 미리 공고를 하고 만약 소독과정에 소독약 안개가 걱정스러울 때는 책임자에게 전화를 하면 원리를 상세히 설명하여 염려를 해소해주기도 한다.[76] 이런 각도로 보면 싱가포르의 공영주택 아파트단지는 한 지역사회가 필요로 하는 각종 기능이 합쳐진 곳이라 할 수 있다.

공영주택 아파트단지의 좋은 환경은 인성에 도움을 주도록 과학적으로 설계되었다. 일반적으로 공영주택 구역의 총 밀도는 1헥타르(10,000 m²)마다 110가구가 거주한다. 싱가포르의 공영주택구의 전형적인 한 예로 푼골타운(Punggol Town, 鹅榜镇)의 공영주택구를 소개하면 다음과 같다.

이 단지의 토지는 8백4십4만m²이다. 그중 주택은 겨우 55.1% 차지하고 있다. 비주택용지가 도리어 44.9%에 달한다. 비주택용지 중 구역공원과 녹지는 10.8%를 차지하고 학교는 10.2%이며 상업과 공공시설은 5.3%이다. 체육과 레저시설이 2.5%이고 교통은 16.1%이다. 이렇게 계획된 대중화 공영주택 아파트단지 구역의 기능은 교육적 기능, 레크리에이션 기능, 소비적 기능과 교통적 기능을 다하고 있다. 국토가 협소한 싱가포르에서 주택을 건설하는 방식을 보면 인간을 중시하는 이념이 지배하고 있음을 알 수 있다. 1991년에 싱가포르가 유엔이 수여하는 세계 생활환경상을 받은 것은 이상한 일이 아니다.[77]

• 조화로운 다종족사회

싱가포르는 다문화·다종족사회로 싱가포르 주민 중 중국 후예가 74.1%, 말레이가 13.4, 인도가 9.2%, 유럽과 아시아 혼혈이 3.3%이다. 따라서 사회조화가 대단히 중요하다. 이를 위해 싱가포르 정부는 동네융합을 위한 구체적인 정책을 세웠다. 사람들은 거주지가 재배치되었을 때 같은 언어와 같은 방언을 말하는 같은 종족들이 함께 이웃으로 살기를 선호했다. 특히 1960년대의 종족폭동을 기억하는 사람들은 자기보존을 위해서 단결하기를 희망했다. 반면 인민행동당은 종족 간에 충돌할 수 있는 종족단체의 집중을 좋아하지 않았다.

그리하여 아파트 거주자들의 종족구성에 관심을 갖게 되었다. 그래서 아파트 추첨은 임의로 이루어지지만 아파트를 팔 때에는 같은 종족에게 팔지 못하도록 정책적으로 결정했다. 이는 아파트를 팔 때 한 종족이 단결하는 기회를 막기 위한 것으로 예를 들어 만약 중국인들이 특정지역에 많을 경우 비중국인은 그의 아파트를 단지 비중국인에게만 팔 수 있도록 했다. 이 계획은 1989년에 소개되었고 잘 운영되고 있다. 이러한 정책은 국민 통합에 도움이 되는 환경을 조성하기 위한 목적이었다.[78]

그리고 사회응집력과 커뮤니티 동질감을 촉진하기 위해 영주권 주민 융합정책을 실시하고 혼합거주를 유도했다. 다양한 종족주민들이 동일 커뮤니티에 함께 거주하는 것을 권장하고 각 동네와 매층마다 혼합 거주하도록 하여 영주권 주민과 싱가포르 국민이 잘 융합하도록 했다. 한편 다양한 형식의 커뮤니티 활동을 전개했다. 새 동네 준공식, 주민 환영회, 커뮤니티 대화모임과 전람회 등과 같이 풍부하고 다채로운 커뮤니티 활동을 통하여 주민이 커뮤니티 건설에 참여하고, 동시에 커뮤니티 책임자와 주민이 서로 소통하고 교류하여 커뮤니티의 상호활동이 활발해지고 활력을 불어넣어 사회화합이 촉진되었다.[79]

• 가족 간의 유대 강화

싱가포르 정부는 전통적 가족의 가치관을 중시하고 부모와 자식 간에 유대관계를 강화하는 것을 목적으로 기혼자녀가 부모를 가까이 모시는 것을 장려했다. 구체적인 장려 대책으로 1978년과 1994년에 일차 공영주택 구매 신청자가 만약 부모 주소와 가까운 곳에 주택을 구매한다면 정부로부터 4만 싱가포르달러의 가옥구매 보조금을 받을 수 있었다. 이 보조금은 대략 주택 가격의 4분의 1 정도로 저축이 많지 않은 젊은 자녀에게는 큰 장점이었다. 기혼자녀가 만약 부모와 동거하거나 부모 거주지 근처에 있는 주택을 신청할 경우 기타 신청자들에 비해 2배 이상의 주택구매 추천의 기회가 주어졌다.[80]

당시 가족계획 정책으로 핵가족 시기였다. 그 이유는 공부를 잘 못하는 아이들이 주로 대가족 출신이라면서 두 자녀 이하의 자녀를 두는 부모에게 교육장학금과 주택을 제공하는 정책이 시행 중이었다. 이 정책은 부모 모시기 정책과 상충되어 곧 중지되었고 할아버지와 할머니를 위한 노인 아파트가 소개되었으나 큰 인기를 얻지 못했다.[81]

이런 인간관계를 중시하는 주택정책은 싱가포르에서 좋은 반응을 얻고 있다. 공영주택 아파트단지 내에 삼대가 함께 사는 많은 가정을 볼 수 있다. 이는 노인을 공경하고 어린이를 사랑하는 가족에 대한 가치관 내지 화인가치관의 표현이라 볼 수 있다.

인간관계를 중시하는 공영주택정책으로 인하여 여러 종족이 공동으로 조화를 이루면서 거처하도록 하여 사회안정을 유지하고 다민족과 다종교 사회의 통합을 증진했다. 또한 거주지역마다 거민위원회(居民委員會)를 설립하여 위험에 대비하고 서로 도와주는 것을 선양하며 노약자를 배려하는 정신을 함양하여 지역사회의 귀속감과 응집력을 강화하여 지역사회가 발전하게 되었다.[82]

3. 질 좋은 의료서비스

리콴유는 이론에 얽매이기보다는 현실적이고 실용주의적 지도자였다. 그는 공산주의 이념을 신봉하는 마오쩌둥 정권에서는 모두가 동등하다고 주장하지만 실제로 중국 농민이 공산당의 정치국위원과 같은 병원에 가지 않는 현실을 직시하라고 말했다. 그는 싱가포르 독립 직후 사회구성원 모두가 동등할 수 없음을 인정했다. 그러나 그는 점진적으로 평등한 사회로 발전해 나가겠다는 의지를 보였다.[83]

싱가포르는 초기에는 영국의 의료위생 체계를 계승한 복지의 성격을 가져 정부의 보조가 많았다. 1981년 당시에 위생부장관이었던 고촉통은 영국의 "요람에서 무덤까지"의 복지체계는 장기적으로 정부의 재정적 부담을 과중하게 함으로 싱가포르에 적합하지 않다고 선포했다. 그리하여 1983년부터 정부는 의료체계를 다음과 같이 3가지 기본방침에 기초하여 개혁했다. 첫째, 예방이 치료보다 우선함을 강조하여 지역사회가 중심이 되어 건강한 생활방식을 추진한다. 둘째, 개인과 가정이 자기들의 건강에 대해서 책임을 지며 대부분의 의료 지출을 책임진다. 셋째, 치료비에 합당한 질 높은 치료를 하되 지나친 소비성 의료 지원은 피하도록 한다.[84]

싱가포르 정부의 의료위생 지출은 1990년에 4억6천만 싱가포르달러에서 2008년 23억 싱가포르달러로 증가했다. 싱가포르의 위생정책은 1차 진료시설을 많이 건립하고 의료시설을 개선하고 발전시켜 기본적인 보건문제를 해결했다.[85]

건강은 개인과 가정의 책임

싱가포르는 점차적으로 4가지 기본정책에 따라 의료보건 체계를 개혁하기 시작하였는데, 제일 먼저 실시한 정책은 보건저축(Medisave)계획이었다. 이는 1984년부터 실시되었는데 전국적인 성격의 강제 저축계획으로 중앙공적금을 통해서 실시했다. 이 보건저축계획을 통하여 정부는 의료부담을 개인에게 넘겨 개인과 가정이 그들의 건강을 책임지도록 장려했다. 불필요한 의료비 지출을 막기 위해 환자가 큰 병이든 작은 병이든 상관하지 않고 의사를 자주 찾지 않도록 초진 혹은 개인이 사소한 병을 진료하는 비용은 보건저축에서 지출되지 않도록 했고[86] 의료비를 상당히 높이 책정했다. 배가 아파 병원에 가도 몇 알의 약을 주고 30달러 정도를 내야 한다. 화인들 중에는 큰 병이 났거나 수술을 해야 할 경우 중국에 가는데 그 이유는 중국의료비가 싸기 때문이라고 한다. 작은 수술 같은 것도 싱가포르에서는 수천 싱가포르달러인데 중국에 가는 비행기 값을 제해도 중국이 싸다는 것이다.[87]

두 번째 정책은 저렴한 건강보험(Medishield) 계획으로 1990년부터 실시되었는데 비강제성의 중병보험 계획으로 보건저축 계좌로부터 보험금을 지불할 수 있게 했다.

세 번째 정책은 인구노령화 추세에 대비한 노년보험(Eldershield) 계획으로 2000년부터 추진하고 있다. 장기간 간병이 필요한 노년기를 위해 60개월 내지 72개월간 매월 현금을 저축하도록 했다. 노년보험은 자동적으로 모든 보건저축에 가입한 사람들에게 해당되었다.[88] 이와 같이 싱가포르 정부는 의료지출의 책임을 개인과 가정에 넘겼다.

단, 네 번째 정책인 보건기금(Medifund) 계획은 1993년부터 정부가 출자하여 보건기금을 확보하여 이자수입으로 빈곤한 환자의 의료비용을 지불한다. 지원대상은 의료비로 보건저축과 건강보험을 모두 사용한 환자들과 기타 직계 가족이 없어 의지할 곳이 없는 환자들이다. 이들은 보건기금에 의료비용을 전부 신청할 수가 있고 대부도 받을 수 있다.[89]

많은 선진국의 의료보건 체계는 개인 계정이 아닌 세수(稅收)에 의존하기 때문에 정부재정에 많은 부담을 가져왔고 더구나 인구의 노령화로 이를 지속하기가 어렵게 되었다. 그러나 싱가포르가 실행한 보건저축 계획으로 의료 지출의 책임을 개인과 가정이 부담하게 하고 정부의 책임을 최소화했다. 이 결과 정부의 보조금으로는 의료서비스의 효율성과 질을 확보하고 지불능력이 없는 개인과 가정에게만 필요한 도움을 제공한다.

공공의료기관의 구조조정

공립의료기관의 자주성을 확보하고 타 의료기관과의 경쟁력을 강화하기 위하여 정부는 모든 공립병원과 전국적인 성격의 의료센터들을 구조조정했다. 또한 공공의료기관의 운영과 관리에 있어서 사립의료기관과 차별이 없도록 개선하여 서비스의 효율과 질적 수준을 높이도록 했다.

정부는 공립의료기관의 재무관리에 있어 상업적인 회계제도(commercial accounting system)를 도입하여 최소 자본지출로 최대의 이익을 얻도록 자율적으로 구조조정하도록 강요했다. 구조조정 이후 공립의료원은 사립의료기관과 달리 환자의 조건에 부합한 보조금을 정부로부터 받아 의료서비스를 제공할 수 있게 되었다. 비영리기관인 공립의료기관은 위생부의 정책방침을 따라야만 했다.[90]

이러한 정책의 결과 의료복지에 관한 정부의 재정적 부담이 경감되었다. 공립의료기관은 효율성과 원 자본을 고려할 필요가 있고 동시에 보건기금을 통해서 소수 지불능력이 없는 개인과 가정에게 의료서비스의 보조금을 제공했다. 이렇게 해서 싱가포르는 기본적인 사회 안전망을 건립했다.[91]

그러나 의료위생 영역에 있어서 구조조정은 긍정적인 결과만 가져오지 않았다. 기타 분야와 다르게 의료서비스는 정보가 불충분한 점도 있지만 환자들 자신의 의료에 대한 부족한 지식과 전문업의 독점으로 인하여 공립의료기관들이 경쟁력을 가질 수 있는 충분한 조건을 구비하기가 쉽지 않았다.[92]

의료위생 영역에서의 효율성은 지출은 절약하면서 유한한 자원을 최대한도로 사용하여 정책의 우선순위를 고려하여야만 했다. 그러나 좋은 의료위생체계는 공평에도 힘써야 하는 문제가 대두되었다. 효율성을 추구하는 과정에서 구조조정을 한 공립의료기관은 비영리의료서비스의 품질이 하향될 수 있고, 의료수준을 높이기 위해서 필요한 일부 기본적인 서비스가 홀시를 받고 첨단과학기술 의료상품이 인기가 있게 되었다.

비록 공립의료기관의 구조조정 결과 장점은 더 효율성을 확보하고 원자금의 관리 또한 잘되고 있지만 공공의료서비스가 이득과 손해를 책임져야 함으로 사회복지적인 역할을 하지 못한다는 비판을 받았다. 왜냐하면 환자가 더 많이 간병과 의료비용을 부담하여만 했기 때문이다.[93]

다른 각도로 보면 서방국가에서는 공공의료수요가 이미 국가재정과 공공위생 계통에서 부담할 수 없게 증가했다. 이에 반해 싱가포르 정부는 의료 보조금의 증가를 억제하고 고용주(기업복지주의를 통하여), 가정(전통 아시아적 가치관을 통하여)과 각종의 자선조직으로 하여금 날로 늘어나는 의료비용을 분담하기를 희망했다. 서방국가의 경험과 교훈으로 보면 싱가포르의 이러한 정책은 일리가 있다.[94]

공립과 사립의료기관의 공존

싱가포르에서는 공립과 사립의료기관이 공존한다. 공립의료기관에서는 현재 대략 20%는 1차 진료를, 80%는 종합치료를 제공한다. 사립의료기관에서는 1차 진료를 80%, 종합치료는 20% 제공한다. 1차 진료 서비스는 예방과 건강교육 및 초진으로 사립의료기관의 일반의와 정부가 운영하는 진료소, 학교의료 및 노년의료에서 제공된다. 싱가포르에 현재 존재하는 7개 공립 혹은 정부가 재편성한 종합병원은 입원 혹은 진찰서비스를 포함한 종합치료와 24시간 응급실 서비스 및 부녀와 유아 및 정신건강의 서비스를 제공한다.

이밖에 싱가포르에는 7개의 전국적인 성격의 의료센터가 있어 전문적으로 암·심혈관·안과·피부·신경·이비인후과의 서비스를 제공한다. 응급환자는 원칙적으로 지역 커뮤니티 병원에서 초진을 받은 후 필요하면 큰 병원의 전문의에게 가야만 10~20%의 혜택을 받을 수 있다. 큰 병원에서 치료한 후에는 건강회복기에 들어가면 지역 커뮤니티 병원으로 옮긴다. 이와 같이 지역 커뮤니티 병원과 종합병원이 상호 협조하는 제도를 통해서 의료자원의 최적화를 시도하고 있다.[95]

그러나 증가한 인구로 국립병원의 병상 수가 대단히 부족하다. 그리하여 병상이 부족할 때마다 지붕이 있는 정원을 병실로 사용하기도 하고 복도에 병상을 배치하는 등 미봉책이 마련되었다. 창이 종합병원(樟宜綜合醫院, CGH)은 일부 사무실과 상점 공간 및 사용하지 않는 도로를 입원수속을 위해 사용하기도 했다. 2000년대 중반에 이르러 부족한 병상문제를 해결하기 위해 병원은 입원하는 그날로 수술을 하거나, 응급이 아닌 수술의 수를 줄이고, 퇴원 날 수속을 이른 시간에 처리했다.

국립 대학병원은 환자들을 입원시키기 전에 외래에서 정맥주사와 항생제 치료를 제공하고 심장에 문제가 있다고 의심되면 즉시 검사한 후 입원시켰다. 여러 병원에서 근본적으로 부족한 병상문제를 해결하기 위해 1년에 여러 번 입원하는 환자들의 건강을 별도로 관리하는 계획을 세웠다. 병원은 이런 환자들의 건강검사를 하고 심지어 사람을 환자 집으로 파견하여 그들이 병원에 입원할 필요를 줄였다.

종합병원이 항상 병상이 부족한 이유는 종합병원에 정부지원이 많아 환자들이 커뮤니티병원이나 양로원으로 가지 않으려 하고 노인들의 숫자가 증가했으며 이들 대부분이 장기치료를 요하며 자주 병원에 입원하기 때문이었다. 그리하여 2012년까지 창이종합병원은 골반골절환자는 피스 헤븐 양로원(Peace haven Nursing Home)으로 보내, 그곳에서 의료진들이 계속 치료할 수 있게 했다. 2013년에 뎅기열이 발생했을 때 창이종합병원은 글랜이글스 사립병원(Gleneagles Hospital)과 12명의 모기매개 바이러스 환자들을 받아주기로 계약을 체결하였다.[96]

정부는 싱가포르인은 그들이 필요할 때 효과적이고 저렴한 양질의 의료서비스를 받을 수 있다는 "보건의료 2020년"을 기치로 내세웠다. 이러한 서비스를 제공하기 위해서는 2020년까지 3천7백 병상 및 2만 명의 보건의료 노동자를 추가하는 계획을 수립했다.

단기적으로는 수요를 충족시키기 위해 이 계획에 사립병원들을 끌어들이기도 했다. 파크웨이 이스트(Parkway East)는 일부 병상이 창이종합병원 직원에 의하여 운영되고, 래플병원(Raffles Hospital)은 일부 보조금을 받는 환자들을 돌보아야만 했다. 공공 및 지역사회 병원은 2013년까지 1백7십 병상을 만들고 부족한 의료진 2만 명을 더 모집했으며 이들의 임금도 올렸다. 이때 증가한 비용을 정부가 2012년에 추가로 2억 싱가포르달러를 지출해 환자들에게 부담시키지 않았다. 5백 명의 의사, 2천7백 명의 간호사, 2백4십 명의 약사, 8십 명의 치과의사를 집중 훈련하여 배출했으며 모자라는 의료진은 외국인과 해외 싱가포르인으로 보충했다.[97]

노령화 대비책

싱가포르의 경우 여러 해 동안 잉여재정이지만 정부의 의료위생지출은 국내 생산 총가의 1%에 미치지 않는다. 이는 기타 선진국에 비해서 대단히 낮은 수치로 정부가 공공위생지출 방면에 무작정 지원하지 않고 더욱 유연하게 운영했다는 것을 의미한다.[98] 그리고 서방국가가 직면한 것과 같은 막대한 사회복지 지출과 재정적자와 같은 문제가 없어 재정이 남아돌아 가고 국내 자본은 풍족하여[99] 질 좋은 의료서비스를 제공하고 있다. 정부는 보건기금에 10억 싱가포르달러를 추가하여 전체 기금이 40억 싱가포르달러가 되었다. 2013년 노인요양기금을 2억5천만 싱가포르달러에서 30억 싱가포르달러로 증가하여 2013년에 요양원에 보조금과 장기 요양서비스를 요하는 환자에게 지원되었다.[100]

2004년에 보건부장관에 임명된 콰분완(Khaw Boon Wan, 許文遠, 1952~)은 예상되는 문제들을 해결하려 많은 시간을 보냈다. 그는 인구 노령화로 인해 증가할 비용부담을 절약하기 위하여, 장기질환·당뇨병·콜레스테롤 등에 대한 더 나은 치료를 위해 노력했다.[101] 그 결과 1990년부터 2012년까지 65세 이하가 암·심장병·뇌졸중으로 일찍 사망하는 예가 급격히 줄었다. 이런 변화로 인해 싱가포르는 프랑스·스웨덴과 함께 의료복지에 있어 일등국가가 되었다.

인구 노령화로 병원에 젊은이들보다 4배나 많은 노인환자가 만성질환으로 더 집중적인 간호를 필요로 하고 더 오랜 기간 병원에 입원할 것에 대비하여 지역사회에서 효과적으로 관리하도록 계획했다.[102] 정부는 지원절차를 단순화하고 건강관리를 위한 더 많은 인력과 더 나은 인프라를 가진 보건의료 건강로드맵을 공개하여 합리적인 가격·좋은 품질·원활한 서비스를 제공하게 되었다. 이제 환자들은 종합병원에서보다 커뮤니티(지역사회)병원에서 치료를 받을 수 있게 되었다. 2012년부터 7만7천 명의 싱가포르 저소득 노인들은 종합병원가격으로 개인일반병원과 치과에서 치료받을 수 있도록 했다. 그리고 지역사회 위생협조방안을 수정하여 65세 이상이었던 것을 40세 이상의 싱가포르인으로, 이전에는 한 달 총수입이 8백 싱가포르달러이었으나 이제는 가정의 총수입을 가족 수로 나누어 1천5백 싱가포르달러 이하인 사람이 정부에 의료지원을 신청할 수 있도록 했다.[103]

정부는 건강관리(의료)수요에 대처하기 위하여 2013년에 '노인 이동성 기금(Senior's Mobility Fund)'을 '노인 이동성 및 활성화 기금(Senior's Mobility and Enabling Fund)'으로 확대하여 보청기·샤워 의자·전동 휠체어 등 훨씬 광범위하게 보조기구를 지원하기로 했다.

2011년에 보건부장관에 임명된 깐킴용(Gan Kim Yong, 顔金勇, 1960~)은 양로원을 종합적으로 관리하는 통합케어 에이전시(the Agency for Integrated Care)를 설치하여 요양원과 같은 종합적으로 간호와 의료를 통합한 기관의 질을 높이기 위해 새로운 기준을 마련하고자 했다. 그리하여 2012년에 요양원 운영자들과 건강관리 전문가들로 위원회를 구성하였다. 위원회에서는 간호를 받고 있는 요양원 거주자들의 존엄성을 존중하고 정신건강을 중시하는 높은 수준의 새로운 관리기준을 마련하고 2015년부터 요양원은 1년간의 적응 기간을 거쳐 이 새 관리 기준에 의해 운영되고 있다.[104]

공공지원 향상

정부는 영구적으로 일을 할 수 없는 사람들에게 지원하던 공공지원의 질을 향상시켰다. 매월 현금으로 보조받는 가정은 그들의 일상수요에 만족할 수 있도록 지원한다. 예를 들어 부부인 경우 기존보다 90싱가포르달러를 인상하여 790싱가포르달러의 보조금을 지원하고 단독인 경우 450싱가포르달러를 지원한다. 공공지원 수혜자는 종합병원과 재편성된 병원에서 무료로 치료를 계속 받을 수 있다. 낮은 연금을 받고 있는 정부 연금자들에게는 수당과 연금을 매달 각각 280싱가포르달러와 1,210싱가포르달러를 보조했다. 이런 혜택을 받는 사람은 만 명 정도 된다.

정부는 또한 자립을 위해 일하면서 일시적으로 도움이 필요한 사람들과 가족을 지원하는 자조(自助)그룹 기금(ComCare Fund)에 또 200억 싱가포르달러를 투입할 예정이고, 2013년과 2014년은 그들의 프로그램을 강화하는데 도움이 되도록 추가로 10억 싱가포르달러를 지원했다.[105] 2014년 7월 1일부터 자조그룹(ComCare) 단기-중기지원에 대하여 소득기준이 향상되었다. 월가구 소득 1,900싱가포르달러 이하인 가구 또는 1인당 소득이 650싱가포르달러인 가구는 다른 모든 기준을 충족할 경우 지원받을 수 있다.[106]

집에 살고 있는 많은 저소득층 노인들에게는 우유급식과 기저귀 등 소모품 비용을 보조하기 위해 노인 저소득층에 최대 80%까지의 보조금을 제공했다. 이로 인해 노인환자들은 1년에 필요한 우유 급식비 2천 싱가포르달러를 아낄 수 있었다.[107]

2014년 2월 9일 일요일 리셴룽 총리는 1천여 명의 국가건국 개척시기 세대를 대통령 공관이며 집무실인 이스타나(Istana)에 초청했다. 싱가포르 독립초기에 어려운 시기를 견뎌 내고 국가건설에 기여한 이들에게 경의를 표했다. 국가는 이들에게 감사하기 위해 종합병원, 일반의 및 전문 외래환자 클리닉, 추가보건저축 지불과 더 많은 보조금을 제공하는 개척자 세대 패키지를 발표했다. 이 패키지에 의하면 특별한 세대 45만 명의 건강보험료에 도움이 된다. 이들은 1987년 이전에 시민이 된 사람들로 2014년 말까지 65세 이상의 사람들이다.[108]

정부는 싱가포르인들이 아시아에서 최고의 의료서비스를 제공받을 수 있도록 노력했다. 정부는 병원건축과 의료장비에 투자했고 의료원 직원들이 자체적으로 병원을 효율적으로 운영하도록 했으며 환자들에게는 서비스한 대가를 청구했다. 환자들은 점차적으로 긴급의료원(구급대)과 기타 의료시설사용에 대하여 비용을 지불하여야만 한다. 싱가포르에서는 외국인 환자나 내국인 환자를 불문하고 누구든지 일반병원에서 치료 받을 수 있는 대신 병원이 원하는 병원비를 부담하여야 한다.[109]

현재 싱가포르인이 향유하고 있는 의료서비스 수준은 많은 선진국의 수준과 비슷하다. 의료 시설과 위생 조건 면에서 현대화하여 싱가포르인의 평균 예상 수명이 1965년 70세이었던 것이 2008년에는 81세가 되었다. 영아 사망률은 1965년에 1천 명당 26.3명이던 것이 2008년에는 1천 명당 2.1명으로 세계에서 가장 낮다.[110]

4. 기업복지

싱가포르에서는 국가차원의 사회복지는 없지만 기업복지는 아주 잘 되어 있다. 리콴유는 노동자들의 지지를 얻기 위해 그들에게 보다 나은 삶과 그들 자녀의 보다 나은 미래에 대한 희망을 제시했다. 그리고 항상 그들과 충분히 소통하여 노동자의 임금을 결정하고 그들이 일자리를 유지할 수 있도록 국가가 지원하고 재훈련의 기회를 제공하여 보다 나

은 기술을 가진 노동자가 되도록 했다.[111]

기업복지정책

기업체 단위노조들은 저변확대와 기능을 강화하여 근로자의 사회적·경제적 기대를 반영하는 복지혜택을 증대하려 노력했고, 고용주는 근로자를 위한 이러한 복지혜택 프로그램이 근로자들의 생산성과 조직에 대한 충성도를 높일 것이라고 믿었다.[112] 1993년의 자료를 토대로 한 보고서에 의하면 싱가포르 기업들이 종업원 복지혜택을 실시하는 주요한 이유는 생상성 향상(93%)·종업원 사기진작(92%)·우수한 인력유치(88%)·애사심 고취(88%)·팀워크 독려(87%)였다.[113]

회사는 복지혜택을 주는데 있어 모든 종업원을 공정히 처우해야 한다. 종업원은 임신·출산·출산휴가 때문에 불리하게 처우되어서는 안 되며 부양 어린이나 여타 가족을 돌보는 등의 가정책임 때문에 그들을 차별해서는 안 된다. 종업원들이 그들의 가정과 작업책임을 보다 잘 처리할 수 있도록 출산휴가 기간이 성과보너스·공적기금·경력개발을 위한 평가의 방법에 영향을 주어서는 안 되며 출산 후 작업 복귀시 재택근무나 파트타임 근무 등 유연작업 제도를 통해 지원할 수 있다. 파트타임 등 유연작업 제도와 계약직과 같은 비전통적 작업제도의 종업원뿐만 아니라 고용법이 적용되지 않는 직원도 훈련수당·직무기회·노동시간·임금 등에 있어 불이익을 당해서는 안 된다.[114]

싱가포르에서 노동자들이 받는 혜택은 노조원에게만 제공되는 비법정 혜택으로 의료 및 대출·주식배분과 같은 각종 재정적 지원 등 다양한 프로그램이 있다. 가장 보편적인 것은 의료혜택(90%)·보험혜택(86%)·교통보조/수당(73%) 등이고, 가장 빈도가 낮은 항목들로는 유아

교육 보조(2%)·명예퇴직 혜택(4%)·부양가족의 학비보조(5%) 등이다.

그리고 단체협상에 의하여 노조원과 비노조원의 구분 없이 모두 받는 각종혜택과 고용법에 의한 각종 법정혜택으로 연례휴가·병가·임신휴가·실직위로금·근로자 재해 보상금 등이 있다.

따라서 봉급·초과근무 수당·근무시간 엄수수당·퇴직과 실직 혜택·연례휴가·임신휴가 등은 고용법에 명시되어 있으나, 다른 재정적 지원과 혜택은 법적 요건에 추가하여 단체협상 항목에 포함되어 있다.[115]

전국노동조합총회의 노동자 복지를 위한 역할

정부가 전국노총에 지원한 것 중 하나는 근로자의 복지를 전담하는 싱가포르 노동재단(Singapore Labor Foundation)을 설립한 것이다.[116] 싱가포르 노동재단은 1977년에 근로자의 복지를 위한 각종 프로그램과 서비스를 개발하기 위해 설립되었다. 싱가포르 노동재단은 근로자의 사회적·경제적 지위향상을 위한 노동자들의 복지에 관한 각종 프로그램과 서비스를 개발하여 근로자와 고용주 간의 협상이나 법정 혜택의 범위에서 채워지지 않는 근로자의 기대와 욕구를 만족시키고 있다.

싱가포르 노동재단의 수입은 노조 산하 클럽과 휴양시설 등의 수입, 조합원들의 회비, 정부 출연금 등이며 법정 공익기관으로 회원기관과 사회단체로부터 기금을 기부받을 수 있고 기부금은 세금면제 혜택을 받게 된다. 노동재단은 기부금 이외에 정부 출연금, 조합원들의 회비, 그리고 클럽과 휴양시설 등의 수입금으로 운영된다.[117]

전국노총의 복지활동은 사회적으로도 중요한 위치를 차지하고 있다. 전문경영인에게 복지활동의 경영을 맡김으로써 충분히 경쟁력을 가지고 있으며 수익 중 일부를 사회공헌활동으로 투입하고 있다. 소비자를 보호하고 취약계층을 지원하는 복지활동은 전국노총이 시민들로부터 지지받을 수 있는 통로가 되고 있다.[118]

전국노총의 또 다른 역할은 노조 협동조합을 창설하여 멤버인 노조원들에게 다양한 서비스를 제공하는 것이다. 예를 들어 공정가격의 마트를 설립하여 노조원들에게 일상용 상품을 시장보다 싸게 제공한다. 이밖에 공정가격협동조합, 탁아서비스협동조합, 주거안정협동조합, 노인협동조합, 보건협동조합, 저축협동조합과 보험 등을 포함하여 거의 노조원의 생로병사(生老病死)를 다 일괄하는 서비스를 제공한다.

여성노조원들은 전국노총이 설립한 유아원에 우선적으로 등록할 수 있고 할인혜택을 받을 수 있다. 노조원들은 그들을 위한 오락과 휴양시설로 수영장·골프장·휴양지리조트·현대식 클럽라운지 등을 운영한다. 그리하여 싱가포르의 노조원들은 수입이 다시 낮아져도 노조가 운영하는 골프장에서 골프를 즐길 수 있다.

당연히 이런 시설들은 정부가 무상 혹은 저가로 제공하며 전문가에 의해 운영되고 노사정 이사회의 감독을 받는다. 이 시설들은 대량의 노동력을 필요로 하기 때문에 일자리가 창출되었고 한편으로는 저소득 가정의 생활을 향상시켜주었다. 전국노총이 운영하는 협동조합에 대하여 정부는 면세정책을 실행하여 협동조합의 수입이 비교적 좋아졌고 이 수입은 바로 전국노총의 주요한 수입원으로 노조원들에게 이윤이 되었다.[119]

싱가포르는 서구식의 사회복지정책을 실행하지 않을 뿐만 아니라 사회보장에 대한 정부투자도 국제 표준에 비하면 굉장히 낮다. 그러나 싱가포르의 사회발전 수준은 이미 선진국 수준에 도달해 있다. 심지어 일부 방면은 국제사회에서 앞서 있다. 예를 들면 영아 사망률은 싱가포르가 세계에서 가장 낮으며 행복지수는 아시아에서 1위다.

이러한 싱가포르의 수준 높은 사회복지는 여러 방면에서 그 원인을 생각해볼 수 있다. 첫째, 싱가포르의 경제발전 혜택은 대다수 민중에게 미치고 있고 실업률이 대단히 낮기 때문이다. 둘째, 정부의 핵심정책인 공영주택·의료·교육의 실현은 고도의 수준에서 고도의 효율성을 가지고 추진되고 있기 때문이다. 셋째, 기타영역의 사회문제는 기업, 그리고 개인과 가정이 주도적으로 역할을 발휘하도록 정부가 각종 기층조직을 지지하고 복지조직을 지원하고 있기 때문이다.[120]

우수한 인재양성

3장

일반적으로 사회주의 이론가들은 "사람은 본질적으로 동일하나 불평등한 기회로 인해 일부는 다른 사람보다 더 나은 결과를 가져온다"고 말한다. 젊은 시절 리콴유는 이 세상의 모든 사람에게는 공평한 기회가 주어져야만 하고 그들의 부모의 지위와 상태 또는 그 자신의 상태나 위치에 따라 부의 차이가 있어서는 안 된다고 생각했다.[1] 그러나 국가를 운영하는 과정에서 그는 정부와 사회가 균등한 기회를 제공하고 많은 간섭을 해도 동일한 결과를 기대할 수 없을 뿐만 아니라 개인의 운명도 바꿀 수 없고 사회는 불평등할 수밖에 없다는 것을 깨달았다. 그는 불평등의 결정적인 원인은 타고난 능력과 교육 및 훈련의 여하에 달려 있다는 결론을 얻게 되었다.[2]

이에 따라 그는 능력은 각 종족의 유전적 유산 혹은 사회경제적 환경에 의하여 결정된다는 결론을 내리고 능력이 있는 사람을 지원하여 능력자가 잘 뻗어나갈 수 있도록 여건을 만들어주어야 한다고 주장했다. 능력이 뛰어난 자들이 대중을 위한 일거리를 만들고 이로 인해 발생한 흑자를 능력이 부족한 자들에게 재분배하면 된다고 생각하게 된 것이다.[3] 이러한 리콴유의 신념은 싱가포르의 교육정책과 인재 발탁에서 잘 드러난다.

1. 능력중심의 교육정책

싱가포르는 도시국가로 자연자원이 없고 경제성장의 관건은 인력 자원에 있기 때문에 과거 수십 년 동안 싱가포르의 발전전략과 인력자원 발전은 긴밀하게 서로 연결되어 있었다. 또한 점점 지식경제를 중요시하는 시대에 맞춘 교육과 인재양성이 더 중요하다는 것을 인식했다. 싱가포르의 교육은 국제가 공인할 정도로 대단히 성공적이다. 2007년과 2008년 전 세계 경쟁력은 싱가포르 교육의 질이 세계 제일이라고 보고했다. 2007년의 맥캔지 리포트(McKinsey report)는 세계에서 싱가포르의 교육체계를 선정할 만하다고 발표했다. 싱가포르 학생은 수학·과학·언어 방면에서 우수하게 나타났으며 국제적 평가에서 선두에 서있었다.[4]

이와 같은 싱가포르 교육의 성공은 국가초기부터 갖춰져 있던 것은 아니었다. 영국식민지 정부가 교육을 홀시하였기 때문에 싱가포르 정부는 정부 수립 초기부터 교육체계는 물론 다민족 사회에서 당연히 직면한 언어문제에 이르기까지 큰 도전에 직면했다.[5]

정부는 1969년까지 정부예산 중 교육에 가장 많이 지출하였다. 초기에 가장 기본적인 교육에 중점을 두었고 교과과정이나 교육의 질 그리고 취업에 대해서는 그다지 높은 관심을 두지 않았다. 이 시기에는 초등학생 중반 정도가 고등학교에 진학하였고, 1970년대까지 싱가포르의 교육수준은 비교적 낮았다. 1980년에 이르면 싱가포르 노동인구의 반 정도가 초등학교 이상의 교육수준에 이르렀다.[6]

1970년대 싱가포르의 공업화 속도가 빨라지면서 1970년대 말에 이르면 싱가포르 경제가 부가가치가 높은 자본과 기술밀집형 산업으로 변했다. 경제성장의 동력이 노동밀집형 산업으로부터 숙련기술 노동자를 필요로 하는 기술밀집형 산업으로 발전하기 시작하면서 싱가포르 정부 교육정책의 중점이 기초교육 보급에서 노동자에게 제공하는 간단한 기술훈련 교육으로 전환했다. 이어서 정부는 인력 자원에 투자하여 취업기술 훈련에 중점을 둠과 동시에 고등교육 발전에 주력하기 시작했다.

1980년에서 2008년까지의 싱가포르 교육발전상을 살펴보면 고등학교 수준의 교육이 상당히 보급되었는데 이는 학령인구의 변화를 반영한다. 현재는 고등학교 이후의 교육과정이 확장되고 있다. 1980년에서 2008년까지 초등학교 신입생 수는 하락하고 고등학교 신입생 수는 39% 증가했으며 기술과 직업학원의 모집 인원수는 76% 증가했다. 가장 빠른 증가세를 보인 것은 고등교육기관인 대학과 이공계 대학원으로 거의 6배로 증가했다. 더 분명한 것은 경제변화와 지식경제의 흥기로 싱가포르 정부는 생명과학·생물의약 기술·물 기술 부문 등의 발전을 중시하고 창업과 연구개발(R&D) 및 기초연구를 강화하기 위해 교육발전의 초점을 기술과 고급인적자원 발전에 두었다는 것이다.[7]

교육에 대한 정부의 투자는 1980년에 6억9천만 싱가포르달러이었던 것이 빠르게 증가하여 1990년에는 21억1천만 싱가포르달러로 10년 동안 대략 2배로 증가했다. 이 추세가 지속되어 2000년 정부 교육지출은 58억7천만 싱가포르달러에 이르러서 10년간 1.8배 증가했다. 정부의 대학 교육에 대한 정기적인 지출이 증가해서 1980년에 12.7%가 1990년에 18.8%, 2000년에 21%, 2008년에는 24.2%가 되었다. 이것은 대학 신입생 수의 증가추세와 맞물렸다. 정부의 지출 내용 중 교육비가 국방비 다음으로 정부 총지출의 20% 이상을 초과했다. 1990년에서 1995년 사이에는 25%, 2000년에는 21%, 2008년에는 26%였다.[8]

싱가포르는 유아교육(유치원), 초등교육(초등학교 6년), 중등교육(중학교 4~5년), 고등교육(Junior College 2년, Centralized Institute 3년 또는 Polytechnic 3년), 그리고 대학교로 이어지는 교육시스템을 운영하고 있다. 그리고 교육부 관할의 공립과 장애인을 위한 특수학교가 있고 정부가 보조하는 학교와 개인이나 재단이 운영하는 사립학교와 사립특수학교가 있다. 1993년부터 교육부는 공립과 정부보조 중학교에 사립학교와 자치학교를 모방하여 자원 교실을 모두 개설하도록 하는 등 보다 많은 자치권을 부여했다.[9]

2016년 기준으로 184개의 초등학교는 공립이고, 154개의 중학교 중 35개가 사립학교인데 소속관리위원회가 경영하는 사립학교를 제외하고 그 나머지는 공립 혹은 정부 보조학교이다.[10]

싱가포르 교육체제의 특성은 평준화에 초점을 두기보다는 능력이 우수한 인재양성에 주력하고 있다. 우수한 인재를 양성하기 위해 모든 국민에게 교육을 받을 기회를 주지만, 경쟁을 강조하고 능력이나 노력에 따라 철저하게 결과를 묻는 실적주의(Meritocracy)이며 우열을 판별하는 구조이다. 능력만 있으면 경제적 능력과 관계없이 고등교육을 받을 수 있지만 능력이 없으면 어릴 적부터 국가 차원에서 적성에 맞는 일자리를 찾아주고 있다. 이는 싱가포르가 추구하는 사회민주주의의 이상에 가장 부합한 교육제도라고 할 수 있다. 교육을 통해 국민 개개인을 훌륭한 시민이자 쓸모 있는 국민으로 육성해 국가 발전에 기꺼이 참여하도록 하고, 쓸모없는 국민은 단 한 사람도 없게 만들겠다는 정치지도자의 의지이다.[11]

리셴룽 총리는 "민중주의 획일적 평등주의의 환상에 사로잡혀 엘리트 교육을 포기하고 교육의 평준화를 고집한다면 국가의 열등화와 사회의 하향평준화를 초래해 결국은 망국의 길로 접어들게 될 것"이라고 경고하고 있다.[12]

사회 적재적소에 필요한 인재를 양성하기 위해 싱가포르 정부는 유아시기부터 이중언어 교육을 강조하고 시험성적에 따라 과정이 결정되는 분류제를 실시하여 인적·경제적 소모를 최소화하는 정책을 실현하고 있다.

이중언어 정책

싱가포르는 교육방면에 있어 지속적으로 창조를 추구했다. 이중언어 정책은 싱가포르 교육의 중요한 초석이 되었는데 현실을 고려하여 화인, 말레이인과 인도인은 자기 모국어를 공부할 수 있고 국가공동체의식의 확립과 민족융합을 촉진하기 위하여 영어를 공통 언어로 정했다.

세계화에 따라 영어를 공통어로 정한 것은 국가공동체의식과 민족융합의 목표 이외에 새로운 중요성을 가졌다. 영어 사용은 싱가포르를 국제적인 도시로 만드는데 중요한 역할을 했다. 영어 사용으로 인하여 동서양 간의 유대형성을 도왔고, 다국적 기업들이 동남아 지역에서 싱가포르를 가장 먼저 선택하게 되었으며, 세계화에 가장 유리한 지역이라는 인정을 받게 되었다. 동시에 영어를 사용하는 싱가포르인은 다른 국가에 가서 업무·생활·거주에 어려움 없이 정착할 수 있다.

싱가포르 정부는 1987년부터 영어를 학교 교과목 수업의 중요 매개체로 정했다. 이러한 영어정책은 아주 시기 적절하여 1990년대 이래 신속히 발전하기 시작한 인터넷 통신기술이 대중에게 확산되는데도 기여했다.[13]

싱가포르 정부의 이중언어 정책은 조기 교육에서부터 적용된다. 국가 목표인 사회민주주의의 이념을 실현하기 위하여 생후 6개월부터 5세까지의 학령미달 아동들은 대부분은 사립 유치원이나 보육센터를 통해 교육을 받게 된다. 3세까지는 보육이나 탁아의 개념이 강하지만 4세는 유치원 1년생, 5세는 유치원 2년생이다. 정부가 보육기관의 운영비를 거의 전액 지원하는 대신 국가는 이들 교육기관들의 교육 내용을 철저히 관리하고 감독해 허술하게 운영하지 못하도록 한다.

월요일부터 금요일까지 매일 2~4시간씩 행해지는 유아교육에서 언어훈련을 강조하고 있는데 유아교육의 과정에서는 영어가 중심이 되며, 민족 고유의 언어도 구사할 수 있어야 한다. 베이징을 중심으로 쓰이는 표준 중국어를 비롯해 말레이인들이 쓰는 말레이어, 싱가포르 거주 인도인들이 많이 쓰는 타밀어도 정규수업 과정이다. 이밖에도 공동생활에 적응하기 위한 자제력 기르기·청소·정리정돈, 창조적 능력향상을 위한 음악·미술·유희, 그리고 기본적인 수리(數理)능력 함양을 위한 교육을 실시하고 있다.[14]

선발주의 제도인 분류제 실시

싱가포르 교육의 중요한 또 하나의 초석은 분류제(分流制)이다. 이는 학생이 자신의 학습능력에 따라 학교와 학과과정을 선택하는 제도로 개인의 소질과 재능에 따라서 교육을 실시함과 동시에 이 후 취업과 연계시켜서 교육 자원의 낭비를 막겠다는 의도가 내포된 제도이다. 1980년대 말부터 분류제를 실시하면서 중퇴율이 지극히 낮아졌다. 초등교육 단계(6년제)에서 1년부터 4년까지를 기초교육 단계로 보고 2004년 이전에는 초등 4년 말에 분류고시를 치렀다. 학생들은 모든 과목의 총고시성적에 따라서 분류되지 않고 매과목의 성적에 따라서 그 과목의 과정이 결정되었다.[15]

이 국가시험은 수학·영어·제2외국어인데 이중언어능력을 가장 중요시했다. 특히 영어와 학생의 모어를 모국어 수준 이상으로 구사할 수 있어야만 했다. 고시성적에 따라 3개 EM1, EM2, EM3으로 분류한다. 성적이 차이 나는 학생은 EM3원류(原流)에 진입했고 대다수 학생은 EM2원류에 진입했다. 대략 10%의 성적이 우수한 학생은 EM1원류에 진입하여 미리 고급수준의 모어를 학습했다. 두 언어 구사에 문제가 없는 상위 60%의 학생들은 2년 뒤 초등학교 졸업시험(Primary School Leaving Examination, PSLE)을 치를 수 있다. 여기에 합격해야 중학교에 진학할 수 있다. 두 언어 구사에 문제가 있는 중위학생 20%는 초등학교를 2년 더 다닌 후 졸업시험을 거쳐 중등학교에 입학할 수 있고, 하위 20%에 해당하는 불합격자는 직업훈련원으로 보내져 직업교육을 받게 된다.[16]

성적이 낮은 학생들은 초등학교 때부터 직업훈련학교로 진로를 바꾸거나 취업을 유도하여 어떤 직종이든 그 사회에서 가장 필요로 하는 기능을 배웠다. 싱가포르에서는 직업에 대한 윤리와 헌신이 가장 중요한 직업교육의 방침이기도 하다. 모든 직업이 싱가포르 국가와 사회발전에 꼭 필요한 직업이라고 교육받기 때문에 거리 미화원이나 호텔 종업원까지 대개 자신의 직업에 자부심을 가지고 만족하며 평생직장·평생직업이라는 인식이 강하다.[17]

그러나 일부 시민은 자녀들의 인생이 너무 빨리 결정되어 버리는 교육제도에 불만을 가져 이민을 떠나거나 자녀를 해외로 조기 유학을 보내기도 한다.[18]

싱가포르의 중학년은 4~5년제인데 학생들은 초등학교 졸업시험성적에 따라 수준이 다른 중학교에 진학하여 각기 다른 과정을 수학한다. 모든 교육과정은 우열반으로 편성되었는데 교과 성적과 단계별로 실시되는 시험결과에 따라 향후 엘리트 교육과정으로 갈 상급학교 진학예정자와 직업교육과정으로 갈 예비취업자로 분류되며 모두 4종류의 과정이 있다. (1) 특별과정은 4년제 과정으로 초등학교 졸업시험성적이 상위 6%에 속하는 우수한 학생으로 고급 모어를 수업하고 졸업 시 케임브리지 O 수준(GCE "O" Level) 고시를 본다. 이 과정을 특별 이중언어과정(SBC)이라 한다. (2) 단축과정은 4년제 과정으로 중위권 성적 60%의 학생들의 신속 이중언어과정(EBC)이다. 언어 이외의 기타과정은 특별과정과 같으며 이들도 졸업 시 케임브리지 O 수준(GCE "O" Level) 고시를 본다. (3) 보통학술과정은 5년제 과정에 속하는 하위 학생들의 보통 이중언어과정(NBC)이다. 이들은 4년을 마치고 케임브리지 N 수준(GCE "N" Level)의 고시 결과에 통과하면 5년제 과정을 마친 후 특별 단축과정 학생으로 케임브리지 O 수준의 고시를 거쳐 다시 상급학교에 진학할 기회를 가질 수 있다. (4) 보통기술과정은 4년과 5년제 과정이 있다. 4년제는 케임브리지 N 수준 고시에 참가하고 대다수 학생은 5년 과정을 수학하지 않는 대신 직접 기술 학원에 진학한다.[19]

중학졸업 이후에도 교육 분류는 계속 진행된다. 중등학교 졸업시험(GCE O level)에서 좋은 성적을 올린 소수 우수한 학생은 2년제 초급대학(Junior College)이나 고급중학(Centralised Institute)에 진학하는데 이는 일종의 대학입학 예비학교의 성격을 갖는다. 성적이 보통인 학생들은 3년제인 이공학원(Politechnic)에 진학하고 성적미달자는 공예교육학원(Institute of Technical Education)에 진학하거나 취업한다. 이공학원의 졸업생은 졸업장(Diploma)을 받고 공예교육학원의 졸업생은 증서(ITE Certificate)를 받는다. 공예교육학원의 소수 성적이 우수한 학생은 이공학원에 진학할 수가 있다. 대다수 초급대학과 고급중학의 졸업생은 케임브리지(GCE) A 수준의 고시에 통과하여 대학에 입학한다.[20]

싱가포르에서 기술원류에 진학한 학생은 졸업 후 취업하지만 그 수입과 사회지위가 학술원류에 진학한 학생에 비하여 상당히 차이가 있다. 그러나 정부에서는 기술원류에 진학한 학생들이 실패자로 홀대 당하거나 비주류가 되지 않도록 했다. 도리어 이런 학생은 기술과 직업교육 방면에서 상당히 중시되었다. 산업계의 협력과 국외 기술기관과의 교류를 통하여 싱가포르는 기술원류 진학학생을 취업 전도가 양호한 기술교육을 받을 수 있도록 한다. 2009년 싱가포르 공업 지도자와 독일, 미국, 오스트레일리아(호주)의 직업교육 전문가로 구성된 외부 심사위원 그룹이 싱가포르 공예학원에 대하여 높은 찬사를 보내며 학생들의 훈련이 현실에 응용할 수 있어 취업 전도가 양호하다고 평가했다.[21]

이상에서 살펴본 바와 같이 싱가포르 정부는 최선을 다하여 인력자원을 발전시키고 적은 인구의 규모를 충분히 이용하기 위해 노력하고 있다. 정부의 교육방침은 엘리트주의의 색채를 분명히 띠고 있다. 정부가 역량을 총동원하여 조기에 재능있는 사람들을 찾으려고 시도하고 있다. 이러한 영재선발을 위해 정부는 특별히 관심을 가지고 배려하여 일정한 계획을 수립했다. 그러나 이러한 결과, 중등 이하로 분류되는 사람들은 다른 인생궤도를 갈 수밖에 없다. 정부는 이들을 위한 직업교육을 중시하고 이를 제도화하였으나 이들에게도 잠재능력이 있을 수 있어 이는 인력자원의 잠재능력이 손실이 되고 있다는 비판을 받았다.

또한 싱가포르 교육에 대한 비판은 학생이 고시 성적만을 위해서 노력하게 만든다는 것이다. 이러한 제도는 학생의 창조력과 주체성을 함양하는데 불리하고 치열한 경쟁으로 인하여 학술표현이 비교적 소극적이지만 큰 잠재력을 가진 학생이 조기에 도태될 수 있다. 그리고 싱가포르 경제와 사회의 지속적인 발달에 따라 싱가포르는 다원화 교육제도로서 편협한 인력자원 발전에만 관심을 가져서는 안 된다는 비판이 있었다.[22]

또 다른 비판은 분류제에 대한 것으로 분류제에 의하여 분류되는 학생의 연령이 너무 이르다는 것과 그 운영이 지나치게 융통성이 없어 전면적인 교육발전에 불리하다는 것 등이다.

이에 교육부는 2006년부터 분류제의 내재된 장점과 진학에 대한 고시성적의 중요성을 강조하면서 일부 다음과 같이 조정되어 유연성 있게 운영되고 있다. 싱가포르 정부는 현재 이미 이 방면의 문제를 인식하고 초등학교 4년에 실시했던 분류제는 취소하였다. 중학단계에서의 분류 또한 과거처럼 엄격하지 않다. 기술 원류의 학생이 고시를 통과하여 이공학원에 진학할 수 있는 기회가 있고 극소수는 이공학원을 거쳐 대학에 진입할 수도 있다. 즉 다른 원류 간에 개방정도를 확대하고 성적을 봐서 나중에 실력을 발휘하는 학생은 기술(technical)원류로부터 학술(academic)원류로 진학할 수 있는 기회를 주고 있다.[23]

과학기술과 미래 전망을 중시하는 교육—정보통신기술

현재의 싱가포르 교육정책은 높은 수준의 과학기술과 미래 전망을 중시하며 운영되고 있다. 1997년부터 싱가포르는 정보통신기술(Information and Communication Technologies)을 가르치기 시작했다. 제1차 5개년 계획이 1997년부터 2002년간에 실시되었는데 기초 설비 건립과 교사 양성에 중점을 두었다. 기초 설비인 e-학습 환경(e-learning environment)을 조성하기 위하여 학교에 전산망을 설치했고 초등학교 학생이 컴퓨터를 보유하는 비율이 6대 1, 중학교 학생은 5대 1로 하여 수업의 30%를 정보통신기술과 결합하도록 했다.[24]

제2차 5개년 계획(2003~2008)은 교재, 교학, 고시 등 교육 각 분야의 연결고리를 정리하여 정보통신기술을 교학의 보조로 사용하도록 촉진했다. 이 단계에서 정보통신기술사용에 대한 표준을 수립할 것을 강조하고 학교들을 창조적인 정보통신기술로 운영하도록 장려했다. 교학에 있어 정보통신기술이 보조로 어떻게 역할을 하고 연구에는 어떤 역할을 하는지를 강조하며 여기에 1천9백만 싱가포르달러를 투자했다. 그리고 교육부는 개인 전자출판 상인과 협력하여 전자교재를 개발했다.

제3차 계획은 6년으로 2010년까지로 정했다. 제1차, 제2차 계획을 계속 진행하여 계획된 목표를 완성할 것을 강조하고 교재, 교과과정, 교학 그리고 고시가 정보통신기술과 더욱 밀접하게 결합하도록 하고 학생이 정보통신기술을 사용하여 교류와 협력진행에 관한 능력수준을 높이도록 했다.[25]

교사의 질적 향상을 위한 정책

싱가포르 교육성공의 또 하나의 관건은 교사들의 자질이다. 교사는 교육의 심장이다. 교사가 어떻게 가르치는가에 따라 국가의 미래가 결정되기 때문이다. 이렇게 복잡한 교육제도를 뒷받침하고 교육의 질을 높이기 위해서 싱가포르 정부는 우수교사 양성과 교육환경 개선에 중점 투자하고 있다. 교원양성과 현직 교원의 다양한 교과내용 연수는 난양이공대학 부설 국립교육원에서 이루어진다. 국립교육원은 싱가포르에서 대학입학시 필요한 자격시험인 GCE A 수준의 합격자를 대상으로 하는 4년제의 학사학위 취득과정과 GCE A 수준 합격자와 폴리테크닉 수료자를 대상으로 하는 초등학교 교원양성을 위한 2년제 교육디플로마 과정이 있다. 또한 대학 수료자를 대상으로 초등 및 중등교원 양성을 위한 1년간의 교육디플로마 과정도 개설되어 있다.[26]

매년 교사는 평균 100시간 이상 재교육을 받아야만 한다.[27] 그리고 이들은 각종 학술회의 또는 토론에 참가하여 그들의 지식과 기술을 향상한다. 근무 2년이 되면 교사는 휴가를 신청할 수 있고 석사 혹은 박사 학위에 진학할 수가 있는데 교육부는 이를 위해 장학금이나 융자금을 제공한다.

또한 교육부는 교사가 비교육 분야에서 근무경험을 갖도록 장려한다. 이것은 학교 지도나 관리의 시야를 넓힐 수 있는 기회이기 때문이다. 교육부는 적극적으로 비교육 분야에서 다년간의 업무경험이 있는 사람을 초빙하여 학교가 필요한 분야에 그들의 경험과 재능을 활용하고자 한다.

교육부는 '교육협력 인원계획(Allied Educations Scheme)'을 통해서 우수인재를 초빙하여 교육협력에 참가하도록 한다. 교육협력 인원은 전직

학교 지도원, 특수수요 지도원과 교사보좌(Education Associates)를 포함한다. 교육부는 2016년 이전에 현재는 600명인 것을 2천8백 명으로 증원하고 모든 학교로 확대하여 일반 소학교에는 5명의 교육 협조원을 일반 중학교는 7명을 배치하려고 한다. 그들은 교실 내에서 교사의 학생 수학을 보조할 뿐만 아니라 과외활동 중에 학생학습을 책임지도록 한다. 학교 수요에 따라서 분별하여 카운슬링을 책임지거나 학습과 행위 지도(learning and behavioral support)를 책임지고 혹은 교학을 책임진다. 2009년 교육부 계획은 500명의 교육 협조원을 모집하여 국가 교육학원이 제공하는 필요한 훈련을 통과하도록 하는데 이에 대해 교육부가 1천3백만 싱가포르달러를 투자할 예정이고 한 사람 평균 2만 싱가포르달러가 투자된다.[28]

교육개혁

21세기 지식기반 사회의 출현과 함께 '창의력'이 국가발전의 원동력으로 등장하자, 국민 개개인의 지적수준 향상과 창의력 계발(啓發) 그리고 고급두뇌 양성에 중점을 둔 교육개혁을 서두르게 되었다. 이제는 단순한 고학력의 대학교육에 의해서 정형화된 사람이 아니라 번뜩이는 아이디어와 냉철한 판단력과 예리한 창의력을 가진 '새로운 유형의 인적자원'이 필요해진 것이다. 그리하여 창의적인 교육혁신을 통해서 국가의 새로운 지평을 열어 나가야만 했다.

싱가포르는 1998년 4월 노동부를 인력부(人力部)로 확대개편하고, 같은 해 8월 21세기 인력개발종합계획 백서인 'Manpower 21'을 내놓았다. 'Manpower 21'은 정부·기업·학계와 주요 사회단체의 대표들이 공동으로 입안한 21세기 국가교육 청사진이다. 이 백서는 미래의 고도

지식과 고도 기술시대에 부응할 수 있는 유능한 인력을 개발하여 국가경쟁력을 높이고, 나아가서 실업문제를 해결하려는데 목표를 두고 있다.[29]

싱가포르 정부는 21세기 기술혁명 시대를 대비하여 과학교육의 질적 향상에도 지대한 관심을 가지고 있다. 유아교육 시기부터 과학에 흥미를 갖도록 유도하고, 초등·중등학교의 과학교육을 강화하는 한편, 1조 5천억 싱가포르달러 규모의 특별장학기금을 마련하여 과학을 전공하려는 학생들에게 장학금을 지급하고 있다.

이러한 교육정책은 싱가포르 중등교육의 질적 수준을 세계 정상급으로 끌어 올렸다. 1996년 전 세계의 중학교 2~3학년을 대상으로 실시한 수학·과학 경시대회에서 싱가포르 학생들이 세계 1위를 차지하였고 1999년 경시대회에서 싱가포르는 수학분야에서 1위를 그리고 과학분야에서는 2위를 차지했다.

싱가포르는 이에 만족하지 않고 21세기 지식산업의 변화에 걸맞은 창조적 인재를 육성하기 위해서 새로운 교육패턴을 도입하였다. 1997년부터 '생각하는 학교(Thinking School)와 배우는 국가(Learning Nation)'라는 슬로건을 내걸고, 학업성적보다는 문제해결능력과 사고력·창의력 배양에 초점을 맞춘 교육개혁을 추진하고 있다. 학생들이 사고력과 문제해결능력을 배양하는 시간을 가질 수 있도록 1999년부터 초등학교와 중등학교의 수업시간을 전체적으로 10% 내지 30% 축소하였다. 이에 따라 싱가포르 학생들은 여가 시간을 미술·음악·체육 등 예체능 교과목과 야외탐사·작문·사진촬영 등 다양한 클럽활동으로 활용하고 있다. 수업방식도 기존의 교사 주도의 일방적인 주입식 교육으로부터 학생들 각자가 문제를 해결하고 탐구하는 능력을 배양하기 위해서 3~5명씩 조를 이루어 팀워크(team-work)를 수행하도록 지도하고 있다.[30]

싱가포르는 2008년에 초등학교 교육제도를 개혁하기 위해 실행위원회(primary education review and implementation committee)를 구성하고 전면적으로 단반제(Single shift system, 單班制)의 추진, 대학학력 교사의 초빙, 교육협력 인원 편성 등에 대하여 널리 각 학교 지도층과 교사, 가장, 학생과 공중의 의견을 물어보고 각 항목을 연구했다. 이 위원회는 가치관과 생활기능교육을 강조했다.[31]

대학입시에도 우수한 학업성적이 유일한 기준이었으나, 2002년부터는 미국식의 수학적성시험(SAT)성적 · 프로젝트 성취도 · 과외활동 실적 등을 추가하여 학생들의 능력을 종합적으로 평가하여 입학여부를 결정하는 방식으로 전환하였다.

나아가서 싱가포르의 각급 대학들도 대학교육의 질적 향상을 도모하고 해외 두뇌를 최대한 활용할 목적으로 유능한 외국인 교수를 대거 채용하고 있다. 이와 함께 세계 일류급 외국대학과의 전략적 제휴나 다양한 형태의 공동연구를 통해서 교육개혁의 새바람을 일으키고 있다. 난양이공대학, 국립싱가포르대학교는 이미 영연방국가 내의 최고 수준인 옥스퍼드대학교, 케임브리지대학교, 또는 호주국립대(ANU)와 동급 또는 그 이상으로 평가받고 있다.[32]

국제교육 거점

싱가포르 정부가 전체예산 중 21%를 교육에 투자하는 이유는 인재가 재원이라고 판단하기 때문이다.

국내교육을 강화하는 한편 촉망받는 인재들을 적극적으로 해외로 유학을 보내고 있다. 정부 관계기관과 연계하여 리콴유 재단(Lee Kuan Yew Foundation)이나 고켕스위 재단(Goh Keng Swee Foundation)이 해외로 유학할 우수 인력양성을 지원하고 있다. 학업성적과 봉사활동 등을 기준으로 매년 전체 고등학교 졸업생을 기준으로 5명 내지 10명 미만의 대통령 장학생(President's Scholarship)을 선발하는데, 이들이 주요 수혜 대상자들이다.[33]

싱가포르 학생들의 높은 세계 대학 진학률이 싱가포르 교육의 방향과 수준을 증명한다. 싱가포르의 최고 명문 고등학교인 래플즈 주니어 칼리지(Raffles Junior College)는 세계에서 미국의 몇몇 명문고 다음으로 아이비리그에 진학하는 학생 수가 많은 것으로 알려져 있다. 이 학교에서는 연간 100명 이상의 졸업생이 아이비리그에 진학한다. 또 졸업생의 약 50%인 300여 명의 졸업생이 미국의 명문대학에 진학한다. 또한 화청 고등학교나 테마섹 고등학교, 빅토리아 고등학교 등의 명문 공립학교도 연간 60~70명의 졸업생을 미국의 아이비리그로 보내며 UMC나 SAS 같은 국제 고등학교도 연간 200명이 넘는 학생을 미국의 명문대학으로 보내고 있다.[34]

미국뿐만 아니라 영국의 케임브리지나 옥스퍼드대학에도 싱가포르 재학생이 100여 명이 넘는다. 영국 대학의 학업 성적 상위 그룹에는 싱가포르 학생들이 포진해 있다. 싱가포르 학생들이 학업 성적이 좋을 수밖에 없는 이유는 성적이 나쁘면 고국으로부터 장학금을 받는데 불리하기 때문이다.

이처럼 많은 우수 학생이 해외 대학으로 진학하기 때문에 대학 입시 시험 시즌이 다가오면, 각국의 명문대학에서 교수와 직원들이 싱가포르 시내의 고급 호텔이나 컨퍼런스 홀, 고등학교 강의실에서 직접 학교 홍보를 한다. 영국의 케임브리지나 옥스퍼드대학에서는 입학시험관이 직접 찾아와서 입학시험과 면접을 치르고, 미국 대학 관계자들도 방문하

여 면접과 장학금 지급을 약속한다.[35]

2003년 8월 싱가포르 정부는 싱가포르를 국제교육거점(Global School House)으로 육성할 계획임을 공식적으로 밝혔다. 세계 유명 대학 교육기관들을 싱가포르로 유치하고, 한국·중국·일본·인도·말레이시아 등 아시아권의 해외유학생들을 흡수한다는 전략이다.

싱가포르의 교육기관이 해외로 진출하는 것도 정부차원에서 적극 지원하고 있다. 정부 산하의 관광위원회(STB)는 이미 싱가포르를 아시아의 교육중심지로 만들기 위한 홍보전략에 착수했다. 관광위원회는 '싱가포르교육(Singapore Education)'이라는 홍보 브랜드를 내놓았다.[36]

싱가포르에는 국립싱가포르대학(SNU), 난양이공대(NTU), 싱가포르경영대(SMU) 그리고 국립교육원(NIE) 등 4개 대학이 있는데 대학진학률은 청소년의 약 15% 정도다. 싱가포르의 대학 수준이 세계적이라는 사실은 이미 잘 알려져 있다. 특히 2016년 미국의 《뉴스위크(Newsweek)》가 세계 글로벌 100대 대학을 선정했는데 국립싱가포르대학이 36위, 난양이공대는 71위에 올랐다. 영국의 대학 평가 기관인 타임 하이어 에듀케이션(Times Higher Education)과 콱콰렐리 시몬스(Quacquarelli Symonds) 사의 2004년 세계대학 평가에서는 인구 500만의 도시국가 싱가포르의 국립대학이 25위 난양공대가 47위였다.

탄응치애(陳永財) 싱가포르대학 부총장은 성장의 비결은 정부의 적극적인 지원이라 말한다. 프레디 보이(Freddy Boey) 난양이공대 부총장 역시 2005년부터 2012년까지 정부지원이 1억6천만 달러로 너무 많아 소화불량에 걸릴 정도라 한다.

싱가포르에는 이미 미국의 MIT, 존스 홉킨스(Johns Hopkins), 펜실베니아대학(Univ. of Pennsylvania)의 와튼스쿨(Watton School)과 독일의 뮌

헨공대(Technische Universitat Munchen) 등을 포함한 10여 개의 대학들이 분교를 운영하고 있다. 싱가포르는 미국과 중국의 세계미래에 대한 중요성을 인식하여 4개의 대학 탐구를 이용하여 미국과 중국의 최고학부를 합작동반 관계로 건립하여 학교의 학술 수준을 향상시키고자 한다. 그리하여 싱가포르국립대학은 미국 듀크대학과 제휴하여 의학전문대학원을 설립하고, 난양이공대는 국립싱가포르대학과 정부의 프로그램의 일환인 연구와 기술을 위한 싱가포르와 MIT의 연합(Singapore-MIT Alliance for Research and Technology, SMART)을 통해 MIT와 2천8백억 싱가포르달러 규모의 공동연구를 진행한다. 싱가포르 경영대(SMU)는 펜실베니아대학의 와튼스쿨의 MBA의 교육과정을 도입하고 있다. 중국합작동반 대학으로는 텐진생태성 내 대학을 결정했다.[37]

예를 들어 연구와 기술을 위한 싱가포르와 MIT의 연합인 스마트(SMART) 비전과 임무는 다음과 같다.

스마트(SMART) 비전은 아시아에서 MIT의 주요 중점이 되어 아시아의 MIT의 혁신과 산업이 참여하는 곳, MIT와 싱가포르로 우수한 인재와 창의를 원활하게 끌어들이기 위한 자석 역할을 하는 곳, 안정적으로 연구할 수 있는 찬조(스폰서)가 다양한 싱가포르 중심의 글로벌 브랜드 연구센터가 되는 것이다. 그리고 스마트(SMART) 가치관은 존경, 우수한 연구와 운영, 실력위주의 성실한 연구와 청렴한 재정을 중요시한다.

스마트(SMART) 임무는 21세기에 세계에 가장 잘 봉사하는 지식과 교육을 발전시키는 MIT 임무를 지원하고 이 임무를 성취하도록 창의를 돕는 것, MIT와 동일한 수준의 우수성을 유지하는 세계적 수준의 연구센터가 되는 것, 싱가포르가 관심을 가지는 사회적 의의가 있는 중대한 문제에 대한 연구를 실시하고 확인하는 것, 대학과 연구소의 연구자들과 강력한 협력관계를 구축하고 박사과정 학생과 박사후연구자들을 공동으로 지도하는 것, 그리고 글로벌 연구인재를 싱가포르로 유치하기 위한 자석이 되는 것이다.

싱가포르는 자국의 인재뿐만 아니라 주변국가 인재들을 모으고 있다. 베트남과 말레이시아에서 우수한 학생을 장학생으로 선발하여 2012년 기준으로 외국유학생이 8만4천 명이다. 대학경영자들은 대단히 실용적이다. 교수들이 더 좋은 연구를 하고 더 잘 가르쳐 학생들로부터 높은 강의 평가를 받도록 이를 교수 업적 평가에 반영한다. 이쯤 되면 왜 싱가포르가 동남아교육의 허브를 꿈꾸는지 알 수 있다.

2. 창조적인 인재영입

싱가포르는 부존자원이 없는 도시국가이기 때문에 일찍부터 정책적으로 모든 분야에서 인재양성에 정성을 들였다. 리콴유는 싱가포르가 튼튼한 기초를 가지고 있고, 발전하여 이전처럼 취약하지 않다고 안심하면 이는 "회전하고 있는 팽이"를 멈추게 하는 것과 같다고 보았다. 그는 더 조직적이고 세계화로 훈련받은 최고 인력만이 더욱 복잡한 업무를 수행할 수 있어 싱가포르를 이끌어가고 보호할 수 있다고 강조했다.[38]

그리하여 국가건설 초기부터 개방정책을 추진한 싱가포르 지도자들은 국외로부터 창조적인 인재들이 싱가포르로 모이도록 살기 좋은 도시환경을 조성했다. 우수한 인재만이 국가발전의 버팀목이 된다는 정신으로 2008년에 총리실 산하에 국가연구재단(National Research Foundation)을 설립하여 해외우수인재 선발 계획을 수립했다. 이 재단의 설립목적은 국적에 상관없이 세계 유수 대학의 젊은 학자들에게 싱가포르 국가과학자(National Research Foundation Fellow) 지위와 30억 싱가포르달러 이상의 연구 자금을 제공하여 자유롭게 연구할 수 있는 토양을 만들자는 것이었다.[39]

다음은 싱가포르가 어떤 방식으로 국외의 우수인재를 영입하는지와 이런 우수인재들이 어떻게 연구개발과 학교 발전에 기여하는지를 살펴보기 위하여 난양이공대학 화공과 소속 조남준 박사의 예를 들어 설명하고자 한다.[40]

우수인재영입 과정

조남준 박사는 미국 스탠포드 대학원에서 2002년에 화공학 박사학위를 획득한 후 2006년 박사후 과정으로 스탠포드 의과대학에서 C 간염을 연구하고 있었다. 조남준 박사의 'C 간염의 기능성 펩타이드'에 관한 논문이 미국 화공학회저널인 《Journal of American Chemical Society(JACS)》에 게재된 후 같은 분야에서 연구를 하는 스웨덴의 찰머스 공과대학(Chalmers Technological University)의 프래드릭 후크(Fredrik Hook) 교수로부터 한 통의 이메일을 받았다. 내용인즉 스웨덴에서 단기간의 장학금을 제공하는 프로그램이 있으니 자기 연구실에서 연구를 같이해 보자는 제안이었다. 일반적으로 박사후 과정에 있는 과학자에게 학계에서 상당히 유망한 교수가 직접 이런 이메일을 보내는 경우는 아주 드물다고 한다. 물론 스탠포드 의대에 있는 지도 교수 입장에서는 개인 연구를 위해 3개월이나 연구실을 비우는 것을 탐탁지 않게 생각했지만 조남준 박사 개인에게 상당히 좋은 기회이기 때문에 지도 교수를 설득하여 2010년 11월 22일에 스웨덴으로 출발했다.

스웨덴에 대해서는 노벨상을 수여하는 나라라는 정도의 정보만 가지고 있던 조남준 박사에게 있어서 스웨덴의 찰머스 공과대학에서의 3개월은 의미있는 나날이었다. 많은 유명한 미국 교수들이 학교 캠퍼스에서 심지어 학교 식당에서 자유롭게 토론을 하고 다니는 것을 보았다. 젊은 교수의 말에 의하면 스웨덴에서 초청하지 않아도 전 세계에서 교수들이 자기 연구를 알리기 위해 자비로 체류하는 경우가 다반사이고 이러한 교류를 통해서 본인들의 연구를 소개할 뿐만 아니라 새로운 과학에 대해 알게 된다는 것이다.

조남준 박사는 스웨덴의 프로그램이 끝날 무렵 후크 교수로부터 자신의 인생을 바꿀 교수 한 분을 소개받는다. 그 교수는 다름 아닌 뱅트 노던(Bengt Norden)이라는 화학과 교수로 첫인상부터 인자함과 학문적으로 원숙함이 돋보이는 분이었다. 뱅트 노던 교수는 2002년에서 2005년까지 노벨상 화학상을 주는 위원회의 위원장을 지낸 분으로 싱가포르 난양이공대의 연구 자문위원회의 위원장이었다. 그는 당시 난양공대 총장인 버틸 앤더슨(Bertil Andersson)과 절친한 사이였다. 그는 조남준 박사에게 1시간 넘게 앞으로의 계획 등에 관해 질문하기도 하며 다양한 세계 학계의 연구방향에 관하여 말하던 중 젊은 과학자로서 좋은 아이디어가 있다면 가장 필요한 것은 연구를 자유롭게 할 수 있는 환경인데 싱가포르가 바로 이러한 환경을 제공해줄 수 있는 곳이라며 싱가포르는 앞으로 10년은 그런 환경을 제공할 수 있는 시스템이 있다고 말했다.

조남준 박사는 노벨상 위원회의 위원장인 뱅트 노던 교수의 싱가포르에 대한 객관적인 설명으로 싱가포르에 대해 호기심을 가지게 되었다. 조남준 박사는 사실 당시만 해도 싱가포르에 대한 정보가 없었기 때문에 관심이 없었다. 여기서 주목할 것은 싱가포르 정부는 세계 각 전문

분야의 유명한 학자들을 자문위원으로 모셔 싱가포르에 필요한 인재들을 영입한다는 것이다.

조남준 박사는 스탠포드로 돌아와서 바쁜 생활을 하던 중 뱅트 노던 교수로부터 싱가포르 국가연구장학금(Singapore National Research Fellowship)에 대한 정보와 함께 지원해보라는 조언을 받았다. 지원한 결과 장학금 수혜자로 선정됨과 동시에 각 대학과 인터뷰를 하게 되었다. 재미있는 것 중 하나는 학교가 수혜자를 선택하는 것이 아니라 역으로 수혜자가 학교의 여러 가지 조건을 보고 선택하는 방식이었다. 싱가포르의 경우 싱가포르국립대학이 전통과 권위로 보아 압도적으로 인지도를 자랑하고 있었다. 난양이공대학의 경우 2007년부터 새로 스웨덴 출신 부총장 체제에서 개혁을 추진하고 있었다. 또한 싱가포르 공과디자인대학은 MIT의 시스템을 도입한 학교로 막 개교하여 확장을 시도하고 있었다.

조남준 박사가 난양이공대를 선택하게 된 것은 다음과 같은 이유 때문이라고 한다. 일반적으로 대부분의 사람들은 인지도나 명성으로 보아 싱가포르국립대학을 선택했을 것이다. 그러나 조남준 박사는 발전가능성, 개혁적인 측면, 뱅트 노던 교수가 강조한 자유로운 분위기, 그리고 간섭 없는 연구 환경을 고려하여 싱가포르 난양이공대를 선택했다. 특히 마지막 인터뷰를 하는 동안 난양이공대가 보여준 정성에 마음이 움직였다고 한다. 스탠포드에 있는 조남준 박사에게 마지막 조건을 제시하기 위해 프레디 보이 부총장이 직접 샌프란시스코 공항으로 와 1시간 동안 면담한 것이 조 박사가 결심을 굳히는데 영향을 주었다.

난양이공대 재직 6년차에 접어든 지금 생각해도 난양이공대를 선택한 것은 옳은 선택이었다고 그는 말한다. 조 박사는 난양이공대학의 앤더슨 총장과 총장실의 디렉터들과 함께 일할 기회가 있어 난양이공대학이 개혁과정을 통해서 어떻게 발전할 수 있었는지와 어떻게 인재를 영입하고 또 인재를 양성하기 위해 어떠한 노력을 하는가에 대해 많이 배웠다고 한다. 이는 정확하게 싱가포르 정부가 추진하고 있는 개혁과 인재영입 및 인재양성의 축소판이라고 볼 수 있어 더욱 소중한 경험이었다고 말한다.

난양이공대의 개혁과 인재영입 시스템

싱가포르 난양이공대는 2007년 이전에는 대학생 교육을 담당하는 전형적인 아시아의 교육기관이었다. 그러나 2007년에 스웨덴의 리포킨 대학(Lipokin University) 총장이었던 버틸 앤더슨이 부총장으로 부임하면서 연구중심 대학으로 변하기 시작했다. 싱가포르에서는 대학의 총장은 대외협력부문과 대학 발전방향에 초점을 맞춘다면 부총장은 연구방향과 인사권을 장악하고 있다. 2011년부터 총장이 된 앤더슨이 부총장으로 영입되었을 당시 그는 스웨덴, 영국, 미국 교수 20여 명을 영입하여 함께 팀을 이루어 학교 인사에 대한 전권을 쥐고 개혁을 추진했다.

그가 처음 추진한 개혁은 교수의 재임기간인 테뉴어(Tenure) 시스템으로 3분의 1 이상의 교수들을 퇴직시키거나 테뉴어 시스템에 따라 문제점들을 개선하는 것이었다. 당시 조남준 박사 자신은 현장에 있지 않았지만 앤더슨 총장으로부터 들은 이야기로는 그 당시의 상황이 얼마나 절박하고 각 구성원이 힘들었는지에 대해서 가히 상상을 초월할 정도였다고 한다. 난양이공대는 1천3백여 명의 교수들 중 7백5십 명의 교수를 재임명하고 새로 2백5십 명 이상의 교수의 자리를 만들었다. 싱가포르 정부의 지원을 통해 현재 1천8백 명이 넘는 교직원을 가진 대학

으로 성장할 수 있는 기초를 이루었으니 가히 제2의 개교라고 할 수 있었다.[41]

당시 잡지와 신문에 게재된 인터뷰를 보면 싱가포르 정부의 강력한 지원에 의하여 다음과 같은 인재영입 프로그램이 가동되고 있었다. 국제적인 전문과학자 영입 프로그램(International Expert Scientist Recruitment Program), 대학에서 운영하는 독립적인 프로젝트의 연구실 책임자에게 주는 장학금(Principal Investigator(PI) Award(NRF Investigatorship Awards),[42] 국가연구재단 장학프로그램(National Research Foundation Fellowship Program), 그리고 난양 조교수 프로그램(Nanyang Assistant Professorship Program) 등이다.

국제적인 전문과학자 영입 프로그램은 한국의 IBS프로그램이나 중국의 천명 인재프로그램과 유사하다고 볼 수 있다. 이 프로그램에 의하여 2008년부터 30명의 석좌교수급 인재들을 영입했다. 우리가 주목할 것은 이렇게 영입된 석좌교수급의 인재들은 그들의 팀원으로 교수와 리서치 스태프를 함께 데리고 올 수 있어 연구의 연속성을 유지할 수 있을 뿐만 아니라 대학의 혁신을 추구할 수 있었다. 그 결과 난양이공대학은 질적으로 우수한 연구결과를 낼 수 있어서 아시아에서 연구영향력 1위로 인정받게 되었다.[43]

싱가포르 국가연구재단장학 프로그램

앞에서 언급한 것과 같이 싱가포르 국가연구재단장학 프로그램은 40세 이하의 젊은 과학자들을 위한 장학금으로 2010년부터 싱가포르 정부 총리실 산하의 연구재단에서 지원하는 프로그램이다. 이 프로그램 역시 인재를 유치하기 위한 방안으로 정부와 대학이 연계하여 장학금 수혜자를 위해 창의적이고 획기적인 연구를 할 수 있도록 기금과 그에 상응하는 연구 시설을 제공한다.

이 프로그램의 내용은 수혜자에 따라 차이가 있는 것으로 알려졌다. 조남준 박사가 이 장학금을 받을 당시인 2011년을 예로 들면 다음과 같다. 재정지원은 3백7십만 싱가포르달러(일반 간접비 70만 싱가포르달러 포함)의 기금을 주는 파격적인 조건이었고, 싱가포르 내 대학들과 직접 인터뷰를 하고 연구자 자신이 필요한 지원을 받을 수 있는 대학을 임의로 고를 수 있는 프로그램이었다. 또한 5년간의 재정지원 수혜기간 중 3년 동안은 강의를 면제해줌으로써 연구에만 집중할 수 있도록 배려해 주었다.

이 싱가포르 국가연구재단장학 프로그램은 1년에 10명에서 15명 정도 선발한다고 하니 그 재정적 규모와 싱가포르 정부의 인재유치를 위한 노력을 이해할 수 있다. 재정적 지원이 크다 보니 선발과정이 여러 단계를 거치도록 되어 있어 인맥과 같은 다른 영향력이 행사될 수 없는 시스템이다. 예를 들어 정식보고서를 시작으로 이것에 통과한 과학자는 5명의 추천자로부터 추천서를 받아야 함과 동시에 완전한 연구제안서를 제출해야 한다. 이 연구제안서는 노벨상을 탄 학자를 포함한 전 세계 유수의 석학들로 구성된 위원회의 위원들과 인터뷰를 통해서 마지막으로 연구 발표 및 질문에 통과되어야 한다. 이 모든 심사과정은 2번의 싱가포르 방문과 6개월간의 시간이 소요된다.

이 프로그램에 의하여 선발된 수혜자들은 각 대학에서 다른 일반 교수들과 달리 특별 관리를 받으면서 최대한의 연구를 위한 자유를 보장받음은 물론 각종수당과 혜택을 받는다. 이 장학금 수혜자들은 이렇게 제공된 권리와 재정적 지원에 상응하는 의무를 다해야 한다. 여기에 따르는 의무는 혁신과 창의에 기초한 연구뿐만 아니라 이 연구결과가 상용화하도록 하는 것이다. 이러한 사정으로 수혜자들 중 5년을 버티지 못하고 떠나는 경우도 있을 만큼 이들에 대한 관리가 철저하다. 수혜자들은 매년 리포트를 제출해야 하고 3년차에는 중간 점검 인터뷰를 통해서 갱신할 수 있는 시스템이 있다.[44]

난양 엘리트 교수 계획(Nanyang Elite Professorship Program)

이 프로그램은 싱가포르 특유의 경쟁 체제를 만들기 위해서 난양공대에서 계획한 젊은 과학자 인재양성 프로그램 중 하나이다. 알다시피 싱가포르는 우리나라 제주섬의 5분의 2 크기의 도시국가로 현재 QS 세계대학평가 순위 12위, 아시아 대학 순위 1위인 싱가포르국립대학이라는 출중한 대학이 있다. 외국인의 입장에서는 싱가포르국립대학이나 싱가포르 난양이공대 둘 다 국립대학이고 조그만 나라의 인재 풀로 보았을 때 별반 차이가 없어 보이지만 싱가포르 내국인의 입장에서는 그 경쟁이 치열하고 또한 정부에서도 선의의 경쟁을 유도해서 연구 경쟁력 강화를 도모하고 있다.

앞에서 말한 것과 같이 2007년부터 난양이공대학은 개혁을 추진하기 시작하면서 교내에서 교수들 간의 경쟁이 치열해져 장족의 발전을 할 수 있었다. 난양이공대학은 2007년에 QS 세계대학 평가 순위가 175위였으나 현재 QS 세계대학 평가 순위가 13위로 싱가포르국립대학을 바짝 뒤쫓고 있다. 난양이공대학이 이 개혁과정 중 대학의 질을 향상하기 위해 추진한 계획 중 하나가 바로 난양 엘리트 교수 프로그램이다.

난양 엘리트 교수 프로그램은 싱가포르 국가연구장학 프로그램과 마찬가지로 젊은 연구자를 유치하기 위한 전략으로 교수직을 제의함과 동시에 초기연구자금으로 1백만 싱가포르달러를 제공함으로써 경쟁력을 고취하는 방식이다. 이 프로그램의 목적은 싱가포르 국가연구장학 선발과정 중 인터뷰에서 안타깝게 탈락한 과학자들과 또한 세계 유수한 대학의 연구자들을 유치하기 위한 것이었다. 이 프로그램을 통해서 경쟁력 강화를 도모하는 것 또한 스마트한 정책임에 틀림없다.[45]

난양이공대의 이러한 개혁의 결과 2018년을 기준으로 하면 QS 세계대학 평가에서 난양이공대학이 11위로 올라 15위인 싱가포르국립대학을 뛰어넘는 큰 성과를 이루었다. 또한 개혁을 지속적으로 유지하기 위해 전 MIT 학장 및 미국 연구재단 총재와 카네기멜론 대학의 총장을 역임한 서브라 수레시(Subra Suresh) 교수를 영입한 상태이고 2017년 12월 30일부터 다시 한 번 새로운 개혁을 추진할 수 있는 인수위를 준비한 상태이다.

싱가포르 정부 국가연구 책임자 장학상(NRF Investigatorship Awards)

싱가포르 국가연구 장학(NRF Fellowship) 프로그램에 의하여 매년 10~15명의 외국인 인재들을 영입 유치한다면 5년이면 70여 명의 인재풀을 형성할 수 있다. 싱가포르 정부는 이들 인재들을 지속적으로 유지하고 이들의 연구 능력을 촉진하기 위하여 2015년부터 국가연구 장학 프로그램 다음 단계인 정부 국가연구 책임자 장학상(NRF Investigatorship Awards)을 운영하고 있다.

이 상은 싱가포르 국가 내 기존 교수들과 5년간의 연구를 끝내가는 국가연구 장학 수혜자들과 경쟁을 유도하여 연구를 창의적으로 추진하도록 하는 전략이다. 이 국가연구 책임자 장학상은 기존의 교수들을 포함한 국가연구 장학금 수혜자들이 각 분야의 세계 석학들과 지속적으로 경쟁력을 강화하도록 5년에 3백만 싱가포르달러의 재정을 제공하고 있다.[46] 이는 싱가포르 정부의 자금계획의 유연성을 잘 보여주는 것이라 할 수 있다. 싱가포르 국가연구 장학 프로그램이 외국인 인재영입을 위한 5년의 프로그램이라고 한다면 국가연구 책임자 장학상은 이들 과학자들의 연구의 연속성을 확보하고 기존에 있는 교수들과 경쟁을 유발하여 지속적으로 더 나은 연구를 하도록 유도하기 위한 프로그램이다.

영입된 전문 과학인재들의 활동 및 난양공대의 변화

지진지질학자(Earthquake Geologist) 케리 시에(Kerry Sieh) 교수의 경우 캘리포니아 공과대학(the California Institute of Technology)에서 영입되어 60억 싱가포르달러가 넘는 연구자금으로 싱가포르 지구관측소(Earth Obervatory of Singapore)를 건립함과 동시에 대학원과 대학 프로그램을 만들었다. 이러한 프로그램을 바탕으로 5개의 뛰어난 연구 영역을 통해서 5개의 톱니바퀴와 같이 리서치가 진행될 수 있도록 개혁했다.[47]

난양이공대학은 2007년부터 추진한 학교개혁과 더불어 위에서 언급한 것과 같이 선택과 집중을 통해서 모든 역량을 연구성과와 기초연구에 집중함은 물론 연구결과의 상업화에 집중하기 시작했다. 이러한 선택과 집중을 통해서 눈에 보이는 양적인 성장과 동시에 질적인 성과를 이룰 수 있었고 이것은 각 분야의 순위에서도 두각을 나타내기 시작했다. 간단히 요약하자면 QS 세계대학 순위를 보면 2010년 74위에서 2015년 13위로, 타임스 고등교육 세계대학 순위(Times Higher Education World University Ranking)를 보면 2010년 174위에서 2015년에서 55위로, QS 상위(Top) 50-하위(under) 50에서는 2012년에 4위에서 2014년에 1위로, QS 아시아 지역 대학 순위에서 2014년에 7위에서 2위로 점프했다.

특히 각 전공 주제별 순위를 살펴보면 각 분야가 전 세계의 10위 안에 들 정도로 개혁은 성공적이었다고 할 수 있다. 물론 세계대학 순위를 논하는 것은 그 기준에 따라서 다양한 의견이 있을 수 있다. 하지만 다른 지표들에 의한 평가를 검토해도 난양이공대학의 성장을 단적으로 알 수 있다. 예를 들어 입학생의 경우 상위 15%의 고등학생이 난양공대를 선택하는 비율이 2011년 267명에서 2015년에는 520명으로 89%의 성장을 이루었는데 이는 싱가포르국립대와 비교해서 손색없는 질적인 변화를 의미한다. 이와 같은 질적·양적인 성장을 통해서 《웹 오브 사이언스(Web of Science)》의 통계를 보면 연구의 질을 나타내는 연구논문 인용 영향(Citation Impact) 지수에서 2004년에는 아시아의 대학 중에 두각을 나타내지 못한 지표를 보이다가 2013년에는 모든 아시아 대학을 뛰어넘는 지표를 보여줌으로써 양적인 성장이 질로도 이어지는 것을 증명했다.[48]

아시아의 교차로에 있는 싱가포르는 각종 문화, 민족, 종교가 융합되어 있는 용광로이다. 역사적으로 항운을 위한 지리적 위치 이외에는 자연자원이 없는 소규모의 국가로서 인력자본에 의존할 수밖에 없다. 지난 반세기 동안 싱가포르 지도자들은 싱가포르를 다양한 분야의 사람들이 아이디어를 창조하고 발전하며 교류하는 활기찬 도시로서 지식과 재능의 중심(허브)으로 발전시켰다.

싱가포르의 교육과정은 산업인력 수급(需給)전망과 밀접하게 연계되어 있다. 먼저 통상산업부가 향후 5년 후의 산업인력 수급전망을 헤아려 교육부에 보내면, 교육부는 이에 맞추어 교육과정을 조정하고 미래 경제여건에 적합한 인력을 양성해낸다. 일자리와 학력수준이 일치되게 인력을 양성하여 비싼 교육을 받은 인력이 낭비되는 것을 예방하고 있다.[49]

2010년 9월 제4차 RIEC[50] 기자회견에서 리셴룽 총리는 싱가포르의 장기목표는 "세계에서 가장 연구가 집약적이고 혁신적이며 창업위주의 경제체를 이루어 싱가포르인을 위한 높은 가치의 일자리와 번영을 창조하는 것이다"라고 말했다. 왜냐하면 연구와 혁신이 싱가포르 산업의 경쟁력을 지탱하고 새로운 성장과 경제변화를 추진하기 때문이다.

최근 10년 동안 싱가포르는 성공적으로 연구발전 기지로 발전했으며 첨단과학적이고 창의적인 인재들을 발굴하고 공공부문과 민영기업이 연구발전 협력관계를 도모했다. 세계 최고의 연구원과 연구기관을 유치하여 교육과 연구에 중점을 둔 지식사회개념을 완전히 포용하고, 국제 인재들을 유치하여 대학이 교육과 연구에 있어 중심적 역할을 할 뿐만 아니라 세계적 수준의 연구발전역량과 지식기반산업을 구축하고 유지하기 위해 노력하고 있다. 싱가포르는 잘 통합된 사회, 연구기관, 대학 및 산업계의 시너지 효과로 일하고 생활하며 즐길 수 있는 가장 세계화된 국가로 꼽히고 있다.[51]

싱가포르는 높은 수준의 생산력, 숙련된 기술과 긍정적인 업무태도를 가진 세계적으로 최고의 평판을 받는 노동인구를 제공하고 있는데 이는 정부가 지식과 기술을 풍부하게 하기 위하여 전문적인 기술훈련에 지속적으로 투자하기 때문이다. 싱가포르는 지적재산권 보호가 세계에서 2위, 아시아에서 1위[52]이며 세계에서 사업하기 가장 쉬운 곳이며 혁

신 바이오 허브(Biopolis)로 강력한 연구 커뮤니티와 혁신 네트워크를 형성하고 있다.[53]

도시국가인 싱가포르는 안전하고 질서 정연하며 세계에서 가장 깨끗한 녹색도시 중 하나로 인정받고 있다. 또한 효율적이고 저렴한 대중교통 시스템을 갖추고 있으며 의료서비스는 세계적 수준으로 평가받고 있다. 싱가포르는 세계 도시 삶의 질에 대한 2014년의 메르세 생활평가 조사(Mercer Survey 2014)에 의하면 세계에서 삶의 질이 가장 높은 국가 중 하나이다.[54] 그러므로 세계적인 인재를 유치할 수 있어서 이들이 지속적으로 싱가포르에 거주하며 연구 성과를 높일 수 있고 그 결과가 상업화할 수 있어 국가발전을 도모할 수 있다.

'중국의 꿈'은 실현되는가?

에필로그

20여 년 전 덩샤오핑은 중국에 싱가포르 같은 도시가 1,000개 생기는 것을 소망했다. 지금 중국에 싱가포르 같은 도시들이 생기고 있다. 우리는 상하이, 베이징, 선전을 보고 '상전벽해(桑田碧海)'라는 표현으로 중국의 변화를 말하지만 그것은 중국의 기반 시설과 고층건물 등 외적인 놀라운 변화에 대한 감탄일 뿐이다. 진정 중국이 어떻게, 얼마나 변하고 있는지를 알고 싶다면 쑤저우공업도시, 톈진생태도시, 광저우지식도시의 관원들과 주민들의 의식구조를 보아야 할 것이다. 그들은 세계 일류를 꿈꾸는 사람들로 변했다. 중국의 놀라운 외적 변화를 '상전벽해'라고 한다면 중국인의 의식 변화는 '천지개벽(天地開闢)'이라고 할 수 있지 않을까?

시진핑은 2013년 3월 23일 모스크바 국제관계 학원에서 '중국의 꿈'이 무엇인지 밝혔다. 중국의 꿈은 "중화민족의 위대한 부흥을 실현하는 것"으로 '국가의 부강', '민족의 진흥', '민중의 행복'을 실현하는 것이다.[1] 민족의 행복을 위해 국가가 부강해야 하고 민족의 진흥을 위해서는 민족적 독립과 민중이 해방되어야 한다. 시진핑이 말하는 민중의 행복을 위해서 국가는 좋은 교육, 안정된 직장, 만족스러운 소득, 확실한 사회보장, 높은 수준의 의료위생서비스, 쾌적한 주거여건, 아름다운 환경을 제공해야 한다. 그는 민중이 행복한 사회주의 현대화는 개방과 끊임없는 개혁에 의하여 성취될 수 있다고 보았다.[2]

중국이 꿈꾸는 미래 사회가 바로 싱가포르와 같이 통치되고 관리되는 사회이다. 국민의 약 74%가 화인으로 구성되어 있는 싱가포르는 아시아에서 행복지수가 가장 높은 나라로 경제가 지속적으로 발전하고 정부 공직자들은 청렴하고 사회에는 부정부패가 없다. 국민들의 90% 이상이 자기 집을 소유하고 있고 안락한 생활을 하며 다양한 민족들이 조화를 이루는 사회이다.

인구 14억의 거대 대륙국가 중국(9,596,961km^2)이 인구 5백만 명에 세계지도상 한 점에 불과한 싱가포르(715.8km^2)로 수만 명의 공산당 당원을 파견했다. 경제 관리와 정책(관리경제학), 공공관리와 정책, 사회관리, 도시관리, 위기관리, 응급관리, 사회보장, 민족 조화, 반부패제도, 환경보호(물 관리, 쓰레기 처리, 저탄소배출을 위한 환경관리), 아파트 건설과 단지 운영 등에 관하여 학습하기 위해서이다.

또한 중국과 싱가포르 간의 합작을 통해 중국은 쑤저우에서 공업단지 건설로부터 시작하여, 농촌의 도시화, 첨단과학 기지화를 거쳐 세계의 첨단지식도시로 발전하는 전 과정을 학습했다. 그리고 톈진생태도시 건설을 통해 오염되고 쓸모없는 땅이 어떻게 생태를 회복하여 사람들이 거주할 수 있는지를 싱가포르와의 합작을 통해 경험했고, 광저우 첨단기술 개발구를 싱가포르와 합작으로 최첨단 지식도시로 건설하면서 최첨단 지식도시 관리와 운영 등에 대한 싱가포르의 경험을 배우고 있다. 중국은 이러한 과정에서 싱가포르로부터 가시적인 하드웨어뿐만 아니라 소프트웨어는 물론 싱가포르의 가치관까지도 영향을 받았다.

1. 중국이 닮고 싶은 싱가포르는 어떤 국가인가? 싱가포르는 어떻게 운영되고 있기에 국민의 행복지수가 아시아에서 1위일까?

싱가포르는 우리나라 제주도(1,849.02km²)의 5분의 2 넓이의 도시국가이며 영국의 식민지였다. 비록 영국식민지 지배자들이 중국인, 말레이인, 인도인을 싱가포르로 데려와 노예처럼 사역했지만 그들로부터 서양문화 중 엄중한 법률과 규칙을 준수하는 우수한 전통을 유산으로 물려받았다. 싱가포르는 법치국가로 법 위에 권력이 있지 않고 법이 권력기관을 관리하며, 국민은 공민의 권리를 향유하고 결사와 결당의 자유가 있어 정권에 반대할 수 있다. 그럼에도 인민행동당이 집권당으로서 장기집권하고 있고 반대당은 정권을 쟁취한 적이 없다.

싱가포르의 인민행동당과 리콴유라는 슈퍼맨을 중심으로 싱가포르 지도자들은 위기를 기회로 만들었다. 또한 싱가포르는 말레이시아 연방에서 분리된 후 1960년대 국제적으로 반식민지의 시대적 변화를 충분히 이용했다. 외국인 투자를 유치하기 위한 노력과 적극적으로 수출 지향적인 산업을 개발하였다. 성공적으로 외국기업들을 유치하고 외국인재들을 영입하여 창의적인 과학기술발전을 성취했다. 그 결과 싱가포르는 국제경쟁에 참여하고 적극 인재를 발굴 양성하였다.

싱가포르의 지도자 그룹은 다민족·다문화·다종언어·다종종교 사회를 통합하여 조화를 이루고 국가 정체성 확립을 위한 국가 통일체로서의 군대를 건설했다. 군대에서 병사들은 자신들의 언어, 문화, 종교와 관계없이 능력 위주와 실적주의에 의하여 동등하게 대우를 받을 수 있다. 더 나아가 병사들은 군대 생활을 통해 서로 다른 종교를 이해하고 상호 존중하며 다민족 융합과 국민화합을 이루어 싱가포르인으로서의 정체성을 확립할 수 있었다.

그리고 정부는 이주 다민족으로 구성된 국민에게 싱가포르인으로서의 주인의식과 정체성을 부여하기 위해 '자기 집 소유'의 계획을 수립하여 공공주택제도와 공적금제도를 추진했다. 정부에 대한 헌신, 고효율, 청렴도를 높이기 위해 특색 있는 사법체계와 부패방지를 위한 정책을 수립하였으며, 노사정의 조화로운 공생관계를 제도화하고, 국민의 보다 나은 삶의 질 향상을 위해 의료보장제도 등 일련의 정책을 통해 사람을 근본으로 하는 통치의 틀을 체계화하였다.

엘리트로 구성된 싱가포르 지도자 그룹은 "깨끗한 정치, 깨끗한 정부, 투명한 세정, 책임 있는 사회를 건설하여 사회적 신뢰, 공동체에 대한 신뢰, 정부에 대한 신뢰를 구축할 수 있어 정치와 사회가 안정되고 국민이 화합할 수 있었던 것"이 경제발전의 원동력이 되었다. 이에 국민 전체의 생활수준을 향상시킬 수 있었고 국민들이 정치에 관심이 거의 없을 정도로 생활에 만족하게 되었다.[3]

싱가포르는 경제력을 바탕으로 한 실용주의 외교정책의 결과 동남아시아에서 주도적인 외교역량을 과시하고 있을 뿐만 아니라 세계적으로도 외교역량을 강화하고 있다. 싱가포르는 비록 지도상의 한 점에 불과한 작은 도시국가이지만 국가의 전략적 이익과 자존심이 걸린 문제에 대해서는 결단코 물러서지 않는다. 싱가포르 지도자들은 국가 이익을 위한 외교, 경제 번영을 위한 외교를 지속하며 독립국가로서의 정체성을 강조하고 다른 나라가 싱가포르의 유용성에 대해 인식하도록 다른 나라들과 소통하고 교류하고 있다.

싱가포르는 중국의 개혁개방과 함께 중국의 발전에 적극 편승하여 발전과정의 책략에 널리 참여했다. 쑤저우공업단지, 톈진생태도시, 광저우지식도시를 건설하면서 싱가포르는 중국에 직접 자신의 우수한 제도와 관리의 장점을 보여주었고, 꾸준히 중국의 관심을 끌며 중국이 학습하도록 유도했다. 싱가포르는 국제적인 평판 이외에 중국과 교류 중에 대규모의 공동이익과 관련하여 중국 정치 상층부터 민간사회에 이르기까지 그들의 신임을 받아 마음에 들게 했다. 싱가포르는 상해와 같은 발달 도시의 추격에 직면하여 자신에게 필요한 적절한 정치개방을 실현하면서 경제구조를 전환하고, 활력이 지속되도록 사회변혁을 도모했으며, 최종으로 개방과 투명한 제도에 의존하여 자신의 경쟁력을 유지했고 강한 도시국가로 발전했다.[4]

2. 중국은 천지개벽이라 할 수 있을 정도로 변할 수 있을까?

중국은 1860년 이후 한 세기 동안 끊임없이 변화를 추구했고 더욱이 20세기 초 5.4운동 이후 중화민족의 미래에 대해서 대단히 관심이 많아졌다. 그러나 수천 년의 역사와 전통으로 인해 국민들에게 잔존하고 있는 관습과 사고방식은 쉽게 변하지 않았다. 그러나 60년에 걸친 공산당의 정치교육과 선전은 중국인의 참정의식을 높였다. 또한 마오쩌둥의 문화대혁명으로 인해 중국의 전통적 관습과 사고방식도 많이 퇴색되었다. 그럼에도 1976년 마오쩌둥 사후 중국의 지도자들은 법률과 규칙에 의한 국가 운영을 할 수 없었다. 중국은 거대한 대륙인 데다가 변방에 위치한 티베트와 위구르와 같은 역사와 문화가 다른 소수민족들뿐만 아니라 각 성마다의 독특한 문화와 전통을 가지고 있어 공산당에 의한 일당독재체제였음에도 일사분란하게 통치될 수 없었다. 중앙정부는 지방정부가 무엇을 하는지 파악하기 어렵고 통치하기가 힘들었다. 또한 공산당은 여러 파벌과 이익집단으로 분열되어 있었다. 그중 소위 태자당[5]에 속하는 고위 당간부들이나 그 자제들과 각급 정부 관원들 간 상호 이해관계가 달랐다. 중국정계에서 군대의 역할은 대단히 중요하지만 중국의 인민군대는 당의 지휘에 복종해야 함으로 당권을 장악한 자의 영도를 견지해야 했다. 그래서 우진성은 군권은 권력을 장악한 자의 '호신용 부적'과 같다고 말한다.[6]

중국사회에서는 자기 자신의 이익을 보호하기 위해서는 규칙은 중요하지 않다. 그러므로 부패가 만연하고 거짓과 가짜가 얼마든지 만들어진다. 한 예로 2012년 3월 중국대륙에 고시 제목이 누설되는 놀라운 사건이 발생하여 백만의 수험생들의 앞길이 캄캄해진 적도 있다. 또한 가짜 분유파동 등 이루 헤아릴 수 없을 정도의 사기행각이 벌어지고 있다. 그러므로 국가에 대한 국민의 신뢰도는 대단히 낮다.

중국은 덩샤오핑이 개혁을 추진한 이후 부분적이지만 쑤저우, 톈진, 광저우와 같은 일부도시에서 싱가포르를 모델로 발전을 추진했음을 본서를 통해 살펴보았다. 우진성은 덩샤오핑이 처음으로 '싱가포르 모델'에 관심을 가졌고 장쩌민이 '싱가포르 모델'을 적극 추진하고자 하였으며 시진핑에게 영향을 주었다고 본다.

싱가포르국립대학 법학대학원 부교수이며 아주법률연구중심 부주임인 왕장위(王江雨)는 싱가포르의 성공은 우연성과 독특성에 기인하므로 다른 나라가 복사할 수 없지만 싱가포르의 경험과 교훈은 도움이 될 것이라고 한다. 그는 중국이 '싱가포르 모델'을 본보기로 하기에는 싱가포르와 현재 중국의 국정이 크게 다르다는 것을 다음과 같이 지적했다.

싱가포르는 강력한 정부를 가지고 있지만 일인일표제의 직선인 자유선거에 의하여 집권당이 정권을 장악하고 있다. 하지만 중국에는 이런 민주주의체제가 아직 확립되지 않았다. 또 싱가포르는 법치국가이지만 중국은 대조적으로 법치의 전통이 없고 강도 높게 실천하지도 않고 있다. 그리고 무엇보다도 중국과 싱가포르는 국가의 크기가 달라 통치의 난이도가 다르다. 싱가포르는 중국의 1개 도시에 불과하여 중앙과 지방의 구분이 없어 모든 법령이 효율적으로 지켜질 수 있다. 싱가포르 정부는 적은 비용으로 정부의 입장과 정책을 설명할 수 있어 전 국민과 소통할 수 있다. 그러나 중국은 거대국가로서 정부가 국민과 소통하려면 많은 시간과 노력 그리고 비용이 든다.

이런 차이가 있음에도 오늘날은 세계화 시대로 정치경제제도에 공통점이 있고 특히 중국과 싱가포르는 화인 사회이므로 공통된 문화적 특징이 있어 싱가포르의 발전과 경험은 중국에게 의미가 있을 것이라며 다음의 다섯 측면을 시사했다.

첫째, 서방식의 민주주의를 실행하든지 안 하든지 간에 정부의 합법성은 국민의 동의(승인)가 있어야 함으로 집권당은 제도적으로 국민의 감독을 받고 반성과 겸손한 자세로 통치수단을 개선하여 항상 국민의 필요에 접근한다.

둘째, 법치는 지속적인 성공과 발전과 불가분의 관계가 있다. 화인 사회의 법치는 '위에서 아래로'와 '아래에서 위로'의 양방향 노력으로 성취할 수 있다. 싱가포르 역시 법치는 외국의 것이었지만 전 세계에서 최고의 법치사회 중 하나를 건설했다. 만약 충분한 정치적 의지와 합당한 방법이 있다면 중국에서도 완벽한 법치사회를 건설하는 것이 불가능하지 않다.

셋째, 좌우의 사상적 색채를 제거하고 중성정부를 목표로 경제사회발전과 국가의 현대화 건립을 위해 발전, 균형 잡힌 경제성장, 민생과 환경보호 등 다양한 목표를 위한 국가의 장기계획에 대한 지도력을 강화한다.

넷째, 정부 내의 인재임용을 능력위주의 선발기제에 의하여 현명하고 유능한 사람을 발탁하여 공정하게 적재적소에 적합한 인재를 임명하고 배경이나 인맥에 의한 임명을 단절한다. 비록 이것이 힘 있는 사람들에게 불편할지라도 집권당에게 전체적으로 장기적으로 유리하다.

다섯째, 정부는 국민들에게 관대해야 한다. 빠른 경제성장과정에서 민심을 안정시키고 국민의 지지를 얻기 위해서는 국민에게 반드시 경제발전의 결실을 나누어주어야 한다. 그렇게 함으로써 국민들이 국가의 예속감과 국가의 주인의식을 강하게 가지게 되어 사회가 안정되고 경제가 지속발전할 수 있다. 만약 정부와 정부의 이익집단이 경제발전의 이익을 다 차지하고 국민들과 나누지 않는다면 빈부의 격차가 점점 더 커지고 민심을 잃게 되어 정부는 국민의 지지를 잃어버려 국가를 유지할 수 없게 된다.

싱가포르의 지도층은 이 이치를 잘 알고 복지사회를 추진하지는 않지만 국민들이 재산을 소유할 수 있도록 적절한 조처를 취하여 조화롭

고 안정된 사회를 건설했다.[7]

3. 시진핑은 '중국의 꿈'을 실현하기 위해 도전하고 있는가?

중국이 당면한 가장 큰 도전은 공산당 간부의 부패문제이다. 어떤 사람은 시진핑이 정계개편을 통해서 공산당을 구할 수 있는 관건은 부패를 척결하는 것이라고 말할 정도이다. 시진핑은 집권한 후 국가반부패총국을 세우고 기율위원회의 권력을 강화하여 법 집행을 중앙집권화하고 있다. 시진핑은 집권 이후 25만 명 이상의 공산당원들과 군사위부주석, 정치국 상무위원, 후진타오의 최측근 등 정치적 핵심인물들도 체포했고 처벌했다.[8]

만약 시진핑이 정말로 공산당 간부의 부패문제를 해결하려고 한다면 몇몇 거물들과 수만 명의 당원을 처벌하는데 그쳐서는 안 될 것이다. 무엇보다 먼저 제도적으로 기득권 이익을 가진 공산당 내 부패의 연결고리를 제거해야만 한다. 그리고 중국공산당은 싱가포르에서처럼 법률로서 부패에 반대하고 정부관원이 자기 개인재산을 공개하는 것도 배워야 한다. 즉 일단 자기재산과 수입의 차이가 발견되면 관련관원은 즉시 국가반부패총국에 서류를 제출해야만 한다.

시진핑은 공산당의 부패척결을 위한 변화를 다음과 같이 시도하고 있다. 중국은 18대 중국공산당대회 이후 인민대표회가 입법역할을 하도록 승인하고 인민대표회의 대표 인수 중 49%까지 비공산당원이 차지하도록 허용하여 공산당의 일부 권력을 양도했다. 이제 비공산당원으로 보통사회 성원이 인민대표가 되기 위해 경선에 참가할 수 있게 되었

다. 그리고 우칸(烏坎)에서처럼 지방주민들이 그들의 간부를 선거하기 시작했다.[9]

시진핑은 '법치 중국'을 건설하기 위해 법률을 중시하는 체제를 중건하여 공산당을 국가대법(國家大法)하에 두었고 인간은 법률 앞에 모두 동등하다는 원칙을 강조했다. 기실 중국에서는 법원과 검찰청이 본연의 의무를 제대로 하지 못하여 국민들이 '가법(家法)으로 국법(國法)을 대신한다'고 할 정도였다. 공산당은 법률에 따라 업무를 추진하는 것이 아니라 당기율을 국법 위에 두었다. 그리하여 당기율에 따라 기율검사위원회를 설치하였고 이 기구는 당내 투쟁의 도구로 발전했다.[10]

시진핑은 강하게 개혁을 추진하고 완성하기 위하여 절대 권력이 필요하다고 생각한 것 같다. 그래서 그는 리콴유처럼 슈퍼맨이 되고자 새로운 정치·경제·군사·안보·사법 조직의 수장이 되어 한 손에 모든 권력을 장악하고 핵심이라는 칭호도 받았다. 그는 저항세력을 제거하고 개혁을 일사불란하게 추진하기 위해 권력의 중앙집권화를 추진하고 있다.[11]

'중국의 꿈'을 실현하기 위해서는 경제적으로 지속발전해야만 한다. 장쥔(張軍) 푸단대 중국경제연구소장에 의하면 회복 탄력성이 건재한 중국에서는 경제성장의 둔화가 오래가지 않을 것으로 예측하고 있다. 중국은 고소득 국가 문턱에 가까워지고 궁극적으로는 그 문턱을 넘기 위한 야심찬 개혁을 추진하면서 유연하게 적응성이 높은 길을 선택할 것으로 보인다.[12]

시진핑의 야심찬 정책 중 하나인 일대일로 정책이 바로 중국이 지속적으로 성장할 수 있는 최선의 길이 될 것이다. 일대일로 전략은 국내외로 새로운 경제 형국을 창출할 것이다. 일대일로 연선 국가들에 공업단지를 합작으로 건설하여 금융, 투자, 관광, 문화 교류와 융합을 이루고자 한다. 특히 중국으로서는 미국과 러시아를 대신하여 중동국가들의 신뢰를 얻어 '평화의 수호자'가 되어 세계의 제3대 진영의 위치를 확고히 하기를 기대한다.

일찍이 리콴유는 중국이 경제적으로, 군사적으로, 과학기술적으로 미국을 빠른 기간에 따라잡지 못할 수 있으나 비대칭으로는 미국에 엄청난 파괴를 가할 수 있다고 보았다. 특히 미국의 인권 단체가 중국의 문화, 가치관, 역사의 차이를 무시하고 중국의 인권위반과 미사일 기술이전에 대하여 미국 의회와 행정부가 중국에 제재를 가하는 것은 중국의 자존심을 상하게 하는 것이라고 지적했다. 미중관계의 전략적 상황을 심각하게 고려하지 않는 미국의 무계획적인 접근은 중국으로 하여금 미국을 장기적인 적으로 만들 위험이 있다.[13]

'중국의 꿈'을 실현하기 위해서는 국제외교상 중국의 전략은 현재의 틀 속에서 정치적·경제적으로 충분히 강해져 성공적으로 이 틀을 재정립할 때가지 기다리는 것 같다. 현재는 미국과 중국은 협력과 경쟁관계에 있다. 그들 사이의 경쟁은 불가피하지만 충돌은 기대하지 않는다. 중국은 강력해지겠지만 미국에게 물리적으로 대항하지 않을 것으로 보인다. 왜냐하면 중국은 국제사회에서 미국을 대신할 수 없다는 것을 알기 때문이다. 중국 지도자들은 안보 분야에 미국이 훨씬 더 많은 지출을 하고 있고 압도적으로 우위이기 때문에 직접 도전하는 것은 쓸데없는 행위라고 이해하는 것 같다. 중국은 미국의 시장과 미국의 기술에 접근할 필요가 있고 중국 학생들이 미국으로 유학할 기회를 가져 미국으로부터 새로운 영역에 대한 새로운 아이디어를 가져올 필요가 있다는 것을 안다. 그러므로 앞으로 얼마간 이러한 혜택을 위협할 수 있는 미국과의

충돌이 아무런 이익이 안 된다는 것을 중국은 알고 있다.[14]

그러나 중국이 경제적으로, 군사적으로, 과학기술적으로 미국과 어깨를 나란히 할 시기가 온다면 미국의 세계적 위상은 결코 현재와 달라질 것이다.

4. 미래 중국

중국공산당 창당 100주년이 되는 해인 2020년에 샤오강(小康)사회를 전면 달성하는 것을 목표로 하며 "신중국 창건 100주년이 되는 2049년에는 부강하고 민주적이며 문명을 이루고 조화로운 사회주의 현대국가 건설"을 실현하겠다고 한다.[15]

미국의 군사력 평가기관 글로벌파이어파워(GFP)는 2017년 5월 인구와 육·해·공 전력, 자원, 국방예산 등 50개 항목을 종합한 중국의 군사력 지수가 미국, 러시아에 이은 3위라고 평가했다. 중국은 곧 러시아를 따라잡고 미국에 이은 세계 2위 군사대국이 될 것이 분명하다.[16]

중국의 과학과 기술은 꾸준히 발전하고 있다. 과학부문 주요연구 실적을 보면 중국은 이미 세계 5위권에 들어와 있다. 특히 나노 기술부문은 최고 수준이다. 2006년 OECD 자료에 의하면 중국은 연구개발 투자부문에서 일본을 제치고 미국에 이은 세계 2위를 차지했다. 학부생 6백5십만 명과 대학원생 50만 명이 과학, 공학 그리고 의학을 전공하고 있어 이미 세계에서 가장 많은 과학연구 인력을 확보하고 있다. 2003년과 2005년에는 유인 우주선을 쏘아 올리는데 성공했으며, 2007년에도 탄도미사일을 이용해 중국의 인공위성 하나를 파괴하기도 했다. 이것은 우주시대를 맞아 미국과 군사적 우위를 놓고 경쟁하겠다는 의도를 보여준 것이다. 머지않아 중국이 과학과 기술 부문을 선도하는 때가 올 것이다.[17]

과학기술방면에 있어서도 일본 경제지 《니혼게이자이신문(日本經濟新聞)》이 올해 2월 컨설팅 기업 아스타 뮤제와 함께 발표한 '주요 10개국 특허 기관에 출원된 인공지능 관련 특허 통계' 자료에 따르면 2010~14년 특허청에 출원된 인공지능 특허가 미국(1만5,317건), 중국(8,410건), 일본(2,071건)으로 일본보다 앞서 있다. 중국 정부는 2016년 5월 국가 차원에서 1천억 위안(약 17조 원) 규모 인공지능 시장을 창출하겠다고 선언했다. 또한 2016년 4월 정보통신기술진흥센터 발표에 따르면 정보통신기술 분야 특허가 2015년 누계 기준이 중국(110만 건), 미국(58만9천 건), 일본(31만9천 건) 등으로 중국이 앞서 있다.[18]

2017년 10월 24일 개최된 제19차 중국공산당 전국대표 대회 보고에서 중국은 "영원히 패권을 추구하지 않고 영원히 확장하지 않을 것"이라 했다. 그리고 "인접국가의 선린 관계 및 동반자 관계를 위주로 하는 주변 외교 방침에 따라 주변 나라들과의 관계를 심화하고 올바른 의리관계와 진지, 진실, 친근, 성실의 이념으로 개발도상국과의 연대와 협력을 강화"할 것을 밝혔다. 또한 "국제업무에서 정확한 의리관(義利觀)을 견지하고… 세계평화를 수호하며 인류의 진보를 촉진하고 인류 운명공동체 구축을 추진하며 지속적인 평화와 공동 번영의 조화로운 세계건설을 추진"하겠다고 천명했다.[19]

중국 지도자들은 평화 공존을 외치고 중국은 패권국가가 아니라며 소국이나 대국이나 모두 동등하게 함께 성장하자고 말한다. 그러나 중국의 광대한 시장과 성장하고 있는 구매력으로 인하여 마치 블랙홀과 같이 중국시장은 동남아시아 국가들을 빨아들이고 있고 일본과 한국도 불가피하게 빨려 들어가고 있다. 게다가 강력한 군사력을 보유한 중국이 앞으로 동북아시아와 동남아시아의 안정에 기여할지에 대해 주변국들은 자신이 없다. 왜냐하면 브루나이, 인도네시아, 말레이시아, 필리핀, 타일랜드, 베트남. 한국에게 중국이 자신 있게 나오는 것을 보았기 때문이다. 그래서 아시아에 위치한 많은 소·중 국가들은 중국이 제국의 지위를 회복하면 패권국가로서 경제적으로 군사적으로 위협하는 것이 아닌지 불안해하고 있다.[20]

현재 중미외교 관계는 남중국해에서와는 달리 미국이 북핵문제를 두고 중국에게 협조를 요청하고 있다. 2017년 4월 6일 트럼프와 시진핑 두 정상은 회담에서 북한의 핵실험과 대륙간탄도미사일(ICBM) 발사를 저지하고 북한의 '중대한 도발'이 발생하면 미·중이 각자 대북 독자 제재에 나서기로 합의했다고 한다. 그 결과 미국에 협조한 중국의 대북제재가 그 어느 때보다 강력하여 북한을 세계무대에 나오게 했고, 동북아의 정세는 한 치를 예측할 수 없을 정도로 요동치고 있다. 북한의 완전한 핵 폐기를 주장하는 미국과 단계적인 핵 폐기를 주장하는 북한이 어떠한 결론을 내릴지 세계가 가슴 졸이며 주목하고 있다. 북미 정상이 어떠한 방식으로라도 핵 폐기에 일단 합의를 한다 해도 핵 폐기 과정에 중국이 어떠한 역할을 할지에 따라 미래 동북아의 운명이 좌우될 수 있음을 예측할 수 있다. 중국이 동북아의 평화로 인해 '동북삼성'이 발전하고 시진핑이 주도하는 일대일로 정책이 빛을 볼 수 있는 방향으로 영향력을 행사할지 아니면 미국과의 다양한 국면에서 대치할지 모르는 안개 속 같은 미래에 한 가닥의 빛줄기가 기적처럼 비쳐지기를 한국인으로서 기대한다.

5. 중국을 이웃하고 있는 한국은 생존의 위험을 느끼지 않을 수 없다

리콴유가 덩샤오핑에게 싱가포르가 할 수 있는데 중국이 싱가포르 같은 국가를 왜 건설할 수 없겠는가?라고 말했듯이 이제 중국은 덩샤오핑의 '꿈'인 1,000개의 싱가포르와 같은 도시가 건설될 날을 눈앞에 두고 있다.

필자는 국교가 수교되기 전해인 1991년 한국 교육부에서 중국에 파견하는 교수로 베이징에 1년간 체류했었다. 1년간 베이징에 체류하면서 보고 느낀 당시의 상황을 귀국 후《한국인의 짝사랑, 中國》(김영사)이라는 주제로 출간하여 세간의 상당한 주목을 받았다. 1992년 양국의 국교가 정상화되자 한국인들은 중국인을 마치 오랫동안 소식이 끊겼다가 만난 친척인 양 정신없이 반겼다. 그래서 중국을 짝사랑하지 말고 거대한 영토와 인구, 그리고 유구한 역사와 문화를 가진 중국의 저력을 제대로 이해하라는 메시지를 전하고 싶었다.

양국 수교 이후 오랫동안 소식이 끊겼던 우리의 교포인 중국의 조선족들도 물밀듯이 한국으로 들어왔다. 처음은 오랜만에 만난 친척이라며 반겼지만 이들이 점차 경제적으로 부담이 되기 시작하면서 사회적 문제가 되었다. 이들은 불법체류자가 되기도 하고 위장결혼으로 농촌총각들을 허탈하게 만들었으며 연변파와 같은 폭력조직이 등장하는 등 사회에 물의를 일으키자 한국인은 조선족을 부정적인 시각으로 보게 되었다. 한편 조선족이 한국행을 갈망하자 이를 악용하여 사욕을 챙기는 한국 중개인들이 생겨났고 조선족 불법체류자를 고용하여 임금은커녕 신체적·정신적 폭행을 일삼는 한국인 고용주도 늘어났다. 이러한 상호

불신을 해소하기 위해 2003년에 《우리에게 다가온 조선족은 누구인가》(현암사)를 출판하여 한중협력의 중간자, 한반도 평화통일의 협력자로서의 조선족을 재조명했다.

한중 수교 25주년을 맞이하는 이때 필자는 본서 《중국의 미래, 싱가포르 모델》에서 싱가포르처럼 변하고 있는 중국을 냉철히 분석하고 판단하라고 한국독자들, 특히 지도자들에게 경고 메시지를 전하고 싶다. 이제 중국과 중국인은 우리가 과거에 알고 있던 중국과 중국인이 아니다. 과거 필자가 강단에 있었을 적에 학생들에게 항상 "여러분 모두 다 인재가 되어야 한다. 왜냐하면 중국 인구 13억 중 7천만 명의 인재가 없겠는가? 그러니 우리 국민 모두가 정신 차리지 않으면 앞으로 중국의 위협을 극복할 수 없다"고 경고하곤 했다.

리콴유가 덩샤오핑에게 "중국이 못할 것이 없다. 만들어도 더 좋게 잘 만들 수 있다"고 한 말이 이제 사실로 드러나고 있다. 우리가 앞에서 살펴본 것과 같이 중국의 쑤저우, 톈진, 광저우와 같은 '싱가포르 모델'의 도시들이 중국 전국으로 확산되고 있다. 싱가포르같이 관리되고 운영되는 도시들이 중국에 1,000개는 아니지만 수십 개만 되어도 중국이 어떻게 변하게 될지 상상할 수 있다. 우리 국민 모두가 정신을 바짝 차리지 않으면 우리도 모르는 사이에 중국이라는 블랙홀에서 벗어나지 못할지 모른다.

싱가포르는 강대국에 둘러 싸여 있는 작은 도시국가이나 동남아시아는 물론 세계에서 국격을 유지하며 영향력을 행사하는 그 원인이 어디에 있는지, 국민들이 반세기 이상을 한결같이 지지하고 신뢰하는 정당과 정부는 어떻게 운영되고 있는지, 싱가포르의 정치지도자들의 애국심, 공무원들의 대민 봉사정신, 그리고 싱가포르 지도자들의 국가발전을 위한 전략과 위기 대응 능력은 어떻게 형성되는지, 우리나라 각계 지도자들이 주목해 볼 만하다.

감사의 글

필자가 본서를 저술할 수 있었던 것은 필자의 둘째 아들이 2011년 스탠포드대학에서 박사와 박사후 과정을 마친 후 난양이공대학에 부교수로 영입되어 싱가포르를 방문할 기회가 생겼기 때문이었다. 싱가포르에서의 생활은 단순하지만 필자로 하여금 여러 가지를 생각하게 만들었다.

몇 가지 예를 들면 다음과 같다. 한번은 손주들, 필리핀 도우미와 함께 택시를 탄 적이 있었다. 난양이공대학 교내로 들어가기 직전의 네거리에서 동양인으로 보이는 이들이 열심히 손을 흔들며 택시를 부르고 있었다. 택시기사가 "저 사람들 미친 것 아니야. 저렇게 택시를 부르고 있으면 택시가 멈출 줄 아는가 보지" 하며 비웃었다. 그러자 필리핀 도우미가 "정말 제정신이 아닌 사람들이네요" 하며 맞장구를 치며 비웃었다. 그래서 내가 "싱가포르에서는 택시를 타려면 전화를 걸어 어느 장소로 오라고 하지만 다른 나라에서는 길거리에서 얼마든지 손을 흔들어 택시를 잡을 수 있다. 예를 들어 한국에서는 길가에서 손을 흔들어 택시를 잡는 게 가능하다. 저 사람들은 아마 여행자라 싱가포르에서 어떻게 택시를 부르는지 모르는 것 같다. 아마 한국인일 수도 있다"고 하니 택시기사가 정말이냐고 물으며 "대로에서 택시를 부르는 것이 얼마나 위험한지 아느냐! 갑자기 앞차가 손님을 태우려 멈추면 뒤에서 오는 차가 들이받을 수 있어 교통사고가 날 수도 있다"고 설명했다.

이 짧은 대화 중 나는 이미 알고는 있었지만 또 한 번 크게 깨달았다. 국가마다 규칙·관습·풍속·사고방식이 다르다는 것이다. 싱가포르에서는 길가에서 손을 흔들어 차를 세우는 것이 교통사고의 위험이 된다는 것을 알고 미연에 방지한다. 또 통신기술의 발달로 택시회사에 전화를 걸면 전화 거는 사람의 위치에서 가장 가까이 운행하고 있는 택시와 연결된다. 우리나라도 이런 시스템이 있지만 잘 이용하지 않는다. 이 사소한 경험은 이런 것이 선진국 사람들의 사고방식인가? 하는 생각을 하게 만들었다.

사소하지만 싱가포르의 교육에 대해 생각하게 만든 일도 있다. 당시 여덟 살이었던 손자 현창이 한국에서 새벽미사를 가는 나를 따라 나섰다. 길을 건너려고 대로변에서 신호가 바뀌기를 기다리며 서 있는데 어느 아주머니가 차가 없으니 빨간 신호등인데도 건너왔다. 그것을 보고 있던 현창이 소리를 지르며 빨간 신호인데 왜 건너오느냐고 아주머니를 나무란다. 우리 어른들은 마주 보고 웃고 말았다. 현창은 감기가 걸렸을 때 기침을 하면 반드시 소매로 입을 가리고 기침을 하고 옷을 안 입었을 때도 팔로 입을 가리고 기침을 하였다. 왜 그러는지 물으니 균이 퍼지는 것을 막아 다른 사람에게 전염이 안 되도록 하기 위한 것이란다. 이 아이도 싱가포르 학교에서 철저하게 규칙을 지켜야 하는 것과 남을 배려하는 마음에 대해 가르침을 받았다는 것을 느꼈다.

이러한 사소한 일들이 나로 하여금 싱가포르 운영기제에 관심을 갖게 했다. 본서가 출판되기까지 필자에게 자료를 제공해주고 격려해준 두 사람이 있다. 한 사람은 난양이공대학의 조남준 교수이다. 그는 필자에게 싱가포르에 대해 알고 싶다는 동기를 부여해주었고, 끊임없는 자료제공과 조언을 해주어 본서가 완성될 수 있었다. 그리고 또 한 사람은 중국 현지 답사시 필자를 동행해주었고, 중국 인터넷 자료들을 수집해 주며 중국인명 등의 발음 수정 등 많은 관심을 가지고 격려해준 국립문화재 연구소 유해연 연구원이다. 이 두 사람에게 감사하다는 말을 전하고 싶다. 그리고 출판 직전 두 번에 걸쳐 원고를 검토해주고 조언을 해주신 아주대학교 다산학부 의사소통센터의 최은수 박사님께 감사드린다. 마지막으로 이 책이 나오기까지 애써주신 김영사에 감사드린다.

추천사

임계순 교수는 반세기 동안 중국에 관심을 가지고 중국 역사와 사회를 연구한 세계적인 학자이다. 특히 톈안먼 사태 이후 정치, 경제, 사회 발전 방향에 관심을 가지고 중국을 예의주시해왔다. 이 책은 중국의 변화와 발전을 엿보는 중요한 자료가 될 것이다.

_**에드윈 퓨너**Edwin Feulner, 미국 헤리티지 재단 설립자 겸 전 회장

지금 중국의 도시들은 싱가포르의 도시운영, 첨단기술, 경제발전 및 주민통치를 본보기로 발전하고 있다. 중국과 싱가포르가 합작하여 건설한 쑤저우공업도시, 톈진생태도시, 광저우지식도시의 건설과 발전과정을 소개하고, 중국과 중국인들의 변화를 탐구한 훌륭한 책이다.

_**하오빈**郝斌, 베이징대학교 역사학과 교수, 베이징대학교 전 부총장

"깨끗한 정치, 부패없는 정부, 투명한 세정, 책임 있는 사회를 건설하여 정치와 사회가 안정되고 국민이 화합할 수 있었던 것"이 싱가포르 발전의 원동력이다. 싱가포르가 비록 작은 도시국가이지만 중국에 계속적으로 특수한 참고 역할을 할 것이며 세계와 아시아에서 영향력을 발휘할 수 있는 강한 국가임을 주목한 이 책의 출간을 환영한다.

_**앙평화**Ang Peng Hwa 싱가포르 난양이공대학교 인문사회과학 교수

주

프롤로그

1) Henri Ghesquiere, Singapore's Success: Engineering Economic Growth (Singapore: Thomson Learning, 2007), p. 1.
2) 中國城市和小城鎮改革發展中心課題組著,《中國城鎮化戰略選擇政策硏究》(北京: 人民出版社, 2013), 前言 p. 1.
3) 中國城市和小城鎮改革發展中心課題組著, 主報告, p. 1; 中国城市和小城镇改革发展中心课题组, 〈中国城镇化战略选择政策研究〉,《城市中国网》, 2013-04-19, 14:50, http://www.ccud.org.cn/2013-04-19/113284849.html.

1부

1) 江迅, 〈沒有核心才會提出核心〉,《亞洲週刊》(2017年 3月 19日), p. 64.
2) 国家统计局, "改革开放30年报告之一：大改革 大开放 大发展", 中華人民共和國国家统计局, 2008-10-27, http://www.stats.gov.cn/ztjc/ztfx/jnggkf30n/200810/t20081027_65687.html;.
〈海关总署公布2009年进出口数据 12月份出口增速自2008年11月以来首次转正—2009年贸易顺差减少三成多〉,《北京青年报》, 2010-01-11, 14:28, http://finance.people.com.cn/GB/10743995.html.
3) 〈日本人均GDP仍是中国10倍多: 2010年GDP落后中国让出"世界第二"位置日本政经界反应普遍"冷静和坦然"〉,《新华网》, 2011-02-15, 08:40, http://news.qq.com/a/20110215/000467.htm.
4) 紀碩鳴, 〈中國的新加坡夢〉,《亞洲週刊》(2008年 3月 9일), p. 28.
5) 武津生,《習近平與 新加坡模式》(香港: 圖景出版公司, 2012), p. 137, 하이라이트 내용.

6) David Barboza,"Billions in Hidden Riches for Family of Chinese Leader", The New York Times, 25 Oct. 2012, http://www.nytimes.com/2012/10/26/business/global/family-of-wen-jiabao-holds-a-hidden-fortune-in-china.html?pagewanted=all&_r=0; 咼中校, 〈中國政改學習獅城南非緬甸〉, 《亞洲週刊》(2012年 11月 11日), p. 31.

7) 张庭宾, 〈三中全会决定與新加坡模式〉(N/OL), 《第一財經日報》, 2013-11-18, http://www.yicai.com/news/2013/11/3118765.html.

8) 彭濤(德國), 〈習近平的新加坡模式改制〉(N/OL), 《世界新聞網》, 2013-12-10, http://article.wn.com/view/WNATd0a588164fe3b9601a42ba6f091206d3/.

9) 劉勝驥, 〈習近平治國路線解釋-新加坡模式?〉, 《專題研究》, 第12卷 第3期(2014年 3月), pp. 37-53.

10) 紀碩鳴, 〈中國的新加坡夢〉, pp. 28-33.

1장

1) 〈环球时报: "中国模式"再被热议〉(N/OL), 人民网-《环球时报》, 2009-10-22,17:11, http://theory.people.com.cn/GB/10240792.html

2) 武津生, p. 70.

3) 邱立本, 〈李光耀的中國啓示錄〉, 《亞洲週刊》(2015年 4月 5日), p. 4.

4) 蔡永偉, 〈習近平如何借鑒新加坡模式?〉(N/OL), 《多维新闻網》, 2013-01-05, http://opinion.dwnews.com/news/2013-01-05/59061547-all.html.

5) 韓詠紅, 〈新加坡与中国多层面全方位的双边关系〉(N/OL), 2010-10-08. 《中新經貿合作網》, http://www.csc.mofcom-mti.gov.cn/csweb/csc/info/Article.jsp?a_no=236616&col_no=133.

6) 劉意慶 等 6名, 《硬道理新加坡賴以生存的李光耀》(Singapore : Straits Times Pess, 2012), p. 40; 紀碩鳴, 〈中國的新加坡夢〉, pp. 29-30.

7) 武津生, pp. 147-149.

8) Diane K. Mauzy and R. S. Milne, Singapore Politics Under the People's Action Party (New York: Routledge , 2002), p. 179; Jon S. T. Quah, Public Administration Singapore Style (Singapore : Emerald Group Publishing, 2010). p. 230.

9) 紀碩鳴, 〈中國的新加坡夢〉, pp. 29-30.

10) 武津生, p. 149.

11) 중국남부지역은 초기 싱가포르 경제발전과 같이 값싼 노동력과 외국자본의 결합 모델로 성장하기 시작했다. 周兆呈, 〈學新加坡十五年歷久彌新〉, 《亞洲週刊》(2008年 3月 9日), p. 36; Diane K. Mauzy and R. S. Milne, p. 179; 韓詠紅, 〈新加坡與中國多層面全方位的雙邊關係〉(N/OL); 魏煒, 〈新加坡對華政策述評〉, 《贛南師範學院學報》, 2 期 (2002), p. 1.

12) 紀碩鳴, 〈中國的新加坡夢〉, p. 29.

13) 朱桂芳·李莉. 〈淺析新加坡李顯龍政府對華政策的走向〉, 《西南民族大學學報·人文社科版》, 總26卷 第4期 (2005년 4月), p. 199; 김성진, 《리콴유: 작지만 강한 싱가포르 건설을 위해》(살림출판사, 2007), p. 64; 양승윤 등, 《싱가포르》(한국외국어대학교 출판부, 초판 1998, 개정판 2004), pp. 133-134, 139 : S. Jayakumar, Diplomacy: A Singapore Experience (Singapore: Straits Times Press, 2011), pp.266-267. 2008년 6월 총인구 4,839,400이며 이중 3,642,700(75%)가 주민이고 인구밀도는 1km²에 6,814명이다. 싱가포르는 다종족으로 구성되었다. 인구구성은 중국계가 주민의 74.7% , 말레이계가 13.6%, 인도계가 8.9% 그리고 유라시아(Eurasia) 혼혈종족과 유렵 및 아시아의 여러 종족그룹으로 구성된 기타가 2.8%이다. 이 인구 구성은 지난 40년 동안 중국계가 74%, 말레이계가 13%, 인도계가 9%로 크게 변화가 없다. 다만 인도인이 약간 증가하고 있다. Ministry of Communications and Informations, 2008 참조. 매년 약간씩 인구구성비율의 수치가 차이가 난다; Diane K. Mauzy and R. S. Milne, p. 93; Jon S. T. Quah, p. 106에는 중국계가 76.6%, 말레이계가 14.7%, 인도계가 6.4%로 되어 있다.

14) 김성진, p. 64; 양승윤 등, p. 133-134, 139; S. Jayakumar, pp. 266-267.

15) 양승윤 등, pp. 136-137; S. Jayakumar, p. 267; 武津生, p. 152.

16) 김성진, p. 64; 양승윤 등, p. 133-134, 139; S. Jayakumar, pp. 266-267.

17) Diane K. Mauzy and R. S. Milne, p. 179; Han Fook Kwang et al., Lee Kuan Yew Hard Truths to keep Singapore Going (Singapore: straits Times Press, 2011), p. 76; 韓詠紅, 〈新加坡与中国多层面全方位的双边关系〉(N/OL).

18) Diane K. Mauzy and R. S. Milne, p. 179; 韓詠紅, 〈新加坡与中国多层面全方位的双边关系〉(N/OL); 周 兆呈, p. 36.

19) 페라나칸(Peranakan)은 중국인 또는 해협 태생의 중국인으로 말레이 반도로 이주해온 중국인 남성과 말레이인 여성 사이에 태어난 이들을 칭하는 용어이다. 이들 남성은 바바, 여성은 논야라고도 한다. 리콴유의 딸 리웨이링은 그의 가족을 페라나칸이라 한다. Yap Koon Hong ed., Lee Wei Ling: A Hakka Woman's Singapore Stories, My Life as a daughter, doctor and diehard Singaporean (Singapore: Straits Times Press, 2016), pp. 255-256.

20) Jon S. T. Quah, p. 21; Han Fook Kwang et al., p. 218.

21) 武津生, p. 174.

22) 新華國際, 〈美媒報道南洋理工大學成中共"海外黨校〉(N/OL), 《新華網》, 2012-12-17, http://big5.news.cn/gate/big5/news.xinhuanet.com/world/2012-12/17/c_124105286.htm; 陳慶祥, 〈習近平到訪新加坡〉(EB/OL), 《新加坡文獻館》, 2010-11-16, http://www.sginsight.com/xjp/index.php?id=5514.

23) 劉勝驥, p. 38. 참조; 黃衛平, 〈國人爲何如此關注《新加坡模式》, 《央視網評》, 2013-02-25, 2013-02-28下載, http://opnion.cntv.cn/2013/02/25/ART11361775259088726.shtml.

24) 紀碩鳴, 〈中國的新加坡夢〉, p. 30; 武津生, p.148; Diane K. Mauzy and R. S. Milne, p. 179; 韓詠紅, 〈新加坡與中國多層面全方位的雙邊關係〉(N/OL).

25) 劉勝驥, p. 44.

26) 中華人民共和國外交部, 〈中國同新加坡的關係〉, 《外交部網站》, 2016-12. http://www.fmprc.gov.cn/chn//gxh/cgb/zcgmzysx/yz/1206_35/1206x1/t6013.htm..

27) S. Jayakumar, pp. 268-269; 中華人民共和國外交部, 〈中國同新加坡的關係〉

28) Diane K. Mauzy and R. S. Milne, p. 179.

29) 武津生, pp. 280, 342; 2010년 리콴유가 상하이세계박람회에 참석차 오랜 친구인 장쩌민의 초청으로 양저우(楊州)에 가서 환대를 받은 이야기를 리콴유의 딸이 소개했다. Yap Koon Hong ed., pp. 123-125 참조.

30) 韓詠紅, 〈新加坡与中国多层面全方位的双边关系〉(N/OL).

31) 紀碩鳴, 〈中國的新加坡夢〉, p. 29; 紀碩鳴, 〈深圳如何叫板新加坡〉, 〈亞洲週刊〉(2008年 3月 9日), p. 32; 劉勝驥, p. 38.

32) 劉勝驥, p. 44.

33) 蕭湘, 〈中投學得了淡馬錫嗎?〉, 《亞洲週刊》(2008年 3月 9日), p. 31; 紀碩鳴, 〈中國的新加坡夢〉, pp. 28-33.

34) Diane K. Mauzy and R. S. Milne, p. 179.

35) 紀碩鳴, 〈中國的新加坡夢〉, pp. 28. 30; 中華人民共和國外交部, 〈中國同新加坡的關係〉.

36) 潘怡蒙, 〈浙江大學與新加坡科技設計大學正式簽署合作協議〉(N/OL), 《浙大學友》, 2010-08-31, unite.org.cn/bjxdl/pym.htm; 李學仁, 〈習近平出席新加坡中國文化中心揭牌儀式〉(N/OL), 《新華網》, 2015-11-07, http://news.xinhuanet.com/politics/2015-11/07/c_128403700.htm.; 韓詠紅, 〈新加坡與中國多層面全方位的雙邊關係〉(N/OL); 吳黎明,〈共同的緬懷—記習近平和李光耀爲鄧小平紀念碑揭幕〉(N/OL), 《新華網》, 2010-11-15, http://zuaa.zju.edu.cn/news/view?id=1622; 李亚南,〈大熊猫"凱凱"和"嘉嘉"飛抵新加坡〉(N/OL), 《中國新聞網》, 2012-09-06, http://www.chinanews.com/, http://news.xinhuanet.com/world/2010-11/15/c_12773785.htm.gn/2012/09-06/4164333.shtml.

37) 韓詠紅, 〈新加坡与中国多层面全方位的双边关系〉(N/OL).

38) 韓詠紅, 〈新加坡与中国多层面全方位的双边关系〉(N/OL); 中華人民共和國外交部, 〈中國同新加坡的關係〉.

39) 中華人民共和國外交部, 〈中國同新加坡的關係〉.

40) Yunhua Liu, "China as an Emerging Market for Singapore", Challenges for the Singapore Economy after the Global Financial Crisis, edited by Peter Wilson (World Scientific Publishing Co., 2011), p. 110.

41) 張東偉, 〈新加坡駐華大使: 與中國建立雙贏伙伴關係〉, 《人民日報海外版》, 2011-02-28, 09:20, http://www.qstheory.cn/gi/zgwi/201102/t20110228 69924.htm.

42) 朱桂芳·李莉. p. 200; 李毅, 〈新加坡對華投資透視〉《當代亞太》 第6期 (2000年), p. 56.

43) 張東偉, 〈新加坡駐華大使: 與中國建立雙贏伙伴關係〉; 韓詠紅, 〈新加坡与中国多层面全方位的双边关系〉(N/OL).

44) 中華人民共和國外交部, 〈中國同新加坡的關係〉.

45) 杨澄苇, 〈新加坡总理李显龙首访新疆再探辽宁 升级中新地方合作〉, 《新疆网讯》, 2013-09-02, http://www.xinjiangnet.com.cn/xj/corps/201309/t20130902_3467953.shtml.

46) 韓詠紅, 〈新加坡与中国多层面全方位的双边关系〉(N/OL); 中華人民共和國外交部, 〈中國同新加坡的關係〉; 中華人民共和國商務部亞洲司, "中國新加坡雙邊經貿合作簡況," 2016-02-05 09:21, http://yzs.mofcom.gov.cn/article/t/201602/20160201252478.shtml.

2장

1) 武津生, pp. 158-159. 60) 紀碩鳴 · 何怡蓓, 〈南洋理工培養中共未來領袖〉, 《亞洲週刊》(2012年 12月 2日), p. 16; 간부의 정의에 대하여 최지영, 〈중국간부제도개혁과 정치안정〉, 《국방연구》제55권 제2호(2012년 6월), pp. 127-152, 참조.

2) 武津生, p. 158.

3) 紀碩鳴, 〈中國的新加坡夢〉, p. 30.

4) 紀碩鳴 · 何怡蓓, pp. 16-17.

5) 紀碩鳴, 〈新加坡培訓亞洲官員最新趨勢〉《亞洲週刊》(2013年 6月 23日), p. 14.

6) 韓詠紅, 〈新加坡与中国多层面全方位的双边关系〉(N/OL).

7) 劉勝驥, p. 39.

8) 紀碩鳴 · 何怡蓓, p. 17.

9)新華國際, 〈美媒報道南洋理工大學成中共"海外黨校〉(N/OL).

10) 紀碩鳴 · 何怡蓓, p. 17.

11) 新華國際, 〈美媒報道南洋理工大學成中共"海外黨校〉(N/OL).

12) 劉勝驥, p. 38; 新華國際, 〈美媒報道南洋理工大學成中共"海外黨校〉(N/OL)

13) 紀碩鳴, 〈中國的新加坡夢〉, pp. 28-29.

14) 中華人民共和國外交部, 〈中國同新加坡的關係〉.

15) 韓詠紅, 〈新加坡與中國多層面全方位的雙邊關係〉(N/OL).

16) 蔡永偉, 〈習近平如何借鑒新加坡模式 ? 〉(N/OL).

17) 紀碩鳴 · 何怡蓓, p. 16.

18) 武津生, p. 145.

19) 韓詠紅, 〈新加坡与中国多层面全方位的双边关系〉(N/OL).

20) 新加坡学习考察报告, "沈阳中青年干部高级研修班新加坡学习考察报告", 沈阳中青年干部高级研修班 沈阳市外国专家局, 2011/04/20, http://www.caiep.net/events/content.php?id=51463

21) 卢艳秋, "新加坡公共交通發展計劃与交通管理考察报告", 2012-11-14, 瀋陽市規劃和國土資源局人事处, http://www.syghgt.gov.cn/ztgz/jypxcgzs/content/4028e4823aafc72f013afcd5c998037b.h tml

22) 马珂, "新加坡城市發展計劃建设与管理", 2012-11-14, 瀋陽市規劃和國土資源局 人事处

http://www.syghgt.gov.cn/ztgz/jypxcgzs/content/4028e4823aafc72f013afcc2a9d70348.html ; 邱爱军, 〈新加坡"居者有其屋"及其启示〉,2012年12月15日 23:56,《城市中国网》

http://www.ccud.org.cn/2012-12-15/113288920.html

23) 彭戈, 〈淡马锡入川天府新区复制"新加坡模式"〉, 2012-02-24 23:33:54《中国经营报》, http://www.cb.com.cn/economy/2012_0225/340537.html.

24) 马珂, "新加坡城市發展計劃建设与管理".

25) 马珂, "新加坡城市發展計劃建设与管理"; 邱爱军,〈新加坡"居者有其屋"及其启示〉. 彭戈, 〈淡马锡入川天府新区复制"新加坡模式".

26) 马珂, "新加坡城市發展計劃建设与管理".

27)卢艳秋, "新加坡公共交通發展計劃与交通管理考察报告"; 邱爱军, 〈新加坡"居者有其屋"及其启示〉; 彭戈, 〈淡馬錫入川 天府新區複製"新加坡模式"〉.

28) 荣西武, 〈新加坡规划特点及对我国的启示〉 来源 :《城市中国网》, 2013年06月13日14:11, http://www.ccud.org.cn/2013-06-13/113288808.html; 彭戈,〈淡馬錫入川 天府新區複製"新加坡模式"〉.

29) 卢艳秋, "新加坡公共交通發展計劃与交通管理考察报告".

30) 邱爱军, 〈新加坡"居者有其屋"及其启示〉; 彭戈, 〈淡马锡入川天府新区复制"新加坡模式"〉.

31)卢艳秋, "新加坡公共交通發展計劃与交通管理考察报告".

32) 許 昌, 〈新加坡人民行动黨研究在中国五十年(1959—2008)〉, 《河南师范大学学报(哲学社会科学版)》第36卷 第3期 (2009년 5월), pp. 82-84.

33) 周兆呈, 〈學新加坡十五年歷久彌新〉, p. 36; 紀碩鳴, 〈中國的新加坡夢〉, p. 32; 華

東政法大學政治學研究所의 前身은 政治學研究院이었다. 2008年1月, 화동정법대학은 政治学研究院을 조직하고 李路曲을 원장에 袁峰任을 부원장에 임명했다. 政治学研究院은 比较政治学을 중점적으로 연구하면서 중국 내에 영향을 미쳤다. 예를 들어, 政治学研究院은 중국에서 처음으로 "比较政治学"에 관한《比较政治学研究》을 집간했고 政治学研究院은 2010年에 중국 내에서 처음으로 "比较政治学"에 관한 학술토론회를 개최했다. 2012年 4月 인사이동이 있었는데 学校는 政治学研究院을 政治学研究所로 이름을 변경하고 科学研究院에 부속시킴과 동시에 편제개편과 함께 所长을 高奇琦를 임명했다. 리루취에 관한 자료참조 http://baike.baidu.com/view/1068488.htm.

34) 楊慕華, 〈近十年中國學者關于新加坡政治研究述評〉, 《南陽理工學院學報》 第2卷 第3期(2010年5月), p. 37.에 의하면 싱가포르를 연구하는 기관이 10여 개가 되며 싱가포르에 관한 논문을 게재하는 학술잡지가 17개 정도이다.

35) 紀碩鳴, 〈深圳如何叫板新加坡〉, pp. 32-33;
뤄위안리에 관하여 http://baike.baidu.com/item/%E5%90%95%E5%85%83%E7%A4%BC/3910425 참조.

36) 許昌, pp. 83-84; 楊慕華, pp. 37-39.

37) 新華國際, 〈美媒報道南洋理工大學成中共"海外黨校〉(N/OL);
陳慶祥, 〈習近平到訪新加坡〉(EB/OL).

38) 新華國際, 〈美媒報道南洋理工大學成中共"海外黨校〉(N/OL).

39) 武津生, p. 174.

40) 蔡永偉, 〈習近平如何借鑒新加坡模式？〉(N/OL).

3장

1) Speech by Prime Minister Lee Hsien Loong at Gala Dinner Hosted by US Chamber of Commerce and US Asean Business Council, 2 APR. 2013, http://www.pmo.gov.sg/newsroom/speech-prime-minister-lee-hsien-loong-gala-dinner-hosted-us-chamber-commerce-and-us&prev=search

2) Graham Allison, Robert D. Blackwill 지음, 《리콴유가 말하다: 누가 No.1이 될 것인가? 중국인가, 미국인가?》, 석동연 번역(서울: 행복에너지, 2015), pp. 45-46.

3) Graham Allison, Robert D. Blackwill 지음, 석동연 번역, p.47.

4) 張文中, 〈以"新加坡模式"來確定中國道路根本是天方夜譚〉(N/OL), 《中國觀察》, 2013-4-18, http://www.360doc.com/content/13/0421/09/4135176_279837511.shtml; 聯合早報, 〈習近平偏好新加坡模式〉(N/OL), 《多維新聞網》, 2013-03-10, http://opinion.dwnews.com/news/2013-03-10/59154121.html.

5) 紀碩鳴·何怡蓓, p. 16.

6) 紀碩鳴·何怡蓓, p.18; 蔡永偉, 〈習近平如何借鑒新加坡模式？〉(N/OL).

7)趙靈敏, 〈習近平不是李光耀, 中國學不了新加坡〉(N/OL), 《多維新聞網》, 2013-03-20, http://opinion.dwnews.com/news/2013-03-20/59157540-all.html.

8) Graham Allison, Robert D. Blackwill 지음, 석동연 번역, pp. 53-54

9) 張文中, 〈以"新加坡模式"來確定中國道路根本是天方夜譚〉(N/OL);
聯合早報, 〈習近平偏好新加坡模式〉(N/OL).

10) 中共中央文獻研究室編, 《시진핑, 개혁을 심화하라(習近平, 關于全面深化改革論述摘編)》, 성균중국연구소 옮김 (성균관대학교출판부, 2014).

11) 彭濤(德國), 〈習近平的新加坡模式改制〉(N/OL); 중공중앙문헌연구실편, 성균중국연구소 옮김, pp. 170, 174-175

12) 彭濤(德國), 〈習近平的新加坡模式改制〉(N/OL).

13) Speech by Prime Minister Lee Hsien Loong at Gala Dinner Hosted by US Chamber of Commerce and US Asean Business Council, 2 APR. 2013

14) 彭濤(德國), 〈習近平的新加坡模式改制〉(N/OL).

15) 聯合早報, 〈習近平偏好新加坡模式〉(N/OL).

16) 聯合早報, 〈習近平偏好新加坡模式〉(N/OL); 習近平, 〈在布魯日歐洲學院的演講(全文)〉(N/OL), 《新華網》, 2014-04-01, http://news.xinhuanet.com/world/2014-04/01/c_1110054309.htm.

17) Graham Allison, Robert D. Blackwill 지음, 석동연 번역, pp. 54-55

18) Speech by Prime Minister Lee Hsien Loong at Gala Dinner Hosted by US Chamber of Commerce and US Asean Business Council, 2 APR. 2013

19) 宋雄位, 〈新加坡建設服務型政府的經驗〉, 《China Academic Journal Electronic Publishing House》(2013), http://www.cnki.net p. 74
蔡永偉, 〈習近平如何借鑒新加坡模式？〉(N/OL).

20) 蔡永偉, 〈習近平如何借鑒新加坡模式？〉(N/OL): 傅思明 · 羅金. 〈新加坡的權力運行與監督〉, 《學習時報》, 第002版 (2012年 11月 19日), pp. 1-2.

21) 蔡永偉, 〈習近平如何借鑒新加坡模式？〉(N/OL).

22) 蔡永偉, 〈習近平如何借鑒新加坡模式？〉(N/OL).

23) 張文中, 〈以"新加坡模式"來確定中國道路根本是天方夜譚〉(N/OL); 聯合早報, 〈習近平偏好新加坡模式〉(N/OL)

24) 張文中, 〈以"新加坡模式"來確定中國道路根本是天方夜譚〉(N/OL); 聯合早報, 〈習近平偏好新加坡模式〉(N/OL).

25) 趙靈敏, 〈習近平不是李光耀, 中國學不了新加坡〉(N/OL).

26) 蔡永偉, 〈習近平如何借鑒新加坡模式？〉(N/OL),

27) 趙靈敏, 〈習近平不是李光耀, 中國學不了新加坡〉(N/OL); 聯合早報, 〈習近平偏好新加坡模式〉(N/OL); 蔡定劍, 〈新加坡威勸民本主義制度觀察〉, 《愛思想》, 2012-04-11,18:43:17, www.aisixiang.com/data/52305.html. pp. 1/6, 3/6

28) 蔡永偉, 〈習近平如何借鑒新加坡模式？〉(N/OL). 인민행동당에 관한여 본서 제2부 제1편 제2장 장기집권여당, 인민행동당 참조.

29) 紀碩鳴, 〈中國的新加坡夢〉, p. 33; 鄭東陽, 〈新加坡, 璃共産主義最近的地方〉, 《多維新聞網》, 2012-05-09, http://opinion.dwnews.com/news/2012-05-09/58728987.html

30) 江迅, 〈中國當局誤讀新加坡模式〉, 《亞洲週刊》(2011년 5月 22日), p. 32.

31) 蔡永偉, 〈習近平如何借鑒新加坡模式?〉(N/OL).

32) 趙靈敏, 〈習近平不是李光耀, 中國學不了新加坡〉(N/OL).

33) Graham Allison, Robert D. Blackwill 지음, 석동연 번역, pp. 54-55

34) 張庭賓, 〈三中全會決定與新加坡模式〉(N/OL).

35) 筆鋒, 〈期盼四中全會創改革新頁)〉, 《亞洲週刊》(2014年 11月 2日), p. 5에는 國家反腐敗總局이 설립할 예정이라고만 보도되었으나 그 후 뉴스에 설립되었다고 나옴.

36) 蔡永偉, 〈習近平如何借鑒新加坡模式？〉(N/OL).

37) Speech by Prime Minister Lee Hsien Loong at Gala Dinner Hosted by US Chamber of Commerce and US Asean Business Council, 2 APR. 2013.

38) 張庭賓, 〈三中全會決定與新加坡模式〉(N/OL); 18기 三中全會의 토지제도 개혁에

대하여, 성균중국연구소 편, 《토지로 본 중국사회》(성균중국연구소, 2015), pp. 41-54 참조.

39) 聯合早報, 〈習近平偏好新加坡模式〉(N/OL).

40) 姚洋, 〈新加坡模式是否适合中國尙存疑〉(N/OL), 《財經網》, 2013-11-20, http://economy.caijing.com.cn/2013-11-20/113589074.html.

41) Martin Jacques 지음, 《중국이 세계를 지배하면(When China Rules the World)》, 안세민 옮김(부·키 2010), pp. 422, 425, 433.

42) 南方朔, 〈一帶一路旋風捲全球中國主導新全球化〉, 《亞洲週刊》(2017年 5月 28日), p. 22; 박문각, 《시사상식사전》, pmg지식엔진연구소.

43) 〈세계경제 글로벌 이슈: 중국의 일대일로정책〉, 《IT글로벌 시대의 지식정보》 2017-05-04, lbs1895.tistory.com/category/세계경제%20글로벌%20이슈 또는 http://lbs1895.tistory.com/17.

44) 梁東屛, 〈中緬關係加速升溫〉, 《亞洲週刊》(2017年, 5月 28日), p. 30.

45) 南方朔, pp. 22, 24.

46) 南方朔, p. 22; 박문각, 《시사상식사전》, pmg지식엔진연구소.

47) Martin Jacques 지음, 안세민 옮김, p. 506.

48) 林友順, 〈大馬積極參與中國一帶一路〉, 《亞洲週刊》(2017年 5月 28일), pp. 28-29 말레이시아와 중국과 체결한 9개 항목의 투자항목에 과한 비망록과 협의 사항을 상세히 소개하고 있다.

49) 南方朔, pp. 20-21.

50) 작성자 초가삼간, "인도, 중국의 일대일로 정책에 반격 시작,"(2017-05-15) http://blog.naver.com/africasyk/221006414018; 曾凌軻, 〈北京面對的雜音與負評〉, 《亞洲週刊》(2017年, 5月 28日), p. 27.

51) 蔡翼, 〈一帶一路的前略機遇與挑戰〉, 《亞洲週刊》(2017年 5月 21日), p. 26

52) 江迅·袁瑋婧, 〈習核心新政懸念治國理政新思想〉, 《亞洲週刊》(2017年 3月 19日) pp. 61, 64-65 ; 習進平, 《習進平談治國理政》(北京:外文出版社, 2014) 참조.

53) 江迅·袁瑋婧,, p. 65.

54) 相江宇 지음, 《시진핑과 조력자들(習進平班底)》, 박영인 옮김(서울: 도서출판 린, 2012). pp, 245-246, 253, 256, 281, 287-288.

55) 마이클 필스버리 지음, 《백년의 마라톤(The Hundred-Year Marathon : China's

Secret to Replace America as the Global superpower)》, 한정은 옮김 (서울:영림카디널, 2015), pp. 48-49.

56) 황태연, 〈정치〉,《성균차이나포커스 중국전망: 정치 · 외교 · 경제》(성균관대학교 동아시아학술원, 성균차이나포커스 제28호 2017.1.15), pp. 7-8, 11,14.

57) 이장훈, "중국의 북한 급변사태 대응 秘플랜 접경지역 전력 강화에 또 다른 노림수 있다", 〈글로벌 포커스〉,《월간중앙》, 201709호(2017.08.17), http://jmagazine.joins.com/monthly/view/317825.

58) Graham Allison, Robert D. Blackwill, Ali Wyne, Lee Luan Yew : The Grand Master's Insights on China, the United states, and the World (Cambridge, Mass.: the MIT press, 2013), pp. 4, 6, 12-13; Han Fook Kwang et al., p. 331.

59) 마이클 필스버리 지음 · 한정은 옮김, p. 24.

60) 마이클 필스버리 지음 · 한정은 옮김 p. 305.

61) Graham Allison, Robert D. Blackwill, Ali Wyne, pp. 3-4, 7, 11.

62) 江迅 · 袁瑋婧, pp. 61, 64-65

63) 미네무라 겐지 지음,《13억분의 1의 남자: 황제자리를 두고 벌인 인류 최대의 권력 투쟁》, 박선영 옮김 (서울: 레드스톤, 2015), pp. 313, 317-319; 황태연, p. 10.

64) 江迅 · 袁瑋婧, p. 62.

65) 미네무라 겐지 지음, 박선영 옮김. pp. 321, 324-325.

66) 彭濤(德國), 〈習近平的新加坡模式改制〉(N/OL).

67) 張文中, 〈以"新加坡模式"來確定中國道路根本是天方夜譚〉(N/OL);
聯合早報, 〈習近平偏好新加坡模式〉(N/OL).

68) Graham Allison, Robert D. Blackwill 지음, 석동연 번역, p. 57.: 〈李光耀盛贊習進平胸襟寬闊系曼德拉級別人物〉,《騰訊新聞》, 2013-08-06, 06:05, https://news.qq.com/a/20130808/001247.htm.

69) 邱立本, 〈中國未來的新加坡影子〉,《亞洲週刊 》(2016年 3月 20日), p. 4.

70) 江迅 〈沒有核心才會提出核心〉, pp. 64-65; 미네무라 겐지 지음 · 박선영 옮김, p. 320.

덧붙임

1) 彭濤(德國), 〈習近平的新加坡模式改制〉(N/OL); 中共中央文獻硏究室編, pp. 170, 174-175
2) 張文中, 〈以"新加坡模式"來確定中國道路根本是天方夜譚〉(N/OL).
3) 紀碩鳴, 〈中國的新加坡夢〉, p. 32.
4) 新華國際, 〈美媒報道南洋理工大學成中共"海外黨校〉(N/OL).
陳慶祥, 〈習近平到訪新加坡〉(EB/OL).
5) 韓詠紅, 〈新加坡與中國多層面全方位的雙邊關係〉(N/OL).
6) 倪明勝, 〈如何學習新加坡治理經驗〉, 《學習時報》, 제004판(2012년 11월 12일), p. 1/3; 蔡永偉, 〈習近平如何借鑒新加坡模式？〉(N/OL).
7) 倪明勝, pp. 2/3-3/3.
8) 趙靈敏, 〈習近平不是李光耀, 中國學不了新加坡〉(N/OL).
9) 趙靈敏, 〈習近平不是李光耀, 中國學不了新加坡〉(N/OL).

2부

1) 溫胜芳, 〈比較借鑒:新型城鎭化發展經驗的國內外比較〉韓 俊·王 翔主編, 《新型城鎭化的蘇州工業園區样本》(北京:中國發展出版社, 2015), p. 246.
2) 彭戈, 〈淡馬錫入川 天府新區複製"新加坡模式"〉(N/OL).
3) 盧 勇, 〈中新廣州知識城 管理體系 研究〉, 《 蘭州大學》 (2012), p. 2.

1장

1) 韓 俊 等, 〈以深化改革開放推進創新驅動發展-來自蘇州功業園區的成功經驗〉, 韓 俊·王 翔主編, 《新型城鎭化的蘇州工業園區样本》(北京:中國發展出版社, 2015). p.3 : 劉文勇, 〈集約緊凑: 蘇州工業園區新型城鎭化發展過程中的土地集約利用韓 俊·王 翔主編, 《新型城鎭化的蘇州工業園區样本》(北京:中國發展出版社,2015), p. 191.
2) 1994년에 면적 70km²이었으나. 2006년 국무원의 비준에 의하여 중국과 싱가포르 합작구 개발면적이 80km²로 확대되었다. 陳春良, 〈産城融合: 蘇州工業園區 産業結構與城市功能持續優化協調幷進的經驗〉, 韓 俊·王翔主編, 《新型城鎭化的蘇州工業園區样本》(北京:中國發展出版社,2015), p. 117.
3) 韓詠紅, 〈新加坡與中國多層面全方位的雙邊關係〉(N/OL).

4) 楊 立, 〈科學規劃:蘇州工業園區有序建設的典範之路〉, 韓 俊·王 翔主編, 《新型城鎮化的蘇州工業園區样本》(北京:中國發展出版社, 2015), p. 48; 劉勝驥, p. 43; Diane K. Mauzy and R. S. Milne, pp. 76-77; 李毅, 〈新加坡對華投資透視〉, pp. 55-56.

5) 紀碩鳴, 〈中國的新加坡夢〉, p. 30; 韓詠紅, 〈新加坡與中國多層面全方位的雙邊關係〉(N/OL); 韓勝寶, 〈蘇州工業園:中國借鑑新加坡經驗“謙虛大演練”〉(N/OL), 《中國新聞網》, 009-08-29, http://www.chinanews.com/cj/news/2009/08-29/1840114.shtml.

6) 何宇鵬·刘 紅岩, 〈總報告：推進新型城鎮化的成功楊本-蘇州功業園區二十年開發建設經驗總結〉, 韓 俊·王 翔主編, 《新型城鎮化的蘇州工業園區样本》(北京:中國發展出版社, 2015), p.32.

7) 陳春良, 〈產城融合:…〉,p.117; 韓勝寶, 〈蘇州工業園:中國借鑑新加坡經驗“謙虛大演練”〉(N/OL).

8) 楊 立, 〈科學規劃:...〉 p.58

9) 盧 勇. p. 17.

10) 盧 勇, p. 17.

11) 楊 立,〈科學規劃:...〉 p. 59.

12) 盧 勇, pp. 17-18.

13) 盧 勇, p. 18.

14) 盧 勇, p. 18

15) 彭戈, 〈淡馬錫入川 天府新區複製“新加坡模式”〉(N/OL).

16) 何宇鵬·刘 紅岩, p. 23.

17) 楊 立, p. 48.

18) 劉文勇, p. 186.

19) 陳春良, 〈產城融合:...〉pp. 103-108, 111-113.

20) 楊 立, 〈科學規劃:...〉, p. 61; 楊 立, 〈區域一體:蘇州工業園區新型城鎮化發展過程中區域協調發展的經驗〉
韓 俊·王 翔主編, 《新型城鎮化的蘇州工業園區样本》(北京:中國發展出版社,2015), pp. 235-236.

21) 楊 立, 〈科學規劃:…〉, pp. 53, 59-60; 何宇鵬·刘 紅岩, pp, 13, 23; 韓 俊 等, p. 4; 劉文勇, pp. 167, 186.

22) 楊 立,〈科學規劃:…〉, p. 60.

23) 劉文勇, pp. 137-138.

24) 楊 立,〈科學規劃:...〉, p. 61; 楊 立,〈區域一體:蘇州工業園區新型城鎮化發展過程中區域協調發展的經驗,〉 pp. 235-236.

25) 溫胜芳, p. 250.

26) 韓勝寶,〈蘇州工業園:中國借鑑新加坡經驗"謙虛大演練"〉(N/OL).

27) 何宇鵬·刘 紅岩, pp, 13, 23, 25; 韓 俊 等, p. 4; 劉文勇, pp. 140, 157.

28) 何宇鵬·刘 紅岩, pp. 13, 18, 23, 25; 韓 俊 等, p. 4.

29) 劉文勇, p. 140.

30) 何宇鵬·刘 紅岩, pp, 13, 18, 23, 25; 韓 俊 等, p. 4.

31) 劉文勇, p. 157.

32) 劉文勇, pp. 140-142, 157-158.

33) 陳春良, p. 111; 溫胜芳, p. 249.

34) 陳春良, p. 110; 劉文勇, pp. 176, 187-188; 楊 立,〈區域一體:...〉, pp. 241-43.

35) 劉文勇, pp. 153, 155.

36) 陳春良, p. 110; 劉文勇, pp. 176, 187-188; 楊 立,〈區域一體:...〉, pp. 241-43.

37) 何宇鵬·刘 紅岩, pp, 25, 40-41; 楊 立,〈科學規劃:...〉, p.65; 陳春良,〈產城融合:...〉, p. 120; 劉文勇, pp. 140-141.

38) 陳春良,〈產城融合:...〉, p. 117.

39) 楊 立,〈區域一體:...〉, p. 226.

40) 劉文勇, pp. 136, 175-176.

41) 백지 개념은 가까운 시기에 용도가 불분명한 토지 혹은 예비용지를 종합성 토지로 확정하여 탄력 있게 토지를 이용하는 개념. 楊 立,〈科學規劃:...〉, pp. 48-49; 劉文勇, pp. 140, 177.

42) 劉文勇, p. 177.

43) 何宇鵬·刘 紅岩, p. 33; 劉文勇, pp. 177, 137.

44) 楊 立,〈科學規劃:...〉, p. 49; 陳春良,〈以人爲本: 蘇州工業園區人本城鎮化發展的經驗〉, 韓 俊·王 翔主編,《新型城鎮化的蘇州工業園區样本》(北京:中國發展出版社, 2015), p. 79.

45) 楊 立,〈區域一體:...〉, p. 227. 陳春良,〈以人爲本:...〉, p. 79.

46) 楊 立, 〈科學規劃:...〉, pp. 49-50.

47) 陳春良, 〈以人爲本:...〉, p. 78-81; 陳春良, 〈產城融合:...〉, p. 118.

48) 溫胜芳, p. 248.

49) 陳春良, 〈產城融合:...〉, p. 97.

50) 楊 立, 〈科學規劃:...〉, pp. 50-51; 陳春良, 〈以人爲本:...〉, pp. 81-82.

51) 陳春良, 〈產城融合:...〉, p. 110; 劉文勇, p. 176.

52) 楊 立, 〈區域一體:...〉, p. 227.

53) 陳春良, 〈產城融合:...〉, pp. 118, 131; 陳春良, 〈以人爲本:...〉, p. 79; 何宇鵬 · 刘紅岩, pp, 13, 17, 25; 楊 立,〈區域一體:...〉, p. 227.

54) 何宇鵬 · 刘 紅岩, pp, 13-14; 楊 立, 〈區域一體:...〉, p. 227.

55) 何宇鵬 · 刘 紅岩, , pp. 13, 17.

56) 楊 立, 〈區域一體:...〉, pp. 226-232.

57) 何宇鵬 · 刘 紅岩, p. 17.

58) 溫胜芳, p. 248.

59) 楊 立, 〈科學規劃:...〉, pp. 51-52.

60) 溫胜芳, p. 257.

61) 韓 俊 等, pp. 8-9; 何宇鵬 · 刘紅岩, pp, 43-44.

62) 韓 俊 等, pp. 8-9; 何宇鵬 · 刘紅岩, pp, 43-44.

63) 韓 俊 等, pp. 8-9; 何宇鵬 · 刘紅岩, pp, 43-44.

64) 楊 立, 〈區域一體:...〉, pp. 232-234.

65) 劉文勇, p. 179; 溫胜芳, p. 257.

66) 盧 勇, pp. 18-19. 何宇鵬 · 刘 紅岩, p. 25.

67) 何宇鵬 · 刘紅岩, pp. 16, 25.

68) 韓 俊 等, p. 8; 何宇鵬 · 刘紅岩, p, 16.

69) 韓 俊 等, pp. 3, 6-8.

70) 溫胜芳, p. 253; 韓 俊 等, p. 9.

71) 何宇鵬 · 刘紅岩, p. 45; 陳春良, 〈產城融合:...〉, p. 97.

72) 韓 俊 等, pp. 6-8.

73) 劉文勇, p. 166.

74) 何宇鵬 · 刘紅岩, p. 20; 何宇鵬 ; 刘紅岩, p. 37.

75) 劉文勇, pp. 160-161; 何宇鵬 · 刘 紅岩, p. 36.

76) 何宇鵬 · 刘 紅岩, pp.19-20, 36; 陳春良, 〈産城融合:...〉, p. 119.

77) 陳春良, 〈産城融合:...〉, pp. 119-120; 何宇鵬 · 刘 紅岩, p. 40.

78) 何宇鵬 · 刘紅岩, pp, 20, 37, 39; 劉文勇, p. 161-163. 165, 168.

79) 劉文勇, p.164; 何宇鵬 · 刘 紅岩, pp. 21,40.

80) 劉文勇, pp. 166, 168.

81) 劉文勇, pp. 170-171.

82) 何宇鵬 · 刘 紅岩, p. 32.

83) 何宇鵬 · 刘 紅岩, p. 25; 劉文勇, p. 182.

84) 何宇鵬 · 刘紅岩, pp. 18, 33; 楊 立, 〈科學規劃:...〉, p. 67; 劉文勇, pp. 176-177, 182-184.

85) 劉文勇, p. 137; 何宇鵬 · 刘紅岩, p. 33.

86) 劉文勇, p. 177-178, 184; 何宇鵬 · 刘 紅岩, pp. 8, 33.

87) 劉文勇, p. 164; 何宇鵬 · 刘紅岩, pp, 21, 34; 楊 立, 〈科學規劃:...〉, pp. 54-55, 66.

88) 楊 立, 〈科學規劃:...〉, p. 57.

89) 劉文勇, pp. 180-181; 楊 立, 〈科學規劃:...〉p. 57.

90) 何宇鵬 · 刘 紅岩, pp. 33-34.

91) 劉文勇, pp. 138, 179-180; 何宇鵬 · 刘 紅岩, pp. 25, 33-35.

92) 何宇鵬 · 刘紅岩, p. 35; 劉文勇, pp. 184-185.

93) 劉文勇, p. 186; 陳春良, 〈産城融合:...〉, p. 129.

94) 韓 俊 等, p. 6; 何宇鵬 · 刘 紅岩, pp. 23, 33; 楊 立, 〈科學規劃:...〉, pp. 56, 68; 劉文勇, pp. 174-175.

95) 韓 俊 等, p.9; " '조국을 외면할 수 없다'...미국 뿌리치고 스텔스기 만든 91세 중국과학자," 조선닷컴, 2011-01-18, http://minjokcorea.co.kr/sub_read.html?uid=7665§ion=sc10;

2015. 01. 27일자 뉴스 천인계획은 중국에서 2008년부터 시작된 해외인재유치 정책으로 3000명가량의 인재를 유치했다. 중앙정부가 추진하는 천인계획은 국가 차원에서 필요한 인재를, 지방정부는 각 지방정부에서 필요한 인재를 유치하는데 막대한 자금을 투입하고 있다. 광동성의 경우는 1조 4600억 위안(한화 약248조

원)을 투입한다. 구자억, '한국판 千人 계획이 필요하다'《조선일보》(2017-04-03), p. A33. 참조.

96) 韓 俊 等, p. 10.

97) 何宇鵬 · 刘 紅岩, p. 17; 韓 俊 等, p. 3; 陳春良, 〈産城融合:...〉, pp. 98-99.

98) 韓 俊 외 3, pp. 6-7.

99) 何宇鵬 · 刘 紅岩, p. 17; 韓 俊 等, p. 3 ; 陳春良, 〈産城融合:...〉, pp. 98-99.

100) 陳春良, 〈産城融合:...〉, pp. 109-110; 韓 俊 等, p. 10.

101) 劉文勇, p. 207; 溫胜芳, p. 248.

102) 何宇鵬 · 刘紅岩, p, 26; 劉文勇, pp. 191, 221.

103) 陳春良, 〈産城融合:...〉, p. 132; 劉文勇, pp. 141, 190; 何宇鵬 · 刘 紅岩, pp, 15, 26; 韓 俊 等, pp. 3-4.

104) 陳春良, 〈産城融合:...〉, p. 132; 劉文勇, pp. 141, 190; 何宇鵬 · 刘紅岩, pp, 15, 26; 韓 俊 等, pp. 3-4.

105) 劉文勇, pp. 142, 204.

106) 陳春良, 〈産城融合:...〉, p. 129; 劉文勇, p. 140; 刘紅岩, 〈融入城市:蘇州工業园區新型城鎭化發展過程中推進 動遷農民市民化的經驗〉, 韓 俊 · 王 翔主編, 《新型城鎭化的蘇州工業園區样本》(北京:中國發展出版社,2015), p. 191 이상 3편의 논문은 시기에 따라 동천한 농민의 수가 다르다. 韓 俊 等, p. 5; 陳春良, 〈以人爲本:...〉, pp. 77-78; 何宇鵬 · 刘 紅岩, p. 20; 劉文勇, p. 166.

107) 陳春良, 〈以人爲本:...〉, p. 83.

108) 陳春良, 〈以人爲本:...〉, p. 76.

109) 何宇鵬 · 刘紅岩, pp. 14-15, 29; 劉文勇, p. 192.

110) 何宇鵬 · 刘 紅岩, p. 27; 陳春良, 〈以人爲本:...〉, pp. 83, 129; 劉文勇, p. 192.

111) 陳春良, 〈以人爲本:...〉, p. 83; 劉文勇, pp. 207, 222; 何宇鵬 · 刘紅岩, pp, 20, 27.

112) 劉文勇, p. 193; 陳春良, 〈以人爲本:...〉, p. 76.

113) 劉文勇, p. 210; 楊 立, 〈區域一體:...〉, pp. 236-238; 陳春良, 〈以人爲本:...〉, p. 78.

114) 陳春良, 〈産城融合:...〉, p. 129; 劉文勇, pp. 194-195; 何宇鵬 · 刘 紅岩, p. 14, 28.

115) 劉文勇, p. 199; 韓 俊 等, p. 4; 陳春良, 〈以人爲本:...〉, pp. 74-75.

116) 陳春良, 〈以人爲本:...〉, p. 84; 劉文勇, pp. 200, 218.

117) 何宇鵬·刘紅岩, p. 14; 劉文勇, pp. 200, 217, 219-222.

118) 何宇鵬·刘紅岩, p, 21; 劉文勇, p. 165.

119) 陳春良, 〈以人爲本:...〉, p. 84; 劉文勇, pp. 200, 218.

120) 劉文勇, pp. 201, 203-20.

121) 何宇鵬·刘 紅岩, pp. 20-21.

122) 陳春良, 〈以人爲本:...〉, pp. 81-82; 劉文勇, p. 206; 何宇鵬·刘 紅岩, pp. 23, 28.

123) 陳春良, 〈產城融合:...〉, pp. 116-117; 何宇鵬·刘 紅岩, p, 25; 楊 立, 〈科學規劃:...〉, p. 66.

124) 陳春良, 〈產城融合:...〉, pp. 117, 119.

125) 陳春良, 〈產城融合:...〉, pp. 128-129, 132.

126) 何宇鵬·刘 紅岩, p. 22; 陳春良, 〈產城融合:...〉, pp. 115-116, 129.

127) 陳春良, 〈以人爲本:...〉, p. 78; 陳春良, 〈產城融合:...〉, pp. 116, 130.

128) 何宇鵬·刘 紅岩, p. 22; http://baike.baidu.com/view/8210176.htm 참조.

129) 陳春良, 〈產城融合:...〉, p. 133; 楊 立, 〈區域一體:...〉, pp. 239-40.

130) 陳春良, 〈產城融合:...〉, pp. 130-131; 何宇鵬·刘 紅岩, p. 22.

131)陳春良, 〈產城融合:...〉, p. 131.

132) 何宇鵬·刘 紅岩, p. 22; 陳春良, 〈產城融合:...〉, p. 131.

133) 楊 立, 〈科學規劃:...〉, p. 64.

134) 何宇鵬·刘 紅岩, pp. 25, 32; 楊 立, 〈科學規劃:...〉, p. 64.

135) 何宇鵬·刘 紅岩, pp. 22, 41; 楊 立, 〈科學規劃:...〉, p. 66; 陳春良, 〈產城融合:...〉, pp. 121, 127, 130.

136) 何宇鵬·刘 紅岩, p, 42; 陳春良, 〈 產城融合:...〉, p. 123.

137) 楊 立, 〈區域一體:...〉, p. 238.

138) 陳春良, 〈產城融合:....〉, pp. 121, 130.

139) 何宇鵬·刘 紅岩, pp. 41-42; 陳春良, 〈產城融合:...〉, pp. 121-122.

140) 陳春良, 〈產城融合:...〉, p. 122.

141) 何宇鵬·刘 紅岩, p. 22.

142) 何宇鵬·刘紅岩, p. 42.

143) 何宇鵬·刘紅岩, pp. 42-43; 陳春良, 〈産城融合:...〉, pp. 124-125.

144) 何宇鵬·刘紅岩, p. 43.

145) 何宇鵬·刘紅岩, p. 22.

146) 陳春良, 〈産城融合:...〉, p. 92.

147) 楊 立, 〈科學規劃:...〉, p. 48.

148) 韓勝寶, 〈蘇州工業園:中國借鑑新加坡經驗"謙虛大演練"〉(N/OL).

149) 何宇鵬·刘紅岩, p. 43.

150) 何宇鵬·刘紅岩, pp, 23, 40; 陳春良, 〈産城融合:...〉, p. 126.

151) 韓詠紅, 〈新加坡與中國多層面全方位的雙邊關係〉(N/OL).

152) 韓勝寶,〈蘇州工業園:中國借鑑新加坡經驗"謙虛大演練"〉(N/OL).

153) 韓勝寶, 〈蘇州工業園:中國借鑑新加坡經驗"謙虛大演練"〉(N/OL).

154) 周兆呈, p. 36; 紀碩鳴, 〈中國的新加坡夢〉, p. 31.

155) 陳春良,〈産城融合:...〉, p. 132; http://www.chinanews.com/cj/news/2009/08-29/1840114.shtml.

156) 劉文勇, p. 155.

157) 劉文勇, pp. 156-157.

158) 何宇鵬·刘紅岩, pp. 12, 15; 陳春良, 〈産城融合:...〉, p. 93; 韓 俊 等, pp. 2, 4; 韓勝寶, 〈蘇州工業園:中國借鑑新加坡經驗"謙虛大演練"〉(N/OL).

159) 韓 俊 等, p. 2; 何宇鵬·刘紅岩, pp. 12-13.

160) 何宇鵬·刘紅岩, p. 23; 劉文勇, p. 143; 韓 俊 等, pp. 2-3; 陳春良, 〈産城融合:...〉, p. 94.

161) 韓 俊 等, pp. 2-3; 陳春良, 〈産城融合:...〉, p. 95.

162) 劉文勇, pp. 156-157.

163) 劉文勇, p. 143.

164) 何宇鵬·刘紅岩, p. 43; 劉文勇, pp. 174-175.

165) 陳春良, 〈産城融合:...〉, p. 95; 溫胜芳, p. 258.

166) 劉文勇, pp. 144, 149-150.

167) 王偉健, 〈蘇州工業園區开出"五朵金花"〉(N/OL), 《人民網》, 2013-10-16, http://paper.people.com.cn/rmrb/html/2013-10/16/nw.D110000

renmrb_20131016_5-03.htm.

168) 唐娟, 〈新加坡經驗的蘇北轉移 蘇通工業園首次招商〉[N/OL], 《中國新聞網》, 2009-09-23, http://www.chinanews.com/cj/cj-hzzx/news/2009/09-23/1880980.shtml.

169) 王偉健, 〈蘇州工業園區开出"五朵金花"〉(N/OL); 韓勝寶, 〈蘇州工業園:中國借鑑新加坡經驗"謙虛大演練"〉(N/OL).

170) 電源技術雜誌編輯部, 〈新聞〉, 《電源技術》(2009年 第12期), p. 4. http://mall.cnki.net/onlineview/MagaView.aspx?fn=DYJS200912002*4-7*

2장

1) 盧 勇, p. 19.

2) 崔廣志 主編, 《生態之路-中新天津生態城五年探索與實踐》(北京: 人民出版社, 2013), p. 7.

3) 張澤偉, 〈中新合作在天津建設生態城 借鑒新加坡成功經驗〉(N/OL), 《新華網》, 2007-11-19, http://news.xinhuanet.com/newscenter/2007-11/19/content_7107473.htm: 中共中央文獻研究室編, p.126.

4) 中新天津生態城指標體系課題組著, 〈導航生態城時: 中新天津生態城指標體系實施模式〉(中國建築工業出版社, 2010), pp. 47, 137, 157.

5) 中新天津生態城指標體系課題組著, pp. 67, 152.

6) 中新天津生態城指標體系課題組著, pp. 47, 137.

7) 周兆呈, p. 36; 崔廣志 主編, p. 6.

8) 경작지는 국가가 耕地를 보호하는 기본정책에 부합되어야 하므로 안 된다.

9) 中新天津生態城指標體系課題組著, pp. 67-68.

10) 周兆呈, p. 36.

11) 崔廣志 主編, p. 3.

12) 오광진, 〈[중국]풀어주고 유치하고……'성장엔진' 부상- 빈하이 신구 개발 적극 나서……인천경제자유구역 10배 크기〉, 《한국경제매거진》 2007-10-04 11:57; 劉文勇, pp.155-156.

13) 崔廣志 主編, p. 1; 中新天津生態城指標體系課題組著, p. 67.

14) 中新天津生態城指標體系課題組著, p. 67.

15) 崔廣志 主編, p. 4.

16) 崔廣志 主編 , p. 5.

17) 崔廣志 主編, p. 3; 劉長海, 〈生態城借鑑新加坡模式 年內建成三個社區中心〉(N/OL), 《渤海早報》, 2013-06-23, http://share.enorth.com.cn/share/news/011089998.html.

18) 崔廣志 主編, pp. 4-5; 中新天津生態城指標體系課題組著, pp. 6, 68-69.

19) 中新天津生態城指標體系課題組著, pp. 139-143.

20) 中新天津生態城指標體系課題組著, pp. 143-144.

21) 中新天津生態城指標體系課題組著, pp. 82, 151.

22) 盧 勇, p. 19; 韓勝寶, 〈蘇州工業園:中國借鑑新加坡經驗"謙虛大演練"〉(N/OL).

23) 崔廣志 主編, pp. 8, 10.

24) 中新天津生態城指標體系課題組著, p. 151.

25) 盧 勇, p. 19.

26) 中新天津生態城指標體系課題組著, pp. 77-78.

27) 崔廣志 主編, p. 4.

28) 中新天津生態城指標體系課題組著, p. 78.

29) 崔廣志 主編, p. 4; 中新天津生態城指標體系課題組著, pp .78, 138.

30) 盧 勇, p. 19.

31) 崔廣志主編, p. 4.

32) 中新天津生態城指標體系課題組著, pp. 78-79.

33) 崔廣志 主編 p. 4.

34) 崔廣志 主編, pp. 10-11.

35) 中新天津生態城指標體系課題組著, pp. 47, 37.

36) 崔廣志 主編, p. 8; 中新天津生態城指標體系課題組著, pp. 70, 78, 138; 孙洪磊·徐岳·宇丹, 〈经中新两国共同研究确定规划天津生态城空间结构〉, 《新华网》, 天津 2008-09-04, http://www.gov.cn/jrzg/2008-09/04/content_1087801.htm.

37) 崔廣志 主編, pp. 5-6.

38) 崔廣志 主編, p. 6.

39) 崔廣志 主編, pp. 9, 12-13; 中新天津生態城指標體系課題組著, p. 75.

40) 崔廣志 主編, 〈綜述〉, p. 7.

41) 崔廣志 主編, pp. 9. 12; 中新天津生態城指標體系課題組著, p. 75.

42) 劉長海, 〈生態城借鑑新加坡模式 年內建成三個社區中心〉(N/OL).

43) 中新天津生態城指標體系課題組著, pp. 47, 37.

44) 中新天津生態城指標體系課題組著, pp. 68,71; 崔廣志 主編, p. 9.

45) 중수. [생활 하수·공업 폐수·빗물 등을 간단한 정수 처리 후 다시 사용하는 물로 관개·수세식 화장실·냉각수·세차·도로 청소 등에 쓰임] = [再生水(zàishēngshuuǐ)])

46) 中新天津生態城指標體系課題組著, p. 70.

47) 中新天津生態城指標體系課題組著, pp. 68, 70, 71.

48) 中新天津生態城指標體系課題組著, p. 69; 崔廣志 主編, p. 8.

49) 楊薇, 〈新加坡南洋理工大學天津研究生院拟後年開學〉(N/OL), 《中國新聞網》, 2011-08-14.
NTU International Summer School in china 2018-Brochure.pdf
http://www.chinanews.com/edu/2011/08-14/3256395.shtml.
http://cohass.ntu.edu.sg/Programmes/Undergraduate/Beyond-the-Classroom/SummerSchool/Documents/NTU%20International%20Summer%20School%20in%20China%202018%20-%20Brochure.pdf

50) 中新天津生態城指標體系課題組著, pp. 81-82.

51) 崔廣志 主編, p. 3; 中新天津生態城指標體系課題組著, p. 67.

52) 崔廣志 主編, p. 10.

53) 崔廣志 主編, p. 8.

54) 崔廣志 主編, p. 12.

55) 中新天津生態城指標體系課題組著, p. 73.

56) 劉長海, 〈生態城借鑑新加坡模式年內建成三個社區中心〉(N/OL).

57) 오광진, 〈[중국]풀어주고 유치하고……'성장엔진' 부상- 빈하이 신구 개발 적극 나서…… 인천경제자유구역 10배 크기〉; 劉文勇, pp. 155-156.

58) 中共中央文獻研究室編, p. 126.

59) 盧 勇, p. 19.

60) 中新天津生態城指標體系課題組著, p. 162.

61) 中新天津生態城指標體系課題組著, p. 70.

62) 崔廣志 主編, p. 11.

63) 崔廣志 主編, 〈序五 生態城管委會副主任崔廣志訪談錄〉, pp .7, 9, 10, 11.

64) 崔廣志 主編, 〈序五 生態城管委會副主任崔廣志訪談錄〉, p. 12.

65) 中新天津生態城指標體系課題組著, pp. 69, 75.

66) 崔廣志 主編, p. 12.

67) 崔廣志 主編, 〈序五 生態城管委會副主任崔光志訪談錄〉, pp. 9-16. p. 3; 中新天津生態城指標體系課題組著, p. 68.

3장

1) 李晥南, 《暨南學報》, 第3期 總第 152期, 暨南大學 東南亞研究所(廣東省 廣州: 2011년), p. 15.

2) 鐘菊生, 〈中新廣州知識城智慧進行時〉(N/OL). 《中國建設報》, 2016-02-24http://www.chinajsb.cn/bz/content/2016-02/24/content_183327.htm.

3) 盧 勇, p. 19.

4) 盧 勇, p. 1.

5) 盧 勇, p. 2; Reuters, "China'a manufacturers sing Pearl River Delta blues," Taipei Times, Jun 16, 2004,http://www.taipeitimes.com/News/worldbiz/archives/2004/06/16/2003175298/1.

6) 〈中新廣州知識城電網發展方向與對策研究〉, 《學海網》, 2013-11-05. http://doc.xuehai.net/s4ef4f997a069c31e3680ddc7.html, p. 1.

7) 鐘菊生, 〈中新廣州知識城智慧進行時〉.

8) 〈中新廣州知識城電網發展方向與對策研究〉, 《學海網》, p. 1.

9) 〈中新廣州知識城電網發展方向與對策研究〉, 《學海網》, p. 1.

10) 盧 勇, p. 22.

11) 盧 勇, pp. 1, 22-23.

12) 盧 勇, p. 9.

13) 盧 勇, p. 23.

14) 盧 勇, pp. 24-25.

15) 盧 勇, p. 25.

16) 盧 勇, pp. 25, 27.

17) 林廣, 〈中新建交25周年, 中新知識城上昇至國家戰略〉(N/OL), 《南方都市報》, 2015-06-26.
http://news.163.com/15/0626/05/AT0UBVSQ00014AED.html.
18) 嚴利, 〈中新智識城 新加坡規劃之父領銜設計〉(N/OL), 《搜狐新聞》, 2009-11-17, http://news.sohu.com/20091117/n268257032.shtml.
19) 廣州知識都市 http://www.sskc.gov.cn; 中新知识城, 2013-11-27, www.ccpit.org.
20) 廣州知識都市 http://www.sskc.gov.cn; 中新知识城, 2013-11-27, www.ccpit.org
21) 廣州知識都市 http://www.sskc.gov.cn; 中新知识城, 2013-11-27, www.ccpit.org; 嚴利, 〈中新智識城 新加坡規劃之父領銜設計〉(N/OL).
22) 盧 勇, p. 5.
23) 盧 勇, p. 1.
24) 廣州知識都市 http://www.sskc.gov.cn; 中新知识城, 2013-11-27, www.ccpit.org .
25) 鐘菊生, 〈中新廣州知識城智慧進行時〉(N/OL).
26) 鐘菊生, 〈中新廣州知識城智慧進行時〉(N/OL).
27) 盧 勇, p. 22.
28) 〈中新廣州智識城初具規模 今年重點推產業園〉(N/OL), 《網易房産》, 2015-02-05, http://gz.house.163.com/15/0205/16/AHN3MMGR0087482R.html.
黃麗娜 等, 〈中新廣州知識城蘿崗破土動工〉(N/OL), 《羊城晚報》, 2010-12-22
http://news.ifeng.com/gundong/detail_2010_12/22/3639785_0.shtml.
29) 廣州知識都市, http://www.sskc.gov.cn; 中新知识城, 2013-11-27, www.ccpit.org.
30) 林廣, 〈中新建交25週年, 中新知識城上昇至國家戰略〉(N/OL).
http://news.sina.com.cn/o/2018-03-31/doc-ifysuhre4398672.shtml
http://www.sohu.com/a/226282050_672902
https://gz.news.anjuke.com/news-412697.html.
31) 〈中新廣州知識城電網發展方向與對策研究〉, p. 4.
32) 林廣, 〈中新建交25週年, 中新知識城上昇至國家戰略〉(N/OL).

33) 廣州知識都市, http://www.sskc.gov.cn; 中新知识城, 2013-11-27, www.ccpit.org.

34) 〈中新廣州知識城初具規模 今年重點推產業園〉(N/OL).

35) 廣州知識都市, http://www.sskc.gov.cn; 中新知识城, 2013-11-27, www.ccpit.org.

36) 鐘菊生, 〈中新廣州知識城智慧進行時〉.

37) 何瑞琪, 〈中新知識城3年再投248亿〉(N/OL), 《大洋網-廣州日報》, 2015-10-30. http://gz.leju.com/news/2015-10-30/07216065638496058786509.shtml?wt_source=newslist_nr_209.

38) 盧 勇, p. 23.

39) 何瑞琪, 〈中新知識城3年再投248亿〉(N/OL).

40) 林廣, 〈中新建交25週年, 中新知識城上昇至國家戰略〉(N/OL).

41) 何瑞琪, 〈中新知識城3年再投248亿〉(N/OL).

42) 盧 勇, p. 23.

43) 鐘菊生, 〈中新廣州知識城智慧進行時〉(N/OL).

44) 中新廣州知識城, http://www.ssgkc.com/micro/index.html.

45) 中新知识城, 2013-11-27, www. ccpit.org.

46) 鐘菊生,〈中新廣州知識城智慧進行時〉(N/OL).

47) 싱가포르 텅페이 그룹은 싱가포르에서 2000m^2의 단지구역을 개발하고 관리하는데 정보기술과 새로운 매체기술 등 첨단기술을 발전시켰고 단지 내에 대단히 유명한 '싱가포르 생물밸리'를 개발하고 관리하는데 성공한 그룹이다.

48) 〈中新廣州知識城初具規模 今年重點推產業園〉(N/OL).

49) 林廣, 〈中新建交25週年, 中新知識城上昇至國家戰略〉(N/OL).

50) 〈中新廣州知識城初具規模 今年重點推產業園〉(N/OL).

51) 〈中新廣州知識城初具規模 今年重點推產業園〉(N/OL).

52) 〈新加坡總理李顯龍考察中新廣州知識城〉(N/OL), 《中國日報網》, 2014-09-12, http://www.chinadaily.com.cn/interface/toutiao/1120781/cd_18590958.html.; 〈中新廣州知識城電網發展方向與對策研究〉, pp. 5-7.

53) 〈中新廣州知識城電網發展方向與對策研究〉, pp. 5-7.

54) 日立製作所 地球環境戦略室, 《日立インスパイア環境経営(Hitachi Corporate

Environmental Management)》(東洋經濟新報社, 2009).

55) 何瑞琪, 〈中新知識城3年再投248亿〉(N/OL).

56) 〈新加坡總理李顯龍考察中新廣州知識城〉(N/OL).

57) 盧 勇, p. 41.

58) 〈中新廣州知識城電網發展方向與對策研究〉, p. 1.

59) 본서의 1부 1장 참조.

60) 〈中新廣州知識城初具規模 今年重點推產業園〉(N/OL).

덧붙임

1) 〈中新廣州知識城電網發展方向與對策研究〉, p. 1.

2) http://baike.baidu.com/view/4331448.htm.

3) 彭戈, 〈淡馬錫入川 天府新區複製"新加坡模式"〉(N/OL).

4) 天府新區는 상하이 푸둥신구, 톈진 빈하이 신구, 충칭 량장 신구, 저장 단산군도 신구를 비롯하여 전국에 11개의 국가급 신구가 있으며 그중 5개가 서부지역에 설치되어 있는데 그중 하나임.

羅文勝, 〈淡馬錫入川造天府新區 啓動建設創新科技園〉(N/OL), 《搜狐焦點》, 2010-12-28,

http://chanye.focus.cn/news/2010-12-28/1147065.html.;

楊成萬, 〈天府新區昇格"國家級"基建上市川企或先受益〉(N/OL), 《金融投資報》, 2014-10-13,

http://www.stocknews.sc.cn/shtml/jrtzb/20141013/52028.shtml.

5) 彭戈, 〈淡馬錫入川 天府新區複製"新加坡模式"〉(N/OL).

6) 海明威, 〈新加坡與四川合建的新川創新科技園開建設〉(N/OL), 《新華網》, 2012-05-08, http://news.xinhuanet.com/local/2012-05/08/c_111910353.htm;

彭戈, 〈淡馬錫入川 天府新區複製"新加坡模式"〉(N/OL),

7) 彭戈, 〈淡馬錫入川 天府新區複製"新加坡模式"〉(N/OL); 海明威, 〈新加坡與四川合建的新川創新科技園開建設〉(N/OL).

8) 天津港口編輯部, 〈文摘與動態〉, 《天津港口》, 第3期 總第129期 (2007年), p. 44.

9) 박은균, "중국 선전, 드론 르네상스 이끌어" © KOTRA & KOTRA 해외시장뉴스 2016 0818https://news.kotra.or.kr/user/globalBbs/kotranews/4/glo....

최근 〈조선일보〉에 중국 실연남이 자신이 만든 로봇과 결혼하는 내용이 게재되었다. 그는 중국의 인공지능(AI) 전문가로 자신이 만든 로봇과 결혼했고 앞으로 "살림하도록 업그레이드할 것"이라고 말했다. 이는 중국의 로봇 발전이 어느 수준에 이르렀는지 말해주는 내용이다. /SCMP

정지아(31) 씨는 지난달 31일 중국 저장(浙江)성 항저우에서 자신이 만든 AI 로봇 '잉잉'과 결혼했다. 정 씨가 지난해 말 개발한 잉잉은 기본적인 한자와 그림을 인식할 수 있고 간단한 대화도 할 수 있다.

정 씨는 결혼식을 마치고 "로봇 부인이 걸을 수 있고 간단한 살림을 할 수 있도록 업그레이드할 계획"이라고 했다. 중국 IT기업인 화웨이에서 근무하다가 2014년 회사를 나온 그는 중국의 실리콘밸리라 불리는 항저우 '드림타운'에서 인터넷 벤처 사업을 하고 있다.

3부

1장

1) Iain Manley, Tales of Old Singapore: The glorious past of Asia's greatest emporium(Hongkong: China Economic Review Publishing Ltd, 2010), p. 44; 김성진. p. 14; 양승윤 등, p. 18.
2) 新加坡聯合早報編, 《李光耀 40年 政論選》(新加坡: 聯邦出版社, 1993), p. 27; 김성진 p. 19.
3) Iain Manley, pp. 8, 19; 김성진, p.13; Edwin Lee, "Colonial Legacy", anagement of Success: The Moulding of Modern Singapore, edited by Kernial Singh Sadhu, Paul Wheatley (Singapore: Institute of Southeast Asian, 1989). p. 4; 田村慶子 編著, 《シンガポールぉ知るための65章》(東京:明石書店,2001), pp. 19-20; "History of Singapore", Wikipedia, https://en.wikipedia.org/wiki/History_of_Singapore 참조.
4) 김성진, p. 13; 田村慶子 編著, p. 23; 양승윤 등, pp. 51-52.
5) 田村慶子 編著, pp. 23-25; 이들 화인 중에는 말라카(Melaka), 플라우 피낭(Pulau Pinang), 말레이, 타이로부터 온 화인들도 있다. 이들은 이미 유럽식의 무역과 법

에 익숙한 자들이다. Wang Gungwu, "The Chinese as Immigrants and Settlers", Management of Success: The Moulding of Modern Singapore. edited by Kernial Singh Sadhu and Paul Wheatley (Singapore : Institute of Southeast Asian, 1989), pp. 553-555.

6) 田村慶子 編著, p. 25.

7) 田村慶子 編著, pp. 25-26.

8) 田村慶子 編著, pp. 31-33.

9) 김성진, p. 19 ; 新加坡聯合早報編,《李光耀 40年 政論選》, p. 27.

10) Diane K. Mauzy and R. S. Milne, pp. 14-15.

11) Diane K. Mauzy and R. S. Milne, p. 39.

12) Diane K. Mauzy and R. S. Milne, p. 16; 김성진, p. 20; 양승윤 등, p. 19.

13) 김성진, pp. 21-23.

14) Jon S. T. Quah, pp. 246-248; 김성진, p. 23; 양승윤 등, p. 109; Han Fook kwang et al., p. 27.

15) 양승윤 등, p. 113; 김성진, p. 24.

16) 양승윤 등, p. 22; 김성진, p. 25.

17) Han Fook Kwang et al., p. 27; 김성진, p. 26; 양승윤 등, p. 22.

18) Han Fook Kwang et al., p. 17.

19) 김성진, pp. 5-6.

20) Sir Richard Winstedt의 저서 Malays and its History(1948)에 의하면 1965년 당시의 싱가포르 의 인구는 1,88690명이다. Iain Manley,p.13 참조; 양승윤 등, pp. 104-105; Han Fook Kwang et al., p. 18.

21) 김성진, p. 52; Han Fook Kwang et al., p. 18.

22) 김성진, p. 27; Han Fook Kwang et al,, p. 30.

23) 李慧敏, 〈新加坡50歲面對新挑戰〉,《亞洲週刊》(2015年 8月 23日), p. 35.

24) 양승윤 등, pp. 84-85.

25) KOTRA 2장 "정치사회동향" 국가일반 최종 정보 작성일 2013.12 싱가포르-1.

26) Lee Kuan Yew, From Third World to First: Singapore and the Asian Economic Boom(New York: Happer Collins Publishers, 2000), pp. 7-8.

27) Lee Kuan Yew, From Third World to First: Singapore and the Asian

Economic Boom pp.5-7 ; 李光耀,《李光耀回忆录》, p. 15.

28) Lee Kuan Yew, From Third World to First: Singapore and the Asian Economic Boom pp.7-8.

29) Han Fook Kwang et al., pp. 35, 219.

30) Jon S. T. Quah and Stella R. Quah, "The Limits of Government Intervention" Management of Success: The Moulding of Modern Singapore. edited by Kernial Singh Sadhu and Paul Wheatley (Singapore : Institute of Southeast Asian, 1989), pp. 108-109.

31) S. Rajaratnam, "Political Developments towards the year 2000", Singapore towards the year 2000, edited by Saw Swee-Hock and R.S. Bhathal (Singapore University Press, 1981), pp. 3, 6, 8.

32) Transcript of Prime Minister Lee Hsien Loong's Speech at Teck Ghee Lunar New Year Dinner, 15 February 2014, http://www.pmo.gov.sg/newsroom/transcript-prime-minister-lee-hsien-loongs-speech-teck-ghee-lunar-new-year-dinner-15.

33) 王江雨, 〈"新加坡模式"深思明辨〉, 《環球視野》, 2013-04-12, opinion..m4.cn/2013-041205491.shtml.

34) Chua Beng Huat, "Making Singapore's Liberal Base Visible", The AWARE Saga: Civil Society and Public Morality in Singapore, edited by Terence Chong(Singapore: National University of Singapore Press, 2011), p. 15.

35) Han Fook Kwang et al., p.49.

36) Cherian George, Singapore: The Air-Conditioned Nation: Essays on the Politics of Comfort and Control 1990-2000(Singapore : Landmark Books, 6th 2010(2000)), p. 15; 김성진, pp. 9-10.

37) 邵盧善, 〈新加坡模式與五十年不變〉, 《亞洲週刊》(2015年 8月 23日), p. 36.

38) 양승윤 등, p. 277.

39) Han Fook Kwang et al., pp. 18, 35; 양승윤 등, p. 26.

40) Jon S. T. Quah, p. 227.

41) Han Fook Kwang et al., p. 93. Philip N. Pillai and Kevin Tan Yew Lee, "Constitutional Development", Management of Success: The Moulding of

Modern Singapore, edited by Kernial Singh Sadhu and Paul Wheatley (Singapore : Institute of Southeast Asian, 1989), p. 654-655; 대통령에 관해서 다음 사이트 참조. http://www.sstraitstimes,com/singapore/the-role-of-the-president.

42) Han Fook Kwang et al., p. 93; Thomas J. Bellows, "Singapore in 1988 : The Transition Moves Forward", Asian Survey, Vol.29, No.2(Feb. 1989), p. 147.

43) 양승윤 등, pp. 90-91, 109; 김성진, p. 10.

44) Han Fook Kwang et al., p. 93.

45) Han Fook Kwang et al., p. 66.

46) Han Fook Kwang et al., p. 49.

47) www.sgdi.gov.sg. 이 사이트에 들어가면 각부의 역할과 활동사항을 상세히 알 수 있다.

48) 양승윤 등, p. 89.

49) Jon S.T. Quah, pp. 10-11. 2008년 공무원의 수는 67,814명으로 되어 있다.

50) Han Fook Kwang et al., p. 37.

51) Han Fook Kwang et al., pp. 117-119.

52) 양승윤 등, p. 89.

53) 양승윤 등, p. 9; 傅思明·羅淦, p. 1/2; 국회의원 구성이나 활동에 대해서 제2장 장기집권여당, 인민행동당을 참조하기 바란다.

54) 양승윤 등, p. 114.

55) 양승윤 등, pp. 90, 107.

56) 曾業松, 〈走访新加坡人民行动党总部〉,《中國共産黨新聞網》, 2007-3-9, 16:03, http://cpc.people.com.cn/GB/74144/78238/5456629.html.

57) 武津生, pp. 171-173.

58) 武津生, p. 171; Talia Avakian, "16 odd things that are illegal in Singapore", Business Insider Aug.4, 2015,12:49PM.
http://www.businessinsider.com/things-that-are-illegal-in-singapore-2015-7/?IR=T&r=SG;
Lianna Brinded, "9 ways to embarrass yourself in Singapore" Business

insider, June.25, 2015, 10:42 AM, http://www.businessinsider.com/9-ways-to-embarrass-yourself-in-singapore-2015-6;

59) Han Fook Kwang et al., pp. 17, 28; 김성진, p. 44; Fareed Zakaria, "Chulture Is Destiny: A Conversation with Lee Kuan Yew". Foreign Affairs, Vol. 73, No.2(March/April, 1994), p. 114.

60) Han Fook kwang et al., p. 32.

61) Han Fook Kwang et al., pp. 17, 28, 31, 33, 39 주5, 1961년 water agreement에 의하면 2011년까지 Gunong Pulai, Sungei Tebrau, Sungei Skudai의 토지만 유보하고 " 강이나 지하수나 물이란 물은 모두 끌어갈 수 있는 권리를 주었다. 1000gallon에 대하여 3sen을 지불하기로 했다.(2002년에 NEWater 공장이 개통되었다. Han Fook kwang et al., p. 134 주7 참조; https://www.pub.gov.sg/watersupply/singaporewaterstory 참조).

62) 김성진, pp. 15, 58.

63) 김성진, p. 88.

64) 김성진, pp. 53, 54, 89.

65) Han Fook Kwang et al., p. 62.

66) 양승윤 등, pp. 276-277; 김성진, p. 9.

67) 김성진, p. 58.

68) Jon S. T. Quah, p. 232.

69) 양승윤 등, pp. 8, 104.

70) Han Fook Kwang et al., p. 95; 김성진, p. 87.

71) Diane K. Mauzy and R. S. Milne, p. 66; Jon S. T. Quah, pp. 200-201.

72) 李光耀,《李光耀回忆录》, pp. 71, 91.

73) 李光耀,《李光耀回忆录》, pp. 66, 590.

74) 김성진, pp. 46, 89.

75) 李光耀,《李光耀回忆录》, pp. 66, 590.

76) 黃朝翰·趙力濤,《新加坡 社會發展經驗》(2009년 싱가포르: 八方文化創作室), p. 3.

77) Stephen H. K. Yeh, "The Idea of the Garden City", Management of Success: The Moulding of Modern Singapore, edited by Kernial Singh Sadhu and Paul Wheatley (Singapore : Institute of Southeast Asian, 1989), p. 831.

78) Robert O. Tilman, "The Political Leadership Lee Kuan Yew and the PAP Team". Management of Success: The Moulding of Modern Singapore, edited by Kernial Singh Sadhu and Paul Wheatley(Singapore : Institute of Southeast Asian, 1989), pp. 65-66.

79) Han Fook Kwang et al., p. 78.

80) 양승윤 등, p. 277.

81) 武津生, p. 166.

82) [네이버 지식백과] 리셴룽(Lee Hsien Loong, 李顯龍) (싱가포르 개황, 2010.6, 외교부)

83) Graham Allison · Robert D. Blackwill · Ali Wyne, p. xxiii; 국내에서 Graham Allison, Robert D. Blackwill 지음, 《리콴유가 말하다: 누가 No.1이 될 것인가? 중국인가, 미국인가?》, 석동연 번역(서울:행복에너지, 2015), p. 24.

84) 김성진, p. 14.

85) Han Fook Kwang et al., pp. 32, 75.

86) 武津生, pp. 151-152.

87) 劉意慶 等, p. 277.

88) 武津生, pp. 151-154; 안용헌, "미국通과 중국通", 《조선일보》, 2015-04-06.

89) 안용헌, "미국通과 중국通", 《조선일보》, 2015-04-06.

90) 李慧敏 · 林友順, 〈李光耀絶響最後的强人影響亞洲命運〉, 《亞洲週刊》(2015년 4월 5일), pp. 23-24.

91) Han Fook Kwang et al., p. 301.

92) 武津生, pp. 23, 170-171.

93) 李慧敏 · 林友順, pp. 22-30.

94) 李光耀, "只有美国能抗衡中国", 《海峡时报》, 2011-05-27, http://news.qq.com/a/20110530/000778.htm; 關永堅, 〈李光耀:只有美国能抗衡中国〉, 《騰詢新聞》, 2015-03-23 08:19, https://news.qq.com/a/20150323/014842.htm.

95) 안용헌, 〈미국通과 중국通〉, 《조선일보》, 2015-04-06.

96) Lee Kuan Yew, Am I a dectator? (New York Times Journalist William Safire's Interview with Lee Kuan Yew 31 January 1999), The New York Times, Feb. 22, 1999. http://www.nytimes.com/library/opinion/safire/022299safi-text.

html; 王江雨, 〈"新加坡模式"深思明辨〉.

97) 武津生, pp. 165-166.

98) 紀碩鳴, 〈深圳如何叫板新加坡〉, p. 33.

99) Han Fook Kwang et al., pp. 118-119.

100) 양승윤 등, p. 114.

101) 李慧敏·林友順, p. 23.

102) 武津生, p. 170.

103) 류근일, "리콴유도 김대중도 인정해야 하는 '현실': 철인(哲人) 정치가 리콴유를 보내며", Copyright ⓒ 조선뉴스프레스 2015-03-25.

104) 紀碩鳴, 〈深圳如何叫板新加坡〉, pp. 32-33.

105) Jon S. T. Quah, pp. 227-228.

106) 黃朝翰·趙力濤, p. 2.

107) 양승윤 등, p. 20.

108) Han Fook Kwang et al., pp. 75, 78, 91.

109) Han Fook Kwang et al., p. 389: 劉意慶 等, pp. 21, 368.

110) Han Fook Kwang et al., p.56.

111) Belmont Lay, "Charlie Munger in 2010: 'Don't ask Charlie Munger. Study the Life and Work of Lee Kuan Yew, you're going to be flabbergasted' (He said Lee Kuan Yew's life is worth studying five years ago when it was still not fashionable to say that.) April 4, 2015, Mothership, https://mothership.sg/2015/04/charlie-munger-in-2010-dont-ask-charlie-munger-study-the-life-and-work-of-lee-kuan-yew-youre-going-to-be-flabbergasted/

2장

1) 曾業松, 〈走访新加坡人民行动党总部〉.

2) Diane K. Mauzy and R. S. Milne, p. 38.

3) Diane K. Mauzy and R. S. Milne, pp. 38-39.

4) 曾業松, 〈走访新加坡人民行动党总部〉; 紀碩鳴, 〈中國的新伽坡夢〉, p. 32.

5) Diane K. Mauzy and R. S. Milne, p. 39; 학생들 데모에 관하여 劉仁善, 〈싱가포르 150年史(1819-1969)-漁村에서 獨立國家로〉, 《亞細亞硏究》, 통권 90호 (1993년

7월), p. 31 참조.

6) Diane K. Mauzy and R. S. Milne, p. 39; Chan Heng Chee, "The PAP and the Structuring of the Political System", Management of Success: The Moulding of Modern Singapore, edited by Kernial Singh Sadhu and Paul Wheatley(Singapore : Institute of Southeast Asian, 1989), p. 73.

7) 양승윤 등, p. 118.

8) 양승윤 등, p. 117.

9) 金斗鎭, 〈싱가포르 발전의 政治經濟-국가, 다국적 기업, 그리고 노동-〉, 《亞細亞研究》 통권 90호(1993년 7월), pp.48-49; Diane K. Mauzy and R. S. Milne, pp. 2-3, 16-17.

10) Diane K. Mauzy and R. S. Milne, p. 40.

11) Diane K. Mauzy and R. S. Milne, p. 40.

12) 양승윤 등, p. 109; Han Fook Kwang et al., p. 91.

13) Han Fook Kwang et al., p. 91; 김성진, p. 52; 양승윤 등, p. 264: Davis W. Chang, "Nation-Building in Singapore", Asian Survey, Vol.8 No. 9(Sep. 1968), p. 762.

14) 李文, "新加坡人民行动党治国理政的成功经验", 中国社会科学院科研局/学部工作局, 2005-6-15, kyj.cass.cn/Article777.hyml. (作者系亚太所研究员)2/3.

15) 양승윤 등, p. 118.

16) Diane K. Mauzy and R. S. Milne, pp. 4-5; 李文, "新加坡人民行动党治国理政的成功经验".

17) Chan Heng Chee, "The PAP and the Structuring of the Political System", p. 72.

18) 양승윤 등, p. 110; 曾業松, 〈走访新加坡人民行动党总部〉.

19) Diane K. Mauzy and R. S. Milne, pp. 6, 59.

20) 曾業松, 〈走访新加坡人民行动党总部〉.

21) Diane K. Mauzy and R. S. Milne, pp. 2-3, 17, 52.

22) Diane K. Mauzy and R. S. Milne, p. 59.

23) Diane K. Mauzy and R. S. Milne, p. 53.

24) Diane K. Mauzy and R. S. Milne, p. 55.

25) Ezra F. Vogel, "A Little Dragon Tamed", Management of Success: The Moulding of Modern Singapore, edited by Kernial Singh Sadhu and Paul Wheatley(Singapore: Institute of southeast asian Studies, 1989), pp.1052-1053; Diane K. Mauzy and R. S. Milne, pp. 55-56.

26) Diane K. Mauzy and R. S. Milne, p. 56.

27) Diane K. Mauzy and R. S. Milne, p. 56.

28) Diane K. Mauzy and R. S. Milne, pp. 53-54.

29) Diane K. Mauzy and R. S. Milne, pp. 38, 54-55.

30) Diane K. Mauzy and R. S. Milne, pp. 54-55.

31) Diane K. Mauzy and R. S. Milne pp. 64-65.

32) Diane K. Mauzy and R. S. Milne, p. 42; 曾業松, 〈走访新加坡人民行动党总部〉; 蔡定劍, p.4/6.

33) 曾業松, 〈走访新加坡人民行动党总部〉; Diane K. Mauzy and R. S. Milne, pp. 52, 147; 위키백과, "인민행동당", https://ko.wikipedia.org/wiki/%EC%9D%B8%EB%AF%BC%ED%96%89%EB%8F%99%EB%8B%B9_(%EC%8B%B1%EA%B0%80%ED%8F%AC%EB%A5%B4).

34) Diane K. Mauzy and R. S. Milne, p. 44.

35) Diane K. Mauzy and R. S. Milne, p. 40.

36) Diane K. Mauzy and R. S. Milne, p. 41.

37) Diane K. Mauzy and R. S. Milne, p. 41.

38) Diane K. Mauzy and R. S. Milne, p. 43.

39) 曾業松, 〈走访新加坡人民行动党总部〉; Diane K. Mauzy and R. S. Milne, p. 43.

40) Diane K. Mauzy and R. S. Milne, pp. 41, 44; 曾業松 〈走访新加坡人民行动党总部〉.

41) Diane K. Mauzy and R. S. Milne, pp. 41-42.

42) Diane K. Mauzy and R. S. Milne, pp. 42, 44.

43) Diane K. Mauzy and R. S. Milne, pp. 44-45.

44) Diane K. Mauzy and R. S. Milne, pp. 46-47.

45) Diane K. Mauzy and R. S. Milne, p. 47.

46) Diane K. Mauzy and R. S. Milne, pp. 45, 47, 48: Thomas J. Bellows, pp.

145-146.

47) Diane K. Mauzy and R. S. Milne, pp. 45-46.

48) Diane K. Mauzy and R. S. Milne, pp.46, 48-49.

49) Han Fook Kwang et al., pp. 101-102.

50) Diane K. Mauzy and R. S. Milne, p. 49.

51) Diane K. Mauzy and R. S. Milne, p. 48.

52) Diane K. Mauzy and R. S. Milne, p. 49; Han Fook Kwang et al., p. 100.

53) Diane K. Mauzy and R. S. Milne, p. 48; Han Fook Kwang et al., pp. 101-102.

54) 黄国雄, "我所了解的新加坡经济", 中共十堰市委組織部, 2005-11-22, http://www.wddj.net/xjp/20051122091630.htm, p. 7/31.

55) Diane K. Mauzy and R. S. Milne, p. 49; Han Fook Kwang et al., p. 100.

56) Han Fook Kwang et al., pp. 114. 104, 110, 129-130.

57) 黄国雄, p. 7/31.

58) Han Fook Kwang et al., p. 77.

59) Han Fook Kwang et al., p. 103.

60) Diane K. Mauzy and R. S. Milne, p. 95; 蔡定劍, p. 4/6.

61) Diane K. Mauzy and R. S. Milne, p. 95; 曾業松〈走访新伽坡人民行动党总部〉; 蔡定劍, 〈新加坡威勸民本主義制度觀察〉, p. 4/6. ; Chan Heng Chee, "The PAP and the Structuring of the Political System", p. 76.

62) Diane K. Mauzy and R. S. Milne, p. 96; 李文, "新加坡人民行动党治国理政的成功经验"; Chan Heng Chee, "The PAP and the Structuring of the Political System", p. 76.

63) Diane K. Mauzy and R. S. Milne, pp. 43, 95-96.

64) Diane K. Mauzy and R. S. Milne, p. 143.

65) 曾業松〈走访新加坡人民行动党总部〉; 김두진, p. 52.

66) Jon S.T. Quah, pp. 21-22.

67) 曾業松, 〈走访新加坡人民行动党总部〉.

68) Han Fook Kwang et al., pp. 91-92. 金斗鎭, p. 56; Thomas J. Bellows, p. 146에는 86%가 정부가 제공한 주택에 거주한다고 되어 있다.; Chan Heng

Chee, "Singapore in 1982: Gradual Transition to a New Order", Asian Survery, Vol. 23 No. 2(Feb. 1983), p. 202.

69) Diane K. Mauzy and R. S. Milne, p. 144; Han Fook Kwang et al., p. 92.

70) Diane K. Mauzy and R. S. Milne, p. 144; Han Fook Kwang et al., pp. 92-93.

71) Diane K. Mauzy and R. S. Milne, p. 26.

72) Diane K. Mauzy and R. S. Milne, pp. 144-145.

73) Diane K. Mauzy and R. S. Milne, p. 145; Han Fook Kwang et al., p. 92.

74) Diane K. Mauzy and R. S. Milne, p. 145; Han Fook Kwang et al., p. 93; Jon S.T. Quah, pp. 217, 227.; Chan Heng Chee, "The PAP and the Structuring of the Political System", p. 86.

75) Han Fook Kwang et al., p. 61.

76) Han Fook Kwang et al., pp. 45, 54-55.

77) Diane K. Mauzy and R. S. Milne, pp. 17, 44; 蔡定劍, p. 4/6.

78) Diane K. Mauzy and R. S. Milne, pp. 17, 44.

79) Diane K. Mauzy and R. S. Milne, pp. 96, 146; Thomas J. Bellows, p. 147; Philip N. Pillai and Kevin Tan Yew Lee, p. 664.

80) Diane K. Mauzy and R. S. Milne, pp. 96-98, 146.

81) 양승윤 등, pp. 103-104; 金斗鎭, p. 57.

82) Diane K. Mauzy and R. S. Milne, p. 146.

83) 蔡定劍, 〈新加坡威勸民本主義制度觀察〉, p. 2/6.

84) 王江雨, 〈"新加坡模式"深思明辨〉; 蔡定劍, p. 3/6; Chan Heng Chee, p. 85.

85) Diane K. Mauzy and R. S. Milne, p. 147.

86) Diane K. Mauzy and R. S. Milne, pp. 146-147; Jon S.T. Quah, p. 23; Chan, Heng Chee, p. 203.

87) 王江雨, 〈"新加坡模式"深思明辨〉.

88) 李慧敏, p. 35.

89) 青年参考 〈新加坡模式遭遇困局, 《多维新闻》〉, 2013-02-14 21:37:39, http://opinion.dwnews.com/news/2013-02-14/59126190-all.html#page1

90) 關文珊, 〈新加坡超穩定結構李顯龍擊退挑戰〉, 《亞洲週刊》(2015年 9月 27日), pp. 20-22; 林友順, 〈大馬政局動盪影響獅城選民〉, 《亞洲週刊》(2015年 9月 27日), pp.

23-24.

91) Diane K. Mauzy and R. S. Milne, p. 143.

92) Diane K. Mauzy and R. S. Milne, p. 29.

93) 曾業松, 〈走访新加坡人民行动党总部〉; 蔡定劍, p. 2/6.

94) 曾業松, 〈走访新加坡人民行动党总部〉.

95) 李文, "新加坡人民行动党治国理政的成功经验".

3장

1) Jon S. T. Quah, pp. 201, 248.

2) Jon S. T. Quah, pp. 89, 144, 210; 김성진, p. 91.

3) Han Fook Kwang et al., pp. 10-11.

4) 王江雨, 〈"新加坡模式"深思明辨〉

5) Jon S. T. Quah, pp. 10-11; 章康龍, 〈新加坡公務員管理的成功經驗及其啓示〉, 《南湖論壇》, 總第55期(200年 1月), p. 26.

6) Jon S. T. Quah, pp. 5, 19.

7) 김성진, p. 91; Jon S. T. Quah, p. 210.

8) Jon S. T. Quah, p. 92. 공공서비스위원회는 제한된 스텝과 재원으로 인하여 1983년부터 Public Service Division(PSD)과 업무를 분담했다가 1990년에는 Education Service Commission(ESC)와 Police and Civil Defence Service Commission(PCDSC)에게 모집과 승진업무를 넘기고 장학금 제공과 훈련만을 담당했다. 이후 공무원 모집과 승급 업무는 1995년에 인재위원회로 넘어갔다.

9) Jon S. T. Quah, p. 6; Han Fook Kwang et al., pp. 132-133.

10) Jon S. T. Quah, p. 159; 章康龍, p. 27에 의하면 공무원 교육프로그램은 제도화되었으며, 과학적이고 교과과정은 개별화, 다양화되어 있어 공무원 개인이나 부서의 필요한 과정을 훈련받을 수 있다.

11) Jon S. T. Quah, pp. 117-118.

12) Jon S. T. Quah, pp. 93.

13) Han Fook Kwang et al., pp. 120-122; Jon S. T. Quah, pp. 6, 111.

14) Han Fook Kwang et al., pp. 123-124.

15) Jon S. T. Quah, pp. 153, 155.

16) Jon S. T. Quah, pp. 153, 155; 高小石. “新加坡經濟發展軟環境建設的成功經驗及啓示”, 雲浮組織工作網, 2013-01-04, www.yfzz.com/ltem/38361.aspx.; 王銘, 〈論新加坡構建電子政務的成功經驗〉, 《檔案學研究》 6期(2003年), p. 49.; 양현모 등 편, 《싱가포르의 행정과 공공정책》(서울: 신조사, 2010), p. 278.

17) Jon S. T. Quah, pp. 80-81. 92.

18) Jon S. T. Quah, pp. 81-82.

19) Jon S. T. Quah, p. 136.

20) Jon S. T. Quah, p. 134.

21) Jon S. T. Quah, pp. 135, 210.

22) Jon S. T. Quah, pp. 93-95; 章康龍, p. 26에 의하면 공무원의 근무 태도 변화는 1959년부터 1979년간에 이루어졌다.

23) Jon S. T. Quah, p. 144.

24) Jon S. T. Quah, p. 145; 章康龍, p. 26에 의하면 1980년부터 1990년간에 공무원의 업무 효율화와 인사관리 제도가 개선되었다.

25) Diane K. Mauzy and R. S. Milne, pp. 28-29.

26) Jon S. T. Quah, p. 150; 宋雄位, p. 74

27) 章康龍, p. 26에 의하면 공무원의 창신능력 즉 혁신정신을 강화한 것을 알 수 있다.

28) Jon S. T. Quah, pp. 149-150.

29) Jon S. T. Quah, pp. 150-151, 153; 王銘, pp. 49-50.

30) Jon S. T. Quah, pp. 156-157.

31) 荣西武, 〈新加坡规划特点及对我国的启示〉; 羅文勝, 〈淡馬錫入川造天府新區啓動建設創新科技園〉.

32) 陈济朋,〈新加坡雨污为何不一排了之〉, 《新华每日电讯》, 2014-05-13,10:49 http://opinion.people.com.cn/n/2014/0513/c1003-25010129.html.

33) 양승윤 등 p.21; 马珂, “新加坡城市發展計劃建设与管理”.

34) Jon S. T. Quah, p. 47.

35) Jon S. T. Quah, pp. 7, 43-44, 67.

36) Jon S. T. Quah, p. 42; 宋雄位, p. 74

37) Jon S. T. Quah, pp. 43, 67-68.

38) Jon S. T. Quah, p. 42.

39) Jon S. T. Quah, pp. 20, 171.

40) Jon S. T. Quah, pp. 176-177; 양현모 등 편, pp. 326-327.

41) Jon S. T. Quah, pp. 177-178.

42) Jon S. T. Quah, p. 182; 양승윤, p. 97.

43) Jon S. T. Quah, p. 182; 양승윤, p. 97.

44) 김성진, pp. 48-51.

45) Jon S. T. Quah, pp. 179, 181.

46) Jon S. T. Quah, pp. 179-180; 黄国雄, pp. 24/31-25/31; 양현모 등 편, p.336-338.

47) 黄国雄, pp. 25/31-26/31.

48) Jon S.T. Quah, p. 181.

49) 양승윤 등, pp. 7-8; 黄国雄, p. 26/31.

50) 黄国雄, p. 26/31.

51) 양승윤 등, p. 98; Jon S. T. Quah, pp. 189-190.

52) Jon S. T. Quah, pp. 181-182.

53) 김성진, p.51; Jon S. T. Quah, pp. 188-189.

54) 曾業松, 〈走访新加坡人民行动党总部〉.

55) 紀碩鳴·何怡蓓, p. 17; 蔡定劍, p. 3/6.

56) 黄国雄, p. 26/31.

57) 양승윤 등, p. 97; Jon S. T. Quah, pp. 188-198; 高小石, p. 2/3.

58) 안용현, "민심 업은 '시진핑의 反 부패'……이제 무풍지대 軍部에 몰아친다". 《조선일보》, 2014년 4월 7일, p. A16.

59) 양승윤 등, pp. 259, 261: 高小石. p. 1/3.

60) Han Fook Kwang et al., pp. 83, 85, 87; Jon S. T. Quah, pp. 215-216.

61) Han Fook Kwang et al., p. 86.

62) 양승윤 등, pp. 106-107, 267.

63) 양승윤 등, p. 106.

64) 武津生, p. 166.

65) 李文, "新加坡人民行动党治国理政的成功经验".

66) Han Fook Kwang et al., p. 85.

67) 李文, "新加坡人民行动党治国理政的成功经验"; 양승윤 등, p. 31.

68) Jon S. T. Quah, p. 216.

69) Jon S. T. Quah, p. 216.

70) 양승윤 등, p. 268.

71) Han Fook Kwang et al., p. 88.

72) 양승윤 등, pp. 30, 262-264.

73) 楊恆均, 〈新加坡模式為什麼難以為繼〉, 《Sina新浪博客》, 2015-03-24, 16:38:06 http://blog.sina.com.cn/yanghengjun.

74) Han Fook Kwang et al., p. 84.

75) Jon S. T. Quah, p. 19.

76) Jon S. T. Quah, p. 247.

4부

1) 특히 공영주택공급은 싱가포르인들의 정체성 확립에 절대적으로 기여했다. Jon S. T. Quah and Stella R. Quah, p. 112.

1장

1) Diane K. Mauzy and R. S. Milne, p. 169; 《李光耀回忆录》, pp. 18, 22; Lee Kuan Yew, From Third World to First; The Singapore Story: 1965-2000 Memoirs of Lee Kuan Yew(Singapore: Times Media Private, 2000) pp. 26, 31; Seah Chee Meow, "National Security", Management of Success: The Moulding of Modern Singapore, edited by Kernial Singh Sadhu and Paul Wheatley (Singapore : Institute of Southeast Asian, 1989), p. 950.

2) 《李光耀回忆录》, p. 26; Lee Kuan Yew, From Third World to Firs; The Singapore Story: 1965-2000, p. 31; Diane K. Mauzy and R. S. Milne, pp. 169-170; 김성진, pp. 29-30.

3) 《李光耀回忆录》, pp. 27-28; Lee Kuan Yew, From Third World to First; The Singapore Story: 1965-2000 p. 32.

4) 《李光耀回忆录》, p. 29; Lee Kuan Yew, From Third World to First; The

Singapore Story: 1965-2000, p. 34.

5) Diane K. Mauzy and R. S. Milne, p. 170; Seah Chee Meow, p. 953.

6) Han Fook Kwang et al., p. 39의 주4; Diane K. Mauzy and R. S. Milne, p. 170; 《李光耀回忆录》, pp. 29-31; Lee Kuan Yew, From Third World to First; The Singapore Story: 1965-2000 pp. 33, 36; Seah Chee Meow, p. 952.

7) 《李光耀回忆录》, p. 24; Lee Kuan Yew, From Third World to First; The Singapore Story: 1965-2000, p. 29.

8) Diane K. Mauzy and R. S. Milne, p. 169.

9) 《李光耀回忆录》. pp. 31-32; Lee Kuan Yew, From Third World to First; The Singapore Story: 1965-2000, pp. 37-38.

10) 《李光耀回忆录》, p. 24; Lee Kuan Yew, From Third World to First; The Singapore Story: 1965-2000 p. 29.

11) Lee Kuan Yew, From Third World to First;The Singapore Story: 1965-2000 p. 29.

12) 《李光耀回忆录》, p. 34; Lee Kuan Yew, From Third World to First; The Singapore Story: 1965-2000 p. 40.

13) 《李光耀回忆录》, p. 35; Lee Kuan Yew, From Third World to First; The Singapore Story: 1965-2000 pp. 41-42; Han Fook Kwang et al., p. 31 주석 8과 pp. 39-40 주석 참조. 그때에는 싱가포르는 인도네시아의 수하르토(Suharto) 대통령과 관계가 개선되었다. Diane K. Mauzy and R. S. Milne, p. 172.

14) 《李光耀回忆录》, p. 35; Lee Kuan Yew, From Third World to First; The Singapore Story: 1965-2000 p. 41; Diane K. Mauzy and R. S. Milne, p. 170.

15) Diane K. Mauzy and R. S. Milne, pp. 170-171.

16) Lee Kuan Yew, From Third World to First; From Third World to First: Singapore and the Asian Economic Boom, p. 44.

17) 《李光耀回忆录》, pp. 28, 30-31; Lee Kuan Yew, From Third World to First; The Singapore Story: 1965-2000 pp. 33-34, 36; Seah Chee Meow, p. 952. 상기 논문에 pp.955-959에 보면 국민 전체가 방어체제에 참여하는 Total Defece에 관해 소개하고 있다.

18) 《李光耀回忆录》, pp. 27, 33-34; Lee Kuan Yew, From Third World to First;

The Singapore Story: 1965-2000 p. 40.

19)《李光耀回忆录》, pp. 32-33; Lee Kuan Yew, From Third World to First; The Singapore Story: 1965-2000 pp. 38-39.

20) 김성진, pp. 31-32.

21)《李光耀回忆录》, p. 37; Lee Kuan Yew, From Third World to First; The Singapore Story: 1965-2000, p.44.

22) Posted: 19 Jul 2010, 2230 hours(GMT +8).
Reply by Deputy Prime Minister and Minister for Defence to Parliamentary Question on Deployment of Malay or Muslim Servicemen in the SAF/content/imindef/press_room/official_releases/ps/2010/19jul10_ps2/jcr:content/imindefParsSub/0001/image.cuimg.84.116.png/1280200987511.jpg.

23) Posted: 17 Feb 2014, 1655 hours(GMT +8).
Written Reply by Minister for Defence Dr Ng Eng Hen to Parliamentary Question on Criteria to Determine Placement of Full-Time National Servicemen to SPF, SAF or SCDF/content/imindef/press_room/official_releases/ps/2014/17feb14_ps2/jcr:content/imindefParsSub/textimage/image.cuimg.116.160.png/1351148807928.jpgMinister for Defence Dr Ng Eng Hen.

24) Marqaret Tan · adanmohan Rao, Knowledge Management Initiatives in Singapore (Singapore : World Scientific Publishing Co., 2013), pp. 41-42.

25)《李光耀回忆录》, pp. 37-38; Diane K. Mauzy and R. S. Milne, p. 170; 김성진, pp. 33, 41, 43.

26)《李光耀回忆录》, pp. 37-38; Diane K. Mauzy and R. S. Milne, p. 170; 김성진, pp. 33, 41, 43.

27) https://www.mindef.gov.sg/safti/gkscsc.

28) "Goh Keng Swee Command &Staff College (GKS CSC) Seminar", http://www.sna.ntu.edu.sg/LEARNINGRESOURCES/Pages/GohKengSweeCommandStaffCollegeSeminar.aspx; Posted: 24 Oct 2013, 2330 hours(GMT +8)

Speech by Minister for Defence, Dr Ng Eng Hen, at 44th Command and Staff Course(CSC), 14th CSC(NS) and 2nd CSC(E) Graduation Ceremony /content/imindef/press_room/official_releases/sp/2013/24oct13_speech/jcr:content/imindefParsSub/textimage/image.cuimg.116.160.png/1362977886781.jpgMinister for Defence Dr Ng Eng Hen.

29) Diane K. Mauzy and R. S. Milne, p. 173.

30) Jermyn Chow, "Notable SAF deployments over the years", The Straits Times, Jan. 11, 2014; Official Releases, "SAF Recognised for its Contributions in Afghanistan", 29 Oct 2013, 1515 https://www.mindef.gov.sg/imindef/press_room/official_releases/nr/2013/oct/29oct13_nr.html.

31) Jermyn Chow, "Notable SAF deployments over the years", The Straits Times, Jan. 11, 2014; "Counter piracy efforts, Gulf of Aden(2009)", 22April 2015,
https://www.mindef.gov.sg/imindef/key_topics/overseas_operations/peacesupportops/Counter-piracy_Efforts_in_Gulf_of_Aden.html.

32) Jermyn Chow, "Should SAF bear open arms?" The Straits times 11. Jan 2014, eresources.nlb.gov.sg/newspapers/digitised/issue/straitstimes 20140111-1.

33) Diane K. Mauzy and R. S. Milne, pp. 170-171.

34) 《李光耀回忆录》, p. 39; Diane K. Mauzy and R. S. Milne,p. 173.

35) Posted: 13 Dec 2013, 0745 hours(GMT +8)
Transcript of Joint Press Conference between US Secretary of Defense Chuck Hagel and Singapore Minister for Defence Dr Ng Eng He (Excerpts) https://www.mindef.gov.sg/.../press.../2013/13dec13_speech.html.

36) Posted: 12 Dec 2013, 0900 hours(GMT +8)
Speech by Minister for Defence, Dr Ng Eng Hen, at the Peace Carvin II 20th Anniversary Parade, at Luke Air Force Base/content/imindef/press_room/official_releases/sp/2013/12dec13_speech/jcr:content/imindefParsSub/textimage/image.cuimg.116.160.png/1384527461852.jpg.

37) 《李光耀回忆录》, p. 3; Diane K. Mauzy and R. S. Milne, p. 171, 173.

38) Han Fook kwang et al., "Foreword". p. 10.

39) Diane K. Mauzy and R. S. Milne, p. 172.

40) Diane K. Mauzy and R. S. Milne, pp. 171-172; Marqaret Tan · Madanmohan Rao, pp. 34-35.

41) Posted: 15 Jan 2014, 1530 hours(GMT +8)
Speech by Minister for Social and Family Development and Second Minister for Defence, Mr Chan Chun Sing at Nanyang Technological University/content/imindef/press_room/official_releases/sp/2014/15jan14_speech/jcr:content/imindefParsSub/textimage/image.cuimg.87.110.png/1389775583353.jpg.

42) 호위함—첫 번째 것은 프랑스회사가 디자인되고 제작하였으나 나머지는 싱가포르 기술자(Singapore Technologies Engineers)들에 의하여 제작됨. Diane K. Mauzy and R. S. Milne, p. 171.

43) http://temasek-labs.ntu.edu.sg/Pages/Home.aspx; Posted: 15 Jan 2014, 1530 hours(GMT +8) Speech by Minister for Social and Family Development and Second Minister for Defence, Mr Chan Chun Sing at Nanyang Technological University/content/imindef/press_room/official_releases/sp/2014/15jan14_speech/jcr:content/imindefParsSub/textimage/image.cuimg.87.110.png/1389775583353.jpg.

44) Posted: 18 Feb 2014, 2215 hours(GMT +8) Written Reply by Minister for Defence Dr Ng Eng Hen to Parliamentary Question on Regional Security and Development of the SAF/content/imindef/press_room/official_releases/ps/2014/18feb14_ps3/jcr:content/imindefParsSub/textimage/image.cuimg.116.160.png/1351148807928.jpgMinister for Defence Dr Ng Eng Hen.

45) Posted: 12 Nov 2012, 1615 hours(GMT +8)
Reply by Minister for Defence Dr Ng Eng Hen to Parliamentary Question on Singapore's Declining Birth Rate and Impact to the Singapore Armed Forces/content/imindef/press_room/official_releases/ps/2012/12nov12_ps/jcr:content/imindefParsSub/textimage/image.cuimg.116.160.

png/1351148807928.jpgMinister for Defence Dr Ng Eng Hen.

46) 싱가포르 군대는 총 71,000명 규모이지만 징집병이 45,800명이고 정규군은 25,800명이며 이중 약 1,500명이 여성 정규군이라고 함. https://en.wikipedia.org/wiki/Singapore_armed_Forces
http://www.straitstimes,com/singapore/saf-aims-torecruit-at-least-500-more-women-by-2018

47) Posted: 21 Oct 2013, 2200 hours(GMT +8)
Written Reply by Minister for Defence Dr Ng Eng Hen to Parliamentary Question on Women in the Singapore Armed Forces, https://www.mindef.gov.sg/imindef/.../2013/21oct13_ps4.html.

48) Diane K. Mauzy and R. S. Milne, p. 175.

49) Han Fook kwang et al., p. 27.

50) cafe.naver.com/bokdreamno1/229 싱가포르 주변정세 및 국방정책 참조; Marqaret Tan·Madanmohan Rao, p. 41에 의하면 육해공군 합쳐 현재 현역이 약 5만 5천여 명이고 예비군이 30만 명으로 되어 있다.

51) S. Jayakumar, pp. 268-269.

52) Diane K. Mauzy and R. S. Milne, p. 175;《李光耀回忆录》, pp. 37-38; Diane K. Mauzy and R. S. Milne, p. 170; 김성진, pp. 33, 41, 43.

2장

1) Diane K. Mauzy and R. S. Milne, p. 169; S. Jayakumar, p. 22.

2) S. Jayakumar, pp. 22-23.

3) Han Fook Kwang et al., p. 30.

4) S. Jayakumar, p. 19.

5) S. Jayakumar, p. 19.

6) 양승윤 등, p. 118; Davis W. Chang, "Nation-Building in Singapore", Asian Survey, Vol.8 No. 9(Sep.1968), p. 769.

7)《李光耀回忆录》, p. 36.

8) Diane K. Mauzy and R. S. Milne, p. 176; S. Jayakumar, p. 19; 김성진, pp. 63, 71-72.

9) S. Jayakumar는 싱가포르국립대학 법대 교수 겸 학장 그리고 UN의 상임대표를 역임했으며, 1980년부터 2011년까지 외무부, 내무부, 노동부(law and Labor) 장관을 역임했고, 2004년에는 부총리, 2005년에는 국가안보를 위한 조정장관, 2009년에는 Senior(선임) 장관을 역임한 외교경험이 풍부한 정치가이다.

10) 양승윤 등, p. 141.

11) S. Jayakumar, pp. 10, 14, 16; Diane K. Mauzy and R. S. Milne, pp. 172, 176에 의하면 외교정책을 주도해온 다나발란(S. Dhanabalan)은 1981년 외무장관 재임 중 S. Jayakumar의 싱가포르 외교정책의 기본 수칙 중 1,2,4,5와 같은 내용을 지적했다.; 양승윤 등, p. 118; 김성진, pp. 59-60.

12) S. Jayakumar, pp. 41-42, 44. 안타깝게도 우리나라는 부처간의 이해관계 그리고 각 장관 간의 시기 질투 등으로 양보와 협조가 잘 이루어지지 않고 있다.

13) S. Jayakumar, pp.267-268; 양승윤 등, p. 136; 朱桂芳·李莉, 〈淺析新加坡李顯龍政府對華政策的走向〉, 《西南民族大學學報·人文社科版》, 總26卷 第4期(2005년 4월). p. 197.

14) S. Jayakumar, p.268.

15) S. Jayakumar, pp.268-269.

16) S. Jayakumar, pp. 268-271.

17) S. Jayakumar, pp. 273-274.

18) S. Jayakumar, pp. 275-277. 끄라강(Kra R.) 또는 팍찬강(Pakchan R.)이라고도 한다. 말레이반도(Malay Pen.)의 끄라지협(Kra Isthmus)과 태국의 경계선을 이룬다. 태국의 라농(Ranong)과 미얀마의 카우타웅(Kawthaung) 근처에서 안다만해(Andaman Sea)로 흘러 들어간다. 끄라부리강(Kraburi R.), 《네이버 지식백과》(두산백과)

19) S. Jayakumar, p. 278.

20) S. Jayakumar, p. 280.

21) S. Jayakumar, p. 281.

22) S. Jayakumar, pp. 76-77; Diane K. Mauzy and R. S. Milne, p. 181.

23) S. Jayakumar, pp. 75-76.

24) Diane K. Mauzy and R. S. Milne, p. 181.

25) S. Jayakumar, p. 63.

26) Diane K. Mauzy and R. S. Milne, p. 181; S. Jayakumar, pp. 65-68.

27) 〈英國聯邦, The Commonwealth〉,《네이버 지식백과》, (시사상식사전, 박문각).

28) Diane K. Mauzy and R. S. Milne, p. 182; S. Jayakumar, p. 80.

29) Diane K. Mauzy and R. S. Milne, p. 183.

30) Diane K. Mauzy and R. S. Milne, pp. 182-183.

31) Speech by Prime Minister Lee Hsien Loong at Gala Diner hosted by US Chamber of Commerce and US-ASEAN Business Council, 2 April 2013, www.pmo.gov.sg/.../speech-prime-minister-lee-hsien-loong-gala.

32) Diane K. Mauzy and R. S. Milne, pp. 183-184; 曹雲華, 〈東南亞地區形勢: 2006年〉,《東南亞研究》, 第2期 (2006년), p. 5.

33) 曹雲華, 〈東南亞地區形勢 : 2006년〉,《東南亞研究》, 第2期 (2006년), pp. 5, 8-9; 양승윤 등, p. 11.

34) S. Jayakumar, pp. 80-85; Chan, Heng Chee. "Singapore in 1982, p. 206.

35) 양승윤 등, p. 11; Diane K. Mauzy and R. S. Milne, pp. 172-173.

36) 양승윤 등, p. 116.

37) S. Jayakumar, p. 17.

38) 新華國際, 〈美媒報道南洋理工大學成中共"海外黨校〉(N/OL); 陳慶祥, 〈習近平到訪新加坡〉(EB/OL)

39) 양승윤 등, p. 125.

40) Han Fook Kwang et al., p. 75.

41) S. Jayakumar, pp. 54-55.

42) 양승윤 등, p. 119.

43) 〈一个复制171个国家的超级商业模式?!〉,《玖酷科技》, 2015-03-08, http://www.jiukukeji.com/news/industry/34.html.

44) 양승윤 등, pp. 120, 124.

45) 양승윤 등, pp. 123-124.

46) Diane K. Mauzy and R. S. Milne, p. 177.

47) S. Jayakumar, p. 219; 양승윤 등, p.120; 김성진, p. 61.

48) Diane K. Mauzy and R. S. Milne, pp. 177-178.

49) S. Jayakumar, pp. 221-225.

50) 양승윤, p. 124.

51) Diane K. Mauzy and R. S. Milne, p. 177.

52) Diane K. Mauzy and R. S. Milne, pp. 177-178; S. Jayakumar, pp. 226-227.

53) S. Jayakumar, p. 211.

54) https://en.wikipedia.org/wiki/Marina_One

55) Speech by Prime Minister Lee Hsien Loong at Gala Diner hosted by US Chamber of Commerce and US-ASEAN Business Council, 2 April 2013 www.pmo.gov.sg/.../speech-prime-minister-lee-hsien-loong-gala

56) S. Jayakumar, pp. 231-232.

57) S. Jayakumar, p. 19.

58) Diane K. Mauzy and R. S. Milne, pp. 178-179.

59) S. Jayakumar, p. 260.

60) S. Jayakumar, pp. 238-239.

61) S. Jayakumar, pp. 240-241.

62) S. Jayakumar, pp. 241, 243.

63) S. Jayakumar, pp. 241, 243, 262.

64) S. Jayakumar, p. 243.

65) S. Jayakumar, pp. 247-248.

66) S. Jayakumar, pp. 259-260.

67) http://www.gassupply.com.sg/latest_news/the_news/2001/12_feb_2001.htm; http://www.thejakartapost.com/news/2017/06/22/pgn-to-build-140-million-gas-network-in-riau.html.

68) S. Jayakumar, pp. 260-261.

69) S. Jayakumar, pp. 262-263.

70) Han Fook Kwang et al., pp. 301-302.

71) Diane K. Mauzy and R. S. Milne, p. 180.

72) Speech by Prime Minister Lee Hsien Loong at Gala Diner hosted by US Chamber of Commerce and US-ASEAN Business Council, 2 April 2013. www.pmo.gov.sg/.../speech-prime-minister-lee-hsien-loong-gala.

73) 林勋强, 〈新加坡与美国商家可共同把握区域增长机会〉, 《联合早报》, 2011-03-

05, 16:18, http://eresources.nlb.gov.sg/newspapers/Digitised/Article/lhzb20110305-1.2.42.19.

74) Speech by Prime Minister Lee Hsien Loong at Gala Diner hosted by US Chamber of Commerce and US-ASEAN Business Council, 2 April 2013, www.pmo.gov.sg/.../speech-prime-minister-lee-hsien-loong-gala.

75) 林勋强, 〈新加坡与美国商家 可共同把握区域增长机会〉.

76) Speech by Prime Minister Lee Hsien Loong at Gala Diner hosted by US Chamber of Commerce and US-ASEAN Business Council, 2 April 2013, www.pmo.gov.sg/.../speech-prime-minister-lee-hsien-loong-gala.

77) 〈专访李显龙: 新加坡繁荣有赖于中美解决分歧〉, Reuters 2010-11-03, 13:20, https://cn.reuters.com/article/idCNCHINA-3272320101103; 〈李顯龍在美國这樣誇中國:亞洲繁榮重要驅動者〉, 《Sina新浪軍事》 2017-10-24,12:34, http://mil.news.sina.com.cn/dgby/2017-10-24/doc-ifymzqpq3750911.shtml

78) Speech by Prime Minister Lee Hsien Loong at Gala Diner hosted by US Chamber of Commerce and US-ASEAN Business Council, 2 April 2013, www.pmo.gov.sg/.../speech-prime-minister-lee-hsien-loong-gala

79) Speech by Prime Minister Lee Hsien Loong at Gala Diner hosted by US Chamber of Commerce and US-ASEAN Business Council, 2 April 2013, www.pmo.gov.sg/.../speech-prime-minister-lee-hsien-loong-gala.

80) 周兆呈, p. 36.

81) 李光耀, 〈即使中国GDP超过美国 也无法恢复汉朝时地位〉, 《新華網》 2011-03-11, 16:17에 李光耀가 미국 〈Forbes〉에 2011년 3월 9일에 〈中国日益增强的实力及其带来的影响〉에 관한 기사 재인용 http://finance.ifeng.com/news/hqcj/20110311/3642631.shtml.

82) 關永堅(关永坚), 〈李光耀 : 只有美国能抗衡中国〉.
武津生, p. 155; Diane K. Mauzy and R. S. Milne, p. 179.

83) 新華國際, 〈美媒報道南洋理工大學成中共"海外黨校〉(N/OL);,
陳慶祥, 〈習近平到訪新加坡〉(EB/OL).

84) Speech by Prime Minister Lee Hsien Loong at Gala Diner hosted by US Chamber of Commerce and US-ASEAN Business Council, 2 April 2013,

www.pmo.gov.sg/.../speech-prime-minister-lee-hsien-loong-gala.
85) S. Jayakumar, pp. 279-280.
86) 김성진, p .63.
87) Han Fook Kwang et al., p. 76.
88) 양승윤 등, p. 145.
89) Diane K. Mauzy and R. S. Milne, p. 185.
90) S. Jayakumar, p. 22.
91) Diane K. Mauzy and R. S. Milne, p.184.
92) Diane K. Mauzy and R. S. Milne, p. 185.
93) Han Fook Kwang et al., p. 303.
94) 韓干依, 〈中新關係好轉乍暖還寒?〉, 《亞洲週刊》(2017年 3月 19日), p. 58.
95) 筆鋒, 〈缺席一帶一路李顯龍徒奈何〉, 《亞洲週刊》(2017年 6月 4日), p. 6.

5부

1장

1) Han Fook Kwang et al., pp. 17, 28; 김성진, pp. 15, 44 58; Fareed Zakaria, p. 114; 양승윤, pp. 84-85; PM Lee Hsien Loong at the Ho Rih Hwa Leadership in Asia Public Lecture Series 30 June 2015, http://www.pmo.gov.sg/newsroom/pm-lee-hsien-loong-ho-rih-hwa-leadership-asia-public-lecture-series.
2) 黃朝翰·趙力濤, p. 2.
3) Diane K. Mauzy and R. S. Milne, p. 66.
4) 金斗鎭, p. 65, 이용주, 〈싱가포르의 경제사회 발전에 대한 고찰〉, 《현상과인식》(2007년 가을), p.106에 의하면 토지 국유지가 80%라고 한다.
5) Han Fook Kwang et al., p. 32; Jon S. T. Quah, p. 248; 김성진, pp. 45, 76.
6) Han Fook kwang et al., p. 10.
7) Diane K. Mauzy and R. S. Milne, p. 176.
8) 金斗鎭, p. 62; 이용주, p. 106.
9) Han Fook Kwang et al., p.75.
10) 《李光耀回忆录》, p. 66.

11) Han Fook Kwang et al., p. 33.

12) Diane K. Mauzy and R. S. Milne, p. 3.

13) Diane K. Mauzy and R. S. Milne, pp. 3-4; Jon S. T. Quah, p. 248.

14) 《李光耀回忆录》, p. 71.

15) 金斗鎭, p. 50; 노진귀, 《싱가포르 노총의 교육·서비스기능에 관한 연구》(한국노총 중앙연구원, 2008), pp. 16-17; Chan Heng Chee, "The PAP and the Structuring of the Political System", p. 77.

16) Han Fook Kwang et al., p. 51.

17) 노진귀, p. 20; 양승윤 등, p. 197.

18) 金斗鎭, p. 69; 노진귀, p. 19; 李文, "新加坡人民行动党治国理政的成功经验".

19) Diane K. Mauzy and R. S. Milne, p. 31.

20) 曾業松, 〈走访新加坡人民行动党总部〉; 金斗鎭, p. 50.

21) Diane K. Mauzy and R. S. Milne, p. 31; 양승윤 등, p. 197.

22) Chong Yah Lim, Singapore's National Wages Council : An Insider's View (Singapore: World Scientific Publishing Co. Pte. Ltd., 2014), p. 6; 金斗鎭, p. 50; 노진귀, pp. 70-71.

23) 金斗鎭, p. 69; Chong Yah Lim, pp. 128-139.

24) 노진귀, pp. 70-71; 臺灣經濟部投資審議 委員會, 《新加坡投資環境簡介(Investment Guide to Singapore)》(經濟部投資業務處 編印, 2012). p. 63.

25) 양승윤 등, p. 197; 노진귀, p. 24. 金斗鎭, p. 70.

26) Economic development Board는 한국어 번역으로 경제발전위원회라고 하나 중문으로 경제발전국으로 일본에서는 經濟發展廳으로 번역하고 있다. 그 역할면에서 보면 위원회라는 직역이 안 맞아 저자는 經濟發展局을 택했다.

27) Lee Kuan Yew, From Third World to First: Singapore and the Asian Economic Boom, p. 77.

28) 黄国雄, p. 6/31; 臺灣經濟部投資審議 委員會, p. 39; 김성진, p. 77.

29) 黄国雄, p. 6/31; 臺灣經濟部投資審議 委員會, p. 39; 김성진, p. 77.

30) 黄国雄, p. 5/31.

31) 黄国雄, p. 6/31; 臺灣經濟部投資審議 委員會, p. 39; 金斗鎭, p. 61.

32) 臺灣經濟部投資審議 委員會, p. 39.

33) 黄国雄, p. 6/31.

34) 臺灣經濟部投資審議 委員會, p. 39.

35) 臺灣經濟部投資審議 委員會, p. 39; 黄国雄, p. 5/31; 김성진, p. 77; Eng Fong Pang, "The Management of People", Management of Success :The Moulding of Modern Singapore. edited by Kernial Singh Sadhu and Paul Wheatley(Singapore : Institute of Southeast Asian, 1989), pp. 132-133. Chong Yah Lim, pp. 143-144.

36) 黄国雄, p. 5/3; 臺灣經濟部投資審議 委員會, p. 39.

37) 黄国雄, p. 4/31; 臺灣經濟部投資審議 委員會, p. 39.

38)《李光耀回忆录》, p. 72.

39) ExxonMobil, "Our history in Singapore", http://www.exxonmobil.com.sg/en-sg/company/about-us/history/our-history-in-singapore.

40) 黄国雄, p. 6/31.

41) Lee Kuan Yew, From Third World to First: Singapore and the Asian Economic Boom , p. 77.

42) 紀碩鳴, 〈深圳如何叫板新加坡〉, p. 33.

43) Diane K. Mauzy and R. S. Milne, pp. 58-60, 68-69.

44) 黄国雄, p. 2/31.

45)《李光耀回忆录》, pp. 64-65.

46) Lee Kuan Yew, From Third World to First: Singapore and the Asian Economic Boom, p. 84. 스미토모 화학에 대한 상세 정보. https://www.sumitomo-chem.co.jp/english/company/pdf/100years_history_English.pdf

47)《李光耀回忆录》, p. 84.

48) 黄国雄, p. 3/31.

49) 王江雨, 〈"新加坡模式"深思明辨〉.

50)《李光耀回忆录》, p. 74; Jonathan Rigg, "Singapore and the Recession of 1985". Asian Survey, Vol.28 No.3(March 1988), pp. 342-343; 김성진, pp. 77-78.

51) 김성진, pp. 78-79.

52) 张庭宾, 〈三中全会决定與新加坡模式〉(N/OL).

53) 王江雨, 〈"新加坡模式"深思明辨〉

54) 王江雨, 〈"新加坡模式"深思明辨〉; 黃朝翰·趙力濤, p. 76;崔潤宰. 〈싱가포르의 경제발전과 산업구조 조정〉, 《亞細亞硏究》 통권 90호(1993년 7월), p. 90.

55) Jonathan Rigg, p.343.; 金斗鎭, p. 70.

56) 金斗鎭, p. 63; 余逸群, 〈新加坡經濟起飛的教育背景〉, 《China Academic Journal Electronic Publishing House》(2013), http://www.cnki.net,p.77.; Chong Yah Lim, pp. 56, 59, 61.

57) 양승윤 등, p. 208; 노진귀, p. 26; Jonathan Rigg, p.343.

58) 王江雨, 〈"新加坡模式"深思明辨〉.

59) 《李光耀回忆录》, p. 91.

60) 王江雨, 〈"新加坡模式"深思明辨〉; Diane K. Mauzy and R. S. Milne, pp. 74-75.

61) 溫胜芳, p. 256; Davis W. Chang, p. 765.

62) Wong Wei Han, "S'pore aims to keep lead in chemicals, energy sectors: PM" Today, 9 January 2014, http://www.todayonline.com/singapore/spore-aims-keep-lead-chemicals-energy-sectors-pm; Diane K. Mauzy and R. S. Milne, pp. 8-9; ExxonMobil, "Our history in Singapore," http://www.exxonmobil.com.sg/en-sg/company/about-us/history/our-history-in-singapore.

63) 溫胜芳, p. 257; Marqaret Tan · Madanmohan Rao, pp. 37-38.

64) Diane K. Mauzy and R. S. Milne, p. 9.

65) 金斗鎭, p. 66.

66) Jonathan Rigg, p.343; 崔潤宰, p. 97; Lim Chong Yah, p. 51.

67) 노진귀, pp. 24-25.

68) 金斗鎭, p. 70.

69) Diane K. Mauzy and R. S. Milne, p. 70; 黃朝翰·趙力濤, pp. 14-15; Jonathan Rigg, pp. 342-346.

70) 《李光耀回忆录》, pp. 90, 95.

71) 《李光耀回忆录》, pp.89-90, 95.

72) Diane K. Mauzy and R. S. Milne, p. 70.

73) 崔潤宰, p. 95.

74) 黄国雄, p. 20/31; 崔潤宰 p.98에 의하면 중앙공적금에 납부하는 고용주 부담도 25%에서 10% 하향조정하였다. Jonathan Rigg, pp. 349-350.

75) Diane K. Mauzy and R. S. Milne, p. 72. 공공유틸리티 중 일부만 1993년에 민영화했다. Sing Tel이 1993년 민영화되고 2001년에 대기업인 Kappel Co.가 민영화되었다; 崔潤宰, pp. 101-102; Jonathan Rigg, p. 351.

76) Han Fook Kwang et al., pp. 142-143; Jonathan Rigg, 351.

77) 노진귀, p. 26.

78) 노진귀, pp. 32-33.

79) 노진귀, pp. 24, 29; 양승윤 등, p. 208; National Trades Union Congress, One Marina Boulevard, NTUC Centre, Singapore 018989, REPUBLIC OF SINGAPORE http://www.ntucworld.org.sg.

80) 양승윤 등, pp. 208, 216; 노진귀, p. 71.

81) 金斗鎭, p. 71.

82) 黃朝翰·趙力濤, pp. 14-15.

83) 黃朝翰·趙力濤, p .75; Marqaret Tan·Madanmohan Rao, p. 5에 Liebowitz의 지식경영에 대한 정의가 있다.

84) Diane K. Mauzy and R. S. Milne, p. 69.

85) Diane K. Mauzy and R. S. Milne, p. 82; 金斗鎭, p. 61; Yunhua Liu, pp. 116-117 특히 중국에 적극 투자했다.

86) Diane K. Mauzy and R. S. Milne, p. 67; 王江雨, 〈"新加坡模式"深思明辨〉

87) National Trades Union Congress, One Marina Boulevard, 전국노조총회 Centre, Singapore 018989, REPUBLIC OF SINGAPORE http://www.전국노조총회world.org.sg.
https://www.todayonline.com/business/there-need-retirement-age-spore-experts-divided

88) 양승윤 등, p. 208; 노진귀, pp. 34, 36; 퇴직 연령이 55세에서 60세로 연장된 데에는 Dr. Winsemius 역할이 컸다. Chong Yah Lim, p. 35.

89) Diane K. Mauzy and R. S. Milne, pp. 46, 69.

90) 김성진, p. 81.

91) Diane K. Mauzy and R. S. Milne, pp. 76-77; 李毅, pp. 55-56.

92) Manu Bhaskaran and Peter Wilson, "The Post-Crisis Era: Challenges or the Singapore Economy", Challenges for the Singapore Economy after the Global Financial Crisis, edited by Peter Wilson(World Scientific Publishing Co., 2011), p. 55. 전문가들에 의하면 인프라 부족, 인건비 상승, 투자 부족, 인도네시아의 red tape 등에 의한 투자 부족에 의해 2016년 현재 중단 상태임. http://www.straitstimes.com/asia/se asia/riaui zone looks to spore for a boost.

93) Diane K. Mauzy and R. S. Milne, pp. 77-78.

94) Diane K. Mauzy and R. S. Milne, p. 71.

95) 金斗鎭, p. 50; 양승윤, p. 202; Diane K. Mauzy and R. S. Milne, pp. 70-71. Linda Low는 Singapore: Towards A Deveoped Status(Singapre: Oxford Univ. Press, 1999)의 편집자이다.

96) 王江雨, 〈"新加坡模式"深思明辨〉.

97) 《李光耀回忆录》, pp. 94-95.

98) Lee Kuan Yew, From Third World To First, pp. 98-100.

99) Diane K. Mauzy and R. S. Milne, p.80; 王銘, p.49; 呂敦益, 《再造獅城 : 亞經濟一體化下的新加坡發展戰略》(新加坡:創意圈出版社, 2008), p.359.

100) Diane K. Mauzy and R. S. Milne, pp. 80-81.

101) Diane K. Mauzy and R. S. Milne, p.71.

102) Diane K. Mauzy and R. S. Milne, p.71

103) 李皖南, p. 17.

104) 李皖南. p. 17.

105) 黄国雄, p. 21/31; Diane K. Mauzy and R. S. Milne, pp.82-83; National Trades Union Congress, One Marina Boulevard, NTUC Centre, Singapore 018989, REPUBLIC OF SINGAPORE http://www.ntucworld.org.sg.

106) Diane K. Mauzy and R. S. Milne, p. 78.

107) 싱가포르생산성 표준위원회는 2001년에 '표준, 생산성혁신위원회(Standards Productivity and Innovation Board: SPRING Sigapore)로 개편된다. 노진귀, p. 27.

108) 黄国雄, p. 21/31.

109) 김성진, p.74.

110) 김성진, p.79; Diane K. Mauzy and R. S. Milne, p. 68.

111) 呂敦益, pp. 365-369에 아시아의 금융중심으로서의 산업발전전략이 소개되어 있다.

112) Diane K. Mauzy and R. S. Milne, pp. 78-79, 81-82. Chong Yah Lim, p. 83.

113) 김성진, p. 81.

114) 艾 虞, 〈新加坡經濟轉型刷新夢想〉, 《亞洲週刊》, (2008年 3月 9日), p. 34; 이용주, p. 106.

115) 艾 虞, p. 34; Diane K. Mauzy and R. S. Milne, p. 83.

116) 李皖南, p. 17.

117) Diane K. Mauzy and R. S. Milne, pp. 79-80; 吳卓群·魏家雨. 〈新加坡产业发展战略〉, 《新加坡政府網》, 2007-11-10, https://wenku.baidu.com/view/49eb5067f5335a8102d220c0.html.

118) 김성진, p. 82.

119) 艾 虞, pp. 34-35.

120) Han Fook Kwang et al., pp. 166-167; 高小石, p. 1/3.

121) 高小石 p. 1/3에 의하면 미국 라스베이거스 샌드기업은 20억 달러를 투자했다고 한다.

122) 艾 虞, p.35. https://www.stb.gov.sg/news-and-publications/lists/newsroom/dispform.aspx?ID=744

123) 呂敦益, pp. 355-356, 370-374.

124) 艾 虞, p.35.

125) 彭戈, 〈淡馬錫入川天府新區複製"新加坡模式"〉(N/OL); 〈一个复制171个国家的超级商业模式?!〉.

126) 艾 虞, p. 35.

127) 김성진, p. 84.

128) 艾 虞, p. 34.

129) Han Fook Kwang et al., pp. 182-183.

130) Diane K. Mauzy and R. S. Milne, p. 81.

131) 艾 虞, p. 34.

132) 李皖南, pp. 17-18; Manu Bhaskaran and Peter Wilson, pp. 55-58.

133) 黃朝翰·趙力濤, pp. 16-17.

134) Peter Wilson, "Introduction", Challenges for the Singapore Economy after the Global Financial Crisis, edited by Peter Wilson(World Scientific Publishing Co., 2011), p. 3.

135) 臺灣經濟部投資審議 委員會, pp. 27-28.

136) Chin Lian Goh, "Singapore targets 'creative ecosystem': New sectors like digital animation will offer exciting options for S'poreans: PM", The Straits Times, 17 Jan. 2014, p. A3.

137) 양승윤 등, p. 278.

138) 신은진, 〈'국제회의 메카' 싱가포르, 하늘 위에서도 콘퍼런스〉, 《조선일보》 2014-12-08, p. B5.

139) http://www.mom.gov.sg/newsroom/press-releases/2015/0529-national-wages.

2장

1) 장영철, 〈싱가포르 노동조합운동과 근로자 복지〉, 《동남아시아연구》, vol.9. no.1 (한국동남아학회, 2000), p. 69.

2) Jon S. T. Quah, p. 224.

3) 남일재, 〈다문화사회를 대비한 한국형 복지모형 모색: 싱가포르 자조주의 복지시스템의 경험과 교훈〉, 《국제정치연구》, 제11집 2호 (2008), pp. 11.

4) 남일재, p. 11, 노진귀, p. 62; Tilak Abeysinghe, Himani, and Jeremy Lim, "Equity in Singapore's Healthcare Financing", Challenges for the Singapore Economy after the Global Financial Crisis, edited by Peter Wilson, p. 120.

5) 黃朝翰·趙力濤, p. 42.

6) 黃朝翰·趙力濤, p. 43; Fareed Zakaria, p. 113.

7) Han Fook Kwang et al., pp. 187-188, 195.

8) 黃朝翰·趙力濤, p. 4.

9) 남일재, p. 11, 노진귀, p. 62; Tilak Abeysinghe, Himani, and Jeremy Lim, p. 120.

10) 장영철, p. 69; 黃朝翰 · 趙力濤, p. 5.

11) Jon S. T. Quah, p. 224.

12) Han Fook Kwang et al., pp. 176, 201, 212, 215.

13) 남일재, pp. 11.

14) 노진귀, p. 62.

15) 王江雨, 〈"新加坡模式"深思明辨〉.

16) Han Fook Kwang et al., pp. 175-176; Jon S. T. Quah, p. 224.

17) 王江雨, 〈"新加坡模式"深思明辨〉.

18) 장영철, pp. 70-72; 양승윤 등, p. 205.

19) 黄国雄, p. 14/31.

20) Jon S. T. Quah, p. 226.

21) 李文, p. 2/3.

22) Han Fook Kwang et al., pp. 169-170.

23) 黄国雄, p. 13/31.

24) 黃朝翰·趙力濤, p. 49; 노진귀, pp. 62-63; 高世薰, 〈싱가포르 복지체계의 정치경제학〉, 《亞細亞硏究》, 통권 90호(1993년 7월), p. 118; Linda Y.C. Lim, p.188.

25) 黄国雄, p. 13/31: Ichiro Sugimoto, Economic Growth of Singapore in The Twentieth Century : Historical GDP estimates and Empirical Investigations(Singapore: World Scientific, 2011), pp. 202, 204, 236: Eng Fong Pang, "Planning the Economy for a Surprise-free Future", Singapore towards the Year 2000, edited by Saw Swee-Hock and R. S. Bhathal (Singapore: Singapore University Press, 1981), p.35.

26) 黄国雄, p.14/31; Tilak Abeysinghe, Himani, and Jeremy Lim, p. 204.

27) 黃朝翰·趙力濤, pp. 47-49; Peter Wilson, pp. 7-8.

28) 黄国雄, p. 13/31.

29) Diane K. Mauzy and R. S. Milne, p. 86.

30) 黃朝翰·趙力濤, pp. 48-49.

31) Diane K. Mauzy and R. S. Milne, p. 86.

32) 黃朝翰·趙力濤, p. 49; 노진귀, pp. 62-63; 高世薰, pp. 123, 125-126.

33) Diane K. Mauzy and R. S. Milne, p. 86.

34) 黄国雄, p. 14/31.

35) 黄国雄, p. 13/31.

36) Diane K. Mauzy and R. S. Milne, p. 89.
37) 黄国雄, p. 13/31.
38) Diane K. Mauzy and R. S. Milne, p. 88; 高世薰, pp. 124-125.
39) 黃朝翰·趙力濤, p. 49; 노진귀, pp. 62-63.
40) Diane K. Mauzy and R. S. Milne, pp.87-89; Han Fook Kwang et al., p. 201.
41) 黄国雄, p. 14/31.
42) Diane K. Mauzy and R. S. Milne, pp. 88-89.
43) Diane K. Mauzy and R. S. Milne, pp. 88-89.
44) 黃朝翰·趙力濤, pp. 49-50.
45) Diane K. Mauzy and R. S. Milne, pp. 86-87; Tilak Abeysinghe, Himani, and Jeremy Lim, p.123.
46) 秦柔, p. 21.
47) 黄国雄, p. 14/31.
48) 王江雨, 〈"新加坡模式"深思明辨〉.
49) 黃朝翰·趙力濤, p. 49; 黄国雄, p. 14/31; Diane K. Mauzy and R. S. Milne, p. 94.
50) Diane K. Mauzy and R. S. Milne, pp. 89-90.
51) Diane K. Mauzy and R. S. Milne, pp. 88-89.
52) Diane K. Mauzy and R. S. Milne, p .86; 王江雨, 〈"新加坡模式"深思明辨〉.
53) 王江雨, "新加坡公积金制度的是与非" 来源 : 2014年06月11日 09:04, 《新京报》 http://opinion.people.com.cn/n/2014/0611/c1003-25133385.html.
54) 黄国雄, p. 10/31.
55) 黃朝翰·趙力濤, p. 37.
56) 《李光耀回忆录》, pp.112-113; 王江雨, 〈"新加坡模式"深思明辨〉.
57) 黃朝翰·趙力濤, p. 37.
58) Diane K. Mauzy and R. S. Milne, pp. 90-91.
59) 黃朝翰·趙力濤, p. 38.
60) 黄国雄, p. 9/31.
61) 東陽, 〈新加坡, 璃共産主義最近的地方〉; Linda Y.C. Lim, pp. 183, 185.
62) Diane K. Mauzy and R. S. Milne, p. 90.

63) 黃朝翰·趙力濤, p. 38.

64) 1년 이상 장기에 걸쳐 발생된 금융소득이 일시에 지급될 경우, 동시점의 다른 소득과 종합 합산해 누진과세하게 되면 세부담이 과중되므로 이런 불이익을 해소하기 위한 세금 계산법이다.

65) 黃国雄, p. 9/31.

66) 王江雨, 〈"新加坡模式"深思明辨〉; 黃国雄, p. 10/31; 黃朝翰·趙力濤, p. 38.

67) Diane K. Mauzy and R. S. Milne, p. 90.

68) Diane K. Mauzy and R. S. Milne, p. 91.

69) Han Fook Kwang et al., pp. 52-53, 96.

70) 王江雨, 〈"新加坡模式"深思明辨〉; 鄭東陽, 〈新加坡, 璃共産主義最近的地方〉

71) 黃朝翰·趙力濤, pp. 40-41; 통계가 차이가 나는데 Diane K. Mauzy and R. S. Milne는 2000년에 이르면 싱가포르 사람의 86%가 공영주택에 살고 그들의 93%가 자기 소유라는 것이다. 이는 전 인구의 80%가 아파트를 가졌다고 말하고 있다. Diane K. Mauzy and R. S. Milne, p.90 참조.

72) 文泉, 〈新加坡公共住房成功經驗及其面臨的新挑戰〉, 《新華新聞》, 2013-02-25, 10:27, sg.xinhuanet.com/2013-02/25/c_124383904.htm, p. 1/3.

73) Diane K. Mauzy and R. S. Milne, p. 90.

74) 王江雨, 〈"新加坡模式"深思明辨〉; 文泉, p. 1/3.

75) 黃朝翰·趙力濤, pp. 38-39.

76) 鄭東陽, 〈新加坡,璃共産主義最近的地方〉; 文泉, p. 1/3.

77) 鄭東陽, 〈新加坡,璃共産主義最近的地方〉.

78) 黃国雄, p. 10/31.

79) Diane K. Mauzy and R. S. Milne, p. 93.

80) 邱爱军,〈新加坡"居者有其屋"及其启示〉.

81) 黃国雄, p. 10/31.

82) Diane K. Mauzy and R. S. Milne, p. 92

83) 黃国雄, p. 9/31; 文泉, p. 2/3; 黃朝翰·趙力濤, pp. 39-40.

84) Han Fook Kwng et al., p. 53.

85) 黃朝翰 · 趙力濤, p. 34.

86) 黃朝翰·趙力濤, p. 31.

87) 黄朝翰·趙力濤, pp. 34-35; Tilak Abeysinghe, Himani, and Jeremy Lim, p. 123.

88) 黄国雄, p. 13/31.

89) 黄朝翰·趙力濤, p. 35; Tilak Abeysinghe, Himani, and Jeremy Lim, pp. 205-206, 211.

90) Tilak Abeysinghe, Himani, and Jeremy Lim, p. 123, 129-132.

91) 黄朝翰·趙力濤, pp. 35-36.

92)黄朝翰·趙力濤, p. 37.

93)黄朝翰·趙力濤, p. 36.

94)黄朝翰·趙力濤, pp. 36, 58.

95)黄朝翰·趙力濤, p. 59.

96)黄朝翰·趙力濤, pp. 33-34.

97)Salma Khalik, Senior Health Correspondent "Managing the bed crunch in hospitals New procedures, facilities added over the years(병원 병실(침상) 부족 관리: 다년간 시설보충과 새로운 절차), The Straits Times, Jan 10, 2014. http://www.straitstimes.com/sites/straitstimes.com/files/20140110/ST_20140110_SKCRUNCH08_3993038e.jpg.

98) Gan Kim Yong, "Healthcare Community Health Assist scheme now covers more people"Published on Mar 07, 2012 salma@sph.com.sg, www.facebook.com/ST.Salma.

99) 黄朝翰·趙力濤, p. 59.

100) 黄朝翰·趙力濤, p. 61.

101) Yasmine Yahya, "More funds poured in to meet elder care and healthcare needs of llow-income households Budget" The Straits Times, www. straitstimes.comPublished on Feb 25, 2013.

102) Han Fook Kwang et al., p. 202.

103) Gan Kim Yong, "Healthcare Community Health Assist scheme now covers more people" Published on Mar 07, 2012 salma@sph.com.sg, www.facebook.com/ST.Salma.

104) Gan Kim Yong, "Healthcare Community Health Assist scheme now

covers more people" Published on Mar 07, 2012 salma@sph.com.sg, www.facebook.com/ST.Salma.

105) Linette Lai, "AIC to help nursing homes to improve service quality Agency to train and 'audit' them, to raise standards"The Straits Times Jan. 10 2014 linettel@sph.com.sg.

106) Yasmine Yahya, "More funds poured in to meet elder care and healthcare needs of low-income households Budget", The Straits Times, www. straitstimes.comPublished on Feb. 25, 2013.

107) https://www.msf.gov.sg/Comcare/Pages/default.aspx.

108) Yasmine Yahya, "More funds poured in to meet elder care and healthcare needs of llow-income households Budget", The Straits Times, www. straitstimes.comPublished on Feb 25, 2013.

109) 450,000 seniors aged 65 or older to get more healthcare subsidies, Medisave top ups Published on Feb 09, 2014;10:57 AM 660 762. http://www.straitstimes.com/sites/straitstimes.com/files/20140209/pioneer3e.jpg 자세한 내용은 on Feb 21에 발표된 예산 발표안에 있다: Goh Chin Lian, "PM Lee outlines health-care package for 450,000 pioneers : subsidies and top-ups provided for life; package a way to honour them" The Straits Times, Feb. 10, 2014, p. A1; Neo Chai Chin,"450,000 eligible for Pioneer Generation Package says PM," Today, 10 Feb. 2014, pp.1-2.

110) Han Fook Kwang et al., p. 202.

111) 黃朝翰·趙力濤, p. 30.

112) Han Fook Kwang et al., pp. 63, 66.

113) 양승윤 등, p. 226; 노진귀, pp. 128, 137, 139; Linda Y. C. Lim, "Social Welfare", Management of Success :The Moulding of Modern Singapore. edited by Kernial Singh Sadhu and Paul Wheatley(Singapore : Institute of Southeast Asian, 1989), p. 176.

114) 양승윤 등, p. 217.

115) 노진귀, pp. 138, 140.

116) 양승윤 등, pp. 199, 216-217.

117) 노진귀, pp. 20-21.

118) 양승윤 등, p. 212; 노진귀, pp. 21, 70.

119) 노진귀, p. 72.

120) 黃国雄, p. 18/31; 양승윤, p. 208,198.

121) 黃朝翰·趙力濤, p. 5.

3장

1) Han Fook Kwang et al., p. 187.

2) Han Fook Kwang et al., p. 188.

3) Han Fook Kwang et al., p. 186.

4) 黃朝翰·趙力濤, p. 19.

5) Linda Y.C. Lim, p.179에 의하면 문맹률이 높고 국민 구성원은 다민족으로 각기 다양한 언어를 사용하고 있었다.

6) 黃朝翰·趙力濤 p. 19; Linda Y.C. Lim, p. 178.

7) 黃朝翰·趙力濤 pp. 20, 23.

8) 黃朝翰·趙力濤 pp. 21-22.

9) 臺灣經濟部投資審議 委員會, p. 76; 新加坡教育部 網址http://www.moe.edu.sg.

10) Education Statistics Digest, 2016, Ministry of Education, Singapore, https://www.moe.gov.sg/about/publications/education-statistics.

11) 김성진, pp. 41-42, 91.

12) 양승윤 등, p. 250; 김성진, p.39.

13) 黃朝翰·趙力濤, p. 24.

14) 양승윤 등, pp. 249-250; 김성진, p. 38.

15) 黃朝翰·趙力濤, pp. 24-25.

16) 양승윤 등, p. 251; 김성진, p. 39; 이순미, p. 106.

17) 양승윤 등, p. 251.

18) 이순미, p. 107.

19) 黃朝翰·趙力濤, pp. 25-26; 양승윤 등, p. 252; 김성진, p. 40.

20) 黃朝翰·趙力濤, p. 26; 양승윤 등, p. 252.

21) 黃朝翰·趙力濤, p. 27.

22) 黃朝翰·趙力濤, p. 58; Linda Y.C. Lim, p. 181.

23) 黃朝翰·趙力濤, pp. 27, 57.

24) 黃朝翰·趙力濤, pp. 27-28.

25) Peter Schoppert, "Digital Publishing in Singapre: The Markets", PS Media Asia, 23 September 2013,08:44, http://www.psmedia.asia/content/digital-publishing-singapore-markets.

26) 양승윤 등, p. 252.

27) Jon S. T. Quah, p. 159; 章康龍, p. 27.

28) 黃朝翰·趙力濤, p. 29.

29) 양승윤 등, p. 248.

30) 양승윤 등, pp. 253-254; 김성진, p. 43.

31) https://en.wikipedia.org/wiki/Singapore_University_of_Technology_and_Designhttps://www.tianjinecocity.gov.sg/

32) 양승윤 등, p. 254.

33) 양승윤 등, p. 255.

34) 이순미, 《유리벽 안에서 행복한 나라: 싱가포르가 이룬 부와 교육의 비밀》(리수, 2010), p. 43.

35) 이순미, p. 44.

36) 양승윤 등, pp. 254-255; 김성진, p. 43.

37) https://en.wikipedia.org/wiki/Singapore_University_of_Technology_and_Designhttps://www.tianjinecocity.gov.sg/

38) Han Fook Kwang et al., pp. 12, 32.

39) Figure 1. National Research Foundation Fellow 공고.

40) 인재영입에 있어 경우마다 영입 조건이 다르기 때문에, 확인이 어려워 조남준 박사의 경우를 예로 든다.

41) Figure 2. Bertil Andersson 당시 부총장 영입에 대한 신문 및 저널 반응 "Singapore's NTU top in Asia for research impact", The Straits Times, 8 June 2014- It surges ahead of other universities in region in producing quality research.

42) https://www.nrf.gov.sg/funding-grants/nrf-fellowship-and-nrf-

investigatorship

43) "Singapore's NTU top in Asia for research impact" The Straits Times, 8 June 2014- It surges ahead of other universities in region in producing quality research; Jan Petter Myklebust, "Lessons to learn from world-class universities", University World News, 28 November 2015 Issue No:392; Xue Jian Yue, "NYU launches academy to boost teaching standards", Today, 5 Feb. 2014, p. 22.

44) https://www.nrf.gov.sg/funding-grants/nrf-fellowship-and-nrf-investigatorship#sthash.J2YyCbjC.dpuf https://www.nrf.gov.sg/funding-grants/nrf-fellowship-and-nrf-investigatorship.

45) Nanyang Assistant Professorship 공고(http://www3.ntu.edu.sg/nap/)

46) https://www.nrf.gov.sg/funding-grants/nrf-fellowship-and-nrf-investigatorship#sthash.J2YyCbjC.dpuf

47) http://enewsletter.ntu.edu.sg/classact/Nov10/Pages/cn2a.aspx?AspxAutoDetectCookieSupport.

48) Asian Research Impact Trends 참조.

49) 이순미, p. 46.

50) Research, Innovation and Enterprise Council -The NRP가 the Research Innovation and Enterprise Council.을 지원하고 The RIEC의 회장은 싱가포르 총리이다. www.nrf.gov.sg/about-nrf/.../research-innovation-and-enterprise-council-(riec).

51) A.T. Kearney/Foreign Policy Magazine Globalisation Index 2006.

52) The Global Competitiveness Report 2014-2015, World Economic Forum

53) Doing Business 2014 Report, World Bank.

54) 2016 All Rights Reserved. Singapore-MIT Alliance for Research and Technology.

에필로그

1) 2013년 3월 24일 《런민르바오人民日報》 재인용. 리쥔루, 《중국의 꿈은 어떤 꿈인가?》(중국베이징, 외문출판사, 2014), p. 26.

2) 리쥔루, pp. 40, 67.
3) Eugene K. B. Tan, "The Evolving social Compact and the Transformation of Singapore Going Beyond Quid Pro Quo in Governance", Management of Success: Singapore Reassessed, edited by T. Chong(Singapore: Institute of Southeast Asian Studies, 2010), pp. 90-91.
4) 周兆呈, p. 36.
5) 미네무라 겐지에 의하면 홍얼다이紅二代와 홍허우다이紅後代는 마오쩌둥과 함께 혁명 활동에 참여한 고위관료를 할아버지나 아버지로 둔 자녀세대를 지칭하며, 경제성장 이후 고위 간부인 부모세대의 권세를 등에 업고 돈을 버는 자식들을 서민들이 비난의 의미를 담아 고관 자제들을 태자당이라고 부르기 시작했다고 한다. 미네무라 지음, p. 302, 304. 참조.
6) 武津生, p. 274.
7) 王江雨, 〈"新加坡模式"深思明辨〉.
8) 미네무라 겐지 지음, pp. 256, 281, 287-288; 안용현, "민심 업은'시진핑의 反부패'...이제 무풍지대 軍部에 몰아친다".《조선일보》, 2014-04-07, p. A16.
9) 武津生, p. 348.
10) 武津生, p. 316.
11) 미네무라 겐지. 지음, pp. 318-319.
12) [Weekly BIZ] [칼럼 Outside] 中경제성장 둔화… 오래가지 않을 것… '회복 탄력성' 건재.
장쥔 푸단대 중국경제연구소장 : 2015.01.03 03:02.
13) Lee Kuan Yew, Interview with Graham Allison and Robert D. Blackwill,, pp. 154-155; Graham Allison, Robert D. Blackwill 지음, 석동연 번역, pp. 86, 93.
14) Graham Allison, Robert D. Blackwill 지음, 석동연 번역, p. 86.
15) 리쥔루, p. 24.
16) 이장훈, "중국의 북한 급변사태 대응 秘플랜 접경지역 전력 강화에 또 다른 노림수 있다", 〈글로벌 포커스〉, 《월간중앙》, 201709호(2017.08.17), http://jmagazine.joins.com/monthly/view/317825.
17) Martin Jacques 지음, p. 509.

18) 최인준, "중국 AI특허 8410건… 한국 1533건의 5.5배", 《조선일보》, 2017-07-31, http://biz.chosun.com/site/data/html_dir/2017/07/31/2017073100050.html#csidx3da4a6e6478d9c59c417e38b323b7f3.

19) 성균관대학교 성균중국연구소 엮고 옮김, 《신시대: 제19차 중국공산당 전국대표대회보고》(서울: 지식공작소, 2018), pp. 209, 299.

20) Graham Allison, Robert D. Blackwill, 《리콴유가 말하다: 누가 No.1이 될 것인가? 중국인가, 미국인가?(The Grand Master's Insights on China, the United states, and the World)》, 석동연 번역, p.95; Edward Cody, "China Not a U.S. Rival Beijing Official Says; Opposition Expressedto Power Politics in Asia", Washington Post, January 18, 1997.

참고문헌

국문 참고문헌

김성진,《리콴유: 작지만 강한 싱가포르 건설을 위해》, 살림출판사, 2007.
노진귀,《싱가포르 노총의 교육-서비스기능에 관한 연구》, 한국노총 중앙연구원, 2008.
리쥔루,《중국의 꿈은 어떤 꿈인가?》, 중국 베이징: 외문출판사, 2014.
성균관대학교 동아시아학술원,《성균차이나 포커스 중국전망: 정치·외교·경제》, 성균차이나 포커스 제28호, 2017. 1. 15.
성균관대학교 성균중국연구소 엮고 옮김,《신시대: 제19차 중국공산당 전국대표대회보고》, 서울: 지식공작소, 2018.
성균중국연구소 편,《토지로 본 중국사회》, 성균중국연구소, 2015.
양승윤 등,《싱가포르》, 한국외국어대학교 출판부, 초판 1998, 개정판 2004.
양현모 등 편,《싱가포르의 행정과 공공정책》, 서울: 신조사, 2010.
이순미,《유리벽 안에서 행복한 나라: 싱가포르가 이룬 부와 교육의 비밀》, 리수, 2010.

잡지

高世薰, 〈싱가포르 복지체계의 정치경제학〉,《亞細亞硏究》, 통권 90호, 1993년 7월.
金斗鎭, 〈싱가포르의 발전의 政治經濟-국가, 다국적 기업, 그리고 노동-〉,《亞細亞硏究》, 통권 90호, 1993년 7월.
남일재, 〈다문화사회를 대비한 한국형 복지모형 모색: 싱가포르 자조주의 복지시스템의 경험과 교훈〉,《 국제정치연구》, 제11집 2호, 2008.
劉仁善, 〈싱가포르 150年史(1819-1969)-漁村에서 獨立國家로〉,《亞細亞硏究》, 통권 90호, 1993년 7월.

이용주, 〈싱가포르의 경제사회 발전에 대한 고찰〉, 《현상과인식》, 2007년 가을.
임계순, 〈리콴유의 싱가포르 모델을 따라가는 중국〉, 《月刊 朝鮮》, 5월호, 2015년 5월.
장영철, 〈싱가포르 노동조합운동과 근로자 복지〉, 《동남아시아연구》, Vol.9 No.1, 한국동남아학회, 2000.
崔潤宰, 〈싱가포르의 경제발전과 산업구조 조정〉, 《亞細亞硏究》, 통권 90호, 1993년 7월.
최지영, 〈중국간부제도개혁과 정치안정〉, 《국방연구》, 제55권 제2호, 2012년 6월.
황태연, 〈정치〉, 《성균차이나포커스 중국전망: 정치, 외교, 경제》, 성균관대학교 동아시아학술원, 성균차이나 포커스 제28호, 2017. 1. 15.

번역서

미네무라 겐지, 《13억 분의 1의 남자: 황제자리를 두고 벌인 인류 최대의 권력 투쟁》, 박선영 옮김, 서울: 레드스톤, 2015.
相江宇, 《시진핑과 조력자들(習進平班底)》, 박영인 옮김, 서울: 도서출판 린, 2012.
中共中央文獻硏究室編, 《시진핑, 개혁을 심화하라(習近平, 關于全面深化改革論述摘編)》, 성균중국연구소 옮김, 성균관대학교출판부, 2014.
Allison, Graham · Blackwill, Robert D, 《리콴유가 말하다: 누가 No.1이 될 것인가? 중국인가, 미국인가?(The Grand Master's Insights on China, the United states, and the World)》, 석동연 번역, 서울: 행복에너지, 2015.
Jacques, Martin, 《중국이 세계를 지배하면(When China Rules the World)》, 안세민 옮김, 서울: 부·키, 2010.
Pillsbury Michael, 《백년의 마라톤(The Hundred-Year Marathon: China's Secret to Replace America as the Global superpower)》, 한정은 옮김, 서울: 영림카디널, 2015.

신문과 인터넷 자료

구자억, "한국판 千人 계획이 필요하다", 《조선일보》, 2017년 4월 3일, A33.
류근일, "리콴유도 김대중도 인정해야 하는 '현실': 철인(哲人) 정치가 리콴유를 보내며," Copyright ⓒ 조선뉴스프레스, 2015-03-25.

박문각, 《시사상식사전》, pmg지식엔진연구소.
박은균, "중국 선전, 드론 르네상스 이끌어"© KOTRA & KOTRA 해외시장뉴스 2016년 8월 18일, https://news.kotra.or.kr/user/globalBbs/kotranews/4/glo.
성연철. "시진핑, 타이완과의 오랜 인연… 양안 회담 밑거름", 《한겨레》, 등록 2015-11-09 19:41, 수정: 2015-11-09 20:59. http://www.hani.co.kr/arti/international/china/716626.html#csidx9baef13788580ce9ca15269d2456a17.
신은진, "'국제회의 메카' 싱가포르, 하늘 위서도 콘퍼런스", 《조선일보》, 2014년 12월 8일 B5.
〈세계경제 글로벌 이슈: 중국의 일대일로 정책〉, 《IT글로벌 시대의 지식정보》, 2017-05-04. lbs1895.tistory.com/category/세계경제%20글로벌%20이슈 또는 http://lbs1895.tistory.com/17.
안용헌, "미국通과 중국通", 《조선일보》, 2015년 4월 6일.
안용헌, "민심 업은 '시진핑의 反 부패'… 이제 무풍지대 軍部에 몰아친다", 《조선일보》, 2014년 4월 7일, A16.
오광진, 〈[중국]풀어주고 유치하고… '성장엔진' 부상-빈하이 신구 개발 적극 나서… 인천경제자유구역 10배 크기〉, 《한국경제매거진》, 2007-10-4. 11:57.
이장훈, "중국의 북한 급변사태 대응 秘플랜 접경지역 전력 강화에 또 다른 노림수 있다", 〈글로벌 포커스〉, 《월간중앙》 201709호, 2017-08-17. http://jmagazine.joins.com/monthly/view/317825.
"조국을 외면할 수 없다"… 미국 뿌리 치고 스텔스기 만든 91세 중국과학자", 조선닷컴 2011-01-18, http://minjokcorea.co.kr/sub_read.html?uid=7665§ion=sc10.
초가삼간, "인도, 중국의 일대일로 정책에 반격시작", 2017-05-15, http://blog.naver.com/africasyk/221006414018.
최인준, "중국 AI특허8410건… 한국 1533건의 5.5배", 《조선일보》, 2017-07-31, http://biz.chosun.com/site/data/html_dir/2017/07/31/2017073100050.html#csidx3da4a6e6478d9c59c417e38b323b7f3.
홍찬선, "쑤저우공업구의 유혹과 삼성의 중국공략 전략", 《중앙일보》, 2011년 6월 6일 11:45, http://news.joins.com/article/5596236.

Korea Creative Content Agency, "K 싱가포르, 국가일반 정보", 2015 http://welcon.kocca.kr/export/bbs/view/B0000204/1922205.do?searchCnd=&searchWrd=

영문저서

Abeysinghe, Tilak · Himani, Lim, Jeremy "Equity in Singapore's Healthcare Financing", in Challenges for the Singapore Economy after the Global Financial Crisis, edited by Peter Wilson, World Scientific Publishing Co., 2011.

Allison, Graham · Blackwill, Robert D. · Wyne, Ali. Lee Kuan Yew: The Grand Master's Insights on China, the United states, and the World. Cambridge, Mass.: the MIT press, 2013.

George, Cherian. Singapore: The Air-Conditioned Nation: Essays on the Politics of Comfort and Control 1990-2000. Singapore: Landmark Books, 6th. 2010 (1th 2000).

Ghesquiere, Henri. Singapore's Success: Engineering Economic Growth. Singapore: Thomson Learning, 2007.

Han, Fook Kwang et al. Lee Kuan Yew Hard Truths to keep Singapore Going. Singapore: Straits Times Press, 2011.

Jayakumar, S. Diplomacy: A Singapore Experience. Singapore: Straits Times Press, 2011.

Lee, Kuan Yew. From Third World to First: The Singapore Story: 1965-2000 Memoirs of Lee Kuan Yew. Singapore: Times Media Private, 2000.

Lee, Kuan Yew. From Third World to First: Singapore and the Asian Economic Boom. New York : Happer Collins Publishers, 2000.

Lim, Chong Yah. Singapore's National Wages Council: An Insider's View. Singapore: World Scientific Publishing Co. Pte. Ltd., 2014.

Manley, Iain. Tales of Old Singapore: The glorious past of Asia's greatest emporium. Hongkong: China Economic Review Publishing Ltd, 2010.

Mauzy, Diane K. and Milne, R. S. Singapore Politics Under the People's Action

Party. New York: Routledge, 2002.
Quah, Jon S. T. Public Administration Singapore Style. Singapore: Emerald Group Publishing, 2010.
Sadhu, Kernial Singh and Wheatley, Paul, eds. The Moulding of Modern Singapore. Singapore: Institute of Southeast Asian, 1989.
Sugimoto, Ichiro. Economic Growth of Singapore in The Twentieth Century: Historical GDP estimates and Empirical Investigations. Singapore: World Scientific, 2011.
Tan, Marqaret · Rao, Madanmohan. Knowledge Management Initiatives in Singapore. Singapore: World Scientific Publishing Co., 2013.
Wilson, Peter. Challenges for the Singapore Economy after the Global Financial Crisis. Singapore: World Scientific Publishing Co., 2011.
Yap, Koon Hong ed. Lee Wei Ling: A Hakka Woman's Singapore Stories, My Life as a daughter, doctor and diehard Singaporean. Singapore: Straits Times Press, 2016.

논문과 기타

Bhaskaran, Manu and Wilson, Peter. "The Post-Crisis Era: Challenges or the Singapore Economy", in Challenges for the Singapore Economy after the Global Financial Crisis, edited by Peter Wilson. World Scientific Publishing Co., 2011.
Bellows, Thomas J. "Singapore in 1988: The Transition Moves Forward". Asian Survey, Vol.29, No.2 (Feb. 1989).
Chan, Heng Chee. "Singapore in 1982: Gradual Transition to a New Order". Asian Survery, Vol.23, No.2 (Feb. 1983).
Chan, Heng Chee. "The PAP and the Structuring of the Political System". in Management of Success: The Moulding of Modern Singapore, edited by Kernial Singh Sadhu and Paul Wheatley. Singapore: Institute of Southeast Asian, 1989.
Chang, Davis W. "Nation-Building in Singapore". Asian Survey, Vol.8 No.9

(Sep.1968).

Chua, Beng Huat. "Making Singapore's Liberal Base Visible". in The AWARE Saga: Civil Society and Public Morality in Singapore, edited by Chong, Terence. Singapore : National University of Singapore Press, 2011.

Cody, Edward. China Not a U.S. Rival Beijing Official Says; Opposition Expressedto Power Politics in Asia, Washington Post, January 18, 1997.

Lee, Edwin. "Colonial Legacy". in Management of Success: The Moulding of Modern Singapore, edited by Kernial Singh Sadhu and Paul Wheatley. Singapore: Institute of Southeast Asian, 1989.

Lim, Linda Y.C. "Social Welfare". in Management of Success: The Moulding of Modern Singapore. edited by Kernial Singh Sadhu and Paul Wheatley. Singapore: Institute of Southeast Asian, 1989.

Liu, Yunhua. "China as an Emerging Market for Singapore". in Challenges for the Singapore Economy after the Global Financial Crisis. edited by Peter Wilson. World Scientific Publishing Co., 2011.

Pang, Eng Fong. "The Management of People". in Management of Success: The Moulding of Modern Singapore. Edited by Kernial Singh Sadhu and Paul Wheatley. Singapore: Institute of Southeast Asian, 1989.

Pang, Eng Fong, "Planning the Economy for a Surprise-free Future". in Singapore towards the Year 2000. edited by Saw Swee-Hock and R. S. Bhathal. Singapore: Singapore University Press, 1981.

Pillai, Philip N. and Lee, Kevin Tan Yew. "Constitutional Development". in Management of Success: The Moulding of Modern Singapore. edited by Kernial Singh Sadhu and Paul Wheatley. Singapore: Institute of Southeast Asian, 1989.

Quah, Jon S. T. and Quah, Stella R. "The Limits of Government Intervention". in Management of Success: The Moulding of Modern Singapore. edited by Kernial Singh Sadhu and Paul Wheatley. Singapore: Institute of Southeast Asian, 1989.

Rajaratnam, S. "Political Developments towards the year 2000". in Singapore towards the year 2000, Edited by Saw Swee-Hock and Bhathal, R. S. Singapore: Singapore University Press, 1981.

Rigg, Jonathan. "Singapore and the Recession of 1985". Asian Survey, Vol.28 No.3(March 1988).

Seah, Chee Meow. "National Security", in Management of Success: The Moulding of Modern Singapore. edited by Kernial Singh Sadhu and Paul Wheatley. Singapore: Institute of Southeast Asian, (1989).

Tan, Eugene K. B. "The Evolving social Compact and the Transformation of Singapore Going Beyond Quid Pro Quo in Governance". in Management of Success: Singapore Reassessed. edited by T. Chong. Singapore: Institute of Southeast Asian Studies, 2010.

Tilman, Robert O. "The Political Leadership Lee Kuan Yew and the PAP Team". in Management of Success: The Moulding of Modern Singapore. edited by Kernial Singh Sadhu and Paul Wheatley. Singapore: Institute of Southeast Asian, 1989.

Vogel, Ezra F. "A Little Dragon Tamed". in Management of Success: The Moulding of Modern Singapore. edited by Kernial Singh Sadhu and Paul Wheatley. Singapore: Institute of Southeast Asian, 1989.

Wang, Gungwu. "The Chinese as Immigrants and Settlers". in Management of Success: The Moulding of Modern Singapore. edited by Kernial Singh Sadhu and Paul Wheatley. Singapore: Institute of Southeast Asian, 1989.

Yeh, Stephen H. K. "The Idea of the Garden City". in Management of Success: The Moulding of Modern Singapore. edited by Kernial Singh Sadhu and Paul Wheatley. Singapore: Institute of Southeast Asian, 1989.

Zakaria, Fareed. "Chulture Is Destiny: A Conversation with Lee Kuan Yew". Foreign Affairs , Vol.73 No.2(March/April, 1994).

Avakian, Talia. "16 odd things that are illegal in Singapore". Business Insider, 4 Aug. 2015, 12:49PM.

http://www.businessinsider.com/things-that-are-illegal-in-singapore-2015-7/?IR=T&r=SG.

Barboza, David. "Billions in Hidden Riches for Family of Chinese Leader". The New York Times, 25 Oct. 2012. http://www.nytimes.com/2012/10/26/business/global/family-of-wen-jiabao-holds-a-hidden-fortune-in-china.html?pagewanted=all&_r=0.

Brinded, Lianna. "9 ways to embarrass yourself in Singapore". Business insider, 25 June 2015, 10:42 AM.

http://www.businessinsider.com/9-ways-to-embarrass-yourself-in-singapore-2015-6.

Chow, Jermyn. "Notable SAF deployments over the years". The Straits Times, 11 Jan. 2014.

Chow, Jermyn. "Defence Correspondent", Should SAF bear open arms? The Straits times, 11 Jan. 2014. eresources.nlb.gov.sg/newspapers/digitised/issue/straitstimes20140111-1.

Gan, Kim Yong, "Healthcare Community Health Assist scheme now covers more people". Published on Mar 07, 2012 salma@sph.com.sg www.facebook.com/ST.Salma

Goh, Chin Lian. "Singapore targets 'creative ecosystem': New sectors like digital animation will offer exciting options for S'poreans : PM." The Straits Times, 17 Jan. 2014, p. A3.

Goh, Chin Lian. "PM Lee outlines health-care package for 450,000 pioneers: subsidies and top-ups provided for life; package a way to honour them". The Straits Times, 10 Feb. 2014, p. A1.

"Goh Keng Swee Command &Staff College(GKS CSC) Seminar".

http://www.sna.ntu.edu.sg/LEARNINGRESOURCES/Pages/GohKengSweeCommandStaffCollegeSeminar.aspx.

Khalik, Salma. "Managing the bed crunch in hospitals New procedures, facilities added over the years". The Straits Times, 10 Jan. 2014.

http://www.straitstimes.com/sites/straitstimes.com/files/20140110/ST_20140110_SKCRUNCH08_3993038e.jpg.

Lai, Linettei. "AIC to help nursing homes to improve service quality

Agency to train and 'audit' them, to raise standards". The Straits Times. 10 Jan. 2014, linettel@sph.com.sg.

Lay, Belmont. "Charlie Munger in 2010: Don't ask Charlie Munger. Study the Life and Work of Lee Kuan Yew, you're going to be flabbergasted". Mothership, 4 April 2015. https://mothership.sg/2015/04/charlie-munger-in-2010-dont-ask-charlie-munger-study-the-life-and-work-of-lee-kuan-yew-youre-going-to-be-flabbergasted/

Lee Kuan Yew. Am I a dectator? (New York Times Journalist William Safire's Interview with Lee Kuan Yew 31 January 1999), The New York Times, 22 Feb. 1999. http://www.nytimes.com/library/opinion/safire/022299safi-text.html.

Myklebust, Jan Petter. "Lessons to learn from world-class universities". University World News, 28 November 2015, Issue No:392.

Neo, Chai Chin. "450,000 eligible for Pioneer Generation Package says PM". Today, 10 Feb. 2014.

Reuters. "China'a manufacturers sing Pearl River Delta blues". Taipei Times, 16 June 2004. http://www.taipeitimes.com/News/worldbiz/archives/2004/06/16/2003175298/1.

Schoppert, Peter. "Digital Publishing in Singapre: The Markets". PS Media Asia, 23 September 2013,08:44. http://www.psmedia.asia/content/digital-publishing-singapore-markets.

"Singapore's NTU top in Asia for research impact". The Straits Times, 8 June 2014.

Wong, Wei Han. "S'pore aims to keep lead in chemicals, energy sectors: PM". Today, 9 Jan. 2014. http://www.todayonline.com/singapore/spore-aims-keep-lead-chemicals-energy-sectors-pm;

Xue, Jian Yue. "NYU launches academy to boost teaching standards". Today, 5 Feb. 2014.

Yahya, Yasmine. "More funds poured in to meet elder care and healthcare needs of low-income households Budget". The Straits Times, 25 Feb. 2013.

www. straitstimes.com

Transcript of Prime Minister Lee Hsien Loong's Speech at Teck Ghee Lunar New Year Dinner, 15 February 2014.

http://www.pmo.gov.sg/newsroom/transcript-prime-minister-lee-hsien-loongs-speech-teck-ghee-lunar-new-year-dinner-15.

Speech by Prime Minister Lee Hsien Loong at Gala Diner hosted by US Chamber of Commerce and US-ASEAN Business Council, 2 Apr. 2013. www.pmo.gov.sg/.../speech-prime-minister-lee-hsien-loong-gala; http://www.pmo.gov.sg/newsroom/speech-prime-minister-lee-hsien-loong-gala-dinner-hosted-us-chamber-commerce-and-us&prev=search.

PM Lee Hsien Loong at the Ho Rih Hwa Leadership in Asia Public Lecture Series, 30 June 2015. http://www.pmo.gov.sg/newsroom/pm-lee-hsien-loong-ho-rih-hwa-leadership-asia-public-lecture-series.

Posted: 19 Jul 2010, 2230 hours(GMT +8)

Reply by Deputy Prime Minister and Minister for Defence to Parliamentary Question on Deployment of Malay or Muslim Servicemen in the SAF / content/imindef/press_room/official_releases/ps/2010/19jul10_ps2/jcr:content/imindefParsSub/0001/image.cuimg.84.116.png/1280200987511.jpg

Posted: 21 Oct 2013, 2200 hours(GMT +8)

Written Reply by Minister for Defence Dr Ng Eng Hen to Parliamentary Question on Women in the Singapore Armed Forces, https://www.mindef.gov.sg/imindef/.../2013/21oct13_ps4.html.

Posted: 24 Oct 2013, 2330 hours(GMT +8)

Speech by Minister for Defence, Dr Ng Eng Hen, at 44th Command and Staff Course (CSC), 14th CSC (NS) and 2nd CSC (E) Graduation Ceremony/content/imindef/press_room/official_releases/sp/2013/24oct13_speech/jcr:content/imindefParsSub/textimage/image.cuimg.116.160.png/1362977886781.jpgMinister for Defence Dr Ng Eng Hen.

Posted: 12 Dec 2013, 0900 hours (GMT +8)

Speech by Minister for Defence, Dr Ng Eng Hen, at the Peace Carvin II 20th Anniversary Parade, at Luke Air Force Base/content/imindef/press_room/official_releases/sp/2013/12dec13_speech/jcr:content/imindefParsSub/textimage/image.cuimg.116.160.png/1384527461852.jpg.

Posted: 13 Dec 2013, 0745 hours (GMT +8)

Transcript of Joint Press Conference between US Secretary of Defense Chuck Hagel and Singapore Minister for Defence Dr Ng Eng Hen(Excerpts) https://www.mindef.gov.sg/.../press.../2013/13dec13_speech.html.

Posted: 15 Jan 2014, 1530 hours(GMT +8)

Speech by Minister for Social and Family Development and Second Minister for Defence, Mr Chan Chun Sing at Nanyang Technological University/content/imindef/press_room/official_releases/sp/2014/15jan14_speech/jcr:content/imindefParsSub/textimage/image.cuimg.87.110.png/1389775583353.jpg.

Posted: 17 Feb 2014, 1655 hours(GMT +8)

Written Reply by Minister for Defence Dr Ng Eng Hen to Parliamentary Question on Criteria to Determine Placement of Full-Time National Servicemen to SPF, SAF r SCDF/content/imindef/press_room/official_releases/ps/2014/17feb14_ps2/jcr:content/imindefParsSub/textimage/image.cuimg.116.160.png/1351148807928.jpgMinister for Defence Dr Ng Eng Hen.

Posted: 18 Feb 2014, 2215 hours (GMT +8) Written Reply by Minister for Defence Dr Ng Eng Hen to Parliamentary Question on Regional Security and Development of the SAF /content/imindef/press_room/official_releases/ps/2014/18feb14_ps3/jcr:content/imindefParsSub/textimage/image.cuimg.116.160.png/1351148807928.jpgMinister for Defence Dr Ng Eng Hen.

ExxonMobil. "Our history in Singapore". http://www.exxonmobil.com.sg/en-sg/company/about-us/history/our-history-in-singapore.

National Trades Union Congress. One Marina Boulevard, NTUC Centre,

Singapore 018989, REPUBLIC OF SINGAPORE http://www.ntucworld.org.sg
https://en.m.wikipedia.org/wiki/Marina_One
https://en.wikipedia.org/wiki/Singapore_armed_Forces
http://www.straitstimes.com/singapore/saf-aims-torecruit-at-least-500-more-women-by-2018
https;//en.wikipedia.org/wiki/NEWater;
https://www.sumitomo-chem.co.jp/english/company/pdf/100years_history_English.pdf
https;//www.pub.gov.sg/watersupply/singaporewaterstory
https://en.wikipedia.org/wiki/Marina_One
http://www.gassupply.com.sg/latest_news/the_news/2001/12_feb_2001.htm;
http://www.thejakartapost.com/news/2017/06/22/pgn-to-build-140-million-gas-network-in-riau.html.
http://blog.daum.net/summerufo/7528041
http://temasek-labs.ntu.edu.sg/Pages/Home.aspx
http://www.sstraitstimes.com/singapore/the-role-of-the-president
https://www.msf.gov.sg/Comcare/Pages/default.aspx
"History of Singapore." Wikipedia,
https://en.wikipedia.org/wiki/History_of_Singapore
http://www.temasek.com.sg/

중문 참고문헌(우리말 발음순)

關文珊,「新加坡超穩定結構李顯龍擊退挑戰」,『亞洲週刊』, 2015年 9月 27日.
臺灣經濟部投資審議 委員會.《新加坡投資環境簡介(Investment Guide to Singapore)》. 經濟部投資業務處 編印, 2012.
武津生,《習近平與 新加坡模式》, 香港 : 圖景出版公司, 2012.
新加坡聯合早報編,《李光耀 40年 政論選》, 新加坡 : 聯邦出版社, 1993.
習進平,《習進平談治國理政》, 北京: 外文出版社, 2014.
呂敦益,《再造獅城: 亞經濟一體化下的新加坡發展戰略》, 新加坡:創意圈出版社, 2008.

劉意慶 等,《硬道理新加坡賴以生存的李光耀》, Singapore: Straits Times Pess, 2012.
李光耀,《李光耀回忆录》, 新加坡聯合早報, 2000.
中國城市和小城鎮改革發展中心課題組著,《中國城鎮化戰略選擇政策研究》, 北京: 人民出版社, 2013.
中新天津生態城指標體系課題組著,《導航生態城時: 中新天津生態城指標體系實施模式》, 中國建築工業出版社, 2010.
崔廣志 主編,《生態之路--中新天津生態城五年探索與實踐》, 北京: 人民出版社, 2013.
韓 俊·王 翔主編,《新型城鎮化的蘇州工業園區样本》, 北京: 中國發展出版社, 2015.
黃朝翰·趙力濤,《新加坡 社會發展經驗》, 新加坡: 八方文化創作室, 2009.

잡지

江迅,〈沒有核心才會提出核心〉,《亞洲週刊》, 2017年 3月 19日.
江迅,〈中國當局誤讀新加坡模式〉,《亞洲週刊》, 2011年 5月 22日.
江迅·袁瑋婧,〈習核心新政懸念治國理政新思想〉,《亞洲週刊》, 2017年 3月 19日.
咼中校,〈中國政改學習師城南非緬甸〉,《亞洲週刊》, 2012年 11月 11日.
邱立本,〈李光耀的中國啓示錄〉,《亞洲週刊》, 2015年 4月 5日.
邱立本,〈中國未來的新加坡影子〉,《亞洲週刊 》, 2016年 3月 20日.
紀碩鳴,〈中國的新加坡夢〉,《亞洲週刊》, 2008年 3月 9日.
紀碩鳴,〈深圳如何叫板新加坡〉,《亞洲週刊》, 2008年 3月 9日.
紀碩鳴,〈新加坡培訓亞洲官員最新趨勢〉,《亞洲週刊》, 2013年 6月 23日.
紀碩鳴·何怡蓓,〈南洋理工培養中共未來領袖〉,《亞洲週刊》, 2012年 12月 2日.
南方朔,〈一帶一路旋風捲全球中國主導新全球化〉,《亞洲週刊》, 2017年 5月 28日.
盧 勇,〈中新廣州知識城 管理體系 研究〉,《 蘭州大學》, 2012.
傅思明·羅淦,〈新加坡的權力運行與監督〉,《學習時報》, 第002版, 2012年 11月 19日.
邵盧善,〈新加坡模式與五十年不變〉,《亞洲週刊》, 2015年 8月 23日.
蕭湘,〈中投學得了淡馬錫嗎?〉,《亞洲週刊》, 2008年 3月 9日.
梁東屏,〈中緬關係加速升溫〉,《亞洲週刊》, 2017年 5月 28日.
楊慕華,〈近十年中國學者關于新加坡政治研究述評〉,《南陽理工學院學報》, 第2卷 第3

期, 2010年 5月.
楊 立, 〈科學規劃:蘇州工業園區有序建設的典範之路〉, 《新型城鎮化的蘇州工業園區样本》, 韓 俊·王 翔主編. 北京: 中國發展出版社, 2015.
楊 立, 〈區域一體:蘇州工業園區新型城鎮化發展過程中區域協調發展的經驗〉, 《新型城鎮化的蘇州工業園區样本》, 韓 俊·王 翔主編, 北京: 中國發展出版社, 2015.
倪明勝, 〈如何學習新加坡治理經驗〉, 《學習時報》, 제004판, 2012年 11月 12日.
艾 虞, 〈新加坡經濟轉型刷新夢想〉, 《亞洲週刊》, 2008年 3月 9日.
溫胜芳, 〈比較借鑒:新型城鎮化發展經驗的國內外比較〉, 《新型城鎮化的蘇州工業園區样本》, 韓 俊·王 翔主編, 北京: 中國發展出版社, 2015.
王銘, 〈論新加坡構建電子政務的成功經驗〉, 《檔案學研究》, 6期. 2003年.
魏煒, 〈新加坡對華政策述評〉, 《贛南師範學院學報》, 2期, 2002.
劉文勇, 〈集約緊湊: 蘇州工業園區新型城鎮化發展過程中的土地集約利用〉, 《新型城鎮化的蘇州工業園區样本》, 韓 俊·王 翔主編. 北京: 中國發展出版社, 2015.
劉勝驥, 〈習近平治國路線解釋-新加坡模式?〉, 《專題研究》, 第12卷 第3期, 2014年 3月.
刘紅岩, 〈融入城市:蘇州工業园區新型城鎮化發展過程中推進動遷農民市民化的經驗〉, 《新型城鎮化的蘇州工業園區样本》, 韓 俊·王 翔主編, 北京: 中國發展出版社, 2015.
李毅, 〈新加坡對華投資透視〉, 《當代亞太》, 第6期, 2000年.
李慧敏·林友順, 〈李光耀絶響最後的强人影響亞洲命運〉, 《亞洲週刊》, 2015年 4月 5日.
李慧敏, 〈新加坡50歲面對新挑戰〉, 《亞洲週刊》, 2015年 8月 23日.
李皖南, 〈新加坡知識經濟戰略的發展與輸出-兼談中新廣州"知識城建設"〉, 《暨南學報》, 第3期 總第 152期, 暨南大學 東南亞研究所, 廣東省 廣州: 2011년.
林友順, 〈大馬積極參與中國一帶一路〉, 《亞洲週刊》, 2017年 5月 28日.
章康龍, 〈新加坡公務員管理的成功經驗及其啓示〉, 《南湖論壇》, 總第55期, 2006年 1月.
曹雲華, 〈東南亞地區形勢 : 2006年〉, 《東南亞研究》, 第2期, 2006年.
朱桂芳·李莉, 〈淺析新加坡李顯龍政府對華政策的走向〉, 《西南民族大學學報·人文社科版》, 總26卷 第4期, 2005年 4月.

周兆呈, 〈學新加坡十五年歷久彌新〉, 《亞洲週刊》, 2008年 3月 9日.
曾凌軻, 〈北京面對的雜音與負評〉, 《亞洲週刊》, 2017年 5月 28日.
秦柔, 〈獅城民衆靠公積金養老〉, 《亞洲週刊》, 2014年 6月 22日.
陳春良, 〈以人爲本:蘇州工業園區人本城鎮化發展的經驗〉, 《新型城鎮化的蘇州工業園區样本》, 韓 俊 · 王 翔主編. 北京: 中國發展出版社, 2015.
陳春良, 〈産城融合: 蘇州工業園區 産業結構與城市功能持續優化協調幷進的經驗〉, 《新型城鎮化的蘇州工業園區样本》, 韓 俊 · 王 翔主編, 北京: 中國發展出版社, 2015.
天津港口編輯部, 〈文摘與動態〉, 《天津港口》, 第3期(總第129期), 2007年.
蔡翼, 〈一帶一路的前略機遇與挑戰〉, 《亞洲週刊》, 2017年 5月 21日.
筆鋒, 〈期盼四中全會創改革新頁〉, 《亞洲週刊》, 2014年 11月 2日.
筆鋒, 〈缺席一帶一路李顯龍徒奈何〉, 《亞洲週刊》, 2017年 6月 4日.
何宇鵬 · 刘紅岩, 〈總報告: 推進新型城鎮化的成功楊本-蘇州功業園區二十年開發建設經驗總結〉, 《新型城鎮化的蘇州工業園區样本》, 韓 俊 · 王 翔主編, 北京: 中國發展出版社, 2015.
韓干依, 〈中新關係好轉乍暖還寒?〉, 《亞洲週刊》, 2017年 3月 19日.
韓 俊 等, 〈以深化改革開放推進創新驅動發展-來自蘇州功業園區的成功經驗〉, 《新型城鎮化的蘇州工業園區样本》, 韓 俊 · 王 翔主編, 北京: 中國發展出版社, 2015.
許 昌, 〈新加坡人民行动黨研究在中国五十年(1959—2008)〉, 《河南师范大学学报》, 第36卷 第3期, 哲学社会科学版, 2009년 5월.
高小石, "新加坡經濟發展軟環境建設的成功經驗及启示", 雲浮組織工作網, 2013-01-04, www.yfzz.com/ltem/38361.aspx.
關永堅(关永坚), 〈李光耀: 只有美國能抗衡中國〉, 《騰訊新聞》, 2015-03-23, 08:19, https://news.qq.com/a/20150323/014842.html.
邱爱军, 〈新加坡"居者有其屋"及其启示〉, 《城市中国网》, 2012-12-15, 23:56. http://www.ccud.org.cn/2012-12-15/113288920.html.
国家统计局., "改革开放30年报告之一: 大改革 大开放 大发展", 中華人民共和國国家统计局, 2008-10-27, http://www.stats.gov.cn/ztjc/ztfx/jnggkf30n/200810/t20081027_65687.html.
金雯, 〈中國的三個"新加坡"〉, 《新週刊》, 2014-12-26.

http://www.neweekly.com.cn/newsview.php?id=2021.
羅文勝,〈淡馬錫入川造天府新區啓動建設創新科技園〉(N/OL),《搜狐焦點》, 2010-12-28.
http://chanye.focus.cn/news/2010-12-28/1147065.html.
唐娟,〈新加坡經驗的蘇北轉移 蘇通工業園首次招商〉(N/OL),《中國新聞網》, 2009-09-23.
http://www.chinanews.com/cj/cj-hzzx/news/2009/09-23/1880980.shtml.
卢艳秋, "新加坡公共交通發展計劃与交通管理考察报告", 瀋陽市規劃和國土資源局人事处, 2012-11-14. http://www.syghgt.gov.cn/ztgz/jypxcgzs/content/4028e4823aafc72f013afcd5c998037b.html.
马珂, "新加坡城市發展計劃建设与管理", 瀋陽市規劃和國土資源局人事处, 2012-11-14. http://www.syghgt.gov.cn/ztgz/jypxcgzs/content/4028e4823aafc72f013afcc2a9d70348.html.
文泉,〈新加坡公共住房成功經驗及其面臨的新挑戰〉,《新華新聞》, 2013-02-25, 10:27. sg.xinhuanet.com/2013-02/25/c_124383904.html.
潘怡蒙,〈浙江大學與新加坡科技設計大學正式簽署合作協議〉(N/OL),《浙大學友》, 2010-08-31. unite.org.cn/bjxdl/pym.html.
孙洪磊·徐岳·王宇丹,〈经中新两国共同研究确定规划天津生态城空间结构〉,《新华网》, 天津2008-09-04, http://www.gov.cn/jrzg/2008-09/04/content_1087801.htm.
宋雄偉,〈新加坡建設服務型政府的經驗〉,《China Academic Journal Electronic Publishing House》, 2013. http://www.cnki.net.
習近平,〈在布魯日歐洲學院的演講(全文)〉(N/OL),《新華網》, 2014-04-01. http://news.xinhuanet.com/world/2014-04/01/c_1110054309.html.
新加坡学习考察报告, "沈阳中青年干部高级研修班新加坡学习考察报告".
沈阳中青年干部高级研修班沈阳市外国专家局, 2011-04-20. http://www.caiep.net/events/content.php?id=51463.
〈新加坡總理李顯龍考察中新廣州知識城〉(N/OL),《中國日報網》, 2014-09-12,
http://www.chinadaily.com.cn/interface/toutiao/1120781/cd_18590958.html.

新華國際, 〈美媒報道南洋理工大學成中共"海外黨校〉(N/OL), 《新華網》, 2012-12-17. http://big5.news.cn/gate/big5/news.xinhuanet.com/world/2012-12/17/c_124105286.htm;

楊恆均, 〈新加坡模式為什麼難以為繼〉, 《Sina新浪博客》2015-03-24, 16:38:06 http://blog.sina.com.cn/yanghengjun 또는 《鳳凰博報》, 2011-5-11.

楊薇, 〈新加坡南洋理工大學天津研究生院擬後年開學〉(N/OL), 《中國新聞網》, 2011-08-14. http://www.chinanews.com/edu/2011/08-14/3256395.shtml.

楊成萬, 〈天府新區昇格"國家級"基建上市川企或先受益〉(N/OL), 《金融投資報》, 2014-10-13.http://www.stocknews.sc.cn/shtml/jrtzb/20141013/52028.shtml.

杨澄苇, 〈新加坡总理李显龙首访新疆再探辽宁 升级中新地方合作〉, 《新疆网讯》, 2013-09-02.http://www.xinjiangnet.com.cn/xj/corps/201309/t20130902_3467953.shtml.

嚴利, 〈中新智識城 新加坡規劃之父領銜設計〉[N/OL], 《搜狐新聞》, 2009-11-17. http://news.sohu.com/20091117/n268257032.shtml.

余逸群, 〈新加坡經濟起飛的教育背景〉, 《China Academic Journal Electronic Publishing House》, 2013. http://www.cnki.net,

聯合早報, 〈習近平偏好新加坡模式〉(N/OL), 《多維新聞網》, 2013-03-10. http://opinion.dwnews.com/news/2013-03-10/59154121.html.

荣西武, 〈新加坡规划特点及对我国的启示〉, 《城市中国网》, 2013-06-13,14:11. http://www.ccud.org.cn/2013-06-13/113288808.html.

吳卓群·魏家雨. 〈新加坡产业发展战略〉. 《新加坡政府網》, 2007-11-10. https://wenku.baidu.com/view/49eb5067f5335a8102d220c0.html.

嗚黎明, 〈共同的緬懷-記習近平和李光耀爲鄧小平紀念碑揭幕〉(N/OL), 《新華網》, 2010-11-15. http://zuaa.zju.edu.cn/news/view?id=1622.

王江雨, 〈"新加坡模式"深思明辨〉, 《環球視野》, 2013-04-12. opinion..m4.cn/2013-041205491.shtml.

王江雨, 〈新加坡公积金制度的是与非〉, 《新京报》, 2014-06-11, 09:04. http://opinion.people.com.cn/n/2014/0611/c1003-25133385.html.

王偉健, 〈蘇州工業園區开出"五朵金花"〉(N/OL), 《人民網》, 2013-10-16. http://paper.people.com.cn/rmrb/html/2013-10/16/nw.

D110000renmrb_20131016_5-03.htm.
姚洋.〈新加坡模式是否适合中國尙存疑〉(N/OL).《財經網》, 2013-11-20. http://economy.caijing.com.cn/2013-11-20/113589074.html.
劉長海.〈生態城借鑑新加坡模式年內建成三個社區中心〉(N/OL).《渤海早報》, 2013-06-23.http://share.enorth.com.cn/share/news/011089998.html.
李光耀.〈只有美国能抗衡中国〉.《海峡时报》, 2011-05-27. http://news.qq.com/a/20110530/000778.htm;
李光耀.〈即使中国GDP超过美国 也无法恢复汉朝时地位〉.《新華网》, 2011-03-11, 16:17. 또한 新加坡内阁资政李光耀.〈中国日益增强的实力及其带来的影响〉Forbes, 2011-3-9의 기사 재인용 http://finance.ifeng.com/news/hqcj/20110311/3642631.shtml.
〈李光耀盛贊習進平胸襟寬闊系曼德拉級別人物〉.《騰訊新聞》, 2013-08-06. 06:05https://news.qq.com/a/20130808/001247.htm.
李文. "新伽坡人民行动党治国理政的成功经验". 中国社会科学院科研局/学部工作局, 2005-6-15. kyj.cass.cn/Article777.hyml. (作者系亚太所研究员).
李亚南.〈大熊猫"凯凯"和"嘉嘉"飛抵新加坡〉(N/OL).《中國新聞網》, 2012-09-06. http://www.chinanews.com/
http://news.xinhuanet.com/world/2010-11/15/c_12773785.htm.
gn/2012/09-06/4164333.shtml.
李學仁.〈習近平出席新加坡中國文化中心揭牌儀式〉(N/OL).《新華網》, 2015-11-07. http://news.xinhuanet.com/politics/2015-11/07/c_128403700.htm.
〈李顯龍在美國这樣誇中國:亞洲繁榮重要驅動者〉.《Sina新浪軍事》. 2017-10-24,12:34. http://mil.news.sina.com.cn/dgby/2017-10-24/doc-ifymzqpq3750911.shtml.
〈一个复制171个国家的超级商业模式?!〉, 2015年 3月 8日,《玖酷科技》, http://www.jiukukeji.com/news/industry/34.html.
〈日本人均GDP仍是中国10倍多:2010年GDP落后中国让出"世界第二"位置日本政经界反应普遍"冷静和坦然"〉.《新华网》. 2011-02-15. 08:40. http://news.qq.com/a/20110215/000467.htm.
林廣.〈中新建交25周年, 中新知識城上昇至國家戰略〉(N/OL).《南方都市報》, 2015-

06 -26. http://news.163.com/15/0626/05/AT0UBVSQ00014AED.html.
林勋强.〈新加坡与美国商家 可共同把握区域增长机会〉.《联合早报》, 2011-03-05 16:18. http://eresources.nlb.gov.sg/newspapers/Digitised/Article/lhzb20110305-1.2.42.19.
張東偉.〈新加坡駐華大使: 與中國建立雙贏伙伴關係〉.《人民日報海外版》, 2011.02.28 09:20. http://www.qstheory.cn/gi/zgwi/201102/t20110228 69924.htm.
張文中.〈以"新加坡模式"來確定中國道路根本是天方夜譚〉(N/OL).《中國觀察》, 2013-4-18.
http://www.360doc.com/content/13/0421/09/4135176_279837511.shtml;
张庭宾.〈三中全会决定與新加坡模式〉(N/OL).《第一財經日報》, 2013-11-18.
http://www.yicai.com/news/2013/11/3118765.html.
張澤偉.〈中新合作在天津建設生態城 借鑒新加坡成功經驗〉[N/OL].《新華網》, 2007-11-19. http://news.xinhuanet.com/newscenter/2007-11/19/content_7107473.htm.
〈专访李显龙: 新加坡繁荣有赖于中美解决分歧〉. Reuters, 2010-11-03, 13:20,
https://cn.reuters.com/article/idCNCHINA-3272320101103.
電源技術雜誌編輯部.〈新聞〉.《電源技術》, 第12期, 2009.
http://mall.cnki.net/onlineview/MagaView.aspx?fn=DYJS200912002*4-7*
鄭東陽.〈新加坡, 璃共產主義最近的地方〉.《多維新聞網》, 2012-05-09.
http://opinion.dwnews.com/news/2012-05-09/58728987.html.
趙靈敏.〈習近平不是李光耀，中國學不了新加坡〉(N/OL).《多維新聞網》, 2013-03-20.
http://opinion.dwnews.com/news/2013-03-20/59157540-all.html.
鐘菊生.〈中新廣州知識城智慧進行時〉(N/OL),《中國建設報》, 2016-02-24http://www.chinajsb.cn/bz/content/2016-02/24/content_183327.htm.
〈环球时报"中国模式"再被热议〉(N/OL). 人民网-《环球时报》, 2009-10-22,17:11.
http://theory.people.com.cn/GB/10240792.html.
中国城市和小城镇改革发展中心课题组.〈中国城镇化战略选择政策研究〉.《城市中国网》, 2013-04-19, 14:50. http://www.ccud.org.cn/2013-04-19/113284849.html.

中新廣州知識城, http://www.ssgkc.com/micro/index.html.
〈中新廣州知識城電網發展方向與對策研究〉,《學海網》, 2013-11-05. http://doc.xuehai.net/s4ef4f997a069c31e3680ddc7.html.
〈中新廣州知識城初具規模 今年重點推產業園〉(N/OL),《網易房產》, 2015-02-05. http://gz.house.163.com/15/0205/16/AHN3MMGR0087482R.html.
中華人民共和國商務部亞洲司, "中國新加坡雙邊經貿合作簡況", 2016-02-05 09:21, http://yzs.mofcom.gov.cn/article/t/201602/20160201252478.shtml.
中華人民共和國外交部,〈中國同新加坡的關係〉,《外交部網站》, 2016-12. http://www.fmprc.gov.cn/chn//gxh/cgb/zcgmzysx/yz/1206_35/1206x1/t6013.htm.
曾業松,〈走访新加坡人民行动党总部〉,《中國共產黨新聞網》, 2007-3-9, 16:03. http://cpc.people.com.cn/GB/74144/78238/5456629.html.
陳慶祥,〈習近平到訪新加坡〉(EB/OL),《新加坡文獻館》, 2010-11-16. http://www.sginsight.com/xjp/index.php?id=5514.
陈济朋,〈新加坡雨污为何不一排了之〉,《新华每日电讯》, 2014-05-13, 10:49. http://opinion.people.com.cn/n/2014/0513/c1003-25010129.html.
陳濟朋,〈新加坡疏解"邻避效應"之鑒〉,《財經》, 2016-08-1009, 11:46. ,http://www.caijing.com.cn/ajax/print.html.
蔡永偉,〈習近平如何借鑒新加坡模式？〉(N/OL),《多维新闻網》, 2013-01-05. http://opinion.dwnews.com/news/2013-01-05/59061547-all.html.
蔡定劍,〈新加坡威勸民本主義制度觀察〉,《愛思想》, 2012-04-11,18:43:17. www.aisixiang.com/data/52305.html.
青年参考,〈新加坡模式遭遇困局〉,《多维新闻》, 2013-02-14, 21:37:39. http://opinion.dwnews.com/news/2013-02-14/59126190-all.html#page1.
彭戈,〈淡馬錫入川 天府新區複製"新加坡模式"〉(N/OL),《中國經營報》, 2012-02-24. http://www.cb.com.cn/economy/2012_0225/340537.html.
彭濤(德國),〈習近平的新加坡模式改制〉(N/OL),《世界新聞網》, 2013-12-10. http://article.wn.com/view/WNATd0a588164fe3b9601a42ba6f091206d3/.
何瑞琪,〈中新知識城3年再投248亿〉(N/OL),《大洋網-廣州日報》, 2015-10-30. http://gz.leju.com/news/2015-10-30/07216065638496058786509.

shtml?wt_source=newslist_nr_209.
韓勝寶, 〈蘇州工業園:中國借鑑新加坡經驗“謙虛大演練”〉(N/OL), 《中國新聞網》, 2009-08-29. http://www.chinanews.com/cj/news/2009/08-29/1840114.shtml.
韓詠紅, 〈新加坡与中国多层面全方位的双边关系〉(N/OL), 《中新經貿合作網》, 2010-10-08.
http://www.csc.mofcom-mti.gov.cn/csweb/csc/info/Article.jsp?a_no=236616&col_no=133.
〈海关总署公布2009年进出口数据 12月份出口增速自2008年11月以来首次转正—2009年贸易顺差减少三成多〉, 《北京青年报》, 2010-01-11, 14:28. http://finance.people.com.cn/GB/10743995.html.
海明威, 〈新加坡與四川合建的新川創新科技園開建設〉(N/OL), 《新華網》, 2012-05-08.
http://news.xinhuanet.com/local/2012-05/08/c_111910353.htm.
黄国雄, “我所了解的新加坡经济”, 中共十堰市委組織部, 2005-11-22. http://www.wddj.net/xjp/20051122091630.htm, p. 7/31.
黃麗娜等, 〈中新廣州知識城蘿崗破土動工〉(N/OL), 《羊城晚報》, 2010-12-22.
http://news.ifeng.com/gundong/detail_2010_12/22/3639785_0.shtml.
黃衛平, 〈國人爲何如此關注《新加坡模式》〉, 《央視網評》, 2013-02-25, 2013-02-28. http://opnion.cntv.cn/2013/02/25/ ART11361775259088726.shtml.

일문

日立製作所地球環境戰略室, 《日立インスパイア環境経営(Hitachi Corporate Environmental Management)》, 東洋經濟新報社, 2009. https://store.toyokeizai.net/books/9784492501979/
田村慶子 編著, 《シンガポールぉ知るための65章》, 東京: 明石書店, 2001.

지도 자료

南方朔, 〈一帶一路旋風捲全球中國主導新全球化〉, 《亞洲週刊》, 2017年 5月 28日. p. 23

《苏州工业园区二三区控制性详细规划》 중 쑤저우공업구총체규획 https://wenku.baidu.com/view/c4d3cac2f90f76c661371a32.html?참조.

崔廣志 主編, 《生態之路-中新天津生態城伍年探索與實踐》, 北京: 人民出版社, 2013. p46 중국톈진생태도시 총체규획(2008-2020년) 참조.

〈中新廣州知識城電網發展方向與對策研究〉, 《學海網》, 2013-11-05. http://doc.xuehai.net/s4ef4f997a069c31e3680ddc7.html. p. 3, 4 참조.

찾아보기

ㄴ

ㄷ

ㄹ

ㅁ

ㅇ

ㅉ

ㅊ

ㅋ

ㅌ

ㅍ

ㅎ

★

중국의 미래,
싱가포르 모델

☾